Wald, Forstwirtschaft und Umwelt

# Umweltschutz – Grundlagen und Praxis

herausgegeben von

**Professor Dr. Konrad Buchwald und
Professor Dr. Wolfgang Engelhardt**

**Band 10**

# Wald, Forstwirtschaft und Umwelt

von
Professor Dr. Dr. h. c. Harald Thomasius
Professor Dr. Peter A. Schmidt

Economica Verlag

Die Deutsche Bibliothek – CIP-Einheitsaufnahme

**Umweltschutz:** Grundlagen und Praxis / hrsg. von Konrad Buchwald und
Wolfgang Engelhardt. – Bonn: Economica Verl.
ISBN 3–87081–132–3
NE: Buchwald, Konrad [Hrsg.]

Bd. 10.: Thomasius, Harald: Wald, Forstwirtschaft und Umwelt. – 1996

**Thomasius, Harald:**
Wald, Forstwirtschaft und Umwelt / von Harald Thomasius;
Peter A. Schmidt. – Bonn: Economica Verl., 1996
Umweltschutz; Bd. 10
ISBN 3–87081–572–8
NE: Schmidt, Peter A.:

Satz: Computersatz Bonn GmbH, Bonn
Druck: Druckerei Engelhardt, Neunkirchen Wolperath
Papier: hergestellt aus 100% chlorfrei gebleichten Faserstoffen
ISBN 3-87081-572-8

# Geleitwort der Herausgeber

Dieses Werk hat einen Vorläufer: Das „Handbuch für Planung, Gestaltung und Schutz der Umwelt", das wir zusammen mit 76 Kolleginnen bzw. Kollegen zwischen 1978 und 1980 herausgebracht haben. Dieses vierbändige Werk hat zum ersten Mal den Versuch unternommen, auf insgesamt über 2 400 Seiten den Gesamtbereich der Gefährdung und des Schutzes der Umwelt in seinem vielfältigen Beziehungsgefüge darzustellen. Die Bände 2 und 3 sind seit Jahren vergriffen, von den Bänden 1 und 4 nur noch wenige Exemplare auf Lager. Das Werk steht heute in allen einschlägigen Bibliotheken und hat sicher wichtige Aufgaben erfüllt.

Seit 1980 sind ereignisreiche Jahre ins Land gegangen. Auf unserem Fachgebiet sind besonders folgende Entwicklungen festzustellen: In einer Reihe von Industrieländern, nicht zuletzt in der Bundesrepublik Deutschland, wurden beachtliche Erfolge auf dem Gebiet des technisch-hygienischen Umweltschutzes, z. B. der Gewässer- und Luftreinhaltung erzielt. Neue rechtliche Normen, neue Technologien und Produktionsverfahren haben diese Fortschritte ermöglicht.

Andererseits haben aber auch schwere Fehlentwicklungen stattgefunden: Eine weitgehend falsche EG-Agrarpolitik hat u. a. zur fortgesetzten Zerstörung zahlloser naturnaher Biotope und zu immer ernsterer Gefährdung vieler Pflanzen- und Tierpopulationen geführt. Eine völlig verfehlte Verkehrspolitik steuert unser Verkehrswesen schnell ins Chaos unter so erheblichen Umweltschädigungen, daß sie die Erfolge der Emissionsminderung im Bereich der Industrie zum großen Teil wieder wettmachen.

Ein verspätetes Reagieren auf das überbordende Abfallaufkommen unserer Wohlstandsgesellschaft hat zu einer maßlosen Verschwendung wertvoller Rohstoffe geführt und die Gemeinden vor nahezu unlösbare Aufgaben gestellt.

Die Vereinigung der beiden deutschen Staaten hat offenkundig gemacht, was die seinerzeitige DDR-Staatsführung der eigenen Bevölkerung und der Weltöffentlichkeit, so gut es eben ging, verheimlichen wollte: Eine geradezu unglaubliche Verschmutzung der Gewässer, der Luft, ja eine regelrechte Vergiftung und ökologische Zerstörung großer Landschaften. Andererseits sind in den neuen Bundesländern auch naturnahe Landschaftsgebiete erhalten geblieben, die in ihrer Naturausstattung und Schönheit ein kostbares Erbe sind.

Die eigentliche Umweltproblematik aber hat sich während der letzten Jahrzehnte immer mehr auf globale Probleme verlagert: Zerstörung des Ozonschildes, Klimaveränderung, Waldvernichtung und Artentod sind die wichtigsten Stichworte. Die einschlägige Literatur war schon in den Jahren, in denen wir das eingangs genannte Handbuch herausgebracht haben, auch für den Fachmann nicht mehr zu überblicken. Seither ist die Zahl spezieller und sehr spezieller Veröffentlichungen noch enorm angewachsen. Schließlich haben zahlreiche Gespräche mit Kollegen sowie unsere Erfahrungen in den neuen Bundesländern bewiesen, daß erneut großer Bedarf an einem einschlägigen zusammenfassenden Werk vorhanden ist.

Alle diese Tatsachen haben uns bewogen, ein neues Handbuch herauszugeben. Dabei haben wir natürlich unsere Erfahrungen mit seinem Vorgänger berücksichtigt. So wird das vorliegende Werk in 17 Einzelbänden erscheinen, die jeweils nur ein Sachgebiet behandeln. Diese Erscheinungsweise hat den großen Vorteil, daß jeder fertiggestellte Band unmittelbar veröffentlicht werden kann. Der Preis der Einzelbände wird auch für unsere Studierenden erschwinglich sein; ein Manko des ersten Handbuchs war der hohe Preis, was wir im Gespräch mit vielen Besuchern unserer Vorlesungen immer wieder feststellen mußten.

Inhaltlich werden die wissenschaftlichen Grundlagen der einzelnen Teilbereiche nur insoweit behandelt, als dies für das Verständnis der Schlußfolgerungen für die Praxis unerläßlich ist. Auf diese wird das Hauptgewicht gelegt. Außerdem wird jeder Band noch die einschlägigen wissenschaftlichen Forschungsinstitutionen, den zukünftigen Forschungsbedarf, die rechtlichen Grundlagen (Gesetze und Verordnungen mit Kurzkommentierung) sowie weiterführendes Schrifttum darstellen.

Letztendlich hoffen wir aber, daß dieses neue Handbuch auch eine starke umweltpolitische Schubkraft entfalten wird. Es soll mithelfen, zukünftige Entwicklungen umweltverträglich zu gestalten. Besonders soll es auch zur Verwirklichung eines neuen Wohlstandsmodells beitragen, das der großen Verantworung der Industrienationen für die Erhaltung der ökologischen Lebensgrundlagen und damit für die Zukunft aller Bewohner unseres Planeten gerecht zu werden vermag.

Hannover/München, im Februar 1993
Konrad Buchwald                           Wolfgang Engelhardt

# Vorwort

Anliegen dieses Buches ist es, die Beziehungen zwischen Umwelt, Wald und Forstwirtschaft darzustellen. In der Breite dieses Gegenstandes liegt sowohl die Faszination als auch die Problematik dieser Schrift, in der auf folgende Fragen eingegangen wird:

1. Was ist Wald, wo kommt er vor und wie verändert er sich bei Wandlung seiner Umweltbedingungen?
2. Wie sind Waldökosysteme strukturiert und wie funktionieren sie?
3. Welche Wirkungen gehen vom Wald auf die Umwelt aus?
4. Welche natürlichen Waldgesellschaften gibt es in Zentraleuropa, durch welche Umweltbedingungen werden sie charakterisiert, und welche spezifischen Umwelteffekte gehen von ihnen aus?
5. Über welche Bewirtschaftungsverfahren verfügt die Forstwirtschaft, und wie wird die Umwelt dadurch beeinflußt?
6. Welchen Aufgaben dient der Wald neben der Rohstoffunktion, auf deren Behandlung bewußt verzichtet worden ist, und wie werden diese realisiert?

Dabei galt es, unter Berücksichtigung

– der Naturausstattung des Standortes,
– der potentiellen natürlichen Waldgesellschaften und der vorhandenen Forsten,
– gesellschaftlicher Anforderungen und
– der waldbaulichen Möglichkeiten

Maßnahmen zur künftigen Waldbehandlung abzuleiten.

Die Grundkonzeption zu dieser Schrift stammt von Herrn Prof. Dr. habil. Dr. h. c. H. *Thomasius*. Sie wurde 1992 entworfen und während der Bearbeitung laufend vervollständigt und präzisiert. Herr Prof. Thomasius verfaßte die Kapitel 1 bis 4 sowie 6 und 7 (ohne den Teil 7.2.4). Die Kapitel 5 über die Waldgesellschaften Zentraleuropas sowie 7.2.4 über Wälder zum Schutz von Pflanzen und Tieren schrieb Herr Prof. Dr. habil. P. A. *Schmidt*. Zwischen diesen beiden Autoren bestand ein ständiger Gedanken- und Erfahrungsaustausch, dessen Resultate in alle Kapitel des Buches eingeflossen sind. Die vorliegende Schrift ist darum, trotz Nachweis der primären Urheberschaft einzelner Teile, als Gemeinschaftswerk aufzufassen.

Gedankt wird Frau R. *Pohl*, die das Literaturverzeichnis zusammenstellte und die Korrekturen ausführte.

Prittlbach, im März 1996                                   W. Engelhardt

# Inhaltsverzeichnis

XI

XIV

# 1. Einleitung

Zwischen der Umwelt und dem Wald, der selbst Bestandteil der Umwelt ist, bestehen untrennbare Wechselbeziehungen: Das Vorkommen und die Struktur von Wäldern werden in entscheidendem Maße von der Umwelt bestimmt. Umgekehrt üben die Wälder global, als wichtiges Glied im Kohlenstoffhaushalt der Erde, und regional, als Ökosysteme mit mannigfaltigen Rückwirkungen auf Klima, Wasserhaushalt und Boden, erheblichen Einfluß auf die Umwelt aus. Insofern spielen die Wälder und mit ihnen die Forstwirtschaft, die Sachwalter des Waldes ist und über vielfältige Verfahren zu seiner Verjüngung, Pflege und Nutzung verfügt, eine bedeutende Rolle im globalen und regionalen Umweltgeschehen. Neben diesen landschaftsökologischen Funktionen der Wälder gehen von ihnen auch humanökologische und psychische Wirkungen aus, die vor allem in Erholungswäldern Vorrang genießen.

Die große Bedeutung der Wälder wurde von den Menschen schon in frühen historischen Epochen erahnt und in den letzten Jahrhunderten mehr und mehr offenkundig, sowohl als Folge bisheriger Unterschätzung als auch umfangreicher Forschungsresultate. Bei einem Rückblick ist festzustellen, daß die ursprünglich vordergründig von forstwissenschaftlichen Institutionen getragenen Untersuchungen über das Ökosystem Wald immer mehr durch Arbeiten zahlreicher naturwissenschaftlicher Disziplinen, wie Geologie und Bodenkunde, Meteorologie und Klimakunde, Botanik und Zoologie sowie Ökologie und Systemwissenschaften, vertieft und ergänzt werden. Dieser erfreuliche, sich in einer Flut von Publikationen widerspiegelnde Erkenntnisfortschritt birgt aber auch die Gefahr in sich, daß bei immer tiefer gehendem Spezialwissen die Zusammenschau über den Wald als Ganzes und seine von unterschiedlichen Zielstellungen bestimmte Behandlung, bei der selbstverständlich neue naturwissenschaftliche Erkenntnisse berücksichtigt werden müssen, zu kurz kommt. Hier liegt eine große Problematik, weil kein Forstwissenschaftler und Forstpraktiker mehr in der Lage ist, die permanent wachsenden Erkenntnisse aller einschlägigen Spezialgebiete bei der gegebenen Breite des Gesamtanliegens vollständig zu überschauen.

Aufgabe der angewandten Forstwissenschaft muß es darum sein, nicht nur eigene Untersuchungen zu komplexen Anliegen durchzuführen, sondern neue naturwissenschaftliche Erkenntnisse zu verarbeiten, zu integrieren und bei der Entwicklung forstwirtschaftlicher Verfahren zu adaptieren. Dabei ist mehr als bisher zu berücksichtigen, daß die Wälder vielfältigen Aufgaben dienen und die Forstwirtschaft deren Erfüllung zu gewährleisten hat. Noch vor wenigen Jahrzehnten stand die Holzproduktion eindeutig im Vordergrund der forstwissenschaftlichen Forschungen, und viele waren der Auffassung, daß die landschafts- sowie humanökologischen Aufgaben der Wälder im „Kielwasser" einer „ordnungsgemäßen" Forstwirtschaft mit erfüllt werden können. Den Fragen nach den landschaftsökologischen und humanitären Wirkungen der Wälder sowie den sich daraus ergebenden Konsequenzen für die Waldbewirtschaftung wurde verhältnismäßig wenig Aufmerksamkeit geschenkt.

Angesichts der herausragenden Bedeutung, die heute die Wälder für den Landschaftshaushalt, den Landschaftsschutz und die Erholung der Bevölkerung haben, sowie des hohen Erkenntnisstandes der einschlägigen Grundlagenwissenschaften, erscheint es notwendig, daß solche Gegenstände mehr als bisher Eingang in die Forstwissenschaft und -praxis finden.

Im Zusammenhang damit muß schon hier auf einen Sachverhalt hingewiesen werden, der für die Interpretation vieler Erkenntnisse und die Ableitung von Regeln zur Waldbehandlung von fundamentaler Bedeutung ist:

Der Wald ist ein von der Natur gegebenes, sich selbst erhaltendes Gut. Es ist darum prinzipiell möglich und ökonomisch notwendig, die den Wald hervorbringenden, erhaltenden und ihn regenerierenden Naturkräfte bei seiner Bewirtschaftung zu nutzen, um nur ein Minimum an Zusatzenergie für seine Behandlung aufbringen zu müssen. Eine solche Waldwirtschaft unterscheidet sich prinzipiell vom Acker-, Garten-, Obst- und Weinbau, die mit künstlichen, sich selbst nicht regenerierenden und permanent Zusatzenergie erfordernden Ökosystemen arbeiten.

Dieser prinzipielle Unterschied wurde bei der Herausbildung der Wissenschaft von der Waldbewirtschaftung leider nicht hinreichend berücksichtigt. Statt dessen folgte man dem Vorbild der Landwirtschaft und ersetzte naturgegebene Wälder durch menschengemachte Forsten sowie ökogerechte Waldwirtschaft durch technogerechte Forstwirtschaft.

Angesichts der sich immer häufiger in verheerenden Sturm- und Schneeschäden, Insektenkalamitäten und anderen „zufälligen Ereignissen" äußernden Katastrophen sind sich heute die meisten Forstleute darüber einig, daß die bisherige Strategie der primär auf landwirtschaftlichem Gedankengut basierenden Forstwirtschaft kritisch überprüft und nach neuen Wegen der Waldbewirtschaftung gesucht werden muß. Dabei muß man sich wieder an Naturwäldern orientieren, wie das Karl Gayer schon 1886 gefordert hat. Die Notwendigkeit eines solchen Kurswechsels wird vor allem deutlich, wenn es um die waldbauliche Behandlung von Schutzwäldern geht, deren Protektionswirkungen **permanent** zu erbringen sind. Das ist in einem auf der einzelnen Fläche „aussetzenden Betrieb", wie es beim schlagweisen Hochwald der Fall ist, prinzipiell unmöglich. Aber selbst in den vordergründig der Holzproduktion dienenden Wirtschaftswäldern muß der Weg von einer rein **rechnerischen Nachhaltigkeit** in der Betriebsklassenebene zu einer **ökologischen Nachhaltigkeit** in jedem einzelnen Waldbestand beschritten werden.

Von diesem Anliegen getragen, werden im vorliegenden Buch, der Zielstellung des Gesamtwerkes entsprechend, die Wechselbeziehungen zwischen Umwelt, Wald und Mensch bei besonderer Berücksichtigung von Schutzwäldern und Wäldern mit Sonderaufgaben behandelt. Eine solche Einschränkung ist berechtigt, weil über die Behandlung von Wäldern, die vordergründig der Holzproduktion dienen, bereits eine umfangreiche Literatur existiert.

Aus dieser Begrenzung ist nicht abzuleiten, daß die Autoren die produktiven Waldfunktionen unterschätzen. Sie sind vielmehr der Auffassung, daß die gegenwärtige Absatzkrise auf dem Holzmarkt nicht von Dauer sein wird und ein Leben auf Kosten der Dritten Welt, auch auf dem Gebiet der Holzwirtschaft, unmoralisch ist. Das Nachhaltigkeitsprinzip („sustainable development"), heute weltweit als kategorischer Imperativ bei der Nutzung von Naturressourcen anerkannt, sollte besonders in einem Land, in dem es als Maxime der Forstwirtschaft erkannt und formuliert worden ist, die multifunktionale Waldbewirtschaftung in neuer Qualität bestimmen.

# 2. Wesen, Verbreitung und Einteilung der Wälder

## 2.1 Der Begriff Wald und Abgrenzung der Wälder gegenüber anderen Ökosystemen

Die Biosphäre der Erde besteht aus verschiedenen Ökosystemen, die sich im Ergebnis vielfältiger natürlicher und anthropogener Umwelteinflüsse ausgebildet haben und auch weiterhin einer steten Entwicklung unterliegen. Bei der Gliederung dieser ökologischen Einheiten unterscheidet man zuerst nach dem ihre Lebensumwelt bestimmenden Medium, und zwar

- Meere       →   marine Ökosysteme,
- Binnengewässer   →   limnische Ökosysteme,
- Festland       →   terrestrische Ökosysteme.

Die Wälder gehören überwiegend zu den terrestrischen Ökosystemen; zum Teil sind sie aber auch in den Übergangsbereichen zu limnischen und marinen Ökosystemen anzutreffen, so die **Bruchwälder** in nassen Niederungen und die **Mangrovewälder** an tropischen Küsten. Diese können auch als semiterrestrische Ökosysteme aufgefaßt werden.

Wälder sind Ökosysteme, in denen Bäume (Makrophanerophyten), die in größerer Anzahl auftreten und dichte Bestände bilden, die herrschende Lebensform darstellen. Dank des Dichtstandes der Bäume treten zwischen ihnen entwicklungsphysiologisch relevante Wechselwirkungen auf, und es bilden sich ein spezifisches Innenklima sowie ein für Wälder charakteristischer Bodenzustand heraus. Dadurch entsteht ein Lebensraum für solche Pflanzen, Tiere und Mikroorganismen, die an das Waldklima und an den Waldboden mit den sich daraus ergebenden Ernährungs- und Lebensbedingungen gebunden sind und im Waldökosystem wichtige Funktionen zu erfüllen haben.

Zur Abgrenzung der Wälder gegenüber anderen Ökosystemen, in denen ebenfalls Phanerophyten die bestimmende Lebensform darstellen, bedient man sich der **Höhe,** der **Flächenausdehnung** und der **Dichte** des Gehölzbestandes (Tab. 1). Auf weitere Prinzipien zur Einteilung der Wälder wird in den Kapiteln 5 und 6 eingegangen.

*Tab. 1: Bezeichnung gehölzbestimmter Ökosysteme in Abhängigkeit von der Höhe und Dichte des Gehölzbestandes*

| Höhe des Gehölzbestandes [m] | Überschirmung S der Bodenfläche A [%] | | | Vorkommen |
|---|---|---|---|---|
| | S≤30 | 30<S<60 | S≥60 | |
| ≥ 5(3)[1] | Baum-Savanne | offener (lichter) Wald | geschlossener (dichter) Wald | tropische und subtropische Gebiete |
| | Wald-Steppe | | | gemäßigte Gebiete |
| | Wald-Tundra | | | boreale Gebiete |
| 0,5–5(3)[1] | Gebüsch-Savanne | offenes (lichtes) Gebüsch | geschlossenes (dichtes) Gebüsch | tropische und subtropische Gebiete |
| | Gebüsch-Steppe | | | gemäßigte Gebiete |
| | Gebüsch-Tundra | | | boreale Gebiete |

[1] 3 m gelten für subpolare und semiaride Gebiete

Aus diesen Darstellungen folgt, daß die Bezeichnung **Wald** an 3 Bedingungen geknüpft ist:

1. Die herrschenden Pflanzen müssen eine solche **Höhe** erreichen, daß sich in der **Vertikalen** ein Waldklima ausbilden kann. Dafür wurde konventionell eine Höhe von H > 5 m im Maturitätsstadium festgelegt. In Ausnahmefällen, so in subpolaren und semiariden Gebieten, gelten 3 m.
2. Der Phanerophyten-Bestand muß eine **Fläche** A einnehmen, die so groß ist, daß sich auch in der **Horizontalen** ein Waldklima ausbilden kann. Dafür wurde konventionell festgelegt, daß der Radius r der betrachteten Fläche bei vollem Bestandesschluß, d. h. S = 1, mindestens gleich der Bestandeshöhe H ist. Bei nicht geschlossenen Beständen vergrößert sich die Fläche umgekehrt proportional zum Überschirmungsgrad S, d. h.

$$A = \frac{\pi H^2}{S}.$$

Bei einer Bestandeshöhe von 25 m und vollem Schluß ergibt sich somit eine Mindestfläche von A ≈ 0,2 ha.

5

3. Der Makrophanerophyten-Bestand muß eine solche **Dichte** besitzen, daß zwischen den Bäumen entwicklungsphysiologisch relevante Wechselwirkungen zustande kommen und sich ein Waldinnenklima ausbilden kann. Als Maß für den Dichtstand wird konventionell ein Überschirmungsgrad von S >30 % zugrunde gelegt.

Daraus folgt, daß der **Wald** nicht nur eine Summe von Bäumen, sondern ein System darstellt, das aus zahlreichen **abiotischen (Geotop)** und **biotischen Elementen (Biozönose)** besteht,

- die sich durch bestimmte **Eigenschaften** auszeichnen (**Attribute**),
- die in bestimmter **Art und Weise angeordnet** sind (**Struktur**) und
- durch **Stoffaustausch, Energieströme** sowie **Informationswechsel (Funktionen)** so miteinander verbunden sind,

daß sich **Selbstregulationsmechanismen** ausbilden können, die dem System ein bestimmtes Maß an **Stabilität** und **Elastizität** verleihen.

## 2.2 Gesetzmäßigkeiten und Grenzen des natürlichen Vorkommens von Wäldern

### 2.2.1 Allgemeines

Voraussetzung für das natürliche Vorkommen von Wäldern ist, daß alle für die Existenz von Bäumen bzw. Baumbeständen maßgeblichen ökologischen Faktoren während einer hinreichend langen Zeit des Jahres (Vegetationszeit) Werte aufweisen, die innerhalb des Toleranzbereiches der jeweiligen Baumarten liegen (Abb. 1).

Maßgeblich dabei ist meist nicht nur ein einzelner ökologischer Faktor, sondern eine ganze Anzahl von Faktoren, mit den zwischen ihnen bestehenden Interaktionen (Abb. 2).

Dies gilt besonders für die Temperatur als Resultierende des Energieinputs sowie die Feuchtigkeit als Resultierende von Niederschlag und Verdunstung. Beide bestimmen gemeinsam, wie Zederbauer schon 1917 betonte, das für die Verbreitung der Wälder auf der Erde maßgebliche Feuchtigkeitsregime. Dabei geht es vor allem um die Abgrenzung **humider** und **arider** Gebiete, weil das Vorkommen von Wäldern straff damit korreliert ist. Ganz allgemein kann man feststellen, daß Wälder von Natur aus in humiden Klimaten auftreten.

Unter **humid** versteht man ein Klima, in dem die Niederschläge N größer, unter **arid** ein solches, in dem sie kleiner als die Verdunstung E sind, d. h.

humid   $N > E$,

arid   $N < E$.

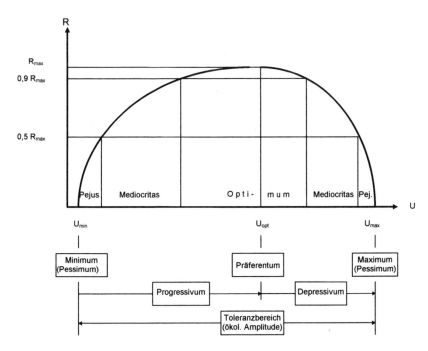

*Abb. 1: Abhängigkeit der Reaktionsintensität R (z. B. des Wachstums) von der Einwirkungsstärke eines ökologischen Faktors U*

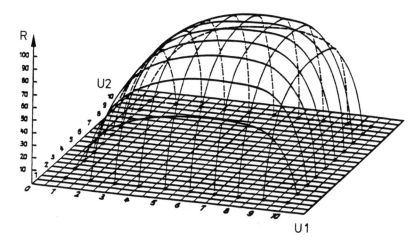

*Abb. 2: Abhängigkeit der Reaktionsintensität R von der Einwirkungsstärke der beiden ökologischen Faktoren $U_1$ und $U_2$*

Zur Definition und Bemessung der **Humidität** bzw. **Aridität** wurden und werden verschiedene Kennzahlen benutzt. Die Vielzahl der in der Literatur genannten Indizes zur Bemessung der Humidität bzw. Aridität erklärt sich damit, daß die aktuelle und potentielle Verdunstung der betrachteten Gebiete meist nicht bekannt ist und statt ihrer vermittelnde Größen, besonders die Temperatur, benutzt werden müssen. Beispiele dafür sind:

– **Der Regenfaktor nach Lang (1920)**
Dies ist der Quotient aus Niederschlag und Temperatur, d. h.

$$Q = \frac{N \, [mm/a]}{T \, [°C]} \; .$$

Die Grenze zwischen humid und arid soll hier bei $Q = 40$ liegen.

– **Die Klimadiagramm-Darstellung nach Walter und Lieth (1967)**
Die Beziehung zwischen Niederschlag und Temperatur liegt auch den Klimadiagrammen von Walter u. Lieth (1967) zugrunde. Bei diesen werden, einem Vorschlag von Gaussen (1955) folgend, die Monatswerte des Niederschlages $N \, [mm]$ und der Temperatur $T \, [°C]$ über der Zeitachse im Verhältnis

$$2 \, T_{mon} \, [°C] = N_{mon} \, [mm/mon]$$

graphisch aufgetragen.
Dabei wird davon ausgegangen, daß die Grenze zwischen Humidität und Aridität während der einzelnen Monate dann gegeben ist, wenn

$$Q = \frac{2 \, T_{mon} \, [°C]}{N_{mon} \, [mm]} = 1 \; .$$

Dieser Quotient entspricht formal dem Reziprokwert des Regenfaktors von Lang, wenn man diesen für einzelne Monate berechnet und die Jahreskonstante 40 durch eine Monatskonstante 2 ersetzt.

Weitere in der Literatur häufig genannte Indizes sind die von Gaussen, de Martonne, Papadakis u. Thorntwaite. Alle sind empirische Schätzwerte.

Eine wesentliche Verbesserung hat die Humiditätskalkulation durch eine 1948 von **Penman** publizierte, physikalisch gut begründete, Methode erfahren. Danach berechnet sich die potentielle Evapotranspiration (PET) wie folgt:

$$PET = \frac{2 \, \Delta \, H_R + V_V}{2 \, \Delta \, H_R + 1} \; .$$

Dabei bedeuten:

$$\Delta = \frac{\Delta E}{\Delta T} \quad \text{(Anstieg des Sättigungsdampf-}\atop \text{druckes mit der Lufttemperatur)}$$

$H_R$: Strahlungsgröße

$V_V$: Ventilationsfeuchtigkeitsglied.

Aus dem Verhältnis von Niederschlag und Verdunstung berechnet sich dann die Humidität.

Eine physikalisch gut fundierte Größe zur Bemessung der Aridität ist der **Strahlungstrockenheitsindex** nach **Budyko** (1963). Dieser bezeichnet das Verhältnis zwischen dem **Energieinput** ins Ökosystem durch Einstrahlung (Nettostrahlung $Q$ [ J a$^{-1}$ha$^{-1}$] bzw. [ J mon$^{-1}$ ha$^{-1}$]) und dem **Energiebedarf für die Verdunstung des Niederschlages, ($N \times L$)**, d. h.

$$B = \frac{Q}{N \cdot L}$$

wobei L die Verdunstungsentalphie ($\approx 2256$ kJ/l) bezeichnet.

Aus diesen Darstellungen folgt, daß bei B <1 **humides** und bei B >1 **arides Klima** herrscht.

Dabei gelten nach Budyko folgende Gesetzmäßigkeiten:

| | |
|---|---|
| Tundra | B < 0,3, |
| Wald | 0,3 < B < 1,0, |
| Waldsteppe und Steppe | 1,0 < B < 2,0, |
| (Savanne und Grasland) | |
| Halbwüste | 2,0 < B < 3,0, |
| Wüste | 3,0 < B. |

Eine weitere Differenzierung der Wälder ergibt sich, wenn man Gebiete mit gleichem Strahlungstrockenheitsindex nach der Nettostrahlung differenziert (Abb. 3).

Über die Abhängigkeit der Waldverbreitung von den wichtigsten klimatischen Faktoren geben auch die von Holdridge (1947, 1964) beschriebenen Vegetationszonen (Live Zones) Auskunft (Abb. 4).

Aus dieser Darstellung folgt, daß Wälder nur bei einem hinreichend feuchten und warmen Klima vorkommen (rechte untere Spitze des Dreiecks). Zur trockenen Seite werden sie von Savannen und Grasländern sowie Waldsteppen und Steppen abgelöst (linke untere Spitze des Dreiecks). Bei Wärmemangel gehen die Wälder im subalpinen und subarktischen Bereich in Tundren über (obere Spitze des Dreiecks).

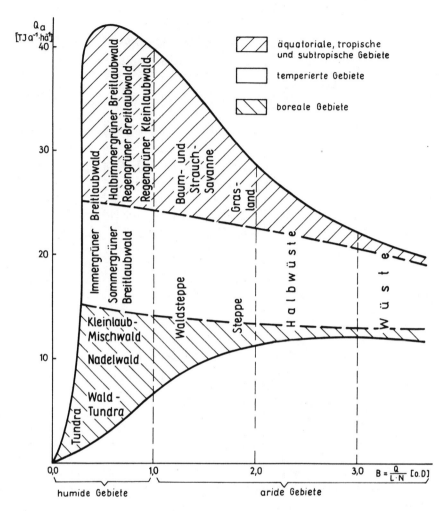

Abb. 3: *Vorkommen wichtiger Vegetationseinheiten in Abhängigkeit vom Strahlungstrockenheitsindex B und von der Nettostrahlung Q (n. Budyko 1963, mit Ergänzungen)*

An Hand des Schemas von Holdridge läßt sich mit hoher Wahrscheinlichkeit voraussagen, wohin sich die Vegetation bei veränderten thermischen und hygrischen Bedingungen durch allogene Sukzession entwickelt. Diese Frage ist angesichts der zu befürchtenden Klimaänderung von großer Bedeutung (Abb. 5).

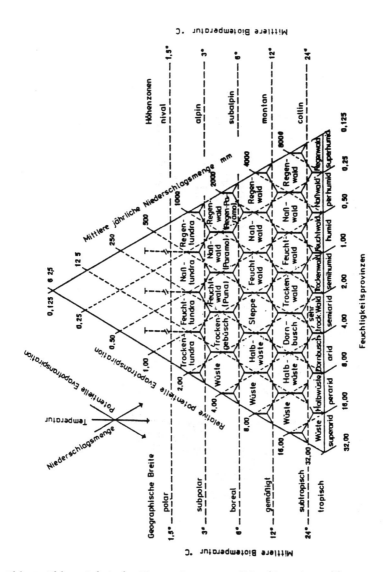

*Abb. 4: Abhängigkeit der Vegetationszonen (Live Zones) von Temperatur, Niederschlag und potentieller Verdunstung nach Holdridge (1964)*
Die beiden Achsen der Darstellung kennzeichnen
x: das potentielle Evapotranspirationsverhältnis; das ist das Verhältnis der potentiellen Evapotranspiration zur Menge des Niederschlages (dieses wächst von den feuchten zu den trockenen Gebieten)
y: die mittlere jährliche Biotemperatur, berechnet aus Monatsmittelwerten bei Zugrundelegung des Gefrierpunktes als Tiefstwert

11

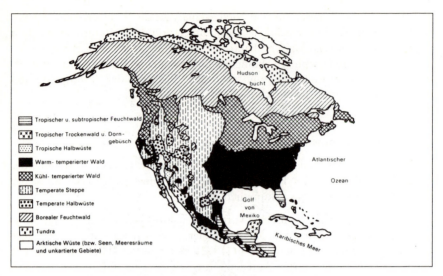

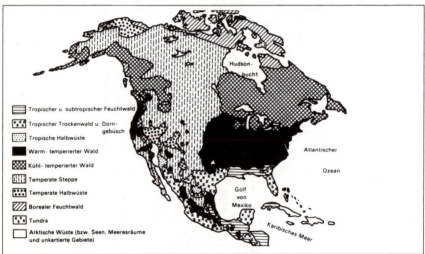

Abb. 5: *Verschiebung der Vegetationszonen bei einer Klimaänderung durch Verdoppelung der atmosphärischen $CO_2$-Konzentration*
*Oberes Bild: Gegenwärtiges Vorkommen der verschiedenen Vegetationszonen (Live Zones) nach Holdridge*
*Unteres Bild: Zu erwartendes künftiges Vorkommen der verschiedenen Vegetationszonen bei Verdoppelung der atmosphärischen $CO_2$-Konzentration bei gleichbleibendem Niederschlag (n. Emanuel u. Shugart 1984)*

Neben Strahlung, Temperatur und Niederschlag, die die Waldverbreitung generell bestimmen, sind für das lokale Vorkommen und die Struktur von Wäldern noch einige andere ökologische Faktoren bedeutungsvoll. Dazu gehören geomorphologisch und edaphisch bedingte Temperatur- und Feuchtigkeitsdifferenzierungen sowie physikalische und chemische Faktoren der Atmosphäre und Pedosphäre.

## 2.2.2 Waldvorkommen und Waldgrenzen

Ohne das Zutun des Menschen würden die Wälder etwa 40 % des Festlandes der Erde, das sind etwa $5,1 \times 10^9$ ha, einnehmen. In ihnen wären etwa 80 % der Phytomasse des Festlandes akkumuliert.

Durch die Tätigkeit des Menschen wurde die Waldfläche im Laufe der Jahrhunderte auf rund $4 \times 10^9$ ha, d. h. 30 % reduziert. Nach den bereits über 10 Jahre zurückliegenden Statistiken der FAO (1982) ist die Festlandfläche der Erde mit den in Tabelle 2 aufgeführten Anteilen mit geschlossenen und offenen Wäldern sowie Gebüschen bedeckt.

*Tab. 2: Anteil geschlossener und offener Wälder sowie Gebüsche am Festland der Erde (Fao 1982, zit. n. Zundel 1990)*

| Region | Geschlossene Wälder | | Offene Wälder und Gebüsche | | Σ | |
|---|---|---|---|---|---|---|
| | Fläche [$10^6$ ha] | Anteil an Landfläche [%] | Fläche [$10^6$ ha] | Anteil an Landfläche [%] | Fläche [$10^6$ ha] | Anteil an Landfläche [%] |
| Nord-Amerika | 510 | 24 | 120 | 5 | 630 | 29 |
| Latein-Amerika | 695 | 34 | 180 | 9 | 875 | 43 |
| Afrika | 203 | 7 | 365 | 12 | 568 | 19 |
| Europa ohne ehem. SU | 136 | 28 | 19 | 4 | 155 | 32 |
| ehem. SU | 787 | 35 | 134 | 6 | 921 | 41 |
| Asien | 479 | 17 | 152 | 6 | 631 | 23 |
| Ozeanien | 50 | 6 | 100 | 12 | 150 | 18 |
| Erde | 2 860 | 21 | 1 070 | 8 | 3 930 | 29 |

Über die heutige Waldverbreitung gibt die auf Abbildung 6 dargestellte Karte Aufschluß.

Wie bereits dargelegt, sind primär die Nettostrahlung und der Niederschlag bzw. die mit diesen kausal verbundenen Faktoren Temperatur und Feuchtigkeit bestimmend. Neben diesen sind im Einzelfall noch einige weitere Einflußgrößen bedeutungsvoll. Das wird vor allem bei Betrachtung der Waldgrenze deutlich.

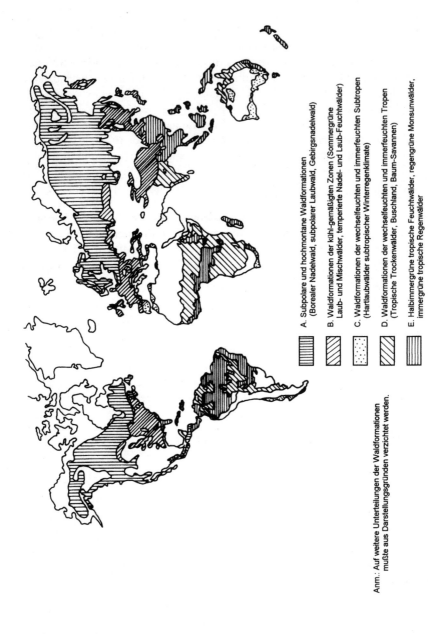

A. Subpolare und hochmontane Waldformationen
(Borealer Nadelwald, subpolarer Laubwald, Gebirgsnadelwald)

B. Waldformationen der kühl-gemäßigten Zonen (Sommergrüne
Laub- und Mischwälder, temperierte Nadel- und Laub-Feuchtwälder)

C. Waldformationen der wechselfeuchten und immerfeuchten Subtropen
(Hartlaubwälder subtropischer Winterregenklimate)

D. Waldformationen der wechselfeuchten und immerfeuchten Tropen
(Tropische Trockenwälder, Buschland, Baum-Savannen)

E. Halbimmergrüne tropische Feuchtwälder, regengrüne Monsunwälder,
immergrüne tropische Regenwälder

Anm.: Auf weitere Unterteilungen der Waldformationen
mußte aus Darstellungsgründen verzichtet werden.

*Abb. 6: Übersichtskarte zu den Waldformationen der Erde (Otto 1994)*

In den Gebirgen ist die Waldgrenze vordergründig eine Folge der mit der Höhe abnehmenden Temperatur sowie der Dauer der Vegetationszeit. Letztere muß bei Bäumen wenigstens 3 Monate betragen[1], damit im Jahresdurchschnitt eine positive Stoffbilanz, eine hinreichende Verholzung der Triebe sowie Ausreifung der Blattorgane erfolgen kann. Hinzu kommt in bestimmten Zeitabständen die Notwendigkeit der Fruktifikation. Werden die Nadeln nicht mehr voll ausgebildet und die Kutikula erreicht nicht die erforderliche Stärke, so ist die Verdunstungsresistenz der Bäume unzureichend. Bei Bodenfrost, stärkerer Besonnung (besonders im Frühjahr) und Windeinwirkung kommt es dann infolge fehlender Wassernachlieferung zu einem erheblichen Feuchtigkeitsdefizit und zu letalen Zellsaftkonzentrationen in den Nadeln (> 65 atü). Diese Erscheinung wird als Frosttrocknis bezeichnet. Bemerkenswert ist in diesem Zusammenhang, daß die Latschen-Kiefer sogar mit einer Vegetationszeit von nur 2 $1/2$ Monaten auskommt, weil ihre Zweige unter der geschlossenen Schneedecke vor Verdunstung geschützt sind und ihre Nadeln über längere Zeit eine höhere Zellsaftkonzentration ertragen.

Dort, wo die zur Existenz und Reproduktion der Bäume erforderlichen Minimalwerte der Temperatur bzw. Vegetationsdauer unterschritten werden, würde theoretisch die **klimatische Waldgrenze** liegen. Sie wird aber nirgends ganz erreicht, weil weitere, vor allem edaphische und mechanische Faktoren (Felsen, Schuttströme, Lawinenbahnen, Kaltluftströme, Sturm) begrenzend wirken. Im Ergebnis des Zusammenwirkens aller natürlichen Faktoren bildet sich eine mehr oder weniger deutliche Grenze zwischen dem Wald und verschiedenen anderen Pflanzengesellschaften (Krummholz, Hochstaudenfluren u. a.). Diese wird als **potentielle Waldgrenze** bezeichnet. Ihr Verlauf ist häufig zungen- und buchtenförmig, weil auf den etwas höher gelegenen, konvexen Hangpartien der Schnee früher abtaut (Ausaperung), während in den tiefer gelegenen konkaven Hangmulden Lawinen zu Tal gehen und die Kaltluft abfließt.

Zwischen den Wald- und Nichtwaldökosystemen der Gebirge befindet sich häufig ein Übergangsstreifen von wechselnder Breite, in dem auf den edaphisch günstigeren Stellen noch einzelne Bäume oder Baumgruppen vorkommen, während auf den ungünstigeren Partien krüppelwüchsige Bäume auftreten. Dieser Bereich wird als **Kampfzone** bezeichnet.

Die Breite dieses Übergangsstreifens und die Schärfe der Waldgrenze sind außerdem von der Baumart abhängig. Eine verhältnismäßig markante Waldgrenze bilden Schattenbaumarten wie Engelmann-Fichte (Picea engelmannii) in Nord-

---

1  3 Monate Vegetationszeit sind straff mit einem Temperaturmittel von 10 °C im Juli korreliert. Dieser Temperaturwert eignet sich darum als Indikator für die potentielle Waldgrenze, ohne daß dabei ein unmittelbarer Kausalzusammenhang bestehen muß.

amerika und Gemeine Fichte (Picea abies) in Europa. Ein diffuser Übergang ist dagegen bei Lichtbaumarten zu beobachten, die nicht zum Krüppelwuchs befähigt sind, wie Pinus hartwegii in Mexico, Europäische Lärche (Larix decidua) und Zirbel-Kiefer (Pinus cembra) in Europa.

Schließlich wird noch ein dritter Typ der alpinen Waldgrenze beschrieben (Walter 1970), der dort auftritt, wo diese von immergrünen Laubgehölzen subtropischer Herkunft gebildet wird. Diese Gehölze werden mit zunehmender Meereshöhe immer niedriger und bilden schließlich eine dicht geschlossene, nur noch 1–2 m hohe Gebüschformation. Ähnlich verhält sich auch die Rot-Buche (Fagus sylvatica), wenn sie, wie in den Cevennen und anderen südeuropäischen Gebirgen, die Waldgrenze bildet (Carbiener 1974, Wilmanns 1993).

Die **tatsächliche** oder **aktuelle Waldgrenze** ist schließlich das Ergebnis natürlicher und anthropogener Einflüsse, wobei unter letzteren vor allem Kahlhieb, Rodung, Waldbrand, Viehweide, Tourismus und Skisport zu nennen sind. Infolgedessen liegt die heutige Waldgrenze vor allem in den schon seit Jahrhunderten besiedelten und einer relativ intensiven Nutzung unterliegenden Gebirgslandschaften Mitteleuropas häufig 200–300 m unter der potentiellen (Kap. 5.4).

Die absolute Höhe der Waldgrenze über dem Meeresspiegel vermindert sich gesetzmäßig von den Subtropen mit 4 200–4 600 m ü. HN zu den Subpolargebieten in Seehöhe. In den eigentlichen Tropen liegt sie etwas tiefer als in den Subtropen. Das ist auf folgende Ursachen zurückzuführen:

1. In den Tropen kommt es wegen des Aufstieges warm-feuchter Luftmassen zu einer permanenten Nebelbildung in den Hochgebirgen, die mit verminderter Einstrahlung und Erwärmung verbunden ist. Die nebelärmeren subtropisch-ariden Gebirge werden demgegenüber in vergleichbarer Höhe stärker erwärmt.
2. In den tropischen Hochgebirgen herrscht ein Tageszeitenklima mit starker Erwärmung am Tage und Abkühlung in der Nacht. Ein Jahresgang mit warmen Sommer- und kalten Wintermonaten fehlt weitgehend. Aus diesem Grunde sind die Bodentemperaturen schon in verhältnismäßig geringer Tiefe nahezu konstant. Bei Temperaturen unter 7–8 °C werden verschiedene Enzyme, die für die Eiweißsynthese in den Wurzeln notwendig sind, inaktiviert, so daß es zu Wuchshemmungen kommt, bis die Existenzgrenze erreicht ist. Im Gegensatz dazu herrscht in den Gebirgen der Subtropen bereits ein mäßig ausgeprägtes Jahreszeitenklima, das den Pflanzen ermöglicht, die günstigeren Bedingungen des Sommers für die Stoffproduktion und Regeneration zu nutzen.

Schließlich sei noch darauf hingewiesen, daß die Waldgrenze im Inneren größerer Gebirgsmassive höher liegt als an deren Peripherie. Diese Erscheinung ist um so stärker ausgeprägt, je größer das Gebirge ist. So liegt z. B. die potentielle Waldgrenze in den Bayrischen Alpen bei 1 700 m ü. HN, in den Zentralalpen (Oberengadin) bei 2 100–2 300 m ü. HN. Im Hochland von Tibet und im Himalaja werden sogar 4 500 m ü. HN erreicht. Dieser „Effekt der Massenerhebung" ist wohl in erster Linie auf eine **größere Nettostrahlung** (größere Insolation bei verminderter Ausstrahlung) und einen **geringeren advektiven Luftmassenaustausch** gegenüber kleineren Gebirgen zurückzuführen (Larcher 1963, Ungersohn u. Scherdin 1968, Baig et al. 1976, Tranquillini 1979, Baig u. Tranquillini 1980, Tranquillini u. Platter 1983, Holtmeier 1987, Pott 1993). Er kann durch weitere ökologische Faktoren (z. B. den Wind) und das Auftreten bestimmter, an die spezifischen Bedingungen des Hochgebirges adaptierter Baumarten (Zirbel-Kiefer, Lärche) verstärkt werden.

Bei Betrachtung der **polaren Waldgrenze** ergeben sich sowohl Parallelen als auch Unterschiede gegenüber der alpinen Waldgrenze (Tab. 3). Die Gemeinsamkeiten liegen in der gesetzmäßigen Temperaturabnahme und Verkürzung der Vegetationszeit mit den sich daraus ergebenden Konsequenzen (Frosttrocknis, seltene Fruktifikation). Wesentliche Unterschiede bestehen jedoch hinsichtlich des Lichtklimas und der davon abhängigen physiologischen Prozesse. Im Gegensatz zu niedrigen geographischen Breiten, in denen ein Kurztagsrhythmus der Beleuchtung herrscht, ergibt sich in den höheren geographischen Breiten ein Langtagsrhythmus, der schließlich zum Polartag jenseits des Polarkreises führt. Hinzu kommt, daß mit dem abnehmenden Einfallwinkel der Sonnenstrahlen nicht nur die Energiemenge vermindert, sondern auch die spektrale Zusammensetzung des Lichtes (weniger kurzwellige Strahlung) verändert wird. Die sich daraus ergebenden ökologischen Unterschiede werden deutlich, wenn man den Strahlungstrockenheitsindex subpolarer Gebiete betrachtet, der selbst bei geringeren Niederschlägen infolge niedriger Nettostrahlung geringe Werte annimmt. Die subpolaren Gebiete besitzen somit ein perhumides Klima mit hohem Feuchtigkeitsüberschuß. Dieser wiederum führt bei fehlender oder unzureichender Abflußmöglichkeit (ebene Lage und Permafrostboden) zu Sauerstoffmangel im Boden, langsamer und unzureichender Erwärmung sowie gehemmtem Humusabbau mit Paludifikation.

Die für die polare Waldgrenze maßgeblichen Einflüsse werden modifiziert durch den Wind, die Höhe und Dauer der Schneedecke, das Bodensubstrat und die Temperatur der Fließgewässer; aber auch Holznutzungen und Rentierweide können die nordische Waldgrenze verändern.

In Gebieten mit ständig wehenden Winden wird die Stoffproduktion der Bäume erheblich beeinträchtigt, ihre Krone wird deformiert, und die an der Bodenoberfläche vom Winde verwehten Eiskristalle rasieren alle über die geschlossene Schneedecke herausragenden Triebe wie ein Sandstrahlgebläse ab. Aus diesem

*Tab. 3: Ökologische Gemeinsamkeiten und Unterschiede an der alpinen und polaren Waldgrenze*

| | Alpine Waldgrenze | Polare Waldgrenze |
|---|---|---|
| Gemeinsamkeiten | – Effektive Temperatursumme niedrig | |
| | $$\mathrm{ETS} = \sum_{i=1}^{365} \delta_j\,(T_i - T_0) \approx 800$$ | $\delta_j = 1$ wenn $T_i > T_0$<br>$\delta_j = 0$ wenn $T_i \le T_0$<br>$T_0 = 5\,^\circ\mathrm{C}$ |
| | – Vegetationszeit kurz ($\le 3$ Monate) | |
| | – Julitemperatur $\approx 10\,^\circ\mathrm{C}$ | |
| Unterschiede | – kürzere Tage während der Vegetationszeit | – lange Tage während der Vegetationszeit |
| | – größerer Einfallwinkel der Sonnenstrahlen | – kleinerer Einfallwinkel der Sonnenstrahlen |
| | – größerer Anteil kurzwelliger Strahlen | – geringerer Anteil kurzwelliger Strahlen |
| | – Strahlungstrockenheitsindex größer | – Strahlungstrockenheitsindex $< 0{,}3$ |
| | – Paludifikation nur lokal | – hohe Feuchtigkeit, Humusanreicherung und Paludifikation auf großen Flächen |

Es bedeuten:
$\delta$: Parameter, der bewirkt, daß bei der Summenbildung nur die Tage berücksichtigt werden, an denen $T_i$–$T_0$ größer als 0 ist, bzw. $T_i$ mehr als 5 °C beträgt
ETS: Summe der effektiven Temperatur
i: Index für die einzelnen Summanden vom 1. bis zum 365. Tag
$\Sigma$: Summe
$T_i$: Temperatur am Tage i
$T_0$: Schwellenwert der Temperatur für das Einsetzen der physiologischen Prozesse bei heimischen Pflanzen, wird mit 5 °C angesetzt
$T_i$–$T_0$: effektive Temperatur am Tage i

Grunde herrscht im Grenzbereich auf windexponierten Rücken Tundrenvegetation, in den windgeschützten Tälern hingegen Wald vor. Andererseits kann sich im Lee die Schneedecke lange halten, und Schneepilze (Herpotrichia, Phaciolum, Lophodermium), die die Vitalität von Fichte und Kiefer erheblich schwächen, können sich ausbreiten (Bazzingher 1976, Donaubauer 1980). Das führt dann oft zur Vorherrschaft der Birke. In geneigten Geländebereichen und dort, wo Fließgewässer eine gute Drainage bewirken, herrschen weitaus günstigere Existenzbedingungen für den Wald als dort, wo Staunässe, Sauerstoffmangel im Boden und Bodenkälte vorkommen und die Moorbildung rasch voranschreitet. An dieser Stelle sei auch erwähnt, daß Brände, die die Torfauflage borealer Wälder vernichten, eine wichtige Voraussetzung für die Regeneration des Waldes sind.

Von großer Bedeutung für das Vordringen des Waldes nach Norden sind Flüsse, die aus südlicheren Gebieten kommen, so z. B. der Ob, der Jenissei, die Chatanga und die Lena in Sibirien. Das relativ warme Wasser dieser Flüsse bewirkt eine Verbesserung der thermischen Bedingungen im Uferbereich. Hier vermag sich der Wald bis zu 72° nördl. Breite gegenüber der Tundra zu behaupten (subpolarer Galeriewald). Auch die polare Waldgrenze bildet keine gleichmäßig gestreckte Linie, sondern einen breiten, durch Buchten und Zungen charakterisierten Übergangsbereich.

Im Gegensatz zur nordpolaren Waldgrenze kann die südpolare, wegen des Fehlens großer Landmassen, nur auf kurzen Strecken verfolgt werden. Sie liegt wegen des auf der Südhemisphäre vorherrschenden kühlen Seeklimas und der starken Windeinwirkungen auf den verhältnismäßig kleinen Inseln sowie der schmalen südamerikanischen Festlandzunge am Kap Horn in weitaus niedrigeren geographischen Breiten als auf der Nordhalbkugel (56° südl. Breite in Südamerika, 38° südl. Breite auf den Inseln des Indischen Ozeans).

Im Unterschied zu den Waldgrenzen infolge Wärmemangels gibt es bei hinreichender Feuchtigkeit keine Waldgrenze als Folge von Wärmeüberschuß. Nur örtlich kann auf Vulkanen und Thermalfeldern eine geologisch bedingte Hitzegrenze auftreten.

Als zweiter, die Waldverbreitung begrenzender Kardinalfaktor wurde bereits der Feuchtigkeitsmangel genannt. Dieser wirkt überall dort, wo

- zu wenig Niederschlag fällt (Passatwindzone im Bereich der Roßbreiten, Leebereiche von Gebirgen),
- starke Einstrahlung zu hoher Verdunstung führt (Tropen und Subtropen) und
- keine Ergänzung des Wasserdargebotes durch Grundwasser erfolgt (anhydromorphe Standorte).

Als kennzeichnende Größe für diese hygrisch bedingte Waldgrenze wurde bereits der Strahlungstrockenheitsindex von B = 1,0 genannt. Bei näherer Betrachtung des Zusammenhanges zwischen Humidität und Vegetation ergibt sich, daß letztere gegenüber hygrischen Umweltbedingungen sehr adaptationsfähig ist. Das kommt augenfällig in den Übergängen von geschlossenen Wäldern, lichten Wäldern, offenen Gehölzformationen (Waldsteppen und Savannen), Steppen und Grasländern zu Halbwüsten und Wüsten zum Ausdruck. Diese gesetzmäßige Abfolge wird durch die jahreszeitliche Verteilung der Niederschläge, das Bodensubstrat und die Grundwassertiefe modifiziert.

Von großem Einfluß auf die Vegetation ist die jahreszeitliche Verteilung der Niederschläge. Darum muß zwischen Sommer- und Winterregengebieten unterschieden werden. Bei den bisherigen Darstellungen wurde fast durchweg vom Normalfall mit Sommerniederschlägen ausgegangen. Eine wesentlich andere, meist ungünstigere Situation ergibt sich, wenn die Niederschläge überwiegend im Winter fallen (sogenanntes Etesienklima). Hier kommt es bei humidem Klima zur Ausbildung von Hartlaub- und Lorbeerwäldern, auf die noch eingegangen wird.

Der Einfluß des Bodensubstrates wird vor allem im Übergangsbereich vom Wald zur Steppe bzw. zum Grasland deutlich. Hier kommen Waldexklaven meist auf den leichteren, skelettreicheren und über ein größeres Porenvolumen verfügenden Böden vor, während die Steppen- und Graslandvegetation auf den schweren und weniger durchlüfteten Böden auftritt (Walter 1973). Das ist offenbar auf die geringere Saugspannung der grobkörnigen Böden und die daraus resultierende bessere Verfügbarkeit des Bodenwassers für die ganzjährig feuchtigkeitsbedürftigen Bäume zurückzuführen. Hier scheinen Angiospermen mit ihren leistungsfähigeren Wasserleitungssystemen gegenüber den Koniferen im Vorteil zu sein. Auf schwereren und grobporenarmen Böden sind die Bäume dann nicht mehr in der Lage, ihren Feuchtigkeitsbedarf zu decken, weil die Wasserbindung durch Bodenkolloide stärker ist als die Wurzelsaugkraft der Bäume. Demgegenüber benötigen Gräser und Steppenpflanzen für ihre Erhaltung und Regeneration nur kurzzeitig eine gewisse Wassermenge, in deren Genuß sie während der verhältnismäßig kurzen Regenzeit gelangen. Während der langen Trockenzeit (> 6 Monate) treten diese als Hemikryptophyten, Kryptophyten und Therophyten in einen Ruhezustand.

Zur Ausbildung von Wäldern kommt es in ariden Gebieten auch dort, wo die zu ihrer Existenz notwendige Feuchtigkeit durch Grundwasser in wurzelerreichbarer Tiefe bereitgestellt wird. Das ist vor allem längs der Flüsse in Form von Galeriewäldern und in der Umgebung von Quellen und Oasen der Fall. Weitere, die Waldverbreitung begrenzende Faktoren können Nässe, Versalzung, hoher Schwermetallgehalt der Böden und mechanisch wirkende Faktoren sein.

Bei Feuchtigkeitsüberschuß, besonders durch permanent hoch anstehendes, stagnierendes und darum sauerstoffarmes Grundwasser, wird der Wald von semiterrestrischen Ökosystemen, besonders Mooren, abgelöst (Kap. 5.7 u. 5.8). Dabei scheint vor allem Sauerstoffmangel der ausschlaggebende Faktor zu sein. Auch anhaltende Überflutungen führen rasch zur Waldvernichtung. Selbst die Schwarz-Erle stirbt nach einer länger anhaltenden Überflutung ab. Auch die in tropischen Galeriewäldern auftretende Nil-Akazie (Acacia nilothica) stirbt bei Wasserstau und anhaltender Überflutung ab, wie auf den sogenannten Maya-Standorten am Blauen Nil oberhalb des Stausees bei Sennar beobachtet werden konnte. Einige Weiden-Arten sind bei allmählichem Wasseranstieg in der Lage, Adventivwurzeln zu bilden, die im sauerstoffhaltigen Wasser von Fließgewässern fluten, um sich den für das Überleben notwendigen Sauerstoff zu beschaffen. Die in tropischen und subtropischen Sümpfen wachsenden Taxodien und einige Palmen-Arten bilden zur Sicherung ihres Sauerstoffbedarfs Luftwurzeln, und die Mangroven an tropischen Meeresküsten besitzen Pneumatophoren. Ökologisch interessant ist noch, daß die Waldgrenze bei eutropher Vernässung ziemlich scharf (z. B. Bruchwälder), bei oligotropher dagegen diffus ist (z. B. Kiefern-Moorwälder, Kap. 5.8).

In tropisch-ariden Gebieten ist Vernässung häufig mit waldfeindlicher Versalzung gekoppelt. Nur unter besonderen Bedingungen trifft man hier Waldökosysteme an, so z. B. die Melileuca-Wälder auf Alaunböden im Hinterland von Mangroven Südvietnams. Auch die im Gezeitenbereich tropischer Meeresküsten stockenden Mangrovewälder sind hier zu nennen.

Eine lokale Begrenzung der Waldausbreitung können phytotoxisch wirkende Stoffe hervorrufen, so Schwefelwasserstoff an Sulfateren und Schwermetalle in Serpentinverwitterungsböden.

Auch mechanische Einflüsse, wie Wind, Eisgang und Bodenbewegung, können die Waldverbreitung begrenzen. Es wurde schon erwähnt, daß dort, wo ohnehin extreme Umweltbedingungen herrschen, z. B. an der polaren und alpinen Waldgrenze, permanente Windeinwirkungen für den Verlauf der Waldgrenze ausschlaggebend sein können. Ähnlich ist die Situation an der Meeresküste höherer geographischer Breiten. Hier wird die Vitalität der Bäume durch permanente mechanische Beschädigungen an Blättern, Zweigen und Ästen, durch die Verwehung der Laub- und Nadelstreu und die Ausblasung von Feinboden, aber auch durch physiologische Beeinträchtigung der Stoffproduktion und Fruktifikation, so reduziert, daß schließlich die Existenzgrenze der Bäume und damit die Waldgrenze erreicht wird. Eine Begrenzung des Waldareals tritt auch dort auf, wo nicht genügend Feinboden zur Verfügung steht, so auf Felsen und Geröllfeldern. Auch Bodenbewegung durch Winderosion und Dünenbildung sowie Gekriech und Solifluktion wirken waldfeindlich.

### 2.2.3 Anteil des Waldes in Naturlandschaften und tolerierbare Veränderungen in Kulturlandschaften

Die Kenntnis des natürlichen Waldanteils einer Landschaft und das Maß der aus landschaftsökologischer Sicht vertretbaren Veränderungen ist für die Landnutzungsplanung von eminenter Bedeutung. Leider enthält die einschlägige Literatur zu dieser Problematik nur wenige konkrete Angaben. Aus diesem Grunde wurde der Versuch unternommen, entsprechende Werte abzuleiten.

Es wurde bereits festgestellt (Kap. 2.2.1), daß die Grenze der Waldverbreitung in den Grundzügen mit dem Strahlungstrockenheitsindex B = 0,3 zur Tundra auf der einen Seite und B = 1,0 zur Waldsteppe und Savanne auf der anderen abgesteckt werden kann. Wir unterstellen in diesen Grenzbereichen einen natürlichen Waldanteil von rund 50 %. Der höchste Waldanteil ist in Landschaften mit

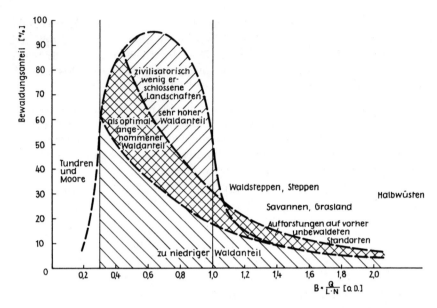

*Abb. 7: Relativer Waldanteil in Naturlandschaften und optimaler Waldanteil in Kulturlandschaften bei Variation des Strahlungstrockenheitsindexes*

0,7 < B < 0,8 zu erwarten. Er dürfte hier bei über 90 % liegen. Die übrige Fläche wird von Gewässern, Mooren, Felspartien u. a. Nichtwaldökosystemen eingenommen. Mit diesen 3 Punkten läßt sich der natürliche Waldanteil in humiden Landschaften grob abschätzen (Abb. 7).

In perhumiden Gebieten mit B < 0,3 muß der natürliche Waldanteil stark zurückgehen, weil Wärmemangel und gehemmter Stoffabbau zu Vermoorung und Tundrenbildung führen. Nur auf Standorten mit geringer Windeinwirkung, guter Drainage oder Erwärmung durch aus südlichen Regionen kommende Fließgewässer kann noch Wald existieren.

Zum ariden Bereich hin nimmt der Waldanteil mit wachsendem Feuchtigkeitsmangel rasch ab. Treten bei Werten von B < 1 noch lichte Wälder auf, so werden diese bald von Steppen und Grasfluren abgelöst. Nur bei einem hygrisch günstigen Bodensubstrat und bei Grundwassereinfluß kann noch Wald existieren. Die Kurve des natürlichen Waldanteils flacht sich darum schon bei Werten um B < 1,2 stark ab, und an der Grenze von der Steppe bzw. vom Grasland zur Halbwüste (B < 2) sind nur noch wenige grundwasserbeeinflußte Standorte (unter 5 %) bewaldet (Galeriewälder).

22

Im Falle menschlicher Besiedlung wird der Waldanteil zwangsläufig vermindert, weil der Mensch sich ernähren, wärmen und kleiden muß, er benötigt Land für seine Wohnungen und Verkehrswege. Dieser Übergang von der Naturlandschaft zur Kulturlandschaft wurde in Mitteleuropa bereits während des Mittelalters vollzogen. In wenig erschlossenen Gebieten der Erde hält dieser Prozeß noch heute an.

In humiden Gebieten, die naturgemäß einen hohen Waldanteil besitzen, war die Reduzierung der Waldflächen als eine Kulturtat anzusehen, so lange die Lebensbedingungen der Menschen dadurch verbessert und keine Landschaftsschäden ausgelöst worden sind. Das erforderte sowohl eine gute Standortswahl bei der Anlage von Siedlungen, landwirtschaftlichen Nutzflächen, Industrieanlagen und Verkehrswegen als auch Festlegungen über das Ausmaß der unbedingt zu erhaltenden Wälder. Vor allem erosionsdisponierte Standorte müssen bewaldet bleiben, wenn Landschaftsschäden vermieden werden sollen. Bei der Markierung dieser Toleranzbereiche (Abb. 7) wurde davon ausgegangen, daß in den stärker humiden Grenzbereichen ($0,3 < B < 0,5$) nur eine geringfügige Reduzierung der Waldfläche erfolgen darf, weil der Wald hier als starker Wasserverbraucher zur biologischen Entwässerung und Abflußregulierung beitragen muß. In diesen für die Menschen unfreundlichen Klimabereichen ist kein nennenswerter Bevölkerungsdruck vorhanden.

Wesentlich größere Reduktionen der Waldfläche erfolgten und erfolgen in den für die menschliche Besiedlung günstigen semihumiden bis semiariden Gebieten ($0,9 < B < 1,1$). Die in Mitteleuropa gesammelten Erfahrungen lehren, daß in solchen Gebieten Bewaldungsanteile von 20–30 % das landschaftsökologische Minimum darstellen.

Der auf Abbildung 7 für humide Gebiete eingezeichnete, verhältnismäßig breite Toleranzbereich soll den Unterschieden zwischen labilen Landschaften mit hoher Erosionsdisposition und relativ stabilen mit geringerer Gefährdung Rechnung tragen.

In ariden Gebieten erscheint eine Erhöhung des Waldanteils im Interesse des Wind- und Erosionsschutzes erstrebenswert, so weit das bei dem gegebenen Feuchtigkeitsregime überhaupt möglich und vertretbar (Grundwasserabsenkung) ist. Durch die Auswahl geeigneter Baumarten und künstliche Bewässerung, die allerdings auch zu Versalzungen führen kann, sollte eine flächenmäßig bescheidene, aber ökologisch wirksame Vergrößerung der Waldfläche angestrebt werden. Beispiele dafür wurden in verschiedenen semiariden Gebieten der Erde geschaffen.

Zusammenfassend kann festgestellt werden, daß sich der Übergang von der Naturlandschaft zur Kulturlandschaft in humiden Gebieten durch eine angemessene und standortsgemäße Verminderung, in ariden Gebieten dagegen Vergrößerung des Waldanteils vollzieht bzw. vollziehen sollte. Erhebliche Abweichungen von den genannten Toleranzbereichen können zu unübersehbaren Landschaftsschäden führen.

## 2.2.4 Wandlung der Waldverbreitung und Waldzusammensetzung

Im Laufe der Zeit unterlagen die Waldverbreitung und -zusammensetzung vielfältigen Veränderungen, die durch natürliche Prozesse und menschliche Einwirkungen hervorgerufen worden sind. Im wesentlichen handelte es sich dabei um

- **Veränderungen der Umweltbedingungen,** die auf **natürliche Ereignisse** und **menschliche Tätigkeit** zurückzuführen sind,
- **Rodungen** und andere Formen der Waldvernichtung sowie **Aufforstungen** und andere Formen der Wiederbewaldung oder Waldausbreitung,
- **Waldnutzungen** und **Waldbewirtschaftung,** die zur Veränderung der Waldzusammensetzung geführt haben.

### 2.2.4.1 Wandlung der Waldverbreitung und Waldzusammensetzung durch natürliche und anthropogene Umweltveränderungen

#### 2.2.4.1.1 Allgemeines

Bei langfristig **gleichbleibenden Umweltbedingungen** stellt sich zwischen diesen und der natürlichen Vegetation ein dynamischer Gleichgewichtszustand ein, der durch Balance auf- und abbauender Prozesse gekennzeichnet ist (Abb. 8). Der Weg dahin führt, dank **systeminterner Vorgänge,** über verschiedene, durch bestimmte Arten-, Alters- und Raumstrukturen charakterisierte Entwicklungsstadien zu einer Klimax. Die gesamte Abfolge der Entwicklungsstadien wird als Sukzession bezeichnet (Kap. 3.5).

**Ändern** sich hingegen die **Umweltbedingungen,** z. B. die Nährstoffausstattung, das Feuchtigkeitsregime oder der Wärmehaushalt, so setzt zwangsläufig auch eine Wandlung der Vegetation ein, weil sich die Wettbewerbsfähigkeit der Arten verschiebt. Die dadurch ausgelösten Prozesse werden, im Gegensatz zu der oben genannten autogenen Dynamik, als allogene Sukzessionen bezeichnet.

Das Verhalten einer Art gegenüber Umweltveränderungen ist von folgenden Einflußgrößen abhängig:

- von ihren ökologischen Koordinaten $U_1$, $U_2$, . . ., $U_i$ und der sich daraus ergebenden ökologischen Amplitude $\Delta U_1$, $\Delta U_2$, . . ., $\Delta U_i$,
- von ihrer natürlichen bzw. vom Menschen vorgesehenen Lebensdauer $t_\mu$,
- von der Art, vom Ausmaß und von der Geschwindigkeit der Umweltveränderung $\Delta U/\Delta t$.

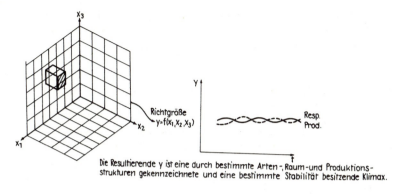

Die Resultierende y ist eine durch bestimmte Arten-, Raum-und Produktions-
strukturen gekennzeichnete und eine bestimmte Stabilität besitzende Klimax.

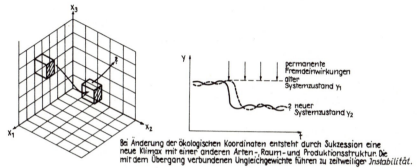

Bei Änderung der ökologischen Koordinaten entsteht durch Sukzession eine
neue Klimax mit einer anderen Arten-, Raum- und Produktionsstruktur. Die
mit dem Übergang verbundenen Ungleichgewichte führen zu zeitweiliger *Instabilität*.

*Abb. 8: Ökologische Koordinaten eines topographischen Ortes (links oben) sowie
Änderung dieser Koordinaten (links unten) mit den sich daraus ergebenden Konsequenzen für den durch Produktivität und Respiration charakterisierten Systemzustand (rechts)*

Das wird auf Abbildung 9 veranschaulicht. Auf dieser Darstellung kennzeichnen
$\Delta U$ die Umweltamplitude und $\Delta t$ die Lebensdauer der betreffenden Art. Beide
sind genetisch geprägt. Innerhalb des durch die Größen $\Delta U$ und $\Delta t$ begrenzten
Rechtecks wird die Reaktionsintensität RI = f(t, U), z. B. die Produktivität pro
Zeit- und Flächeneinheit, durch Isolinien dargestellt. Bleibt die Umwelt unverändert, so durchläuft RI = f(t) bei U = const. den altersabhängigen Reaktions-
prozeß. Ändert sich die Umwelt U = f(t), so ändert sich innerhalb des ökologischen Toleranzbereiches $\Delta U$ auch die Reaktionsintensität, bis an der Toleranz-
grenze $U = U_{min}$ bzw. $U = U_{max}$ die Mortalität einsetzt. Das ist um so früher der
Fall, je größer die Änderungsgeschwindigkeit $\Delta U/\Delta t$ und je schmaler die ökologische Amplitude $\Delta U$ (x) der betreffenden Arten oder intraspezifischen Sippen
sind.

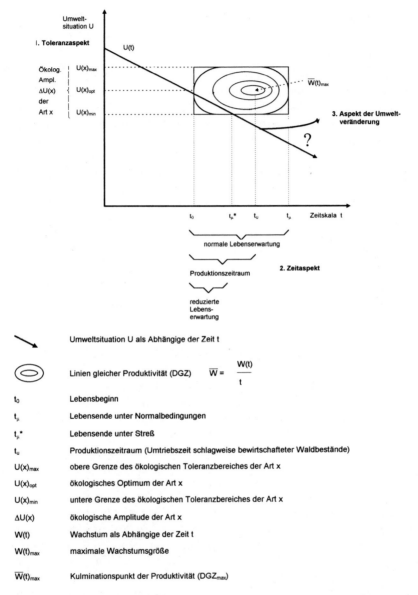

Umwelt-
situation U

I. Toleranzaspekt

U(t)

Ökolog.     U(x)_max
Ampl.
ΔU(x)     U(x)_opt                                    $\overline{W}(t)_{max}$
der
Art x     U(x)_min

3. Aspekt der Umwelt-
veränderung

?

t₀     t_μ*     t_u     t_μ     Zeitskala  t

normale Lebenserwartung

Produktionszeitraum     2. Zeitaspekt

reduzierte
Lebens-
erwartung

Umweltsituation U als Abhängige der Zeit t

Linien gleicher Produktivität (DGZ)     $\overline{W} = \dfrac{W(t)}{t}$

| | |
|---|---|
| t₀ | Lebensbeginn |
| t_μ | Lebensende unter Normalbedingungen |
| t_μ* | Lebensende unter Streß |
| t_u | Produktionszeitraum (Umtriebszeit schlagweise bewirtschafteter Waldbestände) |
| U(x)_max | obere Grenze des ökologischen Toleranzbereiches der Art x |
| U(x)_opt | ökologisches Optimum der Art x |
| U(x)_min | untere Grenze des ökologischen Toleranzbereiches der Art x |
| ΔU(x) | ökologische Amplitude der Art x |
| W(t) | Wachstum als Abhängige der Zeit t |
| W(t)_max | maximale Wachstumsgröße |
| $\overline{W}(t)_{max}$ | Kulminationspunkt der Produktivität (DGZ_max) |

*Abb. 9: Ökologische Amplitude ΔU(x) einer Art x, deren normale (t_μ) und infolge
von Umweltveränderungen reduzierte Lebensdauer (t_μ*) sowie die sich
in Abhängigkeit von der Zeit t und der Umweltsituation U(t) ergebende
Produktivität W(t)*

Aus dieser Darstellung ergeben sich 3 Aspekte:

*1. Der Toleranzaspekt*

Die ökologische Toleranz der verschiedenen Gehölzgruppen ist von eminenter Bedeutung für ihr Verhalten gegenüber Umweltmodifikationen. Taxa, die sich durch eine große ökologische Amplitude auszeichnen, z. B. die eurypotenten Pionierbaumarten, sind in der Regel durch größere Anpassungsfähigkeit an Umweltveränderungen als die meist stenopotenten Klimaxbaumarten gekennzeichnet. Da ökologische Toleranz meist mit genetischer Mannigfaltigkeit gekoppelt ist, wird mit deren Einengung, z. B. durch Züchtung, häufig auch das Risiko verstärkt. Neben der ökologischen Amplitude ist natürlich auch die Koinzidenz von Biotop und Ökologie der Art bedeutungsvoll. Arten, die sich bereits im ökologischen Grenzbereich befinden, sind stärker als solche, die im Optimalbereich vorkommen, gefährdet. Dies sei am Beispiel der auf Abbildung 10 dargestellten Ökogramme veranschaulicht. Man erkennt darauf die ökologische Amplitude bezüglich Temperatur und Feuchtigkeit bei Fichte, Kiefer, Eiche und Buche.

Die Gefahr für eine Baumart, Umweltveränderungen zum Opfer zu fallen, ist von ihrer ökologischen Amplitude und den ökologischen Koordinaten ihres

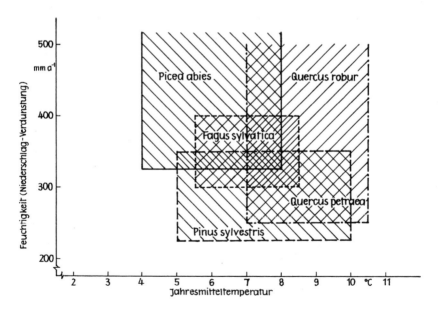

*Abb. 10: Ökogramme forstwirtschaftlich wichtiger Baumarten für Zentraleuropa*

Standortes abhängig. So sind z. B. Fichtenbestände bei einem Temperaturanstieg von 2 K gefährdet, wenn der Standort schon heute eine Jahresmitteltemperatur von > 7°C aufweist. Wir ziehen daraus den Schluß, daß in Zukunft vor allem den Grenzbereichen größere Beachtung geschenkt werden muß.

## 2. Der Zeitaspekt

Langlebige Organismen bzw. langfristig bewirtschaftete Pflanzenbestände sind stärker als kurzlebige bzw. kurzzeitig bewirtschafte durch Umweltveränderungen gefährdet, weil

- relevante Umweltveränderungen in einem längeren Zeitraum wahrscheinlicher als in einem kurzen sind,
- Langlebigkeit in der Regel mit einer geringeren Generationsfolge und damit auch mit einer schlechteren Adaptationsfähigkeit an Umweltveränderungen verbunden ist.

Aus dieser Feststellung folgt allgemein, daß Waldökosysteme stärker als Nichtwaldökosysteme durch Umweltveränderungen gefährdet sind. In diesem Zusammenhang sei noch darauf hingewiesen, daß sich aus der raschen Generationsfolge kurzlebiger Organismen ein großer Adaptationsvorteil gegenüber langlebigen ergibt. Das kann zu einem Chancenvorteil adaptationsschneller pathogener Mikroorganismen gegenüber adaptationsträgen Makroorganismen führen. Umweltänderungen können darum zu erhöhter Pathogenität bei Waldbäumen führen.

## 3. Der Aspekt der Geschwindigkeit von Umweltveränderungen

Für die Anpassung von Individuen und Populationen sowie Ökosystemen ist die Geschwindigkeit der Umweltveränderungen sehr bedeutungsvoll. Dabei ist zwischen physiologischer Akklimatisation einzelner Organismen, auf Selektion und Rekombination beruhenden Anpassungen von Populationen und dem sich infolge neuer Wettbewerbsbedingungen vollziehenden Artenwechsel in Ökosystemen zu unterscheiden.

In diesem vielschichtigen Prozeß ist es wesentlich, ob die Geschwindigkeit der durch Umweltveränderungen hervorgerufenen Vitalitätsverluste sowie der Mortalitätsprozeß strukturbestimmender Spezies der alten Vegetation schneller verlaufen als die Immigration neuer, den veränderten Umweltbedingungen adäquater Spezies der künftigen Vegetation. In Abhängigkeit davon wird es zur Destruktion des alten Systems oder zu einer allogenen Sukzession aus dem alten in ein neues System kommen (Kap. 3.5 u. 3.6).

Die bis zum Beginn der Neuzeit erfolgten globalen Umweltveränderungen wurden überwiegend durch Naturkräfte ausgelöst. Das änderte sich im Industriezeitalter, nachdem der Mensch die Lithosphäre, Hydrosphäre, Atmosphäre und Biosphäre der gesamten Erdkugel veränderte.

Dazu gehören

- der großmaßstäbliche, ganze Landschaften verändernde Abbau von Boden-schätzen,
- Grundwasserabsenkungen und -anhebungen,
- Bodenversauerungen und -eutrophierungen,
- Luftverunreinigungen und
- Klimaveränderungen.

Die Wandlung der Waldverbreitung und -zusammensetzung soll nachfolgend unter Berücksichtigung dieser verschiedenen Ursachen behandelt werden.

### 2.2.4.1.2 Wandlung der Waldverbreitung und Waldzusammensetzung durch natürliche Umweltveränderungen

### 2.2.4.1.2.1 Wälder in präglazialer Zeit

Definiert man den Wald als ein Ökosystem, in dem Makrophanerophyten domi-nieren und geschlossene Bestände bilden, so ist festzustellen, daß diese Vegetati-onsform schon seit dem **Karbon** existiert. In dieser durch die Bildung gewaltiger Steinkohlenlager charakterisierten geologischen Epoche bildeten Baum- und Samenfarne (Pteridophyten und Pteridospermen) sowie nadelbaumartige Pflan-zen (Cordaiten) mehr oder weniger geschlossene, hochproduktive Pflanzenbe-stände.

Nach der darauf folgenden **permokarbonischen Kaltzeit** gelangten vom **Zechstein** bis zum **Jura** die Gymnospermen zur Herrschaft. Im Jura traten die ersten Angiospermen auf. Sie erreichten während der Kreidezeit eine große Ar-tenvielfalt und Verbreitung.

Charakteristisch für die **Kreidezeit** waren in Mitteleuropa Taxa subtropischer und gemäßigter Klimate, und zwar

- **wärmebedürftige Taxa:**
  - **Gymnospermen:** Cycas, Ginkgo, Sequoia, Sciadopitys, Podocarpus, Libocedrus, Callitris, Cephalotaxus,
  - **Angiospermen:** Artocarpus, Ficus, Magnolia, Liriodendron, Cinnamo-mum, Eucalyptus, Sterculia, Sapindus, Nerium, Platanus, Smilax,
- **Taxa der gemäßigten Klimate:** Acer, Betula, Fagus, Juglans, Quercus, Po-pulus, Salix.

Während der Kreidezeit brach der große Nordkontinent Laurasia auseinander, und Nordamerika trennte sich von Eurasien. Gleichzeitig rückte Europa näher an den Nordpol heran. Hinzu kamen gewaltige tektonische Ereignisse während der Tertiärzeit (alpidische Orogenese).

Noch im **Frühtertiär (Eozän)** herrschten in Mitteleuropa subtropische bis tropische Verhältnisse, die eine entsprechende Vegetation hervorbrachten. So fand man im Geiseltal bei Merseburg

- **tropische Taxa:** Moraceae (Ficus), Loranthaceae, Anacardiaceae (Rhus), Sapindaceae (Dodonea), Bombaceae (Ochroma), Sterculiaceae und Sapotaceae,
- **Taxa gemäßigter Klimate** mit Jahrringen, die auf eine Witterungsrhythmik schließen lassen: Alnus, Castanea, Fagus, Juglans, Myrica und Salix.

Bis zum oberen **Miozän** änderte sich das Klima erheblich. Aus dieser Zeit stammen die Pflanzenfunde aus Öhringen am Bodensee. Von 482 nachgewiesenen Spezies gehören 85 zu tropischen, 266 zu subtropischen und 131 zu gemäßigten Florenelementen.

In einer **pliozänen Lagerstätte** bei Frankfurt a. M. wurden 150 Arten nachgewiesen, die wahrscheinlich aus dem Spessart, dem Taunus und dem Odenwald stammten und in der Bucht des pliozänen Mains zusammengeschwemmt worden sind. Darunter waren folgende Baumgattungen:

- **Gymnospermen:** Pinus (8 Arten), Podocarpus, Cephalotaxus, Torreya, Keteeleria, Sciadopitys, Libocedrus, Thuja,
- **Angiospermen:** Acer, Carya, Fraxinus, Populus, Ulmus, Betula.

Hinzu kommen zahlreiche Sträucher (Berberis, Corylus, Myrica, Staphylea, Acanthopanax) und einige Lianen (Parthenocissus, Vitis, Trichosanthes).

Das Klima der damaligen Zeit war gemäßigt-warm und kam dem nahe, was bei der vorausgesagten Klimaänderung in Zentraleuropa zu erwarten ist.

### 2.2.4.1.2.2 Vegetationsverhältnisse im Pleistozän

Als Folge geophysikalischer und atmosphärischer Ereignisse (Kontinentaltrift, Polverlagerung, veränderte Luft- und Wärmeströmungen, Ekliptikschiefe, Exzentrizität der Erdbahn, Sommer in Sonnenferne, $CO_2$-Minderung) bahnte sich gegen Ende des Tertiärs eine nordhemisphärische Eiszeit an. Sie prägte mit mehreren Eisvorstößen (Kaltzeiten oder Glaziale) und Eisrückzügen (Warmzeiten oder Interglaziale) das nun folgende Pleistozän (Tab. 4).

Während der Kaltzeiten lag die Schneegrenze in Mitteleuropa bei etwa 800 m ü. HN, d.h. etwa 1 200 m tiefer als jetzt. Die Temperatur war etwa 8–10 K niedriger als heute. Daraus folgt, daß in dem eisfreien Raum zwischen den alpinen und nordischen Gletschern Kältewüste und karge Tundrenvegetation vorgeherrscht haben müssen (Abb. 11).

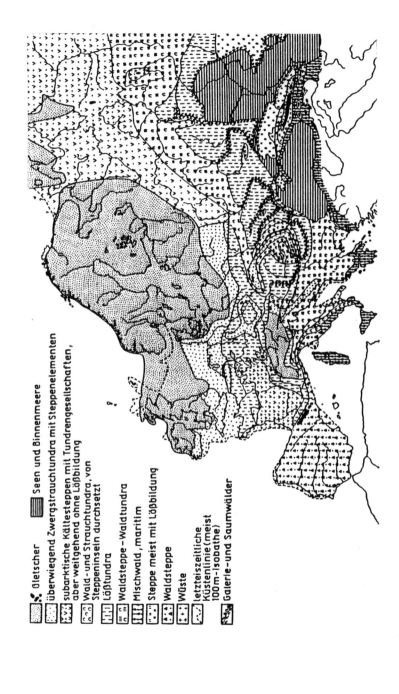

Legend:

- Gletscher
- Seen und Binnenmeere
- überwiegend Zwergstrauchtundra mit Steppenelementen
- subarktische Kältesteppen mit Tundrengesellschaften, aber weitgehend ohne Lößbildung
- Wald- und Strauchtundra, von Steppeninseln durchsetzt
- Lößtundra
- Waldsteppe – Waldtundra
- Mischwald, maritim
- Steppe meist mit Lößbildung
- Waldsteppe
- Wüste
- letzteiszeitliche Küstenlinie (meist 100m-Isobathe)
- Galerie- und Saumwälder

*Abb. 11: Rekonstruktionsversuch der Vegetationszonierung Europas während der maximalen Vergletscherung in der Würm-Kaltzeit (n. Frenzel, aus Strasburger 1983)*

Von den Hochdruckgebieten über den Eismassen wehten trockene Nordostwinde, die aus dem Eisvorland den durch physikalische Verwitterung entstandenen Staub fortwehten und in größerer Entfernung, nach einer entsprechenden Seigerung, als Treibsand, Sandlöß und Löß ablagerten.

*Tab. 4: Gliederung des Pleistozäns in verschiedenen Gebieten der Nordhemisphäre*

| Alpenraum | Mitteleuropa und Skandinavien | | Osteuropa | Nordamerika |
|---|---|---|---|---|
| | Kaltzeiten | Warmzeiten | | |
| Würm | Weichsel | | Waldai | Wisconsin |
| | | Eem | | |
| Riß | Saale | | Moskau | Illionois |
| | | Holstein | | |
| Mindel | Elster | | Dnepr | Kansas |
| | | Cromer | | |
| Günz | Menap (Elbe) | | Litvin | Nebraska |

Die pleistozäne Klimaverschlechterung bewirkte eine Vernichtung der Wälder Mitteleuropas. Die hier bislang vorkommenden Baumarten starben entweder aus (wenn die Migrationsgeschwindigkeit kleiner als die des vorstoßenden Eises gewesen ist) oder verlagerten ihr Areal in wärmere Gebiete, wo sie in meist kleineren Refugien überdauerten.

Obwohl zahlreiche Arten von den überwiegend in Südeuropa gelegenen Rückzugsgebieten während der Warmzeiten und nach dem Rückzug des Eises wieder in Mittel- und Nordeuropa einwanderten, war dieser Prozeß mit großen Verlusten an Arten und genetischer Substanz verbunden. Diese Verluste waren in Europa wegen der Ost-West-Erstreckung der Gebirge weitaus größer als in Nordamerika und Ostasien. Mit den kaltzeitlichen Wanderungen nach Südeuropa kam es bei zahlreichen Taxa zur Aufsplitterung bisher zusammenhängender Areale. Dies führte zu einer getrennten Entwicklung der Populationen, teilweise mit Arten- und Rassenbildung verbunden (Abies, Fagus, Fraxinus).

Über zeitweilige Rückwanderungen während der **Warmzeiten** geben verschiedene Fundstätten Aufschluß. Dabei zeigt sich deutlich, wie anfangs die Erwärmung, später die Abkühlung auf die Vegetation wirkten. So enthalten die interglazialen Ablagerungen von Höhenerdingen in der Lüneburger Heide (Müller 1974, 1979) nachstehende zeitliche Abfolge:

- Betula nana
  ↓
- Pinus sylvestris und Picea abies
  ↓
- Quercus petraea, Fagus sylvatica, Carpinus betulus, Corylus avellana, Alnus glutinosa, Ilex aquifolium, Tilia platyphyllos, wahrscheinlich auch Juglans und Platanus sowie Abies alba und Taxus baccata
  ↓
- Pinus sylvestris und Picea abies
  ↓
- Betula.

Im interglazialen Travertin von Weimar-Ehringsdorf und an anderen Orten Thüringens wurden Juglans regia, Thuja occidentalis var. thuringensis, Acer monspessulanum, Buxus sempervirens u. a. gefunden.

Bemerkenswert ist in diesem Zusammenhang, daß die Vegetationsentwicklung in den pleistozänen Warmzeiten sowie im Postglazial von Herden pflanzenfressender Großsäuger, wie Ur, Wisent, Elch und Tarpan sowie Menschen, die auf diese jagten, beeinflußt worden ist (Mania u. Dietzel 1980, Kahlke 1981). Dadurch blieben auch unter relativ günstigen ökologischen Verhältnissen zeitweilig offene Flächen erhalten, und stellenweise kam es zur Ausbreitung von Pioniergehölzen.

### 2.2.4.1.2.3 Spät- und postglaziale Waldentwicklung

Das nordische Inlandeis zog sich vor etwa 20 000 Jahren von dem südlich der heutigen Ostsee gelegenen Gebiet zurück. Weitere 3 000–7 000 Jahre vergingen bis zum Rückzug nach Schonen (**Däniglazial**), 3 000 Jahre bis zum Rückzug nach Mittelschweden (**Gotiglazial**) und 1 000 Jahre bis zum Rückzug nach Jämland (**Finiglazial**).

Die spät- und postglaziale Klima-, Vegetations- und Kulturentwicklung Mitteleuropas wird in Tabelle 5 dargestellt.

Aus Tabelle 5 folgt, daß die **postglaziale Vegetationsentwicklung** nicht als ein linearer Prozeß, sondern eine durch mannigfaltige Einflußgrößen, besonders Temperatur- und Feuchtigkeitsschwankungen, bestimmte, vielgestaltige Dynamik zu verstehen ist. So folgte auf die mäßige Erwärmung im Alleröd ein erheblicher Kälterückfall in der jüngeren Tundrenzeit. Die stärkere Erwärmung im Atlantikum wurde von einer Abkühlung im Subboreal und Subatlantikum abgelöst. Den Trockenzeiten im Präboreal und Boreal folgte dank Ausbildung und Ausdehnung der Ostsee das feuchte Atlantikum, welches dann im Subboreal einer trockeneren Periode gewichen ist. Alle diese Veränderungen waren von er-

Tab. 5: Gliederung des Spätglazials und des Holozäns sowie entwicklungsbe-
stimmender Ereignisse in Zentraleuropa (Lieberoth 1982, zit. v. Sedlag u.
Weinert 1987)

| Zeitabschnitte | abso-lut | Zeit vor heute | Klima-ablauf | Vegetationsentwicklung — Baumausbreitung | Pollendiagr.-zonen n. Firbas | Entwicklungsphasen der Ostsee | Entwicklung der menschlichen Kulturen |
|---|---|---|---|---|---|---|---|
| *Jungholozän / Nachwärmezeit* — Jüngeres Subatlantikum | 1500 / — | — / 1000 | heutige Verhältnisse mit Schwankungen | Wirtschaftswälder und naturnahe Wälder wie zuvor, starke Rodungen | X | heutige Ostsee — Mya-Phase | Deutsche Zeit / Slawische Zeit / Völkerwanderung |
| Älteres Subatlantikum | +500 / -Zw- | 2000 | weiter abkühlend, feuchter | Buchenmischwälder | IX | Lymnäa-Phase / Ausdehnung | Römische Kaiserzeit / Vorrömische Eisenzeit |
| Subboreal | -500 / — | 3000 | abkühlend und trocken | Buchen-Eichenwälder, Ausbreitung der Buche | VIII | geringer Rückzug | Bronzezeit |
| *Mittelholozän / Mittlere Wärmezeit / Epiatlantikum* — (Späte Wärmezeit) | 1500 / — | 4000 | sehr feucht | stärkere standörtliche Differenzierung in · Eichen-Linden-mischwald | | zweiter Höchststand | Jungsteinzeit (Neolithikum) |
| Jüngeres Atlantikum | 2500 / — / 3500 | 5000 / 6000 | etwas weniger warm mit Feuchteschwankungen | · Kiefernwald · Erlenwald | VII | Litorina-Meer — erster Höchststand | Ertebölle |
| Älteres Atlantikum | 4500 / — / 5500 | 7000 | Wärmemaximum, feucht | Eichenmischwälder mit Ulme, Linde und Kiefer, Hasel Esche u./o. Fichte | VI | Ausdehnung | Mittelsteinzeit (Mesolithikum) |
| *Altholozän* — Boreal (Frühe Wärmezeit) | — / 6500 | 8000 / 9000 | nachhalt. Erwärmung, noch relativ trocken | Ausbreitung der Laubbäume Haselmaximum Hasel-Kiefernwälder | V | Ancylus-Großsee (mit Süßwasser) | |
| Präboreal (Vorwärmezeit) | 7500 / — | 10000 | schnelle Erwärmung, trocken | Birken – Kiefernwälder wechselnder Zusammensetzung | IV | Yoldia-Meer IV | |
| *Weichselkaltzeit / Spätglazial* — Jü. (Dryas-)Tundrenzeit | 8500 / — | 11000 | Kälterückschlag | Tundra m. lichten Birken-Kiefernwäldern | III | Baltische Eisstauseen (Süßwasser) | Ahrensburger Gruppe |
| Alleröd | 9500 / — | 12000 | mäßige Erwärmung, mäßig trocken | Birken-Kiefernwälder | II | Rückzug des Inlandeises | Federmessergruppen |
| Ält. (Dryas-)Tundrenzeit | 10500 / — | | kalt, mäßig trocken | baumarme Strauchtundra | | | *Altsteinzeit (Jungpaläolith)* |
| Bölling | — | 13000 | geringe Erwärmung | erste Birkenwälder | I | | |

*Linke Randbeschriftung: Holozän (Postglazial, Nacheiszeit)*

34

heblichem Einfluß auf die postglaziale Vegetationsentwicklung, bei deren Interpretation neben den genannten Klimaänderungen zu beachten ist:

- **Die Ökologie der beteiligten Baumarten, bes. ihre thermische, hygrische, trophische und photische Amplitude bzw. Toleranz**
  Arten mit großer **thermischer Amplitude** und geringen Temperaturansprüchen waren im Vorteil, weil sie bei Abkühlung des Klimas länger ausharren und ihre **Refugien in geringerer Entfernung** vom Eisrand bewahren konnten. Der Rückwanderungsweg dieser Arten war darum kurz, und ihre Rückkehr in die vom Eis frei gegebenen Gebiete erfolgte früher. Zu diesen Gattungen gehören Kiefer, Birke, Weide und Erle.
  Arten mit großer **trophischer Amplitude** und geringen Nährstoffansprüchen konnten sich bei der Rückwanderung auf verschiedenartigen Standorten und Rohböden ansiedeln, während anspruchsvolle Arten häufiger auf Migrationsbarrieren stießen, z. B. Buche und Tanne.
  Auf Flächen, die nach dem Rückzug des Eises frei wurden, konnten sich die **lichtbedürftigen Spezies** gut ansiedeln. Sie vermochten sich aber nicht auf Dauer gegenüber schattentoleranten Arten, die sich auch in dichten Wäldern verjüngen können, zu behaupten.

- **Die Vermehrungspotenz und Generationsfolge**
  Für die Besiedlung freier Flächen ist eine bestimmte **Anzahl von Diasporen** notwendig. Arten, die häufig und reichlich fruktifizieren, sind darum gegenüber solchen im Vorteil, die selten und spärlich Samen tragen.

- **Die Migrationsgeschwindigkeit**
  Die Wanderungsgeschwindigkeit der Pflanzen ist abhängig davon, auf welche Weise die Vermehrungsorgane ausgebreitet und wie weit sie transportiert werden. Dabei unterscheidet man Auto- und Allochorie und bei letzterer Anemo-, Hydro- und Zoochorie. Es ist evident, daß die anemochoren Spezies den zoochoren bei der postglazialen Remigration überlegen waren.

  Hinzu kommt die Generationsfolge. Schnellebige und früh fertile Arten können rascher als langlebige und spät fertile wandern, da die einzelnen Wanderungsschritte an Generationen gebunden sind und schnellebige Spezies pro Zeiteinheit mehr Generationen als langlebige hervorbringen (Tab. 6).

*Tab. 6: Schätzwerte für Generationsfolge, Ausbreitungsstrecke und Ausbreitungsgeschwindigkeit einiger Baumarten im Zeitraum von 100 Jahren (Thomasius 1990)*

| Baumart | Generationsfolge [Generat./ 100a] | Ausbreitungsstrecke [m/Generation] | | Ausbreitungsgeschwindigkeit [m/100a] | |
|---|---|---|---|---|---|
| | | durchschnittlich (Massenausbreitung) | maximal (Einzelausbreitung und Sprünge bei Zoochorie) | durchschnittlich (Massenausbreitung) | maximal (Einzelausbreitung und Sprünge bei Zoochorie) |
| Sand-Birke | 8–10 | 200 | 5 000 | 1 600–2 000 | 40 000–50 000 |
| Gemeine Kiefer | 5 | 40 | 2 000 | 200 | 10 000 |
| Gemeine Fichte | 3 | 30–40 | 3 000–5 000 | 90–120 | 9 000–15 000 |
| Rot-Buche | 2–2,5 | 20 | 5 000–6 000 | 40–50 | 10 000–15 000 |

Aus diesen Darlegungen folgt hinsichtlich der Migrationsfähigkeit der verschiedenen Baumarten:

- **Gemeine Kiefer:** Weil ihre Refugien relativ nahe am vereisten Gebiet lagen und sie, gemeinsam mit Birke, allen anderen Baumarten zuvor kam, konnte sie sich rasch über alle Standorte hinweg bis nach Westeuropa ausbreiten. Später wurde die Kiefer von den auch für anspruchsvollere und schattentolerante Baumarten geeigneten Standorten verdrängt, weil sich diese gegenüber der lichtbedürftigen Kiefer durchsetzten (Burrichter 1982, Pott 1982, 1984; Hüppe et al. 1989).
- **Weiß-Tanne:** Sie wanderte auf verschiedenen Wegen langsam und spät von ihren weiter im Süden gelegenen Refugien in Mitteleuropa ein. Da sich vor ihr schon andere Baumarten angesiedelt hatten, mußte sie sich gegen deren Konkurrenz durchsetzen. Das war auf den ihr zusagenden Standorten nur dank großer Schattentoleranz möglich. Den Harz erreichte die Tanne nicht, weil das zwischen dem Thüringer Wald und dem Harz gelegene Thüringische Becken wahrscheinlich eine Einwanderungsbarriere bildete.
- **Rot-Buche:** Dieser Baumart erging es ähnlich wie der Tanne. Ihre Refugien lagen weiter vom Eisrand entfernt, und ihre Wanderungsgeschwindigkeit ist gering. Bei ihrer Wiederansiedlung mußte sie sich gegen die Konkurrenz der Frühansiedler durchsetzen. Das gelang auf nährstoffmittleren und -kräftigen Standorten dank Schattentoleranz besonders in den stärker atlantisch beeinflußten Gebieten (Grohne 1957, Zoller 1960, Kubitzki 1961, Casparie 1972, Ralska-Jasiewiczowa 1983, Kučan 1973, Bottema 1974, Beug 1975, Grüger 1975, Behre 1976, Schneider 1978, Jalut u. Delibrias 1980, Pott 1993). Ihr Vordringen in diese Gebiete ist nur mit größeren Sprüngen durch ornithochore Ausbreitung zu erklären.

- **Gemeine Fichte:** Sie überdauerte die Kaltzeiten auf der Apenninen- und Balkan-Halbinsel, am Fuß der Karpaten und in Mittelrußland (Kostroma). Von hier erfolgte verhältnismäßig spät die Rückwanderung auf überwiegend montanen und borealen Wegen (Alpenweg, Alpenrandweg, Karpaten-Sudeten-Weg, Nordweg). Dabei kamen ihr auf der einen Seite die geringe Konkurrenzkraft der bereits eingewanderten Spezies in den Gebirgen, andererseits ihre thermische Anspruchslosigkeit und Schattentoleranz entgegen.

Bis zum Beginn der Eisenzeit waren die heute als „**einheimisch**" bezeichneten Baumarten in den ihrer ökologischen Potenz entsprechenden Arealen eingewandert. Nunmehr konnten sich die natürlichen Waldgesellschaften sukzessiv entwickeln. Dabei muß jedoch darauf hingewiesen werden, daß sie schon damals eine Resultierende folgender Einflußgrößen waren:

- der jeweiligen abiotischen **Umweltfaktoren,**
- der inter- und intraspezifischen **Wechselwirkungen zwischen den Baumarten,**
- der damaligen **Tierwelt,** in der **pflanzenfressende Großsäuger** eine bedeutende Rolle spielten und
- in **Altsiedlungsräumen** auch des **Menschen.**

Beim gegenwärtigen Stand des Wissens kann man annehmen, daß um die Zeitenwende in Deutschland folgende natürliche Waldgesellschaften vorherrschten:

- In den Flußauen des Flach- und Hügellandes traten im unmittelbaren Uferbereich Weichholz-Auenwälder mit Silber-Weide, Bruch-Weide und Schwarz-Pappel auf. Auf den etwas höher gelegenen Bereichen der Flußauen herrschten Ulmen, Eschen, Ahorne und auch Eichen als Vertreter des Hartholz-Auenwaldes vor.
- In größeren Niederungen und Brüchen kamen Birken-Stieleichenwälder (staunaß und nährstoffarm) und Erlenwälder (zügig-naß und nährstoffreich) vor.
- Das Flach- und Hügelland im Nordwesten Deutschlands wurde großflächig von Buchenwäldern eingenommen, die je nach Nährstoffgehalt und Feuchtigkeit des Bodens mit anderen Laubbaumarten (Esche, Ahorn, Eichen, Hainbuche, Linden) durchsetzt waren.
- Auf armen und trockenen Standorten dominierte die Trauben-Eiche, stellenweise auch in Mischung mit Kiefer.
- In den Hügellandbereichen kamen bei mittleren bis reichen Nährstoffverhältnissen Linden-Hainbuchen-Eichenwälder vor, unter ärmeren Bedingungen auf staunassen Biotopen Birken-Stieleichenwälder und auf trockenen Standorten Kiefern-Traubeneichenwälder.

- Birken-Stieleichenwälder und Kiefern-Traubeneichenwälder waren auch die dominierenden Waldgesellschaften auf altpleistozänen Standorten im Osten Deutschlands.
- In den deutschen Mittelgebirgen kamen überwiegend Bergmischwälder mit Buche, Tanne (außer dem Harz) und Fichte vor.
- Die Hoch- und Kammlagen der Mittelgebirge wurden von Fichten-Bergwäldern eingenommen.
- In den Hochgebirgen schließt sich nach oben noch eine subalpine Stufe mit Zirbel-Kiefer, Lärche und schließlich Berg-Kiefer an.

Diese natürlichen Waldgesellschaften von damals kann man den potentiellen natürlichen Waldgesellschaften von heute – trotz vieler Gemeinsamkeiten – nicht völlig gleichsetzen, weil in den letzten 2 000 Jahren Umweltveränderungen eingetreten sind, auf die die Vegetation durch allogene Sukzession reagierte. Hier sind an erster Stelle Klimaänderungen während der letzten 2 000 Jahre und eine sich gegenwärtig als Folge der außerordentlich schnellen Zunahme von Treibhausgasen abzeichnende Erwärmung zu nennen. Hinzu kommen Trophieveränderungen durch Fremdstoffeinträge u. a. Einflußgrößen.

Von den Klimaänderungen in historischer Zeit ist eine warme Periode zwischen 900–1100 (Flohn 1988) bzw. 1150–1300 (Lamb 1989) hervorzuheben. Während dieser frühmittelalterlichen Warmzeit lagen die Sommertemperaturen um 1 K höher als jetzt. In dieser Zeit wurden Island und Grönland durch die Wikinger besiedelt, der Getreideanbau reichte in Norwegen bis über den 65. Breitengrad, in Ostpreußen, Pommern und Südschottland (Parry 1978) wurde noch Wein angebaut, und die nordische sowie alpine Waldgrenze lagen wesentlich höher als heute. Es ist naheliegend, daß diese Gunst des Klimas mit zur Ausbildung der Hochkultur des hohen Mittelalters beigetragen hat. Dieses **goldene Zeitalter** wurde durch Kälteperioden um 1160–1200, 1310–1330 und 1425–1460 unterbrochen.

Zu einer Kleinen Eiszeit kam es im 17. und 18. Jahrhundert. Der erste Tiefpunkt trat um 1640 ein, ein zweiter herrschte zwischen 1680 und 1700 (Lamb 1989, Flohn 1988). In dieser Zeit verschlechterten sich die landwirtschaftlichen Erträge und damit auch die wirtschaftlichen Verhältnisse in den nordischen Ländern erheblich (Schottland, Norwegen, Schweden, Finnland und Baltikum). Das Ende dieser kleinen Eiszeit wird mit dem letzten großen Vorstoß der Alpengletscher um 1855 markiert (Flohn 1988).

Mit den geschilderten Klimaänderungen gingen Wandlungen der Baumartenzusammensetzung unserer Wälder einher. So erhöhte sich in der frühmittelalterlichen Warmzeit die Vitalität und damit auch Konkurrenzfähigkeit der wärmeliebenden Baumarten Stiel- und Trauben-Eiche, Hainbuche, Winter-Linde, Vogel-Kirsche u. a. Wildobstarten.

Im Gegensatz dazu wird die Kleine Eiszeit zur Begünstigung der Gemeinen Fichte sowie der Pionierbaumarten Gemeine Kiefer, Sand-Birke und Eberesche beigetragen haben. Der für diese Zeit durch Pollenanalysen nachgewiesene Anstieg des Koniferenanteils kann darauf zurückzuführen sein.

In der jüngsten Zeit zeichnet sich eine Veränderung der Waldverbreitung und Waldzusammensetzung durch die sich mit hoher Wahrscheinlichkeit anbahnende Klimaänderung infolge Aufheizung der Erdatmosphäre durch Treibhausgase ab (Kap. 4.2.1.7).

### 2.2.4.1.3 Wandlung der Waldverbreitung und Waldzusammensetzung durch anthropogene Umweltveränderungen

Bei diesen seit Beginn des Industriezeitalters immer mehr an Bedeutung gewinnenden Umweltveränderungen handelt es sich im wesentlichen um folgende Ursachen:

– Gewinnung von Bodenschätzen mit großmaßstäblichen Landschaftsveränderungen,
– Grundwasserabsenkungen (Bergbau und Wassergewinnung aus dem Grundwasser) und Wasseranstieg (Anlage von Stauwerken),
– Bodenversauerungen (Protoneneinträge) und Eutrophierungen (Düngung und Fremdstoffeinträge aus der Luft),
– Luftverunreinigungen (verschiedenartige Emissionen von Industrie, Verkehr und Landwirtschaft),
– Klimaveränderungen (Emission verschiedenartiger Gase mit Treibhauseffekt).

Über diese vielgestaltigen Einflüsse und deren oft sehr komplizierten Auswirkungen kann an dieser Stelle, unter Hinweis auf die außerordentlich umfangreiche Literatur, nur ein kurzer Überblick gegeben werden.

**Hydropedologische Veränderungen** der Waldstandorte erfolgten bereits im Mittelalter. So schürfte man z. B. bei der Zinngewinnung im Erzgebirge im Bett von Gebirgsflüssen immer weiter talaufwärts bis an die ausgedehnten Naßstandorte und Moore der plateauartigen Hoch- und Kammlagen heran und trug so zu deren Entwässerung bei. Auf diese Weise wurde der Flächenanteil der Moore sowie der fichten- und tannenreichen Wälder auf Naßstandorten nennenswert reduziert. Andererseits ist es lokal zu Vernässungen durch die Anlage von Kunstteichen, die der Wasserversorgung der Bergbauanlagen dienten, gekommen (Hempel 1982). Die meisten Bergteiche des Erzgebirges wurden im 15. und 16. Jahrhundert angelegt.

Als historisch bemerkenswerte Hydromeliorationsmaßnahmen sind auch die Entwässerung des Oder-, Warthe- und Netzebruchs durch holländische Kolonisten, die im 17. Jahrhundert von den preußischen Kurfürsten ins Land gerufen worden sind, bekannt geworden.

In neuerer Zeit sind großmaßstäbliche hydropedologische Veränderungen der Waldstandorte durch Flußregulierungen, Wasserentnahmen der Städte und Gemeinden, Talsperrenbauten, Braunkohlentagebaue, Hydromeliorationen der Landwirtschaft erfolgt. Die hinsichtlich der Flächenausdehnung und ökologischen Wirkung größten Veränderungen des Landschaftswasserhaushaltes wurden und werden durch den Braunkohlentagebau verursacht. So ist allein im mitteldeutschen Braunkohlenrevier das durch Grundwasserabsenkungen beeinflußte Gebiet > 1 300 km$^2$ groß (Bilkenroth 1993).

Es ist evident, daß größere Veränderungen des Bodenwasserhaushaltes erheblichen Einfluß auf die natürliche Baumartenzusammensetzung und die Baumartenwahl, den Gesundheitszustand und die Produktivität der davon betroffenen Wälder haben. Dabei muß zwischen Grundwasserabsenkungen und -anhebungen unterschieden werden.

Von Grundwasserabsenkungen werden in erster Linie Wälder beeinflußt, deren Bäume direkt am Feuchtigkeits- und Nährstoffdargebot des Grundwassers partizipieren. Das betrifft vor allem die auf hydromorphen Standorten stockenden Feuchtwälder. Nicht oder kaum von Grundwasserabsenkungen betroffen werden hingegen solche Wälder, deren Bäume schon seit jeher keinen Anschluß an das Grundwasser hatten und auf eine Feuchtigkeitsversorgung aus Niederschlägen angewiesen sind. In diesem Zusammenhang muß zum Ausdruck gebracht werden, daß es unerheblich ist, in welcher Tiefe das Grundwasser ansteht, wenn es ohnedies nicht von den Wurzeln der Bäume erreicht wird.

Von Grundwasserabsenkungen in Feuchtwäldern werden zuerst und am stärksten die Altbäume betroffen, weil sie nicht oder nur noch in begrenztem Umfange in der Lage sind, sich an die neue hygrische Situation anzupassen. Im Gegensatz zu Altbäumen können sich junge Bäume eurypotenter Spezies meist gut an die neue Situation anpassen. Ein Beispiel dafür ist die Stiel-Eiche. Sie kommt von Natur aus auf hygrisch sehr verschiedenartigen Geotopen vor: Von den hydromorphen Auen, Bachtälchen und sonstigen Naßstandorten über alle Bodenfeuchtigkeitsstufen der anhydromorphen Standorte bis hin zu den Trockenwäldern des Flach- und Hügellandes. Im Alter hingegen reagiert die Stiel-Eiche sehr empfindlich durch Zopftrocknis und Wasserreiserbildung auf Grundwasserabsenkungen (Abb. 12). Wichtig erscheint die Feststellung, daß die durch solche Grundwasserabsenkungen aus einem hydromorphen Standort hervorgegangenen anhydromorphen Standorte in Mitteleuropa noch immer Eichen-Biotope sind. Die Nachkommen der durch Grundwasserabsenkung geschädigten Alteichen können hier noch immer gut gedeihen, weil sie sich von Jugend an der neuen hygrischen Situation anzupassen vermögen.

*Abb. 12: Absterbeerscheinungen an Alteichen als Folge von Grundwasserabsenkungen durch Braunkohlentagebau im Lausitzer Revier (Umgebung des Tagebaus Schlabendorf)*

Wie **Grundwasserabsenkungen** haben auch **Grundwasseranhebungen** vielgestaltige ökologische Wirkungen. Sie ergeben sich aus veränderten hydrologischen Bedingungen im Wurzelraum der Bäume und ihren physiologischen Reaktionen.

Die hydrologischen Bedingungen eines Geotops werden gekennzeichnet durch

– die Tiefe des geschlossenen Grundwassers unter Flur und des über ihm befindlichen Kapillarsaumes,
– die Bewegung des Wassers im Grundwasserleiter,
– den Sauerstoff- und Mineralstoffgehalt im Grundwasser.

Pflanzenphysiologische Reaktionen ergeben sich vor allem dadurch, daß die Wurzeln der meisten Waldbäume wegen ihres Sauerstoffbedarfs nicht in den Bereich des geschlossenen Grundwassers vorzudringen vermögen. Grundwasseranstieg bedeutet darum Einengung des Wurzelraumes mit vielgestaltigen mechanischen (Standfestigkeit) und ernährungsphysiologischen Auswirkungen. Grundwasseranstieg ist somit nur günstig, wenn dadurch die Wasserversorgung der Waldbäume verbessert und der für die Wurzelausbildung verfügbare Bodenraum nicht eingeengt wird.

Neben der Tiefe des Grundwassers ist dessen Bewegung und chemische Zusammensetzung bedeutungsvoll. Fließendes Grundwasser ist günstig, weil mit ihm Sauerstoff und in der Regel auch Nährstoffe herangeführt werden. Stagnierendes Grundwasser hingegen ist sauerstoffarm und dem Pflanzenwachstum abträglich. Demzufolge sind hydromorphe Standorte ökologisch sehr unterschiedlich zu beurteilen. Vor allem in Kippböden muß mit speziellen hydraulichen Bedingungen gerechnet werden, weil die ursprüngliche Trennung in Grundwasserleiter und -stauer nicht mehr existiert und die unterirdische Wasserbewegung sich völlig verändert hat.

Zu nennenswerten Veränderungen der Waldstandorte ist es in den letzten Jahren durch **Stoffeinträge aus der Atmosphäre** gekommen. Dabei kann es sich sowohl um sauer als auch basisch wirkende Substanzen und trockene oder nasse Depositionen handeln, und zwar:

- Fluorverbindungen ($H_2F_2$) in der Umgebung von Ziegeleien und Fluorwerken,
- Schwefelverbindungen ($SO_2$ und $H_2SO_4$) durch Emissionen von Braunkohlekraftwerken und Hütten,
- Stickoxide ($NO_x$ und $HNO_x$), die bei Hochtemperatur-Verbrennung entstehen und Ammoniumverbindungen ($NH_3$ und $NH_4OH$), die aus Ammoniakfabriken und großen Stallungen stammen,
- diverse organische Verbindungen (Polycyclische aromatische Kohlenwasserstoffe (PAK), Polychlorierte Biphenyle (PCB)),
- Kalzium- und Magnesiumverbindungen, die in die Umgebung von Kalk- und Zementwerken gelangen,
- Kaliumverbindungen in der Umgebung von Kalibergwerken und
- diverse alkalische Aschen in der Umgebung von Kohlekraftwerken.

Diese Substanzen bewirken Veränderungen der chemischen Reaktion des Bodens (pH-Wert) und damit auch der Verfügbarkeit von Pflanzennährstoffen. Sie tragen so, neben direkten Auswirkungen auf die Assimilationsorgane (Luftweg), zu den in Europa weit verbreiteten Waldschäden bei.

Da die verschiedenen Pflanzenarten unterschiedlich auf die o. g. Substanzen reagieren, lösen sie allogene Sukzessionen aus, bei denen die jeweils sensiblen Arten von resistenteren verdrängt werden. Eine Übersicht zur Sensibilität bzw. Resistenz verschiedener Baumarten gegenüber $SO_2$, $NO_x$ und $O_3$ gibt Abbildung 13.

Weitere waldökologisch bedeutungsvolle Umweltveränderungen sind bei der sich abzeichnenden globalen Klimaänderung zu erwarten. Nach Angaben zahlreicher Meteorologen muß mit großer Wahrscheinlichkeit damit gerechnet werden, daß der zunehmende Treibhausgasgehalt der Atmosphäre zu einem klimarelevanten Temperaturanstieg führt. So muß nach Charney (1979) bei Verdoppe-

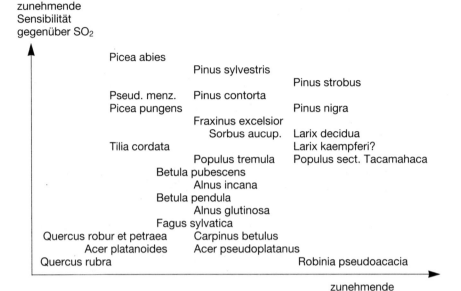

zunehmende
Sensibilität
gegenüber SO₂

Picea abies
Pinus sylvestris
Pinus strobus
Pseud. menz.    Pinus contorta
Picea pungens                    Pinus nigra
Fraxinus excelsior
Sorbus aucup.    Larix decidua
Tilia cordata                      Larix kaempferi?
Populus tremula    Populus sect. Tacamahaca
Betula pubescens
Alnus incana
Betula pendula
Alnus glutinosa
Fagus sylvatica
Quercus robur et petraea    Carpinus betulus
Acer platanoides    Acer pseudoplatanus
Quercus rubra                          Robinia pseudoacacia

zunehmende
Sensibilität
gegenüber NOₓ u. O₃

*Abb. 13: Zuordnung forstwirtschaftlich wichtiger Baumarten hinsichtlich ihrer Sensibilität gegenüber SO₂, NOₓ und O₃ (Thomasius 1989a)*

lung der $CO_2$-Konzentration (Basiswert 300 ppm) mit einem Anstieg der mittleren Troposphärentemperatur von 3 ± 1,5 K gerechnet werden. Berücksichtigt man außerdem die Wirkung der übrigen Treibhausgase, dann ist eine noch größere Temperaturerhöhung zu befürchten. Solche Temperaturveränderungen würden weit über den von Schönwiese und Diekmann (1987) sowie Schönwiese (1988) mit 1,5–2 K angegebenen natürlichen Schwankungen während der Nacheiszeit liegen.

Über den Anteil der am Treibhauseffekt beteiligten Spurengase informiert eine von Unep/Gems (1987) angefertigte Studie, wonach etwa 50 % der Treibhauswirkung auf $CO_2$ und 50 % auf die übrigen Spurengase entfallen (Abb. 14). Letztere sind zwar nur mit einem sehr geringen Mengenanteil in der Erdatmosphäre enthalten, sie besitzen jedoch eine außerordentlich große Treibhauswirksamkeit. In diesem Zusammenhang sei noch bemerkt, daß sich der Anteil der sonstigen Spurengase weitaus rascher als der von $CO_2$ erhöht.

Es ist hier nicht der Platz, um über Details zu diesem Problemkreis zu berichten (s. Thomasius 1991a). An dieser Stelle sei nur darauf hingewiesen, daß derartige

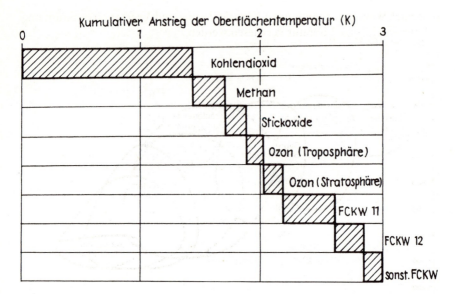

Abb. 14: *Vorausgesagter Temperaturanstieg durch zunehmende Konzentration von Kohlendioxid und anderen Treibhausgasen bis zum Jahr 2030. Der vorausgesagte Anstieg beträgt etwa 3 K (n. Unep/Gems Environment Library Nr. 2, 1987)*

Temperaturänderungen weittragende Folgen auf das gesamte Klima und die damit gekoppelten Umweltfaktoren haben werden. Darunter sind der Niederschlag und die Feuchtigkeit von besonderer Bedeutung. Voraussagen darüber sind aber noch schwieriger als solche zur Temperaturentwicklung, weil sie sich in der Kausalkette mit aus der letzteren ergeben.

Einen Eindruck vom Einfluß der Temperatur und des Niederschlages auf die natürliche Vegetation in Mitteleuropa vermittelt eine Untersuchung von Matejka (1976) in Böhmen (Abb. 15). Mit Hilfe dieser Darstellung läßt sich die bei Änderung von Temperatur und Feuchtigkeit zu erwartende Wandlung der potentiellen natürlichen Waldgesellschaften ableiten. Im konkreten Fall muß man bei der prognostizierten Erwärmung und Ariditätszunahme einen Rückgang der potentiellen Fichtenwälder und eine Zunahme verschiedener potentieller Eichenmischwald-Gesellschaften erwarten. In Verbindung damit dürften auch Spitz-Ahorn, Vogel-Kirsche und Esche Wettbewerbsvorteile erhalten. Die künftige Wettbewerbsfähigkeit der temperat-humiden Rot-Buche einerseits und der kontinental-borealen Kiefer andererseits wird wesentlich von der Humiditätsdynamik abhängig sein.

Bezüglich weiterer Prognosen zu Klimaänderung und Vegetationsreaktion muß auf die einschlägige Literatur verwiesen werden.

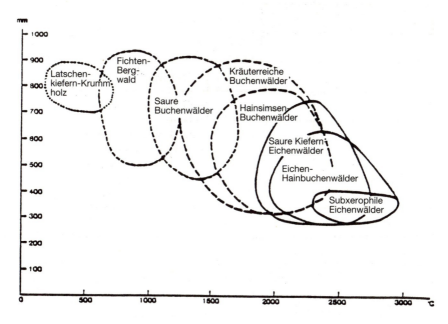

*Abb. 15: Abhängigkeit des Vorkommens natürlicher Waldgesellschaften in Böhmen von der Temperatur und vom Niederschlag (Matejka 1976)*

Zusammenfassend ist festzustellen, daß die ökologischen Verhältnisse Zentraleuropas vor allem im Verlauf des letzten Jahrhunderts durch den Menschen verändert worden sind und auch weiterhin verändert werden. Dabei handelt es sich vor allem um folgende ökologische Faktoren:

- Melioration von Feuchtgeotopen zum pflanzenbaulichen Optimum,
- Düngung und Eintrag eutrophierend wirkender Stoffe (bes. Stickstoff) aus der Atmosphäre,
- saure Niederschläge, die auf wenig gepufferten Böden zur Bodenversauerung mit all den sich daraus ergebenden Konsequenzen führen,
- Emission von $CO_2$ und anderen Treibhausgasen, die einen ökologisch signifikanten Temperaturanstieg erwarten lassen.

Die Geotope von heute und dementsprechend auch die potentiellen natürlichen Biozönosen sind mit denen von gestern nicht völlig identisch, und auch fernerhin unterliegen sie der Veränderung.

## 2.2.4.2 Waldreduktion durch Rodungen und andere Formen der Waldvernichtung sowie Waldausbreitung durch Aufforstungen und andere Formen der Waldvermehrung

Nördlich der Alpen beginnt der Einfluß des Menschen in der jüngsten Steinzeit, die vegetationsgeschichtlich der Eichenmischwaldzeit zuzuordnen ist. In dieser Epoche wurden die aus dem Südosten eingewanderten und in Großfamilien sowie Sippen lebenden Menschen seßhaft. Sie begannen, wie durch das Vorkommen von Getreidepollen nachgewiesen werden kann, mit einem bescheidenen Ackerbau. Die ersten Ansiedlungen erfolgten in klimatisch und edaphisch günstigen Gebieten des Flach- und Hügellandes. Bevorzugt wurden die überwiegend von Eichenmischwäldern bestockten Lößstandorte der Gäulandschaften und Gefildezonen. In diesen Gebieten wurde bereits damals der Übergang von der Natur- zur Kulturlandschaft eingeleitet.

Als Siedlungsplätze dienten lichte Stellen, wie sie auch in Naturwäldern vorkommen. Die weitere Öffnung und Zurückdrängung des Waldes und die Gewinnung von Ackerland erfolgte durch den Eintrieb von Vieh (Verbiß der Verjüngung und Trittschäden), die Entnahme schwacher Stämme als Bau- und Brennholz (stärkere Bäume konnte man mit den damaligen Werkzeugen nicht bewältigen) sowie Brandrodung. Der dadurch seines Nachwuchses beraubte Wald lichtete sich im Laufe der Zeit auf und nahm den Charakter eines Parkwaldes an. Dieser gewährte einerseits noch immer Schutz und Nahrung, andererseits gestattete er aber auch einen bedarfsgerechten Ackerbau.

Die auf diese Weise entstandenen neolithischen Altsiedlungsräume konzentrierten sich in den Lößhügelländern und Börden nördlich der mitteldeutschen Gebirgsschwelle, so in den sächsischen Gefildezonen, im Thüringer Becken, im Vorland des Harzes, auf den norddeutschen Stromterrassen und Jungmoränenlandschaften längs der Ost- und Nordseeküste, in Westfalen, in der Soester Börde, im Hildesheimer und Göttinger Raum, in der Wetterau und Rhein-Main-Ebene, in Rheinhessen, in den Gäulandschaften des Neckarlandes, im unteren Nahe- und Moseltal, im Rheintal zwischen Basel und Mainz, im Alpenvorland, auf den Keuperhöhen im Osten der Schwäbischen Alb und im Gebiet der Donauniederung (Quitta 1970, Günther 1976, 1988; Linke 1976, Narr 1983, Pott 1992). In den hier von Natur aus vorkommenden Eichenmischwäldern und Buchenwäldern entstanden Ackerinseln, die sich in der Bronzezeit (2000–1000 v. Chr.) mit Zunahme der Bevölkerung und Verbesserung der Werkzeuge weiter ausdehnten.

Obwohl diese Gebiete bis heute die Schwerpunkte des Ackerbaus geblieben sind, haben auch in ihnen die Wald- und Ackerflächen mehrfach gewechselt, so daß von einer Kontinuität der Siedlungsgebiete nur begrenzt die Rede sein kann.

Die um 1000 v. Chr. beginnende und bis zur Zeitenwende reichende Eisenzeit (Hallstatt- und La Tene-Zeit) brachte den in Mitteleuropa siedelnden Kelten und

Germanen bessere Werkzeuge, vor allem den eisernen Pflug, und damit auch größere Möglichkeiten, auf die Wälder einzuwirken und sie zu verändern. In dieser feuchteren und kühleren Epoche (Buchenzeit) entstand das germanische Haus, es wurden Ring- und Fliehburgen errichtet und – vor allem in den keltischen Gebieten Südwestdeutschlands – auch größere Siedlungsplätze geschaffen.

Aus der römischen Kaiserzeit stammen die ersten schriftlichen Berichte über die Natur Germaniens. Darin wird über große Waldungen und Sümpfe, aber auch über Getreideanbau und Viehweiden, berichtet. Unter Berücksichtigung der heute zur Verfügung stehenden Quellen kann man feststellen, daß Germanien zur damaligen Zeit von ausgedehnten Wäldern bedeckt wurde, in die jedoch – besonders in klimatisch und edaphisch günstigen Gebieten – auch größere Acker- und Weideflächen eingebettet waren. Weitgehend geschlossene Wälder trugen die Gebirge (das kommt häufig auch in deren Namen zum Ausdruck), die Überschwemmungsgebiete der Flußniederungen, die Sandheiden und andere, wegen Ungunst der Böden (Staunässe) nicht für den Ackerbau geeignete Standorte. Man kann annehmen, daß die Wälder Germaniens in der vorrömischen Zeit etwa $2/3$ der Gesamtfläche eingenommen haben.

In der folgenden Zeit muß zwischen dem römischen und dem freien Germanien unterschieden werden. Im römisch besetzten Teil Germaniens kam es zu stärkeren Waldrodungen und Kolonisationen. Allein die Anlage des Limes und seiner zahlreichen Kastelle erforderte große Holznutzungen, die zu ausgedehnten Waldvernichtungen führten. Unter dem Einfluß der Römer, die in Germanien ein etwa 80 000 Mann umfassendes Heer zu unterhalten hatten, wurden im Rheintal zwischen Basel und Mainz, am Mittel- und Niederrhein, an der Mosel, Nahe und Saar, in der Wetterau, im Maintal, in den Gebieten zwischen Oden- und Schwarzwald, zwischen der oberen Donau und den Alpen große Waldflächen gerodet und dem Acker-, Wein- und Gartenbau zugeführt. Dazwischen blieben größere Waldinseln erhalten.

Im freien Germanien war die Rodungs- und Kultivierungstätigkeit weitaus geringer. Die hier existierenden Siedlungsgebiete wurden im Laufe der Zeit mit dem Bevölkerungswachstum ausgedehnt, wobei der Waldverdrängung meist eine Waldverlichtung durch Vieheintrieb und Holznutzung vorausging. Auch Eisenhütten, in denen Raseneisenerz verarbeitet wurde, trugen lokal zur Waldverdrängung bei. Die in den ausgedehnten Wäldern verstreuten Siedlungsinseln waren durch primitive Handelswege verbunden.

Durch das Anwachsen der Bevölkerung und die sich daraus ergebenden Waldrodungen kam es in der Folgezeit zur Vermischung bisher voneinander getrennter Bevölkerungsgruppen und zur Herausbildung neuer Stämme (Alemannen, Franken, Sachsen, Thüringer), die bald nach neuen und besseren Siedlungsgebieten drängten. Dabei mag auch die Erkenntnis, daß der römische Limes kein unüberwindbares Hindernis mehr darstellte, eine Rolle gespielt haben. Durch die nun einsetzende, in die vormals römischen Kolonialgebiete führende Völkerwanderung gingen zahlreiche römische Siedlungen in Trümmer, und der Wald konnte sich in Teilen der alten römischen Ackerlandschaften wieder ausbreiten.

In das durch die Völkerwanderung entstandene Vakuum drangen im 7. Jahrhundert von Osten her verschiedene slawische Stämme bis zur Elbe-Saale-Linie vor. Auch sie besiedelten bevorzugt die für eine landwirtschaftliche Nutzung besonders geeigneten Lößgebiete. Noch heute künden Flurnamen und Dorfformen (Rundlinge) in den Altsiedlungsgebieten davon.

In den germanischen Gebieten der Nachrömerzeit kann man mehrere Rodungsperioden unterscheiden. Die erste umfaßt Südwestdeutschland in der Zeit von 500–800 n. Chr. Während dieser Epoche wurden vorwiegend schon früher besiedelte Ländereien erneut gerodet. So entstanden größere Ansiedlungen am Mittelrhein, an der Mosel und der Lahn, am Neckar und an der Tauber, in Mainfranken und auf der Schwäbischen Alb sowie in verschiedenen Gebieten Nordwestdeutschlands. Weitgehend unangetastet blieben die großen Urwälder der Gebirge, so des Schwarzwaldes, des Odenwaldes, des Harzes sowie des sudetischen Gebirgszuges. Diese Rodungstätigkeit, die angesichts der noch immer reichlich vorhandenen Wälder und der sich rasch vermehrenden Bevölkerung als Kulturtat galt, wurde bis in die Karolingerzeit fortgesetzt und von den Trägern der Macht unterstützt. Es ist darum bemerkenswert, daß schon zu dieser Zeit Anweisungen zur Erhaltung der Wälder erlassen worden sind. So heißt es in dem *Capitulare de villis et curtibus* **Karls des Großen** aus dem Jahre 795

*„Unsere Wälder und Forsten sind sorgfältig zu beaufsichtigen. Land, das zur Rodung geeignet ist, soll man roden und verhindern, daß Ackerland wieder von Wald überzogen wird ... Wo Wälder sein müssen, sollen sie nicht übermäßig ausgeholzt und verwüstet werden. Wo rechtswidrig Wälder gerodet worden sind, sollte Wiederbewaldung erfolgen."*

Eine zweite Rodungsperiode fällt, von Westen nach Osten fortschreitend, in die Zeit von 1100–1300 n. Chr. Sie wurde von weltlichen und geistlichen Grundherren organisiert und getragen. Unter ihrer Herrschaft drangen überwiegend fränkische Siedler nach Osten vor, wobei sie sich nicht nur in den Altsiedlungsräumen niederließen, sondern auch in die bisher nicht oder nur wenig von Menschen beeinflußten Gebirgswälder vorstießen. Hier siedelte man zuerst in den Tälern, den Wasserläufen mit ihren fruchtbaren Auen und tiefgründigen Unterhängen folgend. Es entstanden langgestreckte Reihendörfer mit beiderseits der Dorfstraße liegenden Höfen und senkrecht zu dieser Längsachse angeordneten Hufen. Die zwischen den Waldhufendörfern liegenden, häufig weniger fruchtbaren und abgelegenen Geländebereiche blieben vorerst bewaldet und dienten der Versorgung mit Holz und anderen Waldprodukten.

Den Grundherren oblag die Raumordnung, die Verteilung des Landes, die Leitung der Rodungsarbeiten, der Schutz der leibeigenen Bauern und die niedere Gerichtsbarkeit (Hasel 1985). Zur militärischen Sicherung der Gebiete wurden Burgwarte errichtet. Bedeutungsvoll für die Kultivierung des Landes waren auch die geistlichen Orden und Klöster, von denen sich besonders die Zisterzienser, Benediktiner und Prämonstratenser um die Entwicklung der Bodenkultur verdient gemacht haben.

Die in dieser Rodungsperiode herbeigeführte Waldverteilung entsprach in den Grundzügen bereits der heutigen. **Im Flach- und Hügelland** blieb der Wald auf trockenen und armen sowie sumpfigen und staunassen Böden erhalten, **in den Gebirgen** waren es die Geländebereiche, wo aus klimatischen, geomorphologischen und edaphischen Gründen kein Ackerbau mehr möglich war. Dort, wo man die Rodungen zu weit getrieben hatte, entstanden Notstandsgebiete und später auch Wüstungen, von denen in Brandenburg, Sachsen, Thüringen, in der Altmark, im ostfälischen Hügelland, im Weser- und Leinebergland, im Hessischen Bergland und an anderen Orten noch heute zahlreiche Ortsnamen, Hochäcker, Steinrücken und Mauerreste künden. Sie können, neben der Ungunst des Standortes, auch auf Krankheiten (Pest), Kriege (Dreißigjähriger Krieg) und grundherrschaftliche Interessen (Jagd) zurückzuführen sein.

Zu größeren Waldrodungen und erheblichen Waldverwüstungen kam es im ausgehenden Mittelalter sowie im 16., 17. und 18. Jahrhundert in Gebieten des Bergbaus, so im Harz und im Erzgebirge (Thomasius 1994b).

Verglichen mit diesen früheren Waldrodungen sind die in den letzten zwei Jahrhunderten erfolgten Veränderungen der Waldfläche in Mitteleuropa gering. Sie ergaben sich in erster Linie aus Konjunkturschwankungen der Landwirtschaft sowie Landinanspruchnahme für Siedlungen, Verkehrsbauten und militärische Zwecke.

Anders ist es in den tropischen und subtropischen Gebieten, wo die seit 1960 anhaltende Bevölkerungsexplosion, wirtschaftliche Abhängigkeit der Entwicklungsländer und ökologisches Mißmanagement zu einer eskalierenden Waldvernichtung geführt haben (Tab. 7).

Für den Zeitraum von 1981 bis 1990 wird der jährliche Waldflächenverlust auf 16,6 Mill. ha geschätzt. Damit ist die Verlustrate gegenüber dem vorangegangenen Dezennium von 0,6 % auf 0,7 % gestiegen.

Tab. 7: Waldflächen und Bewaldungsprozente in verschiedenen Gebieten der
Erde sowie deren Veränderung in dem Dezennium 1980-1990 (Deutsche
Bundesregierung, 3. Tropenwaldbericht vom März 1993, n. Angaben der
FAO 1988a, 1992a)

| Bezeich-<br>nung des<br>Gebietes | Flächen-<br>größe<br>[Mill. ha] | Waldfläche<br>[Mill. ha] | | Bewaldungsanteil<br>[%] | | Jährliche<br>Entwaldung<br>zwischen 1981-1990 | |
|---|---|---|---|---|---|---|---|
| | | 1980 | 1990 | 1980 | 1990 | [Mill. ha] | [%] |
| Trop.<br>Afrika | 2243 | 650[1] | 600 | 29 | 27 | 5,0 | -0,8 |
| Trop.<br>Asien | 897 | 311 | 275 | 35 | 31 | 3,6 | -1,2 |
| Trop.<br>Amerika | 1676 | 923 | 840 | 55 | 50 | 8,3 | -0,9 |
| ∑ Tropen | 4816 | 1884 | 1715 | 39 | 36 | 16,9 | -0,9 |
| ∑ Erde | 12760 | 4077 | 4060 | 32 | 31 | 16,6 | -0,7 |

[1] Ohne die gering bewaldeten Wüstenzonen

### 2.2.4.3 Veränderung der Waldzusammensetzung durch Waldnutzungen und Waldbewirtschaftung

Je nach Gunst der Umwelt ist die Arten-, Raum- und Altersstruktur der natürlichen Wälder sehr unterschiedlich (Kap. 3). Sie reicht von artenarmen, räumlich und altersbedingt wenig strukturierten Beständen auf Extrem-Geotopen (z. B. Erlen-Bruchwald, Sand-Kiefernwald, Fichten-Bergwald) bis zu artenreichen, vertikal stark gegliederten ungleichaltrigen Wäldern in Bereichen des waldökologischen Optimums (z. B. Auenwald). Diese natürlichen Waldstrukturen wurden und werden vielerorts durch Waldnutzungen und Waldbewirtschaftung erheblich verändert. Die so entstandenen, meist durch **Artenarmut** (Reinbestände), **Gleichaltrigkeit** und **Einschichtigkeit** gekennzeichneten Baumbestände werden, im Gegensatz zu natürlichen oder naturnahen Wäldern, als **Forsten** bezeichnet.

Die Veränderung der Waldstrukturen begann mit den ersten Waldnutzungen, so dem Eintrieb von Vieh, das bestimmte Gehölze, Gräser und Kräuter bevorzugt und andere verschmäht, und der Nutzung von Holz bestimmter Baumarten, das – je nach Verwendungszweck – spezielle Eigenschaften besitzen muß. Die Baumartenzusammensetzung der Wälder wurde so direkt und indirekt verändert. Direkt durch Verdrängung bzw. Begünstigung bestimmter Baumarten, indirekt durch Wandlung der Wettbewerbsbedingungen zwischen verschiedenen Arten innerhalb der Waldökosysteme.

Generell kann man sagen, daß durch diese anthropogenen Einflüsse die lichtliebenden, sich leicht ausbreitenden, anspruchslosen und in der Jugend raschwüchsigen **Pionierbaumarten** Sand-Birke, Aspe und Gemeine Kiefer sowie die stärker ausschlagfähigen Intermediärbaumarten Stiel- und Trauben-Eiche, Hainbuche und Winter-Linde gefördert, die anspruchsvolleren, schwerer verjüngbaren und in der Jugend langsamwüchsigen **Klimaxbaumarten** Buche und Tanne hingegen zurückgedrängt worden sind.

Die in den Altsiedlungsräumen dominierende Nieder- und Mittelwaldbewirtschaftung trug wesentlich zur Verdrängung der nur schwach ausschlagfähigen Rot-Buche durch die ausschlagfähigen Eichen, Linden und Hainbuchen bei. Hinzu kommt, daß die wegen ihres Holzes und ihrer Früchte geschätzten Eichen eine besondere Förderung durch den Menschen erfahren haben.

In den Gebirgswäldern, die erst wesentlich später der Nutzung und Bewirtschaftung unterzogen worden sind, erfolgte die Holznutzung überwiegend durch Plenterung. Bei starken Plenterungen, wie sie an abfuhrgünstigen Stellen üblich waren, wurde die Baumartenzusammensetzung zu Ungunsten der Buche, der Edellaubbaumarten und der Tanne sowie zu Gunsten der Fichte und der Pionierbaumarten Birke und Kiefer verändert. Nur in den nicht oder wenig vom Menschen beeinflußten Kerngebieten der verbliebenen, noch immer zusammenhängenden, größeren und kaum erschlossenen Gebirgswälder blieb die ursprüngliche Baumartenzusammensetzung bis ins Mittelalter weitgehend erhalten. In Sachsen gilt das vor allem für das Westerzgebirge, wo die Ackernutzung kaum eine Höhenlage von 600–700 m ü. HN überschritten hat.

Am stärksten war der menschliche Einfluß auf die Waldverbreitung und -zusammensetzung in den alten Bergbaugebieten um Reichenhall, im Harz und im Erzgebirge. Hier wurden die Wälder durch die Gewinnung von Brenn-, Kohl-, Gruben- und Bauholz für Bergwerke, Schmelzhütten, Hammerwerke und Salinen sehr stark übernutzt und devastiert. Besonders stark zurückgedrängt wurde die Buche, weil sie sich für die Holzkohleherstellung, Pottaschegewinnung und Pechsiederei (Destillation von Buchenholz) gut eignete. Durch ihre Zurückdrängung wurde andererseits die Ausbreitung der sich leicht auf Freiflächen verjüngenden Fichte gefördert. Auch die sich anbahnende „kleine Eiszeit" kann zur Ausbreitung der Fichte beigetragen haben.

Die in den Bergbaugebieten erfolgten Waldvernichtungen und -devastationen dürften auch zur Zurückdrängung der sich auf solchen Flächen kaum verjüngenden **Klimaxbaumart Tanne** sowie zur **Ausbreitung der Pionierbaumarten Kiefer und Birke** beigetragen haben.

Der Wert der Edellaubhölzer war offenbar schon früh bekannt. So berichtet Agricola (1556), daß die Kapellen (Gefäße für den Metallguß) aus Eschenholz herzustellen seien. Für Stiele und stärker beanspruchte Bauteile der Künste benutzte man das Holz der Esche und des Ahorns. Es ist anzunehmen, daß der Anteil dieser Baumarten auf diese Weise erheblich vermindert worden ist. Für den Bau der Künste und Gebäude bevorzugte man das Holz der geradwüchsigen und gut bearbeitbaren Fichten und Tannen. Die Fichte diente außerdem der Gewinnung von Scharrharz für die Pechherstellung. Sehr stark zurückgedrängt wurde wohl schon damals die wegen der physikalischen Eigenschaften ihres Holzes sehr begehrte Eibe.

Es wurde schon berichtet, daß die Wälder in der Umgebung der Bergbauorte bereits im 15. und 16. Jahrhundert weitgehend zerstört oder devastiert (*verhawen*) worden waren. Wenn sich auf diesen Flächen eine natürliche Regeneration vollzog, dann geschah das in erster Linie durch Pionierbaumarten wie Birke, Aspe und Eberesche und – je nach Standort – auch Fichte und Höhenkiefer. Seit dem 16. Jahrhundert breitete sich die Fichte vor allem auf sauren und frischen Standorten, die Kiefer hingegen auf sauren und trockenen Standorten stärker aus, wobei die Frage nach den Ursachen (kleine Eiszeit, Säureeinträge infolge Verhüttung schwefelhaltiger Erze) offen ist (Hempel 1982). Im Gegensatz dazu fehlten in diesen Sekundärwäldern weitgehend die sich auf Freiflächen nur schwer verjüngenden und stark vom Wild verbissenen Klimaxbaumarten Buche und Tanne.

Den verödeten und devastierten Arealen standen wenig berührte und noch ziemlich naturnahe Wälder in bergbau- und flößenfernen Gebieten gegenüber. Im wesentlichen sind dies die noch heute existierenden größeren, zwischen den flößbaren Flüssen gelegenen Waldgebiete in den Hoch- und Kammlagen des Erzgebirges. Ihre Baumartenzusammensetzung und Struktur dürfte zum Ausgang des Mittelalters noch weitgehend der im Kapitel 2.2.4.1.3 skizzierten entsprochen haben, d. h. es waren überwiegend Bergmischwälder mit Tanne, Buche und Fichte, auf kräftigeren und frischen Standorten auch Edellaubbaumarten (Berg-Ahorn, Esche und Berg-Ulme) und auf ärmeren Höhenkiefer und Birke.

Trotz dieser anthropogenen Einflüsse, die besonders die Pionierbaumarten, wohl aber auch die Fichte begünstigten, waren die Grundstrukturen der ursprünglichen Baumartenzusammensetzung und die autochthonen Rassen bis zum Anfang des 18. Jahrhunderts vielerorts noch erhalten geblieben. Das änderte sich grundlegend mit der industriellen Revolution und der damit verbundenen neuen Holzbedarfsstruktur während der 1. Hälfte des 19. Jahrhunderts.

In dieser Zeit wurde der Baumartenanteil vor allem in den Staatsforsten wesentlich zu Gunsten der Koniferen verändert. Im Flachland verdrängte die Kiefer, im

Hügel- und Bergland die Fichte die ursprünglichen Laubbaumarten. Trotz aller Problematik, die mit dieser Umwandlung verbunden war und ist, muß man anerkennen, daß dadurch in vielen Forstrevieren die Vorräte verdoppelt und die Zuwüchse sowie Nutzungen verdreifacht werden konnten (Tab. 8).

*Tab. 8: Wandlung des Flächenanteils der Hauptbaumarten und Waldbausysteme im Wermsdorfer Wald (nur Staatswald-Anteile) sowie Entwicklung des Holzvorrates und der Holznutzung von 1823-1922[1)]*

| Jahr | Holz-boden-fläche | Fichte | Kiefer | Σ Nadel-wald | Laub-Hoch-wald (EI, BU u.a.) | Mittel- und Nieder-wald | Σ Laub-wald | Räum-den und Blößen | Vorrat je Flä-chen-einheit (Brutto) | Nut-zung pro Flächen-einheit |
|------|------|------|------|------|------|------|------|------|------|------|
| | [ha] | [%] | [%] | [%] | [%] | [%] | [%] | [%] | [m³ha⁻¹] | [m³ha⁻¹a⁻¹] |
| 1823 | 3319 | 2,0 | 11,2 | 13,2 | 48,7 | 32,8 | 81,5 | 5,3 | | |
| 1834 | 3408 | 9,2 | 38,4 | 47,6 | 35,8 | 11,6 | 47,4 | 5,0 | | 2,0 |
| 1845 | 3463 | 11,5 | 47,5 | 59,0 | 27,6 | 7,2 | 34,8 | 6,2 | | 2,1 |
| 1855 | 3511 | 17,4 | 56,7 | 74,1 | 18,8 | 4,0 | 22,8 | 3,1 | 116 | 3,2 |
| 1864 | 3783 | 29,2 | 51,9 | 81,1 | 11,0 | 6,1 | 17,1 | 1,8 | 119 | 4,1 |
| 1874 | 3837 | 40,0 | 49,7 | 89,7 | 6,4 | 1,7 | 8,1 | 2,2 | 173 | 5,1 |
| 1882 | 3908 | 45,9 | 46,2 | 92,1 | 6,1 | 0,4 | 6,5 | 1,4 | 192 | 4,9 |
| 1892 | 3917 | 53,5 | 39,5 | 93,0 | 5,6 | 0,6 | 6,2 | 0,8 | 215 | 5,7 |
| 1902 | 3931 | | | | | | | | 238 | 6,7 |
| 1912 | 3937 | | | | | | | | 234 | 6,3 |
| 1922 | 3937 | | | | | | | | 194 | 4,6 |

[1)]Die in dieser Tabelle ausgewiesenen Werte wurden den Wirtschaftsplänen der ehemaligen Sächs. Forstämter Wermsdorf und Hubertusburg von 1932 sowie den Unterlagen der Forsteinrichtung von 1952 entnommen.

Heute ist hinreichend bekannt, daß man damals mit dem Koniferenanbau viel zu weit gegangen ist und daß den großen Erträgen der 1. Fichtengeneration dramatische Rückschläge in der 2. und 3. Generation gefolgt sind (Wiedemann 1923, Krauß et al. 1939). Bei einer Wertung dieser Epoche ist aber zu beachten, daß die ökologischen Nachteile der Fichte und die standörtlichen Grenzen ihres Anbaus damals noch nicht hinreichend bekannt gewesen sind.

### 2.2.4.4 Schlußfolgerungen

Die Wälder der Erde sind sehr differenziert:

– Die Geotope, auf denen Wälder stocken, sind von Natur aus unterschiedlich. Dementsprechend sind auch die natürliche Arten-, Raum- und Altersstruktur der Wälder vielgestaltig.

- Die Umwelt, von der die Wälder abhängig sind und auf die Wälder zurückwirken, unterliegt in Raum und Zeit erheblichen natürlichen und anthropogenen Veränderungen. Als Folge dessen unterliegen auch die Wälder steten Wandlungen.
- Die natürlichen Waldgesellschaften von „einst", deren Charakterisierung stets konkrete Zeit- und Ortsangaben voraussetzt, können angesichts erheblicher Umweltveränderungen, vor allem in der jüngsten Zeit, nicht ohne weiteres den potentiellen natürlichen Waldgesellschaften von heute gleichgesetzt werden.
- Große Teile der Wälder müssen im Interesse der menschlichen Existenz einer produktiven, protektiven und/oder rekreativen Nutzung unterzogen werden. Das hat zwangsläufig eine bestimmte Hemerobie zur Folge. Ziel der Forstwirtschaft muß es sein, die damit verbundenen Abweichungen vom Natürlichen möglichst gering zu halten.

# 3. Ökosystem Wald

## 3.1 Allgemeines

In der im Kapitel 2.1 gegebenen Definition wurde der Wald als Ökosystem bezeichnet. Das Wesen von Waldökosystemen im allgemeinen, die Strukturen und Funktionen sowie die Dynamik und Stabilität solcher Systeme im besonderen, sollen nun in diesem Kapitel behandelt werden.

Dazu wird definiert:

> Ökosysteme sind gegenüber ihrer Umgebung mehr oder weniger abgrenzbare, trotzdem aber offene, dreidimensionale Ausschnitte (Nischen) aus der Biosphäre, mit den in ihnen vorhandenen und wirkenden, durch bestimmte Eigenschaften charakterisierten
> - abiotischen,
> - biotischen und } Komponenten.
> - anthropogenen
>
> Diese sind durch

- Energieströme (Öko-Energetik),
- Stoffkreisläufe (Öko-Zirkulation) und
- Informationsaustausch (Öko-Informatik)

miteinander verbunden; sie beeinflussen sich gegenseitig und verfügen, je nach Entwicklungsstadium, über ein bestimmtes Maß an Selbstregulationsfähigkeit und damit auch Elastizität (Resilianz) sowie Stabilität.[1]

Das Wissen um den untrennbaren Zusammenhang von Lebewesen und Umwelt, d. h. die Wechselwirkungen zwischen abiotischen und biotischen Komponenten, ist nicht neu. Schon A. v. Humboldt (1845) und Ch. Darwin (1859) haben in ihren Schriften darauf hingewiesen. E. Haeckel (1866) entwickelte dann die Ökologie als wissenschaftliche Disziplin, die sich mit den Beziehungen von Leben und Umwelt beschäftigt (Trepl 1987).

Der Terminus „Ökosystem" wurde 1935 von Tansley in die Literatur eingeführt. Er wollte damit

*„not only the organism-complex but environment"*

erfassen.

---

[1] Von verschiedenen Autoren wird das Ökosystem sowohl als eine nach Struktur und Funktion einmalige, konkrete Erscheinung als auch als „Typus", d. h. abstrakte Einheit, die für eine Anzahl ähnlicher Biozönosen repräsentativ ist, aufgefaßt.

Obwohl zu dieser Zeit bereits mehrere andere Begriffe zur Bezeichnung dieses Lebewesen-Umwelt-Komplexes existierten und später noch weitere hinzukamen, setzte sich der Begriff „Ökosystem" bald durch, denn er ist kurz, in vielen Sprachen verständlich, ideologisch nicht belastet und aus kybernetischer Sicht zutreffend.

Im Sinne der Kybernetik stellen Systeme Mengen von Elementen dar, die durch bestimmte Relationen miteinander verbunden sind und die Fähigkeit der Selbstregulation besitzen.

In Ökosystemen treten im Prinzip 4 Relationen auf (Abb. 16):

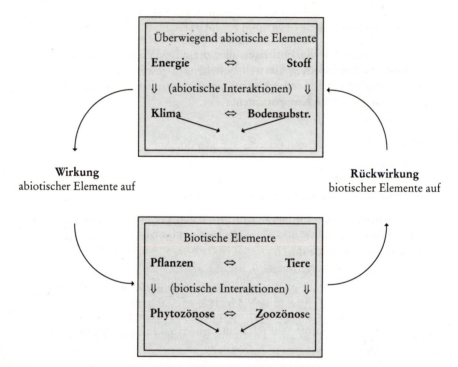

*Abb. 16: Kompartimente und Relationen in Ökosystemen*

- **Wechselwirkungen** zwischen abiotischen Elementen (energetische und stoffliche Komponenten), die im wesentlichen den **Geotop** ausmachen und als **abiotische Interaktionen** zu bezeichnen sind,
- **Wirkungen** der abiotischen Umwelt **(Geotop)** auf die Organismen **(Biozönose)**, die als **Aktionen** zu bezeichnen sind,

- **Wechselwirkungen** zwischen den Organismen **(Biozönose** als Einheit von **Phyto-** und **Zoozönose),** die als **biotische Interaktionen** zu bezeichnen sind,
- **Rückwirkungen** der Organismen (Biozönose) auf die Umwelt (Geotop), die als **Reaktionen** zu bezeichnen sind.

Art und Anzahl sowie die räumliche und zeitliche Anordnung der Elemente des Ökosystems bilden die **Struktur** und die zwischen diesen bestehenden energetischen, stofflichen sowie informativen Beziehungen die **Funktionen** des Ökosystems.

Ökosysteme zeichnen sich im wesentlichen durch folgende Eigenschaften aus (abgewandelt nach Kimmins 1987 und Otto 1994):

- Sie stellen **strukturelle Einheiten** dar, die aus vielfältigen Elementen der lebenden und unbelebten Umwelt bestehen, in gesetzmäßiger Weise angeordnet sind und miteinander kommunizieren. Dazu gehören die auf Abbildung 17 dargestellten Kompartimente
  - Energie,
  - Stoffe,
  - Produzenten (in Waldökosystemen Dominanz von Makrophanerophyten),
  - Konsumenten,
  - Destruenten und Reduzenten.

- Sie sind **funktionelle Einheiten,** die durch einen verzweigten Energiestrom und zahlreiche Stoffkreisläufe miteinander verbunden sind. Diese Beziehungen kommen zustande durch
  - Photosynthese der grünen Pflanzen,
  - Nahrungsketten von den Primärproduzenten über die Konsumenten zu den Destruenten und Reduzenten,
  - Freisetzung von Energie durch Respiration in jeder Trophieebene,
  - Freisetzung von Stoffen durch Reduzenten und Einspeisung in Kreislaufprozesse.

- Sie stellen **dynamische Einheiten** dar, die einer Entwicklung von strukturell und funktionell einfachen Initialstadien über Medialstadien zu hoch organisierten, einem Fließgleichgewicht zustrebenden Terminalstadien unterliegen.

- Sie sind gegen ihre Umwelt abgrenzbar, trotzdem aber **offene Einheiten,** die sich in einem steten Energie- und Stoffaustausch mit ihrer Umgebung befinden und darum
  - von ihrer Umwelt abhängig sind und
  - auf ihre Umwelt zurückwirken und diese modifizieren.

Die **Organisiertheit** und **Komplexizität** eines Ökosystems wird wesentlich von der Anzahl der Trophiestufen, der Länge der Nahrungsketten sowie dem Vernetzungsgrad der Nahrungsbeziehungen aller in ihm vorkommenden Organismen bestimmt.

Der einfachste Fall eines Ökosystems wäre dann gegeben, wenn in ihm nur **Primärproduzenten** und **Destruenten** vorkommen würden, die bloß durch eine **Detrituskette** miteinander verbunden sind. Die nächst höhere Stufe ist ein Ökosystem, in dem neben der Detrituskette noch eine **Fraß-** oder **Episitenkette** mit Biophagen existiert.

In der weiteren Entwicklung kommen zusätzliche Nahrungsbeziehungen, z. B. **Parasiten, Bakteriophage, Symbionten** u. a. hinzu, wie das auf Abbildung 17 dargestellt worden ist.

Bemerkenswert ist in diesem Zusammenhang, daß verschiedene Organismenarten zeitweilig (z. B. verschiedene Stadien der Tachinen) oder ständig (z. B. verschiedene Geschlechter von Dipteren) unterschiedlichen Ernährungsstufen angehören. Auf diese Weise entstehen vielgestaltige Nahrungsnetze, mit deren Ausmaß (Vernetzungsgrad) wohl auch die Elastizität der Ökosysteme zunimmt.

Neben den auf **Ernährungsbeziehungen beruhenden Ökosystemrelationen** existieren weitere Relationen zwischen den verschiedenen Elementen des Ökosystems, z. B.

- **allelopathische Wirkungen** durch Ausscheidung wachstumshemmender Stoffe,
- **Transport** von **Pollen** und **Samen** und anderen Diasporen mittels Wasser, Wind oder Tieren,
- **Informationsübertragung** über verschiedene Sensoren:
  - **visuell** durch Beleuchtungsart und -dauer, Lock- und Abschreckfarben, Imponiergehabe und Drohgebärden etc.,
  - **akustisch** durch Lock- und Warnrufe sowie andere Geräusche,
  - **olfaktorisch** durch Emission von Lock- oder Abschreckstoffen (z. B. Attraktantien und Repellentien, Pheromone),
  - **gustatorisch** durch geschmackrelevante Inhaltstoffe,
  - **taktil** durch Oberflächeneffekte,
  - **seismisch** durch Erschütterung.

Ökosysteme, in denen die von den Primärproduzenten fixierte Energie ausreicht, um den Energieverbrauch aller nachfolgenden Ernährungsstufen zu decken, werden als vollständig oder **autonom** bezeichnet.

Von großer Bedeutung für die Stoff- und Energiebilanz sowie den Zustand von Ökosystemen können weiterhin sein:

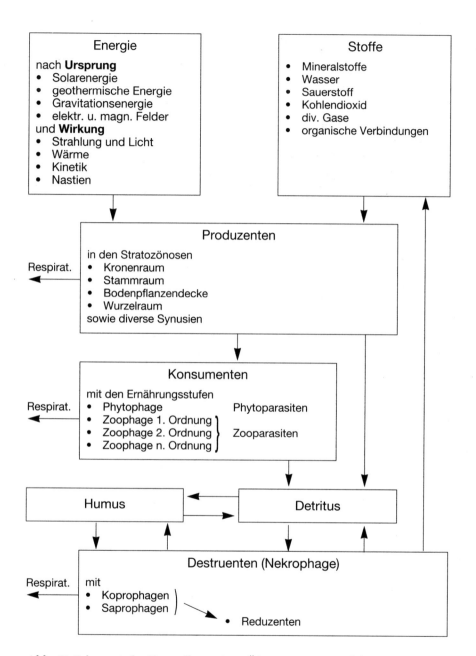

*Abb. 17: Schematische Darstellung eines Ökosystems (in Anlehnung an Ellenberg 1973)*

- Energieeinträge und -austräge durch Strahlung sowie Bewegung (kinetische Energie von Wind und Wasser),
- Stoffeinträge und -austräge (Einträge gasförmiger Stoffe aus der Atmosphäre, Ein- und Austräge gelöster Stoffe mit dem Oberflächen- und Grundwasser sowie fester Substanzen durch Gravitation, Wind und Wasser),
- Zuwanderung (Immigration) und Abwanderung (Emigration) von Organismen oder lebensfähiger Organismenteile.

Mit Betrachtung der **In-** und **Outputs** der in sich weitgehend homogenen, eine mehr oder weniger abgrenzbare Einheit darstellenden konkreten Ökosysteme wird der Schritt zur **Landschaft** getan, die aus einem **Mosaik** verschiedener Ökosysteme besteht, somit ökologisch heterogen ist und, dank ihrer Abgrenzbarkeit gegenüber anderen Landschaften, eine Einheit in Vielheit darstellt. Im Sinne der Landschaftskunde bedeutet dieser Schritt den Übergang von der **topischen** zur **chorischen Dimension**[1].

Im Zusammenhang damit sei im Interesse begrifflicher Klarheit herausgestellt:

Die Landschaft ist ein sich von ihrer Umgebung unterscheidender Teil der Erdoberfläche,

- der aus einem für sie **charakteristischen Mosaik** in sich weitgehend homogener Zellen oder Topen besteht ⇒ **räumlicher Aspekt**

und

- durch bestimmte **geowissenschaftliche** (Morphologie, Geologie und Bodensubstrat, Wasserregime und Klima) sowie **biowissenschaftliche** Merkmale und Prozesse (Flora und Vegetation, Fauna und Zoozönose) gekennzeichnet ist ⇒ **funktionaler Aspekt.**

Aus der Verbindung dieser räumlichen (topischen) und funktionellen Aspekte ergeben sich folgende Einheiten und Begriffe (Thomasius 1995):

---

[1] In der Landschaftskunde bezeichnet der **Top** die unterste homogene, den Grundbaustein der Landschaft bildende Arealeinheit. Demgegenüber stellt die **Chore** ein Mosaik von Topen bestimmter Größe und Anordnung in der Landschaft dar (Neef 1977). Die Choren lassen sich wiederum in Mikro-, Meso-, Makro- und Megachoren gliedern. Ihnen sind physisch-geographische Regionen und Zonen übergeordnet.

In der Forstwirtschaft entsprechen den Topen – nach Typisierung – die Standortsformen und den Choren die Mosaiktypen bzw. Wuchsbezirke.

| | | | |
|---|---|---|---|
| Oberflächenform | → Morphotop | | |
| Bodensubstrat | → Pedotop | | |
| Wasserregime | → Hydrotop | **Geotop** | **Ökosystem** |
| Klima | → Klimatop | ↓ | oder |
| | | **Biotop** | **Geobiozönose** |
| Flora | → Phytozönose | ↑ | |
| Fauna | → Zoozönose | **Biozönose** | |

Daraus folgt, daß der Geotop, wie er z. B. als Kipp-Rohboden auftritt, erst nach Besiedlung durch eine Biozönose bildende Lebewesen zum Biotop wird.

Leider wird der 1908 von Dahl eingeführte **Biotop**-Begriff heute mehrdeutig, d. h. sowohl als Synonym für den **Geotop** als auch für die **Geobiozönose** verwandt. Im Interesse begrifflicher Klarheit und historischer Gerechtigkeit werden die hier aufgeführten, **keineswegs neuen Begriffe** (Sukatschow 1926, Neef 1977) reaktiviert.

Faßt man benachbarte und ähnliche Landschaften zu größeren Gebilden zusammen, so gelangt man zu einem nach **geographischen Prinzipien** gegliederten System:

- **Geotope,** die mit den zugehörigen Biozönosen **Geo-Biozönosen** ergeben (topische Dimension),
- **Mosaike von Geotopen** bzw. **Geo-Biozönosen** (chorische Dimension),
- Physio-geographische **Regionen,**
- Physio-geographische **Zonen.**

Neben dieser geographischen Ordnung von Naturraumeinheiten existieren weitere Ökosystemgliederungen, die sich überwiegend auf zwei Prinzipien stützen:

**1. Das ökofaktorielle Prinzip**
Bei diesem erfolgt die Gliederung nach **Umweltfaktoren,** z. B. Klima und Boden (Walter 1970). Auf diese Weise gelangt man beispielsweise zu
- Ökosystemen der tropischen, temperaten, borealen und arktischen Zonen,
- Ökosystemen hydromorpher und anhydromorpher Böden,
- Ökosystemen auf Böden hoher, mittlerer und geringer Nährkraft.

**2. Das ökophysiologische Prinzip**
Bei diesem werden die verschiedenen Ökosysteme nach strukturellen, funktionellen und/oder physiognomischen Merkmalen der Phyto- bzw. Biozönosen gegliedert (Ellenberg 1973, Ellenberg u. Müller-Dombois 1967, Müller-Dombois u. Ellenberg 1974). Auf diese Weise ergeben sich z. B.
- Pionierpflanzen-Ökosysteme,
- Grasland- und Krautflur-Ökosysteme,

- Strauch- und Zwergstrauch-Ökosysteme,
- Wald-Ökosysteme.

Da zwischen geographischen Räumen, Umweltfaktoren und Ökosystemstrukturen mehr oder weniger enge Beziehungen bestehen, führen die verschiedenen Klassifikationsprinzipien zu ähnlichen Systemen. Nicht selten werden bei der Gliederung von Ökosystemen auch Kombinationen physisch-geographischer, ökofaktorieller und ökophysiologischer Kriterien angewandt. Beide Vorgehensweisen sind berechtigt und je nach dem Zweck, der mit solchen Gliederungen verfolgt wird, auch notwendig.

Die genannten Merkmale und Gliederungen der Ökosysteme gelten, der oben gegebenen Definition gemäß, auch für Wälder:

Auch in der Waldkunde und Forstwirtschaft ist die Erkenntnis, daß der Wald nicht nur eine Ansammlung von Bäumen darstellt, sondern ein

> *„tausendfach zusammengesetztes Ganzes, in welchem jedes Glied eine ganz bestimmte Stelle einnimmt.“* (Roßmäßler 1863),

eine alte Weisheit, obwohl Vertreter der **rationellen Forstwirtschaft** glaubten, sich mit dem **System des Schlagweisen Hochwaldes,** bei dem der Geotop von der Biozönose getrennt wird, darüber hinwegsetzen zu können. Roßmäßler, der nach Relegierung von der Königlich-Sächsischen Forstakademie Tharandt das noch heute lesenswerte und von tiefen ökologischen Kenntnissen zeugende Buch *DER WALD* abfaßte, bedauerte schon damals, daß es in der deutschen Sprache kein Wort gibt, um den *„formenreichen Inbegriff von Körpern und Erscheinungen“,* wie er uns im Wald begegnet, *„kurz und rund auszudrücken“.*

Erst 50 Jahre später hat Möller (1913, 1920) dem **System des Schlagweisen Hochwaldes** das System des **Dauerwaldes** gegenüber gestellt. Den naturphilosophischen Strömungen seiner Zeit folgend, bezeichnete er den Wald als **Organismus.** In Rußland bzw. der Sowjetunion waren es vor allem Morosow (1914) und Sukatschow (1926), die auf die Bedeutung der Ganzheitsbetrachtung des Waldes hinwiesen und einen ökologisch orientierten Waldbau propagierten. Letzterer prägte für den zu bezeichnenden Gegenstand den Begriff **Biogeozönose.** Wir folgen inhaltlich, ändern jedoch die Abfolge der Silben (Geo-Biozönose).

Wie alle Ökosysteme
- stellen Wälder eine **untrennbare Einheit von Biotop und Biozönose** dar,
- bestehen Wälder aus den drei Kompartimenten **Primärproduzenten, Konsumenten und Destruenten,** die wiederum in sich strukturiert und miteinander gekoppelt sind,
- **produzieren** und **akkumulieren** Wälder bestimmte Mengen an **Bio-** und **Nekromasse,**

- unterliegen Wälder einer bestimmten **Dynamik,**
- verfügen Wälder über ein bestimmtes Maß an **Selbstregulationsfähigkeit,**
- zeichnen sich Wälder durch eine bestimmte **Elastizität und Stabilität** aus.

Diese Eigenschaften sind bei allen waldbaulichen Entscheidungen zu berücksichtigen. Dabei muß hervorgehoben werden, daß es wegen der zwischen den Elementen eines Waldökosystems bestehenden Wechselwirkungen notwendig ist, bei allen Einwirkungen auf dieses System nicht nur die unmittelbar betroffenen Systemelemente, sondern auch die sich ergebende Wirkungskette sowie das Gesamtverhalten des Systems zu beachten. **Maßnahmen, bei denen nur die unmittelbaren Wirkungen, nicht aber die weit darüber hinausgehenden Wirkungsketten berücksichtigt werden, sind leichtfertig und mit den Prinzipien eines ökogerechten Waldbaus unvereinbar.** Das ist z. B. der Fall, wenn ein bestimmter „Schädling" durch den Einsatz von Pestiziden vernichtet wird, die sich daraus ergebenden Folgereaktionen im Gesamtsystem aber unberücksichtigt bleiben.

Zur Gliederung von Waldökosystemen benutzen Forstwirtschaft und -wissenschaft sowohl das geographische als auch das ökofaktorielle und ökophysiologische Prinzip. Das **geographische Prinzip** liegt der naturräumlichen Gliederung in Wuchsbezirke und Wuchsgebiete zugrunde, das **ökofaktorielle** Verfahren der forstlichen Standortskartierung und das **ökophysiologische** der Waldtypologie.

## 3.2 Elemente und Faktoren des Ökosystems

### 3.2.1 Abiotische Elemente und Faktoren

Als Ökosystem-Elemente bezeichnet man alle im Ökosystem enthaltenen abiotischen und biotischen Bestandteile. Gehen von diesen bestimmte energetische, stoffliche oder informatorische Wirkungen aus, so bezeichnet man sie als ökologische Faktoren.

Im Prinzip kann man dabei zwischen

- physikalischen (Energie),
- chemischen (Stoffe) und    } Elementen oder Faktoren
- biotischen (Lebewesen)

unterscheiden.

Die wichtigsten physikalischen Faktoren sind

- Strahlung mit Licht und Wärme,
- Luftbewegung,
- Gravitation mit Wasser- und Bodenbewegung,
- Konsistenz der Substrate,

- elektrische und magnetische Felder,
- Raumstrukturen,
- Zeitabhängigkeiten.

Zu den chemischen Faktoren zählen

- Wasser,
- Kohlenstoff,
- Sauerstoff,
- Stickstoff,
- Schwefel,
- Mineralstoffe und ihre Verbindungen,
- Organische Verbindungen.

Aus dem Zusammenwirken dieser physikalischen und chemischen Faktoren ergeben sich die wesentlichen Eigenschaften des Klimas und des Bodens. Beide können jedoch nicht losgelöst von den Lebewesen betrachtet werden. Die Kompartimente Klima und Boden sind Gegenstand selbständiger Disziplinen, auf die hier nicht im Detail eingegangen werden kann. Über ihre Wirkungen auf den Wald wurde bereits im Kapitel 2.2 berichtet. Die Rückwirkungen des Waldes auf seine Umwelt werden im Kapitel 4 behandelt.

### 3.2.2 Biotische Elemente und Faktoren

### 3.2.2.1 Primärproduzenten und deren Gliederung in Lebensformen

Organismen, die in gleicher oder ähnlicher Weise durch Gestalt, Stoffwechsel, Wachstum und Entwicklung sowie Verhalten an bestimmte Umweltbedingungen angepaßt sind, werden – unabhängig von ihrer taxonomischen Zugehörigkeit – als Lebensform bezeichnet.

Für ökologische Belange hat sich von den verschiedenen Lebensform-Klassifikationen der Pflanzen die von Raunkiaer (1934) am besten bewährt. Sie basiert auf der Art und Weise, wie die Pflanzen die ungünstige Jahreszeit (Frost oder Trockenheit) überdauern und ihre Innovationsorgane (Knospen, Samen) ausbilden bzw. anordnen. Danach unterscheidet man (Abb. 18):

- **Phanerophyten**
  Die Innovationsorgane dieser Pflanzen befinden sich hoch (>50 cm) über der Erdoberfläche. Hierzu gehören
  - Makrophanerophyten: Bäume,
  - Nanophanerophyten: Sträucher,
  - Lianen und Epiphyten,
  - Stammsukkulente.

64

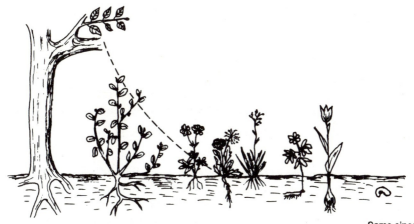

| Phanerophyten | Chamaephyten | Hemikryptophyten | Kryptophyten | Same eines Therophyten |

*Abb. 18: Einteilung der Pflanzen[1] nach Lebensformen von Raunkiaer (1934, verändert d. Stocker)*

[1] *Höhe wegen Darstellbarkeit nicht maßstabsgerecht*

- **Chamaephyten**
  Bei diesen Oberflächenpflanzen befinden sich die Innovationsorgane 10–20 cm über der Erdoberfläche (in höheren geographischen Breiten und in Gebirgen im Schutz der Schneedecke). Dazu zählen
  - Halbsträucher,
  - Zwergsträucher,
  - Polsterpflanzen und andere aufrechte oder kriechende krautigen Pflanzen.

- **Hemikryptophyten**
  Diese Erdschürfepflanzen haben ihre Knospen in Höhe der Bodenoberfläche. Hier werden sie während der ungünstigen Jahreszeit durch Laub und Streu geschützt. Dazu zählen
  - Horstpflanzen,
  - Ausläuferpflanzen,
  - Rosettenpflanzen,
  - Knollenstauden,
  - Schaftpflanzen,
  - zahlreiche Hapaxanthe (Zwei- und Mehrjährige, die nach der Fruktifikation absterben).

- **Kryptophyten**
  Bei diesen Erdpflanzen überdauern die Innovationsorgane die ungünstige Jahreszeit im Boden. Dazu zählen

- Rhizom-Geophyten,
- Zwiebel-Geophyten,
- Knollen-Geophyten,
- Wurzel-Geophyten.

- **Therophyten**
  Diese Annuellen vollziehen ihren gesamten Lebenszyklus im Verlaufe einer Vegetationszeit und überdauern ungünstige Jahreszeiten als Samen.

Bei waldökologischen Betrachtungen sind die Phanerophyten noch weiter zu untergliedern.

Die für **Makrophanerophyten** charakteristischen **Bäume**[1] sind **langlebige, selbsttragende Holzgewächse**, die aus **Wurzel, Schaft** und **Krone** bestehen sowie unter zusagenden Umweltbedingungen und nach Eintritt der Maturität eine **Höhe von mindestens 5 m** (unter ungünstigen Bedingungen mindestens 3 m) erreichen.

Zu den einzelnen Kriterien dieser Definition sei angemerkt:

- **Lebensdauer:** Bäume gehören zu den ältesten lebenden Organismen der Erde. Bei der in der Sierra Nevada vorkommenden Grannen-Kiefer (Pinus aristata) wurde ein Alter von > 4 600 Jahren nachgewiesen. Aus Ostasien wird über > 6 000 Jahre alte Scheinzypressen (Chamaecyparis obtusa) berichtet.

- **Verholzung:** Die langlebigen Pflanzenteile verholzen. Dieses Merkmal ist zur Unterscheidung der Gehölze von den Kräutern geeignet.

- **Monokormie:** Bäume besitzen, zumindest in der Jugend, eine deutliche Differenzierung in Wurzel, Schaft und Krone. Sie unterscheiden sich durch ihre Monokormie und Akrotonie von den polykormen und exotonen Sträuchern.

- **Höhe:** Nach der auf zusagenden Standorten im adulten Zustand erreichten Höhe werden unterschieden:

  - Bäume 1. Ordnung  Höhe > 25 m (Hauptbaumarten der Wirtschaftswälder),

---

[1] Zu unterscheiden ist zwischen Baum- und Holzart:
  – Mit **Baumart** bezeichnet man die Menge aller Bäume, die einer Spezies im Sinne der botanischen Systematik angehören.
  – Die **Holzart** bezeichnet den von einer bestimmten Baumart stammenden und durch entsprechende Merkmale charakterisierten Rohstoff Holz.

- Bäume 2. Ordnung Höhe 10–25 m (Hainbuche, Feld-Ahorn, Baumweiden),
- Bäume 3. Ordnung Höhe 5–10 m (Eibe, Wacholder, „Wildobstarten"),
- Zwergbäume Höhe 3–5 m (monokorm),
- Großsträucher Höhe 3–5 m (polykorm),
- Kleinsträucher Höhe 0,5–3 m,
- Zwergsträucher Höhe bis 0,5 (1) m.

Die größten Höhen erreichen Eucalyptus regnans in Australien und der Riesen-Mammutbaum (Sequoiadendron gigantea) in Kalifornien mit Werten von 100–120 m. Bei der Pazifischen Küsten-Tanne (Abies grandis), der Pazifischen Edel-Tanne (Abies nobilis) und der Douglasie (Pseudotsuga menziesii) wurden Höhen um 100 m nachgewiesen.

- Fähigkeit, die **Krone selbst zu tragen:** Durch dieses Merkmal werden die Bäume von den Lianen unterschieden.

Von großer praktischer und theoretischer Bedeutung ist die Differenzierung der Baumarten nach ihrer Wachstums- und Entwicklungsstrategie. Erstere kennzeichnet die von der Zeit (Alter), der Umwelt (Biotop) und den Erbanlagen abhängige Biomasseakkumulation, letztere die von den gleichen Einflußgrößen bestimmte Veränderung von Form und Funktion der Pflanzen.

Bei den nach Lebenserwartung und Maximaldimension sehr differenzierten Bäumen kann man im Prinzip die drei Typen

- Pionierbaumarten,
- Intermediärbaumarten,
- Klimaxbaumarten

unterscheiden, auf die im Kapitel 3.5.2 näher eingegangen wird (Abb. 48, 49; Tab. 17).

Auf weitere Einteilungen von Bäumen und Sträuchern wird hier unter Verweis auf die einschlägige Literatur (z. B. Schmithüsen 1969) verzichtet.

### 3.2.2.2 Konsumenten und deren Gliederung in Ernährungsstufen

Die Vertreter dieses Ökosystem-Kompartimentes sind heterotrophe Organismen, die lebende organische Substanz konsumieren und darum auch als **Biophage** bezeichnet werden. Da sie ebenfalls Biomasse produzieren (animalische Biomasse), werden sie auch Sekundärproduzenten genannt. Ein wesentliches Merkmal dieser Organismengruppe ist ihre mehr oder weniger ausgeprägte **Mobilität.**

Danach kann man die Konsumenten in folgende 3 Gruppen einteilen:

- **Sehr mobile Arten**
  Dazu zählen die meisten Großsäuger (bes. Läufer und Pirschgänger) und Vögel (bes. Greif- und Laufvögel), Fledermäuse, verschiedene Insektenarten.
- **Mobile Arten**
  Hierzu gehören die Kletterer (Marder, Eichhörnchen) und reviertreuen Räuber unter den Säugern, zahlreiche ortstreue Vogelarten, Spinnen, Ameisen und Laufkäfer.
- **Wenig mobile Arten**
  Zu diesen zählen die meisten Bodenbewohner von den Maulwürfen und Schermäusen bis zur Bodenmeso- und -mikrofauna, die bereits zu den Destruenten überleitet.

Dank ihrer Mobilität sind viele Tiere für die Primärproduzenten als Transporteure von Pollen und Samen (Zoochorie) nützlich oder unentbehrlich.

Nach der Fraßsubstanz werden die Konsumenten weiter unterteilt in

- Phytophage oder Herbivore und
- Zoophage oder Carnivore.

Eine übergreifende Gruppe bilden die Allesfresser, auch Pantophage oder Omnivore genannt.

Diesen **Episiten** ist die Gruppe der **Parasiten,** die nochmals in Phyto- und Zooparasiten zu untergliedern sind, gegenüberzustellen (Tab. 9).

*Tab. 9: Bezeichnung der Biophagen nach dem Verhältnis von Nahrungsspender (Donor) zu Nahrungsaufnehmer (Akzeptor) sowie der Art des Nährsubstrates*

| Bezeichnung | Verhältnis zwischen Nahrungsspender (Donor) und Nahrungsaufnehmer (Akzeptor) | Nährsubstrat | |
| --- | --- | --- | --- |
| | | Pflanzliche Substanzen Phytophage | Tierische Substanz. Zoophage |
| Episiten | Körper oder Körperteil des meist kleineren Donors wird von dem meist größeren Akzeptor in einem Fraßakt verzehrt und damit vernichtet | Phyto-Episiten | Zoo-Episiten (Räuber oder Prädatoren) |
| Parasiten | Der meist größere Donor liefert mit der laufenden Stoffproduktion temporär, periodisch oder permanent Nahrung für den meist kleineren Akzeptor | Phyto-Parasiten | Zoo-Parasiten |

Die in dieser Tabelle genannten Lebensformen sind meist durch Körperform, Bewegungsapparat, Freßwerkzeuge und Verdauungssystem an ihre spezifische Lebensweise angepaßt (trophische Adaptation). Hinzu kommt eine entsprechende Ausstattung mit optischen, akustischen, olfaktorischen, gustatorischen, taktilen und seismischen Sensoren, die ein Suchen, Finden und Prüfen der Nahrung ermöglichen.

Ökologisch bedeutungsvoll ist auch das Spektrum der von Konsumenten angenommenen Fraßsubstanz. Danach unterscheidet man zwischen mono-, oligo- und polyphagen Arten. Während erstere bei Massenvermehrung zur Vernichtung der Wirtspopulation führen können und danach selbst gefährdet sind, verteilen sich letztere auf verschiedene Wirtsarten und besitzen dadurch eine größere Flexibilität. Umgekehrt ist natürlich auch die Anzahl der Konsumenten, denen bestimmte Pflanzenarten als Wirt dienen, von Interesse. Dies ist u. a. ein Ausdruck dafür, wie stark diese Art in das Nahrungsnetz des Ökosystems integriert ist.

### 3.2.2.2.1 Phytophage oder Herbivore

Diese sich von Pflanzen ernährenden Organismen werden aus Sicht derer, die Pflanzen kultivieren und nutzen (Landwirte, Gärtner, Forstwirte), überwiegend als Schädlinge betrachtet. Aus ökologischer Sicht bereiten sie Probleme, wenn durch ihren Fraß die Balance zwischen auf- und abbauenden Prozessen und die Proportionen zwischen den verschiedenen Ernährungsstufen gestört werden. Das ist häufig nach ökologischem Mißmanagement (z. B. Anlage von Monokulturen und beim Fehlen eines hinreichend leistungsfähigen Gegenspielerpotentials in der Zoophagenebene) der Fall.

Die in den zentraleuropäischen Wäldern vorkommenden Phytophagen kann man nach der Fraßsubstanz wie folgt differenzieren (Tab. 9a):

1. Phyllophage:    Verzehrer von Blättern,
2. Secretophage:    Verzehrer von Pflanzensäften,
3. Gemmophage:    Verzehrer von Knospen und jungen Trieben,
4. Karpophage:    Verzehrer von Samen und Früchten,
5. Cordophage:    Verzehrer von Bast und Rinde,
6. Xylophage:    Verzehrer von Holz,
7. Rhizophage:    Verzehrer von Wurzeln,
8. Mykophage:    Verzehrer von Pilzen,
9. Bakteriophage:    Verzehrer von Bakterien.

Nicht wenige Phytophage leiten durch Abbeißen und partiellen Verzehr lebender Pflanzenteile als Vorzerkleinerer zu den Destruenten (z. B. Insektenraupen, die die Blätter nur skelettieren) über.

*Tab. 9a: Wichtige, in den zentraleuropäischen Wäldern auftretende Konsumenten (ohne die in Tab. 10 aufgeführten Parasiten)*

---

**1. Phytophage** (Pflanzenverzehrer)

---

**1.1 Phyllophage** (Verzehrer von Blättern)
1. Makrolepidopteren (Spanner, Eulen, Wollspinner, Glucken, Prozessionsspinner)
2. Mikrolepidopteren (Wickler, Motten)
3. Coleopteren (Blatthornkäfer, Blattkäfer)
4. Hymneopteren (Gespinstblattwespen, Blattwespen)
5. Mammalia (Hirschartige, Hasen)

---

**1.2 Secretophage** (Verzehrer von Pflanzensäften)
1. Homopteren (Zikaden, Baumläuse, Wolläuse, Fichtenläuse, Schildläuse)
2. Dipteren (Gallmücken, Minierfliegen)
3. Hymenopteren (Gallwespen)

---

**1.3 Gemmophage** (Verzehrer von Knospen und jungen Trieben)
1. Coleopteren (Waldgärtner)
2. Mikrolepidopteren (Triebwickler)
3. Tetraoniden (Waldhühner)
4. Mammalia (Eichhörnchen, Hirschartige)

---

**1.4 Karpophage** (Verzehrer von Samen und Früchten)
1. Coleopteren (Harpalus, Pissodes, Balaninus)
2. Mikrolepidopteren (Laspeyresia, Zünsler)
3. Dipteren
4. Chalcididen (Erzwespen)
5. Aves (Häher, Finken, Spechte, Tauben)
6. Mammalia (Hörnchen, Schläfer, Mäuse, Kaninchen, Schweine)

---

**1.5 Cordophage** (Verzehrer von Bast und Rinde)
1. Coleopteren (Rüsselkäfer, Borkenkäfer, Blatthornkäfer, Prachtkäfer, Bockkäfer)
2. Aves (Spechte)
3. Mammalia (Mäuse, Hörnchen, Schläfer, Hasen, Hirschartige)

---

**1.6 Xylophage** (Verzehrer von Holz)
1. Coleopteren (Werftkäfer, Nagekäfer, Bockkäfer, Rüsselkäfer, Borkenkäfer)
2. Siriciden (Holzwespen)
3. Lepidopteren (Holzbohrer)

---

**1.7 Rhizophage** (Verzehrer von Wurzeln)
1. Nematoden
2. Grillen
3. Elateriden
4. Scarabaeiden
5. Ipiden
6. Mammalia (Mäuse u. a. Nager)

---

## 2. Zoophage (Tierverzehrer)

### 2.1 Entomophage (Verzehrer von Insekten)
1. Arachniden (Spinnen)
2. Myriapoden (Tausendfüßler)
3. Heteropteren (Wanzen)
4. Planipenniden (Florfliegen, Ameisenlöwen)
5. Coccineliden (Marienkäfer)
6. Asiliden (Raubfliegen)
7. Formiciden (Ameisen)
8. Amphibien (Lurche)
9. Aviden (Vögel)
9.1 Pariden (Meisen)
9.2 Cordiiden (Klettermeisen)
9.3 Cuculiden (Kuckucke)
9.4 Orioliden (Pirole)
9.5 Sturniden (Stare)
9.6 Upupiden (Hopfe)
9.7 Coraciden (Racken)
9.8 Caprimulgiden (Ziegenmelker)
9.9 Troglodyliden (Zaunkönige)
9.10 Pruneliden (Braunellen)
9.11 Musicapiden (Sänger)
9.12 Laniiden (Würger)
9.13 Alandiden (Lerchen)
9.14 Motacilliden (Stelzen)
**Partiell entomophag** sind
9.15 Piciden (Spechte)
9.16 Fringiliden (Finken)
9.17 Corviden (Krähen)
9.18 Aquiliden (Greifvögel)
10. Mammalia (Säuger)
10.1 Erinaceiden (Igel)
10.2 Talpiden (Maulwürfe)
10.3 Soriciden (Spitzmäuse)
10.4 Chriopteren (Fledermäuse)
10.5 Musteliden (Marder)
10.6 Caniden (Hunde)
10.7 Rodentia (Nager)
10.8 Curguliden (Huftiere – Schweine)

### 2.2 Herpetophage (Verzehrer von Lurchen und Kriechtieren)
1. Ciconiden (Störche)
2. Erinaceiden (Igel)
3. Aquiliden (Greifvögel)

### 2.3 Ornithophage (Verzehrer von Vögeln)
1. Reptilien (Kriechtiere)
2. Aquiliden (Greifvögel(
3. Raubsäuger
3.1 Musteliden (Marder)
3.2 Feliden (Katzen)

3.3 Caniden (Hunde)
3.4 Ursiden (Bären)

**2.4 Mammaliophage** (Verzehrer von Säugetieren)
1. Reptilien (Kriechtiere)
2. Aquiliden (Greifvögel)
3. Raubsäuger
3.1 Musteliden (Marder)
3.2 Feliden (Katzen)
3.3 Caniden (Hunde)
3.4 Ursiden (Bären)

**3. Mikrophytophage** (Pilz- u. Bakterienverzehrer)

Nach Heydemann (1982) werden die meisten einheimischen Baumarten, voran die Eiche, im lebenden und toten Zustand von einer großen Anzahl phytophager Insekten angenommen (Tab. 36).

In Waldökosystemen ist von den an sie angepaßten Konsumenten fast stets ein bestimmter, meist nur wenig in Erscheinung tretender Grundbestand vorhanden. Trotzdem nehmen die meisten Phytophagen infolge selektiven Fraßes Einfluß auf den Wettbewerb zwischen den Primärproduzenten. So kann unter bestimmten Voraussetzungen aus dem latenten Grundbestand eine Massenvermehrung (Gradation) hervorgehen (Kap. 3.4.2).

Solche Entwicklungen, die stets in ökosystemare Prozesse eingebettet sind, sind Gegenstand der Populationsdynamik oder Demökologie.

### 3.2.2.2.2 Zoophage oder Carnivore

Die „Fleischfresser" werden nach ihrem Platz in der mehrgliedrigen Nahrungskette in solche
- erster Ordnung (Vertilger von Phytophagen) und
- höherer Ordnung (Vertilger von Zoophagen)

unterschieden. Auf der Spitze der Nahrungspyramide befinden sich die sog. **Gipfelraubtiere,** die – meist auf Grund ihrer Größe – außer dem Menschen keine Feinde mehr besitzen.

Aus der Sicht des Pflanzenbaus sind die meisten Zoophagen erster Ordnung **„Nützlinge",** weil sie zur Vertilgung pflanzenfressender **„Schädlinge"** beitragen. Anders die Zoophagen zweiter Ordnung, weil sie die „schädlingsvertilgenden" Zoophagen erster Ordnung vernichten. So ergibt sich aus dieser anthropozentrischen Sicht bei stark vereinfachter Betrachtung der Nahrungspyramide von Ebene zu Ebene eine Nützling-Schädling-Alternanz.

In Wirklichkeit lassen die sehr differenzierten und z. T. auch wechselnden Fraßgewohnheiten sowie die Vielgliedrigkeit und Vernetzung der Nahrungsbeziehungen häufig keine so eindeutige Bewertung der verschiedenen Taxa zu. Generell kann jedoch festgestellt werden, daß die Zoophagen dank ihrer Rückkopplungswirkungen eine sehr bedeutungsvolle Rolle bei der Systemstabilisierung spielen.

Ähnlich wie die Phytophagen kann man die Zoophagen nach ihrer Fraßsubstanz einteilen in

| | |
|---|---|
| 1. Entomophage | Verzehrer von Insekten, |
| 2. Ornithophage | Verzehrer von Vögeln, |
| 3. Mammaliophage | Verzehrer von Säugetieren. |

Auch bei den Zoophagen gibt es viele, die ihre Beute nur teilweise verzehren und dadurch eine vermittelnde Rolle zu den Saprophagen spielen.

Die davon forstwirtschaftlich wichtigsten Zoophagen sind mit in Tabelle 9a aufgenommen worden.

### 3.2.2.2.3 Pantophage oder Omnivore

Diese Allesfresser, die sich durch große Anpassungsfähigkeit an ein verschiedenartiges oder wechselndes Fraßangebot auszeichnen, tragen im Ökosystem in besonderem Maße zur Vernetzung von Nahrungsketten bei.

Einen stark vereinfachten Überblick zu den Beziehungen zwischen der Ernährungsweise und den Lebensformen von Tieren vermittelt Abbildung 19.

### 3.2.2.2.4 Parasiten

Bei den Parasiten ist zwischen Phyto- und Zooparasiten zu unterscheiden. Während die Phytoparasiten ein wichtiger Gegenstand des Pflanzenschutzes sind, spielen die Zooparasiten eine große Rolle bei der Ökosystemregulierung.

Aus dieser großen Organismengruppe werden die forstlich wichtigsten in Tabelle 10 aufgeführt.

In diesem Zusammenhang seien noch folgende Begriffe erläutert:

- Superparasitismus: Mehrere Individuen gleicher Art haben einen Wirt befallen,
- Coparasitismus: Mehrere Individuen unterschiedlicher Art haben einen Wirt befallen,
- Hyperparasitismus: Parasiten werden selbst parasitiert.

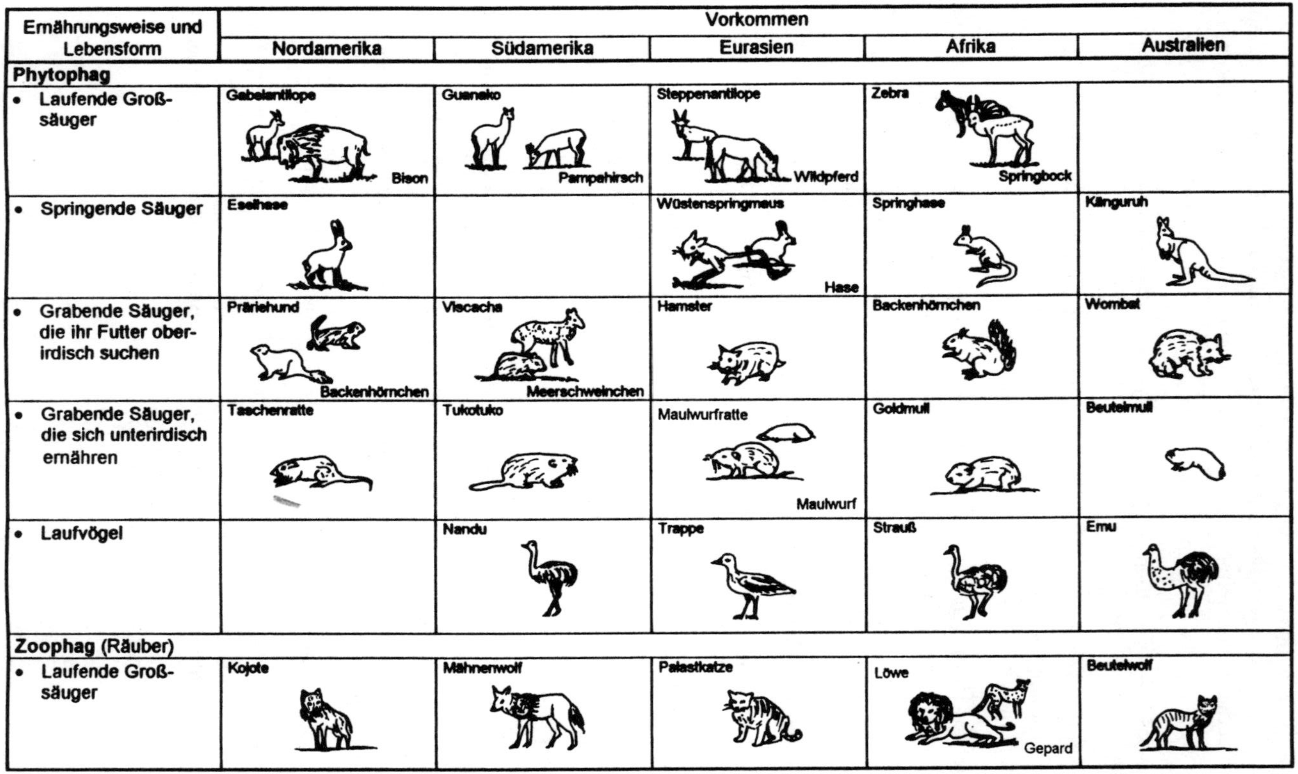

| Ernährungsweise und Lebensform | Vorkommen: Nordamerika | Vorkommen: Südamerika | Vorkommen: Eurasien | Vorkommen: Afrika | Vorkommen: Australien |
|---|---|---|---|---|---|
| **Phytophag** | | | | | |
| • Laufende Großsäuger | Gabelantilope, Bison | Guanako, Pampahirsch | Steppenantilope, Wildpferd | Zebra, Springbock | |
| • Springende Säuger | Eselhase | | Wüstenspringmaus, Hase | Springhase | Känguruh |
| • Grabende Säuger, die ihr Futter oberirdisch suchen | Präriehund, Backenhörnchen | Viscacha, Meerschweinchen | Hamster | Backenhörnchen | Wombat |
| • Grabende Säuger, die sich unterirdisch ernähren | Taschenratte | Tukotuko | Maulwurfratte, Maulwurf | Goldmull | Beutelmull |
| • Laufvögel | | Nandu | Trappe | Strauß | Emu |
| **Zoophag (Räuber)** | | | | | |
| • Laufende Großsäuger | Kojote | Mähnenwolf | Palastkatze | Löwe, Gepard | Beutelwolf |

*Abb. 19: Ernährungsweise und Lebensformen bei Tieren (Schäller 1991, geringfügig verändert)*

*Tab. 10: Forstwirtschaftlich bedeutungsvolle pathogene Parasiten*

| Parasit | Taxa | |
|---|---|---|
| | die auf Pflanzen parasitieren (Phytoparasitismus) | die auf Tieren parasitieren (Zooparasitismus) |
| 1. Viren | Diverse Viren an Laubbaumarten, die Mosaikkrankheiten hervorrufen | Diverse Viren, wie Borrolina und Bergoldia, die die Polyederkrankheit bei Nonne, Schwammspinner, Goldafter, Buchenrotschwanz u. anderen Schmetterlingen hervorrufen |
| 2. Bakterien (Bazillen u. Coccen) | 1. Pseudomonas pini (Zweigtuberkulose an Kiefernarten) 2. Bazillus populi (Zweigtuberkulose an Pappeln) 3. Agrobacterium tumifaciens (Wurzelhalstumore bei zahlreichen Laubbaumarten) 4. Micrococcus div. spec. (Krebs an verschiedenen Laubbaumarten) | 1. Bazillus tracheitis sive graphitosa (in Melolontha) 2. Bazillus septicus insecti-vorum (in Melolontha) 3. Bazillus melolonthae liquifaciens (in Melolontha) 4. Aerobacter scolyti (in Eccoptogaster-Arten) 5. Escherichia klebsiellaeformis (in Eccoptogaster-Arten) 6. Bacterium fusiformis (in Bupalus piniarius) 7. Bacterium fluorescens liqui-faciens (in Agrotis segetum) 8. Diplococcus lymantriae (in Lymantria dispar) 9. Streptococcus dispar (in Lymantria dispar) 10. Bazillus thuringensis (in Lymantria dispar) 11. Bazillus hoplosternus (in Malacosoma neustria) 12. Streptococcus pityocampa (in Thaumetopoea pityocampa) 13. Bazillus septicaemiae lophyri (in Diprion spec.) |
| 3. Pilze | 1.  Phycomycetes 1.1 Mucoraceae 1.2 Peronosporaceae 2.  Ascomycetes 2.1 Taphrinaceae 2.2 Aspergillaceae 2.3 Erysiphaceae 2.4 Hypocreaceae 2.5 Dothideaceae 2.6 Cucurbitariaceae 2.7 Valsaceae | Phycomycetes mit div. Entomophteraceen (Empusa aulicae, Entomophtera sphaerosperma, Cordiceps) |

| | | |
|---|---|---|
| | 2.8 Ophiostomaceae<br>2.9 Pleosporaceae<br>2.10 Gnomoniaceae<br>2.11 Mycosphaerellaceae<br>2.12 Sphaeriaceae<br>2.13 Hypodermataceae<br>2.14 Hysteriaceae<br>2.15 Phacidiaceae<br>2.16 Cenangiaceae<br>2.17 Helotiaceae<br>2.18 Rhizinaceae<br>3. Fungi imperfecti<br>3.1 Sphaeropsidales<br>3.2 Melanconiales<br>3.3 Hyphomycetes<br>3.4 Basidiomycetes | |
| 4. Insekten | | Entomophage (Schlupfwespen)<br>1. Chalcidae (Erzwespen)<br>2. Proctrupidae (Zwergwespen)<br>3. Braconidae (Brackwespen)<br>4. Ichneumonidae (Hunger-<br>wespen)<br>5. Tachinidae (Raupenfliegen) |
| 5. Zweikeim-<br>blättrige<br>Pflanzen | 1. Viscum (Mistel)<br>2. Loranthus (Riemenblume)<br>3. Cuscuta (Seide) | |

### 3.2.2.2.5 Nekrophage

Der Abbau toter organischer Substanzen erfolgt in mehreren Schritten. Zuerst wird die von Pflanzen und Tieren stammende Nekromasse mehr oder weniger zerkleinert und umgebaut, bis sie dann völlig oxidiert und in die Elementarbausteine $CO_2$, $H_2O$ und Mineralstoffe reduziert wird. Dementsprechend kann man die daran beteiligten Organismen in **Destruenten** (Zerkleinerer) und **Reduzenten** (Mineralisierer) differenzieren.

Bei den Destruenten ist darüber hinaus nach der Fraßsubstanz zwischen **Saprophagen** (Ernährung von Pflanzen- und Tierresten) und **Koprophagen** (Ernährung von Kot) zu unterscheiden.

Die außerordentlich arten- und individuenreiche Gruppe der Saprophagen spielt in Waldökosystemen wegen ihrer Zerkleinerungs- und Wühltätigkeit (Bioturbation), ohne die es zu Abbauhemmungen und Ansammlungen von Detritus über dem Mineralboden kommen würde, eine bedeutungsvolle Rolle. Sie leben im Humus und im obersten humosen Mineralbodenhorizont.

Nach der Größe differenziert man die Destruenten in Mega-, Makro-, Meso- und Mikrofauna (Abb. 20):

- **Megafauna:** Das sind Tiere von > 80 mm Größe. Markantester Vertreter ist der Maulwurf (Talpa europaea). Aber auch Regenwürmer (Lumbriciden), Schnecken (Gastropoden), Zweifüßler (Diplopoden) und Hundertfüßler (Chilopoden) erreichen diese Dimension.
- **Makrofauna:** Dazu zählen Tiere, die 4–80 mm groß sind, wie Borstenwürmer (Enchytraeiden), Turbellarien, Regenwürmer (Lumbriciden), Schnecken (Gastropoden), Zweifüßler (Diplopoden), Hundertfüßler (Chilopoden), Asseln (Isopoden), Käfer (Coleopteren) und Zweiflügler-Larven (Dipteren).
- **Mesofauna:** Zu dieser gehören Tiere von 0,2–4 mm Größe, z. B. Borstenwürmer (Enchytraeiden), Rädertierchen (Rotatorien), Turbellarien, Fadenwürmer (Nematoden), Milben (Acarinen), Springschwänze (Collembolen), Asseln (Isopoden), Käfer- (Coleopteren) und Zweiflügler-Larven (Dipteren).
- **Mikrofauna:** Sie wird von Tieren gebildet, die < 0,2 mm sind. Hierzu gehören Amöben (Testaceen), Rädertierchen (Rotatorien), Fadenwürmer (Nematoden).

Als **Reduzenten** oder Mineralisierer fungieren vor allem Bakterien, Pilze und Algen.

Bei den **Bakterien** ist zwischen **chemoautotrophen** und **heterotrophen** zu unterscheiden. Zu ersteren gehören *Nitrosomas, Nitrocystis* und *Nitrosogloea*,

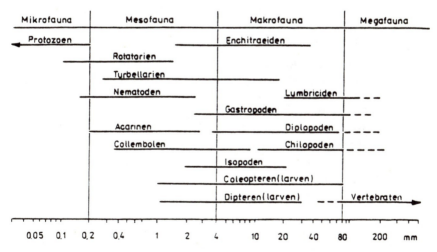

*Abb. 20: Wichtige Bodentiergruppen und ihre Zugehörigkeit zu Größenklassen der Bodenfauna (Dunger 1983, verändert)*

die unter günstigen Reaktions-, Feuchtigkeits- und Wärmeverhältnissen im Boden Ammonium ($NH_4^+$) in Nitritstickstoff ($NO_2^-$) umwandeln. Dieser wird von *Nitrobacter* zu Nitratstickstoff ($NO_3^-$) oxidiert. Verschiedene Bakterien, wie Pseudomonas und Achromobacter, bewirken eine Denitrifikation durch Reduktion von Nitratstickstoff zu $N_2$ oder $N_2O$ (Kap. 3.4.3.3.3). Andere chemoautotrophe Bakterien verwandeln Schwefel oder Sulfide zu Sulfaten (Kap. 3.4.3.3.4) und zweiwertiges Eisen zu dreiwertigem.

Unter den **heterotrophen Bakterien** vermögen einige Symbionten von Leguminosen, so z. B. Rhizobium, atmosphärischen Stickstoff zu binden.

Die bei pH-Werten über 4,7 vorkommenden **Strahlenpilze** (Actinomycetes) zersetzen Zellulose, Hemizellulose und einfache Kohlehydrate, z. T. auch Chitinpanzer toter Insekten. Einige von ihnen bilden zur Abwehr Antibiotika, andere leben in Symbiose mit höheren Pflanzen, so z. B. mit Erlen-Arten.

In sauren Waldböden wirken vor allem **Pilze** (Basidiomycetes und Ascomycetes) als Zersetzer. Ihre zersetzende Wirkung auf Zellulose, Hemizellulose und Lignin ist unterschiedlich. Viele von ihnen leben in Symbiose mit höheren Pflanzen.

Im Grenzbereich von Boden und Luft kommen auch frei lebende **Algen** vor, die als Erstbesiedler humusfreier Rohböden die Sukzession einleiten.

Die Destruktion und Zersetzung toter organischer Substanzen vollzieht sich in mehreren Stufen:

**1. Stufe:** Tote Pflanzen- und Tierreste werden durch die sapro- und koprophage Makrofauna zerkleinert. Dazu tragen bei

1.   Würmer,
1.1  Borstenwürmer (Enchytraeiden),
1.2  Regenwürmer (Lumbriciden),
2.   Schnecken (Gastropoden),
3.   Gliederfüßler (Arthropoden),
3.1  Asseln (Isopoden),
3.2  Milben (Acarinen),
3.3  Tausendfüßler (Myriopoden),
3.4  Insekten (Hexapoden),
3.5  Springschwänze (Collembolen),
3.6  Zweiflügler (Dipteren),
4.   Säuger.

In Verbindung mit der Zerkleinerung toter organischer Substanzen wird von diesen Tieren reichlich Kot ausgeschieden (Arthropodenhumus, Wurmmull) und so zur Bildung von Ton-Humus-Komplexen beigetragen.

**2. Stufe:** Die zerkleinerten und schon mehr oder weniger aufgeschlossenen saprogenen und koprogenen Stoffe werden durch folgende Organismengruppen weiter zersetzt, aufgeschlossen und zu Ton-Humus-Komplexen umgewandelt:

1. Protozoen (Flagellaten, Ciliaten, Rhizopoden),
2. Fadenwürmer (Nematoden),
3. Borstenwürmer (Enchytraeiden),
4. Milben (Acarinen),
5. Springschwänze (Collembolen).

In dieser Ebene ist auch Bakteriophagie verbreitet.

**3. Stufe:** Die noch verbliebenen organischen Substanzen werden von **Reduzenten** bis zu $CO_2$, $H_2O$, N, P, K u. a. Elementen zerlegt. Gleichzeitig bilden sich Pilzmyzelien, Actinomycetes- und Bakterienkolonien.

Bei diesen Prozessen herrschen auf neutralen bis schwach sauren Böden Actinomycetes und Bakterien vor. Auf sauren Böden dominieren Pilze, so z. B.
– Phycomycetes, die Proteine und Zucker abbauen,
– Ascomycetes, die Hemizellulosen und Zellulosen zersetzen,
– Basidiomycetes, die den Ligninabbau besorgen.

## 3.3 Systemstrukturen

Mit Struktur soll hier die Art und Anzahl sowie die räumliche und zeitliche Anordnung der Elemente des Waldökosystems bezeichnet werden.

Dabei interessieren besonders
– die Artenstruktur (Diversität),
– die Altersstruktur (Ätilität) und
– die Raumstruktur.

### 3.3.1 Artenstruktur oder Diversität

Diese informiert über das Vorkommen, die Häufigkeit und Dominanz von Pflanzen- und Tierarten im Ökosystem (Artengarnitur).

Daraus lassen sich durch Vergleich zahlreiche weitere Informationen ableiten über
– die gegebenen ökologischen Bedingungen mittels Bioindikation,
– die Artenmannigfaltigkeit oder Diversität der betreffenden Biozönose,
– die Verwandtschaft von Biozönosen (Affinität),
– die Änderung der Artengarnitur im Laufe der Zeit ($\alpha$-Diversität),
– die „Wanderung" von Pflanzen oder Pflanzengesellschaften längs ökologischer Gradienten (Katena) ($\beta$-Diversität),

- die Mannigfaltigkeit einer von verschiedenen Phytozönosen eingenommenen Landschaft (γ-Diversität).

Zur Beurteilung dieser Merkmale gibt es Indizes, die mit Hilfe der Arten- und Individuenzahl berechnet werden können (Artendichte nach Gleason, Simpson-Index, Brillouin-Index, Shannon-Index, Lloyd-Ghelardi-Index, Mc Intosh-Index, Jaccard-Affinitätskoeffizient, Sörensen-Affinitätskoeffizient, Ellenberg-Gemeinschaftskoeffizient etc.).

Auf die Artenstruktur und Diversität der verschiedenen Waldgesellschaften wird im Kapitel 5 ausführlich eingegangen.

Nach einer Zusammenstellung von Otto (1994) besteht in Deutschland die in Tabelle 11 zusammengestellte faunistische Diversität.

*Tab. 11: Artenvielfalt ausgewählter Tiergruppen in Deutschland, deren Vorkommen und Bedeutung in Wäldern (n. Otto 1994, verändert u. ergänzt)*

| Tiergruppe | Artenzahl | Beziehung zum Wald | Typische Waldarten |
|---|---|---|---|
| Säugetiere | 92 | Wald mit seinen Komponenten dient als ständiger oder zeitweiliger Aufenthalt, Jagdrevier, Schutz und Dekkung sowie Futterspender; er wird beeinflußt durch Fraß, Ausbreitung von Diasporen und Mitwirkung bei Regulationsprozessen (bes. die Prädatoren) | |
| – Großsäuger | 38 | | viele sind in Deutschland ausgestorben (Braunbär, Wolf, Wildpferd, Wisent, Auerochs), andere selten geworden (Biber, Luchs, Wildkatze), verbreitet sind noch Rothirsch, Reh, Fuchs, Baummarder |
| – Fledermäuse | 22 | außer bei Langflügel- und Teichfledermaus sind Wälder und Waldränder Jagdgebiet, Quartier oder Wochenstube | Waldfledermaus |
| – Mausartige (Nager, Schläfer, Insektenfresser) | 32 | nur einige sind vollständig oder weitgehend an den Wald gebunden | Eichhörnchen, Schlafmäuse, Igel |

| Tiergruppe | Artenzahl | Beziehung zum Wald | Typische Waldarten |
|---|---|---|---|
| Vögel | 255 (Brutvögel) | Wald wir genutzt durch<br>– baumbrütende Großvögel,<br>– Baumhöhlenbrüter,<br>– höhlenbauende Vögel,<br>– baum- u. strauchbrütende Kleinvögel,<br>– Bodenbrüter | Schwarzstorch, Schwarz-milan, Rotmilan, Habicht, Auerhuhn, Haselhuhn, Hohltaube, Waldkauz, zahlreiche Specht-Arten, Zaunkönig, Rotkehlchen, Sprosser, Nachtigall, Drosseln, Gartengras-mücke, Mönchsgras-mücke, Waldlaubsänger, Zilpzalp, Fitis, Goldhähn-chen, Schnäpper, Meisen, Kleiber, Baumläufer, Tannenhäher, Eichel-häher, Buchfink, Fichten-kreuzschnabel, Gimpel |
| Kriechtiere (Reptilien) | 12 | keine ausschließliche Bindung an den Wald, wärmeliebende Arten orientieren sich auf Lichtungen und Waldränder | |
| Lurche (Amphibien) | 19 | davon sind 6 ausgesprochene Waldtiere | Feuersalamander, Erd-kröte, Fadenmolch, Berg-molch, Grasfrosch, Springfrosch |
| Schnecken (Gastropoden) | ≈ 270 | wegen Bindung an Schatten und Feuchte viele Waldtiere | meiste Arten der Schließ-mundschnecken |
| Insekten (Hexapoden) | ≈ 30 000 | Im Waldökosystem in viel-fältigen Funktionen als Phytophage, Zoophage, Parasiten und Destruenten | |
| – Käfer (Coleopteren) | ≈ 5 700 | Sie wirken als Verzehrer von Holz, Mulm, Pflanzensäften, Bast u. Rinde, Blättern, Pil-zen, Insekten, Exkrementen etc. | Bockkäfer, Borkenkäfer, zahlreiche Laufkäfer |
| – Schmetterlinge (Lepidopteren) | ≈ 3 000 | Blatt-, Blüten-, Frucht-, Wurzel- u. Holzfresser, oft auf best. Pflanzenarten spe-zialisiert | Großer Mohrenfalter u. Waldteufel |
| – Hautflügler (Hymen-opteren) | ≈ 12 000 | bedeutungsvoll als Blüten-bestäuber, Räuber und Para-siten, auch Blatt- und Nadel-fraß | Blattwespen, Holzwes-pen, versch. Ameisen |

| Tiergruppe | Artenzahl | Beziehung zum Wald | Typische Waldarten |
|---|---|---|---|
| – Netzflügler (Neuropteren) | ≈ 100 | Räuber von Insektenlarven | |
| Spinnen (Araneiden) | ≈ 800 | tragen als Räuber zur Regulation von Insektenpopulationen bei | |

Bei vergleichenden Untersuchungen über die Artenstruktur ergeben sich einige interessante Bezüge zur Umweltsituation:

- Günstige ökologische Bedingungen führen häufig zu einer großen Artenzahl bei geringer Individuenzahl der einzelnen Arten und umgekehrt (Thienemann 1939).
- Je extremer ein Standort ist, um so mehr dominieren spezialisierte (stenöke) Arten.
- Je einheitlicher sich die Umweltbedingungen in einem Gebiet entwickelt haben und je länger sie unverändert geblieben sind, um so artenreicher, ausgeglichener und stabiler ist meist die Biozönose (Franz 1964).
- Reduktion der Artenmannigfaltigkeit in der Phytozönose bedeutet Minderung der Nahrungsvielfalt und damit auch der Artdiversität in der Zoozönose. Auf diese Weise kann Massenvermehrungen mono- und oligophager Konsumenten Vorschub geleistet werden.
- Reduktion der Artenvielfalt bedeutet meist auch Reduktion des Vernetzungsgrades von Nahrungsbeziehungen und damit verminderte Flexibilität sowie Stabilität der Systeme.

### 3.3.2 Altersstruktur oder Ätilität

### 3.3.2.1 Altersstruktur des Baumbestandes

Der Zustand und die Dynamik von Waldökosystemen sind in hohem Maße von der Altersstruktur des Baumbestandes abhängig. In diesem Zusammenhang muß hervorgehoben werden, daß Gleichgewicht zwischen auf- und abbauenden Prozessen sowie Stetigkeit der Wirkungen eines Waldökosystems nur bei einer ganz bestimmten Altersstruktur möglich ist.

Von dem Ziel eines dynamischen Gleichgewichtes lassen sich die sog. Dauerwald-Systeme leiten, während die mit Altersklassenwäldern arbeitenden Waldbausysteme auf einen Gleichgewichtszustand beim einzelnen Waldbestand verzichten und sich mit einem rechnerischen Ausgleich auf größeren Flächen (Betriebsklasse) begnügen (Kap. 6). Sie soll dann gegeben sein, wenn Waldbestände aller Altersklassen mit einem entsprechenden Flächenanteil (sog. ausgeglichenes Altersklassenverhältnis) vorhanden sind.

### 3.3.2.1.1 Altersstruktur im Dauerwald

Dauerwälder sind Waldökosysteme, die sich durch weitgehend ausgeglichene Bilanzen zwischen Stoffbildung und Stoffabbau bzw. -entzug, ein mehr oder weniger gleichbleibendes Akkumulationsniveau an Bio- und Nekromasse sowie Permanenz der von ihnen ausgehenden Wirkungen auszeichnen.

Diese sich aus einem steten Werden und Vergehen ergebende Kontinuität des Systems erfordert ganz bestimmte, seine Stetigkeit gewährleistende Altersstrukturen. Beim Idealfall (homogene Umweltbedingungen und gleiche genetische Konstitution) kann man von folgenden Überlegungen ausgehen:

- Die **Lebenserwartung** der Bäume bzw. ihr **Nutzungsalter** sei $t_{max}$.
- Teilt man $t_{max}$ in i äquidistante Intervalle der Breite $\Delta t$ auf, so ergeben sich

$$i = \frac{t_{max}}{\Delta t} \textbf{ Altersstufen.}$$

- Bei konstanter **Mortalitätsrate** c ergibt sich

$$c = \frac{\Delta N}{N \, \Delta t} \, ,$$

wobei $\Delta N$ die Anzahl absterbender Bäume bezeichnet.
- Daraus folgt die Reihe
  1. Altersstufe $N_1 = N_0 (1 - c\Delta t)$
  2. Altersstufe $N_2 = N_1 (1 - c\Delta t) = N_0 (1 - c\Delta t)^2$
  ............
  ............
  i. Altersstufe $N_i = N_{i-1} (1 - c\Delta t) = N_0 (1 - c\Delta t)^i$.
- Bei $\Delta t \to 0$ und $i \to \infty$ ist $N = N_0 e^{-ct}$.

Diese Funktion entspricht einer degressiven Alterspyramide, wie sie auf Abbildung 21/2 dargestellt ist. Sie wird auch zur Beschreibung von Plenterwäldern benutzt, wobei statt des Alters t der mit diesem korrelierte Baumdurchmesser $d_{1,3}$ im Exponenten steht.

Es bedarf keiner besonderen Betonung, daß es sich bei der obigen Ableitung nur um eine sehr starke Vereinfachung der Wirklichkeit handelt. Das wird schon deutlich, wenn man bedenkt, daß es sich bei Dauerwäldern in der Regel nicht um Baumbestände mit nur einer Art, sondern um solche mit mehreren Arten, die eine unterschiedliche Lebenserwartung haben, handelt.

### 3.3.2.1.2 Altersstruktur im Altersklassenwald

Bei Anerkennung des Nachhaltigkeitsprinzips wird auch im Altersklassenwald die Kontinuität der Biomasseproduktion und Stetigkeit der Nutzungsmöglichkeiten gefordert. Die dazu notwendige Altersstruktur wird aber nicht auf jeder einzelnen Fläche, sondern erst in einer höheren Hierarchieebene, der sog. Betriebsklasse, angestrebt. Erst durch Zusammenfügen der einzelnen, jeweils eine bestimmte Altersklasse repräsentierenden Waldbestände ergibt sich die zur Kontinuität der Stoffproduktion erforderliche Altersstruktur.

Trotz des rechnerischen Ausgleichs in der Betriebsklassenebene besteht im Altersklassenwald keine Nachhaltigkeit im ökologischen Sinne, weil die Stoffbildungs- und -abbauprozesse entkoppelt worden sind und die vom Waldökosystem ausgehenden Wirkungen auf den einzelnen Flächen zeitweilig aussetzen.

### 3.3.2.2 Altersstruktur in der Konsumentenebene

Bei Tierpopulationen, deren Dynamik in hohem Maße vom Fraßangebot aus der Ebene der Primärproduzenten (Phytophage) oder Konsumenten (Zoophage) abhängig ist, ergeben sich noch weitaus kompliziertere Abhängigkeiten hinsichtlich der Altersstruktur (Kühnelt 1970, Altenkirch 1977).

Nach Altenkirch (1977) kann man die auf Abbildung 21 dargestellten Alterspyramiden unterscheiden:

1. Grundformen
1.1 Lineare Alterspyramide
Fertilität und Mortalität sind gleich groß, die Population ist stabil.
1.2 Degressive Alterspyramide
Die Fertilität ist groß, die Mortalität niedrig; die Population breitet sich aus.
1.3 Urnenförmige Alterspyramide
Die Fertilität ist niedrig, die Mortalität groß; die Population schrumpft und ist vom Aussterben bedroht.
2. Sonderfälle
2.1 Glockenförmige Alterspyramide
Fertilität und Mortalität sind gering, die Population ist stabil, wenn keine Jugendsterblichkeit eintritt.
2.2 Lanzenspitzenförmige Alterspyramide
Hohe Mortalität jüngerer Altersgruppen, die Population ist labil.
2.3 Asymmetrische Alterspyramide
Die Anzahl der geborenen Männchen und Weibchen ist nicht ausgewogen.

Nach Betrachtung dieser Alterspyramiden von Tierpopulationen sei noch darauf hingewiesen, daß zwischen diesen und denen von langlebigen Baumpopulationen auch noch Unterschiede dahingehend bestehen, daß Bäume
– nach der Germination nicht mehr mobil sind und
– große Dimensionen erreichen.

Wegen des damit verbundenen Wuchsraumbedarfes und der gegebenen Immobilität von Bäumen müssen aus den Waldbeständen von Jugend an ständig

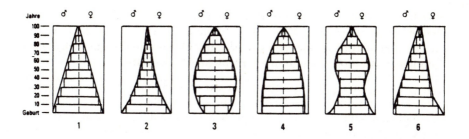

1 = Stabile Pyramide (Ferilität und Mortalität gleich hoch), 2 = Degressive Pyramide (Fertilität hoch, Mortalität gering), 3 = Urnenpyramide (Fertilität niedrig, Mortalität hoch), 4 = Glockenpyramide (Fertilität und Mortalität niedrig), 5 = Lanzenspitzenpyramide (Verstärkte Mortalität bestimmter Altersgruppen), 6 = Asymmetrische Pyramide (Mortalität bei einem Geschlecht höher).

*Abb. 21: Formen von Alterspyramiden (n. Altenkirch 1977, verändert d. Otto 1994)*

Bäume ausscheiden. Dieser Ausscheidungsprozeß muß durch höhere Fertilität kompensiert werden. So findet auch auf diese Weise die für Dauerwälder abgeleitete degressive Alterspyramide eine plausible Erklärung.

### 3.3.2.3 Relativität der Zeit bei biologischen Prozessen

Im Kapitel 3.5 wird noch näher darauf eingegangen, daß die verschiedenen Lebensformen, unter den Makrophanerophyten die Pionier-, Intermediär- und Klimaxbaumarten, auf Grund ihrer genetischen Prägung eine unterschiedliche Lebenserwartung besitzen. Das kommt u. a. auch darin zum Ausdruck, daß die Entwicklungsphasen
– Embryonalität (progerminale Phase),
– Juvenilität,
– Auxilarität,
– Maturität und
– Seneszens

in unterschiedlicher Geschwindigkeit durchlaufen werden. Die Notwendigkeit einer Relativierung des Zeitmaßstabes wird noch deutlicher, wenn man auch die krautigen Pflanzen (Annuelle, Bienne, Perenne) mit einbezieht. Ähnliche Unterschiede hinsichtlich der Lebenserwartung bestehen auch bei den Tieren. Daraus folgt, daß die biologische Uhr dieser verschiedenen Organismengruppen unterschiedlich schnell läuft. Diese Erscheinung ist bei waldökologischen Untersuchungen und waldbaulichen Maßnahmen zu beachten.

Eine weitere Relativierung ergibt sich aus dem Sachverhalt, daß dieselbe Zeiteinheit, z. B. 1 Jahr, in frühen Entwicklungsstadien langlebiger Organismen ein weitaus größeres Gewicht als in fortgeschrittenen besitzt. Das gilt auch für ganze Bestände im Altersklassenwald, die in der Jugend weitaus häufiger der Pflege als im Alter bedürfen. Die praxisübliche Altersklasseneinteilung mit äquidistanten Zeitintervallen wird darum der biologischen Uhr von Individuen und Populationen nicht gerecht. Dieser wird bei Benutzung logarithmischer Zeitmaßstäbe weitaus besser Rechnung getragen (Abb. 22).

### 3.3.3 Raumstruktur

Diese bezeichnet die räumliche Anordnung der Elemente eines durch natürliche Trennungslinien (Biotop im Naturwald) oder forstwirtschaftliche Maßnahmen (Bestände im Wirtschaftswald) abgegrenzten Waldökosystems.

Da Bäume die bestimmenden Elemente des Waldes sind, soll zuerst auf die von ihnen hervorgerufene Raumstruktur eingegangen werden

#### 3.3.3.1 Raumstruktur des Baumbestandes

Wesentliche Strukturmerkmale des Baumbestandes sind
– die Individuenzahl je Flächen- oder Raumeinheit,
– die Verteilung der Individuen im Raum, und zwar
  • die horizontale Verteilung auf der Fläche (Distribution),
  • die vertikale Schichtung der biotischen Komponenten (Stratifikation),
– die Dimensionsstruktur,
– die Dichte.

#### 3.3.3.1.1 Individuenzahl

Ein wesentliches Charakteristikum von Waldbeständen ist die Anzahl N der Bäume oder anderer Individuen pro Flächeneinheit, wobei N durch die Einheit St/ha bezeichnet wird.

Diese Angabe ist allerdings wenig aussagefähig, wenn sie nicht mit Hinweisen zur Dimension verbunden ist. Es ist darum üblich, zur Charakterisierung von Waldbeständen Häufigkeitsverteilungen zu benutzen, bei denen Dimensionsklassen (z. B. nach dem Durchmesser oder der Höhe) gebildet werden und die Baumfrequenz über dem Durchmesser dargestellt wird. Auf diese Weise erhält man Kurven, die wichtige Informationen über die Entstehung und Behandlung der betrachteten Waldbestände enthalten. Auf den Abbildungen 23 und 24 werden die Häufigkeitsverteilungen eines 21jährigen Kiefernreinbestandes über dem Durchmesser und der Höhe dargestellt.

Die Linksschiefe der Kurve ist für solche Bestände charakteristisch, weil im Kampf um Licht das Stärkenwachstum reduziert wird, eine größere Anzahl kon

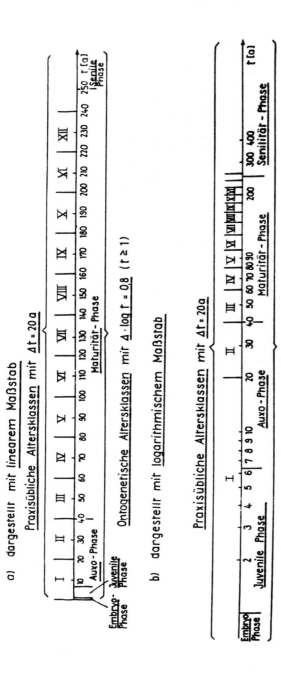

Abb. 22: *Praxisübliche Altersklassen und natürliche Entwicklungsstadien bei Intermediärbaumarten im linearen und logarithmischen Zeitmaßstab*

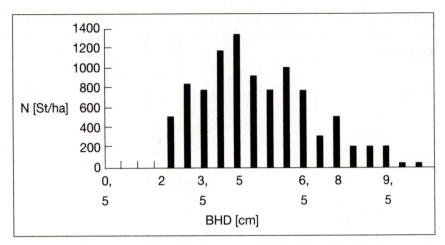

*Abb. 23: Häufigkeitsverteilung der Baumanzahl (N) über dem Durchmesser in 1,3 m Höhe (Brusthöhendurchmesser = BHD) eines 21jährigen, gleichaltrigen Kiefernbestandes in Abt. 747a³ des Forstrevieres Niesky (Garack 1986)*

kurrenzschwacher Bäume in den Zwischen- und Unterstand absinkt und schließlich ausscheidet.

Die Schiefe der Kurve ist für solche Bestände charakteristisch, weil im Kampf um Licht das Höhenwachstum stimuliert (Überlebensstrategie) und dadurch eine Verschiebung der Häufigkeitsverteilung nach rechts hervorgerufen wird.

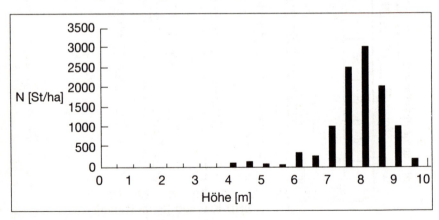

*Abb. 24: Häufigkeitsverteilung der Baumanzahl (N) über der Höhe eines 21jährigen, gleichaltrigen Kiefernbestandes in Abt. 747a³ des Forstrevieres Niesky (Garack 1986)*

Abbildung 25 zeigt die völlig anders verlaufende Häufigkeitsverteilung des bekannten Buchenplenterwaldes Keula in Thüringen.

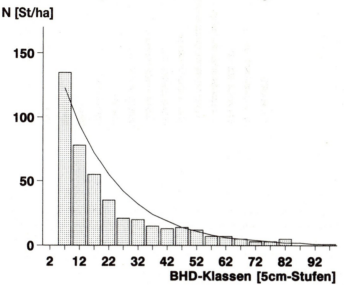

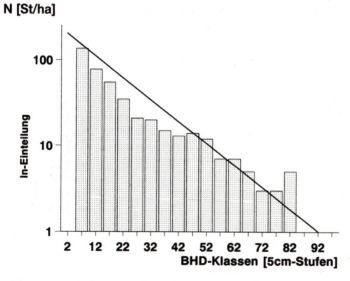

*Abb. 25: Häufigkeitsverteilung der Baumanzahl über dem Schaftdurchmesser in 1,3 m Höhe. Buchenplenterwald Keula in Thüringen (Aufnahme 1988 durch Wollmerstädt, n. publ.)*

### 3.3.3.1.2 Horizontalverteilung oder Distribution

Die Verteilung der Bäume auf der Bestandesfläche ergibt sich aus zufälligen Ereignissen, gesetzmäßigen Prozessen und Regulationsmaßnahmen bei der Waldbewirtschaftung. Sie wird durch Ermittlung der Baumanzahl in Gitternetzflächen (Baumanzahl-Methode) oder Messung der Baumabstände festgestellt.

Mit Hilfe statistischer Methoden kann man dann darstellen, welches Verteilungsmuster (distribution pattern) gegeben ist. Dabei kann es sich um zufällige, deterministische und gemischte Verteilungen handeln. Meist überlagern sich zufällige und gesetzmäßige Ereignisse, wobei das Gewicht einmal beim Zufall, ein andermal bei der Determination liegen kann.

Nach Tomppo (1986) treten in Wäldern folgende Verteilungen auf:

- **Zufallsverteilungen** (random distribution)
  Dieser Fall ist gegeben, wenn die Bäume eines Waldbestandes durch zufällige Ereignisse, z. B. Windverbreitung der Samen, zu ihrem Standort gekommen sind und während der weiteren Bestandesentwicklung keine wesentlichen Interaktionen (Konkurrenz oder Mutualismus) zwischen den Bäumen gewirkt haben. In solchen Fällen läßt sich die Baumverteilung mit der Poisson-Funktion beschreiben.
- **Aggregatverteilungen** (cluster distribution)
  Solche Verteilungen treten auf, wenn die Bäume eines Waldes aus Stockausschlägen oder Wurzelbrut hervorgegangen sind oder die Verjüngung – wegen des Gewichtes oder der Flugunfähigkeit der Samen – verstärkt um den Mutterbaum erfolgt. Auch die Verjüngung in Bestandeslücken führt zu Aggregatverteilungen. Bekannt sind Cluster-Verteilungen an der Waldgrenze (Rottenstruktur), die auf gegenseitigen Schutz zurückzuführen sind (Abb. 26). Im Wirtschaftswald werden Cluster-Strukturen durch Nesterpflanzungen oder Gruppendurchforstungen gefördert. Diese Distributionsmuster lassen sich mit der Neymann-Scott-Verteilung beschreiben. In jüngster Zeit wurde von verschiedenen Autoren erneut auf die ökologische und waldbauliche Bedeutung der schon von Busse (1923) beschriebenen Baumgruppen hingewiesen (Otto 1994).
- **Regulärverteilungen** (repulsive distribution)
  Im Falle homogener Umweltbedingungen und genetisch einheitlicher Organismenpopulationen sind wegen der sich daraus ergebenden Chancengleichheit bei freier Beweglichkeit reguläre Baumverteilungen zu erwarten. Sie ergeben ein Wabenmuster mit sechseckigen Standflächen, das zahlreichen Durchforstungsmodellen zugrunde liegt.
- **Gitterverteilungen** (lattice distribution)
  Solche Verteilungsmuster ergeben sich bei Anwendung quadratischer oder rechteckiger Pflanzverbände. Diese Gitterstrukturen werden allerdings

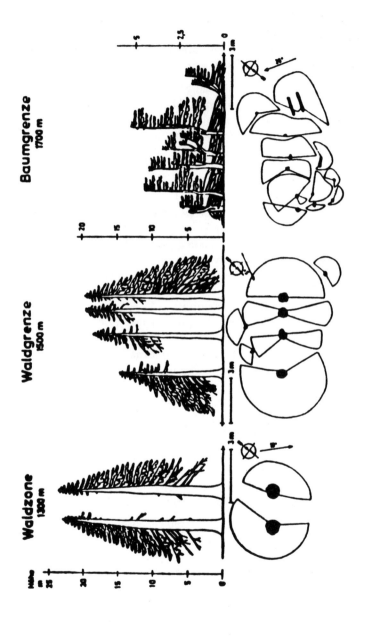

*Abb. 26: Grundriß und Aufriß typischer Biogruppen mit Rottenstruktur zwischen der Baum- sowie der lockeren und der geschlossenen Waldgrenze (1 700 m, 1 500 m u. 1 300 m ü. HN) im polnischen Tatra-Nationalpark der Karpaten (Myczkowski 1972)*

schon bei der Pflanzung und noch viel mehr bei der weiteren Bestandeserziehung und -pflege durch Zufallseinflüsse und bestimmte Vorgaben (Standraumregulierung, Dichteregulierung, Mischungsregulierung) überprägt.

Die zufalls- und wechselwirkungsbedingte Veränderung der Baumverteilung im Laufe der Bestandesentwicklung läßt sich mit Hilfe Markowscher Ketten und Gibbs-Prozesse beschreiben.

### 3.3.3.1.3 Vertikalverteilung oder Stratifikation

Waldökosysteme sind in einen epigäischen und hypogäischen Bereich zu differenzieren.

Der **epigäische Bereich** wird wie folgt untergliedert:
– Baumschicht (gegebenenfalls sind mehrere Baumschichten zu unterscheiden),
– Strauchschicht,
– Kraut- oder Feldschicht,
– Moosschicht.

Der **hypogäische Bereich** gliedert sich in
– obere Bodenschicht und
– untere Bodenschicht.

Bei logarithmischer Teilung ergeben sich weitgehend äquidistante Straten (Abb. 27).

Für forstwirtschaftliche Zwecke ist die Baumschicht besonders bedeutungsvoll. Sie wird durch Häufigkeitsverteilungen über der Höhe charakterisiert (Abb. 24). Aus deren Verlauf läßt sich auf die Entstehung und waldbauliche Behandlung der Waldbestände schließen:
– Altersunterschiede ergeben breite Verteilungskurven,
– genetisch bedingte Wuchsunterschiede und die sich daraus ergebenden Wettbewerbsrelationen bewirken vertikale Strukturierungen,
– mikroklimatische, besonders photische Differenzierungen ergeben Unterschiede des Höhenwachstums,
– verschiedene Bewirtschaftungsverfahren (Hoch- und Niederdurchforstung etc.) beeinflussen die Verteilungskurve über der Höhe.

In diesem Zusammenhang sei bemerkt, daß der Kampf um Licht und die Schattentoleranz der verschiedenen Baumarten wesentlichen Einfluß auf die Häufigkeitsverteilung über der Baumhöhe ausüben. Häufigkeitsverteilungen über der Baumhöhe weisen in der Regel Rechtsschiefe auf, weil nur die höheren Bäume hinreichend Licht erhalten und existenzfähig sind. Die niedrigeren werden hin-

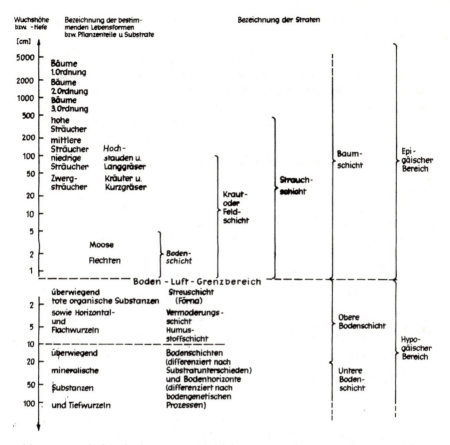

*Abb. 27: Vertikale Schichtung von Waldökosystemen bei angenähert logarithmischer Äquidistanz mit den für die einzelnen Straten kennzeichnenden Lebensformen*

gegen infolge Lichtmangels „herausgedunkelt". Diese Erscheinung ist um so stärker ausgeprägt, je geringer die Schattentoleranz der betroffenen Bäume ist.

### 3.3.3.1.4 Durchmesserverteilung

Wie soeben dargestellt, ergibt sich die Vertikalstruktur des Baumbestandes in erster Linie aus der Höhe der Bäume. Die Baumhöhe wiederum ist mit dem Durchmesser korreliert. Da die Baumdurchmesser weitaus schneller und genauer als die Höhen ermittelt werden können, ist es üblich, die Dimensionsstruktur von Waldbeständen mit Hilfe von Durchmesserverteilungen darzustellen (Abb. 23).

Wie bei der Höhe ist auch beim Durchmesser mit einer Normalverteilung zu rechnen, wenn Zufallseinflüsse bestimmend sind. Das ist z. B. in gleichaltrigen Kulturen und Jungwüchsen der Fall, so lange sich die Bäume noch nicht gegenseitig berühren und beeinflussen. Sobald sich jedoch ein Dichtschluß einstellt, kommt es zu gesetzmäßigen Interaktionen zwischen den Bäumen, die zu Abweichungen von der Zufallsverteilung führen. Im konkreten Fall bewirken Licht- und Raumkonkurrenz eine Reduktion des Durchmesserzuwachses und damit eine Linksschiefe der Häufigkeitsverteilung.

In Naturwäldern, die ein balanciertes Schlußwaldstadium darstellen, wird die Häufigkeitsverteilung der Bäume über dem Durchmesser durch eine Exponentialfunktion der Form

$$N = N_o \cdot e^{-cd_{1,3}}$$

beschrieben (Abb. 28), wobei

N [St/ha] die Baumanzahl bei gegebenem Baumdurchmesser in 1,3 m Höhe,

$N_o$ [St/ha] die Baumanzahl bei dem Baumdurchmesser $d_{1,3}$ (Konstante) und c eine zweite Konstante darstellen.

Diese Gleichung ist übrigens auch zur Beschreibung der Häufigkeitsverteilung über dem Baumdurchmesser von Plenterwäldern geeignet.

### 3.3.3.1.5 Dichte der Waldbestände

Die Dichte eines Waldbestandes ist ein Maß für die Ausfüllung des verfügbaren Wuchs- oder Lebensraumes V mit Biomasse M. Sie ist aus naturwissenschaftlicher Sicht mit

$$D = M/V \ [kg/m^3]$$

zu definieren.

**Bei globalen Betrachtungen gelangt man zu dem Eindruck, daß die verschiedenen Ökosysteme der Erde einen maximalen Raumdichtewert von etwa 1 g/m³ besitzen.**

In Wäldern ergibt sich die Dichte im wesentlichen aus der Anzahl N und Dimension w der Bäume. Die Dichte bildet somit die Brücke zwischen dem Baum als niedere und dem Waldbestand als höhere Hierarchieebene des Ökosystems (Thomasius 1990, 1991b).

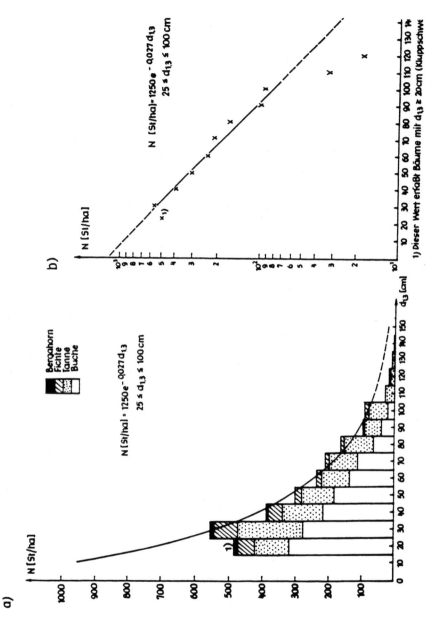

Abb. 28: *Häufigkeitsverteilung der Baumanzahl von Berg-Ahorn, Buche, Fichte und Tanne über dem Durchmesser in 1,3 m Höhe in dem Urwald Salajka (ČR) (n. Pruša 1985, ergänzt)*

In der Forstwirtschaft wird aus pragmatischen und methodischen Gründen häufig mit Flächendichtewerten gearbeitet, und zwar

- der Massendichte
$$D_M = \frac{\text{oberirdische Dendromasse}}{\text{Flächeneinheit}}$$

- der Volumendichte
$$D_V = \frac{\text{Schaftholzvolumen}}{\text{Flächeneinheit}}$$

- der Grundflächendichte
$$D_G = \frac{\Sigma \text{ Schaftquerschnittflächen in 1,3 m Höhe}}{\text{Flächeneinheit}}$$

- der Baumzahldichte
$$D_N = \frac{\text{Baumanzahl}}{\text{Flächeneinheit}} \cdot$$

Ein in der Waldökologie gebräuchliches Dichtemaß ist schließlich auch der Blattflächenindex LAI. Weitere Details zur Bestandesdichte sind in der einschlägigen Literatur enthalten (z. B. Thomasius 1989a, 1991b; Wenk, Antanaitis u. Šmelko 1990).

### 3.3.3.2 Raumstrukturen in der Konsumentenebene

Durch die mehr oder weniger stark ausgeprägte Strukturierung des Baumbestandes entstehen zahlreiche mikroklimatisch (Licht, Wärme, Feuchtigkeit) und trophisch (Nahrungsangebot) differenzierte Räume – sog. Nischen –, die auf Grund ihrer ökologischen Spezifik von entsprechenden Pflanzen und Tieren besiedelt oder aufgesucht werden.

Aus dieser für Waldökosysteme geradezu charakteristischen inneren Differenzierung ergeben sich Subbiozönosen, und zwar

- in der Vertikalen **Stratozönosen** im
  - **Kronenraum** (kletternde Säuger, zahlreiche Vögel, knospen-, blatt-, blüten- und samenfressende Insekten),
  - **Stammraum** (höhlenbewohnende Vögel, bast-, rinde- und holzfressende Insekten),
  - **Strauchraum** (Großsäuger, zahlreiche Vögel, blattfressende Insekten),
  - **Kraut- u. Grasraum** (zahlreiche Säuger, Vögel, Lurche, Kriechtiere, Schnecken, Insekten),
  - **Streuraum** (Bodenmakro- und Bodenmesofauna),
  - **Wurzelraum** (Bodenmakro- und Bodenmesofauna),
- in der Horizontalen **Biochorien** (z. B. verschiedene Entwicklungsphasen in einem Schlußwald mit Mosaikstruktur).

Hinzu kommen Mikrohabitate, z. B. Baumstubben, Baumhöhlen etc., mit den sich in ihnen ausbildenden **Merozönosen.**

Besondere Bedeutung kommt den Waldrändern zu, weil sich hier Wald- und Nichtwaldökosysteme begegnen und zur Ausbildung besonders artenreicher **Ökotone** führen.

## 3.4 Ökosystemfunktionen

In diesem Kapitel geht es um **Energieströme** und **Stoffkreisläufe,** die das aus zahlreichen Elementen bestehende und nach bestimmten Prinzipien strukturierte Ökosystem durchdringen und am Leben erhalten. Dabei ist jedes der Systemelemente zugleich Empfänger, Umformer und Absender von Energie und Stoff. Nachfolgend werden zuerst einige Interaktionen zwischen Systemelementen in der Ebene der Autökologie betrachtet.

### 3.4.1 Beziehungen zwischen einzelnen Elementen des Ökosystems

### 3.4.1.1 Wirkungen der Umwelt auf Organismen

Bei diesen handelt es sich um die Wirkung von Kräften und Stoffen der unbelebten Natur auf Wachstum und Entwicklung von Organismen. Auf die sich in Abhängigkeit von der Stärke solcher Einwirkungen ergebende Reaktionsintensität der Pflanzen wurde bereits im Kapitel 2 auf Abbildung 1 hingewiesen.

Dabei gilt generell, daß jeder Organismus gegenüber den einzelnen Umweltfaktoren einen genetisch fixierten Toleranzbereich besitzt, in dem er existieren kann.

Je nach Breite des Toleranzbereiches und Lage des Optimums (Präferentum) bezeichnet man die betreffenden Arten als

– **steno-** und **eurypotent**

sowie

– **oligo-, meso-** und **polystenopotent** (-phot, -therm oder -hygrisch) (Abb. 29).

In den Tabellen 12 und 13 werden die wichtigsten Baumarten und Waldbodenpflanzen den verschiedenen Potenz- und Trophiegruppen zugeordnet. In diesem Zusammenhang sei darauf hingewiesen, daß zwischen autökologischen Potenzbereichen und synökologischen Präsenzbereichen unterschieden werden muß, weil das Vorkommen von Pflanzenarten in der Natur nicht nur von der Wirkung eines einzelnen Umweltfaktors abhängig ist und darüber hinaus das Vorhandensein von Diasporen sowie Konkurrenzfaktoren eine Rolle spielen.

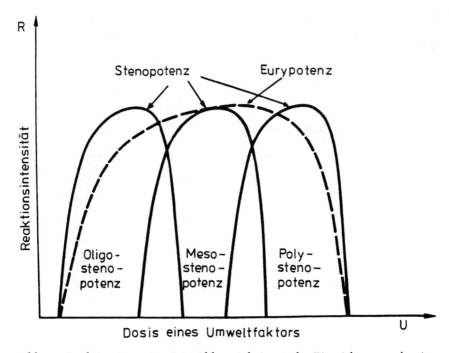

*Abb. 29: Reaktionsintensität R in Abhängigkeit von der Einwirkungsstärke eines Umweltfaktors bei steno- und eurypotenten sowie oligo-, meso- und polystenopotenten Arten*

**Tab. 12:** *Lage und Breite der Toleranzbereiche einiger Baumarten im adulten Zustand gegenüber verschiedenen Umweltfaktoren*

| Umweltfaktor | Oligostenopotenz | Eurypotenz | Polystenopotenz |
|---|---|---|---|
| Licht (-phot) | Buchsbaum<br>Eibe<br>Rot-Buche<br>Weiß-Tanne | Ahorn-Arten<br>Hainbuche<br>Linden-Arten<br>Douglasie<br>Gemeine Fichte | Sand-Birke<br>Eichen-Arten<br>Esche<br>Kiefern-Arten<br>Lärchen-Arten<br>Pappel-Arten<br>Robinie |
| Wärme (-therm) | Berg-Kiefer<br>Gemeine Fichte<br>Zirbel-Kiefer | Zitter-Pappel<br>Sand-Birke<br>Eberesche<br>Gemeine Kiefer<br>Europäische Lärche | Eß-Kastanie<br>Eichen-Arten<br>Feld-Ahorn<br>Feld- u. Flatter-Ulme<br>Hainbuche<br>Linden-Arten<br>Nußbaum-Arten<br>Robinie<br>Schwarz-Kiefer |
| Wasser (-hygrisch) | Robinie<br>Schwarz-Kiefer | Zitter-Pappel<br>Sand-Birke<br>Rot-Buche<br>Douglasie<br>Eberesche<br>Eichen-Arten<br>Esche<br>Hainbuche<br>Gemeine Kiefer<br>Linden-Arten | Erlen-Arten<br>Fichten-Arten<br>Pappel-Arten<br>Weiden-Arten |
| Nährstoffe (-troph) | Gemeine Fichte<br>Gemeine Kiefer | Zitter-Pappel<br>Sand-Birke<br>Rot-Buche<br>Douglasie<br>Eberesche<br>Eichen-Arten<br>Esche<br>Hainbuche<br>Linden-Arten | Ahorn-Arten<br>Esche<br>Erlen-Arten<br>Pappel-Arten<br>Ulmen-Arten |

Tab. 13: *Lage und Breite der Toleranzbereiche einiger Waldbodenpflanzen gegenüber verschiedenen Umweltfaktoren (unter Berücksichtigung von Ellenberg 1979)*

| Umweltfaktor | Oligostenopotenz | Eurypotenz | Polystenopotenz |
|---|---|---|---|
| Licht (-phot) | Oxalis acetosella<br>Blechnum spicant<br>Lysimachia nemorum<br>Allium ursinum<br>Actaea spicata<br>Galeobdolon luteum | Anemone nemorosa<br>Calamagrostis villosa<br>Deschampsia flexuosa<br>Melampyrum pratense<br><br>Pteridium aquilinum | Epilobium angustifol.<br>Senecio sylvaticus<br>Rumex acetosella<br>Nardus stricta<br>Calamagrostis epigejos<br>Corynephorus canescens |
| Wärme (-therm) | Blechnum spicant<br>Trollius europaeus<br>Chaerophyllum hirsutum<br><br>Aconitum napellus | Anemone nemorosa<br>Agrostis capillaris<br>Deschampsia flexuosa<br>Epilobium angustif.<br>Melampyrum pratense<br>Molinia caerulea | Stipa capillata<br>Koeleria glauca<br>Corynephorus canescens<br>Humulus lupulus<br>Melica ciliata<br>Lembotropis nigricans |
| Wasser (-hygrisch) | Corynephorus canescens<br>Stipa capillata<br>Helichrysum arenarium<br>Lathyrus niger<br>Vincetoxicum hirundinaria<br>Festuca ovina | Anemone nemorosa<br>Agrostis capillaris<br>Calamagrostis epigejos<br>Melampyrum pratense<br>Deschampsia flexuosa<br>Nardus stricta | Calamagrostis villosa<br>Eupatorium cannabinum<br>Arum maculatum<br>Cirsium heterophyllum<br>Humulus lupulus<br>Filipendula ulmaria |
| Nährstoffe (-troph) | Calluna vulgaris<br>Calamagrostis villosa<br>Pteridium aquilinum<br>Vaccinium vitis-idaea<br>Vaccinium myrtillus<br>Corynephorus canescens | Anemone nemorosa<br>Calamagrostis epigejos<br>Oxalis acetosella<br>Juncus conglomeratus<br>Agrostis capillaris<br>Deschampsia flexuosa | Humulus lupulus<br>Arum maculatum<br>Allium ursinum<br>Corydalis cava<br>Campanula trachelium |

Betrachtet man die Toleranzbereiche einer Art gegenüber mehreren ökologischen Faktoren, so ergibt sich eine n-dimensionale ökologische Nische (Abb. 30):

$$N_i = \begin{bmatrix} a_{min} & a_{max} \\ b_{min} & b_{max} \\ \ldots & \ldots \\ \ldots & \ldots \\ \ldots & \ldots \\ \ldots & \ldots \\ n_{min} & n_{max} \end{bmatrix}$$

Daraus folgt: Die ökologische Nische jeder Pflanzenart i kann mit der Koordinatendistanz ihrer Existenzfähigkeit definiert werden. Daraus ergibt sich ein n-dimensionaler ökologischer Raum, der bei eurypotenten Arten groß, bei stenopotenten klein ist.

Der von einer Art ohne Beeinträchtigung durch Konkurrenz anderer Arten eingenommene Raum wird als **fundamentale** oder **potentielle Nische** bezeichnet. Demgegenüber wird der ökologische Raum, den eine Art unter dem Konkurrenzdruck anderer Arten zu behaupten vermag, **reale Nische** genannt.

Ökologische Räume, deren Koordinaten mit denen vieler anderer Arten übereinstimmen, lassen eine große Artenvielfalt (Diversität) erwarten. Das ist vor allem im ökologischen Optimum der Fall. Demgegenüber kommt es in dem vom ökologischen Optimum weiter entfernten Räumen meist nur zur Durchdringung der Nischen weniger, häufig spezialisierter Arten (Thienemann 1939).

Da jeder Organismus für seine Existenz einen bestimmten Lebensraum benötigt und der Lebensraum insgesamt limitiert ist, können in artenreichen Biozönosen nur wenige Individuen einer Art existieren, während in artenarmen zahlreiche Individuen derselben Art Platz finden.

Begrenzter Lebensraum führt zur Konkurrenz innerhalb der Art (intraspezifisch) und zwischen den Arten (interspezifisch).

### 3.4.1.2 Rückwirkungen der Organismen auf die Umwelt

Lebewesen und Biozönosen wirken auf ihre Umwelt zurück und verändern diese. Das gilt besonders für Bäume und Waldbestände, weil sie größere Dimensionen erreichen, eine bestimmte Raumstruktur hervorbringen und mit dem Kronendach sowie der Humusauflage des Bodens Grenzschichten gegenüber der offenen Atmosphäre ausbilden. Diese Modifikationen der Umwelt beginnen mit dem Initialstadium der Sukzession und erreichen einen Höhepunkt mit der Klimax (Kap. 3.5). Man kann darum sagen, daß sich das Waldökosystem eine

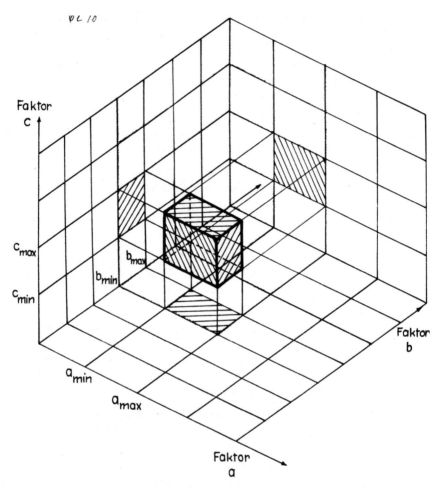

*Abb. 30: Dreidimensionaler ökologischer Raum mit der Nische $N_i$ einer Art i, die durch die Koordinaten $a_{min}$, $a_{max}$; $b_{min}$, $b_{max}$ und $c_{min}$, $c_{max}$ definiert ist*

eigene, von der unbelebten Natur (Geotop) mehr oder weniger unterscheidende Umwelt, d. h. einen Biotop, schafft.

Durch diese Rückwirkungen der Vegetation auf die Umwelt werden das Klima, der Wasserhaushalt, der Boden und wiederum die Biozönose (Kap. 4) verändert. An dieser Stelle sollen nur kurz und beispielhaft die für den Energiestrom und Stoffkreislauf im Waldökosystem wichtigen Funktionen **Bodendurchwurzelung** und **Streuproduktion** durch die **Phytozönose** behandelt werden.

### 3.4.1.2.1 Bewurzelung der Bäume und Durchwurzelung des Bodens

Die Wurzeln der Bäume sind ein wichtiges Bindeglied zwischen Biotop und Biozönose. Sie bewirken

- den Aufschluß des Bodens,
- die Verankerung der Bäume im Boden und
- die Aufnahme von Mineralstoffen sowie Wasser aus dem Boden.

Um diesen Aufgaben gerecht werden zu können, sind die Wurzeln morphologisch und anatomisch entsprechend ausgestattet. Die Bäume besitzen

- chemisch aktive Haarwurzeln für die Stoffaufnahme, die einerseits Karbonsäuren ausscheiden und so unmittelbar zur Verwitterung von Mineralien und Gestein beitragen, andererseits Wasser und Mineralstoffe aufnehmen und damit die stofflichen Voraussetzungen für das Pflanzenwachstum schaffen. Hinzu kommt die Abscheidung verschiedener organischer Verbindungen, z. B. Vitamine und Aminosäuren, die die Bodenmikroorganismen stimulieren. In diesem Zusammenhang sei auch auf die Mykorrhiza hingewiesen,
- weitlumige Wurzeln mit einem System von Leitbahnen für den Transport von Wasser und Nährstoffen. Dabei ist es bedeutungsvoll, daß die Querschnittsfläche dieser Leitbahnen im Wurzel- und Kronenbereich gleich sein muß (pipe-theorie),
- Starkwurzeln zur Verankerung (vertikal) oder Abstützung (horizontal) der gewaltige Dimensionen erreichenden Bäume. Die erforderliche Standfestigkeit kann auf zweierlei Art erreicht werden:
  - Durch Verankerung mittels Pfahlwurzeln in der Tiefe. Dieses Prinzip bewährt sich auf grund- und stauwasserfreien Lockersedimenten, die dem Eindringen der Wurzeln keinen mechanischen Widerstand entgegensetzen (Kiefer). Auf Gebirgsböden werden die Bäume durch tief in Gesteinsspalten vordringende Starkwurzeln verankert (Tanne, Buche).
  - Durch Abstützung mittels starker, einen Wurzelteller bildende und einen vertikal-ovalen oder doppel-T-förmigen Querschnitt besitzende Horizontalwurzeln, die zusätzlich noch mit vertikalen Absenkern ausgestattet sind. Ein Beispiel dafür ist die Fichte auf Naßstandorten.

Diese beiden Prinzipien werden auch im Bauwesen bei der Errichtung turmförmiger Bauwerke mit tiefer Gründung oder breiter Ankerplatte angewandt.

Stark vereinfacht kann man folgende Bewurzelungstypen unterscheiden (Abb. 31):

- Pfahlwurzel-Typ: Dominanz einer oder mehrerer Vertikalwurzeln unter dem Stock (Eichen, Nußbäume, Kiefern),

| Pedo- und Hydrotop | Pfahlwurzler | Herzwurzler | Flachwurzler |
|---|---|---|---|
| Lockersedimente ohne den Einfluß von Grundwasser oder Staunässe |  |  | 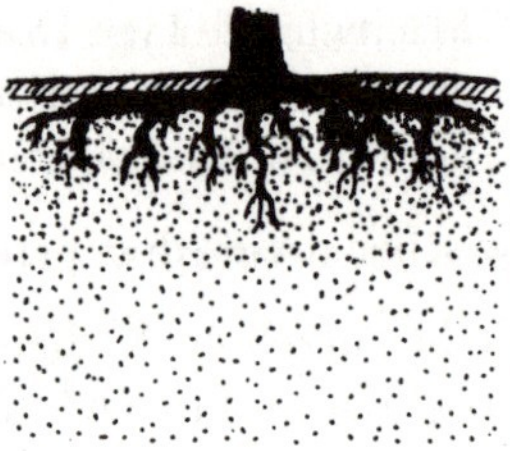 |
| Lockersedimente mit Staunässe oder hoch anstehendem Grundwasser |  |  |  |
| Böden mit hoch anstehendem, klüftigem Festgestein |  |  |  |

*Abb. 31: Bewurzelungstypen der Bäume und deren Modifikation durch den Boden (Otto 1994, verändert)*

104

- Herzwurzel-Typ: Mehrere, oft schräg vom Stock ausgehende Diagonalwurzeln, die wiederum stark aufzweigen (Rot-Buche, Winter- und Sommer-Linde, Berg- und Spitz-Ahorn, Hainbuche, Weiß-Tanne, Europ. Lärche, Douglasie),
- Flachwurzel-Typ: Dominanz radial vom Stock ausgehender, oft weit streichender Horizontalwurzeln, die meist mit kurzen, büschelig verzweigten vertikalen Absenkern ausgestattet sind (Fichte, Weymouths-Kiefer, Birke).

Zwischen diesen drei Typen gibt es zahlreiche Übergänge.

Die Bewurzelung der Bäume wird meist mit dem Alter abgewandelt. So werden z. B. die in der Jugend eine Pfahlwurzel ausbildenden Eichen und Tannen im Alter zu Herzwurzlern. Weitere Modifikationen ergeben sich bei mechanischen Eindringwiderständen infolge Sauerstoffmangels (Grundwasserhorizont oder Staunässe) oder auf Grund chemischer Effekte (nährstoffreiche Bänder, toxische Stoffe) im Boden.

Sehr bedeutungsvoll ist die Beeinflussung des Bodenzustandes durch die Pflanzenwurzeln. Diese tragen zur Bindung des Bodens und damit zum Schutz vor Erosion bei. Mit dem Wachstum und späteren Absterben der Wurzeln ist eine Bodenlockerung und Verbesserung des Wasser- und Luftaustausches verbunden. Das gilt vor allem für starke Wurzeln, die nach der Verrottung größere Kanäle hinterlassen. Nicht weniger bedeutungsvoll sind aber auch Fein- und Feinstwurzeln, die laufend erneuert werden und zur Humusbildung beitragen. Die Bedeutung dieser Prozesse wird deutlich, wenn man bedenkt, daß etwa 10 % (Tropenwälder) bis 40 % (Boreale Nadelwälder) der gesamten Biomasseproduktion auf die Wurzeln der Bäume entfallen.

Mit diesen Betrachtungen wurde zugleich von der Bewurzelung der Bäume auf die Durchwurzelung des Bodens übergeleitet. Dabei unterscheidet man

- in der Vertikalen zwischen
  • oberflächig (flachgründig)     < 20 cm tief,
  • mittelgründig                  20–100 cm tief,
  • tiefgründig                    > 100 cm tief und
- in der Horizontalen zwischen
  • dem Stockbereich und
  • der Zwischenfläche.

Generelles Ziel des ökologisch orientierten Waldbaus ist die Erschließung eines möglichst großen Bodenraumes in der Horizontalen und Vertikalen (hypogäische Wuchsraumausnutzung) mit

- Bindung des Bodens zum Schutz vor Abtrag,
- Lockerung des Bodens zur Verbesserung des Wasser- und Lufthaushaltes,

– chemischem Aufschluß des Bodens zur Verbesserung der Pflanzenernährung,
– Humusbildung zur Verbesserung der physikalischen und chemischen Bodeneigenschaften, der Lebensbedingungen und des Stoffkreislaufes.

### 3.4.1.2.2 Waldstreu

Die Kontinuität der Energieströme und Stoffkreisläufe im Waldökosystem erfordert permanent die Bildung, Nachlieferung und Zersetzung toter organischer Substanzen. Dabei spielt die alljährlich zum Boden gelangende Streu der Bäume, Sträucher und Bodenpflanzen sowohl quantitativ als auch qualitativ eine wichtige Rolle.

Die Menge der pro Zeiteinheit produzierten Streu ist vom Standort sowie von der Arten-, Alters- und Raumstruktur der Waldbestände abhängig. Generell gilt, daß auf sehr produktiven Standorten auch mehr Streu als auf wenig produktiven gebildet wird. Waldbestände aus Lichtbaumarten produzieren weniger Baumstreu als solche aus Schattenbaumarten. Dieser Unterschied kann jedoch durch die Bodenpflanzendecke kompensiert werden.

Unter zentraleuropäischen Bedingungen kann mit folgenden Streumengen aus der Baumschicht gerechnet werden:

Fichte   $2$–$7$ t $a^{-1}$ $ha^{-1}$ Trockensubstanz,
Buche   $2$–$5$ t $a^{-1}$ $ha^{-1}$ Trockensubstanz,
Kiefer   $1$–$4$ t $a^{-1}$ $ha^{-1}$ Trockensubstanz,
Eiche   $1$–$4$ t $a^{-1}$ $ha^{-1}$ Trockensubstanz,
Lärche   $1$–$3$ t $a^{-1}$ $ha^{-1}$ Trockensubstanz.

Hinzu kommt die von der Bodenvegetation hervorgebrachte Streu, die mit folgenden Mengen angesetzt werden kann:

Langgräser (z. B. Calamagrostis-Arten)   $1{,}0$–$8$   t $a^{-1}$ $ha^{-1}$ Trockensubstanz,
Zittergras-Segge   $1{,}5$–$2$   t $a^{-1}$ $ha^{-1}$ Trockensubstanz,
Binsen-Arten   $5$–$8$   t $a^{-1}$ $ha^{-1}$ Trockensubstanz,
div. Kräuter u. Zwergsträucher   $0{,}5$–$1{,}5$   t $a^{-1}$ $ha^{-1}$ Trockensubstanz,
Farne   $0{,}6$–$3{,}0$   t $a^{-1}$ $ha^{-1}$ Trockensubstanz.

Neben der Menge ist auch die Zusammensetzung der Streu von Interesse, weil davon auf den Ernährungszustand der betreffenden Bäume und die Zersetzbarkeit der Streu geschlossen werden kann. Das gilt vor allem für den Stickstoff und das Verhältnis von Stickstoff zu Kohlenstoff (C/N) (Tab. 14).

Die Streuzersetzung vollzieht sich in verhältnismäßig kurzer Zeit, wenn das C/N-Verhältnis der organischen Substanz eng und der Ligningehalt niedrig ist. So werden die Blätter von Erle, Ulme und Esche meist schon in wenigen Monaten zersetzt, während die Laubzersetzung von Hainbuche, Linde und Ahorn 1–2

*Tab. 14: Chemische Zusammensetzung der Blatttrockensubstanz verschiedener Baumarten*

| Baumart | Prozent der Trockensubstanz | | | | | | |
|---|---|---|---|---|---|---|---|
| | N | | | P | K | Ca | Mg |
| | Mangel | mittel | Über-fluß | | | | |
| Berg-Ahorn | | 2,4 | | 0,2 | | | |
| Stiel- u. Trauben-Eiche | | 2,3 | | 0,2 | 0,7 | 1,7 | 0,1 |
| Hainbuche | | 2,2 | | 0,2 | 0,7 | 1,7 | 0,1 |
| Rot-Buche | | 1,7 | | 0,2 | 0,7 | 1,7 | 0,1 |
| Europäische Lärche | | 1,2 | | 0,2 | 0,7 | 1,0 | 0,2 |
| Gemeine Fichte | <1,2 | 1,3 | >1,4 | 0,2 | 0,5 | 0,5 | 0,1 |
| Gemeine Kiefer | <1,3 | 1,3–1,8 | >1,8 | 0,2 | 0,4 | | 0,2 |

Jahre, von Aspe, Birke, Eiche und Buche 2–3 Jahre, von Kiefer, Fichte und Douglasie etwa 4 Jahre und Lärche über 4 Jahre dauert. Der Zersetzungsprozeß ist an der Schichtung der Humusauflage zu erkennen. Im obersten Horizont (L = Litter) findet man noch frische, kaum zersetzte Blätter, darunter (F = Förna oder Vermoderungshorizont) in Zersetzung befindliche Pflanzenteile und im untersten Bereich (H = Humustoffhorizont) weitgehend zersetzte Feinsubstanzen. Unter günstigen Abbaubedingungen und bei inniger Vermengung mineralischer und organischer Substanzen (Ton-Humus-Komplexe) kommt es zur Ausbildung eines lockeren, krümeligen Mullbodens, unter ungünstigen entsteht ein in L-, F- und H-Horizont geschichteter, dem Mineralboden aufliegender Rohhumus. Zwischen beiden ist die Humusform Moder einzuordnen.

Die Menge der dem Mineralboden aufliegenden bzw. mehr oder weniger mit ihm vermischten toten organischen Substanz ist je nach Streuproduktion und Zersetzungsbedingungen sehr unterschiedlich. Sie schwankt in Zentraleuropa zwischen 20 und 200 t/ha Trockenmasse. Die unteren Werte gelten für warme, trockene und nährstoffkräftige Standorte, auf denen wenig Streu produziert wird und die Zersetzung sich rasch vollzieht. In Buchenwäldern des Solling wurden 30–50 t/ha registriert (Ulrich 1980). In reinen Fichtenbeständen des Hügel- und Berglandes kann man mit 50–100 t/ha rechnen. Mit zunehmender Ungunst des Standortes (kühl und feucht) nimmt die Humusmenge pro Flächeneinheit zu, bis es zur Ansammlung von Torf kommt.

### 3.4.1.3 Wechselwirkungen zwischen den Organismen

Interaktionen setzen ein räumliches und zeitliches Zusammentreffen von Organismen (Koinzidenz) voraus. Die dabei zwischen den Organismen eines Ökosystems auftretenden Interaktionen können außerordentlich vielgestaltig sein. Sie lassen sich ganz formal nach folgenden Prinzipien ordnen (Tab. 15):

*Tab. 15: Interaktionen zwischen Organismen im Ökosystem*

| Bezeichnung der Interaktion | Interaktionspartner | | Art der Interaktion |
|---|---|---|---|
| | A | B | |
| Neutralismus | 0 | 0 | keine gegenseitige Beeinflussung (z. B. völlig unterschiedliche Nischen und Nahrung) |
| Amensalismus | 0 | – | B wird von A behindert, ohne daß A einen Vorteil davon hat |
| Kommensalismus | 0 | + | **Kommensal** B wird von A gefördert, ohne daß A einen Vorteil davon hat |
| Opponenz<br>– Prädation<br><br>– Parasitismus<br><br>– Allelopathie | – | + | A wird beeinträchtigt u. B gefördert:<br>– Der größere **Prädator** B vernichtet das kleinere Opfer A<br>– Der kleinere **Parasit** B zehrt von dem größeren Wirt A<br>– Der Donor B beeinträchtigt den Akzeptor A durch hemmende Stoffausscheidungen und schafft sich dadurch einen Vorteil |
| Konkurrenz | – | – | A u. B beeinträchtigen sich gegenseitig, meist wegen Raum- oder Ressourcenmangel |
| Mutualismus<br>– Protokooperation<br><br>– Symbiose | + | + | A u. B. beeinflussen sich positiv:<br>– Interaktion zwischen A u. B ist positiv, aber nicht obligatorisch<br>– Interaktion zwischen A u. B ist weitgehend obligatorisch |

- die Partner verhalten sich neutral zueinander,
- ein Partner oder mehrere werden negativ durch die Interaktion beeinflußt,
- ein Partner oder mehrere werden positiv durch die Interaktion beeinflußt,
- ein Partner wird negativ, der andere positiv durch die Interaktion beeinflußt,
- beide Partner beeinflussen sich negativ,
- beide Partner beeinflussen sich positiv.

Bei Bäumen läßt sich das Ausmaß der Interaktion durch Vergleich der Wachstumsgrößen (Höhe, Durchmesser, Volumen, Kronenausmaß etc.) von unbeeinflußten Exemplaren, z. B. Solitären, mit interaktionsbeeinflußten Individuen, z. B. im Dichtschluß wachsenden, quantifizieren. Das kommt z. B. in dem Interaktions-Index I von Mäkelä und Hari (1986) zum Ausdruck:

$$I = \frac{W_{solitär} - W_{int.}}{W_{solitär}} = 1 - \frac{W_{int}}{W_{solitär}}.$$

Dabei bedeuten

I:        Interaktions-Index
$W_{int:}$   Wachstumsgröße des interaktiv beeinflußten Baumes
$W_{solitär:}$ Wachstumsgröße eines vergleichbaren Solitärbaumes.

Auf zahlreiche weitere Indizes, die in der Forstwissenschaft vor allem für den Nachweis von Konkurrenzwirkungen benutzt werden (Nemnham 1964, Bella 1968, Hegyi 1974, Braathe 1984, Saniga 1989, Schütz 1989) sei hingewiesen.

### 3.4.1.3.1 Positive Wechselwirkungen

Dazu gehören alle Interaktionen, durch die wenigstens einer der Partner eine Förderung erfährt, ohne daß der andere dadurch benachteiligt wird (Gigon u. Reyser 1986). Daraus folgt, daß im Resultat des Zusammenwirkens ein Leistungsgewinn (Stoff- oder Energieausnutzung, Biomasseproduktion, Vermehrung und Ausbreitung, gegenseitiger Schutz etc.) zu verzeichnen ist. Außerdem ist zwischen obligatorischen und fakultativen Wechselwirkungen zu unterscheiden.

Die Förderung kann ohne oder mit direkter Beteiligung anderer Organismen erfolgen.

**Mittelbare Förderungen,** die sich aus der Nachbarschaft zu einzelnen Organismen oder durch Integration in bestimmte Biozönosen ergeben, sind:

- mechanisch durch Stützung oder Wurzelverwachsung benachbarter Pflanzen,
- edaphisch durch Verbesserung des Bodenzustandes (Bodenaufschluß, Strukturverbesserung, Drainage, Humusbildung),
- klimatisch durch Schutz vor meteorologischen Extremen (Wind und Frost),
- physiologisch durch Förderung des Höhenwachstums infolge Lichtmangels,
- chemisch durch Ausscheidung biologisch aktiver Substanzen im Wurzel- und Kronenraum (Allelopathie), die Ursache eines natürlichen Fruchtwechsels (Metabiose) sein können,
- akustisch durch Warnrufe (Eichelhäher),

- optisch durch Lockfarben der Blüten oder anderer Pflanzenteile,
- soziologisch durch Risikoverteilung bei größerer Artenzahl (Massenvorkommen) und/oder Artendiversität. Hierzu gehört auch die Fraßattraktanz bestimmter Arten, die andere vor der Vernichtung bewahrt.

Die wichtigsten Formen unmittelbarer Förderungen sind Kommensalismus und Mutualismus.

**Kommensalismus**
Bei diesem handelt es sich um Beziehungen zwischen zwei Organismen, bei denen der eine den anderen ausnutzt, ohne ihm dadurch zu schaden. Dabei kann man folgende Arten unterscheiden (Altenkirch 1977):

- **Parökie**
  Der Nutznießer lebt neben dem Partner und partizipiert von dessen Nahrung (z. B. Hyänen von Großraubtieren).
- **Entökie oder Synökie**
  Der Nutznießer lebt in der Wohnung des Partners (z. B. Siebenschläfer in Spechthöhlen).
- **Epökie**
  Der Nutznießer lebt auf seinem Partner, um in einen günstigen Raum zu gelangen (z. B. Epiphyten auf Bäumen).
- **Phoresie**
  Der Nutznießer läßt sich auf seinem Partner nieder, um sich transportieren zu lassen (z. B. Samen im Fell von Tieren).

**Mutualismus**
Damit bezeichnet man sehr enges Zusammenleben von Organismen, das im Extrem zur gegenseitigen Abhängigkeit (bei Flechten sogar zu einer morphologischen und physiologischen Einheit) führt. In Waldökosystemen sind die in Tabelle 16 aufgeführten Formen verbreitet.


### 3.4.1.3.2 Negative Wechselwirkungen

Bei den negativen Wechselwirkungen handelt es sich um Benachteiligungen eines Partners oder mehrerer, die beeinträchtigend oder tödlich sein können. Im wesentlichen handelt es sich dabei um Konkurrenz und Opponenz.

*Konkurrenz*

Charakteristisch für diesen Fall negativer Wechselwirkungen ist der **Wettbewerb um limitierte Ressourcen**. Dabei kann es sich um Konkurrenz in Raum und Zeit, um ökologische Faktoren und um Fraßsubstanz handeln. **Komplementäre Größe** der Konkurrenz ist die **Toleranz**.

*Tab. 16: In Waldökosystemen verbreitete Formen von Symbiosen*

| Partner | | Bezeichnung und Charakteristik |
|---|---|---|
| A | B | |
| Tiere Pilz- | Pilze | Einige holzbrütende Borkenkäfer-Arten transportieren sporen in ihre Bohrgänge und ernähren sich von diesen Pilzen. |
| Höhere Pflanzen | Pilze | **Mykorrhiza:** Wurzelhaare der höheren Pflanze werden durch Pilzwurzeln ersetzt. Der Pilz erhält Assimilate, die höhere Pflanze Wasser und Mineralstoffe sowie Schutz vor schädigenden Einwirkungen. Meist handelt es sich beim Pilz um eine obligatorische, bei der höheren Pflanze um eine fakultative Symbiose. <br> – **Ektotrophe Mykorrhiza:** Feinwurzel der höheren Pflanze wird von dichtem Hyphengeflecht umhüllt (Hartigsches Netz), häufig bei Waldbäumen. <br> – **Endotrophe Mykorrhiza:** Pilzhyhen dringen in Zellen des primären Rindenparenchyms ein, häufig bei Kulturpflanzen. <br> – **Ektendotrophe Mykorrhiza:** Neben Myzelmantel dringen Hyphen auch in Wurzelzellen ein, an geschwächten und alten Bäumen der Gattungen Fichte u. Kiefer. |
| Höhere Pflanzen | Bakterien | **Wurzelknöllchen** an Erlen-Arten, an Robinie u. a. Leguminosen; die Bakterien erhalten von den höheren Pflanzen Assimilate und liefern diesen Stickstoff. |
| Algen | Pilze | **Flechten:** Die Symbionten bilden morphologisch und physiologisch eine zur eigenen Art erhobene Einheit, in der die Alge die |

Bei Betrachtung der Konkurrenz ist zu unterscheiden:

– Konkurrenz zwischen Individuen einer Art und zwischen verschiedenen Arten,
– Konkurrenz um Raum,
– Konkurrenz um Energie und Stoffe.

*Konkurrenz zwischen Individuen einer Art und zwischen verschiedenen Arten*

Die Konkurrenz zwischen den Individuen derselben Art wird als **intraspezifische Konkurrenz** bezeichnet. Diese Form ist z. B. in den Dickungen von Reinbeständen besonders ausgeprägt, weil aus diesen bei gutem Wachstum wegen des wachsenden Wuchsraumbedarfs pro Zeiteinheit viele Individuen ausscheiden müssen. Das ist für die einzelnen Individuen, die im Konkurrenzkampf stehen und früher oder später unterliegen, zwar negativ, für die Population kann dieser

Prozeß jedoch positiv sein, weil nur die stärkeren überleben und zur Fortpflanzung gelangen.

Kompetitionen zwischen Individuen verschiedener Arten nennt man **interspezifische Konkurrenz.** Diese führt wegen Zurückdrängung oder Eliminierung wettbewerbsschwächerer und Ausbreitung konkurrenzstärkerer Arten zur Veränderung der Artenstruktur innerhalb des Ökosystems.

**Räumliche Konkurrenz** ergibt sich daraus, daß alle Individuen einen bestimmten Lebensraum benötigen, der mit ihrem Wachstum zunimmt. Die räumliche Konkurrenz ist darum besonders ausgeprägt, wenn die Wachstumsgeschwindigkeit der Organismen groß ist und damit auch ihr Wuchsraumbedarf rasch zunimmt. Mit dem Abklingen des Zuwachses im höheren Alter nimmt dann auch die Konkurrenz ab und die Toleranz zu.

Nach dem Ort der Konkurrenz unterscheidet man Konkurrenz im **Kronen-** und **Wurzelraum.** Erstere wirkt sich besonders durch Mangel an Licht, letztere durch Einschränkung des Wasser- und Nährstoffangebotes aus.

Konkurrenz bzw. Toleranz unterliegen **zeitlichen Veränderungen.** Sie ergeben sich aus der Arten- und Altersstruktur der Waldökosysteme. In gleichaltrigen und gleichartigen Beständen ergeben sich Konkurrenzveränderungen aus dem Verlauf der Wachstumsgeschwindigkeit, d. h. während der Zuwachskulmination ist die Konkurrenz maximal, mit zunehmendem Alter klingt sie allmählich ab.

Wesentlich komplizierter ist die Situation in ungleichaltrigen und ungleichartigen Waldökosystemen, weil sich in diesen zwei Einflußgrößen überlagern, und zwar

- das zeitliche Nacheinander von Individuen der gleichen Art mit ähnlichen Wachstumsabläufen,
- das räumliche Nebeneinander von Individuen verschiedener Arten mit unterschiedlichen Wachstumsabläufen (z. B. r- und k-Strategen) sowie
- das raum-zeitliche Neben- und Nacheinander von Wachstumsabläufen der Individuen gleicher und unterschiedlicher Arten

mit den sich daraus ergebenden Raumbeziehungen innerhalb des Waldökosystems.

So unterliegen z. B. in gleichaltrigen Mischbeständen die in der Jugend langsamwüchsigeren und schattentoleranten Klimaxbaumarten zuerst dem Konkurrenzdruck jugendraschwüchsigerer, polyphoter Pionierbaumarten, bis erstere in die **Auxophase** eintreten und letztere sich der **Seneszens** nähern, so daß sich nun die Konkurrenzrelationen umkehren. Das führt früher oder später zur Herrschaft der Klimaxbaumarten, unter deren dichtem und wenig lichtdurchlässigem Schirm sich Lichtbaumarten kaum verjüngen können. Daraus folgt, daß es sich auch bei diesen als **zeitliche Konkurrenz** bezeichneten Prozessen letztendlich um eine temporäre Raumkonkurrenz handelt.

*Konkurrenz um Energie*

Unter diesen Konkurrenzursachen spielt der Kampf um den für Primärproduzenten entscheidenden Faktor **Strahlung** im Frequenzbereich von 380–710 nm eine entscheidende Rolle. Er kann wie kaum ein anderer Faktor durch waldbauliche Maßnahmen (Dichte von Pflanzungen, Art und Stärke von Durchforstungen) beeinflußt werden. Auch die oben genannten Relationen zwischen schattentoleranten und -intoleranten Spezies gehen auf unterschiedliche Reaktionen gegenüber der sichtbaren Strahlung zurück. Dabei ist zu beachten, daß die Schattentoleranz nicht nur zwischen den verschiedenen Baumarten sehr unterschiedlich sein kann, sondern daß sich diese auch bei derselben Baumart während ihres Lebensablaufes verändert. Dementsprechend ist zwischen permanent schattentoleranten (Klimaxbaumarten), jugendschattentoleranten (Intermediärbaumarten) und permanent schattenintoleranten Baumarten (Pionierbaumarten) zu unterscheiden (Abb. 48).

Die aus lichtökologischer Sicht benachteiligten schattenintoleranten Baumarten besitzen zwei Überlebensstrategien (Otto 1994):

- Raschwüchsigkeit in der Jugend. Dadurch werden meist bis zum Eintritt der Maturität Kronenfreiheit, hinreichender Lichtgenuß und reichliche Fruktifikation gewährleistet,
- eine breite Standortsamplitude und mit dieser die Möglichkeit, auf Extremstandorte, auf die ihnen die schattentoleranten Klimaxbaumarten nicht zu folgen vermögen, auszuweichen.

*Konkurrenz um Stoffe*

Bei begrenztem Angebot an lebensnotwendigen Stoffen, z. B. Wasser und Nährelementen, kommt es ebenfalls zu Konkurrenzerscheinungen. In diesem Zusammenhang ist zu bemerken, daß die konkurrenzbedingte Ausscheidung von Bäumen aus dem Baumkollektiv eines Waldbestandes auf armen und produktionsschwachen Standorten langsamer als auf produktionskräftigen erfolgt, weil – wie bereits dargestellt – bei geringerer Dimensionszunahme auch der Raumbedarf langsamer zunimmt.

Nach dem Verlauf des Konkurrenzkampfes kann man mit Otto (1994) unterscheiden zwischen:

**1. Durchsetzungskonkurrenz.** In diesem Falle führt der Konkurrenzkampf rasch zu einer Entscheidung, die im Sieg des einen und im Ausscheiden des anderen Konkurrenten besteht.

**2. Verharrungskonkurrenz.** Davon spricht man, wenn der Konkurrenzkampf lange Zeit unentschieden bleibt und die Konkurrenten langfristig nebeneinander zu existieren vermögen.

Aus den Darstellungen zur Raumkonkurrenz folgte bereits, das es sich meist auf wuchskräftigen Standorten mit rascher Dimensionszunahme der Bäume und schnell wachsendem Wuchsraumbedarf um Durchsetzungskonkurrenz und auf wuchsschwachen Standorten um Verharrungskonkurrenz handelt (z. B. das sogenannte Sitzenbleiben dichter Verjüngungen).

*Opponenz*

Bei dieser Form negativer Interaktionen ist zwischen Prädation und Parasitismus sowie Allelopathie zu unterscheiden. Prädation und Parasitismus kommen besonders bei Tieren vor, sie sind aber nicht auf diese begrenzt.

Die Begriffe **Prädator** und **Parasit** wurden bereits in Tabelle 15 definiert. Hier ist lediglich nachzutragen, daß Prädatoren meist überaus mobil sind und im Laufe ihres Lebens zahlreiche Beutetiere benötigen, während Parasiten sich weniger bewegen und meist nur von einem Wirt leben. Die Parasiten kann man auch danach unterscheiden, ob sie den Wirt vorerst nur krank machen (sog. Pathogene), oder ihn in kürzerer Zeit auszehren und abtöten (z. B. Tachinen und Ichneumoniden).

Eine besondere Form der Opponenz ist die **Allelopathie.** Nach Molisch (1937) versteht man darunter biochemische Wechselwirkungen zwischen den Pflanzen. Diese kommen durch Ausscheidung phytotoxisch wirkender chemischer Substanzen, wie Terpenoide, Acetylenverbindungen, Aminosäurederivate, ungesättigte Kohlenwasserstoffe sowie davon abgeleitete Alkohole und Aldehyde, Monoterpene und Allylderivate zustande (Grümmer 1955, Müller 1970), die andere Organismen beeinträchtigen oder zum Absterben bringen. Beispiele dafür sind Juglandaceen (Hydroxijuglon), Ericaceen (Phenole) und wohl auch Betulaceen (Tokin 1956, Prjachnikow 1968, Wakarelow u. Delkow 1972, Harborne 1977, Montigny u. Weetman 1989).

Hier sind auch von mykorrhizabildenden Pilzen ausgeschiedene Antibiotika zu nennen, die pathogene Organismen (z. B. Pythium, Fusarium und Rhicoctonia) von Wurzeln der Bäume abwehren.

Auch Abwehrstoffe, wie Glykoside, Terpenoide, Phenole und Alkaliode (z. B. Atropin, Taxin) seien erwähnt. Sie verursachen Unbekömmlichkeit oder Toxizität von Pflanzenteilen und schützen so vor Fraß.

Den skizzierten Hemmungen (Inhibitionen) durch Stoffausscheidungen (Allelopathie) stehen Förderungen (Promotionen) gegenüber.

114

### 3.4.2 Rückkopplungen und Vernetzungen

Bei den meisten waldökologischen Untersuchungen genügt es nicht, nur einzelne Interaktionen zwischen den unmittelbar daran beteiligten Systemelementen zu betrachten. Darüber hinaus sind ganze Reaktionsketten und deren Vernetzungen zu analysieren. Zum Verständnis dessen erscheint es notwendig, kurz auf die dabei wirksamen Regulationsmechanismen einzugehen.

Letztere beruhen auf Rückkopplungen (feedbacks), die im kybernetischen Sinne negativ oder positiv sein können:

– Negative Rückkopplungsschleifen (feedback loops) wirken dämpfend bzw. ausgleichend und stabilisierend im Ökosystem,
– positive hingegen verstärkend bzw. verändernd und destabilisierend (Abb. 32).

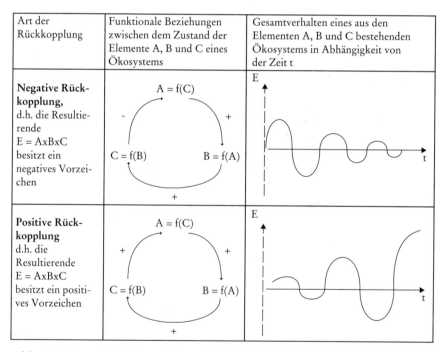

| Art der Rückkopplung | Funktionale Beziehungen zwischen dem Zustand der Elemente A, B und C eines Ökosystems | Gesamtverhalten eines aus den Elementen A, B und C bestehenden Ökosystems in Abhängigkeit von der Zeit t |
|---|---|---|
| **Negative Rückkopplung,** d.h. die Resultierende $E = A \times B \times C$ besitzt ein negatives Vorzeichen | $A = f(C)$ $-$ $+$ $C = f(B)$ $B = f(A)$ $+$ | |
| **Positive Rückkopplung** d.h. die Resultierende $E = A \times B \times C$ besitzt ein positives Vorzeichen | $A = f(C)$ $+$ $+$ $C = f(B)$ $B = f(A)$ $+$ | |

*Abb. 32: Schematische Darstellung kybernetisch positiver und negativer Rückkopplungen*

Um eine negative Rückkopplung handelt es sich z. B., wenn die Dichte (A) eines gleichaltrigen Waldbestandes mit dessen Heranwachsen zunimmt, mit der steigenden Dichte die Raumkonkurrenz der Bäume wächst (B) und die sich daraus ergebenden gegenseitigen Beeinträchtigungen das weitere Wachstum sowie die Vermehrung hemmen (C), so daß rückkoppelnd die weitere Dichtezunahme gedrosselt wird.

Ein ähnlicher Rückkopplungsmechanismus wirkt, wenn in einem sich aufbauenden Waldökosystem mit der Blattmenge (A) auch das Fraßangebot für phyllophage Insekten zunimmt, diese Insektengruppe sich darum stärker vermehrt (B) und als Folge des größeren Nahrungsbedarfs (C) die Blattmenge des Waldökosystems (A) reduziert wird.

Diesen ausgleichend wirkenden negativen Rückkopplungsschleifen stehen positive gegenüber. Letztere dominieren, wenn Ökosysteme sich nicht zu einem Gleichgewichtszustand hin entwickeln, sondern gerichteten Veränderungen unterliegen, so z. B. in den Aufbaustadien der Sukzession und bei Waldzerstörungen.

Beispiele positiver Rückkopplung sind Massenvermehrungen von Sekundärschädlingen. So steigt z. B. in gleichaltrigen, dichten Koniferenreinbeständen bei unterlassenen Pflegehieben und Verbleib der geschwächten sowie absterbenden Bäume das Nahrungsangebot für bast- und rindebewohnende Borkenkäfer-Arten. Unter günstigen Witterungsbedingungen kann dadurch eine Massenvermehrung dieser Insekten ausgelöst werden. Das hat zur Folge, daß nun auch gesunde Bäume von den Käfern befallen und geschwächt werden, so daß es zu einem zusätzlichen Nahrungsangebot kommt. Auf diese Weise potenzieren sich Borkenkäferanzahl, Nahrungsangebot und Verzehr, bis schließlich das gesamte System zusammenbricht (Abb. 34).

Ein weiteres Beispiel positiver Rückkopplung ist der Kohlendioxidgehalt der Atmosphäre (A). Sein Anstieg bewirkt eine Temperaturerhöhung (B), die zur Beschleunigung des Abbaus der Torflager in der borealen Zone (C) und damit zu einer weiteren Erhöhung des $CO_2$-Gehaltes der Erdatmosphäre führt.

Bei diesen Rückkopplungen kann es sich um Interaktionen in der gleichen Trophieebene oder in verschiedenen handeln. Dementsprechend ist zwischen kompetitiven und trophischen Rückkopplungen zu differenzieren:

- **Kompetitive Rückkopplungen** beruhen auf Vitalitätsverlusten (Wachstumsdepressionen, reduzierte Vermehrung) und steigender Mortalität infolge Konkurrenz zwischen
  • Individuen derselben Art (intraspezifische Konkurrenz) oder
  • Individuen verschiedener Arten (interspezifische Konkurrenz) (Abb. 33).

- **Trophische Rückkopplungen** ergeben sich durch Fraß- oder Nahrungsketten, indem Primärproduzenten als Fraß für Phytophage und diese wiederum

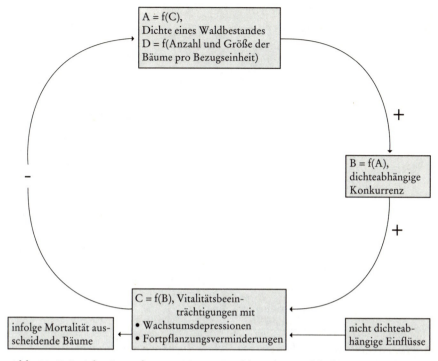

Abb. 33: *Beispiel einer kompetitiven Rückkopplungsschleife mit negativem Effekt E, d. h.* $E = f[A \times B \times C]$
$(-)$

als Nahrung für Zoophage dienen. Das Prinzip dieser Rückkopplungsform besteht darin, daß mit der Individuenzahl und Produktivität der Organismen einer niederen Ernährungsstufe das Fraßangebot und damit die Vitalität und Natalität der Organismen der nächst höheren Ernährungsstufe vergrößert wird. Rückkoppelnd werden durch diesen Vorgang die Vitalität und Dichte der in der niedrigeren Ebene plazierten Population reduziert, was wiederum eine Verminderung des Nahrungsangebotes in der höher liegenden zur Folge hat (Abb. 34, 35).

Durch solche Kopplungen kommt es zu vielfältigen Vernetzungen im Ökosystem.

– Normalfall mit negativer Rückkopplung $E = f[A \times B \times C]$
$(-)$

117

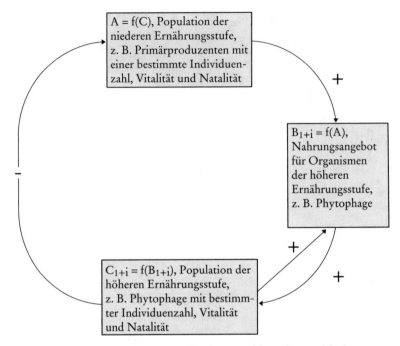

*Abb. 34: Beispiel einer einfachen trophischen Rückkopplungsschleife*

– Sonderfälle mit positiver Rückkopplung

$$E = f[A \times \overbrace{B_{i+1} \times C_{i+1}}^{(-)}]$$

i: Durchlauf der Rückkopplung bei Sekundärschädlingen

Massenvermehrung von Sekundärschädlingen, z. B. Borkenkäfern, die schließlich zur Schwächung bislang gesunder Bäume und so zu einer zeitweiligen Erhöhung des Nahrungsangebotes führen

– $$E = f[A \times (-B) \times (-C)],$$ $$(-)$$

z. B. Prädatoren, die bei Übersättigung andere Nahrungsquellen wählen.

Unter Berücksichtigung dieser Rückkopplungsmechanismen kommen wir noch einmal auf intra- und interspezifische Konkurrenz sowie Räuber-Beute-Bezie-

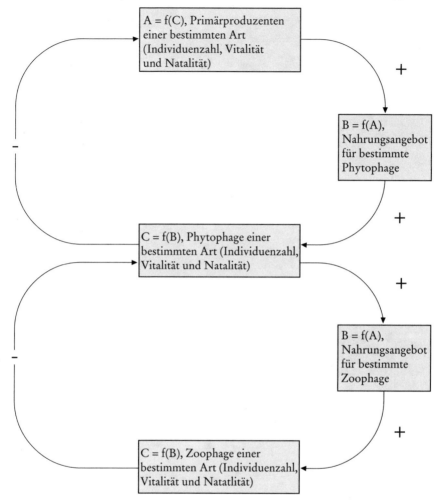

*Abb. 35: Beispiel einer zusammengesetzten trophischen Rückkopplungsschleife*

hungen zurück, indem diese mit Hilfe der hier behandelten Verfahren dargestellt werden.

Für die intraspezifische Konkurrenz ergibt sich das auf Abbildung 36 dargestellte Modell:

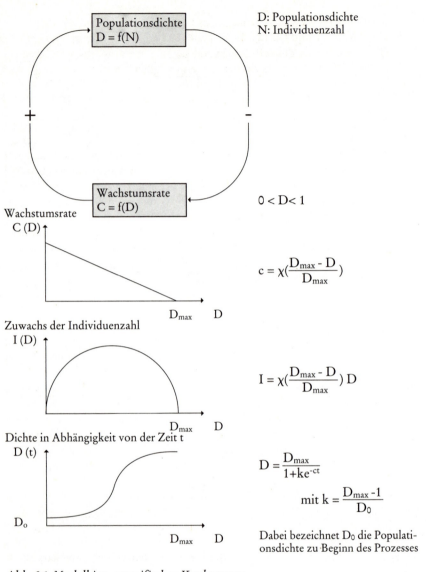

Abb. 36: *Modell intraspezifischer Konkurrenz*

Aus dieser Darstellung folgt:
– Mit zunehmender Populationsdichte nimmt die Wachstumsrate c ab. Dabei wird unterstellt, daß die Wachstumsrate proportional ($\chi$) zur rela-

tiven Differenz zwischen maximaler und realer Dichte abnimmt, d. h. bei $D = 0$ ist $c = 1$ und bei $D = D_{max}$ ist $c = 0$.

- Die Veränderung der Individuenzahl I ergibt sich aus der Individuenzahl und der Wachstumsrate. Wegen Gegenläufigkeit von Individuenzahl und Wachstumsrate ergibt sich eine Optimumkurve.
- Die sich aus der Individuenzahl ableitende Dichte erhält man durch Integration des Individuenzuwachses über der Zeit.

Ein Modell zur Beschreibung der intraspezifischen Konkurrenz innerhalb zweier Populationen sowie der interspezifischen Konkurrenz zwischen diesen wird auf Abb. 37 dargestellt. Dabei entsprechen die intraspezifischen Prozesse den bereits beschriebenen, sie werden aber interspezifisch beeinflußt, weil sowohl die Populationsdichten als auch die Wachstumsraten mit von der Dichte der Konkurrenzpopulation abhängig sind. Bereits 1934 wurde von Gauze nachgewiesen, daß in einem geschlossenen System bei Limitierung eines bestimmten ökologischen Faktors der schwächere Konkurrent früher oder später eliminiert wird (Exklusionsprinzip). Wenn das in der Natur nicht geschieht, dann ist es darauf zurückzuführen, daß Ökosysteme offene Systeme sind, daß kaum zwei verschiedene Arten völlig nischengleich sind und zahlreiche weitere, im Modell nicht erfaßte Einflußgrößen wirken.

Abschließend in diesem Kapitel soll noch kurz auf Räuber-Beute-Beziehungen (Lotka-Volterra-Oszillation) eingegangen werden. Diese lassen sich stark vereinfacht wie folgt darstellen (Abb. 38):

Die Populationsentwicklung der Räuber und Beutetiere ist eng miteinander gekoppelt. Die Beute-Population ist zunächst vom Fraßangebot abhängig. Je größer die daraus resultierende Populationsdichte ist, um so höher ist auch die Wahrscheinlichkeit der Begegnung mit einem Räuber sowie der Vernichtung durch diesen. Der Räuber profitiert zunächst von dem großen Fraßangebot. Es kommt zu einer stärkeren Reproduktion und höheren Populationsdichte. Diese führt aber zu einer stärkeren Reduzierung der Beute-Population. Daraus folgt dann ein geringeres Fraßangebot für den Räuber mit niedrigerer Reproduktion und Minderung seiner Populationsdichte. Das wiederum hat eine größere Reproduktion der Beutetiere und Erhöhung ihrer Populationsdichte zur Folge. So besteht ein stetes Wechselverhältnis zwischen der Populationsdichte von Räuber und Beute. Über der Zeitachse ergibt dieser Prozeß eine oszillierende Kurve.

Bei der mathematischen Formulierung dieser Prozesse (Lotka-Volterra-Gleichung) wird hinsichtlich der Wachstumsraten, der dichteabhängigen Veränderungen der Individuenzahl, der Zeitabhängigkeit der Populationsdichte sowie der Räuber-Beute-Beziehungen von gleichen oder ähnlichen Ansätzen ausgegangen, wie sie bereits oben skizziert worden sind. Weitere Einflußgrößen (Sättigung des Räubers bei übermäßigem Fraßangebot; Verzögerungen zwischen

Beispiel für ein Rückkopplungsnetz mit intra- und interspezifischer Konkurrenz

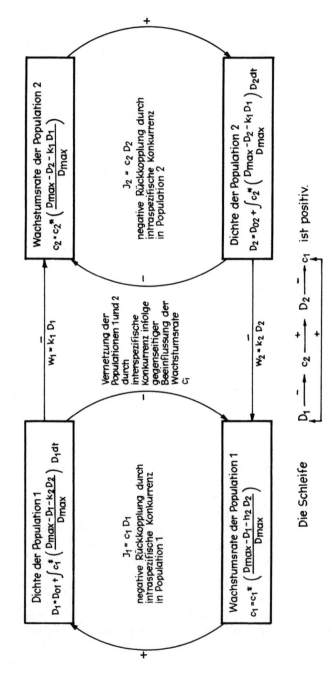

**Dichte der Population 2**
$$D_2 = D_{02} + \int c_2^* \left( \frac{D_{max} - D_2 - k_1 D_1}{D_{max}} \right) D_2 dt$$

**Wachstumsrate der Population 2**
$$c_2 = c_2^* \left( \frac{D_{max} - D_2 - k_1 D_1}{D_{max}} \right)$$

$$J_2 = c_2 D_2$$
negative Rückkopplung durch
intraspezifische Konkurrenz
in Population 2

$w_1 = k_1 D_1$

$w_2 = k_2 D_2$

Vernetzung der
Populationen 1 und 2
durch
interspezifische
Konkurrenz infolge
gegenseitiger
Beeinflussung der
Wachstumsrate
$c_i$

**Dichte der Population 1**
$$D_1 = D_{01} + \int c_1^* \left( \frac{D_{max} - D_1 - k_2 D_2}{D_{max}} \right) D_1 dt$$

$$J_1 = c_1 D_1$$
negative Rückkopplung durch
intraspezifische Konkurrenz
in Population 1

**Wachstumsrate der Population 1**
$$c_1 = c_1^* \left( \frac{D_{max} - D_1 - h_2 D_2}{D_{max}} \right)$$

Die Schleife

$$D_1 \xrightarrow{-} c_2 \xrightarrow{+} D_2 \xrightarrow{-} c_1 \quad \text{ist positiv.}$$

Im Falle eines abgeschlossenen Systems würde eine solche Rückkopplung zur Eliminierung
einer der beiden Populationen führen (GAUZE 1934)

*Abb. 37: Beispiel des Zusammenwirkens intra- und interspezifischer Konkurrenz*

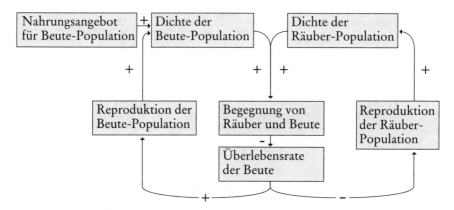

*Abb. 38: Räuber-Beute-Beziehungen*

Fang der Beute und Reproduktion der Räuber; Fang alter, nicht mehr reproduktiver Beutetiere; Entwicklungsstadien, die nicht für den Fraß geeignet sind etc.) erfordern Erweiterungen des auf Abbildung 38 dargestellten Modells.

*Vernetzungen*

Die soeben beschriebenen Kopplungsmechanismen sind die Grundlage vielfältiger, häufig schwer überschaubarer Vernetzungen in Ökosystemen. Wesentlich ist dabei, daß zahlreiche Elemente des Systems

– zu mehr oder weniger langen Ketten (z. B. Nahrungsketten) miteinander verbunden sind und
– gleichzeitig mehrere Funktionen (z. B. Schutz, Nahrungsspender, Informationsträger) ausüben können.

Auf diese Weise werden die einzelnen Elemente und Kompartimente des betrachteten Objektes zu einer funktionellen Einheit, d. h. dem **Ökosystem**, vernetzt. Von der Art und vom Ausmaß dieser Vernetzung sind in hohem Maße die Fähigkeit zur Selbstregulation und mit dieser wiederum die Elastizität des Gesamtsystems abhängig.

Unter den vielfältigen Relationen zwischen Systemelementen und -kompartimenten (s. Kap. 3.4.1.3.1 u. 3.4.1.3.2) sind die Nahrungsbeziehungen besonders wichtig und bisher am besten untersucht. Ein Beispiel dafür wird auf Abbildung 39 gegeben.

Aus diesen Darlegungen folgt allgemein:
– Funktionelle Einheiten, die als Ökosysteme bezeichnet werden, kommen durch Vernetzung einzelner ökologischer Elemente und Kompartimente zustande.

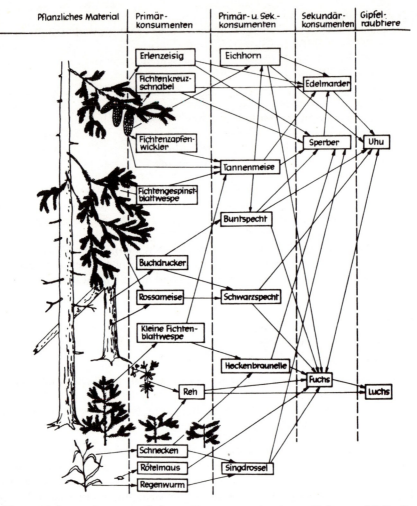

Abb. 39: *Nahrungsketten und deren Vernetzung in einem Fichtenwald (Leibundgut 1985)*

– Die Anzahl der Verknüpfungen sowie die Art, Dichte und Effizienz der Vernetzungen sind von der Artendiversität und Abundanz in den einzelnen Hierarchieebenen des Systems sowie den Relationen, die zwischen diesen Hierarchieebenen bestehen, abhängig.
– Die Funktionsfähigkeit, insbesondere die Elastizität eines Waldökosystems, wird in hohem Maße von der Existenz und Vernetzung bestimmter System-

elemente bestimmt. Dabei ist zwischen obligatorischen Systemelementen, z. B. bestimmten Primärproduzenten und Destruenten, sowie fakultativen zu unterscheiden.

### 3.4.3 Energieströme und Stoffkreisläufe

#### 3.4.3.1 Allgemeines

Materie tritt in Form von **Stoff** und **Energie** auf. Trotz der zwischen diesen beiden Formen bestehenden Äquivalenzbeziehungen müssen sie im Ökosystem gesondert betrachtet werden, weil sie unterschiedliche Wege nehmen (Mac Fadyen 1948).

– Die überwiegend von der Sonne stammende Energie, die dem 2. Hauptsatz der Wärmelehre entsprechend nur in einer Richtung fließen kann (Entropie), bildet einen mehr oder weniger verzweigten Strom. Sie ist letztendlich die Triebkraft aller im Waldökosystem ablaufenden, über mehrere funktionale Ebenen (Primärproduzenten, Konsumenten, Destruenten) führenden Prozesse.

– Stoffe hingegen können das Ökosystem mehrmals durchlaufen, so daß man von Kreislaufprozessen oder **biogeochemischen Zyklen** sprechen kann. Auch bei diesen erfolgt ein Austausch mit der Umgebung des betrachteten Systems. Dabei kann es sich um räumlich und zeitlich eng begrenzte Prozesse (z. B. bestimmte Spurenelemente) oder globale Vorgänge (z. B. Kohlendioxid- und Wasserkreislauf) handeln.

In den folgenden Kapiteln werden der Energiestrom und einige ausgewählte Stoffkreisläufe nur allgemein und zur Veranschaulichung der prinzipiellen Vorgänge dargestellt. Details über spezielle Einflüsse der Wälder auf diese Prozesse folgen im Kap. 4. Außerdem sei auf weiterführende Spezialliteratur verwiesen.

#### 3.4.3.2 Energiestrom

Ein großer Teil der zum Ökosystem gelangenden Sonnenenergie wird in Wärme umgewandelt und geht so in den Wärme- und Wasserhaushalt der Erde ein. An diesem Prozeß sind alle Ökosysteme beteiligt, weil mit der Assimilation Wärme gespeichert und diese mit dem Fluß organischer Stoffe von Ernährungsstufe zu Ernährungsstufe weitergeleitet wird. In jeder Ernährungsstufe des Ökosystems wird nun ein Teil der mit der organischen Substanz transferierten Energie durch Respiration freigesetzt. Diese Stufenleiter führt bis zur völligen Verbrennung der organischen Substanzen durch Mineralisierer in der Destruentenebene (Abb. 40).

Dieser unumkehrbare, in jeder Ebene des Ökosystems durch Freisetzung nicht mehr nutzbarer Energie charakterisierte Energiestrom wird durch ständige Aufnahme von Sonnenenergie, die der Entropie entgegenwirkt, aufrecht erhalten.

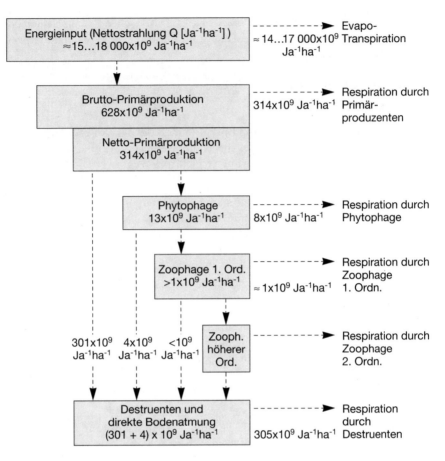

*Abb. 40: Schematische Darstellung des Energieflusses in einem zentraleuropäischen Laubwald-Ökosystem (n. Runge 1973, verändert)*

Im Vergleich zu vielen anderen Ökosystemen besitzen Wälder, dank ihrer tiefen räumlichen Strukturierung (dunkle Oberfläche), in Summa einen hohen Energieumsatz (Kap. 4.2.1.2). Diese Energie wird verbraucht für

– Evaporation (physikalischer Vorgang, der aus physiologischer Sicht eine „unproduktive Verdunstung" darstellt)[1],

---

[1] Für die Verdunstung von 1 Liter Wasser von 20°C sind L = 2437 kJ erforderlich.

- Transpiration (physiologischer Prozeß, der auch als produktive Verdunstung bezeichnet wird) und
- Photosynthese.

Durch vielfältige Bewirtschaftungsmaßnahmen, z. B. Bodenbearbeitung, Düngung und Melioration, den Einsatz von Pflanzenschutzmitteln etc. wird dem Ökosystem **Wirtschaftswald** zusätzlich Energie, die überwiegend von fossilen Kohlenstoffträgern stammt, zugeführt. Es ist ein erklärtes Anliegen der ökogerechten Waldbewirtschaftung, diese Zusatzenergie beim Stoffbildungsprozeß zu minimieren (Thomasius 1992, 1994a).

### 3.4.3.3 Ausgewählte Stoffkreisläufe

Ökosysteme befinden sich mit ihrer Umwelt, d. h. der Atmosphäre, der Litho- und Pedosphäre, der übergreifenden Hydrosphäre sowie den benachbarten Biozönosen in einem steten Stoffaustausch, d. h. es werden Stoffe aufgenommen (Inputs) und abgegeben (Outputs). Dabei handelt es sich vor allem um Kohlenstoff, Wasser und Mineralstoffe. Das erste Resultat der im Ökosystem wirkenden Kräfte und Stoffe ist die mit Hilfe des Chlorophylls von den Pflanzen hervorgebrachte Phytomasse. Sie wird in den verschiedenen Ebenen des Ökosystems durch Biophage und Nekrophage umgeformt und schließlich wieder in die Grundbausteine $CO_2$, Wasser und Mineralstoffe zerlegt. Diese Stoffe können dann erneut in den Stoffbildungsprozeß eingehen und den Stoffkreislauf mehr oder weniger schließen.

Dabei ist es von Interesse, wie lange ein bestimmter Stoff in einem definierten Zustand verweilt und in welcher Zeitspanne der Stoffumsatz im Ökosystem erfolgt. Diese für die Kennzeichnung der Ökosystemdynamik bedeutungsvollen Merkmale werden als mittlere Verweildauer und Turnover bezeichnet:

- **Mittlere Verweildauer:** Zeitraum, in dem sich ein Stoff durchschnittlich in einem bestimmten Zustand befindet.
- **Turnover oder Stoffumsatz:** Generell die Stoffmenge M [g], die in einem System pro Zeiteinheit [sec] ausgetauscht wird, d. h. T [g/sec] = M/t. Speziell für Ökosysteme definierte Odum (1980) diesen Begriff als das Verhältnis von Stoffdurchgang $\Delta M$ [t/a] zu Stoffbestand M [t].

Dabei ist zu unterscheiden zwischen

- der **Turnover-Zeit T** als Relativwert,

$$\text{d. h. } T\,[a] = \frac{\Delta M\,[t/a]}{M\,[t]} \qquad \text{und}$$

– der **Turnover-Rate R** als Reziprokwert der mittleren Verweildauer,

$$\text{d. h. } R\ [a^{-1}] = \frac{1}{T} \cdot$$

Wird z. B. von einem Hektar Wald, auf dem M = 200 t/ha Biomasse akkumuliert sind, ein Zuwachs sowie Ertrag von $\Delta M = 10\ t\ a^{-1}ha^{-1}$ Biomasse hervorgebracht (Stoffdurchgang bei Gewährleistung der Nachhaltigkeit), so ergeben sich:

– eine Turnover-Zeit $\quad T = 200\ tha^{-1}/10\ ta^{-1}ha^{-1} = 20\ a$,
– eine Turnover-Rate $\quad R = 10\ ta^{-1}ha^{-1}/200\ tha^{-1} = {}^{1}/20\ a^{-1}$.

### 3.4.3.3.1 Kohlen- und Sauerstoffkreislauf

Kohlenstoff und Sauerstoff sind durch Assimilation der grünen Pflanzen sowie Respiration der Pflanzen und Tiere unmittelbar miteinander verbunden:

$$\overset{477\ KJ}{6\ CO_2 + 6\ H_2O \leftrightarrow C_6H_{12}O_6 + 6O_2.}$$

Der von den grünen Pflanzen assimilierte Kohlenstoff stammt aus der Atmosphäre. Er wird von den Pflanzen etwa zur Hälfte in organischen Verbindungen festgelegt und zur Hälfte wieder respiriert (Abb. 41).

Von den Pflanzen als Primärproduzenten gelangt der in Phytomasse gebundene Kohlenstoff direkt als Nekromasse oder indirekt über verschiedene Konsumentenebenen (Phytophage, Zoophage versch. Ordnung) zu den Destruenten. Dabei werden in jeder Ebene dieses Systems Kohlenstoffverbindungen oxidiert und als $CO_2$ wieder in die Atmosphäre freigesetzt (Abb. 17).

Im Verlaufe der Erdgeschichte wurde ein Teil des Kohlenstoffs durch die Bildung biogener Mineralien (Kohlen, Erdöl, Erdgas, Karbonatgestein) festgelegt. Über die im Rahmen des globalen Kohlenstoffkreislaufes ablaufenden Prozesse und Größenordnungen informiert Abbildung 41.

Danach werden jährlich rund $120 \times 10^9$ t Kohlenstoff durch Photosynthese gebunden. Etwa $60 \times 10^9$ t werden davon von den Pflanzen wieder veratmet und rund dieselbe Menge wird in Phytomasse fixiert. Die Wälder der Erde sind daran mit $25 \times 10^9$ t C (rund $50 \times 10^9$ t Trockensubstanz) beteiligt.

In der gesamten Bio- und Pedosphäre kann mit einem Kohlenstoffvorrat von $830 \times 10^9$ t in der lebenden und $1\ 750 \times 10^9$ t in der toten Biomasse gerechnet werden. Davon entfallen auf die Wälder etwa $750 \times 10^9$ t lebende organische Substanz.

Würde sich der Kohlenstoffkreislauf der Erde in einem Gleichgewichtszustand befinden, dann müßte die Kohlenstofffreisetzung aus lebender und toter Bio-

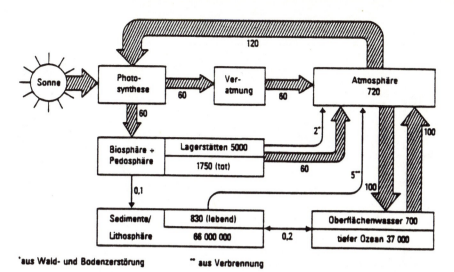

Abb. 41: *Globaler Kohlenstoffkreislauf*
*Die Zahlen bezeichnen die Kohlenstoffflüsse in Milliarden Tonnen pro*
*Jahr und die Kohlenstoffreserven in Milliarden Tonnen (Fonds d. chem.*
*Industrie 1987)*

masse $60 \times 10^9$ t/a betragen. Das ist aber nicht der Fall. Als Folge der Verbrennung fossiler Kohlenstoffträger werden gegenwärtig rund $(5,6 \pm 0,5) \times 10^9$ t/a und durch Waldvernichtungen sowie Bodendevastierungen ca. $(1,0 \pm 0,6) \times 10^9$ t/a Kohlenstoff zusätzlich in die Atmosphäre eingespeist. Trotz Pufferwirkung der Ozeane führt dies zu einem beträchtlichen Anstieg des $CO_2$-Gehaltes der Atmosphäre (Abb. 42) mit dem bekannten Treibhauseffekt (u. a. Thomasius 1991a).

Gegenwärtig muß in den Tropen und Subtropen mit einem jährlichen Waldverlust von 10–15 Mill. ha gerechnet werden. Davon entfallen auf

– Rodungen für landwirtschaftliche Nutzungen
  (Brandrodung, Neuansiedlungen)       ≈  72 %,
– Brennholzgewinnung                   ≈  10 %,
– kommerzielle Holznutzungen           ≈  10 %,
– Viehweide                            ≈   8 %.

Diese Waldreduktion ergibt bei einer durchschnittlichen Trockenmasse von 200 t/ha bzw. 100 t C/ha eine Kohlenstoffmenge von $10–15 \times 10^9$ t C/a, die zu einer erheblichen $CO_2$-Belastung der Atmosphäre führt.

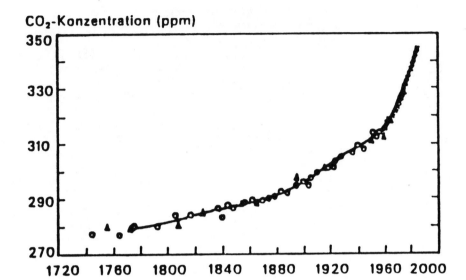

**CO₂-Konzentration (ppm)**

350

330

310

290

270

1720   1760   1800   1840   1880   1920   1960  2000

*Abb. 42: Wandlung der CO₂-Konzentration (ppm) in der Erdatmosphäre während der letzten 200 Jahre (Enquête-Kommission des Deutschen Bundestages 1988)*
*▲ Durch Infrarot-Laser-Spektroskopie aus Eisbohrkernen der Antarktis gewonnen,*
*0 Durch Gaschromatographie aus Eisbohrkernen der Antarktis gewonnen,*
*× Meßwerte des Observatoriums Mouna/Loa auf Hawaii seit 1958*

Dem CO₂-Anstieg, dessen Auswirkungen nicht in vollem Umfange vorausgesagt werden können, ist durch

– Reduktion der Verbrennung fossiler Kohlenstoffträger,
– Vermeidung weiterer Waldvernichtungen und Bodenzerstörungen,
– Aufforstungen sowie ökogerechte Waldbewirtschaftung (ständig hohes Niveau der akkumulierten Biomasse) und
– langfristige Festlegung von Kohlenstoff in Bauwerken, Möbeln etc. entgegenzuwirken.

Über die Art, Größenordnung und Effizienz CO₂-bindender Aufforstungen berichten u. a. Burschel u. Kürsten (1992), Burschel et al. (1993), Enquête-Kommission des Deutschen Bundestages (1994). Auf Prinzipien einer ökogerechten Waldbewirtschaftung (Thomasius (1992, 1994a) wird im Kapitel 6 näher eingegangen.

130

Untrennbar mit dem Kohlenstoffkreislauf der Erde verbunden ist der Sauer-
stoffkreislauf, weil bei der Bindung von Kohlenstoff eine entsprechende Menge
Sauerstoff freigesetzt wird und umgekehrt. Daraus folgt zugleich, daß sich die
chemische Zusammensetzung der Atmosphäre, vor allem hinsichtlich ihres
$CO_2$- und $O_2$-Gehaltes, im Laufe der erdgeschichtlichen Entwicklung erheblich
verändert hat. Aus einer $CO_2$-reichen und sauerstoffarmen Atmosphäre hat sich
durch biochemische Bindung des Kohlenstoffs in Gesteinen, Erdöl und Erdgas
bei Freisetzung äquivalenter Sauerstoffmengen die heutige Erdatmosphäre ausgebildet. Dieser Prozeß verläuft heute als Folge der Verbrennung fossiler Kohlenstoffträger in umgekehrter Richtung. Problematisch ist dabei vor allem die
von dem steigenden $CO_2$-Gehalt ausgehende Treibhauswirkung, weniger die
nur einige Zehntelprozent ausmachende Minderung des $O_2$-Gehaltes der Atmosphäre.

In diesem Zusammenhang sei angemerkt, daß bei solchen Vorgängen offenbar
globale, vom Leben auf der Erde gesteuerte und auf ein ökologisches Optimum
gerichtete Regulationsmechanismen (Gaia-Hypothese n. Lovelock 1979, 1991)
wirken. Als Beleg dafür nennt Holling (1986) den rezenten Sauerstoffgehalt der
Atmosphäre, der einerseits das bestmögliche Niveau für aerobe Metabolismen,
andererseits aber auch einen Grenzwert hinsichtlich Entflammbarkeit der Vegetation unter den gegenwärtigen Temperaturverhältnissen darstellt. Weitere bio-
gene Rückkopplungen bestehen hinsichtlich der Sauerstofffreisetzung durch aerobe Mikroorganismen einerseits und Methanbildung durch anaerobe Organismen andererseits.

### 3.4.3.3.2 Wasserkreislauf

Der nach Menge und Geschwindigkeit größte Stoffumsatz erfolgt durch den
Wasserkreislauf (Abb. 43). So kann in Anlehnung an Larcher (1976) für die Bundesrepublik Deutschland bei 823 mm Niederschlag pro Jahr mit 41 % aus dem
Meer und 59 % aus Kondensation von Evaporations- und Transpirationswasser
gerechnet werden (Abb. 44). Daraus folgt, daß eine erhebliche Verminderung
der Evapotranspiration, z. B. durch Reduktion der offenen Wasserflächen und
Feuchtgebiete sowie der Wälder, aber auch Versiegelung von Flächen, zur Nie-
derschlagsreduktion führt.

Über den globalen Wasserkreislauf informiert Abbildung 43.

Aus dieser Darstellung folgt, daß sich in Deutschland mehr als die Hälfte des
Niederschlages (59 %) aus Evapotranspiration ergibt. Dabei stammt der Löwen-
anteil von der Transpiration der Pflanzen (76 % der Evapotranspiration). Die
große Bedeutung der Vegetation, insbesondere des Waldes, im Landschaftswasserhaushalt wird damit deutlich (s. Kap. 4.2.2).

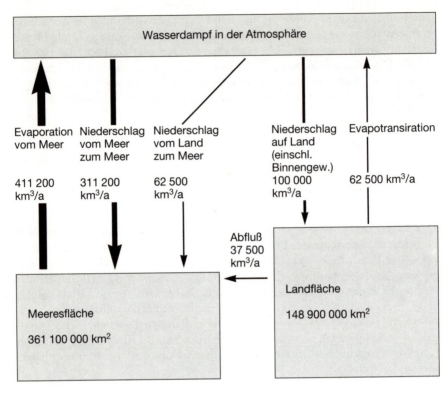

Abb. 43: Globaler Wasserkreislauf (n. Marcinek 1976, verändert)

### 3.4.3.3.3 Stickstoffkreislauf

Wie die Kreisläufe von Kohlenstoff und Wasser besitzt auch der des Stickstoffs eine umfangreiche gasförmige Phase, denn auch er hat seinen Ursprung in der Atmosphäre, die zu 78 % aus Stickstoff besteht, und er mündet wieder in diese ein.

Bei Betrachtung des Stickstoffkreislaufes ist es notwendig, einen großen und einen kleinen Kreislauf zu unterscheiden (Abb. 45). Ersterer verbindet das Ökosystem mit dem großen Stickstoffreservoir und Puffer der Atmosphäre, letzterer beschreibt die internen Umsetzungsprozesse im System selbst.

Die Aufnahme des Stickstoffs aus der Atmosphäre erfolgt auf biotischem Wege durch Mikroorganismen und auf abiotischem durch Stickoxide ($NO_x$).

Die biotische Bindung des Luftstickstoffs erfolgt durch einige frei im Boden und Wasser lebende Bakterien (z. B. Acetobacter chroococcum und Clostridium pa-

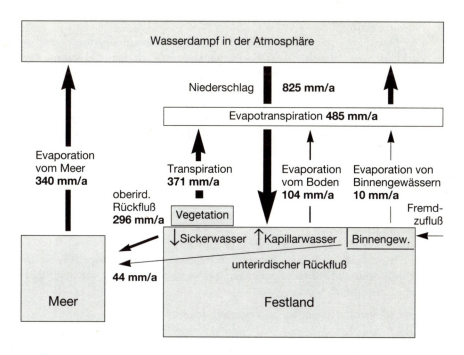

*Abb. 44: Wasserkreislauf in der Bundesrepublik Deutschland (n. Larcher 1976, geändert )*

steurianum) und Blaualgen (Gattungen Nostoc und Anabena) sowie Symbionten von Leguminosen (z. B. Rhizobium) und einigen anderen Pflanzenarten (z. B. Actinomycetes an Erlen-Arten).

Auf abiotischem Wege entstehen in der Industrie, in Automotoren und Vulkanen bei Hochtemperaturverbrennung Stickoxide ($NO_x$), die über die Niederschläge in den Boden gelangen (jährlich etwa 20 bis 50 kg N/ha). Hinzu kommen Stickstoff-Düngemittel in der Land- und Forstwirtschaft. Eine geringe Stickstoffzufuhr kann örtlich auch aus dem Gestein erfolgen.

Der so in den Boden gelangende Stickstoff wird von den höheren Pflanzen als Nitrat- oder Ammonium-Ion aufgenommen und in körpereigene Substanzen eingebaut. Von hier nimmt er seinen Weg, direkt – oder indirekt über die Konsumenten –, zur Nekromasse. Diese wird dann von den Destruenten und Reduzenten zwecks Energiegewinnung abgebaut. Das erfolgt in mehreren Schritten:

133

– **Humifizierung**
Der Destruktionsprozeß toter Biomasse beginnt mit deren mechanischer Zerkleinerung durch die Bodenmega- und Bodenmakrofauna (s. Kap. 3.2.2.5). In einem zweiten Schritt werden diese noch immer die Ausgangssubstanz erkennenlassenden Stoffe von Organismen der Bodenmesofauna weiter zersetzt, aufgeschlossen und zu Ton-Humus-Komplexen umgewandelt. Erst in einem dritten Schritt erfolgt dann durch Reduzenten die völlige Mineralisierung und damit auch Umbildung des organisch gebundenen Stickstoffs durch Ammonifikation und Nitrifikation.

– **Ammonifikation**
In Verbindung mit der von Pilzen und Bakterien vollzogenen Mineralisierung toter organischer Stoffe entsteht Ammoniak, das in Wasser gelöst als Ammonium-Ion den Pflanzen erneut zur Verfügung steht.

– **Nitrifikation**
Infolge Oxidation des Ammoniaks durch Nitrit- und Nitratbakterien (Nitrosomonas und Nitrobacter) entstehen kurzfristig salpetrige Säure ($HNO_2$) und schließlich Salpetersäure ($HNO_3$), die ebenfalls von den Pflanzen aufgenommen wird.

Zu einer Stickstoff-Abgabe kommt es durch folgende Prozesse:

– **Auswaschung**
Da die negativ geladenen Nitrat-Ionen, im Gegensatz zu den eine positive Valenz besitzenden Ammonium-Ionen, nicht von Bodenkolloiden gebunden werden, unterliegen sie in hohem Maße der Auswaschung.

– **Denitrifikation**
In sauerstoffarmen Böden werden Nitrate von denitrifizierenden Bakterien über Nitrite zu molekularem Stickstoff ($N_2$) reduziert, der wieder in den großen Stickstoffkreislauf eingeht.

– **Stickstoffentzug durch Entnahme von Biomasse**
Bei allen Formen der Bodenkultur (Landwirtschaft, Forstwirtschaft, Gartenbau) wird dem Ökosystem mit der Ernte pflanzlicher Substanzen zugleich Stickstoff entzogen. Dieser Verlust wird durch Düngung kompensiert, sofern das nicht schon durch den Eintrag von Stickoxiden oder Ammoniak aus der Atmosphäre geschieht.

### 3.4.3.3.4 Schwefelkreislauf

Schwefel gelangt in die Atmosphäre als $SO_2$ und $H_2S$. Das Schwefeldioxid stammt von Vulkanausbrüchen, der Verbrennung schwefelhaltiger Substanzen in Industrie, Haushalt und Verkehr sowie Desulfurikationen durch Mikroorganismen, die unter aeroben Bedingungen am Abbau toter organischer Substanzen

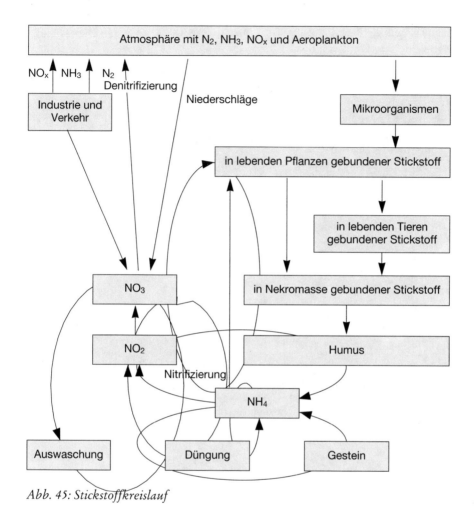

Abb. 45: Stickstoffkreislauf

beteiligt sind. Schwefelwasserstoff hingegen wird unter anaeroben Bedingungen von autotrophen Mikroorganismen gebildet und freigesetzt.

Von den Pflanzen wird Schwefel nur in Sulfatform aus dem Boden und aus der Luft aufgenommen und in Eiweißverbindungen eingebaut. Von den Pflanzen gelangt der Schwefel auf direktem Wege oder mittelbar über die Konsumenten mit der Nekromasse zum Boden, die dann der Destruktion und Reduktion unterliegt. Dabei kommt es, je nach Sauerstoffdargebot, zu der schon genannten $SO_2$- und $H_2S$-Bildung.

Eine weitere Schwefel-Zufuhr kann durch Verwitterung schwefelhaltiger Gesteine oder Düngung erfolgen.

Aus diesen Darstellungen folgt, daß der Schwefelkreislauf in mehrerlei Hinsicht Ähnlichkeiten zum Stickstoffkreislauf aufweist. Beide Elemente kommen in zwei verschiedenen Bindungsformen in der Atmosphäre vor ($NO_x$ und $SO_x$, $NH_3$ und $H_2S$), beide sind Bestandteile des Eiweißes, das mikrobiell im Boden abgebaut wird. Dabei kommt es unter aeroben Bedingungen zur Bildung von Oxiden des Stickstoffs ($NO_x$) und Schwefels ($SO_x$), unter anaeroben zu einer Chemosynthese mit Nitrat- bzw. Sulfatatmung (Abb. 46).

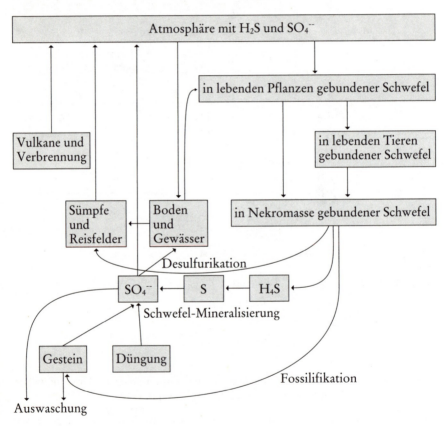

Abb. 46: Schwefelkreislauf

### 3.4.3.3.5 Mineralstoffkreisläufe

Im Gegensatz zu den chemischen Elementen, deren Kreisläufe im vorangegangenen Abschnitt beschrieben worden sind, treten die nachfolgend behandelten Mineralstoffe nicht als Gase in der Atmosphäre auf. Dadurch ist ihr Kreislauf meist enger und weniger global (Abb. 47).

Die ursprüngliche Herkunft der mineralischen Pflanzennährstoffe, zu denen die Makronährstoffe K, Ca, Mg und P sowie eine größere Anzahl Mikronährstoffe gehören, sind Gesteine bzw. Mineralien. Durch deren Verwitterung werden die Mineralstoffe freigesetzt. Für das Pflanzenwachstum ist es wichtig, daß sie

- einerseits von Bodenkolloiden (Tonmineralien und Humus) absorbiert und dadurch weitgehend vor Auswaschung bewahrt werden,
- andererseits für die Pflanzenwurzeln zugänglich sind und gegen Ausscheidungen der Pflanzenwurzeln ausgetauscht werden können.

Die Bindung und Freisetzung von Mineralstoffen im Boden wird durch die erweiterte Photosynthesegleichung (Schnoor u. Stumm, zit. von Ulrich 1989) beschrieben:

$$a\ CO_2 + b\ H_2O + x\ M^+ + y\ A^- + (y-x)\ H^+ \overset{\lambda}{\leftrightarrow} C_aH_{2b}O_bM_xA_y + a\ H_2O$$

Dabei bedeuten
a: Anzahl der Kohlenstoffatome
b: Anzahl der Wasserstoffatome
x: Anzahl der Kationen
y: Anzahl der Anionen
$M^+$ Kation
$A^-$ Anion.

Daraus folgt, daß durch organische Bindung von Kationen Wasserstoffionen freigesetzt werden, die zur Bodenversauerung beitragen. Da die Löslichkeit von K-, Ca-, Mg-, $PO_4$- und Molybdän-Ionen mit der Bodenversauerung zunimmt, steigt auch die Gefahr der Auswaschung dieser Pflanzennährstoffe.

Die mineralischen Pflanzennährstoffe werden zum überwiegenden Teil über die Wurzeln aufgenommen und in einen internen, die verschiedenen Ebenen des Ökosystems verbindenden Kreislauf integriert. Dieser führt von den Primärproduzenten, direkt (Laubfall) oder indirekt über die Konsumenten verschiedener Ordnung (Fraß), zum Detritus. Über die bereits skizzierte Destruktion werden nun durch die Tätigkeit der Reduzenten die Mineralstoffe wieder freigesetzt.

Diese Mineralstoffe können in den **kleinen Nährstoffkreislauf** oder – gelöst im Wasser – in den **großen externen Kreislauf** einmünden. Aus ökologischer Sicht ist es erstrebenswert, die Menge der ausgewaschenen und dem Ökosystem verloren gehenden sowie die Gewässer belastenden Stoffe möglichst zu vermindern. Das wird am besten durch ständige Bodenbedeckung mit tiefwurzelnden, die mineralhaltigen Sickerwässer nutzenden Pflanzen erreicht.

Die Geschwindigkeit dieser Prozesse (Turnover-Zeit) kann sehr stark variieren. Dabei spielt vor allem der für den Abbau toter organischer Substanz erforderliche Zeitraum eine Rolle. Er ist in tropischen Waldökosystemen, bei denen sich der größte Teil der Pflanzennährstoffe im Umlauf befindet, sehr kurz. Im Gegensatz dazu vollzieht sich der Streuabbau in Bergwäldern und borealen Wäldern außerordentlich langsam. Unter extremen Bedingungen wird hier tote organische Substanz als Torf akkumuliert (Paludifizierung).

In Wirtschaftswäldern kommen zu den Mineralstoffverlusten durch Auswaschung solche durch den Entzug von Biomasse (Holzernte, Streunutzung). Sie sind besonders groß, wenn aschereiche Pflanzenteile wie Laub und Nadeln entnommen werden. Demgegenüber ist der Mineralstoffgehalt des Holzes verhältnismäßig gering. Dort, wo bei natürlicher Mineralstoffarmut und geringer Mineralstoffnachlieferung aus der Verwitterung infolge starker Auswaschung mit dem Sickerwasser und großer Entzüge durch die Ernte Nährstoffmangelerscheinungen auftreten, muß eine Kompensation durch Düngung erfolgen.

Über die Größenordnung der in einem Laubmischwald akkumulierten und umlaufenden Mineralstoffe informiert Abbildung 47.

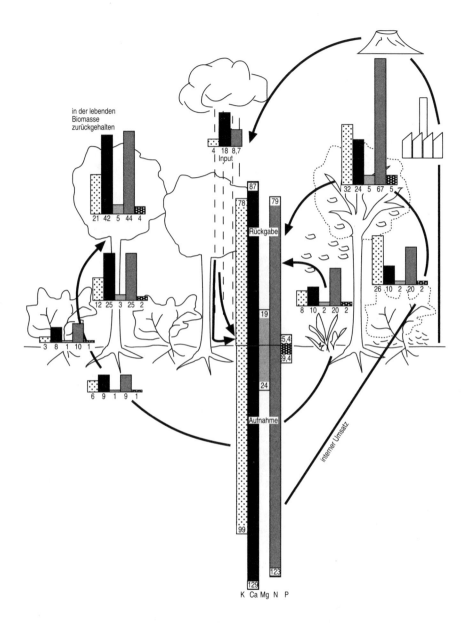

*Abb. 47: Jährlicher Umlauf von K, Ca, Mg und N in einem Eichen-Eschenwald mit Unterwuchs von Hasel und Hainbuche in kg/ha (n. Angaben von Reichle, zit. von Steubing u. Schwantes 1987)*

## 3.5 Entwicklung und Dynamik von Waldökosystemen

### 3.5.1 Allgemeines

Waldökosysteme sind nichts Statisches, sondern etwas sich nach bestimmten Gesetzmäßigkeiten Entwickelndes und ständig Veränderndes. Das dabei festzustellende zeitliche Nacheinander bestimmter, anfangs einfacher (initialer) und später höher organisierter (terminaler) Entwicklungsstadien des Ökosystems nennt man Sukzession.

**Sukzession** ist somit ein gesetzmäßiger zeitlicher Ablauf der Ökosystementwicklung, welcher im Normalfall in einer Höherentwicklung von Strukturen und Funktionen zum Ausdruck kommt und zu einem dynamischen Gleichgewicht zwischen auf- und abbauenden Prozessen tendiert. Dieser Prozeß läßt sich in verschiedene Stadien (Initial-, Medial- und Terminal-(Klimax-) stadium) und Phasen (z. B. Verjüngungs-, Reife-[1], Alterungs- und Zerfallsphase) untergliedern.

Eine besondere Bedeutung kommt dabei dem **Terminal- oder Klimaxstadium** zu, weil in diesem Energieinput und -output, Stoffbildung und Stoffabbau, Mineralstoffaufnahme und -abgabe theoretisch gleich sein müßten. Dabei würde es sich um ein dynamisches Gleichgewicht handeln, in dem Energie und Nährstoffe ständig durch dieses Terminalstadium des Ökosystems strömen, während es selbst als Ganzes relativ konstant bleibt (s. Kap. 3.6). Die auf Clements (1916) zurückgehende Klimaxkonzeption ist für das theoretische Verständnis waldökologischer Prozesse sehr wertvoll, wenn auch die Konstanz der Umweltbedingungen – eine Voraussetzung für langfristige Gleichgewichtszustände – niemals streng erfüllt ist.

Mit der Wandlung der Umweltverhältnisse ändert sich auch die Richtung der Sukzession; sie vollzieht sich nicht mehr wie bei gleichbleibenden Umweltbedingungen primär *aus sich heraus,* d. h. **autogen,** sondern unter dem Einfluß der sich verändernden Umweltbedingungen, d. h. **allogen.**

Erstbesiedlungen jungfräulicher Flächen, z. B. Lavafelder, Anlandungen an der Meeresküste oder in Flußauen, Aufschüttungen von Rohböden etc., bezeichnet man als **Primärsukzessionen,** Folgebesiedlungen auf vorher bereits von Phytozönosen eingenommenen, jedoch devastierten Flächen, z. B. durch Kahlschläge, nennt man **Sekundärsukzessionen.**

Triebkräfte und Getriebe dieses Prozesses sind **externe Faktoren,** insbesondere die Sonnenstrahlung als Energiequelle (Negentropie), sowie **interne Gegeben-**

---

[1] Statt des anthropozentrisch bestimmten Begriffes Optimalphase wird hier bewußt von Reifephase gesprochen.

**heiten,** besonders die das Ökosystem bildenden Pflanzen und Tiere mit ihrer individuellen Entwicklung (Ontogenese) und den zwischen ihnen bestehenden Wechselwirkungen sowie übergreifenden Vernetzungen.

Entscheidend für den Verlauf und die Geschwindigkeit der Sukzession sind drei komplexe Einflußgrößen:

1. Die **ökologischen Gegebenheiten** auf der neu oder wieder zu besiedelnden Fläche
   - im allgemeinen hinsichtlich Klima und Boden und
   - im speziellen hinsichtlich des als Folge autogener Prozesse sich verändernden mikroklimatischen und bodengenetischen Zustandes während der Sukzession.

   Der Komplex der Umweltfaktoren ist die **Richtgröße der Sukzession,** die letztendlich zur potentiellen natürlichen Waldgesellschaft führt[1].

2. Das Vorhandensein bzw. die Zuführung von **Diasporen** von Pflanzenarten, deren ökologische Potenz mit der ökologischen Situation (Nische) auf der gegebenen Fläche kongruiert. Diesen Komplex kann man auch als **Realisierungsgröße der Sukzession** bezeichnen.

3. Der genetisch geprägte Entwicklungsverlauf (Ontogenese) der sich auf der gegebenen Fläche ansiedelnden Pflanzenarten und die sich daraus ergebende Wettbewerbsfähigkeit, und zwar
   - ihre Lebenserwartung,
   - ihre saisonale und biozyklische Wachstumsstrategie,
   - ihre Akkumulationsfähigkeit und die sich daraus ergebende Wachstumsgröße,
   - ihr Vermehrungspotential und ihre Ausbreitungsfähigkeit.

   Diese Einflüsse stellen die **Verlaufsgröße der Sukzession** dar.

Neben diesen drei, den normalen Sukzessionsverlauf bestimmenden komplexen Einflußgrößen können **Hemmungen** und **Störungen** die Sukzession erheblich beeinflussen. Von **Hemmungen** spricht man, wenn ungünstige Konstellationen in der inneren Verfassung von Waldökosystemen (z. B. die Ausbildung dichter Bestände von Sandrohr oder Adlerfarn oder der selektive Fraß von Großsäugern) die Entwicklung verzögern, von **Störungen** hingegen, wenn außergewöhnliche Ereignisse (z. B. Witterungsextreme, Schädigungen durch pathogene Pilze, Insekten und überhöhte Bestände von Wildsäugern) die Sukzession in frühere Stadien oder Phasen zurückwerfen (Otto 1994).

---

[1] Wegen der Vielgestaltigkeit der Umweltbedingungen und demzufolge auch Waldgesellschaften gibt es – im Gegensatz zur **Monoklimax-Auffassung** von Clements (1916) – entsprechend viele Klimaxgesellschaften **(Polyklimax-Auffassung).**

Trotz Kontinuität der Sukzession kann man in deren Verlauf mehrere, meist gut gegeneinander abgrenzbare Stadien unterscheiden und definieren. Im Prinzip handelt es sich dabei um **Initial-, Medial- und Terminal- oder Klimaxstadien**, die noch weiter in Phasen untergliedert werden können (Leibundgut 1978a, b). Die gesamte Abfolge von Stadien bzw. Phasen bezeichnet man als **Öko-Serie.**

Bemerkenswert ist es, daß von Stadium zu Stadium eine zunehmende Organisiertheit zu erkennen ist, die in

- Strukturmerkmalen, wie
  - Artenstruktur (Diversität),
  - Altersstruktur (Ätilität),
  - Raumstruktur und
- Funktionsmerkmalen, wie
  - Interaktionen zwischen Ökosystemelementen,
  - Rückkopplungen und Vernetzungen,
  - Energiestrom und Stoffkreisläufen

zum Ausdruck kommt.


### 3.5.2 Dominierende und kennzeichnende Lebensformen verschiedener Sukzessionsstadien

Die Entwicklung von Waldökosystemen, welche stets mit einer autogenen Wandlung der Umweltbedingungen in ihnen selbst und um sie herum verbunden ist, wird durch eine Veränderung des Spektrums der in ihnen vorkommenden und dominierenden Lebensformen von Pflanzen (Kap. 3.2.2.1) deutlich. Dabei ist es typisch, daß die Sukzession mit edaphisch und meteorologisch anspruchslosen, kurzlebigen und kleinwüchsigen sowie vermehrungs- und ausbreitungspotenten Arten beginnt, während die am höchsten entwickelten Stadien von anspruchsvolleren, langlebigen und großwüchsigen sowie vermehrungs- und ausbreitungsschwachen Spezies gebildet und dominiert werden. Dementsprechend kann man auch zwischen Pflanzen des Pionier-, Intermediär- und Terminalstadiums, die eine gewisse Präferenz bestimmter Lebensformen zeigen, unterscheiden:

*1. Heliophile Einjährige (Therophyten)*

- Ökologische Ansprüche
  - Hoher Lichtbedarf, darum offene Flächen erforderlich,
  - Toleranz gegenüber Witterungsextremen auf der Freifläche,
  - Stickstoffbedarf differenziert; bei Primärsukzession und auf Magerstandorten geringer N-Bedarf, bei Sekundärsukzessionen, zu deren Beginn ein rascher Humusabbau erfolgt, hoher N-Bedarf.

- Entwicklungsverlauf (Ontogenese)
  • Der gesamte Lebenszyklus (Keimung, vegetatives Wachstum, Fortpflanzung, Altern, Absterben) wird im Verlaufe eines Jahres vollzogen. Die kritische Jahreszeit wird im Ruhezustand überdauert,
  • in kurzer Zeit erfolgt relativ große Stoffproduktion, wobei zwischen Frühlings-, Sommer- und Winterannuellen zu unterscheiden ist,
  • es erfolgt keine Stoffakkumulation über Jahre hinweg,
  • reiche Fruchtbildung und gute Ausbreitungsfähigkeit der Samen.
- Platz im Sukzessionsprozeß
  • Wegen des raschen und großen Diasporenangebotes Dominanz in den ersten Jahren der Freilage, hier das Initialstadium bestimmend,
  • in den folgenden Jahren wegen Raum- und Lichtkonkurrenz durch mehrjährige und akkumulationsfähige Pflanzen zurückgehend.
- Arten
  • Überwiegend Kräuter, z. B. Greiskräuter (einjährige Senecio-Arten).

## 2. Heliophile Zweijährige

- Ökologische Ansprüche
  • Hoher Lichtbedarf, darum offene Flächen erforderlich,
  • Toleranz gegenüber Witterungsextremen auf der Freifläche,
  • Stickstoffbedarf differenziert; bei Primärsukzession und auf Magerstandorten geringer N-Bedarf, bei Sekundärsukzessionen, zu deren Beginn ein rascher Humusabbau erfolgt, hoher N-Bedarf.
- Entwicklungsverlauf (Ontogenese)
  • Im ersten Lebensjahr Keimung und Kulmination des vegetativen Wachstums (meist Spätsommer),
  • im zweiten Jahr Fortsetzung des vegetativen Wachstums im Frühsommer, danach Fruchtbildung und Absterben,
  • Überdauerung der ungünstigen Jahreszeit – je nach Entwicklungsstadium – als Same oder Wurzelstock mit Blattrosette,
  • Akkumulation lebender Biomasse durch Einzelpflanzen nur über 2 Jahre.
- Platz im Sukzessionsprozeß
  • Wegen großer Samenanzahl und Ausbreitungsfähigkeit im 1. Jahr der Freilage als Keimling und sterile Pflanze an der Besiedlung beteiligt,
  • aus hemikryptophytischem Überwinterungsstadium heraus im 2. Jahr rascher Biomassezuwachs und Fruktifikation mit nennenswertem Anteil am Pflanzenbestand des Initialstadiums,
  • in den folgenden Jahren Rückgang wegen Raum- und Lichtkonkurrenz durch langlebigere Pflanzen mit größerer Akkumulationsfähigkeit.
- Arten
  • Überwiegend Kräuter, z. B. Fingerhut (Digitalis).

## 3. Heliophile ausdauernde Gräser und andere Kräuter (Stauden)

- Ökologische Ansprüche
  - Mittlerer bis hoher Lichtbedarf, darum auf freien Flächen und in aufgelichteten Beständen,
  - Überwinterungsstrategie (Hemikryptophyten und Kryptophyten) schützt vor meteorologischen Extremen.
- Entwicklungsverlauf (Ontogenese)
  - Im Jahr der Ansamung oder Lichtstellung nach Keimung mäßiges vegetatives Wachstum,
  - in den folgenden Jahren bei hinreichendem Lichtgenuß stärkeres vegetatives Wachstum und Fruktifikation,
  - oberirdisch wird keine oder nur wenig lebende organische Substanz akkumuliert, demgegenüber erfolgt eine größere Biomasseakkumulation im hypogäischen Bereich (Wurzeln, Rhizome und Stolonen),
  - das nach mehreren Jahren erreichte Akkumulationsniveau wird einige Jahre beibehalten (Steppen, Grasländer), sofern nicht andere Pflanzen mit größerem Akkumulationsniveau auftreten und Konkurrenz bieten (Gehölze).
- Platz im Sukzessionsprozeß
  - Bei Primärsukzession meist nach einem Annuellen- und/oder Biennenstadium sich einstellend und in 2–3 Jahren dominierend,
  - bei Sekundärsukzession, vor allem dann, wenn diese Arten schon im Vorbestand vorhanden waren und mit vermehrungsfähigen Organen überdauerten, häufig schon im zweiten Jahr dominierend,
  - bei sofortiger Mitansiedlung von Pioniergehölzen werden heliophile Gräser und Kräuter nach 5–10 Jahren durch Überschattung von heranwachsenden Pionierbaumarten zurückgedrängt; bei geschlossenen Rasendecken, die schon zum Zeitpunkt der Bodenfreilegung vorhanden waren, kann das Gräserstadium viele Jahre andauern.
- Arten
  Unter anderem Gräser der Gattungen Calamagrostis (Reitgras), Molinia (Pfeifengras), Deschampsia (Schmiele), Agrostis (Straußgras), und Carex (Segge, z.B. Zittergras-Segge), Stauden der Gattungen Senecio (Kreuzkraut), Cirsium (Kratzdistel) und Pteridium (Adlerfarn).

## 4. Bäume und Sträucher (Phanerophyten)

Die langlebigen, verholzenden und stärker akkumulationsfähigen Gehölze sind den Kräutern und Gräsern in der Initialphase der Sukzession meist unterlegen, weil sich viele von ihnen langsamer ansiedeln, da sie den Extremen der Freifläche z. T. nicht gewachsen sind und ein geringeres Jugendwachstum besitzen. Erst im Laufe der Jahre holen sie unter den sich mit der Zeit verbessernden mikroklimatischen und edaphischen Bedingungen auf und erlangen schließlich, dank ihrer Vieljährigkeit und Akkumulationsfähigkeit, die Herrschaft in dem sich entwickelnden Ökosystem.

Diese generelle Charakteristik ist allerdings stark zu modifizieren. Nach den ökologischen Ansprüchen, dem Entwicklungsverlauf und der Stellung im Sukzessionsprozeß ist bei den Makrophanerophyten zwischen Pionier-, Intermediär- und Klimaxbaumarten zu unterscheiden (Abb. 48, 49; Tab. 17).

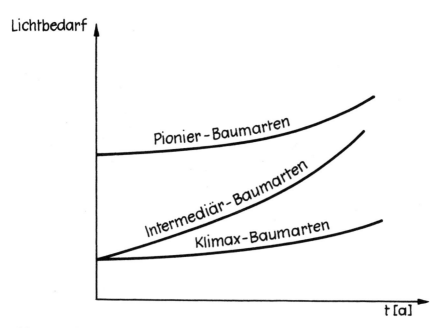

*Abb. 48: Lichtbedarf bzw. Schattentoleranz von Pionier-, Intermediär- und Klimaxbaumarten in Abhängigkeit vom Alter*

Aus diesen Darstellungen folgt:

*1. Pionierbaumarten*

Bei diesen permanent heliophilen Arten handelt es sich um Phanerophyten mit einer rasch ablaufenden Ontogenese, d. h. einer frühen Zuwachskulmination, einem zeitigen Eintritt in die Fertilität, einer für Bäume kurzen Lebensdauer und einer verhältnismäßig geringen Akkumulationsfähigkeit. Sie zeichnen sich durch reichliche und fast alljährliche Fruktifikation aus. Wegen ihres in allen ontogenetischen Stadien hohen Lichtbedarfs können sich die Pionierbaumarten nur auf

145

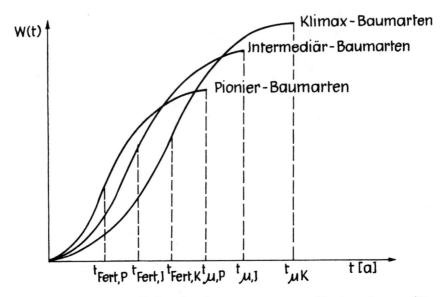

*Abb. 49: Wachstumsverlauf und Lebenserwartung von Pionier-, Intermediär- und Klimaxbaumarten*

Freiflächen behaupten. Da die ökologische Potenz der Pionierbaumarten als Gruppe wesentlich größer als die der Intermediär- und Klimaxbaumarten ist, bestimmen sie letztendlich das Ausmaß der bewaldungsfähigen Standorte.

Die Biomasseproduktion der Pionierbaumarten ist in den ersten 2–3 Jahren gegenüber den Gräsern und Kräutern noch bescheiden. Im Gegensatz zu diesen wird aber ein weitaus größerer Anteil epigäisch akkumuliert. Dank des akrotonen Wachstums und der steten Zunahme akkumulierter Biomasse nimmt die Wettbewerbsfähigkeit der Pionierbaumarten gegenüber den Gräsern und Kräutern laufend zu. Nach 5–10 Jahren bilden die Pioniergehölze ein geschlossenes Kronendach und verdrängen die heliophilen Gräser und Kräuter. Nun werden die Raumausfüllung und die Biomasseproduktion weitgehend von den Pionierbaumarten bestimmt. Bis zum Eintritt der Fertilität steigt die Biomasseproduktion und bewirkt eine weitere Erhöhung des Akkumulationsniveaus des sich entwickelnden Waldökosystems. Im Verlauf der Entwicklung sinkt dann nach Überschreitung der Zuwachskulmination die Produktivität des Systems, und die weitere Biomasseakkumulation wird verzögert. Auf diese Phase folgt schließlich die Seneszenz der mehr oder weniger gleichaltrigen Pionierbaumbestände. Mit dem Einsetzen von Absterbeerscheinungen entstehen Lücken, in denen sich nun Intermediär- und Klimaxbaumarten ansiedeln.

*Tab. 17: Ökologische Ansprüche, Entwicklungsgang und repräsentative Gattungen für Pionier-, Intermediär- und Klimaxbaumarten*

| Merkmal | Genetisch geprägte Lebenserscheinungen von Bäumen | | |
| --- | --- | --- | --- |
| | Pionier-baumarten-(r-Strategen)[1] | Intermediär-baumarten | Klimax-baumarten (k-Strategen)[2] |
| **Ökologische Ansprüche** – Licht | in allen Entwicklungsstadien großer Bedarf, *permanente Lichtbaumarten* | in den ersten Entwicklungsstadien Schattentoleranz, später höherer Lichtbedarf, *temporäre Lichtbaumarten* | in allen Entwicklungsstadien große Schattentoleranz, *permanente Schattenbaumarten* |
| – Resistenz gegenüber meteorologischen Extremen auf der Freifläche- (Frost, Hitze, Nässe, Trockenheit) | ausgeprägt | intermediär | gering |
| – Standortsamplitude | breit oder Spezialisierung auf Extremstandorte | mittel, auf Extremstandorten nur begrenzt oder nicht mehr auftretend | schmal, im Prinzip nur auf trophisch und hygrisch günstigen Standorten |
| **Entwicklungsverlauf** – Entwicklung | – früher Eintritt in die Maturität, – hohe Vermehrungsrate, – rasche Alterung, – kurze Lebenserwartung ($10^2$ bis $2 \times 10^2$ a) | – mittlerer Eintritt in die Maturität, – mittlere Vermehrungsrate, – mittlere Alterung, – mittlere Lebenserwartung ($2 \times 10^2$ bis $5 \times 10^2$ a) | – später Eintritt in die Maturität, – geringe Vermehrungsrate, – langsame Alterung, – lange Lebenserwartung (meist $> 5 \times 10^2$ a) |

| – Wachstum | – rasches Jugendwachstum,<br>– frühe Kulmination des laufenden Zuwachses,<br>– rascher Zuwachs,<br>– starker Rückgang nach der Kulmination,<br>– relativ geringe Akkumulationsfähigkeit (maximale Wachstumsgröße ist relativ klein) | intermediär bezüglich<br>– Jugendwachstum,<br>– Kulmination des Zuwachses,<br>– Zuwachsrückgang nach der Kulmination<br>– mittlere Akkumulationsfähigkeit (maximale Wachstumsgröße zwischen Pionier- und Klimaxbaumarten stehend) | – langsames Jugendwachstum,<br>– späte Kulmination des laufenden Zuwachses,<br>– langanhaltender Zuwachs nach der Kulmination,<br>– große Akkumulationsfähigkeit und somit große Endwerte des Wachstums |
|---|---|---|---|
| Gattungen | Birke<br>Eberesche<br>Pappel<br>Erle<br>Weide<br>Kiefer<br>Lärche | Linde<br>Hainbuche<br>Eiche<br>Ahorn (z. T.)<br>Ulme (z. T.)<br>Esche<br>Fichte<br>Douglasie | Buche<br>Ahorn (z. T.)<br>Ulme (z. T.)<br>Tanne<br>Riesen-Lebensbaum<br>Lawson-Scheinzypresse<br>Schierlingstanne |

[1] r = Vermehrungsrate
[2] k = Kapazitätsgrenze

## 2. Intermediärbaumarten

Diese ontogenetische Gruppe kann sich wegen ihrer relativen Schattentoleranz in der Jugend auch unter dem lichten Kronenschirm oder in den Lücken eines Waldbestandes ansiedeln. Mit zunehmendem Alter steigt dann aber der Lichtbedarf, was im Kompensationspunkt von Assimilation und Respiration sowie in der Kronenarchitektur deutlich zum Ausdruck kommt (z. B. Esche, Spitz-Ahorn).

Auch hinsichtlich der Empfindlichkeit gegenüber meteorologischen Extremen auf der Freifläche nehmen die Intermediärbaumarten einen mittleren Platz ein, d. h. unter Normalverhältnissen verjüngen sie sich – im Gegensatz zu den Klimaxbaumarten – auch auf Freiflächen, vor allem die mit flugfähigen Samen ausgestatteten Arten. Nur unter extremen Boden- und Klimabedingungen ist die Verjüngungsfähigkeit dieser Gruppe begrenzt.

## 3. Klimaxbaumarten

Alle typischen Klimaxbaumarten sind schattentolerante Makrophanerophyten mit einer langsam ablaufenden Ontogenese. Dies wird charakterisiert durch ein langsames Jugendwachstum, eine späte Zuwachskulmination, späten Eintritt der Fertilität, große Lebensdauer und hohe Akkumulationsfähigkeit.

Die im Verhältnis zu den Pionier- und Intermediärbaumarten weniger häufige und weniger reichliche Fruktifikation sowie die besonders bei den schwersamigen und zoochoren Arten weitaus geringere Ausbreitungsfähigkeit läßt eine rasche Besiedlung größerer Freiflächen kaum zu. Hinzu kommt – abgesehen vom Lichtfaktor – eine wesentlich engere ökologische Amplitude.

Der Zuwachs der Klimaxbaumarten ist in den ersten Lebensjahren gering. Dank ihrer großen Schattentoleranz können sie jedoch jahrzehntelang unter dem Kronendach älterer Bäume existieren.

Die Produktivität und Biomasseakkumulation der Klimaxbaumarten steigt erst dann wesentlich an, wenn sich das Lichtdargebot nach dem Ausfall älterer Bäume erhöht. Im Gegensatz zu den Pionier- und Intermediärbaumarten hält diese Biomasseproduktion und Akkumulation bis ins hohe Alter an. Als Folge dessen werden im fortgeschrittenen Alter große, das Ausmaß der Pioniergehölze weit überragende Dimensionen erreicht (Abb. 49).

Insgesamt wird festgestellt, daß dem Nachteil eines langsamen Jugendwachstums der Klimaxbaumarten der Vorteil großer Schattentoleranz und Akkumulationsfähigkeit gegenüber steht. Diese Eigenschaften haben zur Folge, daß Klimaxbaumarten dort, wo sie ein gutes Gedeihen finden, letztendlich im Konkurrenzkampf der Baumarten als Sieger hervorgehen. Die sich aus diesem Wettbewerbsvorteil ergebende „Macht" wird jedoch eingeengt durch die im Vergleich zu den Intermediär- und besonders den Pionierbaumarten weitaus geringere ökologische Potenz. Da die typischen Klimaxbaumarten nur auf klimatisch und edaphisch mittleren und besseren Standorten vorkommen, können sich die Intermediär- und Pionierbaumarten vor allem in den ökologischen Rand- und Extrembereichen entfalten und Schlußwaldstadien bilden.

Aus der Charakteristik der verschiedenen Lebensformen wird deutlich, daß der Platz, den sie bei der Sukzession einnehmen, in hohem Maße von ihrer Vermehrungs- und Ausbreitungspotenz, von ihrem genetisch geprägten Entwicklungsablauf, vor allem der Lebenserwartung und Fähigkeit, Biomasse zu akkumulieren und eine bestimmte Wuchshöhe zu erreichen, und schließlich der ökologischen Potenz, insbesondere der Schattentoleranz, abhängig ist. Ein Vergleich der verschiedenen Lebensformen wird, unter besonderer Berücksichtigung der Lebenserwartung, in Tabelle 18 vorgenommen (Thomasius 1991b).

Tab. 18: Individual- und Bestandesentwicklung der in verschiedenen Stadien der Sukzession dominierenden Lebensformen (Thomasius 1991b)

| Zeitskala [a] | Annuelle | Bienne | perennierende Kräuter und Gräser | Sträucher | Pionierbaumarten | Intermediär-baumarten | Klimaxbaumarten |
|---|---|---|---|---|---|---|---|
| | Keimung | Keimung, langsamwüchsiges Jugendstadium im Frühsommer | Keimung, über gesamte Vegetationsperiode anhaltende Biomasseproduktion und -akkumulation (oft überwiegend hypogäisch) | Keimung, Keimlinge mit geringer Biomasseproduktion und -akkumulation | Keimung, Keimlinge mit geringer Biomasseproduktion und -akkumulation | Keimung, Keimlinge mit geringer Biomasseproduktion und -akkumulation | Keimung, Keimlinge mit geringer Biomasseproduktion und -akkumulation |
| | große Biomasseproduktion | | | | | | |
| | Fruktifikation | stärker wüchsiges Auxostadium zum Spätsommer, Akkumulation epi- und hypogäisch | | | | | | |
| 1 | Absterben, Keimung | | | | | | |
| 2 | | maximale Biomasseproduktion im Frühsommer, dann Fruktifikation und Absterben | maximales vegetatives Wachstum, weitere Akkumulation, beginnende Fertilität | Jungpflanzen mit mäßiger Biomasseproduktion und -akkumulation (überwiegend epigäisch) | Kleinpflanzen mit bescheidener Biomasseproduktion und -akkumulation | Kleinpflanzen mit geringer Biomasseproduktion und -akkumulation | Kleinpflanzen mit geringer Biomasseproduktion und -akkumulation |
| 3 / 4 | | | noch hohe, aber bereits abnehmende Biomasseproduktion, Akkumulation verzögert oder bereits negativ, volle Fertilität | hohe Biomasseproduktion und steigende -akkumulation, beginnende Fertilität | Jungpflanzen mit größerer Biomasseproduktion und -akkumulation (überwiegend epigäisch) | Kleinpflanzen mit bescheidener Biomasseproduktion und -akkumulation (überwiegend epigäisch) | |
| 5 / 6 / 7 / 8 / 9 / 10 | | | infolge Selbstverdämmung u. Alterung sinkende Biomasseproduktion u. -akkumulation u. Fruktif., Zerfall der Bestände | noch hohe, aber bereits abnehmende Biomasseproduktion, volle Fertilität | Jungbestände mit hoher Biomasseproduktion und steigender -akkumulation | Jungpflanzen mit steigender Biomasseproduktion und -akkumulation | Kleinpflanzen mit bescheidener Biomasseproduktion und -akkumulation (überwiegend epigäisch) |
| | | | | abnehmende Biomasseproduktion und verzögerte -akkumulation, zurückgehende Fertilität | Stangenholzbestände mit maximaler Biomasseproduktion und steigender -akkumulation | Jungbestände mit hoher Biomasseproduktion und steigender -akkumulation | Jungpflanzen mit steigender Biomasseproduktion und -akkumulation |
| 20 / 30 | | | | Senescens m. geringer Biomasseproduktion, sinkender -akkumulation, ausklingender Fruktifikation und Absterbeerscheinungen | Stangenholzbestände mit noch hoher, aber bereits abnehmender Biomasseproduktion u. verzögerter -akkumulation, volle Fertilität | Stangenholzbestände mit maximaler Biomasseproduktion u. steigender -akkumulation | Jungbestände mit hoher Biomasseproduktion und steigender -akkumulation |
| 40 / 50 / 60 / 70 / 80 / 90 / 100 | | | | | alternde Bestände mit geringer Biomasseproduktion, sinkender -akkumulation u. zurückgehender Fertilität | reife Bestände mit noch hoher, aber bereits abnehmender Biomasseproduktion u. verzögerter -akkumulation, volle Fertilität | Stangenholzbestände mit maximaler Biomasseproduktion u. steigender -akkumulation |
| | | ------- obere Grenze der juvenilen Phase | | | zerfall. Bestände m. sehr geringer Biomasseprod., fortschreitender Senkung d. Akkumulationsniveaus u. ausklingender Fertilität | alternde Bestände mit geringer Biomasseproduktion, sinkender -akkumulation u. zurückgehender Fertilität | reife Bestände m. noch hoher, aber bereits abnehmender Biomasseproduktion u. verzögerter -akkumulation, volle Fertilität |
| 200 | | —·—·— obere Grenze der Auxo-Phase | | | | | |
| | | ------- obere Grenze der Maturität-Phase | | | | zerfallende Bestände m. sehr geringer Biomasseproduktion, fortschreit. Senkung des Akkumulationsniveaus und ausklingender Fertilität | alternde Bestände mit geringer Biomasseproduktion, sinkender -akkumulation und zurückgehender Fertilität |
| 300 | | ——— Senescens und Mortalität | | | | | |
| 400 / 500 / 600 / 700 / 800 / 900 / 1000 | | | | | | | zerfall. Bestände m. sehr geringer Biomasseprod., fortschreit. Senkung des Akkumulationsniveaus u. ausklingender Fertilität |

150

Das Terminal- oder Klimaxstadium, welches in Zentraleuropa in der Mehrzahl aller Fälle von Makrophanerophyten bestimmt wird, unterliegt auch dann, wenn es sich in einem dynamischen Gleichgewichtszustand befindet, einer permanenten Wandlung von Verjüngung, Reife, Alterung und Zerfall. Dieser Phasenwechsel ergibt sich aus der Lebensdauer und Dimension der Bäume. Dort, wo ein alter Baum abstirbt und zusammenbricht, entsteht eine Lücke, die der Verjüngung Licht und Raum zur Entwicklung bietet (Lücken-Dynamik). Auf diese Weise entsteht ein **Mosaik von Kleinflächen** mit Baumgruppen, Baumtrupps und schließlich einzelnen Bäumen, die sich im Stadium der Juvenilität, Auxilarität, Maturität oder Senilität befinden. Nur dann, wenn diese, die verschiedenen Entwicklungsstadien repräsentierenden Mosaikflecken in entsprechender Proportion und Distribution vorhanden sind, existiert ein als **shifting mosaik steady state** bezeichneter dynamischer Gleichgewichtszustand (Borman u. Likens 1979a, b).

### 3.5.3 Sukzessionstypen

Je nach Abfolge der im Verlauf der Sukzession vorkommenden Lebensformen und dem Lebensformspektrum der als dynamisches Terminalstadium aufgefaßten potentiellen natürlichen Waldgesellschaft kann man verschiedene Sukzessionsverläufe oder Sukzessionstypen unterscheiden. Im Interesse der Übersicht werden diese nach folgenden Kriterien gegliedert:

1. Konstanz bzw. Varianz der Umweltfaktoren, die die äußeren Triebkräfte der Sukzession darstellen (Differenzierung in autogene und allogene Sukzessionen),
2. Konvergenz bzw. Divergenz der Energie- und Stoffbilanz mit dem Fortschreiten der Sukzession (Existenz und Absenz eines balancierten Schlußwaldstadiums),
3. ökologisches Niveau des Geotops und damit Vorhandensein oder Fehlen bestimmter Baumartengruppen im Schlußwaldstadium (Pionier-, Intermediäroder Klimaxbaumarten).

Schließlich ist noch zu berücksichtigen, ob sich die Initialstadien überwiegend aus immigrierenden Diasporen oder vegetativ regenerierenden Residuenten (Rhizome, Stolonen, Wurzeln oder Stöcke) entwickeln.

Damit gelangt man zu der folgenden Systematik:

### 1. Autogene Sukzessionen

Diese Kategorie umfaßt Sukzessionen, die unter weitgehend gleichbleibenden äußeren Umweltbedingungen ablaufen. Trotz dieser Voraussetzung muß die Energie- und Stoffbilanz nicht in jedem Fall mit der fortschreitenden Sukzession gegen Null konvergieren (dynamisches Gleichgewicht). Eine Divergenz zwischen auf- und abbauenden Prozessen tritt auf, wenn der Stoffabbau als Folge ungünstiger Umweltbedingungen gehemmt ist, so daß es bei permanentem Ungleichgewicht zu einer fortschreitenden Akkumulation von Nekromasse kommt.

## 1.1 Autogene Sukzessionen mit einer gegen Null konvergierenden Stoffbilanz

Unter gleichbleibenden und ökologisch günstigen Umweltbedingungen stellt sich nach Passage verschiedener, noch unbalancierter Sukzessionsstadien ein dynamischer Gleichgewichtszustand zwischen Energie- und Stoffinput sowie Energie- und Stoffoutput ein. Verbunden ist damit eine bestimmte Arten-, Alters- und Raumstruktur. Als Resultierende dessen ist ein Höchstmaß an Elastizität bzw. Stabilität gegenüber solchen Faktoren zu erwarten, die während der Sukzession wirkten und eine entsprechende Adaptation hervorgerufen haben.

Die zu einem solchen steady state führende Sukzession kann verschieden verlaufen.

### 1.1.1 G-G-G-Sukzessionen

Dieser Sukzessionstyp ist auf extrem trockenen oder nassen Standorten, z. B. in Steppen und auf trockenwarmen Südhängen mit Trockenrasengesellschaften oder in Großseggenriedern etc. gegeben. Da hier auf Grund der herrschenden Umweltbedingungen kein Waldwachstum möglich ist, stellen Gräser und Kräuter das sich über Generationen erhaltende Terminalstadium dar. Bei einer speziellen Beschäftigung mit diesen interessanten Geo-Biozönosen ist natürlich, auch in der Symbolik, eine weitere Differenzierung erforderlich.

### 1.1.2 G-P-P-Sukzessionen

Diesen Sukzessiontyp trifft man auf extremen Standorten an, die aber bereits eine Waldbestockung, wenn auch nur mit anspruchslosen Pionierbaumarten, gestatten. Hier gilt folgende Sequenz:

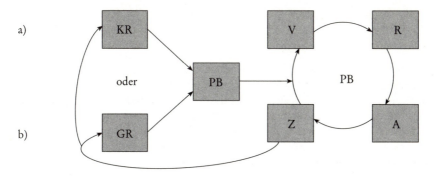

a)

b)

Katastrophenverjüngung

*Dabei bedeuten hier und auf den folgenden Zeichnungen*
*KR: Kräuterstadium*
*GR: Gräserstadium*
*ST: Sträucherstadium*
*PB: Pionierbaumstadium*
*IB: Intermediärbaumstadium*
*KB: Klimaxbaumstadium*
*PA: Paludifikation*
*V: Verjüngungsphase*
*R: Reifephase eines Entwicklungsstadiums (es wird ganz bewußt nicht von*
   *„Optimal"-Phase gesprochen, weil damit eine anthropozentrische Wertung*
   *verbunden wäre)*
*A: Alterungsphase eines Entwicklungsstadiums*
*Z: Zerfallsphase eines Entwicklungsstadiums.*

Bei G-P-P-Sukzessionen entsteht zuerst ein Kräuter- oder Gräserstadium, das nach einigen Jahren von einem Pionierwaldstadium abgelöst wird. Der dafür erforderliche Zeitraum ist von der Ausgangssituation abhängig. Handelte es sich zu Beginn (Primärsukzession) um eine weitgehend vegetationslose Fläche, so stellt sich das Pionierwaldstadium schon nach wenigen Jahren ein (a), weil sich die Pionierbaumarten ziemlich ungehindert ansiedeln und entwickeln können. Waren hingegen schon zu Beginn der Freilage bestimmte Gräser vorhanden (b), wie das bei Sekundärsukzessionen nach Kahlschlägen häufig der Fall ist, dann kann es viele Jahre dauern, bis sich die Pionierbaumarten durchgesetzt und einen geschlossenen Waldbestand gebildet haben. In diesem Pionierwald verjüngen sich nach Eintritt in die Zerfallsphase und Entstehung größerer Lücken erneut Pionierbaumarten, weil die Naturausstattung des Geotops (nährstoffarm, extrem naß oder trocken) das Aufkommen anspruchsvollerer Klimax- oder Intermediärbaumarten nicht zuläßt (Abb. 50).

Je nach den herrschenden trophischen oder hygrischen Verhältnissen führt die G-P-P-Sukzession zu Terminalstadien, wie sie z. B. durch natürliche Birkenwald-, Erlenwald- und Kiefernwald-Gesellschaften charakterisiert werden.

Obwohl bei diesem Sukzessionstyp die Energie- und Stoffbilanz bei Betrachtung ausreichend großer Flächen und genügend langer Zeiträume gegen Null konvergieren, treten relativ weite Schwankungen um einen Mittelwert auf. Der auf obigem Schema dargestellte kleine Zyklus (V-R-A-Z-V-) vollzieht sich bei den Pionierbaumarten wegen des hohen Lichtbedarfs auf ziemlich großen Mosaikflecken und wegen ihrer kurzen Lebensdauer in größerer Geschwindigkeit als bei den nachfolgend besprochenen Sukzessionstypen.

Mit relativer Artenarmut, ziemlicher Gleichaltrigkeit innerhalb größerer Mosaikflächen, primitiver Raumstruktur und bescheidenen Rückkopplungsnetzen ist eine geringere Stabilität als bei G-P-I- und G-P-K-Sukzessionen verbunden. Demzufolge sind flächenhafte Waldzerstörungen durch Feuer, Sturm, Insekten u. a. Faktoren keine Seltenheit und „Katastrophenverjüngungen", bei denen die vegetative Vermehrung bzw. Regeneration eine größere Rollen spielen, mehr die Regel als die Ausnahme. In solchen Fällen wird der große Zyklus vollzogen.

### 1.1.3 G-P-I-Sukzessionen

Dort, wo die eigentlichen Klimaxbaumarten aus ökologischen oder migratorischen Gründen weitgehend fehlen, so z. B. in der orealen Stufe der Gebirge Zentraleuropas und auf verschiedenartigen, mittleren Standorten, vollzieht sich die Sukzession nach folgendem Schema:

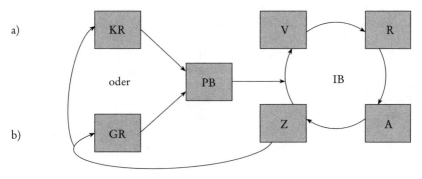

Katastrophenverjüngung

Da dieser Sukzessionstyp auf sehr vielen Standorten auftritt, kommt es zu einer stärkeren Differenzierung der den Anfangswald bildenden Pionierbaumarten. Auf trophisch günstigeren Standorten oder bei einem zeitweilig größeren Nährstoffangebot nach Waldbränden treten in frischen und feuchten Bereichen Pappel-, Weiden- und Erlen-Arten und im trockeneren die Eberesche auf. Auf armen Standorten hingegen sind es besonders Birken- und Kiefern-Arten, wobei ein Vikariismus zwischen trockenen (z. B. Sand-Birke) und feuchten Standorten (z. B. Moor-Birke) zu beobachten ist.

Dieses Pionierwaldstadium wird nach Eintritt in die Alterungsphase (50–80 Jahre) Schritt für Schritt von Intermediärbaumarten unterwandert. Innerhalb des sich nun entwickelnden Intermediärbaumarten-Schlußwaldes vollzieht sich der kleine Kreislauf

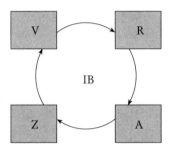

Die diese einzelnen Phasen des Schlußwaldstadiums repräsentierenden Mosaikflächen sind wesentlich kleiner und der für eine Rotation erforderliche Zeitraum ist wegen der größeren Lebenserwartung der Intermediärbaumarten länger als bei einer G-P-P-Sukzession.

Auf Grund der größeren Artenzahl, der stärkeren Altersdifferenzierung, der räumlichen Strukturierung und Vernetzung sind die Schlußwälder der G-P-I-Sukzession stabiler als die der G-P-P-Sukzession. Trotzdem wird auch in diesen Wäldern meist noch nicht das Optimum der Elastizität und Stabilität erreicht.

An dieser Stelle sei noch vermerkt, daß die breitere ökologische Amplitude der Intermediärbaumarten auch eine Verjüngung auf der Freifläche, d. h. Bewaldung ohne ein vorheriges Pionierbaumstadium, nicht ausschließt.

### 1.1.4 G-P-K-Sukzessionen

Dieser Sukzessionstyp wird durch folgende Sequenz gekennzeichnet:

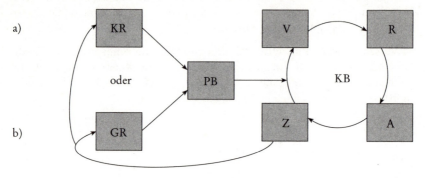

Katastrophenverjüngung

Wie bei der G-P-I-Sukzession bereits dargelegt, sind auch hier im Initialstadium zwei Varianten möglich:

a) Die Sukzession beginnt mit einem gut ausgebildeten Kräuterstadium, von dem sie direkt zum Pionier- oder Anfangswaldstadium führt. Das trifft dort zu, wo bei einem gut geschlossenen Vorbestand nach plötzlicher Freilage (Sturmschaden, Waldbrand, Kahlschlag) genügend Freiraum für die Ansiedlung von Annuellen, Biennen oder ausdauernden Kräutern vorhanden ist. Gleichzeitig stellen sich meist auch Keimlinge von Pionierbaumarten ein, die aber noch völlig untergeordnet sind.

Nach anfänglicher Flächendeckung durch Annuelle und Bienne setzen sich bald (3–5 Jahre) die Pionierbaumarten durch und bilden einen Anfangswald.

In diesem Fall kommt es nicht oder nur andeutungsweise zu einem Grasstadium. Das gilt besonders dann, wenn sehr viel Dendromasse vom Vorbestand auf der Fläche liegen geblieben ist. Das schließt nicht aus, daß auch einige Gräser ankommen, sie werden aber nicht dominant.

b) In aufgelichteten Waldbeständen haben sich bereits vor der Zerstörung Lichtgräser angesiedelt, die nach einer Waldvernichtung bald dominieren, eine mehr oder minder geschlossene Rasendecke bilden und stark fruktifizieren. Die Ausbildung eines Kräuterstadiums wird dadurch ver- oder behindert.

Im Gegensatz zum Kräuterstadium halten sich die Grasdecken häufig ziemlich lange, weil Gehölze darin erst dann Fuß fassen können, wenn als Folge intraspezifischer Konkurrenz (Selbstverdämmung) oder Seneszens Lücken im Grasfilz entstehen.

Nach Überwindung des Kräuter- und/oder Gräserstadiums entwickeln sich Pioniergehölze zu einem mehr oder weniger dicht geschlossenen Anfangswald, der rasch heranwächst und Dendromasse akkumuliert.

In der mit 50–80 Jahren einsetzenden Alterungsphase wandern dann die Klimaxbaumarten ein und lösen nach und nach die Pionierbaumarten ab. Nach dem völligen Verschwinden der Pionierbaumarten bilden die Klimaxbaumarten eine durch steigende Dendromasseakkumulation gekennzeichnete Aufbauphase, die schließlich zum Schlußwald führt. Dieser unterliegt bei zeitlichem Nacheinander und später auch räumlichem Nebeneinander von Verjüngungs-, Reife-, Alters- und Zerfallsphasen einem internen, kleinen Zyklus, der nach Borman und Likens (1979a) sehr treffend als shifting mosaik steady state bezeichnet wird (ein dynamisches Gleichgewicht, das durch wandernde, die verschiedenen Phasen der Sukzession im Schlußwald repräsentierende Mosaikflecken herbeigeführt wird).

Dieser Sukzessionstyp ist charakteristisch für die Bergmischwälder Zentraleuropas, in denen Buche, Tanne u. a. Klimaxbaumarten das Schlußwaldstadium bilden. Im pflanzensoziologischen Sinne handelt es sich dabei überwiegend um Buchen- und Tannenwälder (Kap. 5).

Diese Wälder besitzen im Schlußwaldstadium ein relativ kleinflächiges Mosaik verschiedener Entwicklungsphasen und während der Alterungs- und Verjüngungsphase plenterwaldartige Strukturen. In der Reife- und Alterungsphase kann es zu weitgehendem Gleichschluß kommen, wenn zwischen dem Abschluß des Höhenwachstums und dem physischen Alterstod der Bäume eine größere Zeitspanne liegt (Korpel 1978).

Dank ihrer Artenmannigfaltigkeit und Ungleichaltrigkeit zeichnen sich die aus G-P-K-Sukzessionen hervorgegangenen Schlußwälder wegen des hohen Vernetzungsgrades der Systemelemente durch eine verhältnismäßig große Elastizität und Stabilität gegenüber Sturm, Schnee und Insekten aus. Bei außergewöhnlichen Belastungen treten meist nur partielle Schäden auf, die aber bald wieder überwunden werden. Häufig werden nur die Anteile der einzelnen Phasen im Schlußwald verändert, das System als Ganzes bleibt jedoch erhalten.

Eine völlige Zerstörung solcher Schlußwälder kommt wohl nur bei sehr extremen Waldbränden zustande. Die größte Disposition dafür ist in der Alters- und Zerfallsphase vorhanden, weil hier der Vorrat trockener, leicht entzündbarer und gut brennender Substanzen am größten ist. Nach einem solchen Ereignis beginnt der beschriebene Zyklus (großer Kreislauf) wieder von vorn.

Zum generellen Überblick werden auf Abbildung 50 die ökologischen Bereiche der verschiedenen Sukzessionstypen dargestellt.

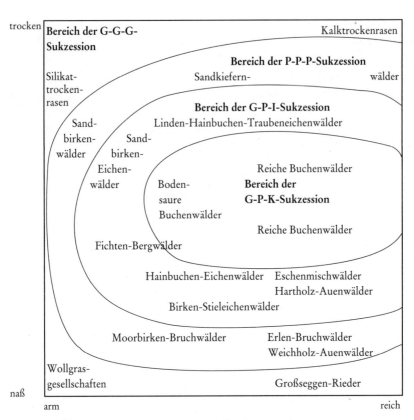

trocken

Bereich der G-G-G-Sukzession                              Kalktrockenrasen

                              Bereich der P-P-P-Sukzession

Silikat-              Sandkiefern-                              wälder
trocken-
rasen                 Bereich der G-P-I-Sukzession

    Sand-        Linden-Hainbuchen-Traubeneichenwälder
    birken-   Sand-
    wälder   birken-
    Eichen-                          Reiche Buchenwälder
    wälder        Boden-     Bereich der
                  saure      G-P-K-Sukzession
                  Buchenwälder
                                     Reiche Buchenwälder

        Fichten-Bergwälder

            Hainbuchen-Eichenwälder   Eschenmischwälder
                                      Hartholz-Auenwälder
                Birken-Stieleichenwälder

        Moorbirken-Bruchwälder          Erlen-Bruchwälder
                                        Weichholz-Auenwälder
    Wollgras-
    gesellschaften
naß                                     Großseggen-Rieder

arm                                                    reich

*Abb. 50: Ökologische Bereiche der verschiedenen Sukzessionstypen mit Beispielen zugehöriger Pflanzengesellschaften*

Die im Terminalstadium auftretende Raumstruktur ist in den verschiedenen Sukzessionstypen unterschiedlich. Sie ist in hohem Maße von der Artendiversität und der Schattentoleranz der das Terminalstadium bildenden Baumarten abhängig. Während Schlußwälder auf wenig produktiven Standorten in der Baumschicht artenarm sind und nur eine einfache Raumstruktur besitzen, ist die Baumschicht der Schlußwälder auf hochproduktiven Standorten artenreich und räumlich stärker strukturiert (Tab. 19).

*1.2 Autogene Sukzessionen mit divergierender Stoffbilanz*

Unter ungünstigen ökologischen Verhältnissen, vor allem auf sauren und nassen Böden und bei niedrigen Temperaturen, kann ein permanentes Ungleichgewicht

158

*Tab. 19: Charakteristik des Schlußwaldstadiums bei G-P-P-, G-P-I- und G-P-K-Sukzessionen (Thomasius 1991b)*

| Merkmal | Sukzessionstyp | | |
|---|---|---|---|
| | G-P-P-Sukzession | G-P-I-Sukzession | G-P-K-Sukzession |
| **Altersstruktur** | nahezu gleichaltrig | zwei- und mehraltrig | vielaltrig entsprechend der Verteilungsfunktion $N = N_0 e^{-ct}$ |
| **Raumstruktur** – vertikal | nahezu einschichtig | meist zweischichtig | je nach Standort mehr oder weniger vielschichtig |
| – horizontal – Mikrostruktur | Poisson- u. Repulsiv-Verteilung | Cluster-Verteilung | Cluster-Verteilung |
| – Makrostruktur | homogene Mosaikflecken sehr groß | homogene Mosaikflecken gruppen- u. horstgroß | homogene Mosaikflecken truppgroß |
| **Rotation der Mosaikflecken** | < 100 Jahre (außer Kiefernwälder) | 100–200 Jahre | > 200 Jahre |
| **Artenstruktur in der Baumschicht** | Pionierbaumarten, oft monospezifisch | Intermediärbaumarten | Klimaxbaumarten, meist polyspezifisch |
| **Stoffbilanz und Akkumulation** | Stoffbildungs- und Abbauprozesse asynchron, große Schwankungen der Stoffbilanz und Stoffakkumulation | Stoffbildungs- und Abbauprozesse nicht voll synchron, Schwankungen der Stoffbilanz und Stoffakkumulation noch beachtlich | Stoffbildungs- und Abbauprozesse weitgehend synchron, Schwankungen der Stoffbilanz und des Akkumulationsniveaus gering, Akkumulationsniveau hoch |
| **Selbstregulationsmechanismen** | intrakompetitive Rückkopplungen vorherrschend, interkompetitive und trophische Rückkopplungen gering | trophische und interkompetitive Rückkopplungen stärker als intraspezifische ausgebildet | kompetitive und trophische Rückkopplungen gut ausgebildet, starke Vernetzungen |
| **Stabilität gegenüber standortsüblichen Störungen** | gering, darum häufiger Zerstörung durch exogene Kräfte, Katastrophenverjüngung | | großflächige Zerstörungen selten |

zwischen Detritusbildung und -abbau auftreten, das schließlich zu einer steten Anreicherung toter organischer Substanzen und damit Standorts- und Sukzessionsveränderung führt. Kennzeichnend dafür ist die Bildung von Rohhumus und schließlich Torf. Vielerorts kommt es in den borealen Nadelwäldern und in Fichten-Bergwäldern auch zur Ausbildung dichter Moospolster, die das Ankommen der Verjüngung erschweren oder unmöglich machen. Das kann zu einem Baumartenwechsel oder zur völligen Verdrängung des Waldes führen.

### 1.2.1 Sukzessionen mit Baumartenwechsel als Folge autogener Standortsveränderungen

Mit der Änderung des Standortszustandes wandelt sich auch die Wettbewerbsfähigkeit der Pflanzenarten. Dadurch kann es im Prinzip innerhalb jedes Sukzessionsstadiums zum Artenwechsel kommen. Zur Beschreibung dieses Prozesses soll folgendes Schema dienen:

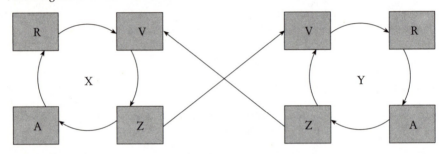

Dabei bezeichnen X und Y die am Artenwechsel beteiligten Spezies.

Ein Beispiel dafür ist der Wechsel von Weiß-Fichte (Picea glauca) zu Schwarz-Fichte (Picea mariana) in Kanada und Alaska (Viereck u. Schandelmeier 1980). Von diesem Schwarzfichten-Schlußwald führt der Weg bei ungestörter Entwicklung zur Tundra bzw., nach Waldbrand, zu einem neuen Initialstadium der G-P-I- bzw. G-P-P-Sukzession.

Mit diesem Baumartenwechsel wird die zu einem Biomwechsel von der Taiga zur Tundra führende Sukzession verzögert, aber nicht aufgehalten.

### 1.2.2 Sukzessionen mit Biomwechsel als Folge autogener Standortsveränderungen

Sind in einem der Moorbildung (Paludifikation) unterliegenden Gebiet keine für einen Baumartenwechsel geeigneten Arten vorhanden, dann kommt es bei ungestörter Entwicklung zu einem Wechsel vom Wald zum Moor bzw. von der Taiga zur Tundra. Dieser Prozeß kann sowohl aus der dunklen Taiga (G-P-I-Sukzession mit Fichten-Schlußwald) als auch der hellen Taiga (G-P-P-Sukzession mit Birken- und Kiefern-Schlußwäldern) heraus erfolgen.

Diesem Sukzessiontyp sind in Eurasien die Torfmoos-Fichtenwälder (Sphagno-Piceetum), Moltebeer-Fichtenwälder (Chamaemoro-Piceetum) und die Flechten-Fichtenwälder (Cladonio-Piceetum) zuzuordnen. In Amerika zählen dazu vor allem Fichtenwaldgesellschaften auf unzureichend drainierten Böden.

All diese Wälder gehen ihrer natürlichen Zerstörung entgegen. Im Falle fortschreitender Moorbildung müssen sie früher oder später der Tundra weichen. Dieser waldzerstörende Prozeß kann durch Waldbrände oder Kahlschläge rückgängig gemacht bzw. aufgehalten werden. Das ist aber ebenfalls mit einer Waldzerstörung verbunden. Der Unterschied zwischen beiden Wegen besteht darin, daß Waldbrände lediglich die gegenwärtige Waldgeneration zerstören, jedoch Voraussetzungen für weitere Waldgenerationen schaffen. Moorbildung hingegen führt zu einer Verdrängung des Waldes durch Tundrenvegetation auf unabsehbare Zeiten.

Der hier behandelte Fall wird durch folgende Sequenz dargestellt:

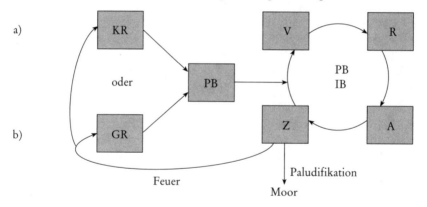

## 2. Allogene Sukzessionen

Systematische Umweltveränderungen wandeln auch die Richtung der Sukzession. Dort, wo sich bereits ein Gleichgewichtszustand ausgebildet hatte, wird dadurch ein Ungleichgewicht und mit diesem eine sukzessive Veränderung ausgelöst.

Solche Veränderungen als Folge einer sich wandelnden Richtgröße sind stets mit Ungleichgewichten verbunden. Sie sind besonders groß, wenn dabei die ökologische Amplitude der bisher dominierenden Pflanzenarten überschritten wird. Dabei ist zu beachten, daß derartige Prozesse nicht nur von der Art, Stärke und

161

Dauer der Umweltveränderungen, sondern auch von der normalen Lebenserwartung und Generationenfolge der betroffenen Organismen abhängig sind. So bedeutet z. B. ein trockener Sommer für Annuelle ein Ereignis auf Lebenszeit, für adulte Bäume aber nur eine kurze Episode.

Folglich sind Sensibilität, Reagibilität und Stabilität der Ökosysteme auch von der Lebensdauer der in ihnen dominierenden Arten abhängig. Ökosysteme, in denen kurzlebige Arten dominieren, sind sensibler, sie können sich aber auch schneller an die neue Situation durch Wandlung der Artenstruktur anpassen. Bei den von sehr langlebigen Organismen geprägten Wäldern hingegen ist die Adaptationsfähigkeit an sich wandelnde Umweltverhältnisse gering.

Kontinuierliche Umweltveränderungen im Verlaufe einer Sukzession können einen sowohl intra- als auch interstadialen Artenwechsel auslösen. Dieser ist um so stärker ausgeprägt, je größer die Umweltveränderungen und je enger die ökologische Amplitude der betroffenen Spezies sind. (Kap. 2.2.4.1.1).

Bei hinreichender Kenntnis der ökologischen Koordinaten der dominierenden Pflanzenarten einerseits sowie der Art und Stärke von Ökofaktorenänderungen andererseits lassen sich Voraussagen über sukzessive oder destruktive Ökosystemveränderungen machen, wie das bezüglich der Auswirkungen des Treibhauseffektes in den Kapiteln 2.2.4.1.3 und 3.4.3.3.1 geschehen ist. So ist z. B. bei einem Temperaturanstieg als Folge dieses Effektes mit einem Rückgang der Paludifikationsprozesse in den borealen Wäldern zu rechnen. Andererseits ist in südlicheren Bereichen der jetzigen Taigazone und an der unteren Grenze der montanen Fichtenwälder ein Rückgang dieser Waldgesellschaft zu erwarten.

Auch Luftverunreinigungen, besonders durch $SO_2$, vermindern die Wettbewerbsfähigkeit der Fichte. So kann diese Baumart aus den Bergmischwäldern, wo sie ursprünglich als Mischbaumart mit vertreten war, verschwinden, und die Fichten-Bergwälder der orealen Stufe können sich in Ebereschen- und Birkenwälder wandeln.

Diesen regressiven Entwicklungen in den Mittelgebirgen stehen Sukzessionen in bisher nährstoffarmen Sand-Kiefernwäldern und Kiefern-Traubeneichenwäldern infolge signifikanter Nährstoffeinträge in Ostdeutschland gegenüber.

### 3.5.4 Schlußfolgerungen

1. Im Verlaufe der Sukzession lösen sich verschiedene ökologisch und ontogenetisch differenzierte Stadien der Sukzession durch Veränderung der dominierenden Lebensformen ab. Maßgeblich dafür sind neben der ökologischen Potenz vor allem die Präsenz, die Schattentoleranz und die Akkumulationsfähigkeit der Pflanzenarten. In der Regel werden schattenintolerante und kurzlebige Arten von schattentoleranten und langlebigen abgelöst.

2. Die die Sukzession steuernden Umweltbedingungen unterliegen endogenen und exogenen Veränderungen. Unter günstigen ökologischen Verhältnissen konvergieren endogen bestimmte Systeme gegen eine für sie optimale Nullbilanz. Exogene Umweltveränderungen wurden in geologischen Zeiträumen schon immer beobachtet. In menschlich erlebbaren Zeiträumen sind solche Änderungen bei waldökologischen Betrachtungen erst in diesem Jahrhundert relevant geworden.

3. Im Laufe der Sukzession werden lebende und tote organische Substanzen gebildet und akkumuliert. Unter günstigen ökologischen Bedingungen bildet sich dabei ein von der Standortsfruchtbarkeit abhängiges, mehr oder weniger stabiles und für das Systemverhalten wesentliches Stoff- und Energieniveau heraus. Unter ungünstigen ökologischen Bedingungen kann es zu permanenten Anreicherungen toter organischer Stoffe kommen, die bei Störungsfreiheit nach Passage verschiedener Waldstadien (Taiga) zum Moor (Tundra) führen. Gleichgewicht ist darum kein allgemeiner, sondern ein spezieller Fall, der nur bei bestimmten Sukzessionstypen und in bestimmten Sukzessionsstadien auftritt.

4. Einschneidende Naturereignisse (Stürme, Waldbrände) und anthropogene Einflüsse können die Sukzession erheblich beeinflussen. Sie sind nicht durchweg negativ zu beurteilen, sondern können geradezu Voraussetzung für die weitere Existenz von Waldökosystemen sein.

## 3.6 Gleichgewicht, Stabilität und Elastizität von Waldökosystemen

### 3.6.1 Allgemeines

In Gesprächen und Publikationen zur Waldökologie werden die Begriffe Gleichgewicht, Stabilität und Elastizität häufig und mit unterschiedlichem Inhalt verwendet. Wir wollen damit folgendes bezeichnen:

**Gleichgewicht:** Eigenschaft eines Gegenstandes oder Systems, verschiedene, mit unterschiedlichen Vorzeichen ausgestattete Einflußgrößen auszugleichen und in dem gegebenen **Zustand zu verbleiben.**

**Stabilität:** Eigenschaft eines Gegenstandes oder Systems, trotz äußerer Einwirkungen in seinem bisherigen **Zustand zu verharren.**

**Elastizität:** Fähigkeit eines Gegenstandes oder Systems, nach dem Abklingen äußerer Einwirkungen in seinen **ursprünglichen Zustand zurückzukehren.**

Diesen Begriffen sind die Antonyme **Ungleichgewicht, Instabilität und Unelastizität (Rigidität)** gegenüberzustellen.

Die Termini Gleichgewicht, Stabilität und Elastizität können auf verschiedene Ebenen der Systemhierarchie angewandt werden (Tab. 20). Darüber hinaus ist auch der dabei angewandte Zeitmaßstab bedeutungsvoll (Gigon 1983a, b; 1984).

*Tab. 20: Gleichgewicht, Stabilität und Elastizität in verschiedenen Ebenen der Systemhierarchie*

| Hierarchie-Ebene | Gleichgewicht (Nullbilanz) | Stabilität (Verharren im Ausgangszustand) | Elastizität (Rückkehr in den Ausgangszustand) |
|---|---|---|---|
| Individuum | | individuelle Stabilität (z. B. einzelne Bäume bei hoher Schneebelastung) | Regenerations- fähigkeit einzelner Individuen (z. B. die Bildung von Ersatztrieben nach Wipfelbruch) |
| Art, Artengruppen und Populationen | Biologisches Gleichgewicht, z. B. Gleichgewicht von Art zu Art | kollektive Stabilität (z. B. gleichaltriger Reinbestand bei hoher Schneebelastung) | Regenerations- fähigkeit einer Population (z. B. das wieder in Schluß- kommen eines durch Schneebruch aufgelichteten Be- standes) |
| Ökosystem | Ökologisches Gleichgewicht, z. B. Stoffinput = Stoffoutput | Ökosystem- stabilität | Regeneration eines Waldökosystems (z. B. nach Redu- zierung der Immis- sionsbelastung) |

### 3.6.2 Gleichgewichts- und Ungleichgewichtszustände

Von einem **biologischen Gleichgewicht** spricht man nach Gigon (1983a, b; 1984), wenn sich Individuen, Arten oder Populationen auf Grund bestimmter Eigenschaften auf längere Zeit die Waage halten. Beispiele für ein Art-zu-Art-Gleichgewicht werden in Tabelle 21 gegeben.

Von **ökologischen Gleichgewichten** spricht man dann, wenn bei funktionalen, das ganze Ökosystem verbindenden Prozessen (Energieströme und Stoffkreis-läufe) eine Nullbilanz gegeben ist. Beispiele solcher Fließgleichgewichte werden in Tabelle 22 genannt.

Solche Gleichgewichte sind nicht von Anfang an in Waldökosystemen vorhan-den, sondern bilden sich erst zum Ende der Sukzession heraus. In allen dem Ter-minalstadium vorausgehenden Sukzessionsstadien herrschen Ungleichgewichte,

*Tab. 21: Beispiele für verschiedene Formen von Art-zu-Art-Gleichgewichten (Gigon 1983b, verändert)*

| Art A | Art B |
| --- | --- |
| **Parasit** mit spezieller Angriffsstrategie, Fortpflanzungsweise etc. | **Wirt** mit spezieller Abwehrstrategie, Eindämmung der Parasitierung etc. |
| **Räuber** mit spezieller Beute-Suchstrategie | **Beute** mit speziellem Fluchtverhalten, Fortpflanzungsrhythmus und entsprechender Nachkommenschaftszahl |
| **Weidetierarten** mit speziellem Fraßverhalten, Verdauungsapparat, Wachstums- und Fortpflanzungsrhythmus | **Weidepflanzenarten**, z. B. Gräser, mit speziellem Wachstum und Blührhythmus, Anpassungen an den Viehtritt etc. |
| **Baumarten** mit bestimmten Kohlehydraten zur Versorgung von Mykorrhizapilzen | **Mykorrhizapilze** mit spezieller Verfügbarmachung von Mineralstoffen für die Baumart etc. |

*Tab. 22: Fließgleichgewichte in Ökosystemen (nach Gigon 1983b, verändert)*

| Gewicht A | Gewicht B |
| --- | --- |
| **1. Natürliche Fließgleichgewichte** | |
| – Feuchtigkeitsinput durch Niederschlag und Zufluß | = Feuchtigkeitsoutput durch Evaporation, Transpiration und Abfluß |
| – Bodenbildung | = Bodenabtrag |
| – Nährstoffzufuhr durch Verwitterung, Zufluß, Einträge aus der Atmosphäre und Immigration von Organismen | = Nährstoffverlust durch Auswaschung, gasförmige Freisetzung und Emigration von Organismen |
| – Bruttoprimärproduktion mit C-Bindung und $O_2$-Freisetzung durch Assimilation | = Respiration in allen Trophiestufen mit $O_2$-Bindung zur C-Oxidation |
| – Nettoprimärproduktion | = Eliminierung der lebenden organischen Substanzen |
| – Detrituslieferung und Humusbildung | = Detritusumwandlung und Humusabbau |
| – Natalität und Immigration von Individuen | = Mortalität und Emigration von Individuen |
| **2. Anthropogen geprägte Gleichgewichte** | |
| – Düngung u. a. Nährstoffimporte | = Nährstoffentzüge durch Ernte u. a. Nährstoffexporte |
| – Wachstum und Immigration jagdbarer Tiere | = Jagdstrecke, Mortalität und Emigration jagdbarer Tiere |

indem z. B. das Ausmaß der Stoffbildungsprozesse größer als das der Abbauprozesse ist. Maßgeblich dafür sind positive Rückkopplungen (so bewirkt z. B. eine Vergrößerung des Assimilationsapparates einen steigenden Zuwachs). Erst im Terminalstadium wird theoretisch ein Gleichgewichtszustand erreicht. Auch in schlagweise bewirtschafteten, gleichaltrigen Wäldern (Kap. 6), die ein Jung-

*Tab. 23: Systemverhalten balancierter Ökosysteme im Normalfall und bei erheblichen Störungen*

| normales Systemverhalten | Reaktionen auf erhebliche Störungen | | |
|---|---|---|---|
| | Stabilität (Resistenz) | Elastizität | Instabilität |
| fehlende oder vernachlässigbar kleine Schwankungen um einen Mittelwert ⇒ **Konstanz** | Merkmal x — Störung — Zeit t | Merkmal x — Störung — Zeit t | Merkmal **Fluktuation** — Störung — S₁, S₂ — Zeit t |
| regelmäßige und stärkere Schwankungen um einen Mittelwert ⇒ **Zyklizität** | Merkmal x — Störung — Zeit t | Merkmal x — Störung — Zeit t | **oder** — Merkmal **Destruktion** — Störung — S₁, S₂ — Zeit t |
| **Unbalancierte Systeme**, z.B. Sukzessionsstadien und gleichaltrige Waldbestände | Merkmal x — Störung — Zeit t | Merkmal x — Störung — Zeit t | Merkmal x — Störung — Zeit t |

wuchs-, Dickungs-, Stangenholz- und Baumholzstadium durchlaufen, herrscht kein Gleichgewichtszustand.

Gleichgewichtszustände setzen außerdem voraus, daß die Umweltbedingungen konstant bleiben, was in Strenge niemals erfüllt ist.

Viele Maßnahmen der Forstwirtschaft rufen Ungleichgewichte hervor. Die wichtigsten sind:

- Veränderungen der Baumartenzusammensetzung in Waldökosystemen, darunter besonders die Reduzierung der Artendiversität, z. T. aber auch falsche Arten- und Herkunftswahl,
- Waldbausysteme, die zu einer Entkopplung von Auf- und Abbauprozessen führen, z. B. das Kahlschlagsystem (Kap. 6),
- Stoffentzüge durch Nutzungen, besonders bei der Entnahme aschereicher Baumteile wie Feinreisig und Blätter (Kreutzer 1979, Nebe 1979),
- Disproportionen zwischen verschiedenen Trophiestufen, insbesondere bei zu hohen Wildbeständen und zu starker Reduktion der Carnivoren.

Ziel des ökogerechten Waldbaus ist eine Minimierung solcher Ungleichgewichte (Kap. 6).

### 3.6.3 Stabilität und Elastizität

Geht man von den oben gegebenen Definitionen aus, so wird bei Verwendung der Begriffe Stabilität und Elastizität – ohne das ausdrücklich zu sagen – vorausgesetzt, daß ein Gleichgewichtszustand herrschte, bevor erhebliche Störungen aufgetreten sind. Stabilität und Instabilität sowie Elastizität und Rigidität drücken dann aus, wie sich ein solches System bei außergewöhnlichen Fremdeinwirkungen verhält.

In diesem Zusammenhang sei noch darauf hingewiesen, daß das Verhalten zahlreicher Ökosysteme auch im Normalverlauf nicht konstant, sondern zyklisch ist, so z. B. als Folge von Jahreszeiten oder Entwicklungsphasen im Terminalstadium der Sukzession. In beiden Fällen kann das System stabil oder instabil, elastisch oder unelastisch sein.

Das sich unter diesen verschiedenen Prämissen ergebende Systemverhalten wird in Tabelle 23 dargestellt. Dabei bedürfen die Felder Stabilität und Elastizität keiner Erläuterung. Im Falle der Instabilität existieren zwei Möglichkeiten:

- **Fluktuation**
  Die auf das System wirkenden Störungen sind anhaltend, aber nicht destruktiv, so daß sich das System sukzessiv auf die veränderten Umweltverhältnisse einstellen und einen neuen Systemzustand $S_2$ annehmen kann (allochthone Sukzession).

– **Destruktion** und **Sekundärsukzession**
Die auf das System wirkenden Störungen führen zu dessen Zerstörung. Danach setzt die Sekundärsukzession ein, wobei zu unterscheiden ist, ob es sich um eine einmalige Störung oder eine permanente Veränderung der Umweltbedingungen handelt. Im ersten Falle führt die Richtgröße dieses Prozesses zum ursprünglichen Systemzustand $S_1$ (Resilienz), im zweiten zu einem neuen Systemzustand $S_2$.

Die weit verbreiteten Fälle, in denen sich Waldökosysteme nicht im Gleichgewicht befinden, werden im untersten Block von Tabelle 23 dargestellt. Beim Ausbleiben erheblicher Störungen ergeben sich die bekannten Sukzessions- bzw. Wachstumsabläufe. Die Stabilität solcher Systeme zeigt sich durch einen trotz erheblicher Fremdeinwirkungen unveränderten Sukzessions- bzw. Wachstumsverlauf. Elastisch sind solche Systeme dann, wenn die Merkmalskurven nach Abschluß der Störung wieder zur Normalkurve konvergieren. Instabil sind sie hingegen, wenn es zur Destruktion des sich entwickelnden Systems kommt (Thomasius 1981, 1988).

Die unterschiedliche Stabilität und Elastizität der verschiedenen Waldökosysteme ist auf vielfältige, häufig schwer überschaubare Ursachen zurückzuführen. Dabei muß mit Gigon (1983 a, b) darauf hingewiesen werden, daß es im Prinzip keine Stabilität bzw. Elastizität an sich gibt, sondern immer nur gegenüber bestimmten Faktoren bzw. Faktorenkombinationen, so z. B. gegenüber Sturm oder Schnee, verschiedenen Luftverunreinigungen, bestimmten Pilzen oder Insekten. Ein natürlicher Fichten-Bergwald ist z. B. gegenüber vielfältigen Witterungsextremen verhältnismäßig stabil oder elastisch, gegenüber $SO_2$-Immissionen jedoch außerordentlich instabil. Erlen-Bruchwälder sind gegenüber Sturm, Schnee, Pilzen und Insekten weitgehend stabil, gegenüber Grundwasserabsenkungen jedoch ausgesprochen instabil.

### 3.6.4 Thesen zur Stabilität, Elastizität und Instabilität von Waldökosystemen sowie allgemeine Schlußfolgerungen für die Forstwirtschaft

Angesichts des unterschiedlichen Verhaltens verschiedener Waldökosysteme gegenüber der verschiedenen Art sowie Stärke der auf sie einwirkenden Störfaktoren ist es schwer, generelle Schlußfolgerungen über ihre Stabilität und Elastizität abzuleiten. Hinzu kommt ein akuter Forschungsbedarf zu diesem Gegenstand. Die nachfolgenden Darstellungen können darum nur eine stark vereinfachte und unvollständige Skizze sein.

Nach dem heutigen Stand der Erkenntnisse sind die Stabilität und Elastizität der Waldökosysteme offenbar von folgenden Eigenschaften abhängig:

168

## – Naturnähe

Bei dieser These wird davon ausgegangen, daß sich Waldökosysteme bei längerfristig weitgehend gleichbleibenden Umweltbedingungen durch Sukzession bestmöglich an die gegebene Umweltsituation anpassen. Dies kommt in ihrer Arten-, Alters- und Raumstruktur zum Ausdruck. Von dieser Annahme ausgehend wird dann der Schluß gezogen, die potentielle natürliche Waldgesellschaft **von heute** sei ein Ausdruck höchster Stabilität und Elastizität. Aus dieser Annahme folgt aber auch, daß erhebliche Umweltwandlungen, z. B. durch Klimaänderung, eine Modifikation der potentiellen Waldgesellschaften sowie der Stabilität und Elastizität der heutigen nach sich ziehen.

## – Dynamisches Gleichgewicht

Waldökosysteme sind langfristig nur existenzfähig, wenn eine ausgeglichene Balance zwischen der Aufnahme und Abgabe von Energie und Stoffen, zwischen Natalität und Mortalität von Lebewesen, zwischen Stoffbildung und Stoffabbau etc. besteht. Permanente Abweichungen davon führen zwangsläufig zur Zerstörung solcher Systeme. Diese Erkenntnis liegt letztendlich auch dem Nachhaltigkeitsprinzip der Forstwirtschaft zugrunde, wonach z. B. die Höhe der Dendromassenutzungen das Ausmaß des Dendromassezuwachses nicht überschreiten darf. Dieses am Beispiel der Holzproduktion dargelegte Prinzip gilt analog für viele weitere Ökosystembeziehungen. Auf die Problematik der Bezugsebene (Waldbestand, Betriebsklasse) wird im Kapitel 6 eingegangen.

## – Artendiversität und Vernetzung

Bei hoher Artendiversität in der Ebene der Primärproduzenten ist auch das Fraßangebot für Konsumenten und Destruenten groß, so daß es zu einer starken Vernetzung mit vielfältigen Wechselwirkungen zwischen den Elementen des Waldökosystems kommt, die wiederum eine große Elastizität erwarten läßt. Dazu sei jedoch angemerkt, daß die Artendiversität der verschiedenen potentiellen natürlichen Waldgesellschaften sehr unterschiedlich ist. Sie ist in borealen Nadelwäldern weitaus niedriger als in tropischen Regenwäldern. Dasselbe gilt in Zentraleuropa für den Vergleich zwischen Fichten-Bergwäldern in den Hoch- und Kammlagen der Gebirge sowie den Auenwäldern im Tiefland (Kap. 5). Auch nach erheblichen Störungen ist die Artenzahl meist höher als in Waldökosystemen, die sich im Gleichgewichtszustand befinden.

Angesichts der Vielgestaltigkeit von Störfaktoren und der unterschiedlichen Reaktion verschiedener Waldökosysteme auf diese Faktoren ist es fraglich, ob ein unmittelbarer Schluß von der Artendiversität auf die Elastizität solcher Systeme zulässig ist, wenn auch die oben genannte Hypothese auf den ersten Blick plausibel erscheint.

- **Risikoverteilung**

  Inhaltlich mit den Thesen *Natürlichkeit* und *Artendiversität* verwandt ist die mehr pragmatische Forderung, das Risiko der Waldbewirtschaftung durch Vielgestaltigkeit der Baumarten, der Bestandesstruktur, der Waldbausysteme (Kap. 6) zu vermindern. Man geht dabei von der Überlegung aus, daß außergewöhnliche Störungen, z. B. durch Stürme, Naßschneebelastungen oder Insektenkalamitäten, die verschiedenen Baumarten oder unterschiedlich strukturierten Waldbestände in ungleichem Maße treffen. Mit anderen Worten, man will nicht, wie bei einem Hasardspiel, alles auf eine Karte setzen.

  In gleichaltrigen Reinbeständen sind Stabilität und Instabilität in hohem Maße altersabhängig. In jungen Aufforstungen drohen viele Gefahren durch Witterungsextreme (Frost, Nässe oder Trockenheit), konkurrierende Wildgräser und Wildkräuter, Pilze, Insekten und Säuger. Nach dem Eintritt in das Dickungsstadium kommt es zu einer starken intraspezifischen Konkurrenz, die geringe individuelle Stabilität, schwache Widerstandsfähigkeit gegenüber mechanischen Belastungen (Sturm, Schnee) und ein reichliches Nahrungsangebot für Sekundärschädlinge zur Folge hat. In den älteren Wuchsklassen (Baumholz) treten dann Gefahren durch Stürme, nadelfressende Insekten und Luftverunreinigungen stärker in den Vordergrund. Auf Grund dieser vielfältigen Störfaktoren, deren Gewicht nach Standort und Baumart sehr unterschiedlich sein kann, erreicht nur ein bestimmter Prozentsatz der Waldbestände das von der Forstwirtschaft geplante Zielalter in voller Funktionsfähigkeit. Von Thomasius (1981) wurde vorgeschlagen, die Wahrscheinlichkeit dafür, daß ein Waldbestand x auf dem Standort y in dem Zeitraum t irreversibel geschädigt wird, als Maß der Instabilität zu benutzen. Die numerischen Werte dafür können mit Hilfe langfristiger Statistiken ermittelt werden.

*Schlußfolgerungen für die Forstwirtschaft*

- Unter Berücksichtigung der dominierenden Waldfunktion (Produktion, Protektion, Rekreation) soll die Waldbewirtschaftung so erfolgen, daß ein möglichst hoher Grad der Natürlichkeit des Waldes gewahrt oder wieder hergestellt wird. Der Entzug von Biomasse und damit auch von Energie und Nährstoffen ist auf ein ökologisch vertretbares Maß zu begrenzen, damit das stabilitätsrelevante Gleichgewicht nicht zu sehr gefährdet wird. Gegebenenfalls sind Kompensationsmaßnahmen (z. B. Düngung) durchzuführen.
- Im Rahmen der von der Natur vorgezeichneten Grenzen (z. B. geotopabhängiges Artenpotential) wird Vielgestaltigkeit der Baumarten, Bestandestypen und Bewirtschaftungsformen angestrebt, um das Risiko der Waldbewirtschaftung zu minimieren.

Auf Details der Waldbewirtschaftung wird in den Kapiteln 6 und 7 eingegangen. An dieser Stelle sei noch bemerkt, daß Imbalance eine Grundeigenschaft des Wirtschaftswaldes ist. Der Mensch, der zu seinem Nutzen solche Forsten geschaffen hat, muß auch dafür sorgen, daß die sich aus Waldnutzungen ergebenden Ungleichgewichte kompensiert werden. Dabei sollte er sich zuerst auf die dem Waldökosystem innewohnenden Naturkräfte orientieren und systemfremde Mittel, deren Auswirkungen häufig nicht voll überschaubar sind, nur dann anwenden, wenn erstere nicht ausreichen.

# 4. Wirkungen des Waldes auf Umwelt und Mensch[1]

## 4.1 Begriffe und Systematik

In der Vergangenheit haben sich Forstwirtschaft und Forstwissenschaft (auch als Studiendisziplin) vordergründig auf die Produktionsfunktion der Wälder orientiert. Das ist historisch verständlich, wurde doch die Forstwirtschaft aus der Furcht vor einer Holznot geboren und bislang in erster Linie aus dem Streben, die Versorgung mit Holz u. a. Rohstoffen aus dem Walde nachhaltig zu sichern, betrieben. Hinzu kommt, daß den Waldbesitzern nur diese Waldfunktion vergütet worden ist und wird.

Ungeachtet dessen sind der Gesellschaft die Schutz- und Erholungsfunktionen der Wälder schon seit Jahrhunderten bekannt. Sie werden in der deutschsprachigen Literatur (Endres 1905, Hornsmann 1958) meist als **Wohlfahrtswirkungen** bezeichnet[2]. Da dieser Terminus ein anthropozentrisch geprägtes, negative Wirkungen des Waldes von vorn herein ausschließendes Werturteil darstellt, wurde vom Autor (Thomasius 1972) zur Bezeichnung der nicht produktiven Waldeffekte der Begriff **Komitativwirkungen** vorgeschlagen. Dieser Begriff entspricht inhaltlich den **forest influences** im englischen Sprachraum.

Im Interesse der Klarheit und Übersichtlichkeit wurde versucht, die außerhalb der Rohstoffproduktion liegenden Wirkungen der Wälder auf Umwelt und Mensch systematisch zu ordnen und tabellarisch darzustellen (Tab. 24).

---

[1] Bei der Ausarbeitung dieses Kapitels hat sich der Autor weitgehend auf die entsprechenden Abschnitte des 1978 (2. Auflage) von ihm herausgegebenen Buches „Wald, Landeskultur und Gesellschaft" gestützt. Als Mitautoren waren daran beteiligt: Bassus, W.; Bencard, J.; Bösener, R.; Däßler, H.-G.; Feiler, S.; Flemming, G.; Görner, M.; Haupt, R.; Hofmann, R.; Joachim, H.-F.; Niemann, E.; Ranft, H.; Schretzenmayr, M.; Schwabe, H.; Wünsche, M.; Ullrich, T. Herrn Prof. Dr. G. Flemming wird für die kritische Durchsicht des hydrologischen und meteorologischen Abschnittes dieses Kapitels gedankt.

[2] Hornsmann (1958, S. 136): „Unter Wohlfahrtswirkungen begreift man den Einfluß, welchen der Wald auf Klima, Wasserwirtschaft und Bodenkultur, auf Abwendung der mit meteorischen Katastrophen verbundenen Gefahren und nach der hygienischen und ethischen Seite hin auf das Wohlbefinden der Menschen ausübt."

*Tab. 24: Systematische Ordnung der landschafts- und humanökologischen sowie psychischen Wirkungen des Waldes (Komitativwirkungen)*

**Komitativwirkungen:**
Alle über die Rohstoffproduktion hinausgehenden Wirkungen des Waldes, die besonders in seinem Einfluß auf den Landschaftshaushalt und die Landschaftsentwicklung sowie die materiellen Lebensbedingungen und die Bewußtseinsbildung der Menschen zum Ausdruck kommen

| **Landschaftsökologische Wirkungen:** Alle Wirkungen des Waldes auf den Landschaftshaushalt und die Landschaftsentwicklung | | | | **Humanitäre Wirkungen:** Alle unmittelbaren Einflüsse des Waldes auf das physische und psychische Befinden der Menschen | | | |
|---|---|---|---|---|---|---|---|
| | | | | **Humanökologische Wirkungen:** Einflüsse auf die materiellen Lebensbedingungen, insbesondere die Erhaltung und Wiederherstellung der Gesundheit | | **Psychische Wirkungen:** Einflüsse auf das psychische, insbesondere ethische und ästhetische Empfinden der Menschen | |
| **Wirkungen auf das Klima:** Strahlung, Wärme, Temperatur, Luftbewegung, Luftzusammensetzung, Niederschlag und Verdunstung. | **Wirkungen auf Wasserkreislauf und Wasserregime:** Interzeption und Evaporation, Transpiration, Infiltration on und Perkolation, Ab- und Zufluß. | **Wirkungen auf den Boden:** Bodenbildung, Gravitation, Winderosion, Wassererosion, Austrocknung. | **Wirkungen auf Pflanzen, Tiere und Lebensgemeinschaften:** Habitat für best. Pflanzenarten, Habitat für best. Tierarten, Ausbildung u. Dynamik natürlicher Lebensgemeinschaften, Biotopverbund. | **Humanbiometeorologische Wirkungen:** Photoaktinische Wirkungen, thermische Wirkungen, hydrometeorologische Wirkungen, Wirkungen auf Luftqualität, akustische Wirkungen. | **Wirkungen auf die Wasserqualität:** Einflüsse auf natürlich vorkommende Trink- und Heilwässer, Wasserreinigung. | **Unmittelbare Wirkungen,** vor allem ästhetische und emotionale. | **Mittelbare Wirkungen** über die Medien in der Kunst: Literatur, Musik, Bildende Kunst. |

## 4.2 Landschaftsökologische Wirkungen

### 4.2.1 Klimatische Wirkungen

Der Wald ist, wie bereits gezeigt worden ist (Kap. 2.2.2), einerseits vom Klima abhängig, andererseits wirkt er dank seiner physikalischen (Raumstruktur) und physiologischen Effekte auf das Klima zurück. Diese Erscheinungen sind den Menschen schon lange bekannt und seit dem 19. Jahrhundert Gegenstand systematischer Forschungsarbeiten.

Bei Betrachtung der klimatischen Wirkungen des Waldes muß man unterscheiden zwischen

– den Eigenschaften des **Waldklimas selbst,** das sich mehr oder weniger vom Freilandklima unterscheidet. Dabei muß wegen der sehr differenzierten Raumstruktur innerhalb des Waldes zwischen der klimatischen Situation
- über dem Kronendach der Bäume,
- im Kronenraum,
- im Stammraum,
- in Bodennähe und
- im Boden
unterschieden werden,

– den **vom Wald ausgehenden klimatischen Wirkungen auf benachbarte Flächen** als Folge
- des Transportes waldbürtiger atmosphärischer Zustände auf Freiflächen (Advektion),
- geometrischer Wirkungen, die sich aus dem Raumgebilde Wald und seiner inneren Struktur ergeben (Strahlungs-, Wind- und Regenschatten),
- hydrologischer Effekte, die sich aus dem vom Wald veränderten Wasserregime ergeben.

### 4.2.1.1 Strahlung und Licht

Die Oberfläche des Waldes ist meist[1], wie von Aussichtspunkten, Flugzeugen und Satelliten aus erkennbar, dunkler als die waldfreier Flächen. Diese Erscheinung ist darauf zurückzuführen, daß Wälder dank ihrer rauhen und tief gegliederten Oberfläche mehr Strahlungsenergie als Freiflächen absorbieren. Das Reflexionsvermögen der Wälder (Albedo) beträgt nur 5–15 %, das der Felder hingegen 20–25 % der Globalstrahlung.

Trotzdem ist die Oberflächentemperatur des Waldes, und damit auch die langwellige Ausstrahlung am Tage, d. h. in der Zeit des größten Strahlungsumsatzes,

---

[1] Schwarzerden können dunkler als Wald sein.

niedriger als die des Feldes. In Summa ergeben beide Effekte gegenüber Freiflächen eine um etwa 20 % höhere Strahlungsbilanz.

Im Inneren des Waldes wird die Strahlung nach Stärke und Wellenlänge erheblich verändert. Maßgeblich dafür sind Art und Dichte des Baumbestandes. Vor allem in den Baumkronen werden die kurzwelligen Strahlen absorbiert. Dabei wird die spektrale Zusammensetzung der Strahlung zum langwelligen Bereich verschoben. Aus der differenzierten Raumstruktur des Waldes und der unterschiedlichen Reflexions-, Transmissions- und Absorptionsfähigkeit seiner Bestandteile ergibt sich eine große Strahlungsvariabilität im Waldesinneren. Hinzu kommt eine mehr oder weniger starke langwellige Eigenstrahlung von den Kronen der Bäume bis zur Bodenoberfläche.

Die seitliche Reichweite der strahlungsmindernden Wirkung von Waldbeständen ist neben der Bestandeshöhe vom Sonnenstand abhängig. Im Winter ist sie bei niedrigem Sonnenstand größer (2–5faches der Bestandeshöhe) als im Sommer bei hohem (1–2faches der Bestandeshöhe). Augenfällig ist diese Wirkung bei dem durch direkte Sonnenstrahlung hervorgerufenen Schattenwurf. Bei der langwelligen Ausstrahlung reicht der dämpfende Einfluß der Eigenstrahlung des Waldes auf benachbarte Freiflächen bis zur doppelten Baumhöhe.

## 4.2.1.2 Wärmehaushalt

Der Energieinput durch Strahlung verteilt sich hauptsächlich auf den **Konvektionswärmestrom** (Strom fühlbarer Wärme) und den **Verdunstungswärmestrom** (Wärmeverbrauch durch Evaporation und Transpiration). Durch ersteren wird der Atmosphäre **Wärme** zugeführt und die Lufttemperatur erhöht. Letzterer bewirkt über die **Evaporation** (unproduktive Verdunstung) und **Transpiration** (produktive Verdunstung) des Wassers eine Erhöhung der **Luftfeuchte**. In kalten Strahlungsnächten wechseln diese Wärmeströme ihre Richtung, wobei es zu Tau- und Reifbildung kommt.

Ein Vergleich der Konvektionswärmeströme von Wald und Feld ist sehr kompliziert. Generell ist festzustellen, daß es in Wäldern, die ein tief gestaffeltes Kronendach besitzen, weniger als auf Feldflächen zu konvektionsauslösenden Erwärmungen kommt. Vor allem an strahlungsreichen Sommertagen ist der Strom fühlbarer Wärme über Feldern größer als über Wäldern. Das kommt auch darin zum Ausdruck, daß Segelflieger über Freiflächen Aufwind erhalten, während über größeren Waldkomplexen Abwind herrscht. Umgekehrt kann die Situation im Winter sein, wenn auf den Feldern eine geschlossene Schneedecke liegt, die Kronen der Bäume jedoch infolge Windbewegung und Sonneneinwirkung schneefrei sind.

Aus der Feststellung, daß die Strahlungsbilanz von Wäldern bei kleinerem oder annähernd gleichem Konvektionswärmestrom größer als die von Feldern ist, folgt nach dem Erhaltungssatz der Energie, daß die Verdunstung von Wäldern größer als die von Feldern sein muß. Dies wurde durch vielfältige Messungen der Wärmebilanz und des Wasserhaushaltes bestätigt. Allerdings wurden in jüngster Zeit, vor allem in den feuchten Tropen (z. B. Bernhofer 1993) auch Umkehrungen dieser Relationen (Wald verdunstet weniger und besitzt einen größeren Konvektionswärmestrom als das Feld) gefunden. Das ist offenbar auf die effektivere Steuerung der Spaltöffnungen von Bäumen zurückzuführen.

Von der spezifischen Wärmebilanz der Wälder werden mehr oder weniger auch die Luftmassen über und in ihnen beeinflußt. Dieser thermische Zustand wird vom Wind auf benachbarte Freiflächen übertragen. Die horizontale Reichweite dieses Einflusses ist von verschiedenen Faktoren, insbesondere von der Größe des betreffenden Waldkomplexes, abhängig. Die praktische Bedeutung dieses Waldeffektes ist allerdings gering.

### 4.2.1.3 Wind und Turbulenz

Von allen klimatischen Wirkungen des Waldes ist die der Windbremsung am augenfälligsten. Sie ergibt sich aus dem Aufstau von Luftmassen vor Waldbeständen, die wie ein Block über die Geländeoberfläche emporragen, aus der Raumstruktur des Waldes, insbesondere der rauhen Struktur des Kronendaches, und aus einem Lee-Effekt im Windschatten.

Im **Luv** eines Waldes, in Mitteleuropa ist das meist die Südwestseite, reicht die Windschutzwirkung bis zum 5–10fachen der Bestandeshöhe. Im **Waldesinneren** ist die Windgeschwindigkeit, je nach Bestandesdichte, bis auf 10–20 % der Freilandwindgeschwindigkeit herabgesetzt, wobei es zur Ausbildung strukturspezifischer **Vertikalprofile** kommt, wie sie auf Abbildung 51 dargestellt werden. Im Lee von Wäldern, in Mitteleuropa ist das meist die Nordostseite, reicht die Schutzwirkung des Waldes bis zum 20–50fachen seiner Höhe (Abb. 52).

Von ökologischer Bedeutung ist auch die **Turbulenz,** welche sich im allgemeinen mit der Windgeschwindigkeit vermindert. Da die Reduktion der Turbulenz in Wäldern kleiner als die der Windgeschwindigkeit ist, ergibt sich aus dieser Relation ein Anstieg der relativen Turbulenz, d. h. des Verhältnisses Turbulenz/Windgeschwindigkeit.

Es ist evident, daß die Luftbewegungen im und über dem Wald in hohem Maße von dessen Raumstruktur abhängig sind. Die **Windbremsung über dem Wald** wird stark durch die **Rauhigkeit des Kronendaches** beeinflußt. Ungleichaltrige und vertikal gut gegliederte Waldbestände wirken stärker windbremsend als gleichaltrige und einschichtige. Diese für den einzelnen Waldbestand geltende Feststellung trifft – mutatis mutandis – auch für größere **Waldkomplexe** mit einer bestimmten **räumlichen Anordnung** von **Waldbeständen unterschiedlichen Alters** und **unterschiedlicher Höhe** (Raum-Zeit-Ordnung im System des Schlagweisen Hochwaldes) zu.

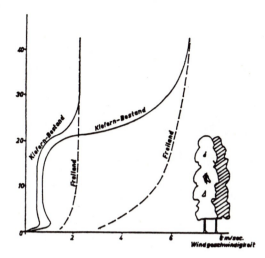

*Abb. 51: Windgeschwindigkeitsprofile im Freiland und in einem Gelb-Kiefern-bestand (Pinus ponderosa) bei zwei unterschiedlichen Windgeschwindigkeiten (Mitscherlich 1971)*

Die Windgeschwindigkeit im Inneren der Waldbestände ist stark von ihrer Dichte, d. h. von der Raumausfüllung mit Dendromasse, abhängig. Dichte Waldbestände weisen eine geringere Windgeschwindigkeit als lichte, vielschichtige eine geringere als einschichtige auf. Im laublosen Zustand sinkt die Windschwächung etwa auf die Hälfte.

Es ist bemerkenswert, daß in offenen Landschaften bereits Baumgruppen und Einzelbäume zu einer erheblichen Windbremsung führen, besonders bei tiefreichenden Baumkronen.

Die wichtigsten äolischen Schutzwirkungen des Waldes bestehen

– im Schutz vor Winderosion,
– in einer Verminderung der potentiellen Verdunstung (Kap. 4.2.2.3) und
– in der Abschwächung von Schneeverwehungen.

Im bodennahen Bereich kann die Windschutzwirkung des Waldes durch Hecken ergänzt werden. Das Wirkungsmaximum von Gehölzstreifen und Hecken liegt hinter dem Schutzstreifen in einem Abstand, der etwa seiner 3–5fachen Höhe entspricht.

#### 4.2.1.4 Luft-, Oberflächen- und Bodentemperatur

Die Lufttemperatur ist im wesentlichen eine Resultierende aus Strahlung und Wind. Große **Einstrahlung** führt tagsüber zu stärkerer **Erwärmung** sowie grö-

177

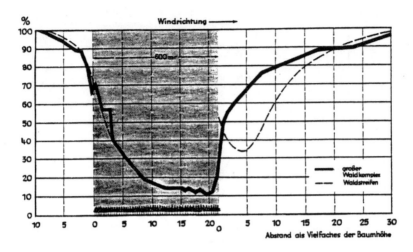

*Abb. 52: Windgeschwindigkeit in Bodennähe*
*– im Luv des Waldes*
*– im Wald selbst*
*– im Lee des Waldes*
*(Affolterwald im Kanton Solothurn; Nägeli 1954)*

ßeren **thermischen Unterschieden. Luftbewegungen** hingegen bewirken eine Vermischung der Luftmassen und somit einen **Ausgleich von Temperaturunterschieden.** Der sich aus diesen gegenläufigen Prozessen ergebende Gesamteffekt hängt davon ab, welche der beiden Komponenten sich stärker durchsetzt.

Bei Temperaturvergleichen zwischen Wald und Feld ist es wichtig, in welcher Höhe über Flur eine solche Gegenüberstellung erfolgt. Im Gegensatz zu früheren Auffassungen haben Temperaturvergleiche ergeben (Lützke 1961), daß die Temperatur der Waldluft – abgesehen vom bodennahen Raum – in vergleichbarem Niveau tagsüber geringfügig höher als die über dem Felde ist. Im Gegensatz dazu ist die Temperatur in der Nacht merklich geringer als auf Freiflächen. Insgesamt treten im Wald niedrigere Temperaturmittel (etwa 0,5–1 K) und in den oberen Schichten größere Temperaturschwankungen auf. Die geringsten Unterschiede zwischen Wald- und Freiflächentemperatur findet man in einer Meßhöhe von 2 m. Die frühere Auffassung vom ausgeglichenen Temperaturklima des Waldes gilt nur für sehr dichte Bestände und für den unteren Bereich des Stammraumes.

Besonders interessant ist die thermische Situation in der Umgebung von Wäldern, weil ihre strahlungsmindernde Wirkung nur bis zum 1–5fachen, ihre windbremsende jedoch bis zum 5–10fachen der Höhe reicht. Dort, wo die Strahlung

schon wieder unvermindert wirkt, der Wind aber noch immer erheblich abgeschwächt ist, kommt es zur Ausbildung thermischer Extreme. Das führt dazu,
daß waldumgebene Freiflächen tagsüber wärmer, nachts aber wesentlich kälter
als der umgebende Wald und das freie Feld sind (Flemming 1968, 1971). Ähnliche Extrembereiche können sich in entsprechendem Abstand längs der Wald-
Feld-Grenzen ausbilden.

Generell kann festgestellt werden, daß die Auswirkung des Waldes auf das lokale Temperaturklima höchstens bis zur Weite der Windschwächung reicht.

Ökologisch bedeutungsvoller als die Lufttemperatur sind die Oberflächentem-
peraturen von Boden und Pflanzen. Wegen der geringen Luftbewegung wird die
Temperatur an solchen Grenzflächen in erster Linie von der Strahlung bestimmt.
Aus diesem Grunde sind die Oberflächentemperaturen im Wald extremer als die
Lufttemperaturen, trotzdem sind sie ausgeglichener als die von Feldpflanzen.

### 4.2.1.5 Niederschlag und Verdunstung

Diese beiden ökologischen Faktoren sind sowohl Bestandteile der Atmosphäre
als auch der Hydrosphäre. Sie werden ausführlicher im hydrologischen Teil
(Kap. 4.2.2) behandelt, weil dort die Gesamtwirkung des Waldes auf den Wasserhaushalt betrachtet wird. An dieser Stelle werden nur einige nichthydrologi-
sche Aspekte skizziert.

Zum Niederschlag gehören Regen, Schnee sowie der von den Bäumen ausge-
kämmte Nebelniederschlag in flüssiger (Nebelnässen) und fester Form (Nebelfrostablagerungen). Die Hydrometeore können, neben ihrer Bedeutung als Was-
serspender, zu Sichtbehinderungen durch Nebel, mechanischen Belastungen
durch Schnee, Nebelfrostablagerungen (Rauheis, Klareis) und Eisanhang führen.

Gegen Küstennebel, die vom Seewind herangeführt werden, legt man in Japan
Waldschutzstreifen an. Andererseits können Waldbestände durch Aufstau von
Kaltluft zu verstärkter Nebelbildung in ihrer Nachbarschaft führen.

Bäume, Freileitungen und Gebäude können durch Schnee und Nebelfrostablagerungen erheblich belastet werden. Im Schutz von Waldbeständen sind Freileitungen weniger als in waldfreien Bereichen durch Nebelfrostablagerungen gefährdet. Für das Verkehrswesen, den Wintersport und die Landwirtschaft ist es
bedeutungsvoll, daß sich der Schnee in Wäldern und im Schatten von Waldbeständen länger als auf Freiflächen hält. An windexponierten Waldrändern ist
Schneeanwehung häufig.

In den Hochgebirgen ist die Schutzwirkung der Wälder gegen Lawinen von erst-
rangiger Bedeutung. Deswegen erfolgen in den Hochlagen der Alpen entsprechende Aufforstungen (Kap. 7.2.3.3).

Ökologisch bedeutungsvoll ist, daß die potentielle Verdunstung im Lee von Wäldern und Waldstreifen erheblich vermindert und dadurch die Stoffproduktion der Pflanzen vergrößert wird. Unter vergleichbaren Bedingungen ist die Stoffproduktion proportional dem Quotienten aus aktueller und potentieller Verdunstung. Die physiologische Schutzwirkung des Waldes ist vor allem dort bedeutungsvoll, wo austrocknende Winde häufig auftreten.

### 4.2.1.6 Luftfeuchte

Da Wälder mehr Wasserdampf abgeben und weniger Luftbewegungen aufweisen, ist in ihnen die Luftfeuchte höher als über Feldern. Nach Untersuchungen von Lützke (1967) in Kiefernwäldern bei Eberswalde beträgt der Dampfdruckunterschied zwischen Wald und Feld nachmittags etwa 1 hPa (Hektopascal)[1], während der übrigen Tageszeiten ist er geringer.

Die relative Luftfeuchtigkeit ist eine Resultierende aus absoluter Luftfeuchte (bzw. Dampfdruck) und Lufttemperatur. Da beide Faktoren während der Nachtstunden in gleicher Richtung wirken, besitzt der kühlere und feuchtere Wald in dieser Zeit eine etwas höhere relative Luftfeuchte. Tagsüber wirkt die Temperaturerhöhung dem Dampfdruckanstieg entgegen. Trotzdem ist die relative Luftfeuchte des Waldes auch während dieser Zeiten etwas größer als die des Feldes. Die geringsten Unterschiede treten in den Morgenstunden auf. Die Reichweite dieses Effektes ist an Luvrändern sehr klein und an den Leeseiten mäßig.

### 4.2.1.7 Übrige Luftbestandteile

Die Zusammensetzung der Luft wird generell wie folgt angegeben:

- Stickstoff      $N_2$      78,08 %,
- Sauerstoff      $O_2$      20,95 %,
- Argon      Ar      0,93 %,
- Kohlendioxid      $CO_2$      0,04 %,
- Spurengase            0,01 %.

Von besonderem Interesse sind heute einige nur zu geringen Anteilen beteiligte, ökologisch jedoch sehr bedeutungsvolle Stoffe. Dazu zählen Kohlendioxid, Methan, Schwefeldioxid, Stickoxide, Ammoniak, Ozon, div. Fluor-Chlor-Kohlenwasserstoffe (FCKW) u. a.

Der Kohlendioxidgehalt der Erdatmosphäre beträgt gegenwärtig bei 360 ppm $CO_2$-Anteil etwa $720 \cdot 10^9$ t. Im Falle eines Fließgleichgewichtes wäre mit einem jährlichen Durchfluß von etwa $120 \cdot 10^9$ t/a zu rechnen. Dabei ergibt sich der Zu-

---

[1] Pascal (Pa); 1 Pa = $1/Nm^2$ ist der Druck, der durch eine Kraft von 1 N (Newton) erzeugt wird, die gleichmäßig auf eine Fläche von 1 m² wirkt.

gang zu etwa 50 % aus photosyntheseabhängiger und zu rund 50 % aus photosyntheseunabhängiger (Konsumenten und Destruenten) Respiration. Die gleiche Menge Kohlenstoff würde durch Photosynthese entzogen (Kap. 3.4.3.3.1, Abb. 40).

Diese theoretisch einen Gleichgewichtszustand kennzeichnende Nullbilanz wird in zunehmendem Maße vom Menschen gestört. Das geschieht vor allem durch Verbrennung fossiler Kohlenstoffträger, d. h. durch Freisetzung von Kohlenstoff aus der Lithosphäre (Kohle, Erdöl, Erdgas). Auf diesem Wege werden jährlich etwa $(5,6 \pm 0,5) \cdot 10^9$ t Kohlenstoff zusätzlich in die Erdatmosphäre eingespeist. Eine weitere Kohlendioxidanreicherung der Atmosphäre erfolgt durch die Freisetzung von Kohlenstoff aus der Biosphäre infolge Waldzerstörungen, Waldveränderungen (Vorratssenkungen) und Bodendegradationen (Humusabbau). Dabei handelt es sich um Größenordnungen von rund $(1,0 \pm 0,6) \cdot 10^9$ t Kohlenstoff.

Die vom Menschen verursachte Ungleichheit des globalen Kohlenstoffhaushaltes war in der vorindustriellen Epoche noch verhältnismäßig gering und wurde weitgehend durch den Puffer Hydrosphäre, der bisher in der Lage war, etwa 50 % des überschüssigen Kohlenstoffs aufzunehmen, gedämpft und verzögert. Die Vegetation konnte sich darum sukzessive an die sich nur langsam verändernden Umweltbedingungen anpassen. Seit Beginn des Industriezeitalters hat sich das Mehraufkommen des anthropogenen Kohlendioxids stürmisch vergrößert

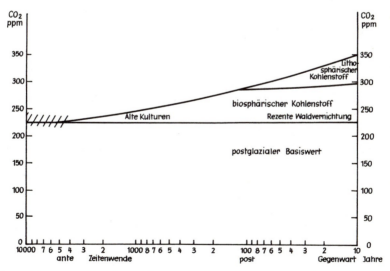

*Abb. 53: Menge und Herkunft des atmosphärischen Kohlenstoffs (Thomasius 1991a)*

(Abb. 53). Sobald das Tempo der sich daraus ergebenden Umweltveränderungen größer als die Vegetationsadaptation wird, müssen bedenkliche Folgen für die Biosphäre und die menschliche Zivilisation befürchtet werden.

Der Kohlendioxidgehalt der Waldluft unterliegt einem tages- und jahreszeitlichen Wechsel. Während der Nacht- und Morgenstunden ist die $CO_2$-Konzentration der Luft im Walde höher als im Freiland, weil die Respiration der Pflanzen und Tiere des Waldes groß und der Luftmassenaustausch vermindert ist. Tagsüber verbrauchen die Pflanzen durch Assimilation Kohlendioxid. Die dadurch verursachte Senke wird aber rasch wieder durch turbulenten Vertikaltransport ausgeglichen. Durch großflächige Aufforstungen und langfristige Bindung organischer Stoffe (z. B. Holz in Bauten) ist es prinzipiell möglich, der Atmosphäre Kohlenstoff zu entziehen und so dem Treibhauseffekt entgegen zu wirken (Kap. 3.4.3.3.1).

Mit der assimilatorischen Bindung von Kohlenstoff geht eine äquivalente Freisetzung von Sauerstoff einher. Die Menge des auf diese Weise entstehenden Sauerstoffs ist, im Vergleich zum Sauerstoffvorrat der Atmosphäre, vernachlässigbar klein.

Im Gegensatz zu älteren Auffassungen ist der Ozongehalt der Waldluft kleiner als der der Freilandluft, weil Ozon in Gegenwart fester Oberflächen (Blätter) verstärkt abgebaut wird und zahlreiche Baumarten reduzierend wirkende aromatische Stoffe abgeben. Dieser Effekt ist sowohl aus phytosanitärer als auch humanmedizinischer Sicht günstig zu beurteilen. Zeitweilig kann sich aber auch an der Waldoberfläche durch photochemische Prozesse Ozon bilden.

Als Schadstoffe wirken in den Wäldern vor allem $SO_2$ und Stickoxide. Schwefeldioxid entsteht bei der Verbrennung schwefelhaltiger fossiler Brennstoffe, besonders Braunkohle, aber auch Steinkohle und Erdöl sowie bei der Verhüttung schwefelhaltiger Erze. Stickoxide sind überwiegend das Ergebnis von Hochtemperaturverbrennungen, wie sie bei Kraftfahrzeugmotoren auftreten. Ein weiterer Schadstoff ist Ammoniak, der in toxisch wirkenden Mengen aus großen Tierhaltungen emittiert wird. Hinzu kommen Fluorwasserstoff und Siliziumtetrafluorid, die von Aluminiumwerken, Emaillewerken, Phosphatdüngemittelfabriken, Glasfabriken, Ziegeleien u. a. Industrien als hochtoxische Stoffe emittiert werden. Schließlich sind auch noch Emissionen von Chlor- und anderen Halogenverbindungen als toxische Stoffe bedeutungsvoll. In den letzten Jahren haben das auf photochemischem Wege gebildete Ozon sowie andere, in Verbindung mit dem Kraftverkehr entstehende Oxidantien erheblich an Bedeutung gewonnen (Sommersmog).

Die Konzentration dieser Stoffe ist einerseits von der emittierten Menge aus den genannten Quellen, andererseits von den Ausbreitungsbedingungen (Entfernung, Luftschichtung, Windrichtung und -stärke, Turbulenz u. a.) abhängig. Aus diesen Gründen kann sich die Immissionsbelastung der Vegetation zeitlich und räumlich sehr stark ändern. Während permanent wirkende niedrigere und mittlere Belastungen zu chronischen Schäden führen, bewirken kurzzeitige, die toxischen Schwellenwerte überschreitende Spitzenbelastungen akute Schäden an den Pflanzen.

Die Filterwirkung des Waldes gegenüber gasförmigen Stoffen, wie $SO_2$, $NO_x$ u. a., ist gering. Sie ergibt sich aus der Aufnahmefähigkeit der Pflanzen gegenüber solchen Stoffen und einem gewissen Filtereffekt, der beim Durchströmen von Waldbeständen mit kontaminierter Luft zustande kommt. Der mit der Entfernung von einer Emissionsquelle zunehmende Verdünnungseffekt ist keine echte Filterwirkung. Auch Umverteilungen durch das Umströmen von Hindernissen stellen keine echten Filtereffekte dar (Kap. 4.3.2).

Der Staubgehalt der Waldluft ist in der Regel gering, weil sich im Walde kaum Staubquellen befinden und der Staubeintrag durch die Filterwirkung des Waldes abgeschwächt wird. Größere Staubmengen können in der Zeit des Pollenfluges und als Folge von Waldbränden auftreten. Waldbrände verursachen, ähnlich wie Kraftfahrzeuge, Sommersmog.

Die Art und Menge der Staubimmissionen ist von den Quellen und Jahreszeiten abhängig. In den Wintermonaten sind die Staubeinträge als Folge der Heizung größer als im Sommer. Je nach chemischer Zusammensetzung können die Stäube alkalische oder saure Reaktionen auslösen und zu pH-Veränderungen im Boden sowie Ätzschäden auf den Pflanzen führen.

Bei den Staubimmissionen in Wälder muß zwischen Staubeinträgen von oben (z. B. von Hochessen) und von der Seite unterschieden werden. Bei vertikalen Staubeinträgen endet die Schutzwirkung des Waldes kurz hinter dem leeseitigen Waldrand. Horizontal verwehter Staub wird vom Wald ausgefiltert, wie der häufig an luvseitigen Waldrändern zu beobachtende Staubbelag auf den Pflanzen zeigt. Die staubschützende Wirkung des Waldes im Lee ist erheblich und weitreichend (Kap. 4.3.2 u. 7.3.1.1). Die staubfilternde Wirkung von Gehölzstreifen ist um so größer, je näher sie an der Quelle liegen. Der staubfilternden und luftreinigenden Wirkung des Waldes – besonders der Nadelwaldbestände – entspricht eine erhöhte Stoffdeposition des Waldes und ein verstärkter Stoffeintrag in den Boden.

## 4.2.1.8 Zusammenfassung

Eine kurze vergleichende Übersicht zu den klimatischen Wirkungen von Wäldern und Freiflächen wird in der von Flemming (1987) zusammengestellten Tabelle 25 gegeben.

*Tab. 25: Vergleich der wichtigsten, landschaftsökologisch relevanten klimatischen Wirkungen zwischen Wald und Feld (Flemming 1987)*

| Element | Veränderung | Reichweite | Bewertung | Ersatzmöglichkeit von Waldkomplexen durch Waldstreifen |
|---|---|---|---|---|
| Raum oberhalb des Kronendaches bzw. der Waldoberfläche | | | | |
| Strahlungssaldo | erhöht | – (Waldgebiet selbst) | | fehlend bis gering |
| Konvektionswärmestrom | im Mittel wenig geändert | – (Waldgebiet selbst) | | |
| Verdunstung | erhöht | – (Waldgebiet selbst) | meist negativ | |
| Wind | stark verringert | ≈ 0,5 km | positiv | |
| Fallender Niederschlag | wenig erhöht | etwa wie Waldgröße | leicht positiv | |
| Raum unterhalb der Kronenschicht (Stammraum) | | | | |
| Strahlung, Licht | stark verringert | 0–5 h[1] | teilweise positiv | |
| Wind | stark verringert | 10–50 h[1] | positiv | mittel bis sehr gut |
| Fallender Niederschlag | verringert | 0–1 h | unterschiedlich | |
| Nebelniederschlag | stark erhöht | – | positiv | |
| Schneeschmelze | verzögert | 0–3 h[1] | positiv | |
| Schneeverwehung | verringert | 5–20 h[1] | positiv | |
| Staubgehalt | verringert | unterschiedlich | positiv | |
| Lufttemperatur | extremer | 0–3 h[1] | geringe Bedeutung | |
| Bodentemperatur | ausgeglichener | 0–3 h[1] | teilweise positiv | |
| Luftfeuchte | etwas verringert | 0–5 h[1] | schwach positiv | |
| Potentielle Verdunstung | stark verringert | 10–50 h[1] | positiv | |

---

[1] h = Baumhöhe

## 4.2.2 Hydrologische Wirkungen

### 4.2.2.1 Wasserhaushaltsgleichung

Das Wasserregime eines **Ortes** oder **Hydrotops** wird durch die **Wasserhaushaltsgleichung**

$$N = V + A + (R - B)$$

beschrieben.

Dabei bedeuten

A:  Abfluß (setzt sich aus Oberflächenabfluß, bodeninnerem Abfluß und Grundwasserabfluß zusammen)
B:  Aufbrauch
N:  Niederschlag
R:  Rücklage im Boden
R – B: Bodenwasservorratsänderung (sie ist positiv bei Zunahme, negativ bei Abnahme des Bodenwasservorrats)
V:  Verdunstung.

Nachfolgend wird auf die einzelnen Komponenten dieser Gleichung eingegangen.

### 4.2.2.2 Niederschlag

#### 4.2.2.2.1 Allgemeines

Beim Niederschlag ist zwischen fallendem Niederschlag und abgesetztem Niederschlag zu unterscheiden.

Der **fallende Niederschlag** kann auf folgende Weise durch den Wald erhöht werden (Flemming 1978):

- Wälder verursachen auf Grund ihrer Höhe aufwärts gerichtete Luftströmungen, so daß es zu einer adiabatischen Abkühlung kommt.
- Durch die Rauhigkeit des Kronendaches wird die Luft stärker vermischt und so eine niederschlagsfördernde Vertikalbewegung ausgelöst.
- Luftfeuchte und Verdunstung sind in Wäldern höher. Große Wälder liefern Wasserdampf zur Niederschlagsbildung.
- Die aus höheren Luftschichten kommenden Regentropfen verdunsten weniger in der feuchteren Luft über dem Wald.
- Von den Pflanzen abgegebene Stoffe (Pollen, ätherische Öle) können als Kondensationskerne wirken.

Von diesen sind die beiden zuerst genannten Ursachen am bedeutungsvollsten. Dabei muß beachtet werden, daß der fallende Niederschlag überwiegend in größerer Höhe entsteht und oberflächennähere Effekte sich nur dann auswirken, wenn sie großflächig zum Tragen kommen.

Diese niederschlagsfördernden Wirkungen des Waldes sind in Zentraleuropa – mangels hinreichend großer Waldkomplexe – kaum zu belegen. Flemming (1978) hält je 10 % Waldanteil in der Landschaft eine Niederschlagserhöhung von etwa 1 % für möglich.

Die höheren Niederschläge waldreicher Gebirge sind nicht primär auf den Wald, sondern auf den Geländeanstieg und die damit verbundene Temperaturverminderung sowie Barrierewirkung zurückzuführen.

Der **Nebelniederschlag** als wichtigste Form des abgesetzten Niederschlages wird – im Gegensatz zum fallenden Niederschlag – durch den Wald wesentlich erhöht. Er entsteht durch das Auskämmen von Wassertröpfchen aus Nebelschwaden in den Baumkronen.

Diese Niederschlagsform wird untergliedert in

– flüssigen Nebelniederschlag oder **Nebeltraufe** bzw. **Nebelnässen,**
– festen Nebelniederschlag oder **Nebelfrostablagerungen,** der als
  • **Rauhreif,**
  • **Rauhfrost** (heute auch **Rauheis** genannt)
auftreten kann.

Als Spender von Nebelniederschlägen sind besonders Bergnebel in den Gebirgen und Küstennebel an den Meeren bedeutungsvoll.

In mitteleuropäischen Gebirgen beginnt die Hauptwolkenschicht bei 600–700 m ü. HN. Hier sind auch die Nebelniederschläge am größten. Demgegenüber sind die tieferen Lagen (wenn man von Frostmulden absieht) nebelarm.

Hochgebirgsgipfel durchragen die Hauptwolkenschicht und sind darum ärmer an Nebelniederschlägen. Nach bisherigen Erkenntnissen betragen die Nebelniederschläge im Mittel 0,1–0,2 mm/h, die Maximalwerte dürften bei etwa 0,5 mm/h liegen.

Für die Fichten-Kammwälder des Erzgebirges gibt Flemming (1978) im Jahresmittel einen Nebelniederschlag von 100–200 mm (vereinzelt bis 400 mm) an. Das entspricht etwa 10–30 % des fallenden Niederschlages. In stärker maritim beeinflußten Gebieten (z. B. im Harz) sind die Nebelniederschläge höher, in kontinentalen (z. B. in den Karpaten) niedriger. Auf Luvseiten und Gipfeln entstehen mehr Nebelniederschläge als auf waagerechten Flächen.

In tropischen und subtropischen Gebirgen kommt es in 2 000–3 000 m ü. HN, dank permanenter Nebelbildung, zur Ausbildung eines **Nebelwaldes,** der sich vom Tropenwald der Tieflagen durch einen hohen Anteil epiphytischer Pflanzen unterscheidet.

### 4.2.2.2.2 Komponenten des Niederschlages im Walde

Vom Niederschlag gelangt nur ein Bruchteil zum Boden. Dabei ergibt sich folgende Aufgliederung:

$$N_ü = N_f + N_i + N_s + N_t.$$

Hier bedeuten

$N_f$:  durch das Kronendach des Waldes fallender Niederschlag
$N_i$:  von der Oberfläche der Pflanzen unproduktiv verdunstender Niederschlag (Interzeption)
$N_t$:  von Pflanzenteilen abtropfender Niederschlag
$N_s$:  an den Stämmen herabfließender Niederschlag
$N_ü$:  Niederschlag über dem Kronendach des Waldes.

Diese Komponenten sind gegebenenfalls noch weiter nach Straten, wie **Baumschicht** und **Bodenpflanzendecke,** aufzuspalten. Durch Zusammenfassung verschiedener Komponenten erhält man die forstmeteorologischen Größen:

– **Kronendurchlaß**            $N_k = N_f + N_t$
– **Niederschlag am Waldboden**  $N_w = N_f + N_t + N_s$
– **Interzeption**              $N_i = N_ü - (N_f + N_t + N_s)$[1].

Diese Formeln lassen erkennen, daß es außerordentlich schwierig ist, die verschiedenen Baumarten und Mischungsformen der Wälder hydrologisch quantitativ zu beurteilen, weil ihr Einfluß auf den Wasserhaushalt, insbesondere die Abflußspende, Kenntnisse über alle diese Komponenten erfordert.

### 4.2.2.2.3 Interzeption, Kronendurchlaß und Niederschlag am Waldboden

Die **Interzeption** ist abhängig

– von der Menge und Art des bei einem Regen fallenden Niederschlages,
– von der Struktur des interzeptierenden Waldbestandes.

---

[1] Die mit Hilfe dieser Formel berechneten Interzeptionswerte sind nicht in vollem Umfang als Wasserverlust aufzufassen, weil in ihnen auch das direkt von der Blattoberfläche aufgenommene Wasser enthalten ist. Hinzu kommt eine direkte Herabsetzung der Transpiration durch das Benetzungswasser und eine indirekte Wärmebindung infolge Interzeptionsverdunstung (Mitscherlich 1971).

Bei Niederschlägen werden zuerst die Blattoberflächen durch das Regenwasser, welches von Adhäsionskräften festgehalten wird, benetzt. Bei geringer Benetzbarkeit der Blattspreiten (z. B. Wachsüberzug) rollen die ersten Wassertropfen von den Blättern ab. Griffige Blattoberflächen bewirken eine rasche Benetzung. Nach Benetzung der Blätter fließt das überschüssige Wasser zum tiefsten Punkt der Blattspreite und tropft von dort ab, sobald das Gewicht der sich bildenden Tropfen größer als die Adhäsionskräfte des Blattrandes ist.

Schwachregen werden darum mehr als Starkregen von den Baumkronen abgefangen. Bei ersteren kann der zum Boden gelangende Niederschlag Null sein, während bei letzteren der Niederschlag am Waldboden mehr als 90 % des Gesamtniederschlages ausmacht. Im Durchschnitt beträgt die Interzeption 15–30 % des Gesamtniederschlages. Im Sommer ist die Interzeption wegen stärkerer Verdunstung größer als im Winter. Hinzu kommt, daß im allgemeinen die Regeninterzeption größer als die Schneeinterzeption ist.

Die von den Blättern und Zweigen **herabfallenden Tropfen** ($N_t$) sind größer als die ohne Blattberührung direkt zum Boden gelangenden. Das kann auf ungeschützten Böden zu Verdichtungen und erhöhter Erosionsgefahr führen. In Blattachseln und -vertiefungen, wo Adhäsionskräfte von mehreren Seiten wirken, sammelt sich das meiste Benetzungswasser an.

Die Menge des von den Baumkronen abgefangenen Niederschlages ist von der Kronendichte bzw. vom Blattflächenindex (LAI) abhängig. So erreicht der Blattflächenindex[1] in Beständen der verschiedenen Baumarten folgende Werte:

| Birke | 5 |
|---|---|
| Esche | 6 |
| Lärche | 5–8 |
| Kiefer | 6–10 |
| Buche | 12–16 |
| Fichte | 15–20 |
| Douglasie | 18–27. |

Die höchsten LAI-Werte werden im Dickungs- und Stangenholzstadium erreicht. Differenzierend wirkt auch die jahreszeitlich wechselnde Belaubung.

Nach den vorliegenden Untersuchungsresultaten kann man bezüglich der niederschlagsabschirmenden Wirkung der Baumarten folgende steigende Reihenfolge aufstellen:

Birke – Esche – Eiche – Lärche – Kiefer – Buche – Douglasie – Fichte.

---

[1] Im Interesse der Vergleichbarkeit von Laub- und Nadelbaumarten werden Blattober- und -unterseite benutzt.

Ganz allgemein gilt, daß die Menge des von den Kronen der Bäume abgefangenen Niederschlagswassers von den Licht- zu den Schattenbaumarten und von den winterkahlen zu den immergrünen Baumarten ansteigt. Im Winter ist besonders bei den Nadelbaumarten Fichte und Douglasie eine weitaus größere Schneeinterzeption als bei den Laubbaumarten und Lärche gegeben.

Aus diesen Darlegungen folgt, daß die Zurückhaltung von Niederschlagswasser im Kronendach von Waldbeständen, je nach Blattflächenindex, Benetzbarkeit der Blattspreiten, Größe der Blattfläche, Anzahl, Stellung, Elastizität und Turgor der Blätter, in weiten Grenzen streuen kann.

Neben den genannten, mehr oder weniger baumartenspezifischen Einflußgrößen wirken sich natürlich auch das Bestandesalter, die Bestandesstruktur, die Bestandesbehandlung (Durchforstungsart und -stärke) sowie Geländeeinflüsse (Exposition) und meteorologische Erscheinungen (Niederschlagsart und -stärke, Wind) auf die Niederschlagsrückhaltung aus. Bemerkenswert ist, daß die relativen Interzeptionsverluste bei den Laubbaumarten ziemlich wenig von der absoluten Niederschlagsmenge abhängig sind. Im Gegensatz dazu nehmen sie bei den immergrünen Nadelbaumarten mit abnehmendem Freilandniederschlag stark zu.

Größere Unterschiede zwischen den Baumarten bestehen auch beim **Stammabfluß** $N_s$. Er beträgt z. B. bei der Rot-Buche 15–17 % des Jahresniederschlages, bei der Fichte weniger als 1 %.

Hydrologische Vergleiche der Baumarten sind lückenhaft, wenn die sich unter ihrem Kronendach einstellende **Bodenpflanzendecke** dabei nicht berücksichtigt wird. Diese kann beachtliche Interzeptionsverluste hervorrufen und die von den Baumkronen bewirkten übertreffen. Man denke hier nur an lichte Kiefern- oder Eichenbestände auf nährstoffkräftigeren und gut wasserversorgten Standorten, unter denen sich eine üppige Bodenpflanzendecke einstellt.

Über die **Interzeption von Waldbodenpflanzen** ist bisher wenig bekannt. Der Niederschlagsrückhalt (Speicherkapazität) von Calluna-Heide wird mit 1,4–2,0 mm, der von Pfeifengras mit 1,8–2,0 mm und der von Adlerfarn mit 1,0–2,1 mm angegeben. Der Interzeptionsverlust in Calluna-Heiden beträgt 20–30 %.

Aus methodischen Gründen wird häufig die Interzeption von Bodenpflanzendecke und Streu in einem Wert zusammengefaßt. Moltschanow (1970) gibt für verschiedene Vegetationszonen und Waldtypen Rußlands Werte an, die um 20 % des Jahresniederschlages schwanken. In Extremfällen können sie aber auch > 40 % erreichen. Vor allem in Torfmoosdecken kann eine sehr hohe, die der Baumkronen nennenswert überschreitende Interzeption auftreten. Aber auch Heidelbeerdecken sowie kräuter- und staudenreiche Bodenpflanzendecken verursachen Interzeptionsverluste in einer der Kroneninterzeption entsprechenden Größenordnung.

Generell ist anzunehmen, daß die Interzeption durch Bodenpflanzen

– von Waldbeständen mit Schattenbaumarten zu solchen mit Lichtbaumarten,
– von solchen auf armen zu solchen auf reichen Standorten und
– von dunklen Dickungen zu lichten Altbeständen

zunimmt.

Auch in der Streu- und Humusauflage wird Niederschlagswasser zurückgehalten. Diese Interzeption erreicht Größenordnungen von einigen Millimetern. Maßgeblich dafür sind die Menge, Lagerung und Benetzbarkeit der Streu. Bei geringer Benetzbarkeit und dichter Lagerung, wie sie bei Rohhumus gegeben ist, erfolgt ein seitlicher Abfluß, bei lockerer Lagerung, wie sie meist bei Mull auftritt, kommt es zur Infiltration in den Mineralboden.

Schließlich sei noch angemerkt, daß die Interzeption in der Streu und Humusauflage positiv zu werten ist, weil sie eine nennenswerte Verminderung der Evaporation bewirkt. Da lockere Streudecken auch den Oberflächenabfluß hemmen, bewirken beide Faktoren zusammen eine Erhöhung der Infiltrationsrate.

Die Interzeptionsverdunstung in Bodennähe verläuft auf Grund niedrigerer Temperatur, gedrosselter Windgeschwindigkeit und höherer Luftfeuchte langsamer als in den Kronen. Auch die Interzeption der Bodenpflanzendecke ist nicht in jedem Falle als Verlust zu werten, weil sie die Transpiration vermindert.

Wir fassen zusammen:

Erwartungsgemäß ist die Interzeption in immergrünen Koniferenbeständen größer als in sommergrünen Laubbaumbeständen und in dichten Waldbeständen größer als in lichten. Dabei ist zu beachten, daß sich in letzteren meist eine starke Strauchschicht und Bodenpflanzendecke ausbilden, die zu großen Interzeptionsverlusten führen können. Bei Vergleichen zwischen Wald und Feld muß selbstverständlich auch die in den Sommer- und Herbstmonaten sehr große Interzeptionswirkung landwirtschaftlicher Nutzpflanzen und Wildkräuter berücksichtigt werden.

Bei Betrachtung der Schneedecke sind Schneehöhe, Schneedichte und Wassergehalt zu berücksichtigen. Von dem im Walde fallenden Schnee bleibt meist nur ein geringerer Anteil in den Kronen hängen, während der größere zum Boden gelangt. In winterkahlen Laubwäldern fällt mehr Schnee zum Boden als in immergrünen Nadelwäldern. Der am Waldboden liegende Schnee besitzt einen geringeren Wasservorrat als der auf Feldern.

Die Schneeschmelze wird in Wäldern wegen verminderter Einstrahlung sowie Warmluftzufuhr verzögert. Besonders stark ausgeprägt ist diese Verzögerung auf kleinen waldumgebenen Freiflächen und in Bestandeslücken, an nordexponierten Waldrändern sowie auf Waldwegen und Schneisen, weil hier aller Schnee zum Boden gelangt sowie Beschattung und Windschutz wirken. Die Verzögerung der Schneeschmelze ist wasserwirtschaftlich positiv zu beurteilen, sie verzögert aber das Erwachen der Vegetation und erhöht die mit Schnee verbundenen Verkehrsprobleme.

Tau und Reif, die physiologisch durchaus bedeutungsvoll sein können, spielen im Wasserhaushalt der Landschaften nur eine geringe Rolle. Bemerkenswert ist, daß Windschutz und Beschattung, die von den Wäldern ausgehen, in den angrenzenden Feldfluren zu verstärkter Taubildung und längerem Liegenbleiben des Taus führen.

### 4.2.2.3 Verdunstung

Diese Größe setzt sich aus den Komponenten

$$V = V_E + V_I + V_T$$

zusammen.

Dabei bedeuten

V:    Gesamtverdunstung
$V_E$:    Evaporation (passive Verdunstung von der Bodenoberfläche)
$V_I$:    Interzeptionsverdunstung (passive Verdunstung von den Pflanzen)
$V_T$:    Transpiration (aktive Verdunstung der Pflanzen).

Wie beim Niederschlag kann man diese Größe nach Vegetationsschichten (Baumschicht und Bodenpflanzendecke) aufspalten.

Die sich bei unbegrenztem Feuchtigkeitsdargebot im Boden auf Grund atmosphärischer Bedingungen ergebende Verdunstung wird als **potentielle Verdunstung** bezeichnet. Sie stellt die bei dem gegebenen Klima – besonders bei der herrschenden Strahlung, Windgeschwindigkeit und Luftfeuchte – maximal mögliche Verdunstung dar.

Die tatsächliche oder **aktuelle Verdunstung** ergibt sich aus dem Zusammenwirken atmosphärischer, edaphischer und biologischer Faktoren, d. h. dem Klima, der am jeweiligen Ort gegebenen Bodenfeuchte und der Beschaffenheit der Pflanzendecke.

In Wäldern ist die potentielle Verdunstung infolge Strahlungsminderung, geringerer Luftbewegung und etwas höherer Luftfeuchte kleiner als über offenen Fluren. Andererseits ist die aktuelle Waldverdunstung in Mitteleuropa meist größer als die von Feldern (Tab. 26). Gründe dafür sind der größere Umsatz von Strahlungsenergie und die längere Vegetationszeit der Wälder. Ausnahmsweise, z.B. auf extremen Feuchtbiotopen, besonders in den Tropen, kann die Freilandverdunstung größer als die Waldverdunstung sein.

*Tab. 26: Jahresverdunstung im Verhältnis zum Jahresniederschlag [%]*
*(Baumgartner 1967)*

| Bodenbedeckung | Verhältnis zwischen Jahresverdunstung und Jahresniederschlag [%] |
|---|---|
| Nackter Boden | 30 |
| Getreidefelder | 40 |
| Hackfrüchte | 45 |
| Dauergrünland | 65 |
| Fichtenwald | 70 |
| Offene Wasserflächen | 75 |
| Sumpfwiesen | 100 |

Aus dieser Tabelle folgt, daß in Zentraleuropa die Wälder meist mehr Wasser verbrauchen als vegetationslose Flächen und Feldfluren. Besonders hoch ist die Verdunstung von Feuchtwäldern mit langer Vegetationszeit (Erlen-Bruchwälder, Auenwälder etc.). In niederschlagsärmeren Gebieten ist der Unterschied zwischen Wald und Feld größer als in niederschlagsreichen. Neuere Forschungsergebnisse haben allerdings gezeigt, daß auf Feuchtstandorten, z. B. in den feuchten Tropen, die Feldverdunstung höher als die Waldverdunstung sein kann.

Bei forsthydrologischen Betrachtungen ist darüber hinaus die Frage nach dem Wasserverbrauch verschiedener Baumarten und Waldtypen durch Assimilation und **Transpirationsverdunstung $V_t$** von Bedeutung. Dabei muß differenziert werden bezüglich

der Transpiration

– je Einheit produzierte Biomasse (mm/t),
– je Einheit Waldfläche (mm/ha).

Außerdem ist zwischen der Transpirationsverdunstung

– des Baumbestandes allein sowie
– des Baumbestandes und der übrigen Vegetationsschichten

zu unterscheiden.

Bei der **biomassebezogenen Transpiration** interessiert die Wassermenge, die von den verschiedenen Baumarten für die Produktion einer Einheit Biomasse benötigt wird. Ein quantitativer Ausdruck dafür ist das als **Transpirationskoeffizient** bezeichnete Verhältnis zwischen der verbrauchten Wassermenge und der damit produzierten Biomasse. Bei einer **flächenbezogenen Transpiration** geht es dagegen um den Wasserverbrauch von Waldbeständen verschiedener Baumarten auf vergleichbaren Standorten. Die biomassebezogene Betrachtungsweise ist besonders von Interesse, wenn es um die Produktion von Rohstoffen, z. B. Holz, geht. Aus landschaftsökologischer und wasserwirtschaftlicher Sicht ist hingegen der Wasserverbrauch je Flächeneinheit bedeutungsvoll.

Nach groben Schätzungen, die sich allerdings noch auf ältere Untersuchungen stützen, kann man die wichtigsten Baumarten hinsichtlich ihres flächen- und biomassebezogenen Wasserverbrauches, wie in Tabelle 27 dargestellt, beurteilen (Thomasius 1978).

*Tab. 27: Vergleich einiger einheimischer Baumarten nach ihrem flächen- und biomassebezogenen Wasserverbrauch*

| Flächenbezogener Wasserverbrauch | Biomassebezogener Wasserverbrauch | | | | | |
|---|---|---|---|---|---|---|
| | gering | | mittel | | groß | |
| gering | | | | Gemeine Kiefer | | |
| mittel | Rot-Buche | | | | | Stiel- u. Trauben-Eiche |
| | | | Europ. Lärche | | Sand-Birke | |
| groß | | Douglasie | Gemeine Fichte | | Pappeln | |
| | | | | | Weiden | |

Wie bereits erwähnt, darf bei waldhydrologischen Untersuchungen der Wasserverbrauch der Bodenpflanzendecke nicht vernachlässigt werden. Die Kenntnisse darüber sind leider sehr lückenhaft. Bei Gefäßversuchen von Hartmann (1928) hatte von den untersuchten Pflanzenarten die Himbeere den größten Wasserverbrauch. Ihr folgten Straußgras und Knäuelgras. Den niedrigsten Wasserverbrauch hatte die Draht-Schmiele. Das sehr stark austrocknend wirkende Sandrohr wurde leider nicht mit in die Untersuchungen einbezogen. Bemerkenswert ist, daß Astmoos weniger Wasser verdunstete als die nackte Bodenoberfläche.

Für Heidelbeerdecken ermittelte Müller (1967) in einem 67jährigen Kiefernbestand bei Eberswalde während der Vegetationszeit in den Jahren 1961 und 1962 Transpirationswerte von 76 bzw. 80 mm. Noch höhere Werte stellte Moltschanow (1960) für verschiedene Bodenpflanzendecken in geschlossenen Kiefernwäldern bei Moskau fest. Sie betrugen bei Flechtenbewuchs und Astmoosdecken etwa 80 mm, bei Heidel- und Preiselbeerdecken um 120 mm, bei Perlgras 143 mm, bei Sauerklee 151 mm, bei Widertonmoos 190 mm und bei Torfmoos bis zu 228 mm. Das sind 16–44 % des Jahresniederschlages.

Daraus folgt, daß die Transpiration der Bodenpflanzendecke sehr hohe Werte erreichen kann. Es ist zu erwarten, daß sie auf produktionskräftigen Standorten und bei Lichtbaumarten mit einer üppigen Bodenpflanzendecke wesentlich höher als auf produktionsschwachen Standorten und bei Schattenbaumarten mit einer nur schwach ausgebildeten Bodenpflanzendecke ist. Waldhydrologische Wertungen ohne Berücksichtigung der Bodenpflanzendecke können darum leicht zu Trugschlüssen führen.

Eine weitere Wasserhaushaltskomponente ist die Menge des in Biomasse festgelegten Wassers. Sie ist gegenüber der des transpirierten Wassers vernachlässigbar klein.

### 4.2.2.4 Bodenwasser

Gegenstand dieses Abschnittes sind die Beziehungen

$$R - B = N_w - (V_E + V_T) - A.$$

Dabei bedeuten

| | |
|---|---|
| A: | Abfluß (setzt sich aus Oberflächenabfluß, bodeninnerem Abfluß und Grundwasserabfluß zusammen) |
| B: | Aufbrauch |
| $N_w$: | Niederschlag am Waldboden |
| R: | Rücklage im Boden |
| R – B: | Bodenwasservorratsänderung (sie ist positiv bei Zunahme, negativ bei Abnahme des Bodenwasservorrats) |
| $V_E$: | Verdunstung durch Evaporation |
| $V_T$: | Verdunstung durch Transpiration. |

Nachdem die Größen $N_w$, $V_E$ und $V_T$ bereits behandelt worden sind, wird nachfolgend noch kurz auf die Infiltration, Perkolation und den Wasserrückhalt eingegangen.

Feuchtigkeitsinput in den Boden ist der zum Waldboden gelangende Niederschlag $N_w$. Von diesem verdunstet ein Teil von der Bodenoberfläche (**Evapora-**

tion $V_E$), ein als **Infiltration I** bezeichneter Teil versickert in den Boden und ein weiterer fließt oberirdisch ab (**Oberflächenabfluß $A_o$**).

Die **Infiltration I** des Wassers in die meist lockereren, porenreicheren und durch Wurzeln tiefer aufgeschlossenen Waldböden ist in der Regel größer als die in Feldböden. Infiltrationsmessungen ergaben bei Vergleichen der Vegetationsformen Wald – Mähwiese – Weide hochsignifikante Unterschiede. So betrug die Versickerungszeit unter vergleichbaren Bedingungen für 1 Liter Wasser auf bewaldeten Flächen einige Sekunden bis wenige Minuten, auf Mähwiesen 1–10 Minuten und auf Weiden 5–100 Minuten.

Auch in den Wäldern bestehen erhebliche Unterschiede, weil Bäume, Sträucher und Bodenpflanzen nach Menge und Güte eine unterschiedliche Streu produzieren. Dadurch wird der Oberbodenzustand und mit ihm auch die Infiltration des auf den Boden gelangenden Niederschlages erheblich beeinflußt.

Je nach Art, Tiefe und Intensität der Wurzelausbildung von Bäumen, Sträuchern, Gräsern und Kräutern wird der Boden mehr oder weniger tief gelockert und dadurch die Sickerung (Perkolation P und Speicherung R) des Wassers im Boden beeinflußt. Generell sind darum auch die **Wasserbewegung (Perkolation) P** und das **Speichervermögen (Retention) R** der Waldböden größer als die von Feldböden. Die Perkolation von Waldböden kann – je nach Textur und Struktur – stark variieren. Sie wird durch Kanäle abgestorbener Starkwurzeln wesentlich beeinflußt. Besonders in den Wintermonaten sind Infiltration und Perkolation der Waldböden dank geringerer Dauer und Tiefe des Bodenfrostes besser als in Feldböden.

Tiefwurzelnde Baumarten wie Eiche und Buche, Tanne, Kiefer und Lärche bewirken auf terrestrischen Böden einen tiefgehenden Bodenaufschluß und damit eine Verbesserung der Perkolationsfähigkeit und Erhöhung der Speicherkapazität des Bodens. Das hat eine Verminderung des oberflächigen Abflusses zu Gunsten des Grundwasserabflusses und eine Erhöhung der Wasserqualität zur Folge. Diese Wirkung ist besonders auf schweren, verdichteten oder zur Verdichtung neigenden Böden von großer Bedeutung. Ungünstig sind in dieser Hinsicht flachwurzelnde Baumarten, wie Fichte und Weymouths-Kiefer.

Andererseits können Tiefwurzler in Dürreperioden zu einer tiefgreifenden Bodenaustrocknung und Verminderung der Abflußspende beitragen. Dies kann bei Eiche bis zu 10 m, bei Lärche bis zu 3 m, bei Ahorn bis zu 2,5 m und bei Kiefer und Esche bis zu 2 m reichen. Die Stärke dieser Bodenaustrocknung korrespondiert mit der Transpiration der Waldbestände.

Schließlich wird dem Boden auch von Wurzeln der verschiedenen Pflanzen Wasser entzogen, das entweder in **Biomasse (M)** festgelegt oder durch Transpiration wieder freigesetzt wird. Aus allen diesen Untersuchungen folgt, daß der

**Feuchtigkeitsgehalt** von Waldböden (volumenbezogen mehr als gewichtsbezogen) generell kleiner als der von Feldböden ist. Das gilt besonders für den Wurzelraum, dem die Pflanzen Feuchtigkeit entziehen. Daraus ergibt sich eine größere freie Speicherkapazität der Waldböden, die bei Starkregen und während der Schneeschmelze nützlich ist.

Dieselben Ursachen führen dazu, daß das Grundwasser unter vergleichbaren Bedingungen in Waldböden tiefer als in Feldböden ansteht. Am größten sind die Unterschiede bei mittlerer Grundwassertiefe.

Zusammenfassend wird festgestellt, daß Waldböden viel Wasser aufnehmen und in Trockenzeiten auch wieder abgeben können, soweit dem der hohe Wasserverbrauch des Waldes selbst nicht entgegenwirkt.

### 4.2.2.5 Abfluß

Bei dieser Wasserhaushaltskomponente muß unterschieden werden zwischen

$A_o$      Oberflächenabfluß,

$A_h$      bodeninnerem Abfluß (Abfluß im Bereich zwischen Bodenoberfläche und Grundwasser) und

$A_G$      Grundwasserneubildung.

Daraus ergibt sich der Gesamtabfluß

$$A = A_o + A_h + A_G.$$

Das nicht in den Boden versickernde Wasser wird entweder von der Bodenoberfläche verdunstet (**Evaporation $V_E$**) oder es fließt oberflächig ab (**Oberflächenabfluß $A_o$**). Das durch **Infiltration** in den Boden versickernde Wasser nimmt verschiedene Wege. Zum Teil wird es im Boden gespeichert (**Retention R**) oder von den Pflanzen zur **Bildung von Biomasse $M_w$** und **Transpiration $V_T$** verbraucht, zum Teil **perkoliert** es durch den Boden und führt zur Grundwasserneubildung.

Dort, wo die Niederschläge im Wald und Feld etwa gleich groß sind – wie das in Zentraleuropa meist der Fall ist – ist der Abfluß aus Waldgebieten geringer als der aus Ackerlandschaften, weil erstere stärker verdunsten (Tab. 28). Ausnahmen davon stellen Gebiete mit ausgedehnten Feuchtbiotopen dar. Die Unterschiede zwischen Wäldern und Feldern fallen in trockenen Jahren kleiner als in feuchten aus.

Dem Nachteil geringerer Abflußspende aus Wäldern stehen als Vorteil die größere Wasserspeicherung und Kontinuität des Wasserdargebotes gegenüber. Letztere wirken sich vor allem bei Starkregen positiv aus. Dank des größeren Infiltrations- und Perkolationsvermögens der Waldböden ist der Anteil des Ober-

*Tab. 28: Vergleich der Abflüsse aus bewaldeten und nicht bzw. wenig bewaldeten Wassereinzugsgebieten [% der Jahresmittelwerte] (n. Lützke 1968, gekürzt)*

| Objekt | Land | Beobach-tungszeit-raum | Bewuchs | | Abfluß [% d. Niederschlages] | |
|--------|------|------------------------|---------|---|------------------------------|---|
| | | | bewaldet (Waldanteil) | unbewaldet | bewaldet | unbewaldet |
| Sperbel- und Rappengraben | Schweiz | 1927–1952 | 99 % | Weide 69 % Wald 31 % | 46,7 | 58,3 |
| Wagon Wheel Cap B, Colorado | USA | 1919–1924 | 84 % | Schlagflora | 29,2 | 34,5 |
| Cooveta Nr. 3 | USA | 1940–1945 | 100 % | Landwirtschaft | 29,9 | 38,7 |
| Cooveta Nr. 13 | USA | 1940–1945 | 100 % | Schlagflora | 43,3 | 59,4 |
| Westharz | BRD | 1949–1953 | 98 % | Schlagflora | 55,2 | 56,9 |
| Viktoriasee, Südufer | Kenia | 1961–1964 | 100 % | 53 % Tee-plantagen, 47 % Wald | 37,7 | 45,5 |
| Skakham Brook, New York | USA | 1955 | 58 % (seit der Aufforstung 1931–1939) | aufgegebene Agrarflächen | 48,3 | 60,8 |
| Coshocton, Ohio | USA | 1957–1958 | 100 %, davon 70 % 1938–1939 aufgeforstet | 70 % aufgege-bene Agrar-flächen, 30 % Wald | 17,0 | 30,9 |

flächenabflusses in Wäldern kleiner als der von Feldfluren. Dadurch werden Bodenerosionen und Überschwemmungen erheblich reduziert. Andererseits ist die Quellenschüttung in Wäldern während kürzerer Trockenzeiten größer als in offenen Fluren.

Verminderter Oberflächenabfluß und damit geringere Bodenerosion reduzieren die Feststofführung der Fließgewässer und die Auffüllung von Standgewässern (Talsperren) mit Erosionsmaterial.

Dem bisher beschriebenen Normalfall, daß der Wald etwa gleichviel Niederschläge wie das Feld empfängt, steht der Sonderfall höherer Waldniederschläge in nebelreichen Gebieten (Gebirge und Küstenländer) gegenüber. In solchen Fällen können bewaldete Einzugsgebiete größere Abflußmengen als unbewaldete liefern. Erwähnt sei an dieser Stelle, daß Änderung des Bodenwasser- und -lufthaushaltes durch Ent- oder Bewässerung, wie sie in Verbindung mit Meliorationsmaßnahmen oder dem Bergbau vorkommen, zu Veränderungen des Redoxpotentials und damit der Pflanzenverfügbarkeit von Wasser und Nährstoffen führen.

### 4.2.3 Edaphische Wirkungen

### 4.2.3.1 Allgemeines

Eng verbunden mit dem Einfluß des Waldes auf Klima und Wasserregime ist seine Wirkung auf **Boden** und **Bodenfruchtbarkeit**.

Mit dem Begriff **Boden** wird hier das oberste Verwitterungssubstrat der Erdrinde bezeichnet, das aus

– festen, flüssigen und gasförmigen,
– anorganischen und organischen sowie
– toten und lebenden Bestandteilen

unterschiedlicher Größe und Zusammensetzung besteht, in spezifischer Weise angeordnet ist und charakteristische Strukturen besitzt.

Dabei ist es bedeutungsvoll, daß Böden einerseits ein unerläßlicher Bestandteil des Lebensraumes von Pflanzen (Wasser- und Mineralstoffversorgung) und Tieren sind, andererseits aber auch wesentlich zur Entstehung (Verwitterung und Humusbildung) und Erhaltung von Biotopen (Schutz vor Erosion, Humusabbau etc.) beitragen. In Ökosystemen wirken die Böden dank ihrer physikalischen und chemischen Eigenschaften als Speicher, Filter und Puffer.

Im Vergleich zu den landwirtschaftlich genutzten Böden sind die meisten Waldböden nur wenig verändert. Sie besitzen meist noch ihre natürliche Horizontfolge und Struktur, häufig eine größere Durchlässigkeit und ein höheres Wasserspeicherungsvermögen sowie ein artenreicheres Edaphon. Durch großflächige Rodungen wurden der Flächenanteil der Waldböden und damit auch die von ihnen ausgehenden positiven landschaftsökologischen Wirkungen erheblich vermindert. Als Beispiel dafür sind die bis in die Antike zurückreichenden Waldverwüstungen mit nachfolgender Bodenerosion und Verkarstung der Mittelmeerländer zu nennen. In Mitteleuropa nahm die Erosion erheblich zu, nachdem die Menschen seßhaft wurden und zum Ackerbau übergingen, wie die in der Bronzezeit einsetzenden Auenlehmablagerungen belegen.

Aber auch in den verbliebenen Wäldern wurden die Böden vielerorts durch Kahlschlag und Koniferenreinanbau, Streu- und Ganzbaumnutzung, Biozideinsatz, Bodenverdichtung durch Befahren mit schweren Maschinen und andere Maßnahmen geschädigt. In neuerer Zeit hat sich, besonders in stark staubfilternden Nadelwäldern (Fichte), die Menge der Fremdstoffeinträge aus der Atmosphäre erhöht.

Auf Kahlschlägen kommt es wegen Bodenfreilage, stärkerer Einstrahlung und Bodenerwärmung zu einem stürmischem Humusabbau und zu größeren Nährstoffverlusten. Eine ähnliche Wirkung haben Waldbrände.

Durch wiederholten Anbau reiner Koniferenbestände können der Bodenzustand und die Bodenfruchtbarkeit negativ beeinflußt werden. Vor allem auf sauren Grundgesteinen führen solche Maßnahmen zur Bildung von Auflagehumus (Rohhumus), der durch ein weites C/N-Verhältnis und gehemmten mikrobiellen Abbau gekennzeichnet ist. Hinzu kommt die Bildung von Huminsäuren, die zur weiteren Versauerung des Bodens, zur Zerstörung sekundärer Tonmineralien und zu Podsolierungen führen.

Sehr nachteilig sind Streu- und Ganzbaumnutzungen, weil dadurch den Bodenorganismen die Nahrung entzogen wird und die für funktionsfähige Waldökosysteme erforderlichen biogeochemischen Stoffkreisläufe gestört werden.

Im Rahmen dieser Schrift interessieren bei Behandlung des Waldeinflusses auf den Boden vor allem seine Schutzwirkung gegenüber Bodenabtrag und -devastierung durch Wasser, Wind und Gravitation. Außerdem sind die physiologischen Wirkungen zu berücksichtigen, die sich aus Klimaeffekten für das Pflanzenwachstum ergeben. Diese Einflüsse werden genutzt durch Anlage von Schutzpflanzungen

– gegen Winderosion und Austrocknung von Feldern,
– gegen Erosionsschäden an Steilhängen und Böschungen,
– gegen Uferbeschädigungen an Still- und Fließgewässern,
– an der Meeresküste.

Eine bedeutungsvolle Aufgabe ist schließlich auch die Renaturierung und forstliche Rekultivierung von Kippen und Halden des Bergbaus.

### 4.2.3.2 Schutz vor Winderosion und Austrocknung

In vielen ausgeräumten Agrarlandschaften Mitteleuropas treten Schäden durch Winderosion und austrocknende Winde auf. Ihr Ausmaß wird neben der Stärke und Dauer des Windes von der Geländeausformung, der Bodenart, der Verteilung von Wald und Feld, dem Vorkommen von Hecken, Baumreihen, Baumgruppen und Einzelbäumen sowie speziellen Schutzpflanzungen beeinflußt.

Während diese zur Aufrauhung der Landoberfläche und damit zur Windbremsung beitragenden Gehölze in früheren Jahrhunderten vorrangig der Abgrenzung und Einfriedung von Grundstücken dienten, werden sie heute in erster Linie wegen ihrer windschützenden Wirkungen erhalten oder angelegt. Diese bestehen in der Minderung von Bodenerosionen, der Vermeidung mechanischer Schäden, der Reduzierung von Evaporation und Transpiration sowie der sich bei permanenter Windwirkung einstellenden physiologischen Schäden.

### 4.2.3.2.1 Schutz vor Bodenerosion durch den Wind

Bodenverwehungen kommen vor allem in trockenen Gebieten mit flüchtigen Böden vor. Diese Prozesse beginnen bei Windgeschwindigkeiten von 5 m/s mit dem Dahinwehen staubförmiger Bodenteilchen (0,05–0,2 mm) an der Bodenoberfläche, sie setzen sich fort durch das Aufwirbeln größerer Staubmengen und sie eskalieren bei hoher Windgeschwindigkeit in mächtigen Staubstürmen. Die Disposition dazu ist besonders auf vegetationslosen Flächen bei anhaltend trockenem Wetter, starken und böigen Winden gegeben. Schleichende Winderosion führt einerseits zu Feinboden- und Humusverlusten, andererseits zu unerwünschten Bodenanwehungen in Siedlungen und Gewässer.

Wälder und Gehölze bewirken durch Reduktion der Windgeschwindigkeit eine Minderung solcher Bodenverlagerungen. Der von Wäldern und Gehölzstreifen ausgehende Schutz vor Winderosion reicht bis über das Zehnfache ihrer Höhe.

### 4.2.3.2.2 Schutz vor mechanischen und physiologischen Schädigungen durch den Wind

Augenfällig sind die immer wieder von Stürmen, das sind Winde mit > 60 km/h[1] Geschwindigkeit, in offenen Landschaften und Wäldern angerichteten Schäden. In letzteren werden einzelne Bäume oder auch ganze Waldbestände gebrochen (Windbruch) oder umgeworfen (Windwurf). Es ist wahrscheinlich, daß diese Sturmschäden auf Grund unsachgemäßer Waldbewirtschaftung und den eventuell sich anbahnenden Klimaänderungen in den letzten beiden Jahrhunderten zugenommen haben (Abb. 54).

Neben diesen unübersehbaren Schäden in den Wäldern kommt es aber auch in landwirtschaftlichen Kulturen durch Blattzerreißungen und Knickung unverholzter Pflanzenteile zu mechanischen Schädigungen und Ertragsbeeinträchtigungen.

Über die Behandlung von Klimaschutzwäldern wird im Kapitel 7.2.1 berichtet. Auf die vielschichtige Problematik der Windschutzpflanzungen kann hier nicht näher eingegangen werden.

### 4.2.3.3 Schutz vor Bodenabtrag durch Wirkungen des Wassers und der Gravitation

Zu Bodenzerstörungen durch die Schwerkraft kommt es, wenn die im Boden wirkenden vertikal gerichteten Kräfte größer als die innere Reibung sind. Alle Schutzmaßnahmen, die solche Prozesse verhindern sollen, müssen darum dazu

---

[1] Von Stürmen spricht man ab Windstärke 7 nach Beaufort. Das entspricht einer Windstärke von 16,5 m/sec.

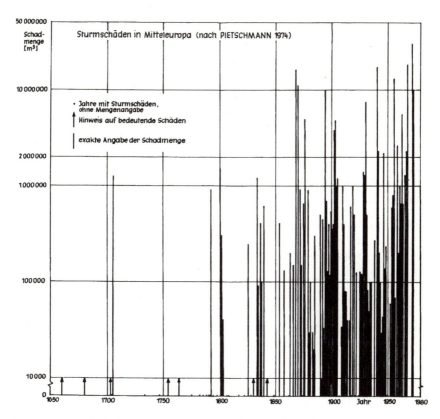

*Abb. 54: Historische Sturmschäden in Mitteleuropa (angefertigt nach Unterlagen von Pietschmann 1974)*

beitragen, daß einerseits die **Hangabtriebskraft vermindert** und andererseits die **innere Reibung vergrößert** wird. Dazu sind geeignet

- Verringerung der Hangneigung durch Abflachung,
- Fernhaltung von Wasser, das die innere Reibung vermindert und Gleitflächen schafft,
- permanenter Bewuchs mit tiefwurzelnden Pflanzen,
- bautechnische Maßnahmen.

### 4.2.3.3.1 Schutz vor Bodenabtrag an Hängen

Die oberflächenparallele Verlagerung von Bodenteilchen ist auf Gravitationskräfte und Wasser zurückzuführen. Bei **Bergstürzen** wirkt vorwiegend die Gravitation. Das Wasser kann noch zusätzlich als Gleitmittel mitwirken. **Flächen-**

und **Furchenerosionen** werden durch kinetische Kräfte des Wassers, die letztendlich ebenfalls auf Gravitation zurückgehen, ausgelöst.

Auch in Naturlandschaften treten solche Formen des Bodenabtrages als sog. **Denutationen** auf. In „Kulturlandschaften" werden sie meist durch ökologisches Mißmanagement als **Erosion** verstärkt. Bei Betrachtung solcher Vorgänge ist zuerst nach der Erosionsdisposition zu fragen.

Die **klimatisch bedingte Erosionsdisposition** steigt generell mit abnehmender Humidität (schüttere Vegetation) und steigender Regendichte (Niederschlagsmenge pro Zeiteinheit). Sie ist in Mitteleuropa verhältnismäßig gering und stellt in den subtropischen und tropischen Gebieten den entscheidenden Faktor bei Bodenerosionen dar.

Die **reliefbedingte Erosionsdisposition** beruht auf der mit zunehmender Hangneigung steigenden Schwerkraftwirkung. Dabei ist zu beachten, daß das Relief in hohem Maße vom Grundgestein und Boden abhängig ist.

Die **edaphisch bedingte Erosionsdisposition** ist von der Höhe des Oberflächenabflusses bzw. der Infiltration und Perkolation des Niederschlagswassers sowie der Bindigkeit des Bodens abhängig. Die Erosionsgefahr steigt mit zunehmendem Anteil des Oberflächenabflusses. Die Konsistenz und mit ihr die Widerstandsfähigkeit des Bodens gegenüber Verlagerung hängen von der Bodentextur und -struktur ab. Lockere und schlecht strukturierte Böden sind stärker als bindige und wohl strukturierte erosionsgefährdet. Diese edaphischen Einflußgrößen bestimmen den **kritischen Winkel,** das heißt den Neigungsgrad des Geländes, bei dem die Erosion einsetzt.

Nach Niemann (1978) vollzieht sich der **Einfluß der Vegetation** in drei Ebenen:

- Die die Bodenoberfläche überragenden Pflanzenteile mindern die Energie des fallenden Regens, sie reduzieren die Menge des zum Boden gelangenden Niederschlages (Interzeption) und schwächen die abtragungsfördernde Austrocknung des obersten Bodenraumes (Benetzungswiderstände).
- Die unmittelbar den Boden überschirmende Bodenpflanzendecke und der in hohem Maße von der Vegetation abhängige Humuszustand sind in Verbindung mit der Bodenstruktur maßgeblich für die Infiltrationsrate bzw. den Oberflächenabfluß.
- Die Durchwurzelung trägt einerseits zur Befestigung, andererseits zur Perkolationsfähigkeit der Böden bei. Auf diese Weise wird das Bodensubstrat gebunden und der Oberflächenabfluß reduziert.

Die Art und das Ausmaß der Bodenerosion durch Wasser und Gravitation sind in hohem Maße von der Vegetationsstruktur abhängig. Diese beeinflußt auch den kritischen Neigungswinkel. Er liegt nach Schulze (1959) in Thüringen

- bei Feldern zwischen 1–7°,
- bei Wegen zwischen 5–10° und
- bei Wäldern zwischen 20–30°.

Über Größenordnungen des Bodenabtrages geben Untersuchungen Aufschluß, die von Wagenhoff und v. Wedel (1959) im Harz durchgeführt worden sind:

- Freie Flächen
  - Vegetationsloser Mineralboden      $1\,798{,}75\ \mathrm{g/m^{-2}a^{-1}}$,
  - Rohhumusauflage      $32{,}59\ \mathrm{g/m^{-2}a^{-1}}$,
  - Drahtschmielen-Beerkraut-Decke      $0{,}03\ \mathrm{g/m^{-2}a^{-1}}$,
- Fichtenbestand      $4{,}18\ \mathrm{g/m^{-2}a^{-1}}$.

Dem Bodenabtrag und der damit verbundenen Minderung der Bodenfruchtbarkeit (am stärksten werden Humus und Feinboden abgetragen) auf der einen Seite stehen eine erhöhte Feststofführung der Fließgewässer, die Auffüllung von Stillgewässern sowie Verschüttung und Verschlämmung von Fluren und Verkehrswegen auf der anderen gegenüber. Untersuchungen von Delfs et al. (1958) sowie Wagenhoff und v. Wedel (1959) geben über diese Wirkungen Aufschluß (Tab. 29).

*Tab. 29: Vergleich der Schwebstoff- und Schotterfracht in Fließgewässern bei Bewaldung und nach Kahlschlag (Wagenhoff u. v. Wedel 1959, Delfs et al. 1958)*

| Einzugsgebiet | Schwebstofffracht 1950 [$m^3/km^2$] | Schotterfracht 1950 [$m^3/km^2$] |
|---|---|---|
| kahlgeschlagen | 56,0 | 2,0 |
| bewaldet | 15,8 | 0,05 |

Gleiche Größenordnungen ergaben Untersuchungen von Burger (1954) in der Schweiz. Dort wurden auf beweideten und durch den Tritt der Tiere verdichteten Flächen mit $160\ m^3/km^2$ besonders hohe Werte ermittelt, während auf plenterartig bewirtschafteten Flächen kein meßbarer Abtrag vorhanden war. Auch im Hügelland kommt es örtlich, vor allem nach Waldrodungen, zu erheblichen Bodenabtragungen. Über die waldbauliche Behandlung von Bodenschutzwäldern wird im Kapitel 7.2.3 berichtet.

#### 4.2.3.3.2 Schutz vor Erosion an Gewässerufern

Die vor allem im Ober- und Mittellauf von Fließgewässern auftretende Ufererosion wird durch die **Schleppkraft** des Wassers verursacht und durch die mechanische Wirkung des mitgeführten Geölls erhöht. Durch Reibungswiderstände am Ufer und an der Sohle von Fließgewässern entstehen zusätzliche Wasserbewegungen (Strudel und Wasserwalzen), die die Tiefen- und Breitenerosion verstärken. An größeren Standgewässern kann auch der Wellenschlag des Wassers zu Ufererosionen führen.

Den auslösenden Faktoren der Ufererosion steht die Erosionsdisposition des Wassereinzugsgebietes und des Ufers gegenüber. Letztere ist von den bodenphysikalischen Eigenschaften des Gewässerbettes und der Ufervegetation abhängig.

Die Schutzwirkung der Gehölze, die zwischen der Sommer-Mittelwasserlinie (MWS) und der mittleren Hochwasserlinie (MHW) stehen, ergibt sich aus folgenden Effekten:

- Befestigung des Ufersubstrates, z. T. auch der Sohle, durch Wurzeln. Diese Wirkung reicht besonders wasserseitig über die von den Gehölzen überschirmte Fläche hinaus.
- Elastisches Auffangen und Zerteilen der Energie des Wassers durch Sträucher, Stockausschläge, Wurzelbrut und Jungwuchs von Bäumen.

Diese Aufgaben werden aber nur dann erfüllt, wenn der ober- und unterirdische Wuchsraum von Uferschutzgehölzen **gleichmäßig** und **kontinuierlich** eingenommen wird. In diesem Fall besteht ein dynamischer Gleichgewichtszustand zwischen den einwirkenden Kräften des fließenden Wassers und den abpuffernden Kräften der elastischen Gehölze. Räumliche und zeitliche Unterbrechungen des Schutzstreifens können zu verheerenden Einbrüchen im Ufersaum führen.

Im Gegensatz zu den Ober- und Mittelläufen der Fließgewässer, über die hier vordergründig berichtet worden ist, spielen an den Unterläufen mehr die hydrologischen Wirkungen der Wasser- und Ufervegetation (Verkrautung und Abflußhemmung) eine Rolle. Gehölzsäume haben hier mehr zur Minderung der Verkrautung und Erwärmung des Wassers durch ihren Schattenwurf oder auch zur biologischen Entwässerung durch Transpiration beizutragen (Niemann 1978). Die waldbauliche Behandlung von Uferschutzwäldern wird im Kapitel 7.2.2.2 behandelt.

### 4.2.3.3.3 Schutz der Einzugsgebiete von Wildbächen sowie Lawinen

**Gebirgsbäche** mit großen jahreszeitlichen Schwankungen der Wasser- und Geröllführung werden als Wildbäche bezeichnet. Ihre stark erodierende Wirkung ergibt sich aus dem Zusammenwirken von Gravitationskräften, kinetischer Energie des fließenden Wassers und mitgeführtem Geröll (Bd. 5, UGP, Schutz der Binnengewässer, Kap. 8).

**Murgänge** sind ein Gemisch von Wasser, Gestein und Boden, Schutt und Holz, das nach starken Niederschlägen oder rascher Schneeschmelze in sonst wasserfreien Hangfurchen oder Gerinnen zu Tal geht. Sie entstehen dort, wo in Einzugsgebieten größere Lockermassen vorhanden sind.

Ein wirksamer Schutz gegen solche Ereignisse ist häufig nur durch Verbindung wasserbautechnischer, ingenieurbiologischer und waldbaulicher Verfahren im gesamten Einzugsgebiet möglich (Kirwald 1964).

An dieser Stelle sei noch kurz die Schutzwirkung der Hochgebirgswälder vor **Lawinen** erwähnt. Diese entstehen durch Abrutschen von Schneemassen an steilen Hängen mit glatter, den Gravitationskräften nicht genügend Reibungswiderstand entgegensetzender Oberfläche. Diese Gefahr ist besonders groß, wenn an den dafür prädisponierten Stellen zusätzlich Schmelzwässer als Gleitmittel wirken (Laatsch 1977).

Die Entstehung von Schneerutschen und von Lawinen wird im Wald verhindert, weil die Schneedecke von Bäumen und Baumstümpfen gewissermaßen „festgenagelt" wird. Hinzu kommt, daß die Schneedecke in Wäldern ungleich stark, ungleich verdichtet und weniger als auf Freiflächen geschichtet ist. Die Neigung zur Bildung von Schneebrettern und Lockerschneelawinen ist hier wesentlich geringer. Schneerutschen und Lawinen, die auf den Wald treffen, werden von ihm gebremst, abgelenkt und schließlich zum Halten gebracht. Die dazu erforderlichen forstwirtschaftlichen Maßnahmen werden im Kapitel 7.2.3.3 behandelt.

### 4.2.3.3.4 Schutzwirkungen an der Meeresküste

Dort, wo größere Städte sichere Zufahrten zu ihren Häfen benötigten, wurden schon im Mittelalter Maßnahmen zum Schutz der Meeresküste ergriffen. Man befestigte die Küstenstreifen mit Gras, Strauchwerk und Bäumen und bemühte sich, durch Raubbau vernichtete Wälder wieder anzulegen (Cordshagen 1965). In der zweiten Hälfte des vergangenen Jahrhunderts und zu Beginn dieses Jahrhunderts entwickelte man die bekannten technischen Maßnahmen des Küstenschutzes und glaubte, mit dem Bau von Buhnen, Deckwerken und Ufermauern weitaus bessere Mittel als vorher gefunden zu haben. In neuerer Zeit ist wieder eine stärkere Besinnung auf ingenieurbiologische Bauweisen festzustellen (v. Bülow 1953, 1957; Jeschke 1964, Bencard 1967).

Heute besteht weitgehende Einigkeit darüber, daß Strand und Düne bzw. Kliff und Hinterland ein in sich abgestimmtes Schutzsystem bilden müssen. In diesem obliegen dem Wald folgende Aufgaben:

- An **Flachküsten:**
  • Brechung der Wellenkraft bei Seedurchbrüchen,

- Schutz vor Bodenabspülung,
- Schutz der Deiche vor unmittelbarem Wellenschlag.

- An **Steilküsten:**
  - Schutz vor Wassererosion,
  - Schutz vor Winderosion,
  - Schutz vor Frostabbrüchen

  durch Bewuchs mit niedrigem Strauchwerk.

- Auf **Nehrungen:** Beitrag zur Kultivierung und Nutzung dieses Neulandes.

- Im **Hinterland:**
  - Schutz vor **Sandeinwehungen** von der Küste her, weil dadurch der Sandhaushalt an der Küste gestört und die Bodenfruchtbarkeit beeinträchtigt werden,
  - generelle Verbesserung des **Lokalklimas,**
  - Schutz vor physiologischen **Windschäden** und den sich daraus ergebenden Ertragsminderungen.

Neben diesen landschaftsökologischen Funktionen soll der Küstenschutzwald Erholungsfunktionen erfüllen, soweit diese mit den Belangen des Küstenschutzes in Einklang zu bringen sind.

An Flachküsten besteht das Küstenschutzsystem im Normalfalle auf der Landseite aus dem Strand, einer möglichst flach und gleichmäßig ansteigenden Düne, einem etwa 100 m breiten, von Gehölzen bewachsenen Zwischenstreifen und dem Deich (Abb. 55).

Zur biologischen Befestigung von Küstendünen und künstlich geschaffenen Dünenwällen wird Gemeiner Strandhafer bzw. Baltischer Strandhafer benutzt. Je nach Bindigkeit und Nährstoffgehalt der Dünenstandorte siedeln sich sukzessiv im Laufe der Zeit weitere Pflanzen an. Bezüglich der verschiedenen Sukzessionsabläufe muß auf die einschlägige Literatur verwiesen werden.

Auf dem zwischen Düne und Deich gelegenen Streifen wird ein Küstenschutzwald angestrebt, der die Kraft und Höhe der Wellen mindert und die Deiche vor Wellenschlag und Zerstörung schützt (Kap. 7.2.2.3).

Die Steil- oder Kliffküsten sind vor Auskolkungen, Bodenrutschungen und Erdabbrüchen zu schützen (Abb. 56). Eine Inaktivierung dieser Küstenbereiche ist nur möglich, wenn der Kliffuß vor Auskolkung durch Wellenschlag geschützt wird. Das kann durch Mauern, Steinpackungen und Steinwälle geschehen. Das Kliff selbst und vor allem die Kliffkante sollen durch dichtes Strauchwerk vor Deflation durch Seewind, Erosion durch Niederschläge und Grundwasseraustritt sowie Bodenrutschungen nach Frost geschützt werden.

# FLACHKÜSTENAUSBILDUNG

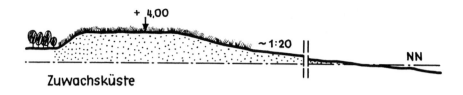

**Zuwachsküste**

**Abtragungsküste**

*Abb. 55: Schematische Darstellung von Flachküstenausbildungen mit Schutzwald (Bencard 1969)*

Hinter der Kliffkante ist ein breiter Waldgürtel erwünscht, um das Hinterland vor den Seewinden und Sandeinwehungen zu schützen.

Über die Beschaffenheit und Behandlung von Küstenschutzwäldern wird im Kapitel 7.2.2.3 berichtet.

### 4.2.4 Biotische Wirkungen

### 4.2.4.1 Allgemeines

Der wichtigste biotische Effekt des Waldes, der ja selbst mit seinem Klima und Boden das Ergebnis des Zusammenwirkens von Pflanzen und Tieren darstellt, besteht darin, daß er vielen Organismen, die an **waldgemäße** Licht-, Wärme- und Feuchtigkeitsbedingungen sowie Ernährungs- und Fortpflanzungsverhältnisse gebunden sind, den ihren Erfordernissen entsprechenden Lebensraum gewährt. Dank der räumlichen Ausdehnung und inneren Strukturierung sowie der topischen und zeitlichen Differenzierung bieten Wälder eine von keinem anderen Ökosystem zu übertreffende Nischenvielfalt. Aus dieser wiederum ergibt sich die ihnen eigene Artendiversität.

Die durch Arten- und Raumstruktur sowie Nahrungsangebot bewirkte Nischenvielfalt einzelner Waldbestände wird räumlich und zeitlich vergrößert

- durch geotopbedingte Differenzierungen in
  • Feucht- und Trockenwälder,

207

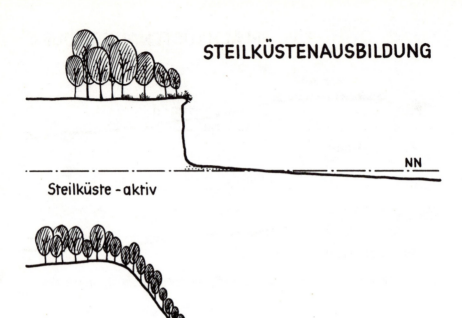

**STEILKÜSTENAUSBILDUNG**

NN

Steilküste - aktiv

NN

Steilküste - inaktiv

*Abb. 56: Schematische Darstellung von Steilküstenausbildungen mit Schutzwald (Bencard 1969)*

- • Wälder basenarmer und basenreicher Geotope,
- • Tiefland- und Gebirgswälder,
- • Wälder wärmebegünstigter Lagen und kühler Schluchten,

– durch ihre autogene Dynamik im räumlichen (Mosaikstruktur) und zeitlichen Ablauf (Sukzession),

– durch menschliche Einflüsse, wie
- • extensive und intensive Bewirtschaftung,
- • Hoch- und Niederwaldbewirtschaftung,
- • schlagfreie und schlagweise Bewirtschaftung,
- • Baumartenwahl und Mischungsregulierung,
- • Schaffung von Wald- und Bestandesgrenzen.

Angesichts der Flächenausdehnung und Strukturierung von Wäldern sowie ihrer Differenzierung nach Geotopen, Entwicklungsstadien und Bewirtschaftungssystemen nimmt es nicht Wunder, daß sie Lebensräume für Organismen mit überaus unterschiedlichen Lebensansprüchen bieten.

Von den in Mitteleuropa vorkommenden rund 2 800 Farn- und Blütenpflanzen kommen etwa 40 % in Wäldern vor, und rund $1/3$ lebt fast ausschließlich in ihnen. Noch größer dürfte der zahlenmäßige Anteil bei den Moosen, Flechten und Pilzen sein, von denen letztere als Destruenten besonders bedeutungsvoll sind.

Auch die Anzahl der in Wäldern lebenden Tierarten ist sehr groß. Rund $3/4$ aller heimischen Säugetierarten leben ständig oder zeitweilig in Wäldern. Von den Großsäugern, die ursprünglich in Wäldern lebten, sind die meisten in Deutschland und einige weltweit ausgerottet, so die Wildrinder, Wildpferde und Wildschafe sowie die Großraubtiere Braunbär und Wolf. Von den in Deutschland vorkommenden Brutvogelarten kommen >50 % in Wäldern vor, bei den Singvögeln sind es sogar >60 %. Einige davon sind obligatorische Waldbewohner, wie Haubenmeise und Wintergoldhähnchen in Nadelwäldern, Blaukehlchen und Schlagschwirl in Feuchtwäldern. Ausgeprägte Waldvögel sind auch Schwarzstorch, Dreizehenspecht, Weißrückenspecht, Schwarzspecht, Sperlingskauz, Rauhfußkauz, Waldkauz und Habichtskauz, Auerhuhn, Haselhuhn und Waldschnepfe.

Von den Amphibien sind einige, wie Feuersalamander, Alpensalamander, Kammmolch, Bergmolch, Gelbbauchunke, Geburtshelferkröte, Erdkröte, Seefrosch, Grasfrosch, Moorfrosch und andere, mit dem Wald verbunden.

Von den nahezu 40 000 Wirbellosen kommen viele überwiegend oder ausschließlich in Wäldern vor. Die in Deutschland bekannten 4 000 Käferarten leben zu rund $2/3$ in Wäldern, und $>1/4$ sind Bewohner von Totholz (Xylobionten) unterschiedlicher Zersetzungsstufen.

Die Lebensraum-Funktion der Wälder kann man auf folgende Aspekte zurückführen:

1. Räumliche Ausdehnung (vertikal und horizontal) mit der sich daraus ergebenden Nischenbildung,
2. geotopische Differenzierung der Wälder dank ihrer breiten Umweltamplitude von feucht bis trocken, arm bis reich und warm bis kalt,
3. natürliche Dynamik im zeitlichen Verlauf (Sukzession) und räumlichen Wechsel (Mosaikstruktur),
4. eine häufig noch vorhandene Bodenständigkeit, welche sich aus Autochthonie und Standortsgemäßheit ergibt,

5. eine anthropogen hervorgerufene Diversität als Folge unterschiedlicher Bewirtschaftung (Kap. 6), so z. B.
   - im System des Hoch- und Niederwaldes,
   - im System des schlagweisen und schlagfreien Hochwaldes,
   - bei Anwendung verschiedener Verjüngungsverfahren,
   - durch Schaffung von Grenzlinien bzw. Ökotonen (Wald- und Bestandesränder).

### 4.2.4.2 Habitatfunktion und Artenschutz

Alle Pflanzen- und Tierarten sind an eine bestimmte, durch Licht, Wärme, Feuchtigkeit und Nahrungsangebot charakterisierte Umwelt gebunden. Diese Umwelt wird, bei Betrachtung einzelner Arten oder Populationen, als **Habitat** bezeichnet. Die Erhaltung der durch eine bestimmte Amplitude einzelner sowie eine Konstellation verschiedener ökologischer Faktoren charakterisierten Habitate ist Voraussetzung für die Erhaltung und den Schutz von Arten.

Ähnliches gilt auch für die durch Vergesellschaftung von Lebewesen zu Phyto-, Zoo- und schließlich Biozönosen entstehenden höheren Einheiten, deren Lebensraum als **Biotop** bezeichnet wird. Dieser stellt gewissermaßen eine Integration aller Habitate der in der zugehörigen Biozönose vorkommenden Arten dar.

Wie bereits dargelegt worden ist, waren und sind die **Lebensräume** vieler in Mitteleuropa einheimischer Pflanzen- und Tierarten sowie Pflanzen- und Tiergesellschaften ursprünglich Waldökosysteme mit spezifischem Innenklima und Boden, charakteristischer Arten-, Raum- und Altersstruktur sowie vielgestaltigem Nahrungs- und Wohnungsangebot. Mit Reduzierung der Wälder auf gegenwärtig etwa 30 % der Fläche und Veränderung der Waldstrukturen (Kap. 2.2.4.2) von ursprünglich überwiegend ungleichaltrigen und räumlich gegliederten Mischbeständen zu gegenwärtig meist gleichaltrigen und einschichtigen Reinbeständen wurden die Habitate zahlreicher Arten bzw. Biotope vieler Biozönosen verkleinert oder zerstört (Beispiele siehe Kap. 5).

**Die Erhaltung der Wälder und die Wahrung oder Wiederherstellung natürlicher Waldstrukturen sind darum wesentliche Voraussetzungen für einen effektiven Artenschutz.**

Dabei treten aber auch einige Probleme auf, die zu Kontroversen zwischen Vertretern verschiedener Interessengebiete führen können:

- In der Natur, und noch mehr in Kulturlandschaften, sind die Umweltfaktoren keine statischen Größen, denn das Klima, die Böden und damit auch die Vegetation unterliegen erheblichen Veränderungen. Daraus folgt, daß Arten, die noch gestern geotopgemäß waren, schon morgen standortswidrig sein können (allogene Sukzession).

– Die sich auf einem bestimmten Geotop entwickelnde Vegetation unterliegt einer Dynamik, die von relativ einfachen Anfangsstadien der Sukzession mit kurzlebigen lichtliebenden Gräsern und Kräutern zu hoch organisierten Terminalstadien mit langlebigen und schattentoleranten Bäumen führt.

**Bei den völlig berechtigten Bemühungen um den Artenschutz darf darum nicht von einer statischen Umweltbetrachtung und der Vorstellung ausgegangen werden, daß die Habitate der zu schützenden Arten an ganz bestimmte topographische Orte gebunden sind. Das Wesen der Natur ist vielmehr eine stete Umweltdynamik und damit zugleich ein Artenwechsel und Strukturwandel in Raum und Zeit.**

Daraus ergibt sich ein Grundwiderspruch des Artenschutzes, wenn er konstante Umweltbedingungen zwecks Erhaltung einzelner Arten gewährleisten will und gegen natürliche Prozesse, die sich aus Umweltveränderungen ergeben, ankämpfen muß. In jedem konkreten Fall muß geklärt werden, ob **Aspekte des Artenschutzes** (z. B. Erhaltung offener Plätze für lichtliebende Arten) oder solche **des Schutzes der Ökosystemdynamik** (z. B. Toleranz der Sukzession) im Vordergrund stehen sollen.

Allein aus der Sicht des Naturschutzes können am gleichen Standort verschiedenartige, bisweilen miteinander unvereinbare Schutzziele auftreten. So kann der Schutz einer Art die Verdrängung oder Vernichtung anderer Arten oder Biozönosen erfordern. Es wäre z. B. möglich, die Ausbreitung des Haselhuhns durch große Kahlschläge und Initiierung ausgedehnter Pionierwälder zu fördern. Auch Birkhuhnpopulationen könnten sich rasch vergrößern, wenn man Habicht, Iltis und Wiesel verdrängen würde. Es ist offenkundig, daß Artenschutzmaßnahmen, die natürlichen Entwicklungsprozessen entgegenlaufen und/oder zu Lasten anderer Naturschutzziele gehen, nur in ganz speziellen und wohl begründeten Fällen vertretbar sind.

Mit diesen Beispielen sollte gezeigt werden, daß der in der Naturschutzpraxis auch heute noch häufig im Vordergrund stehende Schutz einzelner Populationen nicht ohne Probleme ist und stets im Zusammenhang mit anderen Schutzzielen gesehen werden muß. Außerdem ist zu klären, mit welcher Häufigkeit die zu schützenden Arten von Natur aus tatsächlich in den verschiedenen Ökosystemen vorgekommen sind und auf welche Ursachen ihr Rückgang zurückzuführen ist.

Kaule (1991, S. 189) schreibt zu dieser Problematik:

*„Ziel des Artenschutzes sollte es sein, Arten nicht an einem von uns festgelegten speziellen Standort, sondern im Wirkungsgefüge der Landschaft zu erhalten. Das setzt voraus, daß die verschiedenen Lebensraumtypen immer wieder neu entstehen, auf natürlichem Wege oder durch Nutzung der Landschaft".*

### 4.2.4.3 Mindestgröße von Schutzgebieten, Verinselung und Verbund von Geobiozönosen

Die Erhaltung sowie das Überleben von Pflanzen- und Tierarten erfordern eine minimale Individuenzahl und mit dieser auch ein Mindestareal. Obwohl zur Ermittlung von Minimalarealen verschiedene Konzepte, z. B. das MVP-Konzept (Minimum Viable Population) entwickelt worden sind, ist es bis heute nicht möglich, eindeutige Zahlenangaben dazu zu machen.

Zu dieser Problematik kann man mit Kaule (1991) feststellen, daß

- der Flächenbedarf für große Tiere weitaus größer ist, als bisher angenommen wurde. Die erforderlichen Flächen müssen jedoch nicht direkt zusammenhängen, wenn „Trittsteine" eine Verbindung mehrerer Flächen und damit eine Konnektion von Subpopulationen zu Megapopulationen gestatten (Simberloff 1988),
- kleine, voneinander isolierte Schutzgebiete mit einzelnen Individuen nur wenig Erfolg versprechen, wenn sie nicht als „Trittsteine" zum Verbund einzelner Subpopulationen zu Megapopulationen beitragen,
- die Wiedereinbürgerung von Großtierarten überaus problematisch ist, weil diese bei hinreichender Populationsgröße sehr große, in Mitteleuropa kaum verfügbare Areale mit entsprechender ökologischer Ausstattung erfordern.

Die vielfältige Problematik „Biotopverbund" wird ausführlich von Jedicke (1994) behandelt. Dazu sei angemerkt, daß „Biotopverbund" oft zu einseitig betrachtet und als Schutzstrategie häufig überbewertet wird.

### 4.2.4.4 Schutz dynamischer Prozesse in Waldökosystemen

Aus diesen Darlegungen folgt, daß Artenschutz nicht ohne Habitatschutz möglich ist und dieser wiederum im Rahmen einer übergreifenden Umwelt- und Ökosystemdynamik gesehen werden muß.

Der Schutz dynamischer Prozesse von Waldökosystemen, wie sie in Sukzessionen augenfällig ablaufen (Kap. 3.5), erfordert hinreichend große Flächen, auf denen die natürliche Entwicklung von Initialstadien der Sukzession mit polyphoten und kurzlebigen Pionierpflanzen über Medialstadien mit Intermediärarten bis zu Terminalstadien mit schattentoleranten Klimaxarten und einem höheren Totholzanteil erfolgen kann. In Letzterem vollzieht sich dann ein (kleiner) Kreislauf mit Zerfalls-, Verjüngungs-, Reife- und Altersphasen, die in der Größe von Mosaikflecken (Gaps) auftreten. Es ist erstrebenswert, daß diese Abläufe nicht nur im zeitlichen Nacheinander, sondern auch im räumlichen Nebeneinander erfaßt werden, d. h. komplette Sukzessionsmosaike geschützt werden.

Die sich vor allem in borealen Nadelwäldern vollziehende pyrogene „Katastrophenverjüngung" durch Brände ist als Naturschutzmaßnahme in Mitteleuropa nicht praktikabel.

## 4.3 Humanitäre Wirkungen

### 4.3.1 Allgemeines

Mit zunehmendem Streß und abnehmender körperlicher Betätigung im Beruf gewinnt die allgemeine Erholung in der Natur an Bedeutung. Dabei können Wälder generell sowie nach hygienischen und ästhetischen Gesichtspunkten gestaltete Erholungswälder speziell, eine bedeutende Rolle spielen. Sie bieten den Erholungsuchenden vielgestaltige Möglichkeiten, sich zu entspannen und zu regenerieren. Durch wohltuendes Klima, größere Luftreinheit, vielgestaltige Lichteffekte und beruhigende Stille können zahlreiche physiologische Funktionen positiv beeinflußt und Erholungseffekte erzielt werden.

Zu diesen generellen kommen differenzierte Wirkungen in Wäldern, die auf unterschiedlichen Standorten stocken, aus verschiedenen Baumarten zusammengesetzt sind, ein ungleiches Alter und diverse Raumstrukturen aufweisen, dank der daraus resultierenden mikroklimatischen und ästhetischen Effekte. Vor allem abwechslungsreiche Wälder mit harmonischem Wechsel von Formen und Farben, mit tiefer Stille und anschwellendem Rauschen, mit herben Erdgerüchen und aromatischen Pflanzendüften, mit freier Bewegungsmöglichkeit und ungestörter Naturbeobachtung, führen zu euphorisierenden und erholungsfördernden Erlebnissen.

### 4.3.2 Humanökologische Wirkungen

Mit dem als Überschrift benutzten Begriff sollen die unmittelbaren Einflüsse des Waldes auf die physischen Lebensbedingungen des Menschen, insbesondere auf die Erhaltung und Wiederherstellung seiner Gesundheit, verstanden werden. Dazu gehören in erster Linie humanbiometeorologische und die Wasserqualität betreffende Wirkungen.

### 4.3.2.1 Humanbiometeorologische Wirkungen

Zur Humanbiometeorologie oder Medizinmeteorologie gehören atmosphärische Vorgänge, die Einfluß auf das Befinden des Menschen ausüben. Dabei spielen der **Reiz**, als meteorologisch bedingte Ursache, und dessen Wirkungen eine zentrale Rolle. Für diese gilt allgemein:

- Schwache Reize wirken auf Dauer, wegen der sich daraus ergebenden Ent- oder Verwöhnung, eher nachteilig als vorteilhaft.

- Mittlere Reize wirken meist positiv, weil sie anregen und aktivieren.
- Starke Reize sind negativ, weil sie meist zu Be- oder Überlastungen führen.

Klimate mit starken Reizen werden als **Reizklimate,** solche mit geringen als **Schonklimate** bezeichnet. Dabei ist zu beachten, daß die Reizempfindlichkeit der Menschen sehr unterschiedlich ist. Außerdem sind nicht ständige Behaglichkeit, sondern frei wählbarer Wechsel verschiedenartiger Reize erstrebenswert. Wälder bieten dazu mit ihrem Wechsel von Licht und Schatten, Wärme und Kühle, Trockenheit und Feuchte vielfältige Möglichkeiten, vorwiegend im Sinne eines Schonklimas.

Auf diesem weiten und keineswegs hinreichend erforschten Feld sind luftqualitätsbezogene, photoaktinische und thermische Wirkungskomplexe zu unterscheiden.

### 4.3.2.1.1 Luftqualität

Wie kaum ein Umweltfaktor hat sich im letzten Jahrhundert die Luftzusammensetzung verändert. Ursache war und ist primär der rasch zunehmende Energieverbrauch durch Industrie, Verkehrswesen und Bevölkerung.

Vor allem durch Verbrennung fossiler Kohlenstoffträger werden feste und gasförmige Stoffe in die Atmosphäre emittiert und die Lebensbedingungen von Mensch, Tier und Pflanze beeinträchtigt.

Im Unterschied zum Kapitel 4.2.1.7, in dem die Wirkung von Luftschadstoffen auf den Wald als **betroffenes Objekt** skizziert worden ist, wird hier auf die Frage nach der luftreinigenden Wirkung des Waldes eingegangen. Dabei ist zu unterscheiden zwischen

- **aktiver Filterwirkung** durch Ad- und Absorption gasförmiger und Sedimentation fester Stoffe und
- **passiver Filterwirkung** durch die abschirmende Wirkung des Waldes infolge Veränderung von Luftströmungen und Wirbelbildung.

Nach Flemming (1978, 1987) ist die Filterwirkung des Waldes, unter sonst vergleichbaren Bedingungen (Art und Stärke der Luftverunreinigungen), von folgenden Bedingungen abhängig:

- Von **der Lage in der Landschaft:** Die Filterwirkung ist günstig, wenn der Wald nahe vor dem zu schützenden Objekt liegt.
- Von **der Gunst der übrigen ökologischen Faktoren:** Gesunde Wälder haben eine größere Filterwirkung als geschädigte.
- Von **der Resistenz der in ihm vorkommenden Baumarten.** Die Filterwirkung ist größer, wenn die Toxizitätsschwelle der waldbildenden Baumarten nicht erreicht wird.

Die Wirkung fester und gasförmiger Immissionen wird von Wäldern und Wald-streifen durch

- Minderung der Windgeschwindigkeit,
- Erhöhung der Turbulenz, besonders an Luvseiten,
- echte Filterwirkung und
- physiologische Entlastung der Pflanzen durch Windschutz

modifiziert.

Gegenüber **staubförmigen Immissionen** besitzen Wälder dank ihrer Oberflächenrauhigkeit und Minderung der Windgeschwindigkeit eine echte Filterwirkung. Ein Großteil der Staubteilchen wird auf der großen Oberfläche von Bäumen abgelagert und von hier mit dem Niederschlag abgespült. Das gilt im Prinzip auch für radioaktive Staubteilchen. Die Lage eines Kernkraftwerkes im Wald kann aber technische Sicherheitsmaßnahmen nicht ersetzen.

Auf die Abhängigkeit des Staubfangvermögens von Gehölzen und die Nutzung dieser Wirkung bei der Anlage und Unterhaltung von Staubschutzwäldern wird im Kapitel 7.3.1.1 eingegangen.

Gegenüber **gasförmigen Luftverunreinigungen** ist die echte Filterwirkung der Wälder geringer, weil die Menge der von den Assimilationsorganen der Pflanzen aufgenommenen $SO_2$-Moleküle gegenüber der in der Luft enthaltenen verschwindend klein ist.

Die $SO_2$-Konzentration der Luft von Freiflächen und Wäldern unterscheidet sich darum unter vergleichbaren Bedingungen wenig. Heranströmende Luftmassen mit höherer Schadstoffkonzentration dringen zwar langsamer in das Waldesinnere ein, sie verlassen es dann aber auch wesentlich langsamer. Auch dichter Kronenschluß kann das Eindringen schadstoffbelasteter Luftmassen auf Dauer nicht verhindern. Wälder besitzen somit gegenüber gasförmigen Luftverunreinigungen eine schwächere Filterwirkung als gegenüber Staub.

Vergleicht man die horizontale Stoffzufuhr (z. B. in Richtung einer Rauchfahne) mit der vertikalen (z. B. senkrecht zur Rauchfahne nach unten), so ist der Filtereffekt des Waldes im ersteren Fall stärker als im letzteren. Auch bei Gasen kommt es in dieser Form im Wald zu höheren Stoffdepositionen als im Feld. Nadelbäume sind filterwirksamer als Laubbäume. Diese Erscheinungen sind denen, die beim Nebelniederschlag zu beobachten sind, ähnlich (Flemming, briefl. Mitt.).

Hier sei noch angemerkt, daß zahlreiche Waldpflanzen, besonders Nadelbäume, ätherische Öle ausscheiden (Phytonzide), die nicht nur einen würzigen Duft verbreiten, sondern auch bakterizide und damit eventuell gesundheitsfördernde Wirkungen besitzen. Bei verschiedenen Pflanzenarten sind Erscheinungen gegenseitiger Unverträglichkeit oder Förderung als Folge gasförmiger Stoffausscheidungen, die Gegenstand der Allelopathie sind, bekannt.

### 4.3.2.1.2 Photoaktinische Wirkungen

Die bereits im Abschnitt 4.2.1.1 behandelte Strahlung wirkt sich physikalisch und physikochemisch auf den Menschen aus. Vor allem die energiereiche Ultraviolettstrahlung, die beim Menschen zu Hautrötungen (Erythem), Pigmentierungen und Hautkrebs führen kann, ist bedeutungsvoll. Diese Gefahr hat in den letzten Jahren, angesichts des Abbaus der Ozonschicht (Folge einer Anreicherung der Stratosphäre mit Fluor-Chlor-Kohlenwasserstoffen), erheblich an Bedeutung gewonnen (s. Bd. 7 des Handbuches).

Die erholungsfördernde Bedeutung und Wirksamkeit des Waldes besteht unter anderem darin, daß Erholungsuchende in der Lage sind, die auf sie einwirkenden photoaktinischen Reize durch Aufenthalt im Schatten oder in der Sonne zu variieren. Erholungswälder sollen darum abwechslungsreiche Strukturen mit Wechsel von Licht und Schatten aufweisen. Dabei ist bemerkenswert, daß der Schattenwurf von Bäumen nicht auf das Waldesinnere begrenzt ist, sondern sich auch auf schattseitig angrenzende Fluren erstreckt.

So wie Waldesschatten bei hoher Strahlungsintensität Schutz vor Überdosierung bietet, vermitteln sonnige und windgeschützte Wald- oder Bestandesränder an kühlen Tagen ein Gefühl des Lichtes und der Wärme. Landschaften mit einem standortsgerechten Wechsel von Wald und Feld sowie langen Grenzsäumen bieten Möglichkeiten ungezwungener Reizdosierung. Bei Wechsel von Laub- und Nadelwaldbeständen kommt noch die Wirkung der Jahreszeiten hinzu. Von besonderer Bedeutung ist die schattenspendende Wirkung von Wäldern an Meeresküsten und Binnengewässern. Dadurch wird der medizinisch vertretbare Aufenthalt im Freien verlängert.

Bedeutungsvoll sind die von Licht und Strahlung ausgehenden psychischen Wirkungen. Einerseits ergeben sie sich aus der Mannigfaltigkeit von Licht- und Farbkontrasten, andererseits aus der beruhigenden Wirkung der in den Sommermonaten dominierenden Grünfarben. In herbstlichen Laubwäldern werden letztere von gelben bis roten Farben abgelöst. Im verschneiten Winterwald kommt es schließlich zu reizvollen Farb- und Formkontrasten. Der Wald bietet, wie keine andere Vegetationsform, eine vom Besucher positiv empfundene räumliche und zeitliche Beleuchtungsvariabilität.

Die in Wäldern erheblich verminderte Sichtweite kann vom Waldbesucher, je nach Gemütslage, als **anheimelnd, geheimnisvoll** oder **beängstigend** empfunden werden.

In größeren Waldkomplexen sind Aussichtsmöglichkeiten erwünscht, wozu sich Erhebungen im Gelände besonders eignen. Auch Kontraste zwischen freiem Blick in die Weite und eingeengter Sicht durch nahe gelegene Bestände können ästhetisch sehr wirkungsvoll sein.

### 4.3.2.1.3 Thermische Wirkungen

Für das Wärmeempfinden des Menschen sind sein eigener, sich aus der Verbrennung von Nahrung und der Abstrahlung von Wärme ergebender Wärmehaushalt und die thermischen Bedingungen in der umgebenden Atmosphäre wesentlich. Ein Maß dafür ist die **Abkühlungsgröße.** Das ist die pro Zeit- und Flächeneinheit von Probekörpern bzw. der Körperoberfläche an die Luft abgegebene Wärmemenge. Sie ist von Strahlung, Windgeschwindigkeit, Lufttemperatur und Luftfeuchte abhängig. Hohe Werte der Abkühlungsgröße werden als Kälte, niedrige – besonders bei hoher Luftfeuchte – als Wärme bzw. **Schwüle** empfunden.

Diese Abkühlungsgröße wird in Wäldern vor allem durch die geringere Strahlung und Windgeschwindigkeit beeinflußt. Sie unterliegt in Wäldern geringeren Schwankungen als auf Freiflächen. Lokal und kurzfristig kann die in Wäldern etwas höhere Luftfeuchtigkeit das Gefühl der Schwüle erhöhen.

In thermischer Hinsicht bieten Wälder, vor allem an heißen Tagen, Schutz vor großer Hitze. Kleine waldumgebene und windarme Freiflächen können hingegen an kühlen, aber sonnigen Tagen vor untersonnten Waldrändern als angenehm warm empfunden werden.

Auch hier gilt, daß Wald-Feld-Landschaften mit langen Wald-Feld-Grenzen günstige Möglichkeiten für die Wahl der Reizdosierung bieten. Auch an waldumgebenen Badegewässern ist ein Wechsel zwischen sonnigen und schattigen Bereichen günstig.

In Erholungsgebieten ist die windschützende Wirkung der Wälder von zentraler Bedeutung. Im Windschutz gelegene Sport- und Erholungsanlagen sind auch bei ungünstigem Wetter noch nutzbar. Umgekehrt ist die Situation an sonnigen und heißen Tagen. In Gebieten mit häufigen und starken Windeinwirkungen tragen Wälder und Gebüsche wesentlich zur Erhöhung des Erholungswertes bei (Kap. 7.3.3). Auch der Küstenschutzwald am Meer (Kap. 7.2.2.3) und der Lawinenschutzwald im Gebirge (Kap. 7.2.3.3) wirken in dieser Richtung.

### 4.3.2.1.4 Hydrometeorische Wirkungen

Die Niederschlagsdauer und zeitweilig auch die Niederschlagsintensität sind in Wäldern – wegen Interzeption – geringer als auf Freiflächen. Diese allgemein bekannte und genutzte Regenschutzwirkung erhöht den Erholungswert von Wäldern.

Starke ästhetische und damit auch psychische Wirkungen gehen vom Nebelfrost (Rauhreif, Rauheis, Klareis) aus. Sie tragen – neben einer Verbesserung der Wintersportmöglichkeiten – dazu bei, daß die Wälder der Hoch- und Kammlagen in den Wintermonaten beliebte Erholungsgebiete sind.

Durch Verzögerung der Schneeschmelze verlängert sich die Möglichkeit der Wintersportausübung in Wäldern, besonders auf schattigen und schmalen Waldwegen. In bewaldeten Lawinengebieten ist die Wintersportausübung weniger gefährlich als in waldfreien.

### 4.3.2.1.5 Zusammenfassung

Einen Überblick über die wichtigsten erholungsrelevanten humanbioklimatischen Wirkungen des Waldes gibt Flemming (1987) in Tabelle 30.

### 4.3.2.2 Verbesserung der Qualität von Trink- und Heilwässern

Für die Gesundheit und das Wohlbefinden des Menschen ist die Qualität des Wassers von besonderer Bedeutung. Obwohl es grundsätzlich möglich ist, die Wasserqualität mit technischen Mitteln auf das erforderliche Niveau zu bringen, spielt die natürliche Beschaffenheit der Trink- und Heilwässer, auch aus wirtschaftlichen Gründen, eine große Rolle.

Für die Gütebeurteilung des Wassers sind seine mineralischen und organischen Inhaltsstoffe bedeutungsvoll. Erstere sind überwiegend Pflanzennährstoffe, vor allem Phosphor- und Stickstoffverbindungen. Bei höheren Anteilen führen sie zur Eutrophierung der Gewässer mit üppigem Pflanzenwachstum und einer nur mit hohem Aufwand zu behebenden organischen Verschmutzung. Bei hoher Nährstoffzufuhr in die Gewässer kann die Massenentwicklung von Planktonalgen die Nutzung der Gewässer zur Gewinnung von Trink- und Heilwasser sowie als Bade- und Fischereigewässer unmöglich machen. Das Phytoplankton führt zu Geschmacks- und Geruchsbeeinträchtigungen, zu Sauerstoffzehrungen, Verstopfung von Filtern in Aufbereitungsanlagen, zur Korrosion an Rohrleitungen u. a.

Diese Güteparameter des Wassers sind in hohem Maße von der Bodennutzung im Einzugsgebiet der Gewässer abhängig. Während sich Gewässer, die aus bewaldeten und nicht gedüngten Einzugsgebieten gespeist werden, durch niedrige Gehalte an gelöstem Ortho-Phosphat (um 2 µg o-$PO_4$/l Wasser) und Stickstoff (um 1,5 mg $NO_3$/l Wasser) auszeichnen, liegen diese Parameter in Gewässern, die aus vorwiegend landwirtschaftlich genutzten und reichlich gedüngten Einzugsgebieten kommen, weitaus höher. Trotz aller Fortschritte, die in den letzten

*Tab. 30: Vergleich der wichtigsten erholungsklimatischen Wirkungen zwischen Wald und Feld (Flemming 1987)*

| Wirkungs-komplex | Element | Veränderung | Physikalische Wirkungen | Psychologische Wirkungen |
|---|---|---|---|---|
| Luftqualitäts-Wirkungs-komplex | Duftstoffkon-zentration | erhöht | Atmungsver-tiefung | angenehmer Geruch |
| | Phytonzid-konzentration | erhöht | Bakterien-hemmung | |
| | Schadgaskon-zentration | nur unwesent-lich verringert | | |
| | Staubkonzen-tration | verringert | Atmungsent-lastung | angenehme Luftreinheit |
| Photoaktini-scher Wir-kungskom-plex | Einstrahlung | vermindert | | angenehmer Kontrast-reichtum |
| | Ultraviolett-strahlung | vermindert | Schutz der Haut | Schutz vor Übererregung |
| Thermischer Wirkungs-komplex | Strahlung | vermindert | Wärmeschutz | Schutz vor Erschlaffung |
| | Windge-schwindigkeit | vermindert | Kälteschutz | Schutz vor Erregung |
| | Temperatur | wenig geän-dert | leichte Schwülestei-gerung | |
| | Feuchtigkeit | wenig erhöht | | |
| Sonstige Wirkungen | Regen | vermindert | Regenschutz | |
| | Nebelfrost | erhöht | | ästhetischer Reiz |
| | Schneedecke | verlängert | Wintersport-begünstigung | angenehmer Kontrast-reichtum |
| | Lärm | vermindert | | Lärmschutz |
| | Windge-schwindigkeit | vermindert | | Schutz vor Übererregung |

Jahren hinsichtlich des Umganges mit Düngemitteln in der Land- und Forstwirtschaft erzielt worden sind, sind die Probleme der Gewässereutrophierung noch immer groß, nicht zuletzt durch erhebliche Stickstoffeinträge aus der Atmosphäre.

Nicht nur durch Auswaschung aus dem Boden, auch durch Abschwemmung feiner Bodenpartikel, an denen Pflanzennährstoffe gebunden sind, kommt es zu Eutrophierungen der Gewässer. Auch in dieser Hinsicht sind bewaldete und kahlschlagfrei bewirtschaftete Wassereinzugsgebiete dank geringeren Oberflächenabflusses und schwächerer Bodenerosion günstiger als unbewaldete. Die aus ihnen kommenden Gewässer führen weniger Geschiebe und Schwebstoffe.

Mit dem Nährstoffgehalt der Wässer korrelieren meist auch die hygienisch-bakteriologischen Charakteristika, so die **Keimzahl**[1] und der **Koliformentiter**[2]. Diesbezügliche Vergleichsuntersuchungen in Gewässern, die aus bewaldeten und landwirtschaftlich genutzten Einzugsgebieten kommen, ergaben Unterschiede bis zu mehreren Zehnerpotenzen zu Gunsten ersterer.

Negative Einflüsse auf die Wasserqualität, die Fischfauna und die Fischwirtschaft können auf sauren Grundgesteinen, wenig gepufferten Böden und bei sauren Niederschlägen besonders von Nadelwäldern ausgehen. Ursachen sind Huminsäuren, freie Aluminiumionen und Protonen, die zu erheblichen pH-Senkungen führen. Diesen Prozessen wird, nicht ohne Bedenken der Wasserwirtschaft (Eutrophierungsgefahr), durch Kalkung begegnet.

Auch der Laubfall im Herbst kann durch Eintrag organischer Stoffe in die Gewässer zu Eutrophierungen führen. Dieser Einfluß kann in laubwaldumgebenen Kleingewässern mit langem Uferstreifen erheblich sein.

Dort, wo Talsperren neu angelegt werden, kann die organische Substanz der vorherigen Waldbestockung zu längeren Sauerstoffzehrungen und damit Qualitätsbeeinträchtigungen führen.

Grundwässer, die über Brunnen zur Gewinnung von Trink- und Brauchwasser genutzt werden, können durch Einbrüche verunreinigter Oberflächenwässer (Fäkalien, Abwässer, Öle, Pflanzenschutzmittel) verdorben werden. Die Gefahr, daß solche Unglücksfälle eintreten, sind in Waldgebieten geringer als andernorts, können aber auch hier nicht ausgeschlossen werden.

---

[1] Geringstes Probevolumen einer Verdünnungsreihe, in der noch Bakterien der Gruppe *Escherichia coli* nachweisbar sind.
[2] Anzahl der Bakterien pro Milliliter Wasser, die nach Bebrütung auf Nähragar als Kolonien sichtbar werden.

In diesem Zusammenhang sind zwei im herkömmlichen Forstbetrieb wirkende Gefahrenkomplexe hervorzuheben:

1. **Kahlschläge,** auf denen die Streu und andere organische Stoffe stürmisch abgebaut werden, führen zur Freisetzung größerer Stickstoff- und Phosphormengen. Wenn zu diesem Zeitpunkt keine vitale Pflanzendecke vorhanden ist, kommt es zu erheblichen Auswaschungen, die zu Belastungen des Grundwassers führen können.
2. **Pflanzenschutzmittel** (Biozide), die zur Bekämpfung der in schlagweisen Hochwäldern häufig auftretenden „Schädlinge" meist unvermeidlich sind.

Noch vor wenigen Jahren wurde die Begleitvegetation in Forstkulturen unbedenklich mit Herbiziden bekämpft. Zu dichte Verjüngungen und Dickungen wurden chemisch mit Herbiziden **geläutert.** In den Baumschulen wurden und werden schädigende Pilze mit Fungiziden niedergehalten. Insektenpopulationen, die in Reinbeständen zu Massenvermehrungen führen können, wurden und werden mit Insektiziden bekämpft. Gegen Nager hat man Rodentizide zur Hand etc. Obwohl der Einsatz von Pflanzenschutzmitteln generell sowie speziell in Wasserschutzgebieten gesetzlich geregelt ist, sollten, besonders in letzteren, Waldbauverfahren angewandt werden, die ein Höchstmaß an natürlicher Stabilität der Wälder gewährleisten (Kap. 6).

Die Gefahr von Wasserverschmutzungen ist neben der Menge und Häufigkeit, in der chemische Pflanzenschutzmittel eingesetzt werden, von deren **Persistenz** und **Retention** abhängig:

– Die Persistenz wird von der physikalischen oder chemischen Inaktivierung sowie dem bodenmikrobiologischen Abbau der Biozide bestimmt.
– Die Retention ist umgekehrt proportional der Wasserlöslichkeit und proportional der Neigung, mit Bodenkolloiden adsorptive Bindungen einzugehen.

Eine detaillierte Behandlung und Wertung der zahlreichen, einem raschen Wechsel unterliegenden Herbizide, Fungizide, Insektizide, Rodentizide etc. ist hier nicht möglich.

Die ökologisch orientierte Forstwirtschaft stellt dem chemischen Pflanzenschutz die Selbstregulationsfähigkeit naturnaher Waldökosysteme entgegen, ohne dabei einen dogmatischen Standpunkt zu vertreten.

### 4.3.2.3 Akustische Wirkungen

Bei Betrachtung dieser Kategorie sind einerseits physikalisch meßbare Parameter, wie Schalldruck, Tonhöhe, Breite des Spektrums und Dauer von Geräuschen, andererseits subjektive Einstellungen der davon betroffenen Personen zu diesen physikalischen Vorgängen bedeutungsvoll (Haupt 1978).

Es ist darum notwendig, zwischen dem **Schall** als physikalischer Größe und dem **Lärm** als negativ empfundenem Geräusch zu unterscheiden.

Wälder und andere Vegetationsformen vermögen Schall zu dämpfen, wenn sie sich zwischen der Schallquelle und dem Empfänger befinden. Diese Wirkung beruht im wesentlichen auf

- Absorption und Reflexion der Schallenergie an der Bodenoberfläche,
- Absorption von Schallenergie am Laub sowie an den Stämmen, Ästen und Zweigen von Sträuchern und Bäumen,
- Streuung der Schallenergie infolge wiederholter Schallreflexion an festen Hindernissen im Walde, bei denen es sich wiederum in erster Linie um Stämme und Äste von Bäumen und Sträuchern handelt.

Die Absorption und Reflexion des Schalls an der **Bodenoberfläche** hängen von deren akustischen Eigenschaften (Bodenimpedanz) und der Geometrie der Schallausbreitung (Vertikal- und Horizontal-Distanz zwischen Quelle und Empfänger) ab. Die sich daraus ergebende **Bodendämpfung** nimmt etwa proportional dem Logarithmus der Entfernung zu. Auf Grund meßtechnischer Probleme sind darüber zur Zeit nur Näherungswerte bekannt.

Die Absorption und Streuung des Schalls in Wäldern sind von deren **Raumstruktur** abhängig, wobei ihr Anteil an der gesamten Schalldämpfung unterschiedlich ist. Der Absorptionsverlust wächst etwa proportional, der Streuungsverlust hingegen logarithmisch mit der Entfernung. Wesentlich komplizierter sind die Verhältnisse an Waldrändern.

Bei einer Schallausbreitung von punkt- oder linienförmigen Quellen wird außerdem eine Dämpfung infolge **sphärischer Divergenz** wirksam, die aber nicht dem Einfluß des Waldes zugeschrieben werden kann, auch wenn sie bei Kalkulationen für praktische Zwecke berücksichtigt werden muß.

Untersuchungen über die schalldämpfende Wirkung von Wäldern unterschiedlicher Baumartenzusammensetzung und Struktur liegen u. a. von Haupt (1976) vor. Auf Abbildung 57 wird die bei einer Entfernung von 100 m in Abhängigkeit von der Frequenz und Jahreszeit ermittelte Dämpfung dargestellt. Soll die Dämpfung für beliebige Entfernungen ermittelt werden, so muß eine entsprechende Umrechnung (Haupt 1976) geschehen.

Aus Abbildung 57 folgt, daß die Dämpfung bei 100 m Entfernung i. d. R. bei 0–20 dB liegt. Die höchste Dämpfung wird bei einer Frequenz von 250–500 Hz, die niedrigste bei 2 000 Hz erreicht. Die größten Unterschiede zwischen Sommer und Herbst treten im Frequenzbereich um 125 Hz auf.

Aus forstwissenschaftlicher Sicht sind vor allem die durch Baumarten und Bestandesstrukturen hervorgerufenen Unterschiede von Interesse. Den größten

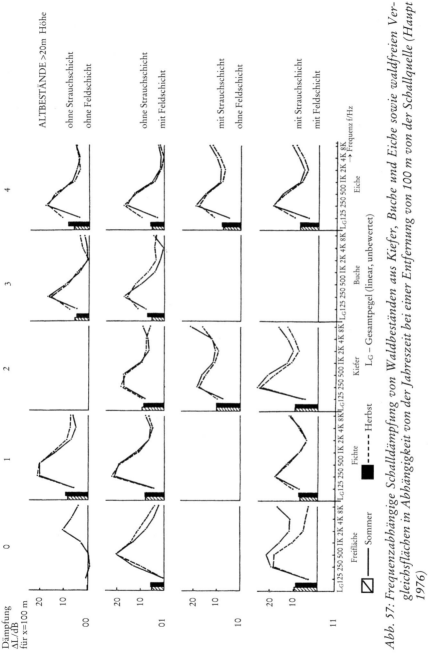

Abb. 57: *Frequenzabhängige Schalldämpfung von Waldbeständen aus Kiefer, Buche und Eiche sowie waldfreien Vergleichsflächen in Abhängigkeit von der Jahreszeit bei einer Entfernung von 100 m von der Schallquelle (Haupt 1976)*

Einfluß übt die **Dichte des Baumbestandes** aus, wobei dieser Effekt im Frequenzbereich von 1 000 Hz besonders groß ist. Sehr bedeutungsvoll ist auch die von der Bestandesdichte und Bodengüte abhängige Ausbildung einer **Strauchschicht** im Waldbestand. Ihre Wirkung ist bei hochfrequentem Lärm (2 000–8 000 Hz) besonders groß.

In mittleren und höheren Frequenzbereichen dominiert der **Laubeffekt.** Dieser verursacht besonders die jahreszeitlichen Unterschiede der Lärmdämpfung. Vom Laub wird vor allem der Schall gedämpft, dessen Wellenlänge ($\lambda$) kleiner oder gleich der Blattgröße a ist, d. h. $\lambda \leq a$ (Tab. 31).

Über den Laubeffekt verschiedener Gehölze geben Untersuchungen von Beck (1965, 1967a, b) Aufschluß (Tab. 31).

*Tab. 31: Einteilung forstwirtschaftlich relevanter Gehölzarten nach ihrem durchschnittlichen Laubeffekt (Beck 1967a)*

| Gruppe | Laubeffekt $\Delta L/dB$[1] | Gattung bzw. Art |
|---|---|---|
| 1 | 0,0–1,5 | Lawendel-Weide (Salix eleagnos) <br> Lawson-Scheinzypresse (Chamaecyparis lawsoniana) <br> Eibe (Taxus baccata) |
| 2 | 1,5–3,0 | Liguster (Ligustrum vulgare) <br> Weißdorn (Crataegus monogyna) |
| 3 | 3,0–4,5 | Sand-Birke (Betula pendula) <br> Grau-Erle (Alnus incana) <br> Schwarzer Holunder (Sambucus nigra) <br> Hasel (Corylus avellana) <br> Winter-Linde (Tilia cordata) |
| 4 | 4,5–6,0 | Hainbuche (Carpinus betulus) <br> Rot-Buche (Fagus sylvatica) <br> Stiel-Eiche (Quercus robur) |
| 5 | 6,0–7,5 | Wolliger Schneeball (Viburnum opulus) <br> Sommer-Linde (Tilia platyphyllos) |
| 6 | 7,5–9,0 | Berg-Ahorn (Acer pseudoplatanus) |

[1] $\Delta L$: Laubdämpfung
dB: Dezibel
d.h. als Laubdämpfung pro Dezibel

Aus den Untersuchungen von Beck (1967a, b) ergeben sich hinsichtlich der Kausalität des Laubeffektes folgende Schlüsse:

– Der Laubeffekt nimmt mit der Blattgröße zu,
– die beste Wirkung tritt bei senkrechter Stellung der Blattspreite zu den Schallwellen auf,

- mit zunehmender Anzahl Blätter pro Raumeinheit steigt die lärmmindernde Wirkung der Gehölze.

Diese Gesetzmäßigkeiten lassen vorsichtige Schlußfolgerungen hinsichtlich der Laubeffekte weiterer Gehölzarten zu.

Die sich aus diesen Untersuchungsergebnissen ableitenden waldbaulichen Schlußfolgerungen werden in dem sich mit Lärmschutzwäldern befassenden Kapitel 7.3.1.2 behandelt.

### 4.3.3 Psychische Wirkungen

Unmittelbar über Naturerlebnisse und mittelbar über Medien der Kunst (Malerei, Literatur, Musik) wird auch die Psyche des Menschen vom Walde beeinflußt. Im wesentlichen handelt es sich dabei um ästhetische Effekte, die zur Natur- und Heimatliebe sowie zur künstlerischen Bildung beitragen können. Auf diesem interessanten und bedeutungsvollen Gebiet besteht noch ein erheblicher Forschungsbedarf.

### 4.3.3.1 Ästhetische Wirkungen

Trotz aller Subjektivität, die ästhetischen Wirkungen und Wertungen anhaftet, wird nachfolgend versucht, die Ästhetik des Waldes auf folgende Aspekte zurückzuführen (Thomasius 1972, 1973, 1978):

- **Objekt-Subjekt-Beziehungen**
  Alle Aussagen über die Schönheit der Wälder enthalten eine doppelte Information. Erstens geben sie Auskunft über den Wald selbst mit seinen Pflanzen und Tieren sowie die Landschaft, in der er sich befindet. Diese Eigenschaften existieren unabhängig vom Bewußtsein des Menschen und haben für sich allein noch keinen ästhetischen Wert. Eine zweite Information sagt etwas aus über den Menschen, der diese Eigenschaften des Waldes wahrnimmt und ästhetisch wertet. Die objektiv vorhandenen Eigenschaften des Waldes haben erst dann einen ästhetischen Wert, wenn sie auf den Menschen einwirken, von ihm empfunden und beurteilt werden. Nur durch das Zusammenwirken von Wald und Mensch entstehen ästhetische Effekte.

Aus diesen Objekt-Subjekt-Beziehungen folgt, daß zweierlei Bemühungen notwendig sind, wenn die ästhetischen und damit auch rekreativen Wirkungen der Wälder gefördert werden sollen:
- Die Wälder müssen so gestaltet werden, daß sie dem Schönheitsempfinden der Menschen weitgehend entsprechen.
- Durch naturwissenschaftliche und ästhetische Bildung soll das ästhetische Empfinden und Verstehen der Menschen gefördert werden.

## – Form und Inhalt

Die Eindrücke von einem Wald werden durch die Landschaft, seine Zusammensetzung und Struktur, die Höhe, die Schaft- und die Kronenform der Bäume, die Blüten- und Laubfärbung, den Duft von Pflanzen, die Bewegung und den Ruf der Tiere sowie viele andere Effekte hervorgerufen. Alle diese Erscheinungen reichen jedoch für eine ästhetische Bewertung des Waldes nicht aus. Darüber hinaus ist es nötig, sie vernunftmäßig zu erfassen und mit dem Wesen des gesamten Ökosystems Wald in Beziehung zu bringen, weil Bäume und Wälder immer dann als schön empfunden werden, wenn bei ihnen Form und Inhalt miteinander in Einklang stehen. Einige Beispiele sollen das belegen:

Für die ästhetische Bewertung eines Baumes genügt es nicht, lediglich sein äußeres Erscheinungsbild, beispielsweise die Form seines Schaftes und die Symmetrie seiner Krone, zu berücksichtigen. Gleichzeitig müssen auch sein Wesen, d. h. seine Artzugehörigkeit, seine Wachstums- und Entwicklungseigenheiten und seine Umgebung beachtet werden. So kann dieselbe Formeigenschaft bei der einen Baumart als schön, bei der anderen dagegen als häßlich empfunden werden. Bei Fichte und Tanne finden wir den geraden Schaft und die symmetrische Krone schön, bei der Eiche und bei den meisten anderen Laubbaumarten ruft dagegen eine breite, asymmetrische Krone Wohlgefallen hervor.

Auch Windflüchter an der Küste und Wetterfichten im Gebirge mit stark deformierten Kronen entsprechen dem allgemeinen Schönheitsempfinden, weil diese Formen mit den extremen Umweltbedingungen solcher Standorte im Einklang stehen und ein Ausdruck der Widerstandskraft dieser Bäume sind. Verallgemeinernd kann festgestellt werden, daß eine Einheit von Form und Inhalt dann gegeben ist, wenn das Erscheinungsbild der Bäume und Waldbestände mit ihren Anlagen und den naturbedingten Existenzvoraussetzungen übereinstimmen. So sind z. B. für jede Landschaft bestimmte Baumarten und Baumartenkombinationen charakteristisch und bilden mit der Umwelt eine standörtlich sowie historisch bedingte Einheit von Form und Inhalt, wie die Hainbuchen-Linden-Eichenwälder des Hügellandes und die Fichtenwälder der Gebirge. Diese Harmonie darf nicht durch einseitige Baumartenwahl zerstört werden. Auf diesen Gesichtspunkt sollte besonders in Erholungswäldern und Landschaftsschutzgebieten geachtet werden.

## – Idealbild und Realität

Von Bedeutung für den ästhetischen Wert eines Gegenstandes oder einer Erscheinung des täglichen Lebens ist die Übereinstimmung von **Idealbild und Realität**. Je nach dem erreichten Grad der Übereinstimmung spricht man von schön oder häßlich, von erhaben oder niedrig etc. Für Gegenstände, die in erster Linie materielle Bedürfnisse befriedigen sollen, wird das als Bezugsgröße benutzte Idealbild neben anderen Kriterien in hohem Maße davon geprägt, wie nützlich und praktisch es ist. Auf Dauer erkennt die Gesellschaft nur den Gebrauchsgegenstand als schön an, der seinen Zweck gut erfüllt. Daraus folgt, daß das Schönheitsideal zeitbedingt ist. So lassen sich enge Beziehungen zwischen der Entwicklung der Forstwissenschaften und den Idealbildern vom Aufbau der Wälder nachweisen (Thomasius 1972, 1978). Darüber hinaus beeinflussen nationale Eigenheiten, Alters- und Geschlechtsunterschiede, philosophische und religiöse Auffassungen, Charaktereigenschaften und vieles andere mehr die Idealvorstellungen des einzelnen.

– **Gedankenassoziationen**
Bei der Beurteilung der Schönheit in der Natur werden häufig auch Assoziationen zu menschlichen Eigenschaften hergestellt. So rufen das hohe Alter mit der entsprechenden Form und Dimension von Baumveteranen bei vielen Waldbesuchern ein Gefühl der Ehrfurcht hervor. Die schlanken, beweglichen Zweige von Birke und Trauer-Weide lassen uns an die Anmut tänzerischer Bewegungen denken. Das zarte Grün der sich im Frühling entfaltenden Blätter gilt als Zeichen von Jugendfrische und Symbol der Erneuerung.

– **Mannigfaltigkeit**
Viele Menschen haben die Erfahrung gemacht, daß großflächige Einförmigkeit und fehlende Abwechslung in Form und Farbe die Schönheit von Wald und Landschaft beeinträchtigen. Eine Landschaft wird reizvoll und angenehm empfunden, wenn ihr Relief vielgestaltig ist und ihre Vegetation abwechslungsreich. In vielen Fällen korrelieren schon von Natur aus Vielgestaltigkeit des Reliefs und Mannigfaltigkeit der Pflanzen- und Tierwelt. Die Ästhetik einer Landschaft kann durch menschliche Einflüsse erhöht oder vermindert werden. So ist es möglich, das Bild einer von Natur aus abwechslungsreichen Landschaft durch einseitige Bodennutzung zu nivellieren und ästhetisch abzuwerten. Andererseits kann eine an und für sich eintönige Landschaft durch die Anlage von Wasserflächen, durch standortsgemäßen Wechsel der Bodennutzungsarten oder zweckmäßige Anlagen von Bauwerken, Siedlungen und Wegen belebt und ästhetisch aufgewertet werden. Beispiele dafür wurden vielerorts in Bergbaufolgelandschaften geschaffen.

### 4.3.3.2 Künstlerische Reflexionen

Die Schönheiten der Natur beeinflussen den Menschen nicht nur durch unmittelbare Naturerlebnisse, sie wirken auch mittelbar über die Medien der Kunst, besonders die Malerei, die Literatur und die Musik. Diese interessanten Bezüge wurden bereits in einer früheren Schrift behandelt (Emmrich 1978, Jäckel 1978, Schmiedel 1978). Auch aus Platzgründen muß hier auf ihre Darstellung verzichtet werden.

# 5. Charakteristik wichtiger zentraleuropäischer Waldgesellschaften und ihre Wechselwirkungen zu Umwelt und Mensch

## 5.1 Buchen(misch)wälder

In der nacheiszeitlichen Waldentwicklung fanden Buchenwälder und Buchenmischwälder unter den kühl-humiden Klimabedingungen des Subatlantikums in Deutschland von der Küste bis in die Alpen optimale Entwicklungsbedingungen. Waldökosysteme, in denen die Rot-Buche (Fagus sylvatica) die bestandesbildende oder vorherrschende Baumart darstellt, erreichten ihre maximale Ausdehnung. In der Naturlandschaft, in der menschliches Wirken noch nicht Struktur, Funktion und Dynamik der Ökosysteme prägte, aber auch in der potentiellen natürlichen Vegetation der Kulturlandschaft, nehmen seitdem Buchen(misch)wälder unter den terrestrischen Ökosystemen eine dominierende Stellung ein.

Dank ihrer biologischen Eigenschaften (Schattentoleranz, Lebensdauer, Hochwüchsigkeit, Vitalität, Flexibilität etc.) ist die Buche im mitteleuropäischen Laubwaldgebiet in einem weiten Standortsbereich von enormer Wettbewerbsfähigkeit und unter optimalen Wuchsbedingungen im Schlußwaldstadium unduldsam gegenüber anderen Baumarten. Infolge der hohen Konkurrenzkraft entspricht das synökologische Verhalten weitgehend der physiologischen Amplitude, d. h. in der zonalen Vegetation, unter

- trophisch mäßigen bis reichen,
- hygrisch mittleren Standortsverhältnissen

stellen Buchen(misch)wälder die beherrschenden Phytozönosen dar.

Sie vermögen sich aber auch noch unter weniger günstigen ökologischen Bedingungen zu behaupten, so auf

- mäßig trockenen bis trockenen (dann aber luftfeuchten und basenreichen),
- ziemlich nährstoffarmen (dann aber gut bis überdurchschnittlich wasserversorgten), sogar
- wechselfeuchten oder nassen mineralischen (dann aber gut nährstoffversorgten)

Standorten.

Unter bestimmten Ökofaktorenkonstellationen des Geotops werden jedoch die Lebens- und Wettbewerbsfähigkeit der Buche geschwächt oder ihr Vorkommen ausgeschlossen, so daß die Buchenwälder zurücktreten und von anderen Waldgesellschaften ersetzt werden (z. B. Ellenberg 1982, Wilmanns 1989, Schmidt 1993b, 1995), so

- auf organischen Naßböden jeglicher Trophie (hier Bruch- und Moorwälder – Kap. 5.8),
- auf stau- und wechselnassen mineralischen Böden (hier meist ersetzt durch Hainbuchen-Eichenwälder oder bodensaure Eichenmischwälder – Kap. 5.2),
- entlang von zeitweise überfluteten Fließgewässern (hier Auen- und Niederungswälder – Kap. 5.7),
- an Steilhängen mit bewegten block- und steinschuttreichen Böden (hier meist Edellaubbaumwälder – Kap. 5.6),
- auf zu armen oder zu trockenen und flachgründigen Böden (hier bodensaure oder thermophile Eichenmischwälder – Kap. 5.2, Nadelwälder – Kap. 5.3– 5.5),
- bei zunehmender Kontinentalität (Winterkälte, Spätfrostgefahr etc., hier meist ersetzt durch Eichenmischwälder – Kap. 5.2, Nadelwälder – Kap. 5.3– 5.5).

Bestes Wachstum weisen die Buchen(misch)wälder auf lockeren, mittelgründigen, gut durchlüfteten, gut wasser- und nährstoffversorgten, sowohl kalkreichen als auch -armen Lehmböden in kühl-humiden, relativ wintermilden Lagen auf. Die entsprechenden Waldgesellschaften gehören zu den Wäldern mit der höchsten Nettoprimärproduktion (laufende jährliche und Altersdurchschnitts-Nettoprimärproduktion an oberirdischer Gesamtphytomasse zum Zeitpunkt der Kulmination ist lediglich bei Hartholz-Auenwäldern höher, Hofmann 1988), was ihre besondere Stellung bei der Bindung atmosphärischen Kohlendioxids unterstreicht und Ausdruck ihrer landschaftsökologischen Bedeutung ist. Ausgesprochene Buchenwaldgebiete erstrecken sich im atlantisch beeinflußten Flach- und Hügelland sowie in der montanen Stufe der Gebirge.

Die Vielfalt der großklimatisch (und damit hinsichtlich horizontaler und vertikaler Verbreitung), pflanzengeographisch (floristisch, historisch-genetisch) und lokalklimatisch-edaphisch differenzierten Waldgesellschaften, in denen die Buche eine ökosystembestimmende Baumart darstellt, geht aus der Übersicht der Buchen(misch)wälder (Tab. 32) hervor.

Diese Übersicht enthält alle Buchenwälder und Mischwälder, in denen die Rot-Buche die Hauptbaumart darstellt, unabhängig davon, ob es sich um pflanzensoziologisch definierte Fagion-Gesellschaften handelt oder nicht, andererseits bleiben buchenarme bzw. -freie Tannen-Mischwälder (Kap. 5.3.1), die hinsichtlich der Bodenvegetation kaum Unterschiede zu Buchenwäldern aufweisen und deshalb dem Fagion zugeordnet werden, unberücksichtigt.

Die Syntaxonomie ist – wie bei der Darstellung der Waldgesellschaften im Kapitel 5 generell – von untergeordneter Bedeutung. Wenn jeweils die wissenschaftlichen Bezeichnungen der Vegetationseinheiten (Verbände, Unterverbände, Assoziationen) beigefügt werden, dann – im Interesse einer Angleichung der Nomenklatur und besserer Vergleichbarkeit – im wesentlichen nach Oberdorfer (1992, Schmidt 1995), dem neuere vegetationskundliche Übersichten (z. B. Pott 1992, Wilmanns 1993) ebenfalls weitgehend folgen.

Trotz ihrer weiten Standortsamplitude und hohen Wettbewerbsfähigkeit, aber auch ihrer Bedeutung als wirtschaftlich wertvollster Laubbaumart ging der Anteil der Buchen in den Wäldern der Kulturlandschaft und damit der Buchenwaldgesellschaften in der natürlichen Vegetation ständig zurück, sowohl in der Epoche des agrarischen Landausbaus als auch im Industriezeitalter. Dafür waren seit dem Mittelalter (regional seit dem Neolithikum) entscheidend

- die vielseitige Nutzbarkeit des Holzes (u. a. vorzüglich zur Holzkohleherstellung geeignet),
- die historischen Waldbewirtschaftungsformen und Waldnebennutzungen (Nieder- und Mittelwald, Hutewald, Schneitelei, Streunutzung etc.).

Letztere Nutzungsformen benachteiligten die Buche, insbesondere durch

- geringeres Ausschlagvermögen im Vergleich zu Arten der Eichenmischwälder (Kap. 5.2),
- die Auflichtung der Wälder (Begünstigung heliophiler Arten, Rückgang der für Buchenwälder charakteristischen schattentoleranten Arten),
- zunehmenden Nährstoffentzug und damit Degradation der Böden (Rückgang anspruchsvoller Arten der Buchenwälder, Förderung bodensaurer Eichenmischwälder oder sogar Verheidung, Kap. 5.2.3).

In den letzten beiden Jahrhunderten trugen vor allem die einseitige Baumartenwahl (überwiegend Reinbestände aus Fichte und Kiefer) sowie die Einführung des für eine Schattenbaumart nachteiligen Kahlschlagbetriebs zum Rückgang bei. Die menschliche Einflußnahme auf die Wälder seit über einem Jahrtausend führte dazu, daß die in der (potentiellen) natürlichen Vegetation Deutschlands seit dem Subatlantikum dominierenden Buchenwälder in der realen Vegetation stark unterrepräsentiert sind. Bemühungen in der Vergangenheit (Dauerwaldgedanke, naturgemäße Waldwirtschaft etc.), der Buche den ihr gebührenden Platz zu verschaffen, scheiterten oder hatten nur lokal Erfolg. Die erneute Orientierung auf eine ökologische Waldbewirtschaftung mit standortgemäßer Baumartenwahl, aber auch natürliche Sukzessionsprozesse in Eichen(misch)wäldern oder Nadelbaumforsten auf potentiellen Buchenwaldstandorten, unterstützt durch atmogene Nährstoffeinträge, haben jedoch in jüngster Zeit zu einer deutlichen Erhöhung des Buchenanteils in den Wäldern geführt.

Leider gibt es – dokumentiert durch die Waldschadensberichte seit den achtziger Jahren – erneut Faktoren, die einer Förderung der Buche zuwiderlaufen. Ver-

*Tab. 32: Übersicht der Buchen(misch)wälder*

**Anspruchsvolle, artenreiche, meso- und thermophile Buchen(misch)wälder**
(Fagion sylvaticae excl. Luzulo-Fagenion u. Galio-Abietenion)

|  | planar bis (hoch-)montan | montan bis hochmontan | hochmontan |
|---|---|---|---|
| **Mesophile Buchen(misch)-wälder** (Fagion sylvaticae p. p.) | **Mitteleuropäische Waldmeister- u. Waldgersten-(Tannen-) Buchenwälder** (Galio odorati-Fagenion) | **Präalpide Alpenheckenkirschen-(Tannen-)Buchenwälder** (Lonicero alpigenae-Fagenion) **Karpatisch-sudetische Drüsenzahnwurz-(Tannen-) Buchenwälder** (Dentario glandulosae-Fagenion) | **Bergahorn-Buchenwälder** (Aceri-Fagenion) |
| **Thermophile Buchen(misch)-wälder** (Fagion sylvaticae p. p.) | **Orchideen-Buchenwälder** (Cephalanthero-Fagenion) |  |  |

**Bodensaure artenarme Buchen(misch)wälder**
(Fagion sylvaticae p. p., Piceion p. p., Quercion robori-petraeae p. p.)

|  | planar bis kollin | (planar-)kollin bis submontan | montan | hochmontan |
|---|---|---|---|---|
| **Hainsimsen-Buchen(misch)-wälder** (Luzulo-Fagenion) |  | **Hainsimsen-(Eichen-) Buchenwald** (Luzulo-Fagetum s. l., planar-kolline Höhenform) | **Hainsimsen-(Tannen-) u. Hainsimsen-(Tannen-Fichten-) Buchenwald** (Luzulo-Fagetum s. l., montane Höhenform) | **Hainsimsen-(Tannen-) Fichten-Buchenwald** (Luzulo-Fagetum s. l., hochmontane Höhenform) |
| **Zwergstrauchreiche Fichten-Tannenwälder** (Vaccinio-Abietenion p. p.) |  |  | **Wollreitgras-(Tannen-)Fichten-Buchenwald** (Calamagrostio villosae-Fagetum) | |
| **Westeuropäische (Eichen-) Buchenwälder** (Ilici-Fagenion) | **Drahtschmielen-(Eichen-) Buchenwald** (Deschampsio flexuosae-Fagetum) |  |  |  |

lichtete Kronen, aus der Krone ragende entlaubte Zweige („Totenfinger"), verfärbte und verkrümmte Blätter, verkleinerte Blattspreiten und zu häufige Fruktifikation sind deutliche Symptome, daß sich die Waldschäden nicht mehr auf die Nadelwälder (bzw. Nadelbaumforsten) beschränken. Es ist ein alarmierendes Zeichen, wenn die standortangepaßte Baumart Buche in einem solchen Ausmaß geschädigt wird. Die Ursachen liegen in der hohen Belastung durch Luftschadstoffe und den für eine ozeanisch verbreitete Baumart ungünstigen Witterungsabläufen einiger Jahre (Trockenheit, extreme Temperaturschwankungen), verstärkt durch Sekundärfaktoren wie Schädlingsbefall und Minderung der Widerstandsfähigkeit durch hohen Energieverbrauch für vermehrte Blüten- und Fruchtbildung. Es bleibt abzuwarten, inwieweit sich durch mögliche globale Klimaänderungen die Standortsverhältnisse für die Buche in Mitteleuropa entwickeln. Tritt eine durch Temperaturanstieg bedingte „anthropogene Wärmezeit" ein, dann wird es zu einer Baumartenverschiebung in der potentiellen natürlichen Vegetation kommen, die im Vergleich zur ursprünglichen Vegetation zuungunsten der Buche und damit der Buchenwälder ausfallen würde.

Buchen(misch)wälder stellen in der Regel stabile und, wenn auch standörtlich differenziert, leistungsfähige Waldökosysteme mit hoher landschaftsökologischer Bedeutung dar. Als produktivste Waldgesellschaft der natürlichen Waldvegetation Ostdeutschlands ermittelte Hofmann (1988) im Ergebnis von vergleichenden Analysen der Nettoprimärproduktion einen geophyten- und eschenreichen Buchenwald (unter Corydali-Fraxino-Fagetum) auf grundwasserbeeinflußten und nährstoffreichen Lehmstandorten im küstennahen Tiefland (durchschnittliche jährliche oberirdische Produktionsleistung an Phytomasse etwa 11,5 t Trockensubstanz/ha). Auch Müller (in Oberdorfer 1992) verweist auf die „große Produktionskraft" der entsprechenden Subassoziation (mit Circaea lutetiana) der Tieflagen-Form des Waldmeister-Buchenwaldes (Galio odorati-Fagetum), der „bestwüchsigen Buchenwälder Mitteleuropas".

Hervorzuheben ist die Bedeutung der Buchenwälder für den Landschaftswasserhaushalt. So wirkt sich das Vorkommen von Buchen durch relativ niedrigen Wasserverbrauch (bezogen auf die produzierte Biomasse) und geringen Interzeptionsverlust (hoher Stammablauf durch glatte Borke und artspezifische Aststellung) positiv in Wassereinzugsgebieten aus.

Als Schutzwälder erfüllen sie vielfältige Funktionen, insbesondere durch den Schutz vor Bodenabtrag durch Wasser und Gravitation an Hanglagen im Hügel- und Bergland. Die intensive Bodendurchwurzelung durch die Buchen verhindert oder mindert die Erosion, indem das abtragsgefährdete Substrat gebunden und die Wasseraufnahmefähigkeit erhöht werden. Vorteilhaft wirkt sich ebenfalls eine gute Humusform aus, wie sie zumindest in den mesophilen Buchen-(misch)wäldern gegeben ist. An Steilhängen mit nachrutschenden oder bewegten, block- und steinschuttreichen Böden tritt die Buche jedoch zurück und wird von Edellaubbaumarten ersetzt (Kap. 5.6).

Hinsichtlich des Artenreichtums bestehen deutliche Unterschiede zwischen den verschiedenen Buchenwaldgesellschaften. Die Biodiversität ist sowohl von edaphischen und klimatischen Standortseigenschaften als auch von Struktur- und Entwicklungsbedingungen der Phytozönosen abhängig.

So ist die Artenvielfalt der Flora

- auf basen- und nährstoffreichen, frischen bis feuchten Standorten in mesophilen Buchen- und Tannen-Buchenwäldern mit geophytenreichem Frühjahrsaspekt und üppiger Krautschicht aus schattentoleranten Arten (z. B. Hordelymo-Fagetum) trotz dichtem Kronenschlußgrad und nicht selten gering ausgeprägter vertikaler Raumstruktur („Hallenbestände") oder
- in lichten, strauch- und krautreichen thermophilen Buchenwäldern auf basenreichen, aber ziemlich trockenen Standorten in wärmebegünstigten Lagen (Orchideen-Buchenwälder)

besonders hoch. Dagegen können Buchenwälder saurer, nährstoffarmer und frischer bis trockener Standorte floristisch ausgesprochen artenarm sein.

Vergleicht man die Baumarten-Diversität aller aus dem mitteldeutschen Raum beschriebenen Waldgesellschaften (Tab. 33), so weisen die Orchideen-Buchenwälder mit 14 Baumarten die höchste Artenzahl auf. Das andere Extrem stellen neben Erlen-Bruchwäldern (nur 3 Baumarten) ebenfalls Buchenwälder, und zwar bodensaure Hainsimsen-Buchenwälder (4 Baumarten), dar.

Die Artenvielfalt kann in aktuellen Beständen deutlich geringer sein, als sie für die Phytozönose unter den natürlichen abiotischen Standortsbedingungen zu erwarten wäre bzw. für die Waldgesellschaft, zu der der Bestand gehört, typisch ist. Als Ursache dafür kommen nicht nur forstliche Maßnahmen in Betracht, sondern ebenso überhöhte Wilddichten oder Immissionen (Förster 1977, Kraus 1987, Ellenberg 1988, Schmidt 1989a, 1993a). Der Rückgang bevorzugt von Rot- und Rehwild verbissener Arten betrifft besonders bestimmte Gehölze (darunter in Buchenmischwäldern die Verjüngung der Mischbaumarten deutlich stärker als die der Buche) und Waldbodenpflanzen (ausgenommen Gräser und Farne). Die Verjüngung der Edellaubbäume wie Berg-Ahorn und Esche oder der Eichen kann in Buchenmischwäldern so reduziert werden, daß sich daraus Buchen-Reinbestände entwickeln (Förster 1977). Oft fehlende oder für eine ökosystemerhaltende Regeneration unzureichende Naturverjüngung von Weiß-Tanne (Abies alba) und Eibe (Taxus baccata) in Altbeständen bundesweit oder zumindest regional seltener oder gefährdeter Tannen- und Eiben-Buchenwaldgesellschaften ist ebenfalls auf überhöhte Wilddichten zurückzuführen.

Tab. 33: *Baumartenstruktur der Waldgesellschaften (gruppiert in Verbänden bzw. Unterverbänden), geordnet nach der Diversität der Baumarten in der Baumschicht (Angabe maximaler Stetigkeit in einer zum jeweiligen Verband/Unterverband gehörigen Assoziation) und Strauchschicht (St) mitteldeutscher Wälder (zusammengestellt nach diversen Tabellen bei Schubert 1972)*

| Waldges./ Baumart | Ceph.-Fagen. | Carpin-ion | Galio-Fagen. | Tilio-Acer. | Ulm-enion | Querc. rob.-p. | Pot.-Querc. | Pice-ion | Alnen. gl.-inc. | Piceo-Vacc. | Dicr.-Pinion | Luz.-Fagen. | Alnion glutin. |
|---|---|---|---|---|---|---|---|---|---|---|---|---|---|
| Fagus sylvat. | V | III | V | V |  | IV | III | III |  |  |  | V |  |
| Acer ps.-plat. | III | III | III | V | III |  |  | IV | III |  |  |  |  |
| Fraxinus exc. | III | V | V | V | V |  |  | V |  |  |  |  |  |
| Tilia platyph. | II | II | II | V |  |  |  |  |  |  |  |  |  |
| Acer platan. | III | II | II | V |  |  |  |  |  |  |  |  |  |
| Sorbus aria | I | I |  |  |  |  |  |  |  |  |  |  |  |
| Taxus bacc. | V |  |  |  |  |  |  |  |  |  |  |  |  |
| Abies alba |  | IV | I |  |  |  |  | V |  |  |  |  |  |
| Sorbus torm. | III |  | II |  |  | IV |  |  |  |  |  |  |  |
| Quercus petr. | III | III | III |  |  | V | V |  |  |  | II | V |  |
| Quercus rob. | II | V | IV | II | V | V | III |  | StIII |  |  |  |  |
| Carpinus bet. | V | V | III | II | III | III | III |  |  |  |  |  |  |
| Tilia cordata |  | IV | III | V | III | II | III |  |  |  |  |  |  |
| Acer camp. |  | II |  |  | III | IV |  |  |  |  |  |  |  |
| Quercus pub. |  |  |  |  |  |  | I |  |  |  |  |  |  |
| Pyrus pyrast. | I |  |  | I |  |  | II |  |  |  |  |  |  |
| Malus sylv. | I |  |  | I |  |  |  |  |  |  |  |  |  |
| Ulmus minor |  | I |  |  | V |  |  |  | IV |  |  |  |  |
| Ulmus glabra |  | I |  | V | II |  |  |  |  |  |  |  |  |
| Ulmus laevis |  |  |  |  | III |  |  |  | III |  |  |  |  |
| Popul. nigra |  |  |  |  |  |  |  |  | III |  |  |  |  |
| Alnus glutin. |  |  |  | I |  |  |  |  | V |  |  |  | V |
| Betula pub. |  |  |  |  |  | III |  | I |  | IV |  |  | V |
| Sorbus auc. | StII |  |  | StIII | StIV | V |  |  | II | II |  | StV | III |
| Popul. trem. |  |  |  |  |  | IV |  |  |  |  | I |  |  |
| Picea abies |  | IV |  |  | II |  |  | V |  | IV | I | IV |  |
| Betula carp. |  |  |  |  |  |  |  | V |  | I |  |  |  |
| Betula pend. |  |  |  |  |  | IV |  | II |  | IV | II |  |  |
| Pinus sylv. |  |  |  |  |  |  |  | V |  | V | V | V |  |
| Pinus rotund. |  |  |  |  |  |  |  |  |  | V |  |  |  |
| Padus avium |  |  |  |  |  |  |  |  | StIII |  |  |  |  |
| Artenzahl gesamt | 14 | 13 | 12 | 12 | 11 | 11 | 9 | 9 | 8 | 7 | 6 | 4 | 3 |

Atmogene Schad- und Nährstoffeinträge können einzelne Arten und das Artengefüge der Bodenvegetation von Buchenwäldern in unterschiedlicher Weise beeinflussen (Steubing u. Fangmeier 1991). Für die letzten Jahrzehnte wurden durch vergleichende Untersuchungen historischer und aktueller Vegetationszustände von Buchenwäldern sowohl rückläufige als auch ansteigende Artenzahlen, sowohl Bodenversauerung als auch Erhöhung des Nährstoffniveaus der Standorte nachgewiesen (z. B. Rost-Siebert u. Jahn 1988, Böhling 1992). Die Auswirkungen sind vom Immissionstyp und der entsprechenden Waldgesellschaft abhängig. In der Summe spiegeln sich aber Verarmung und Nivellierung der Waldbodenvegetation wider. Für alle nach 35 Jahren nochmals vegetationskundlich untersuchten Buchenwaldökosysteme des Osterzgebirges (von ohnehin artenärmeren bodensauren Hainsimsen-Buchenwäldern des Luzulo-Fagetum über Waldschwingel-Buchenwälder bis zu anspruchsvolleren edellaubbaumreichen und Zahnwurz-Buchenwäldern, also verschiedenen Ausprägungsformen des Galio odorati-Fagetum) wurden Artenverluste und über Zeigerwertanalysen signifikant gesunkene Reaktionswerte ermittelt (Tab. 34, Abb. 58, 59; Schmidt 1993a). Die deutlich niedrigere Bodenreaktion ist Ausdruck einer Oberbodenversauerung bzw. Basenverarmung. Diese wird im Erzgebirge („klassisches Rauchschadgebiet") vorwiegend durch Schwefeldioxid-Immissionen, die in den letzten Jahrzehnten die Wälder in besonders hohem Maße belasteten, verursacht.

Aus faunistischer Sicht sind die hohen Artenzahlen, wie sie für Buchenwälder allgemein angegeben werden, äußerst bemerkenswert und unterstreichen die

*Tab. 34: Artenzahlen (n) und mittlere Faktorenzahlen (mL – Lichtzahl, mT – Temperaturzahl, mK – Kontinentalitätszahl, mF – Feuchtezahl, mR – Reaktionszahl, mN – Stickstoffzahl) 1956 und 1991 mesophiler bis bodensaurer (Tannen-)Buchenwälder (von reicheren und mittleren Ausprägungen des Waldmeister-Buchenwaldes bis zum ärmeren Hainsimsen-Buchenwald) im Naturschutzgebiet Weicholdswald (Osterzgebirge, 510 bis 620 m ü. NN), belegt durch je 29 Vegetationsaufnahmen (VA) an identischen Standorten (Opfermann 1992)*

|  | reichere Ausprägung (7 VA) | | | mittlere Ausprägung (12 VA) | | | ärmere Ausprägung (10 VA) | | |
|---|---|---|---|---|---|---|---|---|---|
|  | 1991 | 1956 | Diff. | 1991 | 1956 | Diff. | 1991 | 1956 | Diff. |
| n | 16 | 36 | −20 | 16 | 32 | **−16** | 13 | 26 | **−13** |
| mL | 4,2 | 4,1 | +0,1 | 4,1 | 4,3 | −0,2 | 4,7 | 5,0 | −0,3 |
| mT | 4,8 | 4,8 | 0 | 4,8 | 4,6 | +0,2 | 4,5 | 4,5 | 0 |
| mK | 3,5 | 3,5 | 0 | 3,4 | 3,5 | −0,1 | 3,5 | 3,6 | −0,1 |
| mF | 5,5 | 5,4 | +0,1 | 5,4 | 5,6 | −0,2 | 5,4 | 5,4 | 0 |
| mR | 4,6 | 5,7 | −1,1 | 4,3 | 4,8 | −0,5 | 3,5 | 3,8 | −0,3 |
| mN | 5,7 | 5,9 | −0,2 | 5,6 | 5,5 | +0,1 | 5,0 | 5,2 | −0,2 |

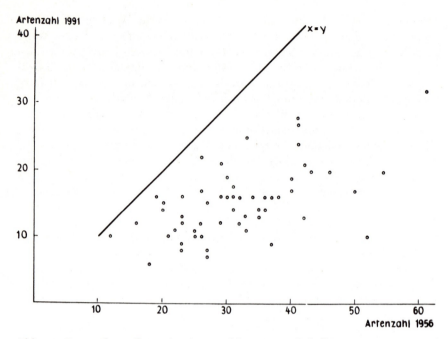

*Abb. 58: Gegenüberstellung der Artenzahlen von Gefäßpflanzen 1956/1991 auf identischen Probeflächen verschiedener mesophiler und bodensaurer Buchenwälder (Fagion) und einiger Edellaubbaumwälder (Tilio-Acerion) im Osterzgebirge (Opfermann 1992)*

Habitatfunktion von Buchenwaldökosystemen für die heimische Fauna. Nach Wilmanns (1993) sollen von den etwa 48 000 Tierarten Deutschlands allein 6 800 Arten in Buchenwäldern vorkommen, davon 1 800 Arten bevorzugt oder ausschließlich in diesen. Diese enorme Zahl von Tierarten ist also eng an den Lebensraum Buchenwald angepaßt. Die für viele Buchenwaldgesellschaften charakteristischen jahreszeitlichen Aspektbildungen gewährleisten ein sich über die ganze Vegetationsperiode erstreckendes Nahrungsangebot (z. B. Nektar, Pollen, Diasporen) für verschiedenste Tierarten. Natürlich ist die faunistische Diversität im einzelnen von der Arten-, Raum- und Altersstruktur der verschiedenen Buchenwaldökosysteme abhängig. Wie sich allein die Altersstruktur der gleichen Waldgesellschaft auf die Vielfalt einer Tierartengruppe auswirkt, zeigen die unterschiedlichen Siedlungsdichten und Artenzahlen von höhlenbrütenden Vogelarten in verschieden alten Hainsimsen-Buchenwäldern (submontanes Luzulo-Fagetum, Weiss 1989, zit. in Heinrich 1993). In einem 183jährigen Bestand ist im Vergleich zu einem 85jährigen Bestand die Siedlungsdichte um mehr als das Sechsfache, die Artenzahl um das Doppelte höher. Andererseits

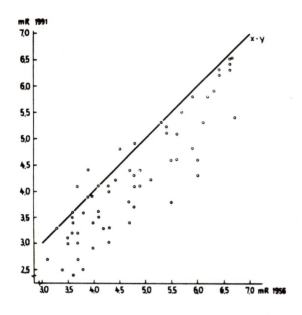

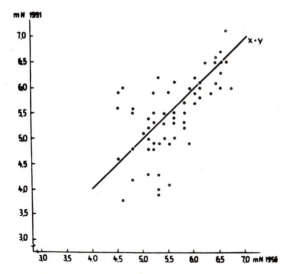

Abb. 59: *Gegenüberstellung der mittleren Faktorenzahlen für Bodenreaktion (mR) und Stickstoff (mN) 1956/1991 für Gefäßpflanzen auf identischen Probeflächen verschiedener mesophiler und bodensaurer Buchenwälder (Fagion) und einiger Edellaubbaumwälder (Tilio-Acerion) im Osterzgebirge (Opfermann 1992)*

kann die Präsenz und ökologische Rolle einer Tiergruppe in Buchenbeständen vergleichbaren Alters in Abhängigkeit von den standörtlichen Bedingungen sehr unterschiedlich sein. So ist nach Untersuchungen des Senckenberg-Forschungs-institutes Frankfurt a. M. die Bedeutung der Asseln in Altbuchenbeständen von zwei Naturwaldreservaten des Vogelsberges (Hessen) sehr differenziert. Im Naturwaldreservat „Niddahänge" (hier für die 74 Hektar Altbuchenbestand 3 500 Tierarten insgesamt geschätzt) gehören die Asseln zu den wichtigsten Streuzersetzern, im Naturwaldreservat „Schönbuche" sind sie kaum anzutreffen (AID 1994).

Obwohl die Buche bei Befragungen zum Lieblingsbaum nach Tanne bzw. Fichte, Eiche und Birke erst an 4. Stelle genannt wird (Tab. 35), kommen Buchenwälder den Ansprüchen der Erholungsuchenden in vielfältiger Weise entgegen. Besonders beliebt sind sie als Schattenspender an heißen Sommerta-gen, aber auch zur Blütezeit der Frühjahrsgeophyten und zur Zeit der herbstli-chen Laubfärbung. Oft anzutreffende Hallenwälder erlauben tiefe Einblicke in das Waldesinnere und lassen die Stämme der einzelnen Bäume besonders mar-kant zur Geltung kommen.

*Tab. 35: Ergebnisse von Befragungen (in %) im Bayerischen Wald und im Fich-telgebirge zum Lieblingsbaum (Pröbstl 1988)*

| Baumgattung bzw. -art | Bayerischer Wald (N=1052) | Fichtelgebirge (N=504) |
|---|---|---|
| Tanne/Fichte | 16,0 | **33,8** |
| Eiche | **25,4** | 16,2 |
| Birke | 18,8 | 15,6 |
| Buche | 14,6 | 9,7 |
| Linde | 8,3 | 7,1 |
| Ahorn | 7,2 | 4,5 |
| Kiefer | 4,1 | 5,8 |
| Kirsche | 3,6 | 5,8 |
| Weide | 1,7 | 1,3 |

## 5.1.1 Mesophile Buchenwälder, Tannen- und Bergahorn-Buchenwälder

Unter den mesophilen Buchen(misch)wäldern werden die krautreichen, aber straucharmen Buchenwälder, Tannen- und Bergahorn-Buchenwälder (mäßig) gut bis sehr gut nährstoffversorgter, meist frischer Karbonat- oder basenreicher Silikatstandorte zusammengefaßt. Sie sind bei der Darstellung der Bu-chen(misch)wälder (unter 5.1) bereits ausführlich berücksichtigt worden, so daß nur noch eine Kurzcharakteristik der wichtigsten Waldgesellschaften folgt:

- **Mitteleuropäische krautreiche Buchen- und Tannen-Buchenwälder**
  *(Galio odorati-Fagenion)*
  Unter den anspruchsvollen Buchen(misch)wäldern weisen sie die weiteste
  Verbreitung auf. Sie kommen sowohl im Hügel- und Bergland als auch in
  den jungpleistozänen Endmoränenlandschaften Norddeutschlands vor, erlitten jedoch große Flächenverluste seit dem mittelalterlichen Landausbau, entweder durch Waldrodung und landwirtschaftliche Nutzung der guten Böden
  oder durch Umwandlung in Hainbuchen-Eichenwälder infolge nutzungsbe-
  dingter Förderung von Nebenbaumarten (Kap. 5.2). Im Bergland werden
  entsprechende Standorte heute nicht selten von Fichtenforsten eingenommen. Hierzu gehören die im Vergleich zu den anderen mesophilen Buchenwäldern floristisch oft weniger artenreichen, regional und standörtlich aber
  stark differenzierten **Waldmeister-(Tannen-)Buchenwälder** *(Galio odorati-
  Fagetum)*, auch Braunerdemull- oder Lehm-Buchenwälder genannt, und die
  artenreicheren, nur bei Faziesbildung einzelner Arten in der Bodenvegetation verarmten, **Waldgersten-(Tannen-)Buchenwälder** *(Hordelymo-Fagetum)*, meist auf (mäßig) frischen Kalkstandorten stockend.

- **Bergahorn-Buchenwälder** *(Aceri-Fagenion)*
  Der hochmontane hochstaudenreiche **Bergahorn-Buchenwald** *(Aceri-
  Fagetum)* bildet in wintermilden und schneereichen Lagen ozeanisch beein-
  flußter süddeutscher Gebirge die oberste Waldstufe, im kontinentaleren
  Bereich tritt er nur lokal und an subalpinen Hochstauden verarmt auf.

- **Präalpide Alpenheckenkirschen-(Tannen-)Buchenwälder** *(Lonicero alpi-
  genae-Fagenion)*
  Krautreiche Buchen-Bergmischwälder, die über den Ost- und Westalpen-
  rand nur randlich und in meist verarmten Ausbildungsformen die süddeutschen Gebirge (besonders Kalkalpen und deren Vorgebirge, Schwarzwald)
  erreichen.

- **Karpatisch-sudetische Drüsenzahnwurz-(Tannen-)Buchenwälder** *(Den-
  tario glandulosae-Fagenion)*
  Der seltene und nur in annähernder Form in bayerischen und sächsischen
  Gebirgen vorkommende **Quirlzahnwurz-(Tannen-)Buchenwald** *(Denta-
  rio enneaphylli-Fagetum)* kann als verarmte westliche Ausstrahlung dieser
  krautreichen Buchen-Bergmischwälder angesehen werden.

## 5.1.2 Thermophile Orchideen-Buchenwälder

Die **Orchideen- oder Seggen-Buchenwälder** *(Cephalanthero-Fagenion: Carici-
Fagetum s.l.)* flachgründiger, warm-trockener, meist hängiger kalk- oder sonsti-
ger karbonatreicher Standorte haben ihren Verbreitungsschwerpunkt in wärme-
getönten Kalkberg- und Kalkhügelländern, wenn sie auch an entsprechenden

Sonderstandorten vom Flachland (z. B. Kreidestandorte der Insel Rügen) bis in die Alpen vorkommen.

Die Grenzbedingungen für das Wachstum der Buche mindern deren Vitalität („Buchen-Buschwälder") und führen zur Auflichtung der Bestände, insbesondere in Hanglagen („Buchen-Steilhangwälder"). Im Gegensatz zu den mesophilen Buchen(misch)wäldern ist dadurch nicht nur die Krautschicht artenreich, sondern auch die Diversität der Baum- und Straucharten deutlich höher (Tab. 33). Die Orchideen-Buchenwälder (besonders im alpennahen Raum) gehören zu den floristisch artenreichsten Waldgesellschaften Deutschlands. Sie sind Lebensraum einer Vielzahl seltener und gefährdeter sowie geschützter Pflanzenarten.

An Steilhängen erfüllen sie durch Hangstabilisierung wichtige landeskulturelle Funktionen. Solche Standorte waren auch letzte Rückzugsgebiete für die Eibe (Taxus baccata), was seinen Ausdruck in der Beschreibung eines **Eiben-Steilhangbuchenwaldes** *(Taxo-Fagetum)* fand. In den vergangenen Jahrhunderten unterlagen aber selbst solche Hanglagen extensiver Nutzung (Holznutzung durch Nieder- oder Mittelwaldbetrieb, Beweidung), wodurch eine Umwandlung in thermophile Eichenmischwälder begünstigt wurde. Die interessanten, durch hohe biologische Vielfalt ausgezeichneten und deshalb besondere Förderung seitens des Naturschutzes genießenden basiphytischen Xerothermrasen und Blaugrasfluren (besonders Gesellschaften der Brometalia erecti) sind oft Ersatzökosysteme von Orchideen-Buchenwäldern.

### 5.1.3 Bodensaure artenarme Buchenwälder, Eichen-Buchenwälder und Tannen-Fichten-Buchenwälder

Die bodensauren Buchen(misch)wälder (*Luzulo-Fagenion, Ilici-Fagenion, Vaccinio-Abietenion* p. p., Tab. 32), die syntaxonomisch wegen ihrer floristischen Armut und ihren Übergängen zu Eichenwäldern und Nadelwäldern schwierig einzuordnen sind, nehmen im mitteleuropäischen Buchenwaldareal die basen- und nährstoffarmen, meist frischen bis mäßig trockenen Standorte ein. Sie sind durch die Dominanz der Rot-Buche in der Baumschicht und das Vorherrschen azidophytischer Arten in der Bodenvegetation gekennzeichnet. Die Mischbaumarten wechseln in Abhängigkeit von der Höhenstufe, von der planaren bis submontanen Stufe sind es insbesondere Trauben- und Stiel-Eiche (**Eichen-Buchenwälder**, z. B. planar-kolline Form des *Luzulo-Fagetum, Deschampsio-Fagetum*), im Bergland Weiß-Tanne und Gemeine Fichte (**Bergmischwälder** der montanen und hochmontanen Form des *Luzulo-Fagetum, Calamagrostio villosae-Fagetum;* Tab. 32).

Bei besserer Trophie sind die Übergänge zu den mesophilen Waldmeister-Buchenwäldern, auf ziemlich nährstoffarmen, mehr trockenen oder feuchten

Standorten zu den bodensauren Eichen(misch)wäldern und in der montan-hochmontanen Stufe zu den Tannen-Fichtenwäldern fließend.

In der ursprünglichen und potentiellen natürlichen Vegetation Deutschlands gehören die bodensauren artenarmen Buchen(misch)wälder zu den am weitesten verbreiteten Waldgesellschaften. Sie haben jedoch einen enormen Flächenverlust erfahren, insbesondere

- durch historische Waldnutzungsformen: (bewußte) Begünstigung der Eiche und Standortsdegradation führten zur Umwandlung in bodensaure Eichen(misch)wälder,
- durch forstliche Bewirtschaftung: Umwandlung in Nadelbaumforsten, besonders Fichten- und Kiefernforsten, aber auch Douglasien- und Lärchenforsten.

Naturnahe Ökosysteme dieser Waldgesellschaften stellen wertvolle und schutzbedürftige Lebensräume dar. Gegenwärtig fördern sowohl natürliche und durch Nährstoffeintrag begünstigte Sukzessionen als auch forstliche Maßnahmen im Rahmen des ökologisch orientierten Waldbaus (Waldumbau durch Unterbau von Eichen-, Kiefern- und Fichtenbeständen) eine Renaturierung beziehungsweise Restauration der Buchenwälder.

## 5.2 Eichen(misch)wälder

Unter Eichen(misch)wäldern werden hier zonale und extrazonale Waldgesellschaften, in denen in der Regel Eichen, meist Trauben- und/oder Stiel-Eiche (Quercus petraea, Qu. robur), selten Flaum-Eiche (Qu. pubescens), die vorherrschenden und kennzeichnenden Baumarten darstellen, zusammengefaßt, obwohl sie aus standörtlicher und pflanzensoziologischer Sicht bei typischer Ausprägung deutlich verschieden sind:

- **Hainbuchen-Eichenwälder** *(Carpinion betuli)*,
- **Thermophile Eichen-Trockenwälder** *(Quercion pubescenti-petraeae u. Potentillo-Quercion)*,
- **Bodensaure Birken- und Kiefern-Eichenwälder** *(Quercion robori-petraeae)*.

Ihnen sind nicht nur die prägenden Strukturelemente der Baumschicht gemeinsam, sondern ihr Vorkommen im Grenzbereich des Buchenwaldwachstums. Das Areal dieser Eichen(misch)wälder erstreckt sich von der planaren bis in die submontane Stufe, sie nehmen in diesen Höhenstufen Standorte ein, die für die Buche aus

- klimatischer (Kontinentalität),

- edaphischer (Nährstoffarmut) oder
- hygrischer (Grund- oder Stauwassereinfluß, Trockenheit)

Sicht zunehmend ungünstig werden.

Weiterhin ist ihnen gemeinsam, daß sie durch historische Waldbewirtschaftungsformen gefördert wurden, indem direkt oder indirekt Baumarten dieser Wälder begünstigt wurden, z. B.:

- in Mittel- und Niederwäldern stockausschlagfähige Arten wie die genannten Eichen, Hainbuche (Carpinus betulus), Winter-Linde (Tilia cordata),
- in Mittel- und Hutewäldern die Eichen als Mastbaumarten,
- in verlichteten Wäldern Birken (Betula pendula, B. pubescens), Gemeine Kiefer (Pinus sylvestris), Vogel-, Mehl- und Elsbeere (Sorbus aucuparia, S. aria, S. torminalis) oder Aspe (Populus tremula) als Pionierbaumarten.

So wurde das Areal von Eichen(misch)wäldern anthropogen ausgedehnt, was sich selbst in der aktuellen Vegetation noch widerspiegelt. Sie nehmen heute noch Buchenwaldstandorte ein, unterliegen aber seit Aufgabe der historischen Nutzungsformen Strukturveränderungen, die Entwicklungstendenzen zu Buchenwäldern erkennen lassen (Eindringen der Buche oder Zunahme der Buchenanteile, „Ausdunkeln" lichtliebender Arten). Übergänge von Eichen- zu Buchenwäldern sowie zwischen den Eichenwaldgesellschaften sind nicht selten, sowohl standorts- als auch nutzungsbedingt.

Die Eichen(misch)wälder weisen in der Regel eine reiche vertikale Gliederung und – mit Ausnahme einiger bodensaurer Eichenwaldökosysteme – eine hohe Artenvielfalt auf, wobei Raum- und Artenstruktur nicht selten in der Ära des Mittel- und Niederwaldes erhöht wurden, bei Übergang zum Hochwald aber wieder abnehmen. Der Rückgang der Artenvielfalt der Phytozönosen, besonders lichtbedürftiger Arten bestimmter Gefäßpflanzen-Lebensformen (Sträucher und hemikryptophytische Stauden, weniger Bäume und Geophyten), geht eindrucksvoll aus einer nach etwa 20 Jahren vom gleichen Autor wiederholten Vegetationsaufnahme (Tab. 36) eines früher nieder- und mittelwaldartig bewirtschafteten, durch Schafe beweideten Elsbeeren-Eichen-Trockenwaldes hervor (Rückgang von 115 auf 59 Gefäßpflanzenarten, Katte 1986). Soll die Artenvielfalt der Flora solcher Eichenwälder erhalten werden, sind entsprechende Maßnahmen der Waldpflege zur Regulierung der Arten- und Raumstruktur (z. B. Erhaltung oder Wiederherstellung mehrschichtiger Bestände mit lichtem Kronenschluß) Voraussetzung (Kap. 7.2.4).

Gegenwärtig erfahren von der Eiche geprägte Waldgesellschaften allerdings vielerorts Strukturveränderungen durch Auflichtungen, bedingt durch Kronenverlichtungen und Absterbeerscheinungen der Eichen. Wenn auch die eigentlichen Ursachen des „Eichensterbens" nicht endgültig geklärt sind, so dürfte es sich um

*Tab. 36: Lebensformspektrum der Gefäßpflanzen eines Elsbeeren-Eichen-Trockenwaldes (NSG Gottesholz, Thüringen) 1964 und 1985 (Katte 1986)*

| Lebensform | 1964 Artenzahl | % | 1985 Artenzahl | % |
|---|---|---|---|---|
| Makrophanerophyten | 12 | 10,4 | 11 | 18,6 |
| Nanophanerophyten | 11 | 9,6 | 6 | 10,2 |
| Hemiphanerophyten | 2 | 1,7 | – | – |
| Chamaephyten | 3 | 2,6 | – | – |
| Hemikryptophyten | 70 | 60,9 | 30 | 50,9 |
| Geophyten | 14 | 12,2 | 11 | 18,6 |
| Therophyten | 3 | 2,6 | 1 | 1,7 |
| Gesamt | 115 | 100 | 59 | 100 |

ein komplexes Zusammenwirken verschiedener abiotischer und biotischer Faktoren handeln. Langzeitig wirkende anthropogene Einflüsse, wie Immissionen und Veränderungen des Wasserhaushaltes (z. B. Grundwasserabsenkungen) sowie Witterungsextreme (Frost, überdurchschnittlich warm-trockene Jahre), mindern die Vitalität und erhöhen die Krankheitsbereitschaft beziehungsweise Prädisposition für Schädlingsbefall. Meist sind es Pilzinfektionen und Kahlfraß durch Insekten (z. B. Eichenwickler, Schwammspinner), die dann Erscheinungsbilder, wie sie als „Eichensterben" bekannt sind, verursachen. Es kann sich aber auch um andere Organismen handeln. So hat sich in Eichenwäldern des österreichischen Burgenlandes (Weinviertel) die Riemenblume oder Eichenmistel (Loranthus europaeus) derart ausbreiten können, daß sie ein Eichensterben veranlaßt. Sollte, wie Mayer (1986) vermutet, eine durch Landschafts- und Klimaänderungen bedingte Zunahme der Drosseln als Samenüberträger die Ausbreitung des Halbparasiten begünstigen, dürfte trotzdem eine erhöhte Anfälligkeit der Eichen auslösender Faktor für die massenhafte „Infektion" durch die Keimlinge der Eichenmistel sein (vgl. Tendenz zur Ausbreitung der Kiefern-Mistel in immissionsgeschädigten Kiefernwäldern, Schmidt 1989b). In Deutschland ist die Eichenmistel dagegen eine Rote-Liste-Art (vom Aussterben bedroht), von den zwei auf Sachsen begrenzten Vorkommen verblieb ein einziges (auf wenigen Eichen bei Dohma).

Die hohe Diversität in Arten-, Raum- und Altersstruktur der Eichenwald-Phytozönosen spiegelt sich in entsprechender faunistischer Vielfalt wider. Allein an und von Eichen leben in Mitteleuropa über 1 000 Insektenarten, davon etwa 500 auf die Eiche spezialisierte phytophage Arten. An einer einzigen Alteiche können in einer Vegetationsperiode etwa 250 Insektenarten beobachtet werden (Leibundgut 1985). Unter den heimischen Baumarten nehmen die Eichen hinsichtlich der Habitatfunktion für Insekten also eine herausragende Stellung ein.

Müller (1988) zeigt am Beispiel der Eiche, wie vielfältig das Valenzangebot eines Baumes als Habitat sein kann. Verschiedenste Organismen nutzen Teile davon und können nebeneinander leben (s. Kap. 3.2.2.2.1). So bieten allein die Blätter Nahrungslizenzen für:

- phyllophage Schmetterlingsraupen,
- Käfer (darunter Maikäfer),
- Gallinsekten (Eichen sind Wirtspflanzen für die höchste Zahl an Gallinsekten, die an einer heimischen Pflanzenart überhaupt vorkommt),
- Blattminierer (z. B. Kleinschmetterlinge) und
- Pflanzensaftsauger (Blattläuse, Zikaden und Blattflöhe).

Mehrere Mischbaumarten in den Eichenwaldökosystemen bieten ebenfalls Lebensräume und Nahrungsgrundlage für eine Vielzahl stenophager, auf diese Spezies angewiesener Insekten, so Birken, Kiefern und Aspe in den bodensauren Eichenmischwäldern oder Hainbuche, Winter-Linde, Vogel-Kirsche und Wild-Apfel in den Hainbuchen-Eichenwäldern bzw. Eichen-Trockenwäldern (Tab. 37).

*Tab. 37: Anzahl phytophager Insektenarten, die auf bestimmte Gehölzgattungen bzw. -arten der mitteleuropäischen Waldökosysteme spezialisiert sind (aus 18 untersuchten Insektengruppen, n. Heydemann 1982)*

| Eichen | 298 | Ulmen | 79 | Vogel-Kirsche | 46 |
|---|---|---|---|---|---|
| Weiden | 218 | Hasel | 76 | Wild-Apfel | 41 |
| Birken | 164 | Aspe | 67 | Esche | 37 |
| Kiefern | 162 | Hainbuche | 59 | Ahorne | 24 |
| Fichte | 150 | Linden | 57 | Wacholder | 4 |
| Rot-Buche | 96 | Schwarz-Erle | 54 | Stechpalme | 1 |

Betrachtet man nur die xylobionten Käfer, die an lebendem oder totem Holz und von Holzpilzen leben, so sind nach den Eichen die Aspe und Birken die wichtigsten Wirtsbäume (Ammer 1991). Die überwiegende Zahl der etwa 1 500 Holzkäferarten unserer Fauna ist auf diese Baumarten angewiesen. Aber auch unter den Pilzarten, deren entscheidende Bedeutung im Ökosystem Wald leider oft unzureichend gewürdigt wird, sind zahlreiche Arten in Eichen(misch)wäldern verbreitet. Unter den Basidiomyzeten, die als Mykorrhizapilze, Holzpilze und Streubesiedler in den Wäldern eine wesentliche Rolle spielen, nehmen nach allgemein verbreiteten Arten die an Eiche und Buche bzw. in Eichen- und Buchenwäldern vorkommenden Arten im Vergleich zu anderen Baumarten bzw. Waldgesellschaften einen hohen Anteil ein (Tab. 38).

Die Bedeutung der landschaftsökologischen und rekreativen Wirkungen der Eichen(misch)wälder ist vor allem für Landschaften, in denen sich ausgedehnte

*Tab. 38: Bindung waldbewohnender Basidiomycetes an Waldformationen und Baumarten (Grosser et al. in Wegener 1991)*

| Waldformation/Baumart | | % |
|---|---|---|
| 1. Wälder und Gehölze allgemein | | 32,9 |
| 2. Laubwald/Laubbäume: | allgemein | 29,4 |
| | Buche und Eichen | 8,0 |
| | Erlen und Birken | 3,4 |
| | Weiden und Pappeln | 1,8 |
| | übrige Laubbäume | 3,4 |
| 3. Nadelwald/Nadelbäume: | allgemein | 10,1 |
| | Gemeine Kiefer | 6,0 |
| | Gemeine Fichte | 3,9 |
| | Weiß-Tanne | 0,35 |
| 4. Lärche und nichtheimische Arten | | 0,75 |

Agrargebiete oder großflächige Kiefernforsten befinden, hervorzuheben, so z. B. von

- Hainbuchen-Eichenwäldern in den fruchtbaren Bördegebieten und anderen Lößlandschaften, die weitgehend entwaldet sind,
- Buchen-, Birken- und Kiefern-Eichenwäldern in den Altmoränen- und Flußterrassenlandschaften oder anderen Sand- und Sandsteingebieten, in denen Kiefernforsten weithin dominieren.

Auf die Erholungsfunktion wirken sich Artenvielfalt und reich gegliederte Raumstrukturen positiv aus. Ein zu dichter Unterwuchs kann jedoch den Erholungseffekt verringern. Eiche, aber auch Birke und Linde, also drei für Eichen(misch)wälder kennzeichnende Gattungen, gehören zu den Bäumen, die bei Befragungen zu den beliebtesten Bäumen vordere Plätze einnehmen (Tab. 35).

Eine auf subjektiven Kriterien basierende Beliebtheitsskala kann kein unmittelbarer Gradmesser für die Erholungswirksamkeit der Waldgesellschaften sein, denn sie spiegelt vielfältigste, ganz unterschiedlich motivierte Beziehungen des Menschen zu einzelnen Baumarten (z. B. Eichen, Linden – Mythologie, Geschichte, Brauchtum etc.; Birken – Ästhetik) oder Landschaften (z. B. Eiche – Spessart) wider (Kap. 4.3.3). Steht auch die Symbolik bei einer Entscheidung zum beliebtesten Baum im Vordergrund, so beschränkt sich die psychische Wirkung nicht auf den Anblick einer altehrwürdigen Eiche (als Huteeichen ohnehin meist Zeugen ehemaliger Eichenwälder), einer Birkenallee (nicht selten im Areal bodensaurer Eichenwälder gepflanzt) oder einer Dorflinde, sondern tritt beim Erlebnis dieser Baumarten in den entsprechenden Wäldern, in denen sie als Haupt-, Misch- oder Pionierbaumarten auftreten, ebenfalls ein.

Die Erholungsnutzung kann zu Belastungen der Waldökosysteme führen, wenn sie sich auf bestimmte Bereiche konzentriert oder in Naturschutzgebieten und Naturwaldreservaten Wegegebote nicht eingehalten werden. Trotz aller Problematik einer Einschätzung und Definition der Belastbarkeit von Waldgesellschaften durch Tritt und Eutrophierung kann in Anlehnung an Seibert (1974) eine Differenzierung der Empfindlichkeit vorgenommen werden (Tab. 39, 40). Danach sind die bodensauren Eichenmischwälder gegenüber Tritt weniger empfindlich als die Eichen-Trockenwälder und die Hainbuchen-Eichenwälder (Tab. 39), die auf ohnehin meso- bis eutrophen Standorten stockenden Hainbuchen-Eichenwälder dagegen durch Eutrophierung weniger gefährdet als Eichen-Trockenwälder und Birken- bzw. Kiefern-Eichenwälder (Tab. 40).

*Tab. 39: Belastbarkeit der Bodenvegetation von Waldgesellschaften durch Tritt. Einschätzung nach einer 10teiligen Skala (0 nicht belastbar, 10 sehr stark belastbar; n. Seibert 1974, Ammer u. Pröbstl 1991, verändert)*

| Waldgesellschaft | Trittbelastbarkeit |
|---|:---:|
| Hainsimsen-Buchen(misch)wälder (Luzulo-Fagenion) | 7 |
| Fichtenwälder (Vaccinio-Piceenion) | 6 |
| Tannen-Mischwälder (Galio-, Vaccinio-Abietenion) | 6 |
| Bodensaure Eichenmischwälder (Quercion robori-petraeae) | 6 |
| Zwergstrauch- oder moosreiche Kiefernwälder (Dicrano-Pinion) | 6 |
| Schneeheide-Kiefernwälder (Erico-Pinion) | 5–6 |
| Thermophile Eichen-Trockenwälder (Quercion pubescenti-petraeae, Potentillo-Quercion) | 4–6 |
| Hainbuchen-Eichenwälder (Carpinion) | 4–5 |
| Waldmeister-(Tannen-)Buchenwälder (Galio odorati-Fagenion) | 4–5 |
| Alpenheckenkirschen-(Tannen-)Buchenwälder (Lonicero alpigenae-Fagenion) | 4 |
| Bergahorn-Buchenwälder (Aceri-Fagenion) | 4 |
| Orchideen-Buchenwälder (Cephalanthero-Fagenion) | 4 |
| Subkontinentale Kiefern-Trockenwälder (Cytiso-Pinion) | 4 |
| Edellaubbaum-Schlucht- und Schatthangwälder (Tilio-Acerion) | 3 |
| Auen- und Niederungswälder (Alno-Ulmion) | 3 |
| Kiefern- und Fichten-Moorwälder (Piceo-Vaccinienion uliginosi) | 3 |
| Erlen-Bruchwälder (Alnion glutinosi) | 2 |
| Zum Vergleich: Trittrasen | 10 |
|                 Weidelgras-Weide | 9 |
|                 Hochmoorschlenken | 1 |

*Tab. 40: Belastbarkeit der Bodenvegetation von Waldgesellschaften durch Eutrophierung. Einschätzung nach einer 10teiligen Skala (0 nicht belastbar, 10 sehr stark belastbar; n. Seibert 1974, Ammer u. Pröbstl 1991, verändert)*

| Waldgesellschaft | Belastbarkeit |
|---|---|
| Edellaubbaum-Schlucht- und Schatthangwälder (Tilio-Acerion) | 8 |
| Auen- und Niederungswälder (Alno-Ulmion) | 7–8 |
| Hainbuchen-Eichenwälder (Carpinion) | 6–7 |
| Waldmeister-(Tannen-)Buchenwälder (Galio odorati-Fagenion) | 6–7 |
| Orchideen-Buchenwälder (Cephalanthero-Fagenion) | 6–7 |
| Alpenheckenkirschen-(Tannen-)Buchenwälder (Lonicero alpigenae-Fagenion) | 6 |
| Bergahorn-Buchenwälder (Aceri-Fagenion) | 5–6 |
| Labkraut-Buchen-Tannenwälder (Galio-Abietenion) | 5 |
| Hainsimsen-Buchen(misch)wälder (Luzulo-Fagenion) | 5 |
| Subkontinentale Kiefern-Trockenwälder (Cytiso-Pinion) | 5 |
| Thermophile Eichen-Trockenwälder (Quercion pubescenti-petraeae, Lithospermo-Quercion) | 4–5 |
| Bodensaure Eichenmischwälder (Quercion robori-petraeae) | 4 |
| Zwergstrauch- oder moosreiche Kiefernwälder (Dicrano-Pinion) | 4 |
| Schneeheide-Kiefernwälder (Erico-Pinion) | 3–4 |
| Fichten- und Kiefern-Tannenwälder (Vaccinio-Abietenion) | 3 |
| Fichtenwälder (Vaccinio-Piceenion) | 3 |
| Erlen-Bruchwälder (Alnion glutinosae) | 3 |
| Kiefern- und Fichten-Moorwälder (Piceo-Vaccinienion uliginosi) | 1 |

## 5.2.1 Hainbuchen-Eichenwälder

Hainbuchen-Eichenwälder *(Carpinion betuli)* treten aus klimatischen Gründen im Bergland, wo sie nur bis in die submontane Stufe reichen, zurück. Ihr Verbreitungsschwerpunkt liegt im Flach- und Hügelland auf mäßig bis reich nährstoffversorgten Standorten, also im trophischen Optimalbereich der anspruchsvollen Buchenwälder. In der Naturlandschaft können sie sich deshalb innerhalb des Buchenwaldareals nur unter buchenfeindlichen Bedingungen entwickeln. Es handelt sich vor allem um

– grund- und stauwasserbeeinflußte,
– wechselfeuchte bis -trockene sowie
– unzureichend wasserversorgte Standorte und
– spätfrostgefährdete Lagen.

Dies bedeutet, daß Hainbuchen-Eichenwälder in der Lage sind, diese edaphisch (abgesehen von der Trophie), hygrisch oder lokalklimatisch weniger optimalen

Geotope zu besiedeln. Damit haben sie eine wesentliche landschaftsökologische Bedeutung.

Spätestens in der vorindustriellen Kulturlandschaft breiteten sich Hainbuchen-Eichenwälder, begünstigt durch historische Waldnutzungsformen, auf Buchenwaldstandorten aus. In den mittelalterlichen Wäldern erhöhte sich der Anteil ausschlagfähiger und lichtliebender Gehölze, darunter von Arten, wie sie für die Baumschicht (z. B. Trauben- und Stiel-Eiche, Hainbuche, Winter-Linde, Feld-Ahorn) und Strauchschicht (z. B. Hasel, Weißdorne) der *Carpinion*-Wälder charakteristisch sind.

Der Strukturreichtum heutiger Hainbuchen-Eichenwälder, so

- die vielfältige Raumstruktur (meist zwei Baumschichten, reich entwickelte Strauch- und Krautschicht),
- die differenzierte Altersstruktur (z. B. Hainbuchen als Unterwuchs und in der 2. Baumschicht unter alten Eichen z. T. mehrere Generationen bildend) und
- die Artenvielfalt (z. B. durch hohe Zahl an Mischbaumarten zu den Waldgesellschaften mit der höchsten Diversität der Arten in der Baumschicht gehörend, Tab. 33),

dürfte zumindest teilweise auf ehemalige Nutzung als Mittel- oder Niederwald zurückzuführen sein.

Das mehrschichtige Kronendach bedingt eine ausgeprägte jahreszeitliche Rhythmik der Waldbodenvegetation. Der geophytenreiche Frühjahrsaspekt wird mit zunehmender Belaubung und Beschattung von einem gräserreichen Sommeraspekt abgelöst.

Natürliche und anthropogene Bedingungen ließen Wälder mit vielfältigen landschaftsökologischen Wirkungen entstehen, darunter wertvolle Vorrang- und Ausgleichsflächen für den Naturschutz. Selbst weniger artenreiche Restwälder oder Feldgehölze in landwirtschaftlich intensiv genutzten Löß- und Lehm-Hügelländern erfüllen wichtige Funktionen (siehe auch Kap. 7.2.5.1), z. B.

- aus Sicht des Klima- und Bodenschutzes (u. a. Minderung der Bodenerosion durch Wind),
- als Habitatinseln (u. a. Refugien für Tierarten, die zur biologischen Schädlingsbekämpfung aktiv beitragen),
- als Ausgangsbasis für einen Biotopverbund („Trittsteine") oder
- zur ästhetischen Bereicherung der „Kultursteppe".

Hainbuchen-Eichenwälder sind regional und standörtlich stark differenziert und oft anthropogen modifiziert, so daß diverse Waldgesellschaften beschrieben wurden, darunter als wichtigste:

- **Sternmieren-Hainbuchen-Stieleichenwald** *(Stellario-Carpinetum)*
  Subatlantische, besonders auf grund- und stauwasserbeeinflußten, sandigen bis lehmigen Böden stockende, an Feuchtezeigern reiche Waldgesellschaft mit Verbreitungsschwerpunkt im nord- und westdeutschen Raum, wo sie durch Entwässerungsmaßnahmen (besonders in angrenzenden landwirtschaftlichen Nutzflächen) zurückgegangen ist und als schutzwürdig und -bedürftig gilt (z. B. Jahn 1982);
- **Waldlabkraut-Hainbuchen-Eichenwald** *(Galio-Carpinetum)*
  Mitteleuropäische Waldgesellschaft mit Verbreitungsschwerpunkt in sommerwarmen Lagen des süd- bis ostdeutschen Hügel- und Flachlandes auf sandig-lehmigen bis tonigen Böden, sowohl auf kalk- und nährstoffreichen als auch auf nur mäßig nährstoffversorgten und basenärmeren Standorten unterschiedlichen Wasserhaushaltes (trocken, grund- oder staufeucht, wechseltrocken oder -feucht).

Wenn auch die Stiel-Eiche in ersterer, die Trauben-Eiche in der zweiten Waldgesellschaft höhere Stetigkeiten aufweisen, sind sie nicht an diese oder jene Assoziation gebunden, sondern spiegeln standörtliche Differenzierungen innerhalb dieser wider (Quercus petraea im grundwasserfernen, Qu. robur mehr im grund- oder stauwasserbeeinflußten Bereich).

Der **Weißseggen-Linden-Eichenwald** *(Carici albae-Tilietum)* trockenwarmer Steilhänge in Kalk- und Lößgebieten Südwestdeutschlands, eine auch als wärmezeitliches Relikt gedeutete, seltene Waldgesellschaft (u. a. mit bemerkenswerten, in Deutschland seltenen oder gefährdeten Gehölzen wie Acer opalus und Staphylea pinnata) wird ebenfalls dem *Carpinion* zugeordnet (Müller in Oberdorfer 1992), wenn auch die Hainbuche eine untergeordnete Rolle spielt. Im mitteldeutschen Trockengebiet, vor allem aber im ostsächsischen und ostbrandenburgischen Raum nimmt der Anteil der Winter-Linde zu, bereits Übergänge zu dem mehr kontinentalen **Winterlinden-Hainbuchen-Eichenwald** *(Tilio-Carpinetum)* andeutend.

### 5.2.2 Thermophile Eichen-Trockenwälder

Die artenreichen Eichenmischwälder trocken-warmer, meist kalk- oder anderer basenreicher Standorte bilden oft einen Vegetations- bzw. Ökosystemkomplex mit lichten Trockengebüschen, thermophilen Staudenfluren und Trockenrasen. Dieses Mosaik an Biozönosen kennzeichnet den xerothermen Waldgrenzbereich.

Die gewöhnlich nur kleinflächigen Vorkommen, die als Relikte der nacheiszeitlichen Wärmezeit angesehen werden können, stellen heute extrazonale Inseln einer Waldvegetation dar, deren Verbreitungszentren in der submediterranen Zone der **Flaumeichenwälder** *(Quercion pubescenti-petraeae)* oder in der Waldsteppenzone (**subkontinentale Eichen-Trockenwälder;** *Potentillo-Quercion petraeae*) liegen. Das zentraleuropäische Areal der Eichen-Trockenwälder, das in der Buchenzeit ohne menschliche Beeinflussung der Landschaft auf Waldgrenzbereiche beschränkt wäre, erfuhr in trocken-warmen Lagen und in wärmeren Klimaperioden im Ergebnis mittelalterlicher Waldnutzungsformen eine Erweiterung. Entsprechende Bestände in der aktuellen Vegetation lassen teilweise erkennen, daß es sich um anthropogene Abwandlungen von Orchideen-Buchenwäldern oder Hainbuchen-Eichenwäldern handelt.

Geotopfaktoren und anthropo-zoogene Einflüsse sowie durch diese bedingter lichter Kronenschluß und geminderte Vitalität (teilweise krüppeliger Wuchs) der Baumschicht ließen strukturreiche Waldökosysteme oder Ökosystemkomplexe (Wald/Gebüsch/Stauden- u. Grasflur) mit einmaliger Artenvielfalt entstehen.

Die floristische Mannigfaltigkeit nimmt von Südwest- nach Nordostdeutschland deutlich ab. Die Diversität der Baum- und Straucharten ist bereits in Thüringen wesentlich geringer als im Rhein- oder Moselgebiet, wo in Deutschland seltene Gehölzarten, wie Französischer oder Fels-Ahorn (Acer monspessulanum), Buchsbaum (Buxus sempervirens), Steinweichsel (Prunus mahaleb) oder Blasenstrauch (Colutea arborescens), zum natürlichen Artenbestand gehören. Bis Thüringen reicht zwar die Flaum-Eiche (bzw. ihr Bastard mit der Trauben-Eiche, Quercus x streimii) gerade noch, aber die Artenzahl der Baumschicht liegt hier bereits unter der von Hainbuchen-Eichenwäldern (Tab. 33).

Die Eichen-Trockenwälder erfüllen durch ihren Schutzwaldcharakter an Steilhängen wichtige landschaftsökologische Funktionen. Sie gehören zu den „besonders geschützten Biotopen" (§ 20 c BNatSchG, siehe Kap. 7.2.4.2). Herauszuheben ist ihre Bedeutung als Habitate für zahlreiche seltene und gefährdete oder besonders geschützte Arten, insbesondere thermo- und heliophile Pflanzen- und Tierarten submediterraner und subkontinentaler Verbreitung. Im Interesse der Erhaltung der seltenen Waldgesellschaften und ihrer Habitatfunktion sollten auch artenreiche, durch historische Waldnutzung entstandene Bestände durch ökosystemsteuernde Waldbehandlung (Biotoppflege, Kap. 7.2.4) gesichert werden, da sie sonst ihren Artenreichtum mit zunehmender Beschattung verlieren (Tab. 36). Andererseits bietet sich an, auf ausgewählten Flächen die begonnenen Veränderungen im Rahmen der Sukzessionsforschung auszuwerten. Kenntnisse der Struktur, Funktion und Dynamik der thermophilen Eichenwälder dürften auch in Anbetracht globaler Klimaerwärmung aus waldbaulicher Sicht von Interesse sein.

In Erweiterung der Aussage von Wilmanns (1993), die sich auf den Elsbeeren-Eichenwald als „markante Gesellschaft" bezieht, kann man in Anbetracht

— der ökologischen Grenzstellung (xerotherme Waldgrenze),

- des pflanzengeographischen Inselcharakters,
- der Vegetations- und Kulturgeschichte,
- ihrer Struktur und Entwicklungspotenz sowie
- der Bedeutung für den Naturschutz

die Eichen-Trockenwälder allgemein zu den „wissenschaftlich und landschaftlich wertvollsten Pflanzengesellschaften" zählen.

Die Vielzahl aus Deutschland beschriebener thermophiler Eichen-Trockenwälder kann überwiegend den folgenden beiden Assoziationen zugeordnet werden:

- **Mitteleuropäischer Flaumeichenwald, Elsbeeren- oder Steinsamen-Eichen-Trockenwald** *(Quercetum pubescenti-petraeae)*
  In ausgesprochen trocken-warmen Lagen des süd- und mitteldeutschen Berg- und Hügellandes, besonders auf flachgründigen Kalkstandorten verbreitete Eichenmischwälder, in denen die Flaum-Eiche (nebst ihren Bastarden mit der Trauben-Eiche) und weitere submediterrane Arten ihren Schwerpunkt haben;
- **Ostmitteleuropäischer oder Fingerkraut-Eichen-Trockenwald** *(Potentillo albae-Quercetum petraeae)*
  Subkontinentale Traubeneichen-Trockenwälder, auch Eichen-Steppenwälder genannt, in trocken-warmen Lagen von Süd- bis Nordostdeutschland auf unterschiedlichsten Standorten, auf trockenen, sowohl kalk- oder basenreichen als auch oberflächlich entkalkten und schon sauren Unterlagen, oder wechseltrockenen Böden.

Ebenfalls durch weitgehendes Fehlen der Flaum-Eiche, aber die Präsenz zahlreicher anderer submediterraner Arten (unter den Gehölzen z. B. Acer monspessulanum, Buxus sempervirens, Sorbus torminalis und S. aria), ist eine ausgesprochen seltene Waldgesellschaft auf kalkarmen, aber basenreichen Standorten im Mosel-Nahe-Mittelrheingebiet charakterisiert: **Felsahorn-Traubeneichen-Trockenwald** *(Aceri monspessulani-Quercetum petraeae)*.


### 5.2.3 Bodensaure Eichenwälder, Buchen-, Birken- und Kiefern-Eichenwälder

Die großflächiger in pleistozänen Sandgebieten des norddeutschen Flachlandes und inselartig in der kollinen bis submontanen Stufe Mittel- und Süddeutschlands vorkommenden bodensauren Eichen(misch)wälder *(Quercion roboripetraeae)* sind floristisch relativ artenarm (wenn auch regional die Baumartenvielfalt an die thermophiler Eichen-Trockenwälder heranreicht, Tab. 33) und deshalb pflanzensoziologisch schwierig zu gliedern. Sie sind jedoch standörtlich deutlich differenziert.

Ähnlich wie die Hainbuchen-Eichenwälder können sie sich in Anbetracht der Dominanz von Buchenwäldern im ökologisch mittleren Bereich der Naturlandschaft nur dort entwickeln, wo hygrisch oder klimatisch der Buche Grenzen gesetzt sind. Der potentielle Standortsbereich wird weiter eingeengt, da sich bei trophisch günstigen Verhältnissen *Carpinion*-Wälder ausbilden. Daraus leiten sich die Geotope ab, in denen sich Eichenwaldökosysteme, die zu den bodensauren Eichen(misch)wäldern gehören, entwickeln können:

- nährstoff- und basenarme Sand- und flachgründige Gesteinsverwitterungsböden,
- grund- und stauwasserbestimmte bzw. -beeinflußte oder grundwasserferne Standorte.

Die seit Jahrhunderten erfolgte direkte oder indirekte Förderung (z. B. Eichen, Kiefer, Birken) oder Zurückdrängung (z. B. Buche) bestimmter Arten hat die Baumschicht der Waldökosysteme, die in der heutigen realen Vegetation Waldgesellschaften bodensaurer Eichenwälder zugeordnet werden, ohnehin stark beeinflußt, so daß es sich oft um anthropogene Abwandlungen (Degradations- und Ersatzgesellschaften) bodensaurer Buchenwälder handelt. Ständiger Nährstoffentzug (Waldweide, Streunutzung etc.) auf den ohnehin trophisch schwachen Standorten hat zur Devastierung und Verlichtung der Bestände beigetragen und bis zur Ausbildung von zwergstrauchreichen Heiden geführt.

Andererseits sind mit Entwicklung der Forstwirtschaft diese Eichenwälder großflächig in Kiefernforsten umgewandelt worden, regional wurden auch Fichten (Picea abies, P. sitchensis) eingebracht, besonders auf Standorten feuchter Birken-Stieleichenwälder, die zudem durch Entwässerungsmaßnahmen verändert wurden. Nach einer Zeit der Begünstigung bodensaurer Eichenwaldökosysteme, verbunden mit einer Arealerweiterung auf der nach den Rodungsperioden verbliebenen Waldfläche, setzte ein bis heute andauernder Rückgang natürlicher oder naturnaher Bestände ein. Abwandlungen der charakteristischen Artenstruktur, insbesondere der Bodenvegetation (in deren Folge auch der Fauna), sind gegenwärtig vor allem durch Nährstoffeinträge und damit verbundene Standortsveränderungen und Verschiebungen im Konkurrenzgefüge zu befürchten. Die geringe Belastbarkeit gegenüber Eutrophierung im Vergleich zu anderen Waldgesellschaften zeigt Tabelle 40. Feuchte Ausbildungen sind weiterhin durch die großräumigen Grundwasserabsenkungen gefährdet (z. B. im Bereich des Braunkohlenbergbaus der Lausitz). Da ehemals nutzungsbedingt geförderte Bestände auf potentiellen Buchenwaldstandorten oft deutliche Entwicklungstendenzen zu bodensauren Buchen(misch)wäldern (verstärktes Auftreten der Buche, Verdrängung lichtliebender Arten) aufweisen und durch diesen „Gesellschaftswandel" ebenfalls im Rückgang begriffen sind, wurde und wird das Areal bodensaurer Eichenwald-Gesellschaften zunehmend eingeengt (zu den in der Gegenwart auftretenden Krankheits- und Absterbeerscheinungen an Eichen siehe Kap. 5.2).

In Anbetracht der heutigen Seltenheit und Gefährdung naturnaher Ausprägungen dieser Eichen(misch)wälder sind sie als schutzwürdig und -bedürftig einzustufen. Dabei muß man sich dessen bewußt sein, daß natürliche Sukzessionen nicht aufgehalten werden können und die höhere Artenvielfalt einiger *Quercion*-Gesellschaften durch lichtliebende, nicht auf Waldökosysteme beschränkte Arten bedingt ist. Die kennzeichnenden Artengruppen umfassen neben Waldbodenpflanzen strauchige und krautige Arten von Mantel- und Saumgesellschaften bzw. der Gebüsche, Heiden und Magerrasen, deren Vorkommen in verlichteten, durch ehemalige Nutzung „gestörten" Beständen eine Förderung erfuhr. Durch größere Biodiversität zeichnen sich aber auch Biozönosen aus, die sich an wärmebegünstigten Standorten entwickeln, z. B. thermophile Untergesellschaften der Hainsimsen-Traubeneichenwälder mit dem Nickenden Leimkraut (Silene nutans).

Eine besondere ökologische Stellung nehmen die Eichenwald-Ökosysteme grund- oder stauwasserbeeinflußter Standorte ein, in deren Baumschicht die Stiel-Eiche meist gegenüber der Trauben-Eiche, die Moor-Birke teilweise gegenüber der Gemeinen Birke vorherrschen. Werden diese **Pfeifengras- oder Sternmieren-Birken-Stieleichenwälder** auf Gley- und Staugleyböden *(Molinio-, Stellario-Quercetum)* aus pflanzensoziologischer Sicht nur als Untereinheiten verschiedener Assoziationen eingestuft, darf ihre spezifische landschaftsökologische Bedeutung und ihr höherer Gefährdungsgrad im Vergleich zu anderen Ausbildungen nicht übersehen werden. Dies betrifft auch Waldökosysteme mit singulärem Charakter, deren Erhaltung aus wissenschaftlicher oder naturschutzfachlicher Sicht trotz regional oder lokal begrenzter Verbreitung unbedingt abzusichern ist. Hierzu gehört unter anderem der **Wollreitgras-(Fichten-)Stieleichenwald** *(Calamagrostio villosae-Quercetum)* der Lausitz mit Tieflands-Reliktvorkommen der Fichte.

Ungeachtet stark abweichender Auffassungen zur Syntaxonomie der bodensauren Eichen(misch)wälder sollen einige wichtige Gesellschaften kurz charakterisiert werden:

– **Honiggras- oder Buchen-Eichenwald** *(Holco-Quercetum)*
Eichenwälder (aus Trauben- und Stiel-Eiche) mit Rot-Buche als Mischbaumart auf tiefgründigen, etwas günstiger nährstoffversorgten Sandböden im norddeutschen Flachland, im Westen bis in die Oberrheinebene reichend;
– **Birken-Stieleichenwald** *(Betulo-Quercetum roboris)*
Weitgehend buchenfreier, artenarmer Eichenwald stark saurer und extrem nährstoffarmer Sandböden, besonders in altpleistozänen Landschaften

Norddeutschlands (wird auch als verarmte Untereinheit besonders nährstoffarmer oder degradierter Standorte voriger Waldgesellschaft betrachtet);
– **Westlicher Hainsimsen-Traubeneichenwald oder Birken-Traubeneichen-
wald** *(Betulo-Quercetum petraeae)*
Gewöhnlich von der Trauben-Eiche und der Rot-Buche als Mischbaumart
gebildete Wälder (Birke meist nur als Pionierbaumart) des westdeutschen
Hügel- und Berglandes, besonders auf flachgründigen, basenarmen Gesteins-
verwitterungsböden;
– **Östlicher Hainsimsen-Traubeneichenwald oder Ginster-Traubeneichen-
wald** *(Genisto tinctoriae-Quercetum)*
In der kollin-submontanen Stufe des kontinental getönten Hügel- und Berglandes von Süd- bis Ostdeutschland inselartig verbreiteter Traubeneichen-
wald mit Buche als Nebenbaumart;
– **Preiselbeer- oder Kiefern-Eichenwald** *(Vaccinio vitis-idaeae-Quercetum)*
Aus Trauben- und Stiel-Eiche sowie der Gemeinen Kiefer gebildete Wälder
(Buche seltener, dafür Eberesche, Birke und Aspe häufiger als Nebenbaumarten) auf basen- und nährstoffarmen, meist sandigen Böden im subkontinentalen Klimabereich, sowohl im niederschlagsarmen ostbayerischen bis
sächsischen Hügel- und unteren Bergland als auch im nordostdeutschen Plei-
stozängebiet.

## 5.3 Tannen-Mischwälder

Die Weiß-Tanne (Abies alba) ist Mischbaumart in verschiedenen Waldökosystemen des Berglandes (ausgenommen Gebirge wie der Harz, in denen sie aus vege-
tationsgeschichtlichen Gründen fehlt), insbesondere in Buchenwäldern, sowohl
anspruchsvollen mesophilen als auch bodensauren artenarmen Buchenmischwäldern, und Fichtenwäldern. Ihre früher weitere Verbreitung bis in das Hügel-
und Flachland wird durch pollenanalytische und archivalische Untersuchungen,
aber auch durch rezente Reliktvorkommen (z. B. in der Niederlausitz) belegt. So
nahmen auch tannenreiche oder von der Tanne beherrschte Mischwälder ein wesentlich ausgedehnteres Areal ein als heute.

In der submontan-montanen Stufe der Mittelgebirge und der Alpen können sich
unter Standortsbedingungen, die aus klimatischen oder edaphischen Gründen
für die Rot-Buche ungünstig sind und ihre Konkurrenzkraft hemmen, Tannen-
Mischwälder ausbilden. Je buchenfeindlicher die Standorte werden, um so stärker nimmt die Vorherrschaft der Tanne zu. Der Übergang von tannenreichen
Buchenwäldern (des Verbandes *Fagion sylvaticae*) und Fichtenwäldern *(Vaccinio-Piceenion)* zu den Tannen-Mischwäldern ist fließend. Dabei kann unterschieden werden zwischen

- den an Waldbodenpflanzen (besonders der mesophilen Buchenwälder) reichen, buchenarmen bis -freien **Tannenwäldern auf Silikat- und Kalkstandorten** *(Galio-Abietenion)*, in denen überwiegend aus edaphischen Gründen
Vitalität und Wettbewerbsfähigkeit der Buche gemindert oder unzureichend
sind, und
- artenärmeren **bodensauren Fichten-Tannenwäldern** *(Vaccinio-Abietenion)*
in den mehr subkontinental geprägten Gebirgen, in denen die Buche vor allem aus klimatischen Gründen zurücktritt.

Der als „Tannensterben" bekannte Rückgang der Weiß-Tanne und die im Rahmen forstlicher Bewirtschaftung zugunsten von Fichte und Kiefer veränderte
Baumartenzusammensetzung der Wälder haben sowohl das Areal der Laub- und
Nadelwaldgesellschaften, in denen die Tanne als Mischbaumart auftritt (beziehungsweise auftrat), als auch das der Tannen-Mischwälder beträchtlich, teilweise in drastischem Ausmaß, schrumpfen lassen. In Gebieten, für die Tannen-
Mischwälder, offensichtlich durch selektive Nutzung von Buche und Eiche sogar begünstigt, noch bis in das 18. Jahrhundert durch Archivstudien belegt sind
(z. B. Vogtland, Sächsische Schweiz; Abb. 60), fehlen diese heute beziehungsweise erinnern spärliche Restbestände oder einzelne Individuen an ihre ehemalige Präsenz.

Das Tannensterben, dessen eigentliche Ursachen und Wirkungsmechanismen
bis heute nicht restlos aufgeklärt sind, setzte im vorigen Jahrhundert ein und
weitete sich am nördlichen Arealrand beständig aus, wobei offensichtlich periodisch in Abständen von mehreren Jahrzehnten verstärkt Krankheits- und Absterbeerscheinungen auftraten.

Es handelt sich um eine Komplexkrankheit, zu der

- abiotische (z. B. immissionsbedingte Veränderungen im Chemismus der Atmosphäre und des Bodens, Frost, Dürre) wie
- biotische (z. B. Vitalitäts- und Stabilitätsminderung, ungenügende Anpassungsfähigkeit an sich ändernde Umweltbedingungen, Wildverbiß, Schadin-
sekten, Pilz- und Bakterienbefall)

Faktoren beitrugen, wobei diese sowohl

- natürlichen (intern: genetische Reaktionsnorm, extern: Klimaänderungen,
extreme Trockenjahre oder Fröste) als auch
- anthropogenen (Immissionen – besonders Schwefeldioxid, mangelndes
forstliches Interesse, Waldumbau in Fichten- und Kiefernreinbestände,
Kahlschlagwirtschaft, unzureichende Schutzmaßnahmen)

Ursprungs sein können.

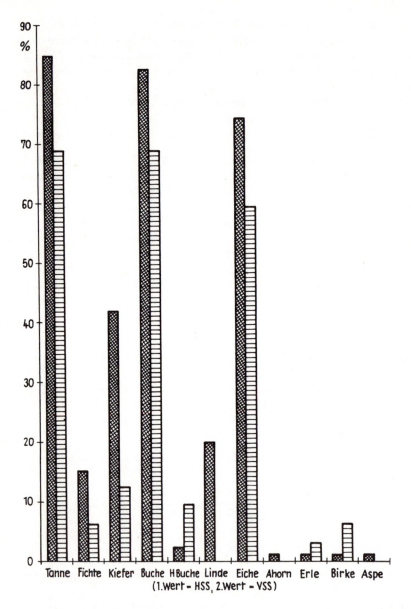

*Abb. 60: Anteile der Baumarten bzw. -gattungen (in %) in den Wäldern des heutigen Nationalparkes Sächsische Schweiz (HSS – Hintere, VSS – Vordere Sächsische Schweiz) im 16. Jahrhundert (Hanspach in Schmidt et al. 1994)*

Diese Faktoren wirkten meist im Zusammenhang, können teilweise aber auch einzeln ähnliche Krankheitsbilder (von verlichteten Kronen mit „Storchennest"-Wipfel, Stämmen mit pathologischem Naßkern im Kern- und Splintholz, Wurzelfäule, gemindertem Höhen- und Durchmesserzuwachs bis zum Absterben) verursachen. Im nördlichen Grenzbereich ihres Gesamtverbreitungsgebietes (herzynische Mittelgebirge und Umgebung), wo die genetische Variationsbreite der Populationen geringer, ihre Umweltbelastung aber höher ist, ist die Tanne heute eine in ihrem Bestand gefährdete Baumart. So ist sie in den „Roten Listen" Bayerns, Thüringens, Sachsens und Brandenburgs als gefährdet oder vom Aussterben bedroht eingestuft.

Der Rückgang der Tanne, der lokal oder regional bis zum Erlöschen ihrer Vorkommen führte (z. B. in weiten Gebieten Sachsens – Hempel 1979), trug dazu bei, daß auch die Tannen-Mischwälder heute gebietsweise völlig fehlen oder in der realen Vegetation seltene und schutzbedürftige Ökosysteme wurden. Der Ausfall der Tanne ließ entweder Buchenwälder oder Fichten- und Kiefernwälder entstehen, wenn nicht ohnehin eine Umwandlung in Fichtenforsten erfolgte.

Die Erhaltung der restlichen Tannen-Mischwälder und eine Renaturierung von Beständen mit ausreichender natürlicher Substanz durch Förderung und Wiedereinbringung der Tanne sind ein gemeinsames Anliegen von Naturschutz und Forstwirtschaft. Die Gründe für eine Bewahrung oder Wiederherstellung von Tannen-Mischwäldern sind vielfältiger Art, u. a.

- landschaftsökologische Bedeutung des Tannen-Bergmischwaldes,
- Lebensraum für Organismen, die an die Tanne als Wirtspflanze oder Nahrungspflanze gebunden sind (z. B. Tannen-Mistel in Sachsen mit dem Rückgang der Tanne fast ausgestorben – Schmidt 1989b, Verlust der Tanne würde auch Verlust von Pilzarten wie Tannen-Stachelbart bedeuten – Haupt 1987),
- wissenschaftliche (z. B. Dokumentation und Erforschung gefährdeter Waldökosysteme, Erhaltung autochthoner Genotypen) und forstwirtschaftliche (z. B. auf bestimmten Mittelgebirgsstandorten) Bedeutung,
- forstgeschichtliche und darüber hinaus allgemein kulturhistorische Bedeutung,
- ästhetische und pädagogische Bedeutung (Erlebnis wirklicher Tannenwälder, der „Tannenbaum" ist fester Bestandteil des deutschen Wortschatzes, aber die Kenntnis der Weiß-Tanne – als einzige und dazu gefährdete Tannenart Deutschlands – ist kaum fester Bestandteil des Allgemeinwissens, so daß bei Umfragen zum Lieblingsbaum nicht zwischen Tanne und Fichte unterschieden werden kann, Tab. 35).

Die Festsetzung von Naturschutzgebieten oder Naturwaldreservaten (Kap. 7.2.4.2) allein garantiert in vielen Fällen nicht mehr, daß die Tanne als Mischbaumart oder gar Tannen-Mischwälder bewahrt werden können. Es sind waldbauliche Maßnahmen zur Pflege und Entwicklung entsprechender Bestände erforderlich, wie sie u. a. Hartig (1986) und Haupt (1987) für Sachsen und Thüringen empfahlen, wo die Tannen-Mischwälder, nicht zuletzt durch ihre Lage am Arealrand, seit dem vorigen Jahrhundert besonders große Flächenverluste erlitten. Da Natur- und Kunstverjüngung durch Wildverbiß stark gefährdet sind, stellt die Regulierung der Wildbestände eine wesentliche Voraussetzung dar. Wenn auch Zaun- und Einzelschutz der Verjüngung im Einzelfall als vorübergehender Schutz vor Wildverbiß unvermeidbar sind, so muß die Populationsdichte der entsprechenden Schalenwildarten auf ein Maß reduziert werden, das die Reproduktion der Tannenbestände beziehungsweise Regeneration von Tannen-Mischwäldern gewährleistet (Kap. 7.2.4.1). Hohe Verluste an 2–3jährigen Keimlingen, wie sie bei Naturverjüngung beobachtet wurden, gehen nicht nur auf Wildverbiß, sondern auch auf Barfrost, Überhitzung, Bodenaustrocknung, verdämmende Streuauflage und tierische oder pilzliche Schädlinge zurück (Weber 1967), was bei waldbaulichen Maßnahmen zur Förderung der Tanne berücksichtigt werden muß.

Erfreulicherweise gehört die Weiß-Tanne inzwischen in mehreren Bundesländern zu den Baumarten, die Aufnahme in die Programme zur Erhaltung forstlicher Genressourcen fanden oder es wurden seitens der Forstwirtschaft spezielle Tannenförderungsprogramme eingeleitet.

### 5.3.1 Artenreiche Labkraut-Tannenmischwälder

Der Verbreitungsschwerpunkt der artenreichen Tannen-Mischwälder *(Galio-Abietenion)*, die sowohl auf Kalk- als auch besser basen- und nährstoffversorgten Silikatstandorten stocken, liegt im Alpenraum. In Deutschland reichen ihre Vorkommen vom Alpenrand und Alpenvorland (besonders Flyschgebiet) bis in süddeutsche Mittelgebirge. Da sich auf Standorten mittlerer bis reicher Basen- und Nährstoffausstattung im gemeinsamen Areal von Rot-Buche und Weiß-Tanne Tannen-Mischwälder nur ausbilden können, wenn die Buche aus klimatischen (zu geringe Niederschläge, Frostgefahr) oder edaphischen (zu nasse oder infolge hohen Tongehaltes zu schwere Böden) Gründen nicht mehr wettbewerbsfähig ist, handelt es sich in diesen, überwiegend von ozeanischem Klima beeinflußten Gebieten „weithin um edaphisch bedingte Spezialgesellschaften" (Müller in Oberdorfer 1992):

- **Labkraut- oder artenreicher Silikat-Tannenmischwald** *(Galio rotundifolii-Abietetum),*
- **Wintergrün- oder artenreicher Kalk-Tannenmischwald** *(Pyrolo-Abietetum).*

Während die Buche weitgehend zurücktritt, ist die Fichte regelmäßiger Bestandteil dieser Tannen-Mischwälder oder Fichten-Tannenwälder, wobei die Fichte heute meist überrepräsentiert ist oder auch allein die Baumschicht bildet, entweder durch Ausfall der Tanne oder durch Begründung reiner Fichtenbestände. In der Bodenvegetation kommen neben Nadelwaldpflanzen zahlreiche Arten mesophiler Laubmischwälder, vor allem der Buchenwälder, vor, weshalb die artenreichen Tannen-Mischwälder aus pflanzensoziologischer Sicht letzteren angeschlossen werden (Verband *Fagion*). Durch besonderen Artenreichtum zeichnen sich die Kalk-Tannenmischwälder aus. Sie sind Lebensräume einer Vielzahl seltener oder gefährdeter und geschützter Pflanzenarten, darunter Orchideen wie Kleines Zweiblatt (Listera cordata) oder Korallenwurz (Corallorhiza trifida). Aber nicht nur diese durch ihre Biodiversität ausgezeichneten Waldökosysteme, sondern alle noch verbliebenen artenreichen Tannen-Mischwälder sind schutzwürdig und schutzbedürftig, sowohl im Interesse der Bewahrung autochthoner Populationen der Tanne (Kap. 7.2.4.1) als auch der Erhaltung dieser „Spezialgesellschaften".

### 5.3.2 Zwergstrauchreiche Fichten- und Kiefern-Tannenwälder

Diese artenärmeren Tannen-Mischwälder basenarmer Böden *(Vaccinio-Abietenion)* sind (oder besser: waren) weiter verbreitet als die artenreichen Silikat- und Kalk-Fichten-Tannenwälder. Ihr Areal reicht von den Alpen und dem Schwarzwald über die süddeutschen Gebirge bis in das sächsische Bergland, wobei sie meist Standorte einnehmen, die aus klimatischen Gründen für die Buche ungünstig sind:

– **Hainsimsen-Fichten-Tannenwald** *(Luzulo-Abietetum)*
   Fichten-Tannenwald basenarmer Böden (Humusform meist Moder) montaner bis hochmontaner Lagen südwestdeutscher Gebirge,
– **Beerstrauch-Fichten-Tannenwald** und **Kiefern-Tannenwald** *(Vaccinio-Abietetum)*
   Tannen-Mischwald basen- und nährstoffarmer Böden (Rohhumusauflagen) der submontanen (hier auch Eichen als Mischbaumarten) bis montanen Stufe süd- bis ostdeutscher Mittelgebirge. Hierzu gehören auch kiefernreiche Ausbildungen trockener, meist sonnseitiger Standorte („**Tannen-Höhenkiefernwald**", *Abieti-Pinetum*); unter natürlichen Bedingungen nimmt der Anteil der Kiefer in der Baumschicht mit zunehmender Höhenlage ab, der der Fichte zu. Heute werden die Standorte gewöhnlich von Fichten- oder Kiefernwäldern (bzw. -forsten) eingenommen, die Tanne ist unterrepräsentiert oder fehlt.

In der Bodenvegetation herrschen Nadelwaldpflanzen vor, so daß diese bodensauren Tannen-Mischwälder syntaxonomisch den Fichtenwäldern (Verband *Piceion*) zugeordnet werden. Wie stark sich aber die Krautschicht solcher (potentieller) Tannen-Mischwälder basenarmer Standorte durch anthropogene Einflüsse ändern, ja sogar Artenstrukturen anspruchsvoller artenreicher Labkraut-Tannenmischwälder annehmen kann, zeigen die Untersuchungen des Einflusses forstlicher Düngung auf die Waldbodenvegetation im Nordschwarzwald (Schornick 1990). Es wurde ein deutlicher Unterschied zwischen der Waldbodenvegetation ungedüngter und vor etwa 30 Jahren stark gedüngter (hohe Kalziumgaben und Phosphor) Fichtenforsten auf Standorten des Hainsimsen-Fichten-Tannenwaldes festgestellt. Während in schwach gedüngten Beständen heute keine wesentlichen Unterschiede mehr zu ermitteln waren, entspricht die Bodenvegetation in den stark gedüngten Fichtenforsten (noch nach drei Jahrzehnten!) weitgehend der eines Labkraut-Fichten-Tannenwaldes. Die Düngung bewirkte also einen Gesellschaftswandel von einer artenarmen, für basenarme Standorte charakteristischen *(Luzulo-Abietetum)* zu einer artenreicheren, für basen- und nährstoffreichere Standorte typischen *(Galio-Abietetum)* Waldgesellschaft. Die Unterschiede in der Bodenvegetation kommen sowohl in der Artenzahl und Deckung der Krautschicht als auch in der Häufigkeit des Auftretens und der Vitalität von „auf Düngung reagierender Pflanzenarten" zum Ausdruck (Tab. 41).

## 5.4 Fichtenwälder und Lärchen-Arvenwald

Fichtenwälder *(Vaccinio-Piceenion)* stellen in Mitteleuropa die charakteristischen Waldökosysteme oberhalb der montanen Stufe in den mehr kontinental getönten Bereichen der Mittelgebirge und Alpen dar. Sie treten als geschlossene Bestände (Fichten-Bergwälder, Hochlagen-Fichtenwälder) in der obersten Waldstufe (hochmontane Stufe, in den Alpen auch als untere subalpine Stufe bezeichnet) auf und bilden die Waldgrenze. In den Alpen können sich in der subalpinen Stufe lichte, von Alpenrosen-Gebüschen durchsetzte Bestände aus der Europäischen Lärche (Larix decidua) und der Zirbel-Kiefer oder Arve (Pinus cembra) anschließen (Lärchen-Arvenwälder).

Mit zunehmender Ozeanität des Klimas, verbunden mit erhöhter Wettbewerbsfähigkeit der Buche infolge längerer Vegetationsperiode, abnehmender Winterkälte und geringerer Dauer und Höhe der Schneedecke, sowie in unteren Gebirgslagen (in der Lausitz bis in das Flachland) kommen Fichtenwälder nur noch inselartig, gewöhnlich lokal- oder geländeklimatisch beziehungsweise edaphisch begünstigt, vor. Die forstliche Förderung der Gemeinen Fichte (Picea abies) seit über zwei Jahrhunderten erschwert die Abgrenzung natürlicher Fichtenwälder gegenüber naturnahen Fichtenforsten auf Standorten von Tannen- und Buchen-Bergmischwäldern, zu deren Baumschicht die Fichte gehört und zu denen auch von Natur aus fließende Übergänge bestehen (siehe Kap. 5.1.3, 5.3).

Tab. 41: Veränderung von Dominanzverhältnissen „auf Düngung reagierender Pflanzenarten" in der Krautschicht verschiedener Vegetationseinheiten (VE) von Fichtenforsten auf Standorten artenarmer bodensaurer (VE 1–3) und artenreicher anspruchsvoller (VE 4) Tannenmischwälder im Nordschwarzwald nach Düngung (VE 1 ungedüngte, VE 2 schwach gedüngte, VE 3 stark gedüngte Fichtenforsten des Luzulo-Abietetum, VE 4 gedüngter Fichtenforst des Galio-Abietetum; n. Schornick 1990)

| „Auf Düngung reagierende Pflanzenarten", die einen Flächenanteil von mindestens 1 % in einer Vegetationseinheit einnehmen können | Vegetationseinheit | | | |
|---|---|---|---|---|
| | VE 1 | VE 2 | VE 3 | VE 4 |
| Gemeine Fichte (Picea abies)*** | x | x | x | x |
| Draht-Schmiele (Deschampsia flexuosa)*** | x | x | x | x |
| Heidelbeere (Vaccinium myrtillus)**** | x | x | x | x |
| Weiß-Tanne (Abies alba)***** | x | x | x | x |
| Breitblättriger Dornfarn (Dryopteris dilatata)*** | | x | x | x |
| Schmalblättrige Hainsimse (Luzula luzuloides)*** | | x | x | |
| Gemeiner Frauenfarn (Athyrium filix-femina)* | | | x | x |
| Gemeiner Wurmfarn (Dryopteris filix-mas)* | | | x | x |
| Mauerlattich (Mycelis muralis)* | | | x | x |
| Wald-Sauerklee (Oxalis acetosella)* | | | x | x |
| Roter Holunder (Sambucus racemosa)* | | | x | x |
| Fuchs-Kreuzkraut (Senecio fuchsii)* | | | x | x |
| Brombeeren (Rubus fruticosus agg.)** | | | x | x |
| Himbeere (Rubus idaeus)** | | | x | x |
| Quell-Sternmiere (Stellaria uliginosa)** | | | x | |
| Harz-Labkraut (Galium harcynicum)** | | | x | x |
| Roter Fingerhut (Digitalis purpurea)* | | | | x |
| Rundblättriges Labkraut (Galium rotundifolium)* | | | | x |

*      Arten mit zunehmender Vitalität von schlechter bis besserer Nährstoffversorgung
**    Arten mit zunehmender Vitalität bis zu einer mäßigen Nährstoffversorgung und gleichbleibender Vitalität bei besserer Nährstoffversorgung
***   wie vorige, aber Vitalitätsminderung bei besserer Nährstoffversorgung
****   Arten mit Vitalitätsminderung bei zunehmender Nährstoffversorgung
***** Arten ohne eindeutiges nährstoffbezogenes Vitalitätsverhalten

## 5.4.1 Fichtenwälder

Als Mischbaumart ist die Fichte in den Buchen- und Tannen-Bergmischwäldern der Mittelgebirge und der Alpen verbreitet. Treten Rot-Buche, Weiß-Tanne und andere Baumarten dieser Bergmischwälder aus klimatischen oder edaphischen Gründen (z. B. in hochmontaner Stufe oder Kaltluftbereiche, Frostlöcher, oligotrophe Moorstandorte in tieferen Lagen) zurück, übernimmt die Fichte die Vorherrschaft. Fichtenwälder stellen oberhalb der montanen Stufe die klimabedingten Schlußwaldgesellschaften dar, können aber auch auf lokalklimatisch oder edaphisch bedingten Sonderstandorten als Dauergesellschaft auftreten.

Unter Standortsbedingungen, die für die Fichte optimal sind und ein konkurrenzloses Gedeihen ermöglichen, bilden sich meist geschlossene Fichten-Reinbestände aus. Der dichte Kronenschluß läßt dann die Entwicklung einer Strauchschicht kaum zu. Rohhumusauflagen und Podsolierung engen zusätzlich das Artenspektrum der Strauch- und Krautschichten, in denen azidophytische und schattentolerante Arten dominieren, ein. In der Bodenvegetation, die trotz geringer Diversität an Blütenpflanzen einen hohen Deckungsgrad aufweisen kann, fallen neben Gräsern und grasartigen Binsengewächsen (z. B. Calamagrostis villosa, Luzula-Arten) und Zwergsträuchern (besonders der Familie Ericaceae, z. B. Vaccinium myrtillus und V. vitis-idaea) vor allem Farnpflanzen (z. B. Lycopodium annotinum, Blechnum spicant) und zahlreiche Moose auf. Die Moosschicht tritt zwar optisch weniger in Erscheinung, ist aber relativ artenreich und von hohem Indikatorwert. Bemerkenswert ist das Vorkommen einiger seltener, recht unscheinbarer Orchideen (Corallorhiza trifida, Listera cordata, Goodyera repens), deren Vorkommen in Deutschland als gefährdet gelten. In den „Roten Listen" mehrerer Bundesländer sind diese Arten bereits als ausgestorben, verschollen oder vom Aussterben bedroht eingestuft (Fink et al. 1991).

Trotz artenarmer Baum- und Strauchschicht und bescheidener Vielfalt der Bodenvegetation stellen natürliche oder naturnah erhaltene Fichtenwälder wertvolle Habitate für eine spezifische Pilz- und Flechtenflora sowie Fauna dar und haben eine außerordentliche landschaftsökologische Bedeutung. Die Schutzfunktionen sind vielfältigster Art, sie umfassen Klima-, Boden- und Wasserschutz. Besonders hervorzuheben ist die positive Wirkung dieser Kamm- und Hochlagenwälder auf den Landschaftswasserhaushalt, unter anderem durch:

- Verzögerung der Schneeschmelze und damit glättende Wirkung auf den Abfluß,
- Hochwasser- und Talsperrenschutz,
- Erosionsschutz gegen Bodenabtrag durch Wasser,
- Erhöhung der Niederschlagssumme durch Auskämmen der Nebelniederschläge.

In den Alpen erfüllen die Fichtenwälder der hochmontan-subalpinen Stufe zusätzlich eine wichtige Funktion im Lawinenschutz. Durch die anthropogen (Rodungen zur Erweiterung der Weideflächen) nach unten verlagerte Waldgrenze, die im wesentlichen der oberen Grenze der Fichtenwälder entspricht, wurde diese Schutzfunktion jedoch beeinträchtigt. Nicht selten entstehen Lawinen gerade in Höhen zwischen der natürlichen (bzw. potentiellen) und der aktuellen Waldgrenze.

Fichtenwälder haben weiterhin einen hohen landespflegerischen Wert durch ihre Erholungsfunktion. Gebirgslandschaften sind traditionelle Erholungsgebiete. Die hohe Beliebtheit der Fichte bei Befragungen zum Lieblingsbaum (Tab. 35, allerdings nicht getrennt von der Tanne in die Wertung eingegangen) dürfte dies widerspiegeln, wenn auch weitere Beziehungen des Menschen zur Fichte bzw. zum Fichtenwald diese Einstufung auf vordersten Rängen beeinflussen. Dazu gehören unter anderem das besondere Verhältnis zum weihnachtlichen „Tannenbaum", der in weiten Teilen Mitteleuropas (auch heute noch) eine Fichte ist, oder der immergrüne Fichtenwald als Inbegriff des Waldes. Die weitgehend fehlende Strauchschicht erlaubt weite Einblicke in das Waldesinnere und vermittelt so das „Erlebnis Wald" in besonderem Maße.

Im Sommer wie im Winter wirkt sich der Aufenthalt in einem Fichtenwald auf das physische wie psychische Wohlbefinden positiv aus. Im Sommer bieten Fichtenwälder z. B.

- kühlere Temperaturen im Waldesinneren an heißen Tagen,
- angenehmen Duft durch die ätherischen Öle der Fichtennadeln,
- frisches Grün der Waldbodenvegetation,
- Beeren und Pilze.

Im Winter, wenn die kahlen Laubwälder oft etwas düster und grau wirken, übt der verschneite Fichtenwald einen besonderen Reiz aus.

Die dargestellten protektiven und rekreativen Funktionen natürlicher oder naturnaher Fichtenwaldökosysteme gelten nur eingeschränkt für die weithin angebauten Fichten-Reinbestände, insbesondere außerhalb des natürlichen Fichtenareals und bei unstandortgemäßer Begründung. Selbst reine Fichtenbestände sind unterschiedlich zu bewerten. Eine gleichaltrige Fichten-Monokultur ist in ihrer Schutz- und Erholungsfunktion ungünstiger zu beurteilen als ein reiner Fichtenbestand mit Naturverjüngung. Die Strukturarmut äußert sich nicht nur in geminderter Stabilität, Flexibilität und Diversität, sondern auch in eingeschränkter landschaftsökologischer und sozialer Wirkung. Dies wird durchaus von Erholungsuchenden im Wald wahrgenommen, wie Untersuchungen von Hartweg (1976) belegen. Danach wurde ein einförmig aufgebauter Reihen- oder Pflanzbestand abgelehnt, ein in natürlicher Verjüngung stehender Fichtenreinbestand dagegen als ansprechend empfunden. Innerhalb des Areals natürlicher Fichtenwälder sind die Einschränkungen, die sich durch eine forstliche Bewirtschaftung ergeben können, weniger gravierend. Außer Fichte gedeihen nur wenige Baumarten unter diesen Standortsbedingungen (z. B. Eberesche), so daß die Kamm- und Hochlagen-Fichtenwälder in der Vergangenheit durch Baumartenwandel nicht gefährdet waren. Auch bei künstlicher Verjüngung (ausgenommen Großkahlschlagverfahren) und Bewirtschaftung werden in der Regel ihr Grundcharakter und ihre Funktionen bewahrt. Nachteilig erweist sich jedoch oft, daß zur Verjüngung Pflanzen fremder Provenienz dienten. Autochthone Herkünfte sind durch die seit der nacheiszeitlichen Einwanderung der Fichte in ihre heutigen Wuchsgebiete erfolgte Adaptation an die sich seitdem ständig ändernden Umweltqualitäten am besten den gegebenen Standortsbedingungen angepaßt. Deshalb ist die Bewahrung bodenständiger Populationen der Gemeinen Fichte ein dringendes Anliegen der Forstwirtschaft (in mehreren Bundesländern Aufnahme der Art in Programme zur Erhaltung forstlicher Genressourcen) und des Naturschutzes (Artenschutz muß auch die gefährdeten autochthonen Populationen nicht gefährdeter Arten einbeziehen, Kap. 7.2.4.1; Schmidt 1992).

Inzwischen unterliegen jedoch nicht nur autochthone Fichtenpopulationen einer Gefährdung, sondern die naturnah erhaltenen Fichtenwaldökosysteme sind in weiten Teilen des Areals gefährdet. Mit zunehmender Umweltbelastung durch Immissionen seit etwa 30 Jahren traten Waldschäden verstärkt in Fichtenbeständen der Kamm- und Hochlagen der Mittelgebirge auf. In exponierten Lagen des Erzgebirges führten Schwefeldioxid-Immissionen nicht nur zu den bereits bekannten Krankheitserscheinungen an der Fichte („klassische Rauchschäden"), sondern zum flächenhaften Absterben von Fichtenwäldern und -forsten. Mit Beginn der achtziger Jahre breiteten sich die sogenannten „neuartigen Waldschäden", an deren Entstehung komplexe Schadstoffbelastungen (besonders Stickoxid-/Ozon-Immissionen) maßgeblichen Anteil haben, in den Fichtenbeständen aus. Während heute fast alle Hauptbaumarten unserer Wälder und Forsten sichtbare Schadsymptome aufweisen, zu deren wesentlichen Ursachen anthropogene Umweltveränderungen (darunter besonders Deposition von Schad- und Nährstoffen in den Waldökosystemen) gehören, war es zunächst die Fichte (sieht man von dem „Tannensterben" ab), deren Schädigung und Absterben in dramatischer Weise auf die Überschreitung der Belastbarkeit einer Baumart und aus ihr gebildeter Bestände aufmerksam machte und eine intensive Waldschadensforschung auslöste. Mögliche, insbesondere auf die Fichte bezogene, Schadensursachen und Hypothesen zum „Waldsterben" diskutiert ausführlich Schmidt-Vogt (1989, vgl. auch Tesche u. Feiler 1992).

Die Auflichtung des Kronendaches geschädigter Fichtenbestände und ihr Absterben führen zu vollkommen veränderten ökologischen Verhältnissen bis hin zur Zerstörung des Ökosystems Fichtenwald (Abb. 61). Flora und Fauna unterliegen einem tiefgreifenden Wandel, der regional (z. B. Erzgebirge) noch durch den forstlichen Anbau florenfremder Baumarten (Picea pungens, Pinus contorta subsp. latifolia, Pinus peuce u. a., vgl. Hartig 1991) gefördert wurde. Die Zunahme einzelner, auch seltener, Tierarten (z. B. Birkwildpopulation in sich auflösenden und absterbenden Fichtenwäldern sowie „Rauchblößen" im Osterzgebirge) darf nicht über den Verlust an Biodiversität hinwegtäuschen. Ebenfalls eingeschränkt wurden landschaftsökologische und rekreative Funktionen in diesen Waldgebieten. Trotz der teilweise erheblichen Beeinträchtigung des Erholungs-

*Abb. 61: Durch Immissionsschäden abgestorbener Fichtenwald, dessen Bodenvegetation von einer dichten Grasflur aus Calamagrostis villosa beherrscht wird, in den Kammlagen des Mittleren Erzgebirges (Foto: K. Bohnsack)*

wertes scheint es bisher kaum zu spürbaren Reaktionen der Besucher durch Meidung der von Waldschäden gezeichneten Gebirge zu kommen, offensichtlich „weil der überwiegende Teil der Touristen Verdrängungsstrategien entwickelt hat, mit deren Hilfe sie die psychische Störung ihres Urlaubes zu überwinden suchen" (Ammer u. Pröbstl 1991, S. 41). Wenn auch naturnahe bodenständige Fichtenwälder im Vergleich zu gebiets- oder standortfremden Fichtenbeständen weniger anfällig gegenüber Streß und Fremdstoffeinträgen sind, so unterliegen sie in den extrem immissionsbelasteten Kamm- und Hochlagen ebenfalls akuter Gefährdung.

Kompensationskalkungen oder Revitalisierungsdüngungen mit Nährelementergänzungen können für die Bewahrung naturnaher Fichtenwälder von Bedeutung sein. Voraussetzung ist, daß die Düngung in Zusammensetzung und Dosierung der gegebenen Standortsituation gerecht wird und keine Einleitung von Nitraten in die Hydrosphäre durch verstärkte Humusmineralisierung und Nitratfreisetzung verursacht wird. Solche Maßnahmen zur Minderung der Waldschäden wie Düngungen oder die von Thomasius (1989b) dargestellten Strategien zur Erhaltung, Rekonstruktion oder Erziehung immissionsbelasteter Wälder sind lediglich therapeutische Gegen- oder Notmaßnahmen der Forstwirtschaft. Eine Lösung des Problems kann nur durch drastische Senkungen der Emissionen bzw. die Beseitigung der eigentlichen Schadensursachen erreicht werden.

Die bisherige Darstellung berücksichtigte Fichtenwälder allgemein. Trotz weitgehender Übereinstimmung in wesentlichen Merkmalen (von Fichte beherrschte Baumschicht, relativ einheitliche Raumstruktur, weitgehend fehlende Strauchschicht, artenarme Krautschicht etc.) und Funktionen lassen sich jedoch mehrere Fichtenwald-Gesellschaften, die ökologisch und floristisch charakterisiert sind, unterscheiden.

Mit geminderter Wettbewerbskraft der Fichte
– durch zunehmende Verschlechterung der Standortsbedingungen (Waldgrenzstandorte in der subalpinen Stufe, auf Blockhalden oder Moorböden) oder
– durch geförderte Konkurrenzfähigkeit von Mischbaumarten (z. B. Weiß-Tanne, Rot-Buche, Berg-Ahorn) infolge für sie günstigerer Standortsbedingungen
nehmen Raum-, Alters- und Artenstruktur der Fichtenwald-Ökosysteme zu.

Die Strukturvielfalt kann selbst durch Einwirkung abiotischer Umweltfaktoren (z. B. Sturm, Schnee) erhöht werden, also durch im Areal des Fichtenwaldes durchaus natürliche Ereignisse, die erst im Wirtschaftswald zu „Schadereignissen" werden.

Aus der Vielzahl beschriebener Fichtenwald-Assoziationen und ihrer standörtlich meist schärfer umrissenen Untergesellschaften (vgl. z. B. Jahn 1977, Oberdorfer 1992) seien nur einige beispielhaft genannt:

- **Reitgras-Fichtenwald oder Herzynischer Fichten-Bergwald**
  *(Calamagrostio villosae-Piceetum)*
  Typischer Fichtenwald der Hoch- und Kammlagen der Mittelgebirge, in Bachauen und Kaltluftsenken bis in die submontane Stufe herabreichend; die weite Amplitude der besiedelten Standorte, die von trockenen bis nassen podsolierten Braunerden und Podsolen bis Gleyböden reicht, findet ihren Niederschlag in standörtlichen Ausbildungsformen: **Preiselbeer-, Heidelbeer-, Farn-, Torfmoos-Fichtenwald;** lichte **Ebereschen-Fichtenwälder** im Waldgrenzbereich, staudenreichere **Bergahorn-Fichtenwälder** in Bachauen oder Tieflagen-Fichtenwälder der Lausitz **(Kiefern-Fichtenwälder)** wurden auch als eigene Assoziationen *(Sorbo-, Acero-, Molinio-Piceetum)* beschrieben.
- **Alpenlattich-Fichtenwald oder Subalpiner Fichtenwald** *(Homogyne-Piceetum)*
  Fichtenwald (teilweise mit Lärche) der hochmontanen bzw. unteren subalpinen Stufe der Alpen, in Deutschland nur am nördlichen Alpenrand, meist auf basenarmen Böden.
- **Peitschenmoos-Fichtenwald** *(Bazzanio-Piceetum)*
  Fichtenwälder kühl-feuchter Standorte des Schwarzwaldes und niederschlagsreichen Alpenvorlandes, meist auf Standorten, die zur Podsolierung, Vergleyung oder Vermoorung neigen und Übergänge zu **Fichten-Moorwäldern** (Kap. 5.8) erkennen lassen.
- **Karpatenbirken-Fichten-Blockwald** *(Betulo carpaticae-Piceetum)*
  Herzynisch-sudetische Fichtenwälder montan-hochmontaner saurer Gesteins- und Blockschutthalden, Blockmeere und Klippen, beerstrauch- und moosreich, aber farn- und staudenarm.
- **Streifenfarn-Fichten-Blockwald** *(Asplenio-Piceetum)*
  Montaner Fichtenwald kalkreicher Block- und Steinschutthalden mit Rohhumusdecken (Alpen, Schwäbische Alb), moos- und farnreich, krautige Arten gegenüber Beersträuchern dominierend.

## 5.4.2 Lärchen-Arvenwald

Der **Lärchen-Arvenwald oder Zirbelkiefernwald** *(Vaccinio-Pinetum cembrae)* ist für die (obere) subalpine Stufe (bis über 2 200 m ü. HN reichend) der Zentralalpen charakteristisch, er erreicht die deutschen Alpen nur randlich (Berchtesgadener Land). Die lichten, parkartig aufgelockerten, von Lärche (Larix decidua) und Zirbel-Kiefer (Arve, Pinus cembra) gebildeten Bestände sind von Alpenrosengebüschen (in der floristischen Struktur – abgesehen von der Baumschicht – dem Lärchen-Arvenwald weitgehend gleichend, deshalb beide Gesellschaften zu

*Rhododendro-Vaccinienion)* durchsetzt. Der lockere Schirm läßt eine üppige Entwicklung von Strauch- und Krautschicht zu, in der zahlreiche Arten des subalpinen Krummholzes vorkommen.

In den Zentralalpen stellt der Lärchen-Arvenwald oft nur noch die potentielle Vegetation der Waldgrenze dar, da – ähnlich wie in den Gebieten, wo die Hochlagen-Fichtenwälder die Waldgrenze bilden (Kap. 5.4.1) – die Waldgrenze durch Rodung und Ausweitung der Almweiden heruntergedrückt wurde. Das hatte auch eine Beeinträchtigung der Lawinenschutzfunktion zur Folge.

Besonders zurückgedrängt wurde die Arve (gebietsweise in Österreich bereits unter Naturschutz stehend!), die einerseits wegen des wertvollen Holzes geschlagen wurde, andererseits dem Weidebetrieb weichen mußte (wogegen man die Lichtbaumart Lärche eher tolerierte). Ein ähnliches Schicksal erlitt und erleidet die Rumelische Strobe oder Molika-Kiefer (Pinus peuce) in den Hochgebirgen der Balkan-Halbinsel, wo diese ebenfalls fünfnadelige Kurztriebe aufweisende Kiefer ähnliche Standorte wie die Arve einnimmt. Schutz vor Holzeinschlag und Beweidung, aber auch Pflanzungen der Arve im natürlichen Areal, sind Voraussetzungen zur Wiederherstellung der vielerorts verlorengegangenen, aber für den Waldgrenzbereich so charakteristischen Lärchen-Arvenwälder mit ihren eindrucksvollen Baumgestalten (Arven können 700–1 000 Jahre alt werden). Ohne Schutz- und Förderungsmaßnahmen wird eine Regeneration nur bedingt erfolgen, zumal der Arve Langsamwüchsigkeit, späte Blühreife („Mannbarkeit" im Solitärstand erst mit etwa 60 Jahren, im Bestand noch später) und größere Abstände zwischen „Samenjahren" (6–8 Jahre) eigen sind. Wesentlicher Faktor bei der natürlichen Verjüngung ist der Tannenhäher, der die flügellosen und damit nicht für eine Windverbreitung geeigneten Samen („Zirbelnüsse") verteilt und damit aussät („Hähersaat"). Es haben sich hier eindrucksvolle Wechselbeziehungen zwischen Pflanze und Tier entwickelt. Die Arve bietet dem Tannenhäher Nahrung, der Tannenhäher ermöglicht ihre Verjüngung und Ausbreitung, indem er die von ihm angelegten Samenvorräte nicht vollständig wiederauffindet. Nach Mattes (1982), der diese bemerkenswerte „Lebensgemeinschaft" näher untersuchte, beträgt die Wiederfundrate 80 % (bei etwa 15 000 Verstecken pro Paar und Jahr).

## 5.5 Kiefernwälder

Natürliche Waldökosysteme, deren Baumschicht von der Gemeinen Kiefer (Pinus sylvestris) beherrscht wird, treten im mitteleuropäischen Laubwaldgebiet nur an Extremstandorten des Waldwachstums auf. Nach der frühholozänen Birken-Kiefernzeit (Praeboreal), in der Kiefernwälder weite Teile Mitteleuropas bedeckten, wurde in der weiteren postglazialen Waldentwicklung ihr Areal mehr und mehr eingeschränkt.

Die Kiefer und von ihr gebildete Waldbestände wurden auf Standorte, die für andere Baumarten (z. B. Rot-Buche, Eichen, Hainbuche, Winter-Linde) durch

- Kontinentalität des Klimas,
- Trockenheit oder Nässe, oft in Verbindung mit
- Nährstoffarmut,

bereits im ökologischen Grenzbereich liegen, zurückgedrängt (vgl. ökologische Charakterisierung natürlicher Kiefernwälder in Tab. 42).

Unter günstigeren Standortsverhältnissen ist die ausgesprochene Lichtbaumart Kiefer der Konkurrenz dieser Baumarten unterlegen und hat höchstens als Pionier- oder Mischbaumart eine Chance. Erst der Mensch hat der Kiefer zu ihrer heutigen weiten Verbreitung verholfen, und zwar durch

- historische Waldnutzungsformen, die mit Rückdrängung der konkurrenzstärkeren Laubbäume (Aushieb, Waldweide), Auflichtung der Wälder und Nährstoffentzug (bis hin zur Bodendegradation und Verheidung) verbunden waren, sowie
- zunächst sporadischen (14.–17. Jahrhundert), dann gezielten (Schwartz 1991) forstlichen Anbau.

Dadurch wurde die Kiefer so gefördert, daß Kiefernbestände gegenwärtig weit über das natürliche Areal von Kiefernwäldern hinaus ausgedehnte Flächen ehemaliger bzw. potentieller Eichen- und Buchen(misch)waldstandorte einnehmen, in kontinental getönten Mittelgebirgen stocken sie auch auf Standorten von Tannen-Mischwäldern.

Natürliche oder naturnahe Kiefernwaldökosysteme sind heute selten und überwiegend in ihrem Bestand gefährdet. Oft handelt es sich um Relikt- oder Refugialstandorte, auf die ihre Vorkommen begrenzt sind. In der potentiellen natürlichen Vegetation Deutschlands gehören Kiefernwälder zu den selteneren Waldgesellschaften. Lediglich im ostdeutschen Raum, in den westlichste Ausläufer des boreal-kontinentalen Kiefernwaldgebietes reichen (östliches Brandenburg, Lausitz), treten sie in nennenswerten Flächenanteilen auf, während ihre Vorkommen nach Westen und Süden zu noch kleinflächiger und ausgesprochen inselartig werden (abgesehen vom Alpenraum).

Nach Hofmann (1991) beträgt der Anteil des natürlichen Kiefernwaldes an der Fläche der potentiellen natürlichen Vegetation der neuen Bundesländer 3 %, bezogen auf die heutige Waldfläche sind es 6 %, was sich daraus erklärt, daß die günstigeren Standorte, die potentiell von Laubwäldern bestockt wären, in größerem Umfang in Ackerland umgewandelt wurden als Kiefernwaldstandorte.

Die ökologischen Bedingungen, unter denen sich Wälder, deren Baumschicht von Pinus sylvestris beherrscht wird, herausbilden können, sind gänzlich verschieden. Dementsprechend sind auch die natürlichen Kiefernwälder ökologisch und floristisch stark differenziert (Tab. 42; vgl. auch Schubert 1972, Hofmann 1991, Oberdorfer 1992). Übereinstimmend sind die weitgehende Bindung an subkontinentales Klima und an eine über bzw. unter dem Optimum für Waldwachstum liegende Ausstattung des Standortes hinsichtlich Bodenfeuchte und Basengehalt bzw. Trophie, was durch folgende Gliederung (stark vereinfacht) wiedergegeben wird:

– Trockenheit, Basen- und Nährstoffarmut: **Zwergstrauch- oder moosreiche Sand-Kiefernwälder** (*Dicrano-Pinion,* Kap. 5.5.1),
– Trocken-warme, basenhaltige Sandböden: **Steppen-Kiefernwälder oder Subkontinentale Kiefern-Trockenwälder** (*Cytiso-Pinion,* Kap. 5.5.2),
– Trocken(-warm)e Karbonatböden: **Schneeheide- oder Kalk-Kiefernwälder** (*Erico-Pinion,* Kap. 5.5.3),
– Nässe und Nährstoffarmut: **Kiefern-Moorwälder** (siehe Bruch- und Moorwälder, Kap. 5.8).

Im Extremfall kann es infolge der Waldgrenzbedingungen zu einer völligen Auflösung der Baumschicht und Ausprägung eines Offenwaldes bzw. lichter, kaum mehr als Wald anzusprechender Kieferngehölze kommen.

Die seltenen naturnahen Kiefernwaldökosysteme sind nicht nur durch ihre Kleinflächigkeit und insuläre Lage gefährdet, sondern durch diverse anthropogene Einflüsse, da sie infolge ihrer ganz spezifischen Ökofaktorenkonstellation besonders empfindlich auf Umweltveränderungen reagieren.

Schad- und Nährstoffeinträge durch Luftverunreinigungen, Düngung, Erholungsnutzung etc. bedingen einen Standorts- und Vegetationswandel, der den Fortbestand dieser Ökosysteme in Frage stellt. Insbesondere die Kraut- und Moosschicht bodensaurer und oligotraphenter Kiefernwälder unterliegen durch Nährstoff-(besonders Stickstoff-)eintrag einer Veränderungsdynamik, die mit dem Rückgang oder Verlust gesellschaftstypischer Arten (z. B. Zwergsträucher der Familie Ericaceae, azidophytische Moose und Flechten) und dem Eindringen oder zunehmender Artmächtigkeit von Gräsern (z. B. Calamagrostis epigejos, Deschampsia flexuosa), Adlerfarn (Pteridium aquilinum) oder nitrophytischen Arten einhergeht. Dies wird unter anderem durch vergleichende Untersuchun-

*Tab. 42: Übersicht natürlicher Kiefernwälder Deutschlands mit Zuordnung zu den Klassen (K) und Verbänden (V) bzw. Unterverbänden (U) des pflanzensoziologischen Systems, Angaben zum Standort (St) und Areal (A) sowie je einem Beispiel (B) einer repräsentativen Waldgesellschaft*

| Kiefernwälder auf Standorten ohne Grundwassereinfluß | | | Kiefernwälder auf (meist organischen) Naßstandorten |
|---|---|---|---|
| Zwergstrauch- oder moosreiche Sand-Kiefernwälder (K *Vaccinio-Piceetea:* U *Dicrano-Pinenion*) | Subkontinentale Steppen-Kiefernwälder oder Kiefern-Trockenwälder (K *Pulsatillo-Pinetea:* V *Cytiso-Pinion*) | Schneeheide- oder Kalk-Kiefernwälder (K *Erico-Pinetea:* V *Erico-Pinion*) | Kiefern-Moorwälder (K *Vaccinio-Piceetea:* U *Piceo-Vaccinienion uliginosi*) |
| St: (mäßig bis sehr) trocken, basen- und (sehr) nährstoffarm | St: (sehr) trockenwarm, mäßig bis gut basen- und nährstoffversorgt | St: (sehr) trocken oder wechseltrocken, basisch (karbonat-, meist kalkreich) | St: naß bis feucht, sauer und (sehr) nährstoffarm |
| A: boreal-temperat, nord-/osteuropäisch, bis Mitteleuropa reichend, subkontinental (-subozeanisch), planar (und submontan-montan) | A: südtemperat/submeridional, ost- (bis mittel-)europäisch, subkontinental, planar-kollin | A: submeridional (bis südtemperat), alpisch/präalpin, subalpin-montan | A: boreal(-temperat), nord- u. osteuropäisch, bis Mitteleuropa reichend, subkontinental, planar (und submontanmontan) |
| B: Heidelbeer- oder Weißmoos-Kiefernwald (*Leucobryo-Pinetum*) | B: Wintergrün- oder Berghaarstrang-Kiefern-Trockenwald (*Pyrolo-Pinetum*) | B: Schneeheide-Kiefernwald (*Erico-Pinetum*) | B: Rauschbeeren- oder Sumpfporst-Kiefern-Moorwald (*Vaccinio uliginosi-Pinetum sylvestris*) |

gen historischer (vor etwa 30–40 Jahren aufgenommener) und aktueller Vegetationszustände auf identischen Probeflächen in naturnahen zwergstrauchreichen Kiefernwäldern (z. B. Sächsische Schweiz, Wagner 1993) und in Kiefernforsten (z. B. Oberpfalz, Rodenkirchen 1991) sowie die Auswertung von Düngeversuchen in Kiefernforsten (z. B. Brandenburg, Hofmann 1991) offenkundig. Aber auch die Steppen- und Kalk-Kiefernwälder gehören zu den Waldökosystemen mit geringer Belastbarkeit durch Eutrophierung (Tab. 40). Die Eutrophierung durch externe Stoffeinträge wird verstärkt durch Nährstofffreisetzungen im

Ökosystem infolge autogener oder allogen geförderter Sukzessionsprozesse (Auteutrophierung, Einflüsse durch Klimaänderungen, fehlende oder andersartige Waldnutzung etc.).

Die Kiefern-Moorwälder (siehe Kap. 5.8) sind zudem durch Grundwasserabsenkungen, wie sie großflächig in einem ihrer Verbreitungsschwerpunkte, der Lausitz, durch den Braunkohlentagebau verursacht werden, in ihrer Existenz gefährdet. Weitere Bedrohungen naturnaher Ökosysteme, namentlich bestimmter Kalk-Kiefernwälder (Gasser 1992) und der Küstendünen-Kiefernwälder (Knapp et al. 1985) ergeben sich durch die Erholungsnutzung.

Alle noch erhaltenen naturnahen Kiefernwälder sind als schutzwürdig und schutzbedürftig einzustufen. Teilweise genießen sie gesetzlichen Schutz, da sie in Anbetracht ihrer Seltenheit, Gefährdung, biologischen Bedeutung und/oder ihres naturraumtypischen Charakters in Naturschutzgebieten erfaßt sind oder zu den Geobiozönosen, die laut Bundes- oder Landes-Naturschutzgesetzen dem „Schutz bestimmter Biotope" unterliegen, gehören (z. B. Moorwälder, Wälder trocken-warmer Standorte, Kap. 7.2.4.2). Dies kann sie zwar vor direkten Eingriffen bewahren, jedoch nicht die immissionsbedingten Gefahren abwenden.

Zu den gewichtigen Gründen, naturnahe Kiefernwälder in ihrer Struktur, Funktion und Dynamik zu erhalten, gehören einerseits eine ausgesprochen spezifische, unter den extremen Standortsbedingungen gegenüber Umweltveränderungen aber sensible biologische Ausstattung, andererseits der Artenreichtum einiger Waldgesellschaften. Kiefern und Mischbaumarten der Kiefernwälder, wie Birken und Eichen, gehören zu den Baumarten, an die eine Vielzahl von Organismen gebunden ist, so ist z. B. der Anteil von phytophagen Insekten oder Basidiomycetes unter den waldbewohnenden Arten dieser Tier- bzw. Pilzgruppen besonders hoch (Tab. 37, 38).

Naturnahe Kiefernwälder bieten durch ihre höhere Strukturvielfalt (horizontale und vertikale Raumstruktur, Altersstruktur) im Vergleich zu den monotonen Kiefernforsten wesentlich mehr Habitate für an Kiefern oder Kiefernwälder gebundene Pflanzen, Pilze und Tiere. Sie sind Lebensräume für eine im Vergleich zu anderen Wäldern ungewöhnlich hohe Zahl seltener, gefährdeter oder geschützter Arten. Durch außerordentliche Biodiversität sind insbesondere die Steppen- und Kalk-Kiefernwälder ausgezeichnet. Zu ihrem Artengefüge zählen unter anderem zahlreiche Arten kontinentaler Steppenrasen und submediterraner Xerothermrasen, die als Folge ausbleibender Mahd oder Beweidung durch Verbuschung oder Aufforstung an ihren anthropo-zoogenen Offenstandorten Habitat- und Arealeinbußen erleiden. Den durch ihren Anteil an geschützten Arten, Arten der Roten Listen und „ökologischen Kennarten" außergewöhnlich hohen Artenschutzwert von schweizerischen Kalk-Kiefernwäldern (Rohrpfeifengras-Kiefernwälder im Kanton Aargau) stellt Gasser (1992) heraus.

Die Schutzfunktion von Kiefernwäldern beschränkt sich keineswegs auf den Artenschutz. An Extremstandorten erfüllen sie wichtige landschaftsökologische und landespflegerische Funktionen, z. B.

- Dünenbefestigung und -schutz vor Erosion durch Wind und Wasser (Krähenbeeren-Kiefernwald der Küstendünen als Küstenschutzwald, aber auch Kiefernwälder auf binnenländischen Sanddünen),
- Schutz vor Bodenabtrag durch Kalk-Kiefernwälder an steilen Kalkfels- und Mergelhängen, alluvialen Flußterrassen und in Kies- und Schotterauen (Alpen, Alpenvorland, Jura).

Beurteilt man die Kiefer und Mischbaumarten des Kiefernwaldes, wie Birken und Eichen, aus Sicht des Landschaftswasserhaushaltes, so sind sie als Lichtbaumarten durch einen hohen Wasserverbrauch zur Erzeugung der Biomasse gekennzeichnet, der flächenbezogene Wasserverbrauch der Kiefer ist jedoch gering (Thomasius 1978).

### 5.5.1 Zwergstrauch- oder moosreiche Sand-Kiefernwälder

Das Areal der bodensauren Sand-Kiefernwälder *(Dicrano-Pinion)* reicht vom östlichen Mitteleuropa bis nach Ostdeutschland, westlich davon beschränken sich die Vorkommen auf einzelne Sandgebiete und submontan-montane Bereiche mittel- und süddeutscher Sandstein- und Silikatgebirge, wo unter buchenfeindlichen Standortsbedingungen neben kiefernreichen Tannenwäldern (heute meist durch Kiefern- oder Fichtenforsten ersetzt, siehe Kap. 5.3.2) auch zwergstrauchreiche Kiefernwälder (oft mit Höhenkiefer) stocken können.

Der die borealen Kiefernwälder in Deutschland repräsentierende **Beerstrauch-, Heidelbeer- oder Weißmoos-Kiefernwald** *(Leucobryo-Pinetum)* tritt, standörtlich oder pflanzengeographisch bedingt, in mehreren Untergesellschaften, die auch als eigene Assoziationen aufgefaßt werden, auf, z. B.

- **Flechten-Kiefernwald** (Cladonia-Untergesellschaft auf sehr nährstoffarmen und trockenen Dünensanden, besonders Nordostdeutschland),
- **Krähenbeer-Kiefernwald** (Küstendünen-Kiefernwald, besonders an der Ostseeküste),
- **Schneeheide-Weißmoos-Kiefernwald** (nicht zu den Schneeheide-Kiefernwäldern gehörende Ausbildung des bayerisch-sächsischen Berglandes, Oberpfalz bis Vogtland),
- **Pfeifengras-Weißmoos-Kiefernwald** (auf grund- und stauwasserbeeinflußten Sandböden, zu den Kiefern-Moorwäldern vermittelnd).

Die bodensauren Sand-Kiefernwälder sind nicht immer klar von Kiefernforsten auf potentiellen Standorten von Birken- und Kiefern-Eichenwäldern abgrenzbar und weisen Übergänge zu den Kiefern-Trockenwäldern und -Moorwäldern auf.

Die gern als Indikator naturnaher Kiefern(wald)vorkommen, besonders im Areal der Sand-Kiefernwälder des *Dicrano-* und *Cytiso-Pinion* (Hempel 1979, Oberdorfer 1990), betrachtete Kiefern-Mistel (Viscum album subsp. austriacum) hat offensichtlich ihre Aussagefähigkeit eingebüßt. Beobachtungen zur Ausbreitung der Mistel in Kiefernforsten mit Symptomen „neuartiger" Waldschäden lassen vermuten, daß sie nicht nur die von Natur aus (infolge Trockenheit und Nährstoffarmut) mäßig- bis geringwüchsigen Kiefern, sondern zunehmend anthropogen in ihrer Vitalität geschwächte Kiefern besiedelt (Schmidt 1989b).

Die naturnahen zwergstrauch- und moosreichen Sand-Kiefernwälder sind durch Nährstoffeinträge in besonderem Maße gefährdet, da „die Anhebung der Oberbodennährkraft in Verbindung mit dem Klima bestandesdestrukturelle ökosystemare Disharmonien verschafft" (Hofmann 1991, S. 67). Zu der im Vergleich zu den Kiefern-Steppen- und -Kalkwäldern relativ artenarmen Bodenvegetation gehören viele azidophytische und konkurrenzarme Arten sowie gegenüber erhöhtem Stickstoffinput wenig tolerante Arten (z. B. mykotrophe Zwergsträucher der Familie Ericaceae), so daß die kennzeichnenden Arten dieser Waldgesellschaften anderen Spezies weichen müssen (siehe unter Kap. 5.5). Entsprechende Entwicklungstendenzen, die sich unter anderem in einer Vergrasung der Bestände äußern, sind in den naturnah erhaltenen Restbeständen von Sand-Kiefernwäldern (z. B. Biosphärenreservat Schorfheide-Chorin/Brandenburg) oder zwergstrauchreichen Kiefernwäldern auf Sandsteinfelsen (z. B. Sächsische Schweiz) unverkennbar.

### 5.5.2 Subkontinentale Steppen-Kiefernwälder

Diese artenreichen, lichten, meist auf besser basenversorgten Sandböden stockenden Kiefern-Trockenwälder *(Cytiso ruthenici-Pinion)* treten in Deutschland nur insulär in wärmebegünstigten Sandgebieten im nordostdeutschen und süddeutschen (hier gelegentlich auch auf Kalk) Raum auf, meist Vegetationskomplexe mit Trockenrasen bildend. Sie erscheinen als „Vorposten" osteuropäischer Waldsteppenvegetation, sind jedoch Relikte nacheiszeitlicher Kiefernwälder, die sich auf Refugialstandorten erhalten haben und durch die Landnutzung in der vorindustriellen Kulturlandschaft begünstigt wurden.

Die Isolierung der sehr zerstreuten Vorkommen dieser ökologisch und pflanzengeographisch höchst interessanten Kiefernwälder über mehrere Jahrtausende spiegelt sich in einer deutlichen regionalen Differenzierung und der Beschreibung diverser Waldgesellschaften (z. B. **Berghaarstrang-, Kuhschellen-, Windröschen-, Sandnelken-, Schillergras-Kiefernwald**) wider. Werden diese zu einem **Wintergrün-Kiefernwald** *(Pyrolo-Pinetum)* zusammengefaßt (Oberdorfer 1992), darf nicht übersehen werden, daß es sich bei allen Ausbildungen dieses

Kiefern-Trockenwaldes – trotz weitgehender Sicherung der Vorkommen in Naturschutzgebieten – durchweg um gefährdete Waldgesellschaften handelt.

Ökosystemverändernde und -zerstörende Prozesse, wie sie durch atmogene Stoffeinträge, aber auch natürliche Abläufe in den in historischer Zeit anthropogen geförderten Ausbildungen dieser Trockenwälder verursacht werden, äußern sich in einem Strukturwandel, der sich physiognomisch deutlich offenbart (z. B. Unterwanderung durch Laubgehölze) und mit einer Artenverarmung verbunden ist. Der Artenrückgang der an seltenen, gefährdeten und geschützten Arten reichen Steppen-Kiefernwälder geht auf Standortsveränderungen und Verschiebungen in den Wettbewerbsverhältnissen zuungunsten dieser meist konkurrenzschwachen Arten zurück, unter anderem bedingt durch

- Nährstoffeinträge (Eutrophierung fördert nicht nur Konkurrenten, sondern kann sich auch schädigend auf Arten mit spezialisierter Lebensstrategie auswirken, z. B. die mykotrophen Wintergrüngewächse),
- Oberbodenversauerung (Benachteiligung der basiphilen Arten, die ihr Vorkommen dem Basengehalt der kalkhaltigen Sandböden oder basenreichen Unterböden verdanken),
- zunehmenden Kronenschluß und Entwicklung dichter Strauchschicht (Ausdunklung heliophiler Arten).

Zu den Pflanzenarten, die in den Roten Listen als gefährdet, stark gefährdet oder vom Aussterben bedroht eingestuft sind, gehören

- mehrere Wintergrüngewächse (z. B. Chimaphila umbellata, Pyrola-Arten),
- mehrere Kuhschellen (Pulsatilla-Arten),
- Sand-Nelke (Dianthus arenarius), Sand-Tragant (Astragalus arenarius), Sand-Veilchen (Viola rupestris).

### 5.5.3 Schneeheide- oder Kalk-Kiefernwälder

Auf trockenen oder wechseltrockenen Karbonatböden der submontanen bis subalpinen Stufe der Alpen und ihres Vorlandes stocken artenreiche, lichte Kiefernwälder *(Erico-Pinion)*, in denen neben der Gemeinen Kiefer (Pinus sylvestris) auch die Schwarz-Kiefer (Pinus nigra) und die Haken-Kiefer (Pinus uncinata) in der Baumschicht vorkommen können (Schwarz-Kiefer jedoch nicht, Haken-Kiefer sehr selten in den deutschen Alpen). Das Entstehungs- und Hauptverbreitungsgebiet dieser interessanten Kiefernwälder sind die Alpen und südlicher gelegene submediterrane Gebirge.

Die alpigenen, alpisch/präalpin verbreiteten Kiefernwälder können sich auf sonnigen, flachgründigen und meist felsigen Kalk- und Dolomithängen gegenüber Fichten- und Bergmischwäldern behaupten und reichen in Deutschland auf Sonderstandorten (Fels- und Mergelhänge, Flußterrassen, trockene Kies- und Schotterauen, besonders entlang kalkoligotropher Alpenflüsse) weit in das Alpenvorland. Die nördlichsten Vorkommen befinden sich an Trockenhängen der Schwäbischen und Fränkischen Alb, aber bereits in Ausbildungen, die an alpischen Arten (besonders der alpinen Blaugras-Steinrasen) stark verarmt sind und Übergänge zu den Steppen-Kiefernwäldern aufweisen. Zu letzteren dürfte auch der **Federgras-Kiefern-Trockenwald** *(Stipo-Pinetum)* am Unterlauf der Oder gehören, den Hofmann (1991) bei den Kalk-Kiefernwäldern einordnet.

Die durch hohen Artenschutzwert und große landschaftsökologische Bedeutung (siehe unter Kap. 5.5) ausgezeichneten Kiefernwälder kalkreicher Böden treten in mehreren Gesellschaften auf, von denen nur

- der eigentliche **Schneeheide-Kiefernwald** *(Erico-Pinetum)*, reich an Zwergsträuchern, u. a. Schnee-Heide (Erica carnea), Zwergbuchs (Polygala chamaebuxus) und Rhamnus saxatilis sowie
- die grasreichen (besonders durch Molinia arundinacea und Calamagrostis varia), sehr lichten Kiefernwälder wechseltrockener (bis -feuchter) Standorte alluvialer Flußterrassen und toniger Mergelhänge (**Rohrpfeifengras-Kiefernwald**/*Molinio-Pinetum*, **Bergreitgras-Kiefernwald**/*Calamagrostio-Pinetum)*

erwähnt werden sollen. Der Schutzwaldcharakter der letzteren ist besonders hervorzuheben, da sie zur Festlegung der Mergelböden, die infolge des Wechsels der Bodenfeuchte (zeitweise starke Austrocknung, zeitweise Vernässung) eine erhöhte Rutschneigung aufweisen, beitragen (z. B. Schwäbische Alb).

Wie die Sand-Kiefernwälder sind auch die naturnah erhaltenen Kalk-Kiefernwälder heute gefährdete Ökosysteme, so durch Stoffeinträge oder Erholungsnutzung. Nach Walentowski et al. (1990), die die o. g. Gesellschaften für Bayern als stark gefährdet einstufen, weisen sie folgende Tendenzen auf:

- Arealverlust: merklicher Rückgang der Vorkommen,
- floristische Veränderungen: deutliche Zunahme verdrängender Arten.

## 5.6 Edellaubbaum-Schlucht-, Schatthang- und Hangschuttwälder

An frischen bis feuchten, nährstoffreichen Standorten aller Höhenstufen (jedoch mit Schwerpunkt in der submontanen bis montanen Stufe), also azonal, treten kleinflächig innerhalb des Buchenwaldareals Wälder auf, deren Baumschicht von Edellaubbaumarten geprägt wird.

Die edellaubbaumreichen Schlucht-, Schatthang- und Hangschuttwälder *(Tilio-Acerion)* lassen sich gliedern in

– **Eschen-Ahorn-Wälder oder Bergahorn-Mischwälder** *(Lunario-Acerenion)* stets kühl-feuchter Schluchten, schattiger block- oder steinschuttreicher Hänge und
– **Ahorn-Linden-Wälder oder Thermophile Sommerlinden-Hangschuttwälder** *(Tilienion platyphylli)* block- oder steinschuttreicher Hänge wärmerer, aber noch relativ luftfeuchter Lagen.

Diese Wälder stocken auf Sonderstandorten, an denen Arten wie Berg- und Spitz-Ahorn (Acer pseudoplatanus, A. platanoides), Esche (Fraxinus excelsior), Sommer- und Winter-Linde (Tilia platyphyllos, T. cordata) sowie Berg-Ulme (Ulmus glabra) gegenüber der Buche günstigere Wuchsbedingungen finden und ihr in der Konkurrenz überlegen sind:

– block- oder steinschuttreiche Hanglagen mit meist bewegten Böden,
– boden- und luftfeuchte, kühle Hangmulden, Bachtälchen und Schluchtgründe.

Es ist anzunehmen, daß sich die Edellaubbaum-Mischwälder einer Unterwanderung durch die Rot-Buche bereits seit der Buchenausbreitung mit Beginn des Subatlantikums widersetzten. Damit stellen sie Waldökosysteme (insbesondere die Ahorn-Linden-Wälder wärmerer Lagen) dar, die uns eine ungefähre Vorstellung von Wäldern der Eichenmischwaldzeit (postglaziale Wärmezeit, haselreiche Vorwaldstadien oder Ausbildungen möglicherweise sogar der Übergangszeit Boreal/Atlantikum) erlauben, zumindest für die geschilderten Sonderstandorte.

Es handelt sich um Geotope, die durch Gravitation und Wasser einem Bodenabtrag unterliegen würden, wenn sie nicht durch eine standortgemäße Vegetation davor bewahrt werden. Offenbar trugen dieser Umstand und die schwierige Zugänglichkeit dazu bei, daß vielerorts naturnahe Ökosysteme von Eschen-Ahorn- und Ahorn-Linden-Wäldern bis heute erhalten blieben.

Diese Wälder erfüllen also wesentliche landschaftsökologische und landespflegerische Funktionen, sie besitzen einen ausgesprochenen Schutzwaldcharakter.

Im Bergland wurde allerdings die Baumschicht der Schluchtwälder durch das Einbringen von Fichte teilweise abgewandelt, im Extremfall stocken Fichtenforsten an entsprechenden Standorten.

Die Baumschicht der Edellaubbaum-Mischwälder der Schluchten, Schatt- und Steinschutthänge zeichnet sich durch Artenvielfalt (neben den anspruchsvollen Buchenwäldern und Hainbuchen-Eichenwäldern höchste Diversität an Baumarten, Tab. 33) und besondere Wüchsigkeit (günstige edaphische und hygrische Bedingungen) aus, wobei sich sogar mehrere Baumschichten ausbilden können. Eine schonende einzelstammweise Nutzung wegen des wertvollen Holzes (Furnierholz) der Arten gefährdet die Schutzwaldfunktion nicht. Relief und skelettreicher Untergrund bedingen eine Raumstruktur, die die üppige Entwicklung einer artenreichen Strauch- und Krautschicht zuläßt, letztere profitiert zudem vom guten Humuszustand (Mull).

Vielschichtigkeit und Artenfülle der Phytozönose, hohe Luft- und Bodenfeuchte sowie mannigfaltige Kleinstrukturen (z. B. Blockhalden mit ihren Oberflächen und Hohlräumen) bieten ein umfangreiches Angebot an Valenzen der Umweltfaktoren, so daß diese Wälder Habitate und Mikrohabitate für zahlreiche Tierarten und Kryptogamen darstellen. Auf den Gesteinsblöcken siedeln Moose und Flechten, die eigene, nur unter den spezifischen ökologischen Bedingungen existierende, Kryptogamen-Synusien bilden. Die Nähe zu Quellen und Bächen erweitert das faunistische Artenspektrum, da manche Tierarten mehrere (Teil-) Lebensräume benötigen (Wohn-, Nahrungs- und/oder Bruthabitat). So sucht der in Schlucht- und Schatthangwäldern (Sommer- und Überwinterungsquartiere) lebende Feuersalamander diese „Feuchtbiotope" zur Fortpflanzung auf (Laichhabitat).

Neben der Boden-, Biotop- und Artenschutzfunktion ist die Erholungsfunktion der Edellaubbaum-Mischwälder besonders hervorzuheben. Da eine forstliche Nutzung an den steilen und blockreichen Hängen, sofern sie überhaupt stattfand, nur mit geringen Eingriffen in die natürlichen Strukturen und Abläufe verbunden ist, entstanden nicht selten urwaldähnliche Waldbilder mit eindrucksvollen Baumgestalten. Die Krautschicht ist im Sommeraspekt durch attraktive Blütenstauden (z. B. Lunaria rediviva, Aruncus dioicus, Aconitum vulparia) besonders reizvoll, sie kann aber ebenfalls einen schönen Frühjahrsaspekt durch reich blühende Geophyten aufweisen.

Die Schlucht- und Schatthangwälder sind durchweg als in hohem Maße schutzwürdige Wälder einzustufen. Wenn eine akute Gefährdung auch nicht immer gegeben ist, so verdienen sie hinsichtlich ihrer multifunktionalen Wirkungen, ihrer Kleinflächigkeit sowie regionaler Seltenheit und Gefährdung (z. B. Rückgang der floristischen Vielfalt durch Oberbodenversauerung infolge Schwefeldioxidimmissionen im Osterzgebirge, Schmidt 1993a) besondere Aufmerksamkeit. Die

Gefahr der Eutrophierung ist bei diesen Wäldern, deren Standorte ohnehin durch hohe Nitrifikation und damit Begünstigung nitrophytischer Gehölze und Stauden ausgezeichnet sind, weniger gegeben, dagegen ist die Belastbarkeit durch Tritt gering (Tab. 39, 40).

In Abhängigkeit von klimatischen (Höhenlage, Geländeklima) und edaphischen Bedingungen kommt es zur Ausbildung verschiedener edellaubbaumreicher Waldgesellschaften, z. B.:

- **Eschen-Ahorn-Schlucht- und Schatthangwald** *(Fraxino-Aceretum)*
  häufigster Bergahorn-Mischwald, der kleinflächig im Buchenwaldareal verbreitet ist, wobei mannigfache Abwandlungen auftreten, darunter staudenreiche oder durch Dominanz einzelner Hochstauden geprägte (**Mondviolen-, Geißbart-Bergahorn-Mischwald**), geophytenreiche (**Lerchensporn-Bergahorn-Mischwald**) und durch seltene Farne gekennzeichnete (**Hirschzungen-Bergahorn-Mischwald**), nicht selten aber auch verarmte und nur fragmentarische Ausbildungen,
- **Bergulmen-Bergahorn-Schlucht- und Steinschuttwald** *(Ulmo-Aceretum)*
  hochstaudenreicher Bergahorn-Mischwald der hochmontanen Stufe süddeutscher Gebirge, wo er den Eschen-Ahorn-Wald niederer Lagen auf vergleichbaren Standorten ersetzt,
- **Ahorn-Sommerlinden-Hangschuttwald** *(Aceri-Tilietum)*
  baumartenreicher Linden-Mischwald der kollinen bis montanen Stufe, typisch auf kalkreichen Standorten, jedoch auch auf weniger basen-, aber nährstoffreichen Standorten; auf ärmeren Silikatsteinschutt-Hängen abnehmende Artenvielfalt und Auftreten azidophytischer Arten, so daß sich schon Waldökosysteme mit eigenständigem Charakter ausbilden (**Drahtschmielen-Sommerlinden-Wald**/*Querco-Tilietum*).

## 5.7 Auen- und Niederungswälder

Hierunter werden Wälder, die im Einflußbereich von Fließgewässern vorkommen und periodisch oder episodisch überschwemmt werden, zusammengefaßt. Das fließende Wasser, die von ihm bewirkten Abtragungs- und Akkumulationsprozesse, Überflutungsereignisse und Grundwassereinfluß lassen spezifische Lebensräume und Lebensgemeinschaften in den Bach-, Fluß- und Stromauen sowie angrenzenden Niederungen entstehen, darunter Auengebüsche und -wälder.

An Auenwäldern können wir unterscheiden:
- **Weichholz- oder Weiden-Auenwälder** *(Salicion albae* p. p. *Salicion eleagni* p. p., Kap. 5.7.1),

- Erlen-Eschen-Auen-, -Quell- und -Niederungswälder (*Alnenion gluti-nosae-incanae*, Kap. 5.7.2),
- Hartholz- oder Eichen-Ulmen-Auenwälder (*Ulmenion*, Kap. 5.7.3).

Auentypische Waldvegetation entwickelt sich nur dort, wo „die Böden bei Hochwasser nicht nur durchfeuchtet, sondern zum größten Teil von Wasser überströmt werden und danach wieder bis auf wenige Wasserflächen trockenfallen", und es zu „einem naturnahen Wechselspiel zwischen Bodenauftrag und -abtrag" kommt (Hügin u. Henrichfreise 1992, S. 7, 45).

Raum- und Artenstruktur der einzelnen Auenwaldökosysteme weichen stark voneinander ab, sie sind unter anderem abhängig von der
- Zeit der Überflutung (hängt vom Wasserregime des Einzugsgebietes ab: Sommerhochwasser bei Hochgebirgsflüssen, Winter- und Frühjahrshochwasser bei Mittelgebirgs- und Tieflandsflüssen, dazu Hochwasser nach Starkregen),
- Dauer der Überflutung und differenzierten Überflutungstoleranz der Pflanzenarten, die bei Bäumen von mehreren Monaten (Silber-Weide, Stiel-Eiche, Feld- und Flatter-Ulme) über einen Monat (Esche), elf Tage (Berg-Ahorn) bis nur wenige Tage (Rot-Buche, Spitz-Ahorn) reicht (Dister 1983),
- Art der abgelagerten Sedimente (Geröll, Schotter, Kies, Sand, Ton/Schluff, basenreiche bzw. -arme Sedimente), wobei mit Entfernung vom Oberlauf der Anteil feinkörnigen Sediments und die Ausbildung spezifischer Auenlehmböden (gefördert seit dem Neolithikum und insbesondere dem agrarischen Landausbau im Mittelalter durch Erosion nach Waldrodung und Ackerbau, Abb. 62) zunimmt.

Die Auenwaldökosysteme sind an die Hochwasser- und Geschiebedynamik in vielfältiger Weise angepaßt, so durch

- Toleranz (z. B. hinsichtlich Wasserüberangebot und verminderter Sauerstoffversorgung) gegenüber Wasserüberflutung und zeitweisem Wasserüberstau, sowohl durch das Hochwasser als auch durch Grundwasser, zu dem bei vielen Auenwäldern ebenfalls Anschluß besteht,
- Strukturen oder Eigenschaften der Gehölze, die ein Abbrechen von Ästen bei hohem Strömungsdruck verhindern (Biegsamkeit der Sproßachsen von Weiden), Verletzungen der Stämme durch vom Wasser mitgeführtes Geröll oder Treibeis mindern (z. B. dicke Borke bei Stiel-Eiche oder Ulmen) oder ausgleichen (besondere Regenerationsfähigkeit bei Erlen oder Weiden),
- sofortiges Keimen der Samen nach Hochwasserrückgang (geringe oder fast fehlende Samenruhe bei Weiden und Ulmen),
- eine artenreiche Flora, die auf das hohe Nährstoffangebot (Zufuhr von nährstoffreichem Feinmaterial mit dem Wasser) eingestellt ist oder Pflanzenarten, die selbst die Stickstoffversorgung des Bodens aufbessern (z. B. auf Au-

enrohböden Erlen, in deren Wurzelknöllchen als Symbiosepartner Actinomycetes sitzen und Luftstickstoff fixieren).

Auenspezifische Einflüsse auf die Flora schaffen wieder Existenzgrundlagen für Tierarten. So bieten die durch Eisschur verletzten Eichen Wohnungs- und Nahrungshabitate für seltene und geschützte Insekten wie den Großen Eichenbock, der die in ihrer Vitalität geschwächten Bäume („anbrüchige Stämme", Brauns 1991) besiedelt, oder den Hirschkäfer, der die aus der Wunde austretende Flüssigkeit („Blutungssaft") als Nahrung nutzt. Die absterbenden Bäume werden von einer Vielzahl von Xylobionten (z. B. Insekten, Pilze) besiedelt.

Auenwälder stellen nur Ausschnitte des vielfältigen Mosaiks natürlicher und vom Menschen in der vorindustriellen Kulturlandschaft geschaffener Biozönosen entlang von Fließgewässern dar. Der Gewässerlauf mit seiner Wechselwasserzone, der eigentliche Uferbereich und die anschließenden, nur bei Hochwasser regelmäßig oder unregelmäßig überschwemmten Auen bilden als zusammenhängende Ökosystemkomplexe eine Einheit, sowohl im Längsverlauf von der Quelle bis zur Mündung als auch im Querprofil.

Wenn auch die einzelnen natürlichen, naturnahen oder halbnatürlichen Ökosysteme wie

– Gewässer (Fließgewässer, im Auenbereich befindliche Stillgewässer wie Altarme oder Altwässer, Druck- oder Qualmwasserbereiche),
– Auengebüsche und -wälder,
– Röhrichte und Seggenrieder,
– Pionier-, Gras- und Staudenfluren

als Ökosysteme eigene Strukturen und Funktionen aufweisen, so wird durch ihr Neben- und Miteinander ein komplexes und einmaliges System geschaffen, das erst in seiner Gesamtheit die für Auenlandschaften charakteristische Biodiversität ermöglicht und die vielfältigen landschaftsökologischen und sozialen Wirkungen entfaltet.

Wenn Flußauenwälder aus ornithologischer Sicht „mit am höchsten zu bewerten sind" (Kaule 1991, S. 212), so haben sie dies der Verzahnung der verschiedenen Lebensräume zu verdanken. Bei einem Vergleich der Brutvogeldichten und der Artenvielfalt der Avifauna von zehn verschiedenen Wald- und Forstökosystemen der Badischen Rheinaue und des Schwarzwaldes weisen Weich- und Hartholz-Auenwälder die höchsten Siedlungsdichten und Artenzahlen je Flächeneinheit auf (Späth 1992). In den Donauauen bei Ingolstadt wurden 135 Brutvogelarten (bei einer Gesamtartenzahl von 201 in Bayern) nachgewiesen, davon 65 der Roten Liste der bedrohten Vogelarten Bayerns (Kaule 1991). Für den Elbebiber (siehe Kap. 5.7.1) oder den Fischotter sind die Auen nicht nur Lebensräume, sondern bieten optimale Bedingungen für eine Ausbreitung bei ihrer gegenwärtigen Arealerweiterung (z. B. entlang der Elbe). Für Schmetterlinge und Käfer (z. B. wasser-, ufer- oder holzbewohnende Arten) stellen die Auen-Ökosystemkomplexe Habitate von überragender Bedeutung dar.

Eingriffe in einen der Lebensräume der Auen können sich gravierend auf dieses Gefüge und seine Wechselbeziehungen auswirken, sowohl das Verbundsystem zerstören als auch die Funktionen der einzelnen Ökosysteme mindern. Für Tierarten (z. B. zahlreiche Amphibien und Vögel, Biber) mit mehreren Habitaten oder Habitatwechsel (Nahrungs-, Wohn- bzw. Bruthabitat) werden die Lebensgrundlagen eingeschränkt oder entzogen.

*Tab. 43: Brutvogeldichten und Artenzahlen der Vögel in verschiedenen Wald- und Forstökosystemen der Badischen Rheinaue und des Schwarzwaldes (aus Späth 1992)*

| Wald-/Forstökosystem | Siedlungsdichte/10 ha | Artendichte/10 ha |
|---|---|---|
| **Badische Rheinaue** | | |
| Silberweiden-Auenwald | 118 | 35 |
| Hartholz-Auenwald | 170 | 41 |
| Hainbuchen-Eichenwald | 115 | 32 |
| Pappel-Forst | 63 | 25 |
| **Schwarzwald** | | |
| Niederwald | 61 | 27 |
| Buchen-Tannenwald | 75 | 26 |
| Tannenwald mit Kiefer | 116 | 23 |
| Fichtenwald | 75 | 19 |
| Roteichen-Forst | 27 | 17 |
| Douglasien-Forst | 29 | 19 |

Die natürliche Veränderungsdynamik, der Auenlandschaften ständig durch das fließende Wasser und von ihm ausgelöste Prozesse unterliegen, wurde mit zunehmender Besiedlung und Landnutzung durch den Menschen überprägt oder völlig unterbunden. Die vielseitige Nutzbarkeit des Wassers und die nährstoffreichen Böden ließen die Auen bereits frühzeitig zu „Lebensadern" der Landschaft, von der die menschliche Gesellschaft Besitz ergriff, werden. Hier vollzog sich zuerst die Umwandlung von der Natur- zur Kulturlandschaft. Bereits im vorindustriellen Zeitalter wurden die Auenwälder zur Gewinnung von landwirtschaftlichen Nutzflächen zurückgedrängt (Abb. 62).

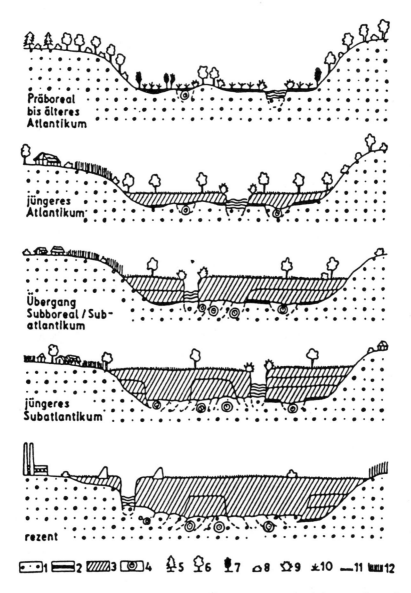

**Präboreal
bis älteres
Atlantikum**

**jüngeres
Atlantikum**

**Übergang
Subboreal / Sub-
atlantikum**

**jüngeres
Subatlantikum**

**rezent**

Abb. 62: *Die nacheiszeitliche Talentwicklung im Unterlauf der Weißen Elster (Hiller, Litt u. Eissmann 1991, aus Müller u. Zäumer 1992). 1 Kiese und Sande, 2 Moor (Torf), 3 Auenlehm, 4 Baumstämme (meist „Mooreichen"), 5 Kiefern, 6 Eichen und andere Laubbäume, 7 Erlen, 8 Sträucher, 9 Weiden, 10 Naßwiese, 11 Frischwiese, 12 Getreidefeld*

Erfolgte nach den Rodungen eine extensive Grünlandnutzung, ging diese zwar ebenfalls zu Lasten der Auenwälder, aber „Ersatzökosysteme" wie die Auenwiesen trugen zur Bereicherung der landschaftlichen und biologischen Vielfalt bei. Es entstanden Ökosystem(komplex)e mit überdurchschnittlicher Artenmannigfaltigkeit, aber auch eindrucksvolle Landschaftsbilder, denen besonderer Reiz durch das Mosaik Wasser-Wald/Baumgruppe/Solitärbaum-Wiese verliehen wird. Nicht selten war dies Anlaß, in Bach- und Flußauen Parks anzulegen und sie unter bewußter Einbeziehung der Elemente der Auenlandschaft zu gestalten. Herausragende Beispiele solcher Parkschöpfungen finden sich in der „Dessau-Wörlitzer-Kulturlandschaft" an der Mittelelbe.

Wurden ursprünglich durch den Menschen bestimmte Auenwälder (Hartholz-Auenwälder auf Auenlehmböden am Mittel- und Unterlauf der Flüsse) gefördert oder das Areal der Auenwälder zwar reduziert, dabei die Diversität der Auenlandschaft aber erhöht, so gewannen in den zurückliegenden Jahrhunderten negative Einflüsse die Oberhand. Eingriffe in die Fließgewässer und ihre Auen haben nicht nur dazu geführt, daß die Auenwälder auf galerie- oder inselartige Restbestände im Bereich der Fließgewässer zurückgedrängt wurden, oft sind sie stark abgewandelt, nur noch fragmentarisch entwickelt oder überhaupt in ihrer Existenz bedroht.

Wesentliche Ursachen (außer direkter Vernichtung von Auenwäldern durch Rodung oder Umwandlung in Pappelforsten) waren und sind es teilweise noch:
-   Regulierung der Wasserläufe durch Begradigung und Kanalisierung,
-   Uferverbau bzw. -ausbau,
-   Ausleitung von Wasser (Trinkwasser- und Energiegewinnung, Bewässerung),
-   Bau von Staustufen,
-   Einleitung von Abwasser und anderweitige Erhöhung der Schad- und Nährstofffracht.

Im Ergebnis wasserbaulicher Maßnahmen wurde die für die Fortexistenz der Auenwälder wesentliche Hochwasser- und Geschiebedynamik verändert oder unterbunden. Fehlende oder eingeschränkte Überflutung und Sedimentation sowie Senkung des Grundwasserspiegels führen zu veränderten Ökosystemstrukturen und -funktionen, wobei der Charakter als Auenwald verlorengeht.

Die Auenwälder, insbesondere die letzten erhaltenen Weich- und Hartholz-Auenwälder der Fluß- und Stromauen, gehören zu den besonders gefährdeten Ökosystemen in Mitteleuropa. Sie sind in hohem Maße schutzwürdig und -bedürftig. Sie sind als spezifische Waldökosysteme und als Element der multifunktionalen Auenlandschaft unverzichtbare Bestandteile der heutigen Kulturlandschaft, sei es aus Sicht ihrer landschafts- oder biöokologischen, landeskulturellen oder -pflegerischen, natur- oder kulturhistorischen Bedeutung. Schon Roßmäßler (1863, zit. bei Müller u. Zäumer 1992) pries die Auenwälder als „zu den schönsten Laubwäldern" gehörend und Leipzig ob seiner glücklichen Lage, da es „aus seinem westlichen Tor unmittelbar in einen der schönsten Auwälder Deutschlands eintritt".

Heute gilt es, die noch erhaltenen naturnahen Auenlandschaften mit ihren Auenwaldresten zu erhalten und, soweit möglich, Prozesse einzuleiten, die zur Regeneration auenwaldartiger Ökosysteme führen. Besondere Aufmerksamkeit muß den Flußläufen, die noch ein hohes Potential auentypischer Lebensräume und Lebensgemeinschaften aufweisen, gewidmet werden, um sie vor weiteren Eingriffen zu bewahren. Unter den deutschen Strömen betrifft dies vor allem Elbe und Oder.

Die bereits erfolgte oder geplante Festsetzung zahlreicher Schutzgebiete entlang von Fließgewässern, so auch großräumiger Biosphärenreservate (z. B. BR Mittlere Elbe) – in Anbetracht der Erhaltung, Pflege und Entwicklung eines Komplexes natur- und kulturbetonter Ökosysteme hierfür eine optimale Schutzgebietskategorie (Kap. 7.2.5) – oder Nationalparke (z. B. NLP Untere Oder), stellt dazu eine Voraussetzung, aber noch keine Garantie dar. Die Notwendigkeit einer nachhaltigen Sicherung der ökologischen Funktionsfähigkeit der Fließgewässer und ihrer Auen als Gesamtsystem muß allseitige Akzeptanz finden, damit Nutzung des Naturgutes Wasser und Schutz unersetzbarer Ökosysteme und Populationen dauerhaft gewährleistet werden können.

### 5.7.1 Weichholz- oder Weiden-Auenwälder

Zu den Weiden-Ufergehölzen *(Salicetea purpureae)*, die als Pionier- oder Folgegesellschaften angeschwemmte Schotter, Kiese, Sande und Lehme periodisch oder episodisch überfluteter Bereiche der Bach- und Flußauen besiedeln, gehören neben Auengebüschen auch Auenwälder, die sogenannten Weichholz-Auenwälder *(Salicion albae* p. p., *Salicion eleagni* p. p.). Ihre Struktur und Dynamik weichen grundsätzlich von der anderer gehölzbestockter Ökosysteme auf Naßböden ab. Die Bodenvegetation wird zumeist von Arten der Röhrichte sowie nitrophiler Ufer- und Saumfluren gebildet.

Ein typischer Weichholz-Auenwald ist der
- **Silberweiden-Auenwald** oder **Pappel-Weiden-Auenwald** *(Salicetum albae)* im Überflutungsbereich der Flüsse und Ströme vom Tiefland bis in das untere Bergland, dessen Vorwaldstadium, ein besonders überflutungsresistentes **Mandelweiden-Auengebüsch** *(Salicetum triandrae),* ihm noch als Mantel gegen den Fluß hin vorgelagert sein kann.

Weitere, auch waldartige Ausbildungen aufweisende, Gesellschaften sind:
- **Lavendelweiden-Auengebüsch und -wald** *(Salicetum eleagni)* auf basenreichen, kiesigen und grobsandigen Sedimenten der Bach- und Flußauen der Alpen und ihres Vorlandes,

- **Bruchweiden-Auengebüsch und -wald** *(Salicetum fragilis)* auf kalkarmen, mesotrophen Kies- und Schotterböden an Fließgewässern des Hügel- und Berglandes.

Baumweiden, wie die Silber-Weide (Salix alba), Bruch-Weide (Salix fragilis) und deren Bastard (Salix x rubens), Strauchweiden, wie die Purpur-, Mandel- und Korb-Weide (Salix purpurea, S. triandra, S. viminalis), sowie die Schwarz-Pappel (Populus nigra) sind an die spezifischen Standortsbedingungen in vielfältiger Weise angepaßt. Sie

- ertragen Überflutung und Überschotterung bzw. -sandung,
- produzieren gewaltige Mengen von Samen, die von Wind und Wasser verbreitet werden und nach Rückzug des Hochwassers auf den Rohböden sofort keimen,
- besitzen eine außerordentliche Flexibilität, so das Vermögen zur traumatischen und adaptiven Regeneration oder Reiteration im Sproß- und Wurzelsystem, selbst abgerissene Äste bilden nach sproßbürtiger Bewurzelung wieder Individuen.

Diese Eigenschaften verleihen den Weiden-Auengehölzen ganz wesentliche Fähigkeiten, die von anderen Pflanzengesellschaften kaum übernommen werden können, z. B.

- Schutz der sich landwärts anschließenden Ökosysteme gegen Schäden durch stark strömendes Wasser, vom Wasser mitgeführtes Geröll, Treibeis, Treibsel etc.,
- Festlegung angeschwemmter Sedimente (von Schotter-, Kies- oder Sand-Auenrohböden der Gebirgsbäche und Flußoberläufe bis zu Sand-, Schluff- und Tonböden im Mittel- und Unterlauf),

wodurch sie für den Uferschutz und die Uferbefestigung große Bedeutung erlangen.

Der Mensch hat sich verschiedene Eigenschaften der Weiden-Arten dieser Ökosysteme zunutze gemacht, so die Biegsamkeit der Sproßachsen (Korbflechterei), die leichte vegetative Vermehrbarkeit (Steckholzgewinnung, Setzstangen) oder die Eignung für ingenieurbiologische Bauweisen (vgl. Hdb. Bd. 5, Kap. 9).

Weiden-Auengebüsche und -wälder unterliegen in naturnahen Auen einer starken Dynamik, Standorte gehen verloren und entstehen neu. Der Wegfall von Überflutungen sowie der Abtragungs- und Akkumulationsprozesse schränkt ihre Lebensräume stark ein, oft sind sie nur fragmentarisch entwickelt.

Damit gehen wertvolle Habitate für zahlreiche Tierarten (Beispiele gefährdeter und geschützter Arten in Tab. 44), denen künstliche Pappel-Bestände in den Auen keinen Ersatz bieten, verloren. So liegen Artenzahlen und Siedlungsdichten von Vogelarten (Tab. 43) oder Individuen- und Artenzahlen von Nachtschmetterlingen in der Weichholz-Aue (Badische Rheinaue) weit über denen in Pappelforsten (Späth 1992). Die vor wenigen Jahrzehnten am Rand des Aussterbens befindliche Population des Elbe-Bibers überlebte in der Auenlandschaft der Mittleren Elbe. Die hier noch erhaltene Überflutungsaue mit ihrem Habitatangebot war eine grundlegende Voraussetzung dafür, daß sich ein Populations- und Reproduktionszentrum entwickeln konnte, von dem aus der Biber sich inzwischen wieder ausgebreitet hat (Heidecke 1984). Weiden und Pappeln der Weichholz-Aue sind attraktive Nahrungspflanzen für den Biber, dessen Benagen, Fällen oder Rändeln der Stämme für diese Gehölzarten weniger schädigend ist als für andere, die ein geringeres Regenerationsvermögen besitzen. Ihre Pflanzung kann zur Habitatverbesserung beitragen (Kap. 7.5.4.1) und zugleich andere Baumarten schonen.

Zu den gefährdeten Pflanzenarten der Weichholz-Auen, die Aufnahme in die „Roten Listen" fanden, gehören die Reif-Weide (Salix daphnoides), unter anderem in den Lavendelweiden-Auengebüschen des Alpenraumes vorkommend, und die Schwarz-Pappel (Populus nigra). Die heimische Schwarz-Pappel hat nicht nur Arealeinbußen als Folge der Regression der Weichholz-Auenwälder und des Verlustes potentieller Standorte erlitten. Die Populationen wurden durch die häufig gepflanzten, eingebürgerten und sich ausbreitenden Sorten der „Euroamerikanischen Schwarzpappel-Hybriden" (Populus x canadensis) verdrängt und genetisch beeinflußt (Schmidt 1990). Erhaltungsmaßnahmen „in situ" und „ex situ" zur Rettung wertvollen autochthonen genetischen Materials sind dringend geboten (Kap. 7.2.4).

*Tab. 44: Kennzeichnende Tierarten von Auenwäldern der Mittleren Elbe (aus Arbeitskreis Forstliche Landespflege 1994)*

|  | Weichholz-Auenwälder, Weiden-Auengebüsche | Hartholz-Auenwälder, Alteichen-Bestände |
|---|---|---|
| Insekten | Schmetterlinge: Kleiner Schillerfalter, Großer Eisvogel | Käfer: Eichenbock, Hirschkäfer, Eremit |
| Vögel | Beutelmeise, Schlagschwirl, Nachtigall, Pirol, Kleinspecht | Schwarzstorch, See- u. Schreiadler, Schwarzer Milan, Pirol, Mittelspecht, Kleinspecht, Grauspecht |
| Fledermäuse |  | Wasserfledermaus, Große u. Kleine Bartfledermaus, Mopsfledermaus, Fransenfledermaus, Zweifarbfledermaus |

## 5.7.2 Erlen-Eschen-Auen-, -Quell- und -Niederungswälder

Die durch Grau-Erle (Alnus incana), Schwarz-Erle (Alnus glutinosa) und/oder Esche (Fraxinus excelsior) in der Baumschicht charakterisierten, oft nur noch galerieartig oder sehr kleinflächig ausgebildeten Erlen-Eschen-Wälder *(Alnenion glutinosae-incanae)* stocken entlang von Fließgewässern, in zeitweilig überschwemmten Bach- und Flußauen, in Talsenken und Niederungen mit Grundwasseranschluß oder an sickernassen Hängen, überwiegend auf nährstoffreichen Gleyböden.

Durch Rodung und Umwandlung zu Wiesen wurden die Erlen-Eschen-Auenwälder bereits in der mittelalterlichen Phase des komplexen Landausbaues weitgehend auf schmale, die Fließgewässer begleitende Galeriewälder zurückgedrängt. Nicht selten bestehen diese „Wälder" nur noch aus den Bach säumenden Erlen- oder Eschenreihen, eingerahmt von Feuchtwiesen oder Weiden. Selbst diese wurden in der hochindustriellen Phase der Landschaftsentwicklung im Interesse der Intensivierung landwirtschaftlicher Produktion (Flurbereinigung in der ehemaligen Bundesrepublik, Flurneugestaltung in der DDR) vielerorts vernichtet, als die Bäche kanalisiert und technisch ausgebaut oder verrohrt wurden.

Beurteilt man die Erlen-Eschen-Auenwälder nach den gesellschaftlich relevanten Wirkungen, die Niemann u. Reifert (in Busch et al. 1989) von der Vegetation an Fließgewässern fordern, dann sind sie in besonderem Maße geeignet, diese landschaftsökologischen (vor allem wasserbaulich-wasserwirtschaftlichen) und landeskulturellen bzw. landespflegerischen Funktionen zu erfüllen:
- Ufer- und Sohlenstabilisierung, Erosionsschutz,
- Einstrahlungsminderung (Verminderung der Wassertemperatur und Sohlenverkrautung),
- Abflußhemmung bzw. Grundwasseraufstau,
- Sauerstoffproduktion und zeitweilige Festlegung von Stickstoff- und Phosphorverbindungen,
- Lebensraum für Pflanzen und Tiere,
- ästhetische Wirkungen,
- Windbremsung,
- Holzproduktion.

Die Erlen besitzen ein intensives und tiefgehendes Wurzelsystem, mit dem sie sowohl die Gewässersohle als auch das Ufer stabilisieren. Die uferschützende Wirkung wird durch Wurzelsprosse (Grau-Erle) und Stockausschläge (Schwarz-Erle oft niederwaldartig bewirtschaftet) unterstützt. Mit zunehmender Breite des Gehölzbestandes und reich entwickelter Strauch- und Krautschicht erhöht sich auch die Wirksamkeit der Rückhaltung von Stoffeinträgen aus den benachbarten Grünland- oder Ackerflächen, wodurch die Gefahr einer

Gewässerverschmutzung (durch Eutrophierung, Vergiftung etc.) gemindert wird.

Die naturnahen (Reste der) Erlen-Eschen-Wälder besitzen damit einen ausgesprochenen Schutzwaldcharakter. Ihrer Erhaltung und Pflege, aber auch der Neuanlage solcher Ufer-Schutzwälder, ist ein umfangreiches Schrifttum gewidmet (z. B. Niemann 1974, Krause 1976, Haupt in Wegener 1991), für ihre Behandlung schieden Haupt et al. (1982) Aufbauphasen aus und entwickelten Pflegezyklen. In Siedlungsnähe säumen die Bäche anstelle von Erlen oder Eschen oft Kopfweiden. Ihre Erhaltung ist durchaus wünschenswert, nicht nur aus kulturhistorischer oder ästhetischer Sicht, sondern auch als Habitate für zahlreiche Organismenarten (z. B. höhlenbrütende Vogelarten, Insekten, Pilze). Dagegen stellen Reihenpflanzungen von Pappel-Hybridsorten kaum einen adäquaten Ersatz dar.

Die vertikal meist reich gegliederten, eine vielfältige Strauch- und Krautschicht (darunter zahlreiche Arten der Naß- und Feuchtwiesen sowie Hochstaudenfluren) aufweisenden Erlen-Eschen-Auenwälder kommen von der planaren bis in die hochmontane Stufe, sowohl im subozeanischen als auch im mehr subkontinentalen Mitteleuropa, vor, woraus sich vielfältige Abwandlungen dieser typisch azonalen Wälder ergeben.

Allen naturnah erhaltenen Beständen gemeinsam sind Gefährdungsgrad und Schutzwürdigkeit. So fehlen die entsprechenden Waldgesellschaften keiner der bisher publizierten „Roten Listen" von Ökosystemtypen (z. B. Drachenfels 1986) oder Pflanzengesellschaften (z. B. Knapp et al. 1985, Walentowski et al. 1990). Sie gehören uneingeschränkt in eine Prioritätenliste landschafts- und bioökologisch besonders wertvoller Geobiozönosen. Dem wird durch den naturschutzrechtlichen „Schutz bestimmter Biotope" Rechnung getragen (Kap. 7.2.4.2).

Im Rahmen der vielfach praktizierten Renaturierung von Fließgewässern sollte eine Wiederherstellung standortgemäßer Auenwälder fester Bestandteil sein, wobei für Ufer-Dauerbestockungen von mehreren Autoren (z. B. in Thomasius 1978, Wegener 1991) Zieltypen formuliert wurden. Solche Bestandes-Zieltypen müssen sich an der jeweiligen Waldgesellschaft der potentiellen natürlichen Vegetation orientieren. Beispiele dafür sind:
- **Grauerlen-Auenwald** *(Alnetum incanae)* auf kalkreichen Auenrohböden der Alpen und des Alpenvorlandes,
- **Hainmieren-Schwarzerlen-Bachwald** *(Stellario-Alnetum)* an Bachufern oder im Schwemmbereich schnellfließender Bäche in der submontanen bis montanen Stufe der Silikatgebirge,
- **Traubenkirschen-Erlen-Eschenwald** *(Pruno-Fraxinetum)* in Bach- und Flußauen, nassen Senken und Niederungen mit langsam sickerndem, hoch-

anstehendem Grundwasser, wobei der Verbreitungsschwerpunkt im mitteleuropäischen Flachland liegt,

- **Johannisbeeren-Erlen-Eschenwald** *(Ribeso sylvestris-Fraxinetum)*, ein hochstaudenreicher Bachauen- und Quellwald auf meist kalkreichen Lehmböden im subatlantischen Flach- und Hügelland,
- **Winkelseggen-(Erlen-)Eschen-Bach- und -Quellwald** *(Carici remotae-Fraxinetum)* auf schmalen Sohlen von Bachtälern, an wasserzügigen Hängen oder in quelligen Mulden von der kollinen bis in die hochmontane Stufe.

## 5.7.3 Hartholz- oder Eichen-Ulmen-Auenwälder

Der Nährstoffreichtum der Auenlehmböden (Bodentyp Vega) und ein spezifischer Bodenwasserhaushalt (episodische Überschwemmungen, Grundwasseranschluß, aber auch zeitweiliges Trockenfallen) ließen in größeren Flußauen und in Stromauen Hartholz-Auenwälder *(Ulmenion)*, die sich durch besonderen Struktur- und Artenreichtum, hohe Vitalität und Produktivität auszeichnen, entstehen. Dominanz hygrischer und edaphischer Umweltfaktoren bedingt die Ausbildung vergleichbarer, wenn auch regional und standörtlich durchaus differenzierter, Waldbestände, so daß für die „Hartholz-Auen" der kollinen bis planaren Stufe in Mitteleuropa im wesentlichen eine Waldgesellschaft ausgeschieden wird, der

- **Eichen-Ulmen- oder Eschen-Ulmen-Auenwald** *(Querco-Ulmetum)*.

Dieser mannigfaltige Stieleichen-Edellaubbaumwald weist eine stark gegliederte Raumstruktur und eine hohe Dynamik auf. Die ökosystemeigenen Strukturen und Prozesse sowie die Integration in den auentypischen Ökosystemkomplex (siehe Kap. 5.7) bilden die Voraussetzung dafür, daß sich Biozönosen mit überdurchschnittlicher Artenmannigfaltigkeit entwickeln können. Die Biodiversität der Hartholz-Auenwälder wird von kaum einer anderen Waldgesellschaft Deutschlands erreicht.

Die aspektreiche Phytozönose ist durch artenreiche und meist üppig wachsende Baum-, Strauch- und Krautschichten charakterisiert. Im Hartholz-Auenwald finden sich die letzten Vorkommen der in Deutschland vom Aussterben bedrohten Wilden Weinrebe (Vitis vinifera subsp. sylvestris, nördliche Oberrheinebene) und besonders geschützte Pflanzenarten wie der Zweiblättrige Blaustern (Scilla bifolia). Noch nicht als gefährdet zu bezeichnen, aber in starkem Rückgang befindlich, sind die Ulmen, insbesondere die Feld-Ulme (Ulmus minor) als Charakterbaum des Hartholz- bzw. Eichen-Ulmen-Auenwaldes. Das Ulmensterben („Holländische Ulmenkrankheit") wird durch einen Pilz (Ceratocystis ulmi), der die Wasserversorgung der oberirdischen Organe unterbindet (Blattwelke, Absterben von Kronenteilen oder des gesamten Baumes durch Wassermangel), verursacht. Die Pilzsporen werden durch Ulmensplintkäfer (Scolytus spec.) verbreitet, wodurch es ständig zu neuen Pilzinfektionen kommt. Der Ausfall der Ulmen (ebenso wie das gegenwärtige Eichensterben, siehe Kap. 5.2) führt zu Strukturveränderungen, auch zu Artenverlusten (z. B. Tagfalter, Blab u. Kudrna 1982), dieser Wälder, ist jedoch keineswegs die entscheidende Ursache für eine Gefährdung dieser Waldgesellschaft.

Die Fauna der Hartholz-Auenwälder ist ebenfalls durch ungewöhnlichen Artenreichtum ausgezeichnet (einige Beispiele für typische Arten an der Mittleren Elbe vgl. Tab. 44). So weisen sie im Vergleich zu anderen Wäldern der Badischen Rheinebene und des Schwarzwaldes die höchsten Siedlungsdichten und Artenzahlen von Vögeln auf (Tab. 43). Für bestimmte Tierarten schaffen die auentypischen Besonderheiten (Wechsel von Überflutung und Trockenfallen) oder die Vielfalt an Mikrohabitaten einmalige Lebensbedingungen. Der hohe Anteil an absterbenden Bäumen bzw. von Totholz, das unter anderem als Folge von Überschwemmungsereignissen oder des Ulmensterbens immer wieder entsteht und damit auch in unterschiedlichem Zersetzungsgrad vorliegt, ist für das Vorkommen zahlreicher Xylobionten ausschlaggebend. So stellen die Hartholz-Auenwälder oder Alteichen als deren Relikte Refugien für Bockkäfer dar, darunter eine große Zahl seltener und gefährdeter Arten der Roten Listen. Der Rückgang dieser Auen-Lebensräume bedeutet unwiederbringliche Verluste in der heimischen Fauna. Pappel-Forsten, die an solchen Standorten oft angelegt wurden, bieten keinen Ersatz, im Gegenteil, für bestimmte Schmetterlinge (Tagfalter) gilt der Anbau von Hybrid-Pappeln als einer der Schadeinflüsse, die zu ihrer Gefährdung führen (Blab u. Kudrna 1982).

Werden und Vergehen der Hartholz-Auenwälder in Mitteleuropa stehen in engem Zusammenhang mit der Landnutzungsgeschichte und dem Landschaftswandel. Mit Beginn der neolithischen Landnahme in der siedlungsgünstigen Eichenmischwaldzeit (Atlantikum) wurden durch Waldrodungen und Ackerbau Voraussetzungen für eine verstärkte Bodenerosion geschaffen. Die Fließgewässer transportierten neben Geröll, Kies und Sand vermehrt schluff- und tonreiche Fraktionen, die sich im Mittel- und Unterlauf der Flüsse ablagerten. Es bildeten sich mächtige Auenlehmablagerungen (Abb. 62) und damit auenspezifische Wälder, die Eichen-Ulmen-Wälder. In späteren Siedlungsperioden wurden diese wieder gerodet, um die nährstoffreichen Böden landwirtschaftlich zu nutzen oder Siedlungsgebiete anzulegen. Schließlich wurden die Existenzbedingungen durch Flußregulierungen und andere Maßnahmen (siehe Kap. 5.7) eingeschränkt.

Heute gehören die Hartholz-Auenwälder zu den gefährdeten Waldgesellschaften. Artenreiche und hochproduktive Ökosysteme, die im wesentlichen menschlicher Tätigkeit ihre Entstehung und Förderung verdanken, werden durch den

Menschen wieder vernichtet. Die Mißachtung ihrer landschaftsökologischen Bedeutung äußert sich in Hochwasserkatastrophen.

Hartholz-Auenwälder sind nicht nur an die Überflutungs- und Geschiebedynamik von Fließgewässern angepaßt, sondern tragen wesentlich zur Bannung der Hochwassergefahr bei.

Bleiben Hochwasser und Stofffrachten aus und senkt sich der Grundwasserspiegel, setzen Sukzessionen ein, die diese Ökosystseme und ihre Artenvielfalt gefährden. Die außerdeichs gelegenen Hartholz-Auenwälder lassen – trotz Wasserüberstau (Qualmwasserzonen) – bereits Entwicklungen zu Hainbuchen-Stieleichenwäldern erkennen, wobei ökosystemtypische Pflanzen- und Tierarten verlorengehen. Innerdeichs sind die erhaltenen Auenwälder nicht nur durch ein verändertes Wasserregime gefährdet, sondern auch durch Wasserverschmutzung.

## 5.8 Bruch- und Moorwälder

Hierunter werden die Wälder, die (überwiegend) auf organischen Naßstandorten (Mooren) stocken, zusammengefaßt:
- **Erlen-Bruchwälder** *(Alnion glutinosae)* auf meso- bis eutrophen Naßböden (Reichmoore),
- **Birken-, Kiefern- und Fichten-Moorwälder** *(Piceo-Vaccinienion uliginosi)* auf sauren, oligotrophen Naßböden (Armmoore).

Hoch anstehendes Grundwasser bzw. zeitweiser Wasserüberstau (verbunden mit Sauerstoffmangel) und Torfböden sind den noch waldfähigen semiterrestrischen Geotopen dieser azonalen, in ihrem Artengefüge völlig andersartigen Waldgesellschaften gemeinsam. Da es sich bereits um Waldgrenzbedingungen handelt, ist der Übergang von Wald- zu Gebüsch- und offenen Moorökosystemen fließend. Es bildet sich ein Mosaik von Geobiozönosen heraus, das in der Vergangenheit durch extensive Landnutzung (z. B. Streuwiesen, Feuchtheiden, kleine Torfstiche) noch gefördert, in der intensiv genutzten Kulturlandschaft des industriellen Zeitalters jedoch zerstört bzw. nivelliert wurde.

Zunehmende Bewaldung der Moore kann eine Folge natürlich induzierter Änderungen von Ökofaktoren (z. B. klimatisch bedingte Trockenphasen) oder anthropogener Grundwasserabsenkung sein. Die Entwässerung der Moore hatte in der Regel Torfgewinnung oder landwirtschaftliche Nutzung zum Ziel, seltener eine Erhöhung des Waldanteils, im Gegenteil, es wurden Bruch- und Moorwälder zugunsten andersartiger Nutzungen gerodet. In den Wäldern selbst fanden ebenfalls Hydromeliorationen statt, um sie besser forstlich bewirtschaften zu können.

Die Grundwasserabsenkung beschränkte sich nicht auf die durch direkte Eingriffe ab- oder umgewandelten Ökosysteme, sondern beeinträchtigte ebenso die verbliebenen naturnahen Bereiche der Moore. Veränderter Wasserhaushalt, Stillstand des Moorwachstums, Torfmineralisierung und Vererdung führen dazu, daß

- die bisher waldfreien Moorökosysteme destrukturierenden Sukzessionen unterliegen, in deren Ergebnis es unter anderem zur Gehölzeinwanderung und Bewaldung kommen kann,
- die Bruch- und Moorwälder ihre ökosystemtypischen Strukturen und Funktionen verlieren und sich, je nach Geotop, zu Laubmischwäldern (z. B. Erlen-Eschenwald, Buchen- oder Birken-Stieleichenwald) oder Nadelwäldern entwickeln (Beispiele siehe Succow in Kopp et al. 1982, Succow u. Jeschke 1986).

Alle naturnahen Moorökosysteme, so auch die Bruch- und Moorwälder, gehören zu den hochgradig bedrohten Ökosystemen. Damit ist auch die Erfüllung ihrer landschaftsökologischen und landeskulturellen Funktionen, die von keinem anderen Ökosystem wahrgenommen werden können, gefährdet. Zu den Eigenschaften, die ihre ausgesprochene Sonderstellung kennzeichnen, gehören:

- die Rückhaltung von Wasser aus dem natürlichen Wasserkreislauf, womit sie Wasserspeicher darstellen, die aber bei Wasserüberschuß wieder Wasser in den Kreislauf einspeisen, dabei durch Rückhaltung von Verunreinigungen als Filter wirkend,
- die positive Stoffbilanz durch die Torfbildung, einer Akkumulation organischer Substanz, die dem Kohlenstoffkreislauf entzogen wird, wodurch sie Kohlendioxid festlegen und Kohlenstoffvorräte darstellen,
- eine eigenartige und einzigartige Organismenwelt.

Wenn auch die Artendiversität der Bruch- und Moorwälder nicht an die anderer artenreicher Waldgesellschaften heranreicht, so ist der Anteil seltener und gefährdeter Pflanzen- und Tierarten am Gesamtartenbestand dieser Wälder hoch, insbesondere bei den Moorwäldern oligotropher Standorte.


## 5.8.1 Erlen-Bruchwälder

Die Erlen- und Moorbirken-Erlen-Bruchwälder *(Alnion glutinosae)*, deren Baumschicht meist nur von Schwarz-Erle (Alnus glutinosa) oder von Schwarz-Erle und Moor-Birke (Betula pubescens) gebildet wird, stocken auf meso- bis eutrophen, meist organischen Naßböden (Reichmoor-Torfe) im Uferbereich von Stillgewässern sowie in Talauen, Mulden oder Senken mit ständig hochanstehendem, auch zeitweise (seltener ganzjährig) austretendem, stagnierendem oder langsam sickerndem Grundwasser.

In Abhängigkeit von der Höhe des Grundwasserstandes, der Trophie und der Höhenlage (planar bis montan) wandeln sich Arten- und Raumstruktur dieser Waldökosysteme, die aber im wesentlichen dem
- zentraleuropäischen **Walzenseggen-Erlen-Bruchwald** *(Carici elongatae-Alnetum)* oder
- (sub)atlantischen **Moorseggen-Erlen-Bruchwald** *(Sphagno-Alnetum)*

zugeordnet werden können.

Außergewöhnliche Bodennässe (zeitweise, seltener ganzjährig, flurgleich oder über Flur, darunter wohl nasseste waldfähige Geotope in Mitteleuropa) bei Sauerstoffarmut und Basenreichtum des Wassers sowie Nährstoffreichtum (Torfmineralisierung bei Luftzutritt im Oberboden, dazu Luftstickstoffbindung durch Actinomycetes in den Wurzelknöllchen der Erle) sind selektierende Ökofaktoren, die nur wenigen Gehölzarten und kaum Waldbodenpflanzen, wie sie in sonstigen Laubwäldern vorkommen, Existenzmöglichkeiten bieten. Es handelt sich im Vergleich zu Erlen-Auenwäldern auf mineralischen Überflutungsstandorten, in denen Schwarz-Erlen ebenfalls die Baumschicht beherrschen können (5.7.1), um grundsätzlich andere Waldökosysteme (zu den Unterschieden siehe Ellenberg 1982), wenn im Auenbereich auch Übergänge zu Bruchwäldern nicht ausgeschlossen sind (z. B. Traubenkirschen-Erlen-Eschenwald).

Die Raumstruktur der Bruchwälder ist gewöhnlich reich ausgeprägt, wodurch auch die in der Vergangenheit übliche, teilweise noch bis heute andauernde, niederwaldartige Bewirtschaftung beitrug. Die die Baumschicht beherrschenden Schwarz-Erlen (als Mischbaumarten auch Moor-Birken oder Flatter-Ulmen) stehen häufig auf von Seggen gebildeten Bulten, dazwischen befinden sich, zumindest zeitweise (gelegentlich sogar ständig, z. B. im **Wasserfeder-Erlen-Sumpfwald**), nasse Senken mit Sumpfpflanzen, bei langzeitiger Überstauung sogar Wasserpflanzen. Der Stammansatz der Bäume (mit Moos-Synusien), die Bülten und das Wasser stellen als Mikrohabitate Nischen für Pflanzen- und Tierarten dar und erhöhen damit die Biodiversität der durch eine artenarme Baum- und Strauchschicht (Tab. 33) gekennzeichneten Ökosysteme.

Die Erlen-Bruchwälder stehen in engem Kontakt zu **Grauweiden-Gebüschen** *(Salicion cinereae)*, die Gebüschmäntel bilden oder Sukzessionsstadien darstellen, wobei sie bereits als waldartige Formationen (z. B. **Lorbeerweiden- oder Ohrweiden-Birkenbruch**) auftreten können. Mit diesen sowie benachbarten gehölzfreien Ökosystemen auf den Reichmoorböden wie Röhrichten, Großseggenriedern und Naßwiesen haben sie zahlreiche Pflanzen- und Tierarten gemeinsam, so daß sie bei Umwandlung letzterer durch Intensivierung der Landnutzung nicht selten als Refugien oder Rückzugsgebiete gefährdeter Arten dienten. Ihre Habitat- bzw. Artenschutzfunktion erfuhr aber zunehmend Einschränkungen, da die Bruchwälder selbst ökosystemdestrukturierenden Prozessen durch die Veränderungen des Wasserhaushaltes unterlagen.

Bodenaustrocknung nach anthropogener oder durch Niederschlagsdefizite bedingter Grundwasserabsenkung führt zur verbesserten Sauerstoffversorgung der Torfböden, damit zu ihrer erhöhten Mineralisierung bzw. im Wurzelraum der Erlen zu gesteigerter Aktivität der Actinomycetes. Als Folge der Stickstoffanreicherung entfaltet sich eine üppige Bodenvegetation mit zahlreichen Nitrophyten (**Brennessel-Erlenwald**), und die für den Bruchwald typischen Arten werden verdrängt. Zugleich gehen Habitatstrukturen und Nahrungslizenzen für Tierarten verloren.

Erlen-Bruchwälder gehören zu den gefährdeten Waldökosystemen. Charakterarten wie Kammfarn (Dryopteris cristata) oder Königsfarn (Osmunda regalis), die ohnehin in Deutschland nur zerstreut vorkommen, genießen zwar besonderen gesetzlichen Schutz (Bundesartenschutzverordnung), sind aber durch die Standortsveränderungen bedroht und müssen als stark gefährdet eingestuft werden (laut Roter Listen in einigen Bundesländern bereits erloschen oder vom Aussterben bedroht).


### 5.8.2 Birken-, Kiefern- und Fichten-Moorwälder

Ebenfalls auf organischen Naßstandorten stocken lichte Moorwälder *(Piceo-Vaccinienion uliginosi)* aus Birken (Betula pubescens s. l., B. pendula) und/oder Nadelgehölzen (Pinus sylvestris, Pinus mugo agg., Picea abies). Im Gegensatz zu den Erlen-Bruchwäldern handelt es sich bei den Geotopen dieser Moorwald-Ökosysteme ("Hochmoorwälder") jedoch um oligotrophe und saure Torfböden am Rande von oder in (auch teilweise entwässerten) Arm- und Zwischenmooren (seltener saure, anmoorige mineralische Naßböden).

Zum offenen Moor hin werden die Birken, Kiefern und Fichten immer geringwüchsiger und bilden schließlich nur noch stark aufgelichtete und niedrigwüchsige Gehölzbestände, die kaum mehr als Wald anzusprechen sind (**Wollgras-Birken- und Wollgras-Kiefern-Moorgehölze**). Im Gegensatz zu den Erlen-Bruchwäldern, wo derartige Übergangsbereiche zu gehölzfreien Ökosystemen nicht von Erlen, sondern von Straucharten gebildet werden (z. B. Grauweiden-, Ohrweiden- oder Lorbeerweiden-Moorgebüsche), sind es auf oligotroph-sauren Mooren (Arm- bzw. Hochmooren) in der Regel die gleichen Arten, die auch die Baumschicht der Moorwälder bestimmen, also Baumarten, die allerdings bei zunehmender Torfmächtigkeit und Wasserüberschuß immer entfernter voneinander stehen, kleiner werden und nicht selten Krüppelwuchs annehmen (nur in Gebirgsmooren auch strauchige Kiefern-Sippen des Pinus mugo-Komplexes).

In Abhängigkeit von den klimatischen Bedingungen (Ozeanität/Kontinentalität, Höhenstufe) herrschen in der Baumschicht Birken, Kiefern oder Fichten vor, die teilweise auch gemeinsam auftreten können (edaphisch bestimmte Übergänge oder Sukzessionsstadien). Im wesentlichen handelt es sich um korrespondierende Ökosysteme, mannigfach variierend durch anthropogene Einflüsse, aber in der floristischen Struktur weitgehend übereinstimmend – mit Ausnahme der Baumschicht, nach der die folgenden Waldgesellschaften unterschieden werden können:

- **Moorbirken-Moorwald, Rauschbeeren- oder Torfmoos-Birken-Moorwald** *(Vaccinio uliginosi-Betuletum pubescentis)* mit der Moor-Birke (Betula pubescens s. str.) als Hauptbaumart, die in montan-hochmontanen Lagen von der Karpaten-Birke (Betula pubescens subsp. carpatica) ersetzt werden kann **(Rauschbeeren-Karpatenbirken-Moorwald):** als Dauergesellschaft im subatlantischen Bereich außerhalb des natürlichen Areals der Nadelgehölze, sonst meist Sukzessionsstadien oder Übergänge zu Kiefern- und Fichten-Moorwäldern,

- **Rauschbeeren- oder Sumpfporst-Kiefern-Moorwald** *(Vaccinio uliginosi-Pinetum sylvestris):* im Areal der Gemeinen Kiefer (Pinus sylvestris), in Deutschland vor allem im (nord)ostdeutschen Tiefland,

- **Rauschbeeren-Moorkiefern-Moorgehölz und (Fichten-)Spirken-Moorwald** *(Vaccinio uliginosi-Pinetum rotundatae):* von verschiedenen Sippen der Berg-Kiefer (Pinus mugo agg.), meist aber von der Moor-Kiefer (Pinus rotundata), gebildete lichte Moorgehölze bis Moorwälder (mit Spirke und Fichte) am Rande oligotropher Gebirgsmoore, zum offenen Moor hin sich auflockernde latschenförmige Bestände der Moor-Kiefer (**Moorkiefern-Moor,** *Pino rotundatae-Sphagnetum),* im Alpenvorland auch mit der echten Berg- oder Krummholz-Kiefer (Pinus mugo s. str.),

- **Rauschbeeren-Fichten-Moorwald** *(Vaccinio uliginosi-Piceetum):* Fichtenwälder in Randlagen oligotropher Gebirgsmoore, wobei sie in Mittelgebirgen, die außerhalb des Areals des Pinus mugo-Sippenkomplexes liegen (z. B. Thüringer Wald, Harz), sich zum offenen Moor hin auflösen und anstelle der Moorkiefern-Moorgehölze die Übergangszone zu gehölzfreien Moorökosystemen bilden (**Fichten-Moor,** *Sphagnetum piceetosum).*

Die Moorwälder besitzen zwar vertikal und horizontal recht differenzierte Raumstrukturen, die hygrischen und edaphischen Bedingungen des Biotops sind jedoch so extrem, daß die floristische und faunistische Diversität relativ gering ist. Trotz bescheidener Artenvielfalt sind die Moorwälder für den Habitat- und Artenschutz von herausragender Bedeutung, da der Anteil seltener und gefährdeter (laut Roter Listen) sowie besonders geschützter und vom Aussterben bedrohter (laut Bundesartenschutzverordnung) Arten sehr hoch ist. Dies ist leicht erklärlich, bedenkt man die spezifischen Ökofaktoren dieser Lebensräume und ihre Sensibilität gegenüber Umweltveränderungen.

In idealer Weise sind die Torfmoose (zu den besonders geschützten Pflanzenarten gehörend), die Haupttorfbildner der Armmoore (Sphagnum-Torf), an den Standort angepaßt. Die Baumarten sind meist anspruchslose Pioniergehölze, die unter diesen ökologischen Bedingungen noch zu gedeihen vermögen. Charakterarten der Bodenvegetation wie Rausch-, Heidel-, Preisel- und Moosbeere (Vaccinium uliginosum, V. myrtillus, V. vitis-idaea, V. oxycoccus), Heidekraut (Calluna vulgaris), Rosmarinheide (Andromeda polifolia, in Deutschland gefährdete Art), Sumpf-Porst (Ledum palustre, in Deutschland gefährdete und besonders geschützte Art) oder die Krähenbeere (Empetrum nigrum, in Roter Liste mehrerer Bundesländer) sind mykotroph, der Moor-Wachtelweizen (Melampyrum pratense subsp. paludosum) lebt halbparasitisch.

Die Fauna ist ebenfalls relativ artenarm, insbesondere an größeren Tierarten (Kaule 1991). Manche Arten sind ausgesprochen stenök, so benötigen Schmetterlingsraupen des Hochmoorgelblings (Colias palaeno) oder einer Eule (Eugraphe subrosea) die Rauschbeere oder andere der o. g. Zwergsträucher der Familie Ericaceae als Futterpflanzen (beide Schmetterlingsarten besonders geschützt, erstere als vom Aussterben bedrohte Art). Andere Arten besiedeln sich auflösende Moorwälder weniger wegen der Nahrungsgrundlage, sondern wegen ihrer Raumstruktur. So finden Birk- und Auerwild in der Übergangszone vom Moorwald zu offenen Moorökosystemen ökologische Nischen.

Da oligotroph-saure Moore in Mitteleuropa nur eine geringe Verbreitung aufweisen, ist das Areal der Moorwälder von Natur aus begrenzt und disjunkt. Die isolierten Vorkommen sind meist sehr kleinflächig und damit anthropogenen Einflüssen besonders ausgesetzt.

Entwässerung der Moore im Interesse des Torfabbaues und land- oder forstwirtschaftlicher Nutzung der Torfböden in den letzten beiden Jahrhunderten haben direkt (Rodung) oder indirekt (Grundwasserabsenkung) zum ständigen Rückgang der oligotroph-sauren Moorökosysteme, so auch der Moorwälder, geführt. Trotz Vordringens in offene Moorökosysteme, wenn diese nach teilweiser Grundwasserabsenkung waldfähig wurden, oder Entwicklung moorwaldähnlicher „Sukzessionswälder" in aufgelassenen, nicht rekultivierten Torfabbaugebieten (Leegmoore) wurden die Moorwälder so zurückgedrängt oder abgewandelt, daß naturnahe Ökosysteme heute durchweg selten und gefährdet sind.

Großräumige Veränderungen der Landschaft und des Landschaftswasserhaushaltes wie in den Braunkohlentagebaugebieten der Lausitz, einem Verbreitungsschwerpunkt der Sumpfporst-Kiefern-Moorwälder (darunter interessante „pseudoatlantische" Ausbildungen mit der in Ostdeutschland gefährdeten

Glocken-Heide/Erica tetralix), haben ebenfalls zur Vernichtung von Moorwäldern geführt oder systemzerstörende Sukzessionen eingeleitet, so daß sie ihren Charakter als Moorwaldökosystem verloren.

Weitere Gefahren bestehen in der Eutrophierung (Torfmineralisierung, atmogener Stoffeintrag etc.), der gegenüber diese Wälder im Vergleich zu anderen Waldgesellschaften am empfindlichsten sind (Tab. 40), und in Immissionen, die zu Baumschäden oder -sterben führen und damit ökosystemdestrukturierende Sukzessionen auslösen (z. B. in den Regen- und Hangmooren der Kammlagen der Mittelgebirge).

Obwohl die naturnahen Restvorkommen der Moorwälder weitestgehend durch Naturschutzgebiete gesichert sind, kann erst die Beseitigung der Ursachen allogener systemzerstörender Sukzessionen ihre Erhaltung sichern. In Naturschutzgebieten besteht die Chance der Regeneration moorspezifischer Prozesse und Biozönosen, wobei das Mindestareal nicht nur die eigentlichen schutzbedürftigen Ökosysteme, sondern hydrologische und klimatische Schutzzonen einbeziehen muß. Da der für offene Moorökosysteme lebenswichtige Wasserüberschuß oft nicht in ausreichendem Maße gegeben ist, kann es zur Ausbreitung von Gehölzen und Sukzession zu Moorwäldern kommen. Dies geht zu Lasten gehölzfreier Ökosysteme, weshalb in der Naturschutzpraxis oft dagegen eingeschritten wird („Entkusselung", „Entfichten" etc.). Solche Maßnahmen sind im Einzelfall vielleicht gerechtfertigt, bedürfen aber kritischer Prüfung. Natürlicher Moorregeneration ist der Vorzug zu geben, wenn Gehölzökosysteme temporäre Sukzessionsstadien darstellen und mit zunehmender, sogar durch sie (trotz Transpiration) geförderter, Vernässung offenen Stadien weichen. In Moorwäldern eines Hang-/Regenmoores im Erzgebirge ließen sich entsprechende Prozesse durch vegetationskundliche (Tab. 45, Schmidt 1993a) und vor allem hydrologische Untersuchungen belegen (Schmidt et al. 1993).

Natürliche Regenerationsprozesse erstrecken sich über lange Zeiträume, und die Erfolge eines solchen „Naturschutzmanagement" werden für den unter Erfolgszwang stehenden Menschen (bzw. die zuständige Behörde) in einem Lebensalter kaum sichtbar. Trotzdem sollte ihnen als eines der möglichen Schutzkonzepte (siehe differenzierte Intensitätsstufen der Behandlung geschützter Wälder zum Schutz von Ökosystemen, Kap. 7.2.4.2) mehr Raum und Zeit zugestanden werden, insbesondere bei naturnahen Ökosystemen, da auch Pflege- und Renaturierungsmaßnahmen Eingriffe in natürliche Abläufe darstellen.

*Tab. 45: Differenzen zwischen den Mitteln der Zeigerwerte 1991 und 1959 für die Krautschicht identischer Probeflächen in Moorwald-Ökosystemen des NSG Mothäuser Heide (Mittleres Erzgebirge), jeweils für ungewichtete (u) und gewichtete (g) Licht-, Feuchte-, Reaktions- und Stickstoffzahlen (Wendel 1992, aus Schmidt 1993a)*

| | Lichtzahl | | Feuchtezahl | | Reaktionszahl | | Stickstoffzahl | |
|---|---|---|---|---|---|---|---|---|
| | u | g | u | g | u | g | u | g |
| Moorkiefern-Moorgehölz (N = 14) | – 0,2 | + 0,3 | + 0,5 | + 0,6 | + 0,1 | – 0,1 | + 0,1 | – 0,2 |
| Fichten-Moorwald (N = 8) | – 0,1 | + 0,3 | + 0,5 | + 0,4 | – 0,2 | – 0,1 | – 0,9 | – 0,5 |

# 6. Strategien und Verfahren der Waldbewirtschaftung

## 6.1 Waldfunktionen

Wälder dienen verschiedenen gesellschaftlichen Funktionen. Diese reichen von der Rohstoffproduktion über den Landschafts- und Naturschutz bis zum Erholungswesen. Sie können, je nach Gewicht dieser unterschiedlichen Aufgaben, differenzierte Bewirtschaftungsverfahren erfordern. Dabei ist zwischen Mehrzweckwäldern (multiple use forests), die verschiedenen Aufgaben zugleich und weitgehend gleichgewichtig dienen, und Spezialwäldern oder Forsten, die nur oder vordergründig eine Funktion zu erfüllen haben, zu unterscheiden (Abb. 63).

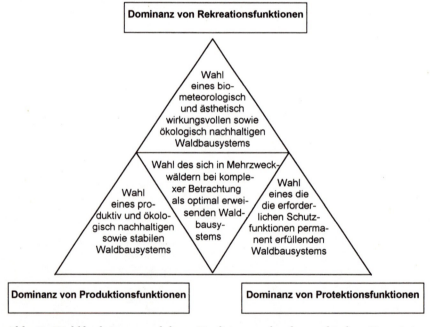

*Abb. 63: Waldfunktionen und deren Realisierung durch verschiedene Kategorien der Waldbewirtschaftung*

Bei starker Vereinfachung ist zwischen folgenden Waldfunktionen zu differenzieren:

1. **Produktion, d. h. Nutzung von Holz und anderen Rohstoffen**
Diese Aufgabe war seit frühgeschichtlicher Zeit bis zur nahen Vergangenheit in den meisten Wäldern Zentraleuropas dominierend. Dabei handelte es sich seit Beginn der Neuzeit in erster Linie um die Produktion von Holz unterschiedlicher Art und Dimension für verschiedenartige, von der Energiegewinnung (Brennholz und Holzkohle) über das Bauwesen (Bauholz), die Papier- und Zellstoffindustrie (Faserholz) bis zur darstellenden Kunst (Holzschnitzereien) reichende Verwendungsgebiete.
Daneben waren oder sind aber auch andere Baumteile, wie Samen und Früchte, Laub und Streu, Bast und Rinde, Harz und Säfte, wirtschaftlich bedeutungsvoll. Hinzu kommen diverse Waldprodukte, wie Pilze und Beeren, Gräser und Kräuter, Wildbret und andere animalische Substanzen, deren Bedeutung örtlich und zeitlich die der Holzproduktion übertroffen hat.

2. **Protektion, d. h. Schutz der Landschaft, der Atmosphäre und des Bodens sowie der Pflanzen- und Tierwelt**
Auch die Schutzfunktionen der Wälder wurden dort, wo dem Menschen besondere Gefahren durch Lawinen, Muren und Steinschlag, Hochwasser und Sturmfluten u. a. Naturereignisse drohten, schon in frühgeschichtlicher Zeit erkannt. An solchen Orten wurden darum schon ziemlich früh praktische und gesetzliche Maßnahmen zur Bewahrung der Wälder ergriffen. Zu den Protektionsfunktionen der Wälder zählen im wesentlichen die in Tabelle 24 genannten Wirkungen auf das Klima, das Wasser, den Boden, die Pflanzen und Tiere sowie auf Biozönosen.

3. **Rekreation, d. h. Beiträge zur Hygiene und Erholung**
Hier handelt es sich um Wirkungen des Waldes auf das Wohlbefinden von Menschen. Das geschieht durch Beeinflussung des Klimas, Verbesserung der Wasser- und Luftqualität, Minderung von Staub und Lärm und schließlich durch vielfältige Eindrücke und ästhetische Effekte.

Die dominierende Zweckbestimmung eines Waldes ergibt sich einerseits aus den genannten gesellschaftlichen Anforderungen, andererseits aus den natürlichen Gegebenheiten sowie den davon abhängigen Möglichkeiten, Notwendigkeiten und Grenzen ihrer Erfüllung. Die Brücke zwischen beiden, d. h. zwischen der **Naturausstattung** einer Fläche auf der einen Seite und den **Leistungen** der darauf stockenden Wälder **für die Gesellschaft** auf der anderen, bilden die Bewirtschaftungsverfahren, welche in ihrer Komplexheit als Waldbausysteme bezeichnet werden (Abb. 64).

Nachfolgend soll auf die Frage eingegangen werden, wie, d. h. mit welchen Waldbausystemen, die auf unterschiedlichen Geotopen stockenden und ver-

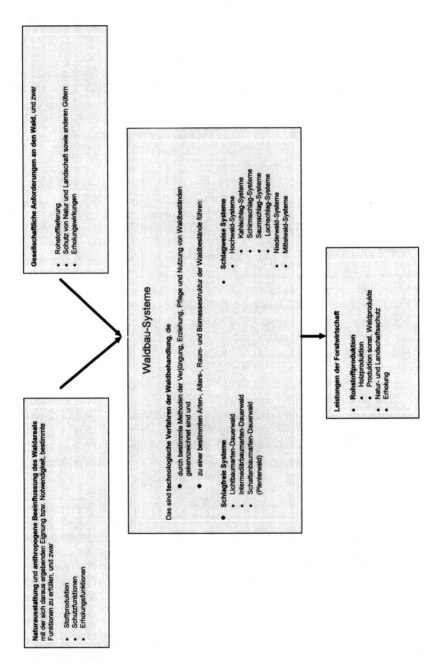

**Naturausstattung und anthropogene Beeinflussung des Waldareals**
mit der sich daraus ergebenden Eignung bzw. Notwendigkeit, bestimmte Funktionen zu erfüllen, und zwar
- Stoffproduktion
- Schutzfunktionen
- Erholungsfunktionen

**Gesellschaftliche Anforderungen an den Wald, und zwar**
- Rohstofflieferung
- Schutz von Natur und Landschaft sowie anderen Gütern
- Erholungswirkungen

**Waldbau-Systeme**

Das sind technologische Verfahren der Waldbehandlung, die
- durch bestimmte Methoden der Verjüngung, Erziehung, Pflege und Nutzung von Waldbeständen gekennzeichnet sind und
- zu einer bestimmten Arten-, Alters-, Raum- und Biomassestruktur der Waldbestände führen:

**Schlagfreie Systeme**
- Lichtbaumarten-Dauerwald
- Intermediärbaumarten-Dauerwald
- Schattenbaumarten-Dauerwald (Plenterwald)

**Schlagweise Systeme**
- Hochwald-Systeme
  - Kahlschlag-Systeme
  - Schirmschlag-Systeme
  - Saumschlag-Systeme
  - Lochschlag-Systeme
- Niederwald-Systeme
- Mittelwald-Systeme

**Leistungen der Forstwirtschaft**
- **Rohstoffproduktion**
  - Holzproduktion
  - Produktion sonst. Waldprodukte
- Natur- und Landschaftsschutz
- Erholung

*Abb. 64: Waldbausysteme als Mittler zwischen Waldnatur und Waldnutzung*

schiedenartigen Aufgaben dienenden Wälder zu behandeln sind. Damit wird ein Grundproblem der Waldbewirtschaftung berührt, das in dem zurückliegenden Jahrhundert viel diskutiert wurde und noch heute die Gemüter bewegt. Es handelt sich dabei um den Streit über die Systeme **Dauerwald** und **Schlagweiser Hochwald** sowie damit im Zusammenhang stehende Probleme.

## 6.2 Bewirtschaftungsstrategien

Grundanliegen der Waldbewirtschaftung ist die Gestaltung von Wäldern, die unter den jeweils gegebenen Naturbedingungen **optimal** geeignet sind, die **vielfältigen Anforderungen der Gesellschaft** an den Wald **nachhaltig** und mit **minimalem Aufwand** zu erfüllen.

Dabei geht es stets um ein **Wechselverhältnis zwischen Mensch und Natur**, wobei man bei der Betrachtung des Waldes von zwei verschiedenen Standpunkten ausgehen kann:

–  Der Wald wird vordergründig als **Ergebnis menschlicher Tätigkeit** aufgefaßt, und seine Gestaltung sowie Verwaltung werden von dem **Prinzip vermeintlicher Naturbeherrschung** bestimmt. Das kommt – selbst beim Stoffbildungsprozeß – durch **planmäßige Einträge von Zusatzenergie** verschiedenster Art in das Forstökosystem zum Ausdruck.

–  Der Wald wird vordergründig als **Produkt der Natur** aufgefaßt und seine Gestaltung sowie Verwaltung werden von dem **Prinzip bewußter Naturkraftnutzung** bestimmt. Das kommt – vor allem beim Stoffbildungsprozeß – durch ein Streben nach **Minimierung der Zusatzenergie** zum Ausdruck.

Diese beiden Prinzipien sind letztendlich die philosophische Grundlage einer Differenzierung des Waldbaus in das auf anthropozentrische Naturbeherrschung gegründete **System des schlagweisen Waldes** auf der einen Seite und das auf eine bewußte Nutzung gegebener Naturkräfte orientierte **System des schlagfreien Waldes** oder Dauerwaldes auf der anderen (Tab. 46). Die Bezeichnung dieser beiden Systeme führt auf den auch in der Landwirtschaft gebräuchlichen Begriff **Schlag** zurück, der eine eindeutig abgegrenzte Fläche bezeichnet. Die Maßnahme, Bäume aus Waldbeständen zu entnehmen, wird hingegen als **Hieb** bezeichnet.

Bei **schlagweiser Waldbewirtschaftung** werden alle Maßnahmen, besonders die **Nutzung** und **Verjüngung** der Waldbestände, auf den einzelnen Schlägen einheitlich und zeitlich konzentriert durchgeführt. Diese Konzentration hat zur Folge, daß die verschiedenen, in natürlichen Waldökosystemen auf derselben

*Tab. 46: Relationen zwischen Mensch und Natur im System des schlagweisen und des schlagfreien Hochwaldes*

| Schlagweise Waldbewirtschaftung | Schlagfreie Waldbewirtschaftung |
|---|---|
| Der Wald wird vordergründig als das **Ergebnis menschlicher Tätigkeit** aufgefaßt, und seine Gestaltung sowie Verwaltung werden vom Prinzip **vermeintlicher Naturbeherrschung** bestimmt. Das kommt – selbst im Stoffbildungsprozeß – durch die **planmäßige Zufuhr von Zusatzenergie** zum Ausdruck. | Der Wald wird vordergründig als ein **Produkt der Natur** aufgefaßt, und seine Gestaltung und Verwaltung sollen vom **Prinzip bewußter Naturkraftnutzung** bestimmt werden. Das kommt – vor allem beim Stoffbildungsprozeß – durch das Streben nach **Minimierung der Zusatzenergie** zum Ausdruck. |

Fläche vorkommenden und für ihre Kontinuität erforderlichen Entwicklungsstadien der Bäume voneinander getrennt und auf **verschiedene Schläge** verteilt werden. Damit geht zwangsläufig die Kontinuität des Ökosystems verloren.

**Schlagfreie Waldbewirtschaftung** dagegen bedeutet Freiheit von dem Zwang nach einheitlicher, zeitlich konzentrierter Nutzung und Verjüngung ganzer Schläge. Daraus folgen Ungleichaltrigkeit, Präsenz verschiedener Entwicklungsstadien von Bäumen auf derselben Fläche und Stetigkeit des Waldökosystems.

Schon seit dem frühen Mittelalter existieren die Systeme der schlagweisen und schlagfreien Waldbewirtschaftung nebeneinander. Dabei handelte es sich ursprünglich vor allem um schlagweise genutzte Nieder- und Mittelwälder in den siedlungsnahen Laubwaldgebieten des Flach- und Hügellandes und um schlagfrei, d. h. durch Entnahme einzelner Bäume genutzte, nicht oder nur begrenzt ausschlagfähige Wälder in den siedlungsfernen Mittelgebirgen. Später, als man die künstliche Verjüngung hinreichend beherrschte, wurde das schlagweise System auch auf Hochwälder übertragen. Im Lauf der Geschichte haben sich sowohl die Bedeutung als auch die Auffassungen zu diesen beiden Waldbausystemen erheblich verändert.

Zurückblickend kann man heute feststellen, daß die Entwicklung der klassischen Forstwirtschaft untrennbar mit dem theoretischen Ausbau des Systems des schlagweisen Hochwaldes verbunden ist. Dieses System wurde nach dem Vorbild der ebenfalls mit Schlägen arbeitenden „rationellen Landwirtschaft" entwickelt und von den forstlichen Klassikern sowie ihren Epigonen zu einem Lehrgebäude ausgebaut. Dieses dominierte in der mitteleuropäischen Forstwirtschaft bis in die jüngste Zeit. Demgegenüber galt die nicht den herrschenden Schulen entsprechende schlagfreie Waldbewirtschaftung bis in die Gegenwart bei vielen Forstleuten als Relikt einer ungeregelten und überholten Wirtschaftsweise aus vorklassischer Zeit.

Diese Auffasung ist heute aus ökologischer und ökonomischer Sicht nicht mehr haltbar:

- Die Forschungsresultate der Waldökologie und die Wirtschaftsergebnisse der Praxis zeigen, daß schlagfreie Waldbewirtschaftung langfristig mit einer Erhöhung von Produktivität, Stabilität und Elastizität sowie der protektiven und rekreativen Wirksamkeit von Waldökosystemen verbunden ist.
- Zahlreiche jahrzehntelang schlagfrei bewirtschaftete Betriebe zeichnen sich vor anderen durch eine günstigere Vorratshöhe und -struktur, einen geringeren Aufwand für Walderneuerung, -erziehung und -pflege, minimale Schäden bei Naturkatastrophen und anthropogenen Belastungen, bessere Anpassungsfähigkeit an veränderte Marktbedingungen und schließlich durch günstigere Betriebsergebnisse aus.

Im Gegensatz zum schlagweisen System, an dessen Entwicklung, wissenschaftlicher Fundierung und praktischer Anwendung mehrere Generationen von Forstwissenschaftlern und -praktikern gearbeitet haben, ist das schlagfreie System in Deutschland mehr oder weniger empirisch entstanden und auch gehandhabt worden. Obwohl schon im letzten Drittel des vorigen Jahrhunderts von einigen Vertretern des deutschen Waldbaus (bes. Bernhard Borggreve (1885) und Karl Gayer (1886)) prinzipielle Bedenken gegen den in Altersklassen gegliederten schlagweisen Hochwald geäußert worden sind, unternahm erst Alfred Möller (1913, 1920, 1921, 1922a, b) den Versuch, dieser Betriebsart ein System des schlagfreien Hochwaldes, das er als Dauerwald bezeichnete, gegenüberzustellen. Aus seinen Schriften geht eindeutig hervor, daß ihm – wie Emil Adolf Roßmäßler (1863) schon nahezu 60 Jahre zuvor – die untrennbare Zusammensetzung der Waldökosysteme aus **Biotop** und **Biozönose,** die Unterteilung der letzteren in Primärproduzenten, Konsumenten und Destruenten sowie die funktionelle Verbindung und Rückwirkung dieser Kompartimente auf Boden und Klima vollauf bewußt waren, auch wenn er diese Begriffe noch nicht explizit benutzte.

Statt des erst 1935 von Tansley in die Wissenschaft eingeführten Begriffes „Ökosystem" benutzte Möller, der damals herrschenden naturphilosophischen Strömung folgend, zur Bezeichnung des uns im Walde begegnenden „tausendfach zusammengesetzten Ganzen" (Roßmäßler 1863) den Terminus „Organismus". Obwohl die daran vor allem von Dengler (1922, 1925a, b, c; 1927, 1936, 1937a, b; 1939) geübte Kritik berechtigt ist, kann man den analysierenden und synthetisierenden Mykologen sowie ökosystemar und ökonomisch denkenden Forstwissenschaftler Möller wohl kaum als Vertreter der Naturphilosophie darstellen, wie das nach seinem frühen Tode geschehen ist (Lemmel 1939).

Einen zweiten philosophischen Aspekt kennzeichnet das Kategorienpaar **Teil und Ganzes.** Dabei geht es vor allem um die Frage, ob man

- durch die Analyse von Teilen, die als relativ selbständig betrachtet werden, zur Erkenntnis des Ganzen

oder

- aus der Sicht der Ganzheit zur Erkenntnis von Teilprozessen und Teilen, deren Form und Funktion dem Ganzen ein- und untergeordnet sein sollen,

gelangen will und kann.

**Im ersten Fall liegt die Betonung bei den Teilen, die als verhältnismäßig frei und auswechselbar aufgefaßt werden, obwohl sie eine Voraussetzung für das Funktionieren des Ganzen sind. Im zweiten liegt die Betonung beim Ganzen, in dem die einzelnen Teile bestimmte Funktionen ausüben, dementsprechend ausgebildet sind und miteinander in Wechselwirkung stehen, so daß das Ganze mehr als die Summe aller Teile ist.**

Diese beiden Richtungen lassen sich bis in die Antike zurückverfolgen. Zwischen ihnen sind in den letzten hundert Jahren heftige Kämpfe ausgetragen worden. Für die Vertreter der holistischen Schule waren die ersteren **zersetzende Analytiker,** denen der **Sinn für das Ganze** fehlte; für die Anhänger der meristischen Schule waren die letzteren **spekulierende Naturphilosophen,** die alle Erscheinungen auf **finale Zweckbestimmungen** zurückführten und analytisch gewonnene Teilerkenntnisse unterschätzten oder ignorierten.

Aus heutiger Sicht kann man feststellen, daß beide Denk- und Forschungsrichtungen wesentliche Beiträge zur Naturerkenntnis geleistet haben und daß sich der Naturforscher sowohl meristischer als auch holistischer Methoden bedienen muß. In jüngster Zeit haben die Systemwissenschaften Methoden zur mathematischen Darstellung von **Ganzheiten** geliefert und damit zu einer Entmystifizierung der Holistik geführt. Die Systemwissenschaften zeigen aber auch, daß solche Verfahren nur dann zu konkreten Ergebnissen führen, wenn analytisch gewonnene Detailkenntnisse vorhanden sind. Insofern hat die Systemtheorie ganz wesentlich zur Überwindung der scheinbaren Gegensätze zwischen Meristik und Holistik beigetragen (Tab. 47). Analytische Forschung allein kann sehr bald dazu führen, daß man den Wald vor lauter Bäumen nicht mehr sieht. Ganzheitsbetrachtung, die nicht auf fundierten Teilkenntnissen beruht, läuft Gefahr, in unwissenschaftliche Spekulationen und bloße Glaubensbekenntnisse abzugleiten.

Auch in der Geschichte der Forstwissenschaften und speziell des Waldbaus sind diese philosophischen Gegensätze erkennbar. Hier wird die reduktionistische Schule durch die Normalwald- und Bodenreinertragstheorie sowie Hundeshagen, Pressler, Judeich und Wiedemann repräsentiert. Ihr wird mit Recht vorgeworfen, daß sie den Wald nicht als Ganzheit, d. h. als ein aus Biotop und Biozö-

*Tab. 47: Historische Bezüge zu der Kategorie Teil und Ganzes bei verschiedenen Waldbauschulen*

| Schlagweise Waldbewirtschaftung | Schlagfreie Waldbewirtschaftung |
|---|---|
| Historisch: Dominanz **reduktionistischer (atomistischer) Schulen**, die durch fortschreitende Zergliederung des Ganzen und Untersuchung seiner Bestandteile zur Erkenntnis strebt. | Historisch: Dominanz **holistischer Schulen**, die durch Ganzheitsbetrachtung zur Erkenntnis strebt. **Organismusidee** → **Ökosystem** |
| Bei der Suche nach Erkenntnis sind **Analyse und Synthese, Reduktion und Deduktion** untrennbare und auch **unverzichtbare Kategorienpaare**. Der Gegensatz zwischen diesen beiden Schulen wurde durch die modernen **Systemwissenschaften** aufgehoben. Die „**Organismen höherer Ordnung**" der Naturphilosophie sind aus dieser Sicht **hierarchisch gegliederte, kybernetische Systeme**, deren Struktur und Funktion mit mathematischen und physikalischen Verfahren erfaßt und dargestellt werden können. | |

nose bestehendes Ökosystem, sondern als ein mechanistisch in Boden und Baum zerlegbares und in gleichaltrige Reinbestände zergliederbares Schlagsystem auffaßt. Trotzdem darf nicht verkannt werden, daß diese Schule wesentlich zur Aufklärung grundlegender und auch heute noch gültiger Gesetzmäßigkeiten in den von Menschenhand geschaffenen und in Mitteleuropa dominierenden Forsten beigetragen hat.

Dieser Richtung steht die holistische Schule mit Roßmäßler (1863), Möller (1922a) und Morosow (1914, 1928), später auch Sukatschow (1954) und Blanckmeister (1956) gegenüber, die den Wald als ein tausendfach zusammengesetztes Ganzes, als Organismus höherer Ordnung, als Geobiozönose bzw. Ökosystem auffaßten und eine die Permanenz dieses Systems gewährleistende Bewirtschaftung forderten. Die Erforschung solcher Systeme wurde schon vor dem ersten Weltkrieg in Angriff genommen und in den darauf folgenden Jahren fortgesetzt (Möller 1920, 1921, 1922a, b; Krutzsch 1924, Krutzsch u. Weck 1935). Die dabei angewandten Verfahren waren aber unzureichend und der Untersuchungszeitraum war viel zu kurz, um die mit dem Dauerwaldstreit aufgekommenen Fragen eindeutig beantworten zu können.

Nach dem viel zu frühen Tode Möllers dominierten unter seinen Epigonen naturphilosophische Auffassungen, die einer Propagierung der Dauerwaldtheorie, zumindest unter nüchternen Naturwissenschaftlern, eher ab- als zuträglich waren. Hinzu kam, daß sich die Ideologen des Nationalsozialismus – wie ihre philosophischen Vorbilder – ebenfalls des Organismusbegriffes bedienten und weitere Aspekte der „Dauerwaldbewegung" in ihr politisches Konzept aufnahmen. Auf diese Weise verschafften sich die Nationalsozialisten Zugang zur Forstwirtschaft und nutzten die stets publikumswirksamen Objekte **Wald** und **Wild** für sich propagandistisch aus (Göring 1936). Auf weitere Details dazu und die jüngere Geschichte der naturgemäßen Waldwirtschaft soll an anderer Stelle eingegangen werden.

## 6.3 Waldbausysteme

### 6.3.1 Merkmale

Mit dem Begriff **Waldbausystem** wird die durch

bestimmte Verfahren der **Regeneration, Erziehung, Pflege** und **Nutzung** von Waldbeständen charakterisierte und zu bestimmten **Arten-, Alters-** und **Raumstrukturen** führende **Technologie der Waldbehandlung**

bezeichnet. In der älteren Literatur findet man dafür auch die Begriffe **Betriebsform** und **Betriebsart**.

Die wichtigsten dieser Waldbausysteme werden in Tabelle 48 und auf Abbildung 65 beschrieben bzw. dargestellt.

Die ökologische, hygienische und ästhetische Wirksamkeit dieser verschiedenen Waldbausysteme ist wegen ihrer unterschiedlichen Arten-, Alters- und Raumstruktur sehr differenziert. Um dies deutlich zu machen, werden nachfolgend zuerst die gegensätzlichen Systeme des Dauerwaldes und des Kahlschlages miteinander verglichen. Die übrigen Waldbausysteme sind ökologisch dazwischen einzuordnen.

Die produktionsbiologische und nutzungstechnische Seite wird hier bewußt vernachlässigt, weil sie in allen Lehrbüchern des Waldbaus und der Ertragskunde beschrieben wird und der in diesem Buch verfügbare Raum dafür nicht ausreicht.

### 6.3.2 Dauerwald-Systeme

Die diesen Waldbausystemen zuzuordnenden Wälder werden durch Kontinuität des Waldökosystems und ein dynamisches Gleichgewicht zwischen aufbauenden Prozessen einerseits sowie Abbau und Stoffentzug andererseits charakterisiert. Dieser Idealfall ist am besten in Dauerwäldern aus Schattenbaumarten realisiert, weil in diesen Bäume aller Entwicklungsstadien auf relativ kleinen Flächen neben- und übereinander vorkommen können. Demgegenüber lassen Lichtbaumarten-Dauerwälder wegen Schattenintoleranz der in ihnen dominierenden Baumarten eine solch ideale Wuchsraumausnutzung nicht zu. Die die verschiedenen Entwicklungsstadien repräsentierenden Bäume sind darum mehr in Gruppen angeordnet, und der Wald läßt eine stärker ausgeprägte Mosaik-

*Tab. 48: Bezeichnung und Charakteristik der wichtigsten Waldbausysteme*

| Behandlungsmaßnahmen | | | Strukturmerkmale | | |
|---|---|---|---|---|---|
| Hiebe bzw. Nutzungen | Erziehung und Pflege | Regeneration | Artenstruktur | Altersstruktur | Raumstruktur |

## 1. Schlagfreie oder Dauerwald-Systeme

Die verschiedenen, für die Stetigkeit des Waldökosystems erforderlichen Entwicklungsstadien der Bäume sind nicht schlagweise voneinander getrennt, sondern in derselben Wirtschaftseinheit zeitlich und räumlich miteinander verbunden, so daß sich bei hinreichender Flächengröße eine Nachhaltseinheit ergibt.

### 1.1 Lichtbaumarten-Dauerwald

Größere Partien bestimmter Entwicklungsstadien von Bäumen sind überwiegend nebeneinander oder – bei einem sehr lichten Schirm des Altwuchses – auch übereinander angeordnet; sie bilden gemeinsam ein Mosaik von Jung-, Mittel- und Altwuchs, das nur als Ganzes, d. h. bei Betrachtung größerer Areale, einem dynamischen Gleichgewicht nahe kommt.

| | | | | | |
|---|---|---|---|---|---|
| einzelbaumweise Entnahme nach Selektionskriterien, die von der dominierenden Waldfunktion abhängig sind | Mischungs- und Standraumregulierung sowie Phänotypenauslese mit relativ geringem Aufwand in kürzeren Intervallen | permanent oder rhythmisch (Samenjahre, Nutzungen, Naturkatastrophen) | bei dem meist geringeren Diversitätspotential des Geotops häufig artenärmere Mischbestände | Ungleichaltrigkeit zwischen meist größeren Gruppen und Horsten von Bäumen (Mosaikflecken) | weniger ausgeprägte Vertikalstruktur, horizontale Differenzierung zwischen den verschiedenen Mosaikflecken |

### 1.2 Intermediärbaumarten-Dauerwald (auch Mischung von Licht- und Schattenbaumarten)

Gruppen bestimmter Entwicklungsstadien von Bäumen sind nebeneinander angeordnet; sie bilden gemeinsam ein Mosaik von Jung-, Mittel- und Altwuchs, das als Ganzes ein dynamisches Gleichgewicht aufweist.

| | | | | | |
|---|---|---|---|---|---|
| einzelbaumweise Entnahme nach Selektionskriterien, die von der dominierenden Waldfunktion abhängig sind | Mischungs- und Standraumregulierung sowie Phänotypenauslese mit relativ geringem Aufwand in kürzeren Intervallen | permanent oder rhythmisch (in Abhängigkeit von Samenjahren und Nutzungen) | in Abhängigkeit vom Diversitätspotential des Geotops meist artenreichere Mischbestände | Ungleichaltrigkeit zwischen Trupps und Gruppen von Bäumen (Mosaikflecken) | gut ausgeprägte Vertikal- und Horizontalgliederung |

### 1.3 Schattenbaumarten-Dauerwald oder Plenterwald

Bäume verschiedener Entwicklungsstadien sind neben- und übereinander angeordnet; dank der Durchdringung von Jung-, Mittel- und Altwuchs sind eine sehr gute Wuchsraumausnutzung und ein dynamisches Gleichgewicht auf relativ kleiner Fläche möglich.

| | | | | | |
|---|---|---|---|---|---|
| einzelbaumweise Entnahme nach Selektionskriterien, die von der dominierenden Waldfunktion abhängig sind | Mischungs- und Standraumregulierung sowie Phänotypenauslese mit relativ geringem Aufwand in kürzeren Intervallen | permanent oder rhythmisch (in Abhängigkeit von Samenjahren und Nutzungen) | auf den meist günstigen Geotopen artenreichere Mischbestände | ausgeprägte Ungleichaltrigkeit auf relativ kleinem Raum | ausgeprägte Vertikal- und Horizontalgliederung auf relativ kleinem Raum |

### 2. Schlagweise Systeme:

Die verschiedenen Altersstufen der zu Beständen vereinigten Bäume sind, wie in der Landwirtschaft die Fruchtarten, schlagweise, d. h. flächenmäßig voneinander getrennt, angeordnet. Der einzelne, durch ein bestimmtes Alter charakterisierte Waldbestand befindet sich nicht im dynamischen Gleichgewicht. Erst in der Betriebsklasse als übergeordnete, künstliche Einheit wird rechnerisch eine Nachhaltigkeit der Produktion nachgewiesen.

### 2.1 Schlagweise Hochwaldsysteme

Wälder mit Bäumen, die aus Samen oder – ex situ – auf vegetativem Wege vermehrten Pflanzen (z. B. Stecklinge) hervorgegangen sind.

### 2.1.1 Systeme mit Naturverjüngung

### 2.1.1.1 Naturverjüngung aus der Kahlstellung (Schmalkahlschläge sowie Schläge mit einzelnen Überhältern)

| | | | | | |
|---|---|---|---|---|---|
| Freilegung der gesamten Fläche in einem Hieb, gegebenenfalls Belassung von Überhältern | nach den Regeln für die Mischungs-, Dichte- und Standraumregulierung sowie Phänotypenauslese in den einzelnen Alters- bzw. Wuchsklassen | aus Seitenbesamung oder Besamung von Überhältern | überwiegend Reinbestände | meist nur geringe Altersdifferenzierung | zeitweilig Freilage, überwiegend wenig gegliederte Bestände |

### 2.1.1.2 Naturverjüngung aus der Schirmstellung (Hartig)

| | | | | | |
|---|---|---|---|---|---|
| auf der gesamten Fläche weitgehend gleichstarke Vorbereitungs-, Besamungs-, Lichtungs- u. Räumungshiebe | wegen zeitweiliger Überschirmung geringerer Erziehungsaufwand, Pflege nach Räumung ähnlich wie beim Kahlschlagsystem | in einem oder in wenigen Samenjahren | Artenvielfalt je nach Ausgangsbestand und Verjüngungszeitraum | im Überschirmungszeitraum mindestens zweialtrig, Altersdifferenzierung nach Räumung von Baumart und Verjüngungszeitraum abhängig | im Überschirmungszeitraum zweischichtig, vertikale Differenzierung nach Räumung von Baumart und Verjüngungszeitraum abhängig |

### 2.1.1.3 Naturverjüngung aus der Saumstellung (Wagner)

| | | | | | |
|---|---|---|---|---|---|
| auf einem 1–2 Baumhöhen breiten Streifen gleichmäßige oder von innen nach außen zunehmende Auflichtung | wegen zeitweiliger Überschirmung geringerer Erziehungsaufwand, Pflege nach Räumung ähnlich wie beim Kahlschlagsystem | in mehreren Samenjahren | Rein- und Mischbestände | in Richtung der Schlagreihe ungleichaltrig, senkrecht dazu gering altersdifferenziert | in Richtung der Schlagreihe abfallend, senkrecht dazu ziemlich gleichförmig |

### 2.1.1.4 Naturverjüngung aus der Lochstellung (Femelschlag)

| | | | | | |
|---|---|---|---|---|---|
| kreis- oder amöbenförmige Auflichtung von Bestandesteilen sowie Ausdehnung dieser Lücken nach ihrer Verjüngung durch Rändelungshiebe | wegen seitlicher Beschattung verminderter Erziehungsaufwand | im Verlaufe zahlreicher Samenjahre | meist Mischbestände | ungleichaltrig | horst- und gruppenweise gegliederte Bestände |

## 2.1.2 Systeme mit Kunstverjüngung
### 2.1.2.1 Kunstverjüngung nach Kahlschlag

| | | | | | |
|---|---|---|---|---|---|
| Freilegung der gesamten Fläche in einem Hieb | nach den Regeln für die Mischungs-, Dichte- und Standraumregulierung sowie Phänotypenauslese in den einzelnen Alters- bzw. Wuchsklassen | in einer Pflanzaktion | überwiegend Reinbestände | Gleichaltrigkeit | zeitweilige Freilage, sonst überwiegend einschichtige Bestände |

### 2.1.2.2 Kunstverjüngung nach Schirmschlag (Voranbau, Zweihiebiger Hochwald)

| | | | | | |
|---|---|---|---|---|---|
| gleichmäßige, je nach Licht- u. Schutzbedarf der zu verjüngenden Baumart unterschiedlich starke Auflichtung, später Räumung des Altbestandes | wegen zeitweiliger Überschirmung geringerer Erziehungsaufwand, Pflege nach Räumung ähnlich wie beim Kahlschlagsystem | in einer Pflanzaktion | im Überschirmungszeitraum meist zwei Baumarten, nach Räumung meist Reinbestände | im Überschirmungszeitraum zweialtrig, nach Räumung weitgehend gleichaltrig | im Überschirmungszeitraum zweischichtig, nach Räumung weitgehend einschichtig |

### 2.1.2.3 Kunstverjüngung nach Saumschlag

| | | | | | |
|---|---|---|---|---|---|
| gleichmäßige Auflichtung eines mehr oder weniger breiten Randbereiches | wegen zeitweiliger Überschirmung geringerer Erziehungsaufwand, Pflege nach Räumung ähnlich wie beim Kahlschlagsystem | in einer Pflanzaktion | im Überschirmungszeitraum meist zwei Baumarten, nach Räumung häufig Reinbestände | im Überschirmungszeitraum zweialtrig, nach Räumung weitgehend gleichaltrig | im Überschirmungszeitraum zweischichtig, nach Räumung weitgehend einschichtig |

## 2.1.2.4 Kunstverjüngung nach Lückenschlag (Mortzfeld)

| | | | | | |
|---|---|---|---|---|---|
| kreis- oder amöbenförmige Auflichtung oder Freistellung von Bestandesteilen und spätere Ausdehnung dieser Verjüngungslücken | wegen seitlicher Beschattung verminderter Erziehungsaufwand | in mehreren Pflanzaktionen | Reinbestände sowie gruppenweise gemischte Bestände | zwei- und mehraltrig | gruppenweise gegliederte Bestände |

## 2.2 Niederwald-Systeme

Gleichaltrige Wälder mit Bäumen, die in situ durch Regeneration von Stöcken (Stockausschlag) oder Wurzeln (Wurzelbrut) entstanden sind.
Eine weitere Untergliederung kann nach Produktionszielen, Produktionszeiträumen u. a. Kriterien erfolgen.

| | | | | | |
|---|---|---|---|---|---|
| Entfernung des gesamten Baumbestandes in einem Hieb | meist nicht erforderlich | selbständig aus Stockausschlag oder Wurzelbrut | ausschlagfähige Baumarten des Vorbestandes | gleichaltrig | einschichtig |

## 2.3 Mittelwald-Systeme
### 2.3.1

Zweialtrige und zweischichtige Wälder, deren Oberschicht aus Kernwüchsen (Bäume, die generativ vermehrt worden sind) und Unterschicht aus Stockausschlägen oder Wurzelbrut hervorgegangen sind.

| | | | | | |
|---|---|---|---|---|---|
| Entfernung der aus Stockausschlag oder Wurzelbrut hervorgegangenen Unterschicht in einem Hieb, Einzelbaumnutzungen in der aus Kernwüchsen hervorgegangenen Oberschicht | Selektion in der Oberschicht nach qualitativen Merkmalen | Unterschicht selbständig aus Stockausschlag oder Wurzelbrut, Oberschicht durch Pflanzung | in der Unterschicht ausschlagfähige Baumarten des Vorbestandes, Oberschicht nach Wahl | zweialtrig | zweischichtig |

**2.3.2**

Mehraltrige und zwei- oder mehrschichtige Wälder mit Bäumen, die in situ durch Regeneration von Stöcken (Stockausschlag) oder Wurzeln (Wurzelbrut) entstanden sind.

| partielle Entfernung der aus Stockausschlag oder Wurzelbrut hervorgegangenen Unterschicht, dabei Erhaltung der besten Exemplare als „Laßreitel" | Selektion in der Oberschicht nach qualitativen Merkmalen | Unter- und Oberschicht selbständig aus Stockausschlag oder Wurzelbrut | in der Unter- und Oberschicht ausschlagfähige Baumarten des Vorbestandes | vielaltrig | vielschichtig |
|---|---|---|---|---|---|

struktur erkennen. Durch Naturereignisse können Lücken in Dauerwäldern entstehen, auf denen dann zeitweilig auch Pionierbaumarten vorkommen.

Im einzelnen gehen von Dauerwäldern folgende Effekte aus:

- **Klimatische Wirkungen**
  Die äußere tätige Oberfläche wird meist durch ein rauhes, tief gestaffeltes Kronendach gebildet. Damit ist ein hoher Energieumsatz verbunden. Im mittleren und unteren Bereich des Waldbestandes wechseln dunkle und helle Partien und tragen zur Nischenvielfalt bei.
  Die rauhe Bestandesoberfläche und größere Wuchsraumausfüllung mit lebender Dendromasse bewirken eine Minderung der Windgeschwindigkeit sowie des Luftmassenaustausches. Das hat einen ausgeglichenen Temperaturgang im Waldesinneren zur Folge. Auch die vor allem in Bodennähe etwas höhere Luftfeuchtigkeit unterliegt nur geringen Schwankungen.
- **Hygrische Wirkungen**
  Die Menge des bei permanenter Überschirmung zum Boden gelangenden Niederschlages ist von der Bestandesdichte, insbesondere vom Blattflächenindex, abhängig. In den meist auf trockenen Standorten stockenden Lichtbaumarten-Dauerwäldern sind darum die **relativen Interzeptionsverluste** geringer als in den in niederschlagsreicheren Gebieten vorkommenden Schattenbaumarten-Dauerwäldern. Hinzu kommen die sich aus dem Sukzessionsmosaik ergebenden inneren Differenzierungen.
  Dank des Fehlens stärkerer Zäsuren unterliegen die einzelnen Wasserhaushaltskomponenten (Waldniederschlag, Oberflächenabfluß, Infiltration, hy-

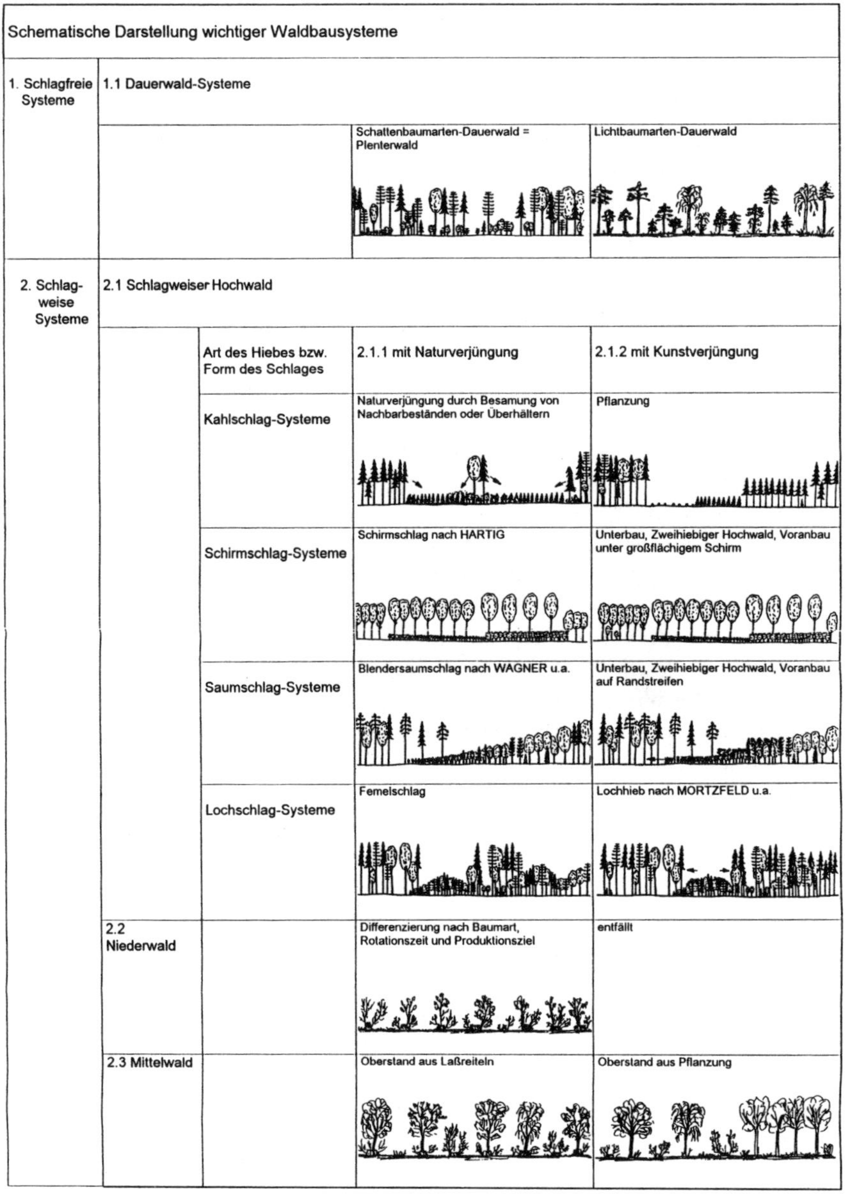

**Schematische Darstellung wichtiger Waldbausysteme**

| 1. Schlagfreie Systeme | 1.1 Dauerwald-Systeme | | | |
|---|---|---|---|---|
| | | | Schattenbaumarten-Dauerwald = Plenterwald | Lichtbaumarten-Dauerwald |

| 2. Schlagweise Systeme | 2.1 Schlagweiser Hochwald | | | |
|---|---|---|---|---|
| | | Art des Hiebes bzw. Form des Schlages | 2.1.1 mit Naturverjüngung | 2.1.2 mit Kunstverjüngung |
| | | Kahlschlag-Systeme | Naturverjüngung durch Besamung von Nachbarbeständen oder Überhältern | Pflanzung |
| | | Schirmschlag-Systeme | Schirmschlag nach HARTIG | Unterbau, Zweihiebiger Hochwald, Voranbau unter großflächigem Schirm |
| | | Saumschlag-Systeme | Blendersaumschlag nach WAGNER u.a. | Unterbau, Zweihiebiger Hochwald, Voranbau auf Randstreifen |
| | | Lochschlag-Systeme | Femelschlag | Lochhieb nach MORTZFELD u.a. |
| | 2.2 Niederwald | | Differenzierung nach Baumart, Rotationszeit und Produktionsziel | entfällt |
| | 2.3 Mittelwald | | Oberstand aus Laßreiteln | Oberstand aus Pflanzung |

*Abb. 65: Vereinfachte Darstellung der wichtigsten Waldbausysteme (die graphischen Naturverjüngungsverfahren wurden weitgehend von Mayer 1977 übernommen)*

315

podermischer Abfluß, Perkolation, Grundwasserneubildung) nur geringen Schwankungen. Die damit verbundene Kontinuität der Abflußspende ist auch wasserwirtschaftlich positiv zu beurteilen.

– **Edaphische Wirkungen**
Dauerwälder zeichnen sich dank ihrer mikroklimatischen, hydropedologischen und produktionsbiologischen Ausgeglichenheit auch im Boden durch weitgehende Balance von Nekromassebildung und Nekromasseabbau aus. Es bedarf keiner besonderen Betonung, daß es sich dabei um eine jahreszeitlich bedingte Rhythmik mit Schwankungen um Mittelwerte handelt. Dank Permanenz der von Dauerwäldern ausgehenden Wirkungen sind sie ideale Schutzwälder an steilen Hängen und an Fließgewässern.

– **Biotische Wirkungen**
Dauerwälder zeichnen sich durch räumliche und zeitliche Strukturierung und eine unter den jeweiligen Umweltbedingungen verhältnismäßig große Nischenvielfalt aus. Daraus ergibt sich meist auch eine größere floristische und faunistische Mannigfaltigkeit. Die Bodenpflanzendecke wird überwiegend von schattentoleranten Pflanzen gebildet. Auch in der Baumschicht dominieren schattentolerante Baumarten, sofern das die Naturausstattung des Geotops gestattet. Auf trophisch und hygrisch ungünstigeren Biotopen, wo auch von Natur aus kaum schattentolerante Baumarten vorkommen, können auch Intermediär- und Lichtbaumarten dominieren und weniger dichte, mosaikartig strukturierte Dauerwälder bilden.

– **Hygienische Wirkungen**
Die für Dauerwälder kennzeichnende Stetigkeit bewirkt, wenn man von jahreszeitlichen Schwankungen absieht, eine größere lokalklimatische Ausgeglichenheit mit den entsprechenden humanbiometeorologischen Effekten.
Hinsichtlich der Ausfilterung staubförmiger Luftverunreinigungen und der Dämpfung von Lärm wirkt sich die für Dauerwälder charakteristische Kontinuität positiv aus.
Bedeutungsvoll ist ferner, daß der ausgeglichene Bodenwasserhaushalt von Dauerwäldern mit geringen Schwankungen des Wasserdargebotes und der Wasserqualität verbunden ist.

– **Psychische und ästhetische Wirkungen**
In Waldgebieten, in denen schlagweise bewirtschaftete Wälder vorherrschen, tragen Dauerwälder dank ihrer Artenvielfalt, Ungleichaltrigkeit und Raumstruktur zur Erhöhung der Mannigfaltigkeit und damit zur ästhetischen Wertigkeit bei.
Dannecker (1929) schreibt dazu:
> „Schon von der Ferne erkennt das Auge den Plenterwald an seinem eigenartigen Aufriß: In tiefgezackter Linie heben sich die mannigfach gestalteten Kronen, meist einzeln hervortretend, als dunkle Schattenrisse über die bewaldeten Kuppen vom Himmel ab; da und dort bemerkt man auch

kleinere Kronengipfel dazwischenragen, und am Rande zeigt sich ein dichtes Unterholz, als lebendige Einfriedung den Waldsaum bildend. Beim Eintritt ins Innere des Waldes offenbaren sich alsdann dem Beschauer die besonderen Kennzeichen: da sind die frei und hoch aufragenden Stämme mit ihren prachtvoll geformten Kronen, die gewissermaßen den Hauptbestand bilden, neben und unter diese schieben sich andere, erst in der Entwicklung befindliche mehr oder weniger stark bekronte Bäume ein, die man den Mittelstand nennen kann. Den Luftraum darunter füllt ein Dickicht von Holzpflanzen, die ihr Längenwachstum noch nicht entfalten können, und bildet den Unterstand."

Anders ist es, wenn Dauerwälder größere Flächen einnehmen und durch ihre Stetigkeit den Eindruck der Ausgeglichenheit und Ebenmäßigkeit hervorrufen. Von Dieterich (1953) wurde sogar die Frage aufgeworfen, ob Plenterwälder, wenn sie großflächig auftreten, nicht doch etwas einförmig wirken können. Angesichts der Seltenheit von Plenter- bzw. Dauerwäldern besteht gegenwärtig keine Gefahr, daß durch Propagierung des Dauerwald-Systems einer Monotonie der Weg bereitet wird.

– **Zusammenfassung**
- In entwickelten Dauerwäldern ähnelt die Artenstruktur der der potentiellen natürlichen Waldgesellschaft. Die Altersstruktur gestattet Kontinuität des Systems, und die Raumstruktur gewährleistet eine dem Dichtepotential des Biotops gemäße Wuchsraumausnutzung.
- Da alle für die Stetigkeit des Waldökosystems erforderlichen Entwicklungsstadien der Bäume zeitlich und räumlich in derselben Wirtschaftseinheit eines Dauerwaldes vorhanden sind, stellt dieser bei hinreichender Flächengröße eine eigene Nachhalteinheit dar.
- Dauerwälder unterscheiden sich von Naturwäldern, die sich im Klimaxstadium befinden, dadurch, daß sich wegen Nutzung der Altbäume kein Alterungs- und Zerfallsstadium ausbilden kann (das schließt ein Belassen einiger alter und abgestorbener Bäume nicht aus).
- Dank Kontinuität dieses sich in einem dynamischen Gleichgewicht befindlichen Waldökosystems wirken die von ihm ausgehenden klimatischen, hydropedologischen, edaphischen, biologischen, hygienischen und psychischen Effekte permanent.

### 6.3.3 Kahlschlag-System

Durch Kahlschläge werden Waldökosysteme als Ganzes vernichtet. Die ökologischen Auswirkungen solcher Maßnahmen auf der betreffenden Fläche selbst und auf die Nachbarschaft sind von der Größe und Form der Kahlschläge abhängig. Bei **Kleinkahlschlägen** (< 1 ha) ist meist noch eine Schutzwirkung von den Nachbarbeständen vorhanden, auf **Großkahlschlägen** (> 10 ha) hingegen entsteht ein Freiflächenklima. Auch die Form und Richtung der Kahlschläge spielen wegen Abhängigkeit des Lokalklimas vom Sonnenstand und von der Windrichtung eine Rolle. Im Sonnen- und Windschatten liegende **Schmalkahlschläge** sind ökologisch weniger nachteilig als stark besonnte und windverhagerte **Breitkahlschläge** zu beurteilen.

Im einzelnen gehen von Kahlschlägen folgende Effekte aus:

- **Klimatische Wirkungen**
  Die sonst vom oberen Kronendach gebildete äußere tätige Oberfläche, in der sich der Energieumsatz im wesentlichen vollzieht, wird durch den Kahlschlag vernichtet. Das hat zur Folge, daß diese Prozesse nun an der Bodenoberfläche stattfinden. Die nicht durch südlich vorgelagerte Waldbestände beschatteten Kahlschlagflächen unterliegen voll der Globalstrahlung. Andererseits erfolgt von der Bodenoberfläche eine stärkere langwellige Ausstrahlung, weil der Schirm des Kronendaches fehlt. Mit diesen Veränderungen der kurzwelligen Einstrahlung und der langwelligen Ausstrahlung ist eine tiefgreifende Wandlung des Kleinklimas, insbesondere des Lichtes, der Temperatur und der Luftfeuchtigkeit in der bodennahen Luftschicht sowie im Boden, verbunden.
  Tagsüber führt die größere Einstrahlung zu einer stärkeren Erwärmung der Bodenoberfläche sowie des angrenzenden Luft- und Bodenraumes. In Zeiten stärkerer Ausstrahlung, d. h. in den Nachtstunden und Wintermonaten, können sich die Verhältnisse auch umkehren, weil das ausstrahlungshemmende Kronendach fehlt. Die Unterschiede zwischen tages- und jahreszeitlich hoher Erwärmung und Austrocknung sind an sonnseitigen Hängen, bei dunkler Oberfläche und Windruhe besonders groß. Zu extremen Abkühlungen kommt es in abzugslosen Tallagen, in denen sich von umgebenden Geländebereichen abfließende Kaltluft ansammelt und Kaltluftseen bildet.
  Die relative Luftfeuchtigkeit der bodennahen Luftschicht ist tagsüber auf Kahlschlägen meist etwas niedriger, weil die Luft stärker erwärmt wird und die Transpiration des ursprünglichen Waldbestandes fehlt. Diese Situation ändert sich in den Nachtstunden (Taubildung).
  Vor Windeinwirkungen sind schmale, senkrecht zur Hauptwindrichtung orientierte Schlagflächen weitgehend geschützt. Die Windgeschwindigkeit steigt mit der Kahlschlagbreite. Befinden sich im Lee von Kahlschlägen höhere Waldbestände, so kommt es dort zu einem Stau, der Sturmschäden hervorrufen kann. Liegen Kahlflächen im Lee, so wird der Luftmassenaustausch auf den Kahlflächen vermindert, und es kann zu größeren Temperaturextremen kommen.
- **Hygrische Wirkungen**
  Die völlige Beseitigung eines Waldbestandes hat weitgehende hydropedologische Auswirkungen. Wegen des Wegfalls der Bestandesinterzeption und

-transpiration kommt es zur Erhöhung der Bodenfeuchtigkeit. Das gilt besonders für Feuchtbiotope. Dieser Feuchtigkeitsanstieg wird mit der Begrünung der Fläche und dem Heranwachsen des Nachfolgebestandes allmählich wieder abgebaut (Abb. 66).

Mit Vergrößerung des zum Boden gelangenden Niederschlages wird das gesamte Wasserregime (Oberflächenabfluß, Infiltration, hypodermaler Abfluß, Perkolation, Grundwasserneubildung) erheblich verändert (Kap. 4.2.2). Eine besondere Gefahr besteht darin, daß es nach Kahlschlägen zu verstärktem Oberflächenabfluß und mit diesem zu Erosionen, größerer Schwebstofffracht in den Fließgewässern und Beeinträchtigungen der Wasserqualität kommt.

Bemerkenswert ist ferner, daß auf Kahlschlagflächen wegen Wegfall der Schneeinterzeption mehr Schnee liegt. Die Schneedecke ist nicht nur höher, sondern infolge Überlagerungsdruckes und kurzzeitiger Schmelzprozesse auch dichter. Daraus ergibt sich ein höheres Wasseräquivalent. Die größere Schneemenge pro Flächeneinheit hat häufig eine längere Dauer der Schneebedeckung zur Folge. Auf stärker geneigten Kahlschlagflächen lagernde Schneemassen kommen leicht ins Rutschen und schädigen die Verjüngung.

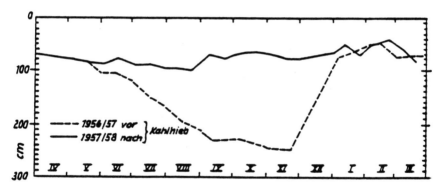

*Abb. 66: Veränderung des Grundwasserstandes nach Kahlhieb eines 75jährigen Buchenbestandes auf einem grundwassernahen Moränengeotop in Dänemark (Holstener-Jørgensen 1967)*

– **Edaphische Wirkungen**

Durch Erwärmung und Feuchtigkeitserhöhung des Oberbodens werden die Bodenorganismen aktiviert und der Abbau organischer Substanzen auf dem Boden sowie im Boden beschleunigt. Dieser verhältnismäßig rasch in Gang kommende Prozeß erstreckt sich über einige Jahre, bis sich die Kahlschlagfläche wieder begrünt und der Nachfolgebestand wieder geschlossen hat.

Diese Vorgänge sind in der Mehrzahl der Fälle negativ zu beurteilen:
- Es werden organische Substanzen mineralisiert, die für die Bildung stabiler Ton-Humus-Komplexe geeignet wären.
- Es werden Pflanzennährstoffe freigesetzt, die wegen des Fehlens einer entsprechenden Pflanzendecke nicht wieder in den Stoffkreislauf aufgenommen, sondern ausgewaschen werden und zur Eutrophierung der Gewässer beitragen.
- Es kommt zur Ausbildung einer üppigen, oft aus Gräsern bestehenden Kahlschlagvegetation, die das natürliche Ankommen von Bäumen behindert und spontane Wiederbewaldung verzögert.

Die geschilderten Vorgänge sind mit den Wirkungen eines Waldbrandes vergleichbar.

Nur dort, wo sich unter ungünstigen klimatischen (kaltes und feuchtes Klima) und edaphischen Bedingungen (extrem saure Böden) sowie dichten Koniferenbeständen starke, zu Vermoorungen und Waldzerstörungen führende Auflagehumusdecken gebildet haben, kann der durch Kahlschläge beschleunigte Stoffabbau ausnahmsweise günstig sein. Solche Fälle sind aus der borealen Nadelwaldzone bekannt, in Zentraleuropa jedoch selten.

- **Biotische Wirkungen**

Die Beseitigung eines Waldbestandes und die sich daraus ergebenden klimatischen, hydropedologischen sowie edaphischen Wirkungen lösen vor allem auf den besseren Standorten eine explosionsartige Reaktion der Vegetation aus. Binnen kürzester Zeit kommt es zur Ausbildung eines Initialstadiums der Sukzession, in dem zuerst Arten vertreten sind
- deren ökologische Ansprüche mit den ökologischen Bedingungen auf der Kahlfäche übereinstimmen. Das sind vor allem polyphote, thermo- und hydrophile sowie nitrophile Arten,
- deren Vermehrungs- und Ausbreitungspotenz groß ist. Das sind vor allem alljährlich reichlich fruktifizierende anemochore Arten,
- die sich dank ihres kurzen Entwicklungszyklusses rasch ausbreiten und schnell eine große Biomasseproduktion hervorbringen (r-Strategie). Das sind vor allem Annuelle und Bienne,
- die bereits vorhanden waren, den Kahlschlag überlebten und sich unter den neuen ökologischen Bedingungen zu regenerieren vermögen. Das sind vor allem stolonen- und rhizometreibende Gräser und Kräuter sowie Stockausschläge und Wurzelbrut hervorbringende Gehölze.

- **Hygienische Wirkungen**

Die mit dem Kahlschlag geschaffenen klimatischen Bedingungen wirken sich auch auf den erholungsuchenden Menschen aus. Dabei muß zwischen der Wirkung von Klein- und Großkahlschlägen unterschieden werden. Kleinkahlschläge können zur Vielgestaltigkeit des Waldes durch Wahlmöglichkeiten zwischen Licht und Schatten, Feuchtigkeit und Trockenheit, Luftruhe und Wind beitragen und so die Rekreationswirkung erhöhen. Großkahlschläge hingegen fördern die Monotonie und vermindern die Wahlmöglichkeit zwischen unterschiedlichen Ausprägungsgraden der genannten biometeorologischen Faktoren.

Sehr nachteilig sind Kahlschläge dort, wo die kahlgeschlagenen Waldbestände zur Ausfilterung staubförmiger Luftverunreinigungen und Dämpfung von Lärm beigetragen haben.

Bedeutungsvoll können auch die Auswirkungen von Kahlschlägen durch Beeinträchtigung der Wasserqualität sein. Sie ergeben sich bei erhöhtem Oberflächenabfluß durch eine größere Schwebstofffracht in den Fließgewässern und bei stürmischem Humusabbau durch Eutrophierung des Grundwassers.

– **Psychische und ästhetische Wirkungen**

Auf den Waldbesucher wirken Kahlschläge, vor allem, wenn sie größere Flächen einnehmen und beeindruckende Altbestände vernichten, deprimierend und protestauslösend. Bei früheren Kriegsteilnehmern kann eine Gedankenassoziation zu Schlachtfeldern hervorgerufen werden.

Andererseits können kleine Kahlhiebe, wenn sie Aus- und Fernblicke schaffen und zur Vielfältigkeit beitragen, durchaus ästhetisch wirkungsvoll sein. Man denke auch an die Farbenpracht blühender Kahlschlagpflanzen, z. B. des Weidenröschens und des Fingerhutes.

Bruhm schrieb dazu schon 1896:

„Uebrigens erscheint mir die Kahlschlagwirtschaft durchaus nicht so unschön, wie sie hingestellt wird. Ich sollte meinen, es müsse eine ganz angenehme Abwechslung bieten inmitten großer, und düsterer Nadelholzkomplexe freie, sich bald mit verschiedenfarbigen Forstunkräutern und -sträuchern überziehende Flächen zu erblicken."

Die klare räumliche Gliederung der im Kahlschlagsystem bewirtschafteten Forsten wird von einigen Waldbesuchern als Ausdruck der Übersichtlichkeit und Ordnung aufgefaßt und angenehm empfunden.

– **Zusammenfassung**

- Kahlschläge führen zwingend zu Gleichaltrigkeit, zu einer primitiven Raumstruktur und einer von der potentiellen natürlichen Waldgesellschaft abweichenden Baumartenzusammensetzung. In der Mehrzahl der Fälle kennzeichnen diese Strukturmerkmale eine größere Hemerobie.
- Mit den Kahlschlägen wird eine ökologische Situation herbeigeführt, die der nach Katastrophen durch Waldbrand, großflächige Sturm-, Schnee- oder Insektenschäden vergleichbar ist.
- Im Unterschied zu solchen Naturkatastrophen, die auch in Urwäldern auftreten können, wird bei Kahlschlägen der größte Teil der Dendromasse entfernt und so auf der verbleibenden Fläche eine andere mikroklimatische, edaphische und damit auch biologische Situation herbeigeführt.

- Durch Kahlschläge können Landschaftsschäden infolge Erosion sowie Beeinträchtigungen des Wassermengen- und -güteregimes ausgelöst werden.
- Die Lärmdämpfungs- und Filterwirkung von Wäldern wird durch Kahlschläge aufgehoben.
- Die rekreative Wirksamkeit einer Landschaft wird meist durch Kahlschläge beeinträchtigt.

### 6.3.4 Übrige Systeme des schlagweisen Hochwaldes

Zwischen den Dauerwald-Systemen, die auf Grund ihrer Arten-, Raum- und Altersstruktur ein Höchstmaß an Natürlichkeit des Wirtschaftswaldes darstellen, und dem Kahlschlag-System, das das Gegenteil dazu darstellt, sind die übrigen Waldbau-Systeme einzuordnen. Das Maß ihrer Natürlichkeit ist davon abhängig, welche Möglichkeiten sich aus dem System heraus ergeben, eine der potentiellen natürlichen Waldgesellschaft nahe kommende Arten-, Alters- und Raumstruktur herbeizuführen und so zur ökologischen Nachhaltigkeit beizutragen.

Dazu gehören Möglichkeiten zur

- geotopgerechten Baumartenmischung,
- phytozönosegerechten Ungleichaltrigkeit und
- geobiozönosegerechten Strukturierung des Wuchsraumes.

### 6.3.4.1 Schirmschlag-Systeme

- **Klimatische Wirkungen**
  Durch Öffnung des Kronendaches gelangt ein höheres Maß an Strahlung in das Bestandesinnere und zur Bodenoberfläche. Bei Überschreitung des Lichtgenußminimums können sich Bodenpflanzen ausbreiten und die Verjüngung von Bäumen kann sich erhalten und entwickeln. Ein weiterer Effekt besteht in der Erwärmung des Oberbodens und der bodennahen Luftschicht. Letztere führt bei gleichbleibendem Wassergehalt zu einer geringfügigen Verminderung der relativen Luftfeuchtigkeit. Die mit der Bestandesauflichtung verbundene Erhöhung der nächtlichen Ausstrahlung bewirkt etwas größere Temperaturschwankungen im Tagesverlauf. Trotzdem ist das Wärmeklima noch immer verhältnismäßig ausgeglichen.
  Der Luftmassenaustausch im Waldesinneren wird durch Reduktion der Bestandesdichte erleichtert, ohne daß es zu stärkeren, physiologisch nachteiligen Luftbewegungen im Bestandesinneren kommt.
- **Hygrische Wirkungen**
  Mit der Stärke der Auflichtung wird die Menge des zum Boden gelangenden Niederschlages erhöht. Weil der Wasserverbrauch des Altbestandes vermin-

dert wird, hat die Reduzierung der Bestandesdichte eine Verbesserung des Bodenwasserhaushaltes zur Folge. Diese größere Feuchtigkeit kommt in erster Linie der Bodenvegetation und der Verjüngung zugute. Darüber hinaus kann es zu einer vorübergehenden Erhöhung der Abflußspende kommen.

- **Edaphische Wirkungen**
Durch Verbesserung des Wärme- und Wasserhaushaltes im Boden werden das Edaphon aktiviert und der Abbau von Nekromasse beschleunigt. Weil diese Prozesse gedämpfter als auf Kahlschlägen ablaufen und stets eine nährstoffaufnehmende Pflanzendecke vorhanden ist, sind größere Mineralstoffverluste kaum zu befürchten. Hinzu kommt, daß die Nachlieferung von Nekromasse nicht völlig unterbrochen wird. Die mit dem Schirmhieb verbundene stärkere Auflichtung bewirkt nur in einem kurzen Zeitraum verstärkten Humusabbau.

- **Biotische Wirkungen**
Zeitweilige Verbesserung des Lichtklimas, der Bodenfeuchtigkeit und des Nährstoffdargebotes fördern die Bodenvegetation und die Verjüngung von Bäumen. Es ist wichtig, daß das Licht so dosiert wird, daß die interessierenden Bäume stärker als die konkurrierenden Bodenpflanzen gefördert werden.

- **Hygienische Wirkungen**
Trotz der in den Jahren der Vorbereitung, Besamung, Lichtung und Räumung zu verzeichnenden Diskontinuitäten sind die hygienischen Auswirkungen von Schirmhieben – im Vergleich zu denen von Kahlschlägen – gering. Nennenswerte Erosionsschäden und Wassereutrophierungen in Zeiten höherer Abflußspende sind kaum zu befürchten.

- **Psychische und ästhetische Wirkungen**
Die mit dem Schirmschlag verbundene, zumindest zeitweilige Mehrschichtigkeit und Ungleichaltrigkeit erhöht die Mannigfaltigkeitswirkung des betreffenden Waldbestandes. Dort, wo das Schirmschlag-System großflächig angewandt wird, sind Sichtschneisen, die Ausblicke auf die Landschaft zulassen, zu empfehlen.

- **Zusammenfassung**
  • Obwohl die Stoffbildungs- sowie Nutzungs- und Abbauprozesse im Verlaufe einer Rotationszeit nicht balanciert sind, kommt es nicht zu einer völligen Entkopplung von Auf- und Abbauprozessen mit den sich daraus ergebenden ökologischen Problemen. Die beim Kahlschlag-System auftretende Zäsur in der Biomassekurve wird beim Schirmschlag-System durch eine wellenförmige Linie mit größerer Länge und niedrigerer Amplitude ersetzt.
  • Mit der Stärke der Auflichtung wird die Wettbewerbsfähigkeit der Baumarten und Bodenpflanzen beeinflußt. Bei den üblichen und möglichen

(Sturmgefahr) Auflichtungsgraden werden die schattentoleranten Spezies gefördert und die schattenintoleranten benachteiligt.

- Auf Grund zeitlicher Konzentration der Verjüngung entspricht die Altersstruktur nicht der für ein dynamisches Gleichgewicht erforderlichen. Die Häufigkeitsverteilung über der Baumdimension (z. B. dem Schaftdurchmesser in 1,3 m Höhe) ist zeitvariabel.
- Die Raumstruktur wird nicht durch ein sich permanent verschiebendes Mosaik differenzierter Entwicklungsstadien von Bäumen, sondern durch einen auf der gesamten Fläche nahezu gleichen, vom jeweiligen Entwicklungsstadium der Bäume geprägten Zustand bestimmt.

## 6.3.4.2 Saumschlag-Systeme

- **Klimatische Wirkungen**
  Um „Untersonnung" zu vermeiden, wird fast stets von der Schattenseite her verjüngt. Bei vom Bestandesinneren zum Außensaum zunehmender Beleuchtungsstärke wird die sonst auf Freiflächen zu befürchtende Erwärmung und Austrocknung vermieden. Der aufgelockerte Saum muß wegen Vermeidung von Sturmschäden stets im Lee der Waldbestände liegen.

- **Hygrische Wirkungen**
  Ähnlich dem Schirmschlag bewirkt die Reduktion der Bestandesdichte eine Verbesserung des Lichtklimas und des Bodenwasserhaushaltes mit den sich daraus ergebenden ökologischen Konsequenzen. Im Gegensatz zum Schirmschlag handelt es sich jedoch nicht um einen auf der ganzen Fläche nahezu gleichstarken, sondern um einen vom Bestandesinneren zum Außensaum zunehmenden Effekt.

- **Edaphische Wirkungen**
  Auf dem aufgelichteten Streifen ähneln die Einwirkungen auf den Boden, mit graduellen Abstufungen, denen des Schirmschlages auf der gesamten Fläche.

- **Biotische Wirkungen**
  Die mit der Auflockerung des schatt- und leeseitigen Bestandesrandes verbundene graduelle Veränderung der Licht- und Feuchtigkeitsverhältnisse führt zur Differenzierung der Wettbewerbsbedingungen vom Innen- zum Außensaum. Im inneren Saumbereich sind die meist langsamwüchsigen schattentoleranten, im äußeren die raschwüchsigeren schattenintoleranten Arten im Vorteil. Bei zu rasch fortschreitender Auflichtung besteht die Gefahr, daß letztere die ersteren überwachsen.

- **Hygienische Wirkungen**
  Die hygienischen Auswirkungen von Saumhieben sind geringer als die von Kahlschlägen. Nennenswerte Erosionsschäden und Wassereutrophierungen in Zeiten höherer Abflußspende sind nicht bekannt.

– **Psychische und ästhetische Wirkungen**
Die mit dem Saumschlag verbundene Altersdifferenzierung und Raumgliederung bewirkt eine gewisse Vielgestaltigkeit. Diese wirkt aber schematisch und besitzt einen geringen ästhetischen Effekt. Günstig sind die beim Saumschlag-System entstehenden Ausblicke auf die Landschaft.

– **Zusammenfassung**
• Die Stoffbildungs- sowie Nutzungs- und Abbauprozesse während der Bestandesentwicklung sind nicht balanciert. Da keine völlige Bodenfreilage erfolgt, kommt es nicht zur völligen Entkopplung der Auf- und Abbauprozesse. Die beim Kahlschlag-System auftretende Zäsur in der Biomassekurve wird abgeschwächt.

• Durch graduelle Abstufung des Licht- und Feuchtigkeitsdargebotes vom Innen- zum Außensaum werden die Wettbewerbsbedingungen von Licht- und Schattenbaumarten variiert. Da erstere meist raschwüchsiger sind, verdrängen sie letztere, falls die Auflichtung zu schnell vollzogen wird.

• Wegen räumlicher Konzentration der Verjüngung auf Säume entspricht die Altersstruktur nicht der für ein dynamisches Gleichgewicht erforderlichen.

• Die Raumstruktur wird nicht durch ein sich permanent verschiebendes Mosaik differenzierter Entwicklungsstadien von Bäumen, sondern durch schematische Anordnung der die verschiedenen Entwicklungsstadien repräsentierenden Bäume bestimmt.

### 6.3.4.3 Lochschlag-Systeme (bei natürlicher Verjüngung als Femelschlag bezeichnet)

– **Klimatische Wirkungen**
Im Gegensatz zum Schirmschlag wird das Kronendach bisher geschlossener Waldbestände beim Loch- oder Femelschlag nicht auf der ganzen Fläche, sondern nur in Bestandesteilen geöffnet. Diese Öffnung wird im Laufe der Zeit graduell und dimensionell vergrößert, so daß zunehmend Strahlung in das Bestandesinnere und zur Bodenoberfläche gelangen kann. Hier vollziehen sich die schon beim Schirmschlag beschriebenen Prozesse der täglichen Erwärmung und nächtlichen Ausstrahlung, der Feuchtigkeitserhöhung und Veränderung des Luftmassenaustausches. Dank Ungleichmäßigkeit der kreis- oder amöbenförmigen Auflichtungspartien variieren die ökologischen, besonders die Licht- und Feuchtigkeitsverhältnisse im Bestand. Dementsprechend ist auch die Ausbreitung lichthungriger Bodenpflanzen sowie Gehölzverjüngungen nach Stärke und Geschwindigkeit variabel. Aus landschaftsökologischer Sicht ist Femelung positiv zu beurteilen, weil die sich ergeben-

de rauhe Kronenoberfläche zur Minderung der Windgeschwindigkeit beiträgt.

- **Hygrische Wirkungen**
Im Unterschied zum Schirmschlag bewirkt die ungleiche Auflichtung und Lückenbildung eine räumliche Differenzierung der zum Boden gelangenden Niederschlagsmenge und der vom verbliebenen Bestand verbrauchten Feuchtigkeit. Je nach Anzahl und Größe der Lücken kommt es im Flächenmittel zur Verbesserung des Bodenwasserhaushaltes, bis sich die Bodenpflanzendecke und Verjüngung geschlossen haben. Zeitweilig kann sich die Abflußspende erhöhen.

- **Edaphische Wirkungen**
In den stärker aufgelichteten oder freigestellten Partien werden die Aktivität der Bodenlebewesen dank Verbesserung des Wärme- und Wasserhaushaltes erhöht und der Abbau von Nekromasse beschleunigt. Da diese Prozesse nicht auf der ganzen Fläche in derselben Intensität ablaufen und die freigesetzten Nährstoffe von der noch vorhandenen oder bereits neu entstehenden Pflanzendecke aufgenommen werden, sind größere Mineralstoffverluste kaum zu befürchten. Hinzu kommt, daß der noch verbliebene Bestand auch weiterhin Nekromasse liefert, so daß sich eine günstige Situation in der Destruentenebene ergibt. Eine weitgehende Entkopplung der Stoffbildungs- und Abbauprozesse ist bei Femel- und Lochhieben nicht zu befürchten.

- **Biotische Wirkungen**
Die sich bei Loch- und Femelhieben ergebende kleinflächige Verbesserung des Lichtklimas, der Bodenfeuchtigkeit und des Nährstoffdargebotes fördern die Ausbreitung der Bodenvegetation und das Ankommen der Verjüngung von Bäumen. Dabei ist es möglich, die Lichtmenge durch Variation der Auflichtungsstärke und Lückengröße zu steuern. In Verbindung damit werden die Wettbewerbsfähigkeit der verschiedenen Bodenpflanzen und Gehölze sowie die Artenstruktur des Folgebestandes beeinflußt.

- **Hygienische Wirkungen**
Die zeitlich und räumlich variable Auflichtung und Verjüngung von Waldbeständen führt zu einer größeren humanbioklimatischen Vielfalt als beim Schirmschlag. Die wasserhygienischen Auswirkungen dürften denen von Schirmhieben ähnlich sein. Nennenswerte Erosionsschäden und Wassereutrophierungen in Zeiten höherer Abflußspende sind kaum zu befürchten.

- **Psychische und ästhetische Wirkungen**
Die sich aus der Femelung oder Lückenverjüngung ergebende Raumstruktur trägt zur Vielgestaltigkeit bei und ist aus ästhetischer Sicht positiv zu bewerten. Dort, wo das Femel-System großflächig angewandt wird, sind Sichtschneisen, die Ausblicke auf die Landschaft zulassen, zu empfehlen.

- **Zusammenfassung**
  - Die Stoffbildungs- sowie Nutzungs- und Abbauprozesse sind nicht völlig balanciert, sie kommen aber einem Gleichgewichtszustand um so näher, je länger der Verjüngungszeitraum und je größer die Fläche ist.
  - Mit der Auflichtungsstärke wird die Wettbewerbsfähigkeit der Baumarten und Bodenpflanzen beeinflußt. Bei den üblichen und möglichen (Sturmgefahr) Auflichtungsgraden werden die schattentoleranten Spezies gefördert und die schattenintoleranten benachteiligt.
  - Die Altersstruktur entspricht noch nicht der für ein dynamisches Gleichgewicht erforderlichen, sie kommt ihr aber um so näher, je länger der Verjüngungszeitraum ist.
  - Die Raumstruktur wird durch ein Mosaik differenzierter Entwicklungsstadien von Bäumen bestimmt, das noch eine Rotationszeit erkennen läßt.
  - Von allen Systemen des schlagweisen Hochwaldes steht der Femelschlag mit langen Verjüngungszeiträumen dem Dauerwald-System am nächsten.

Die verschiedenen Systeme des schlagweisen Hochwaldes lassen sich räumlich und zeitlich kombinieren und so flexibler gestalten. Details dazu werden in den Lehrbüchern des Waldbaus (Burschel u. Huss 1987) beschrieben.

## 6.3.5 Niederwald-Systeme

- **Klimatische Wirkungen**
  Diese sind denen des Kahlschlages zunächst vergleichbar. Dank des raschen Aufkommens von Stockausschlägen und Wurzelbrut werden die klimatischen Extreme der Kahlfläche bald wieder überwunden.
- **Hygrische Wirkungen**
  Ähnlich dem Kahlschlag kommt es kurzzeitig wegen Wegfalls der Interzeption und Transpiration des geschlagenen Waldbestandes zu Feuchtigkeitsüberschuß. Dieser wird aber schon nach 1–2 Jahren abgebaut, weil der schnell sich entwickelnde Stockausschlag ein dichtes, stark interzeptierendes Kronendach bildet und sehr viel Wasser verbraucht.
- **Edaphische Wirkungen**
  Die negativen Effekte der Bodenfreilage wirken nur kurz. Die Humusverluste sind geringer als beim Kahlschlag. Durch den häufigen Entzug mineralstoffreicher Biomasse (kurze Umtriebszeiten) kann der Boden verarmen.
- **Biotische Wirkungen**
  Dank des raschen Aufwuchses von Stockausschlägen kommt es kaum zur Ausbildung einer Kahlschlagvegetation. Bemerkenswert ist die große Artenvielfalt in der Bodenpflanzendecke, wenn das Kronendach des Niederwaldes hinreichend lichtdurchlässig und der Boden nährstoffkräftig und feucht ist.

– **Psychische und ästhetische Wirkungen**
Niederwälder sind als historische Formen der Waldbewirtschaftung kulturhistorisch interessant. Die häufig aus vielstämmigen Pulks bestehenden Aus-
schlagwaldbestände vermitteln den Eindruck der Urwüchsigkeit, obwohl
Niederwälder ein ausgeprägtes Kunstprodukt darstellen.

– **Zusammenfassung**
- Die Artenstruktur von Niederwäldern weicht wegen Förderung aus-
  schlagkräftiger und Zurückdrängung ausschlagschwacher Baumarten
  meist von der der potentiellen natürlichen Waldgesellschaft ab.
- Niederwälder sind gleichaltrig und ökologisch nicht balanciert.
- Die Raumstruktur ist einförmig und naturfern.

### 6.3.6 Mittelwald-Systeme

Diese besitzen in ökologischer Hinsicht eine gewisse Ähnlichkeit zum Schirmschlag-System. Die Mittelwald-Schläge bleiben stets von einem lockeren Altbe-
stand überschirmt. Nach dem Unterholz-Hieb entwickelt sich bald wieder eine
zweite, weitgehend gleichaltrige Schicht, die zeitweilig zu schirmschlagähnli-
chen Strukturen und Wirkungen führt. Da der Oberbestand keiner Räumung in
einem Hiebsakt unterliegt und ungleichaltrig ist, können sich aus Mittelwäldern
Bestände mit plenterartigen Strukturen entwickeln.

# 7. Charakteristik und Behandlung von Wäldern mit ökologischen Schutzfunktionen und Sonderaufgaben

## 7.1 Allgemeines

Nachdem die verschiedenartigen Wirkungen der Wälder (Kap. 4 u. 5) und Waldbausysteme (Kap. 6.) auf Mensch und Umwelt dargestellt worden sind, werden hier die Wälder mit **ökologischen Schutzfunktionen und Sonderaufgaben** charakterisiert sowie Maßnahmen zu ihrer Behandlung, die sich aus Naturbedingungen und waldbaulichen Technologien ergeben, beschrieben. Auf eine Darstellung der vordergründig produktiven Funktionen dienenden Wälder wird bewußt verzichtet, weil diese in den einschlägigen Lehrbüchern behandelt wird.

Der Behandlung normaler Wirtschaftswälder sowie der Wälder mit ökologischen Schutzfunktionen und Sonderaufgaben liegen Gemeinsamkeiten und Unterschiede zugrunde. Gemeinsam ist die Anerkennung des Nachhaltigkeitsprinzips, unterschiedlich die Bezugsgröße der Nachhaltigkeit. Die vordergründig auf Holzproduktion orientierte „klassische" Forstwirtschaft begnügt sich im Prinzip mit einer rechnerischen Nachhaltigkeit des Holzertrages bzw. Holzertragsvermögens in größeren, den einzelnen Waldbeständen übergeordneten Arealen oder Verwaltungen (z. B. Forstämter), den sog. Nachhaltseinheiten. Im einzelnen Waldbestand hingegen besteht kein Gleichmaß von Holzproduktion und Holznutzung.

Bei Wäldern mit ökologischen Schutzfunktionen und Sonderaufgaben ist diese rein rechnerische Nachhaltigkeit in der Betriebsklassenebene unzureichend, weil die geforderten Schutz- und Sonderfunktionen **ortsgebunden** sind und **ständig** erfüllt werden müssen. Grundanliegen der Nachhaltigkeit sind hier die **permanente Funktionstüchtigkeit** des Waldökosystems und **Stetigkeit der Schutzwirkungen auf jeder einzelnen Fläche.** Das ist nicht der Fall, wenn bestimmte Prozesse und Wirkungen des Waldökosystems auf einzelnen Flächen zeitweilig aussetzen. Aus ökologischer Sicht bedeutet das eine Entkopplung von Auf- und Abbauprozessen mit Störung oder Zerstörung der biogeochemischen Kreisläufe und Gefährdung der Standortsproduktivität (Tab. 49).

Daraus folgt, daß die Erfüllung von Schutz- und Sonderfunktionen ein höheres Maß an Naturnähe als die von Produktionsfunktionen erfordert.

Bei der nachfolgenden Behandlung von Wäldern mit **ökologischen Schutzfunktionen und Sonderaufgaben** werden neben ökologischen Fragen in hohem Ma-

*Tab. 49: Merkmale der klassischen und ökologischen Nachhaltigkeit*

| Nachhaltigkeit | |
|---|---|
| klassisch | ökologisch |
| Auf der einzelnen Fläche herrscht kein Gleichgewicht zwischen auf- und abbauenden Prozessen; die Wirkungen des Waldökosystems setzen zeitweilig aus. Damit sind Entkopplung, Störung der biogeochemischen Kreisläufe und Gefährdung der Produktionsnachhaltigkeit verbunden. | Auf der einzelnen Fläche wird ein Gleichgewicht zwischen auf- und abbauenden Prozessen und Permanenz der Wirkungen des Waldökosystems angestrebt. Entkopplungen sollen vermieden und die biogeochemischen Kreisläufe nicht unterbrochen werden. |
| Ein rechnerischer Ausgleich hinsichtlich Stoffproduktion und Entzug wird erst in der **Betriebsklasse** als höherer Hierarchieebene erwartet. | Die Betriebsklasse als Ausgleichskategorie im Sinne der Ertragsregelung wird überflüssig. |

ße auch Gegenstände des Umwelt- und Forstrechtes berührt. Im wesentlichen betrifft das folgende Bundesgesetze:

- Gesetz zur Erhaltung des Waldes und zur Förderung der Forstwirtschaft (Bundeswaldgesetz) vom 02. 05. 1975 mit Änderung vom 27. 07. 1984,
- Gesetz über Naturschutz und Landschaftspflege (Bundesnaturschutzgesetz – BNatSchG) von 1976 in der Fassung vom 12. 03. 1987, zuletzt geändert am 06. 08. 1993,
- Bundesjagdgesetz vom 29. 09. 1976, zuletzt geändert am 23. 09. 1990,
- Gesetz zur Ordnung des Wasserhaushaltes (Wasserhaushaltsgesetz – WHG) in der Fassung vom 23. 09. 1986, zuletzt geändert am 26. 08. 1992,
- Bundesfernstraßengesetz – FStrG in der Fassung vom 08. 08. 1990,
- Gesetz zum Schutz vor schädlichen Umwelteinwirkungen durch Luftverunreinigungen, Geräusche, Erschütterungen und ähnliche Vorgänge (Bundesimmissionsschutzgesetz – BimSchG) in der Fassung vom 14. 05. 1990, zuletzt geändert am 22. 04. 1993,
- Gesetz zum Schutz der Kulturpflanzen (Pflanzenschutzgesetz – PflSchG) vom 15. 09. 1986, zuletzt geändert am 06. 08. 1993,
- Verordnung über den Schutz von Wild (Bundeswildschutzverordnung – BWildSchV) vom 25. 10. 1985,
- Verordnung zum Schutz wildlebender Tier- und Pflanzenarten (Bundesartenschutzverordnung – BArtSchV) vom 18. 09. 1989.

Diese Bundesgesetze und Verordnungen werden in den Ländern durch entsprechende Landesgesetze ergänzt. Hinzu kommen noch zahlreiche Verordnungen, Anweisungen und Anleitungen in verschiedenen Verwaltungsebenen, so z. B.

- Anleitung zur bundesweiten Bodenzustandserhebung im Wald (BZE) vom Juli 1990,
- Anleitung zur Waldfunktionsplanung und -kartierung in den Bundesländern.

Leider muß festgestellt werden, daß diese Rechtsvorschriften nur noch schwer überschaubar sind und zwischen den einzelnen Bundesländern mehr als erforderlich divergieren (Zundel 1994).

In den Rechtsvorschriften des Bundes und der Länder werden zahlreiche Kategorien von Wäldern mit Schutz- und Sonderfunktionen ausgewiesen, wobei man leider feststellen muß, daß Wälder gleicher Funktion nicht selten verschiedene Bezeichnungen tragen und Wälder gleicher Bezeichnung unterschiedlich definiert sind. Auch gibt es zahlreiche Überlappungen und Unschärfen. Aus diesem Grunde war es schwer, die verschiedenen Schutzwaldkategorien sachlich und logisch zu ordnen.

Die diesem Kapitel zugrunde liegende Gliederung beruht auf folgenden Prinzipien:

- Trennung von Schutzwäldern mit vordergründig ökologischen Aufgaben (Klima-, Wasser-, Boden- und Naturschutz) und solchen mit Sonderfunktionen (z. B. hygienische, kulturhistorische, rekreative, wissenschaftliche und pädagogische),
- Ordnung der Wälder mit ökologischen Funktionen in die Kategorien Artenschutz, Schutz von Biozönosen und Ökosystemen sowie Landschaften. Somit wurde von der autökologischen zur synökologischen und von der topischen zur chorischen Dimension fortgeschritten.
- Ordnung der Wälder mit Sonderfunktionen in solche mit hygienischen, kulturhistorischen, rekreativen und wissenschaftlich-didaktischen Aufgaben.

Im Interesse einer sicheren Identifikation und Zuordnung werden bei den einzelnen Kategorien die entsprechenden Rechtsbestimmungen mit genannt.

Die flächenmäßige Erfassung der Wälder mit Schutz- und Sonderfunktionen erfolgt seit einigen Jahren durch Waldfunktionskartierungen. Diese werden aber erst dann wirksam, wenn auch gesagt wird, wie die einzelnen Kategorien, ihren speziellen Aufgaben entsprechend, zu behandeln sind. Nachfolgend wird versucht, einige Hinweise dazu zu geben.

## 7.2 Wälder mit ökologischen Schutzfunktionen

### 7.2.1 Klimaschutzwälder

Diese Wälder dienen dem Schutz von Siedlungen, Gebäuden, Grundstücken, Straßen und diversen Anlagen vor nachteiligen meteorologischen Einwirkungen. Dabei ist zwischen lokalen (z. B. Kaltluftseen) und regionalen Schutzwirkungen (Frischluftzufuhr in Städte) zu unterscheiden. Nicht eingeschlossen werden der Schutz vor meteorologischen Schäden im Walde selbst (z. B. Wind- und Schneebruch).

Bei den hier zu betrachtenden meteorologischen Faktoren handelt es sich vor allem um
- den Schutz vor mechanisch und physiologisch schädigenden Windeinwirkungen auf leeseitig nachgelagerten Flächen und Straßen,
- die Vermeidung von Kaltluftentstehung, -abfluß und Kaltluftseenbildung,
- die Regenerierung von Luftmassen in waldnahen Städten (Frischluftzufuhr).

Im Kapitel 4.2.1.3 wurde dargestellt, in welchem Ausmaß der Wald die **Windgeschwindigkeit** zu drosseln vermag und wie weit dieser Einfluß wirkt. Daraus folgt, daß nachteilige Windeinwirkungen durch die Anlage bzw. Erhaltung von Wäldern in deren Luvbereich erheblich vermindert werden können. Die Bedeutung dieser Schutzwirkung nimmt mit der Häufigkeit und Stärke der Winde zu. Küstengebiete und weite Agrarlandschaften bedürfen dieses Schutzes in besonderem Maße (Abb. 67). Dabei geht es nicht nur um einen Schutz vor mechanischen Schäden bei Stürmen, sondern gleichermaßen oder vorrangig um den Schutz vor Bodenaustrocknung, Bodendeflation und physiologischen Schäden an den Pflanzen.

Schutz vor Wind ist auch eine Aufgabe der im Bundesfernstraßengesetz ausgewiesenen Straßenschutzwälder.

Wälder, die vorrangig dem Schutz vor Wind dienen, müssen folgende Bedingungen erfüllen:

- Permanenz: Die Forderung nach ständigem Schutz vor physiologischen und mechanischen Windschäden kann nur von Dauerbestockungen erfüllt werden. Das können Dauerwälder oder auch schlagweise bewirtschaftete Wälder sein, wenn diese im **Schirmschlag-** oder **Lochschlag-System (Femelschlag)** mit langem Verjüngungszeitraum bewirtschaftet werden. Zu vermeiden sind in jedem Falle Kahlschläge, die zur Unterbrechung der Schutzwirkung führen.
- Stabilität: Permanenz der Schutzwirkung setzt Stabilität des Waldökosystems voraus. Erste Voraussetzung dafür sind **standortgemäße Baumarten** und innerhalb des damit abgesteckten Spektrums **stand-** und **bruchfeste** so-

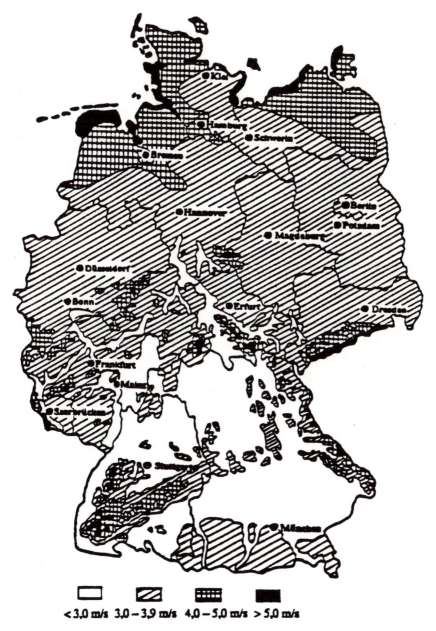

Abb. 67: Karte der Windgeschwindigkeit in Deutschland (Dt. Wetterdienst Offenbach, zit. v. Kurth 1994, S. 130)

333

wie **windresistente** Baumarten, wie Stiel- und Trauben-Eiche, Schwarz- und Grau-Erle, Esche, Winter-Linde sowie Gemeine Kiefer und Europäische Lärche. Bei der waldbaulichen Behandlung der Waldbestände dieser Schutzwaldkategorie sind die bekannten Maßnahmen des **Sturmschutzes** zu berücksichtigen. Dazu gehören weite Bestandesbegründung, intensive, auf eine große individuelle Stabilität (niedriges h/d-Verhältnis) orientierte Bestandeserziehung und -pflege, Vermeidung von Anhieben gegen die Hauptsturmrichtung.

Besondere Aufmerksamkeit ist den **Wald-** und **Bestandesrändern** zu schenken. Diese sollen von einem vorgelagerten Staudensaum über einen artenreichen, außen aus niedrigeren, innen aus höheren Sträuchern bestehenden Gehölzmantel überleiten zu dem aus weitständig aufgewachsenen und gut bekronten Bäumen aufgebauten Waldbestand.

– Winddämpfung: Wald ist in der offenen Landschaft eine Barriere, die im Luv Aufstau und Durchwirbelung der Luftmassen, im Lee Windschatteneffekte hervorruft. Diese Wirkung ist um so größer, je höher der vorgelagerte Waldbestand und um so stärker der Wind ist.

Die Geschwindigkeit des Windes wird durch den Wald, je nach Raumstruktur und Oberfläche, vermindert. Mehrschichtige und dichte Bestände wirken stärker als einschichtige und lockere. Für den Schutz der umgebenden Landschaft ist die Rauhheit und Elastizität der Kronenoberfläche bedeutungsvoll, weil darin die kinetische Energie der bewegten Luftmassen in elastische Verformung verwandelt wird. Auch aus dieser Sicht sind Dauerbestockungen und Femelwälder positiv zu beurteilen.

Von lokaler Bedeutung ist die Vermeidung von **Kaltluftbildungen, Kaltluftströmen** und **Kaltluftseen** mit **Nebelbildung** und **Eisglätte.** Durch Maßnahmen der Forstwirtschaft sollen solche meteorologische Ereignisse, die zu Frostschäden in Weingärten sowie frostempfindlichen gärtnerischen und landwirtschaftlichen Kulturen führen, vermieden oder vermindert werden. Auch in Erholungsgebieten können derartige Schutzmaßnahmen notwendig sein. Im Verkehrswesen spielt die Vermeidung von Nebel und Glatteis in Kaltluftseen eine bedeutende Rolle.

Die geschilderten Witterungssituationen treten vor allem in Strahlungsnächten und abzugslosen Geländemulden, die aus einem großen Kaltluft-Einzugsgebiet gespeist werden, auf. Seitens der Forstwirtschaft kann darauf Einfluß genommen werden durch

– permanente Waldbestockung im Kaltluft-Einzugsgebiet und in Geländemulden,
– Aufhiebe, die einen Abfluß der Kaltluft aus dem Kaltluftbecken in tiefere Geländebereiche gestatten.

In einigen Bundesländern werden auch Wälder in rauhen Hoch- und Kammlagen sowie auf Bergkuppen mit tiefen Temperaturen, langer Schneelage, häufiger Nebelbildung und großer Windbelastung als Schutzwälder ausgewiesen.

Die vor allem an heißen Tagen zwischen Wäldern, Feldern und größeren Siedlungen bestehenden Temperaturunterschiede können Luftströmungen von kühleren Wäldern zu stärker aufgeheizten Siedlungen bewirken. Solche Luftströmungen sind als Frischluftzufuhr willkommen. Durch entsprechende Maßnahmen der Raumordnung sollen sie gefördert werden (Abb. 68).

Der Klimaschutz durch Wälder wird in folgenden Rechtsvorschriften und Anleitungen genannt:
– Bundeswaldgesetz (§ 12),
– Bundesfernstraßengesetz, (§ 19, Straßenschutzwälder),
– Bundesimmissionsschutzgesetz,
– Bundesweite Bodenzustandserhebung im Wald (BZE), (Ziffern 106, 107, 108, 204, 205, 206),
– Waldgesetze der Länder,
– Arbeitsanleitungen zu den Waldfunktionsplanungen und -kartierungen der Länder.

### 7.2.2 Wasserschutzwälder

Zu dieser Kategorie gehören Wälder unterschiedlicher Zielstellung und Behandlungsstrategie. Einerseits kann es sich dabei um Wälder handeln, die so zu bewirtschaften sind, daß ein kontinuierliches Dargebot an hochwertigem Wasser gewährleistet wird, andererseits geht es um den Schutz vor zerstörenden Kräften des Wassers in Rinnsalen, Wildbächen sowie an den Ufern von Fließ- und Stillgewässern. Diese prinzipiellen Unterschiede werden häufig nicht hinreichend berücksichtigt.

Gegenstände des den Wald betreffenden Wasserschutzes werden in folgenden Rechtsvorschriften behandelt:
– Bundeswaldgesetz (§§ 12 u. 13, Geschützte Waldgebiete),
– Bundeswasserhaushaltsgesetz (§ 19),
– Bundesweite Bodenzustanderhebung im Wald (BZE), (Ziffern 101, 102, 103, 201),
– Waldgesetze der Länder (Geschützte Waldgebiete),
– Waldfunktionsplanungen der Länder (Arbeitsanleitungen),
– Wasserhaushaltsgesetze der Länder.

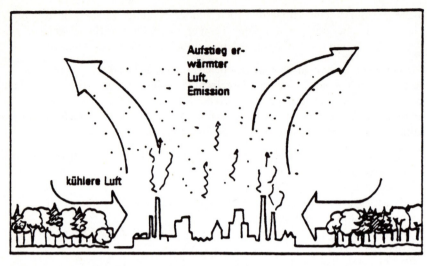

*Abb. 68: Luftzirkulation über einem Stadtgebiet (Otto 1994)*

### 7.2.2.1 Wälder zur Beeinflussung von Wassermenge und -güte

Über den Einfluß der Wälder auf die Niederschlagsmenge sowie die hydrologischen Unterschiede zwischen Wald- und Nichtwaldökosystemen wurde im Kapitel 4.2.2 berichtet. Hier soll vordergründig darauf eingegangen werden, wie die verschiedenen wasserwirtschaftlichen Ziele mit forstwirtschaftlichen Maßnahmen gefördert werden können.

336

**Wasserwirtschaftliche Zielstellungen** können sein:

- Erhöhung der Bodenfeuchtigkeit und der Grundwasserneubildung,
- Verminderung der Bodenfeuchtigkeit,
- Kontinuität (Jahresgang) und Nachhaltigkeit (Langzeitwirkung) des Wasserdargebotes,
- Verbesserung der Wassergüte.

Diese Zielstellungen können seitens der **Forstwirtschaft** durch folgende Maßnahmen unterstützt werden:

- Wahl der Baumarten im Rahmen dessen, was der Biotop zuläßt,
- Wahl des Waldbausystems und Länge der Umtriebszeit,
- Regelung der Bestandesdichte,
- Waldhygiene,
- technische Maßnahmen.

Es ist evident, daß die Wahl der jeweils anzuwendenden forstwirtschaftlichen Maßnahmen von der wasserwirtschaftlichen Zielstellung abhängig ist:

- Steht eine **Erhöhung der Bodenfeuchtigkeit** und der **Grundwasserneubildung** im Vordergrund des Interesses, dann sind Pflanzenbestände mit geringem Eigenverbrauch an Wasser anzustreben. Auf die Schwierigkeiten, die Wasserbilanz von Waldbeständen verschiedener Baumarten und Bodenpflanzendecken zu ermitteln, wurde im Kapitel 4.2.2.2.3 eingegangen. Wenn früher (Thomasius 1978) Kiefern- und Eichenbestände (auf grundwasserfreien Standorten) als wassersparende Bestockungstypen bezeichnet worden sind, so gilt das heute, angesichts der sich in vielen Beständen von Lichtbaumarten ausbreitenden Sandrohr-Decken (Calamagrostis epigejos) nur noch mit Einschränkungen. Meist wird es zweckmäßig sein, sich bei der **Baumartenwahl** an der potentiellen natürlichen Waldgesellschaft zu orientieren, weil diese mit verschiedenen weiteren ökologischen Effekten, die auch hydrologisch relevant sind (Humuszustand, Bodendurchwurzelung, Infiltrationsrate), verbunden ist.
Bei einer Waldbewirtschaftung nach dem System des **schlagweisen Hochwaldes** sind lange **Umtriebszeiten** anzustreben, weil bei diesen der Flächenanteil stark wasserverbrauchender Alters- bzw. Wuchsklassen innerhalb der Betriebsklasse kleiner ist. Kahlschläge in Wasserschutzwäldern sind in allen Bundesländern verboten oder genehmigungspflichtig.
Durch Reduzierung der **Bestandesdichte** kann, wegen der damit verbundenen Interzeptions- und Transpirationsminderung, eine kurzzeitige Erhöhung der Bodenfeuchtigkeit und Abflußspende herbeigeführt werden. Dieser Effekt klingt ab, sobald sich eine dichte Bodenpflanzendecke ausgebildet oder der betreffende Bestand wieder geschlossen hat.

– Wird eine **Verminderung der Bodenfeuchtigkeit** angestrebt, wie es auf Naßstandorten der Fall sein kann, so sind Bestände von **Baumarten** mit Wasser-Luxuskonsum am Platze. Dazu gehören diverse Weiden- und Pappelsorten sowie Erlen und Birken. Diese Baumarten sowie Stiel-Eiche, Esche, Berg- und Feld-Ulme dominieren auch in den potentiellen natürlichen Waldgesellschaften solcher Biotope.
Da Kahlschläge und andere, den Wasserverbrauch der Biozönose plötzlich und stark reduzierende Maßnahmen zu einer erheblichen Vernässung und Vermoorung führen, sind auf Feuchtgeotopen **schlagfreie Waldbausysteme** zu wählen.
Diese biologischen Maßnahmen können durch **Hydromelioration** ergänzt werden, sofern dem keine anderen Gesichtspunkte (Naturschutz) entgegenstehen.
– Im Vergleich zu Nichtwaldökosystemen tragen Wälder, dank größerer Infiltrations- und Speicherfähigkeit der Böden, in hohem Maße zur Verbesserung der **Kontinuität des Wasserdargebotes** bei. Extrem hohe und niedrige Wasserstände werden dadurch vermieden. Dieser Effekt kann durch bodenpflegende Maßnahmen (Verbesserung des Humuszustandes und des Porenvolumens mittels Baumartenwahl, Düngung, Vermeidung von Bodenverdichtungen durch Maschinen und Viehtritt) erhöht werden.
Von der Kontinuität im Jahresverlauf zu unterscheiden ist die **Nachhaltigkeit des Wasserdargebotes über längere Zeiträume.** Da die Wasserspende aus jedem einzelnen Waldbestand von dessen Arten-, Alters- und Raumstruktur abhängig ist, erfordert Nachhaltigkeit des Wasserdargebotes aus einem Einzugsgebiet auch Nachhaltigkeit der in ihm stockenden Wälder.
Diese Voraussetzung wird am besten erfüllt, wenn es sich um **Dauerwälder** handelt. Bei diesen wird Nachhaltigkeit des Wasserdargebotes in Näherung von jedem einzelnen Waldbestand hinreichender Größe gewährleistet. Rein **rechnerisch** kann Nachhaltigkeit des Wasserdargebotes auch dann gegeben sein, wenn alle Alters- bzw. Wuchsklassen innerhalb eines Wassereinzugsgebietes mit gleichem Anteil vertreten sind und die Wirkung stark wasserverbrauchender Jungbestände durch die der wenig wasserverbrauchenden Blößen und Altbestände kompensiert wird. In einem solchen Falle entspricht das **Wassereinzugsgebiet** einer **Wasserbetriebsklasse** (Kap. 7.1).
– Die **Güte** der aus bewaldeten Einzugsgebieten kommenden Wässer ist meist besser als die der aus unbewaldeten stammenden. Die Ursachen sind geringerer Oberflächenabfluß, bessere Filterwirkung des Waldbodens, geringere Belastungen durch Düngung, Pflanzenschutzmittel u. a. Stoffe. Seitens der Wasserwirtschaft werden in letzter Zeit Befürchtungen geäußert, daß die Qualität der aus stärker luftfilternden Waldgebieten kommenden Wässer beeinträchtigt wird.

Bei der Bewirtschaftung von Wasser- und Heilquellenschutzwäldern müssen diese Aspekte berücksichtigt und waldbaulich umgesetzt werden. Dazu gehören

- Vermeidung von Bodenfreilage durch Kahlschläge, die zu verstärktem Oberflächenabfluß, Stoffabbau und Nährstoffeintrag führen,
- Vermeidung von Bodenverdichtungen durch Befahren mit schweren Maschinen oder Vieheintrieb,
- Vermeidung von Bodenverwundungen beim Holzrücken und Wegebau, die zu Ansatzstellen der Erosion werden können,
- Vermeidung von Bodenkontaminationen. In Zone I der Wasserschutzwälder ist der Einsatz von Pflanzenschutzmitteln und Düngung untersagt. In Zone II dürfen anerkannte Pflanzenschutz- und Düngemittel sachgemäß angewandt werden. Die Wasserwirtschaft verhält sich jedoch auch hier aus gegebenen Anlässen sehr restriktiv zum Dünge- und Pflanzenschutzmitteleinsatz. Hinzu kommt, daß die Pflanzenschutzmittel-Anwendungsverordnung vom 22. 07. 1988 den Einsatz einiger zugelassener Pflanzenschutzmittel in Wasserschutzgebieten untersagt. In Wassereinzugsgebieten ist ein besonders sorgfältiger Umgang mit Mineralölen erforderlich. Tierkadaver müssen entfernt werden.

In Stillgewässern, wie Weihern, Teichen und Talsperren, kann die Wasserqualität durch Laubfall im Herbst und die später im Wasser auftretenden Fäulnisprozesse vermindert werden. Diese wohl nur bei kleinen Stillgewässern mit langer Uferstrecke relevanten Wirkungen können durch Wiesen und immergrüne Nadelbaumsäume abgeschwächt werden.

- **Zusammenfassung**
Die Menge, zeitliche Verteilung und Güte des aus bewaldeten Einzugsgebieten kommenden Wassers kann durch forstwirtschaftliche Maßnahmen beeinflußt werden. Dabei ist zwischen verschiedenen Zielstellungen zu unterscheiden. Da es nicht möglich ist, allen wasserwirtschaftlichen Zielstellungen zugleich in optimaler Weise Rechnung zu tragen (maximale Wassermenge und -güte schließen sich z. B. aus), müssen Kompromisse gefunden werden.
Nach DYLIS (1953) sind die Einzugsgebiete von Gewässern so zu bewirtschaften, daß eine optimale Gewinnung von Wasser großer Menge und hoher Qualität bei zeitlich günstiger Verfügbarkeit und Erhaltung der Bodenfruchtbarkeit sowie anderer Waldfunktionen gewährleistet werden (zit. v. Brechtel 1969).
Dazu gehören:
- Verwendung standortgemäßer, weitgehend der potentiellen natürlichen Waldgesellschaft entsprechenden Baumarten,
- Anwendung schlagfreier Waldbausysteme bzw. langer Umtriebszeiten bei schlagweisen Systemen,

- Vermeidung plötzlicher und längerer Bodenfreilage,
- intensive Bestandes- und Bodenpflege,
- Vermeidung von Bodenkontaminationen und -verdichtungen.

### 7.2.2.2 Wälder zum Schutz vor zerstörenden Kräften des Wassers

Bei dieser Kategorie handelt es sich um Wälder in Gebieten, in denen Hochwässer gewöhnlich ihren Ursprung haben, sowie Bachtälchen und Flußauen, in denen sie abfließen und Überschwemmungen hervorrufen. Hinzu kommen baumbestandene bzw. waldbestockte Ufersäume entlang der Fließgewässer.

- **Hochwasserentstehungsgebiete** sind meist die Folge landschaftsökologischen Mißmanagements. Häufig sind es Gebiete mit großer **Reliefenergie** und **erosionsdisponierten Böden,** hohen, zeitlich **konzentrierten Niederschlägen** und **starker Entwaldung.** Ein Beispiel dafür ist das Osterzgebirge, wo sich die genannten Faktoren überlagern. Dadurch ist es wiederholt zu verheerenden Hochwässern gekommen.
  Diesen Gefahren muß – neben der Anlage von **Rückhaltebecken** und **Talsperren** – durch größere **Aufforstungen,** besonders in feuchten **Talanfangsmulden, Quellgebieten** sowie engeren Einzugsbereichen von Rinnsalen und Bächen, begegnet werden. Dazu werden **Baumarten** mit hohem Wasserverbrauch, großer Wurzelintensität sowie Pionier- und Intermediärbaumcharakter ausgewählt. Dies sind Schwarz- und Grau-Erle, Zitter-Pappel, Sand-Birke, Sal-Weide, aber auch Esche, Spitz- und Berg-Ahorn. In den Mittelgebirgen ist außerdem die stark wasserverbrauchende Fichte geeignet. Koniferenwälder können durch späteres und weniger tiefes Gefrieren des Bodens und Verzögerung der Schneeschmelze zur Verminderung des Oberflächenabflusses beitragen (Arbeitskreis Zustandserfassung und Planung . . . 1974).
  Diese Pionierwälder werden im Laufe der Zeit durch sachgemäße Mischungs- und Standraumregulierung sowie Ergänzungspflanzungen in ungleichaltrige, vertikal gegliederte, artenreiche **Dauerbestockungen,** die der potentiellen natürlichen Waldgesellschaft nahe kommen und permanent funktionsfähig sind, überführt.
  Bei akuter Erosionsgefahr müssen diese biologischen Verfahren durch technische Maßnahmen (Querwerke, Uferverbauungen) ergänzt werden.
  Die in den Hochwasserentstehungsgebieten bereits vorhandenen Wälder werden wie die im Kapitel 7.2.2.1 beschriebenen Wasserschutzwälder behandelt.
- **Hochwasserabflußgebiete** oder **Überschwemmungsgebiete** befinden sich überwiegend in den Auen des Mittel- und Unterlaufes von Flüssen. Auch künstliche Rückhaltebecken, die Hochwasser aufnehmen, sind hier einzuordnen.

Von Natur aus stocken in den häufiger und länger überfluteten flußnahen Bereichen **Weichholz-Auenwälder** (Kap. 5.7.1) und in den seltener und meist nur kurzzeitig überfluteten höher gelegenen Bereichen der Talauen **Hartholz-Auenwälder** (Kap. 5.7.3). Wo solche Wälder noch vorhanden sind, bedürfen sie aus vielfältigen Gründen des Schutzes (Klimaschutz, Wasserschutz, Bodenschutz, Naturschutz, Erholung). Im natürlichen System des Hochwasserschutzes wirken die Auenwälder als **Abflußverzögerer.** Bei Aufforstungen, die in einigen Ländern der Genehmigung durch die Wasserbehörde bedürfen, muß durch stromlinienförmige Ausformung der neuen Waldbestände dafür gesorgt werden, daß Hochwasser, Eisschollen und Treibgut ungehindert abfließen können.

Erwähnt sei an dieser Stelle der von Waldbeständen ausgehende Schattenwurf, welcher die Erwärmung des Wassers sowie die Verkrautung der Wasserläufe vermindert.

Die größte ökologische Wirksamkeit der Auenwälder ist bei hoher Natürlichkeit zu erwarten. Aus diesem Grunde muß sich die waldbauliche Behandlung an der Arten-, Alters- und Raumstruktur natürlicher Auenwälder orientieren.

Ziemlich unempfindlich gegen Überflutung sind die Baumarten des Weichholz-Auenwaldes, wie Weiden-, Pappel- und Erlen-Arten. Wenig empfindlich sind die des Hartholz-Auenwaldes, so Stiel-Eiche, Feld-Ulme, Esche und Hainbuche. Empfindlich sind Rot-Buche, Winter- und Sommer-Linde, Berg- und Spitz-Ahorn sowie alle immergrünen Nadelbaumarten (Kap. 5.7). Die Wälder in Hochwasserabflußgebieten sind stets als **Dauerwälder mit einzelbaum- oder gruppenweiser Nutzung sowie natürlicher Verjüngung** zu bewirtschaften. Ist Kunstverjüngung notwendig (hohe Wildstände), so werden Lochhiebe angelegt, in denen die Auenwaldbaumarten in Gruppen oder Horsten gepflanzt werden. Dabei müssen große Pflanzen benutzt werden, die der Konkurrenz der üppigen Bodenvegetation gewachsen sind und deren Krone bei Überflutung aus dem Wasser herausragt.

– Eine weitere Kategorie von Wasserschutzwäldern sind Gehölz- und Waldstreifen entlang der **Ufer von Fließgewässern** im Ober- und Mittellauf. Den hier auftretenden, mit dem Quadrat der Geschwindigkeit des fließenden Wassers zunehmenden Erosionskräften muß durch Uferschutzgehölze, die mit ihren Wurzeln und unteren Teilen die Angriffskraft des fließenden Wassers elastisch abfangen und das Ufermaterial befestigen, entgegengewirkt werden.

Bei der Anlage und Unterhaltung von Uferschutzgehölzen sind
  – die Naturausstattung des Biotops,
  – der gegebene Uferzustand,
  – die Eigenschaften der dafür in Betracht kommenden Baumarten (Tab. 50) zu berücksichtigen.

*Tab. 50: Baumarten für Uferschutzanlagen (Niemann 1978)*

| Baumart | Eigen-schaften | Höhenstufe | Wasser-dynamik | Hoch-wassertyp | Boden-substrat |
|---|---|---|---|---|---|
| Schwarz-Erle | – starkes Ausschlagvermögen u. Wurzelbrut,<br>– tiefgreifendes und dichtes Wurzelsystem,<br>– günstige Humusformen,<br>– Schattentoleranz in der Jugend | vom Flachland bis in Hochlagen vorkommend | Überflutung ertragend, schwache bis stärkere Fließgeschwindigkeit günstig | Winterhochwassertyp | nährstoffmittel |
| Grau-Erle | – starkes Ausschlagvermögen u. Wurzelbrut,<br>– tiefgreifendes und dichtes Wurzelsystem,<br>– günstige Humusformen,<br>– Schattentoleranz in der Jugend | vom Flachland bis in Kammlagen vorkommend | Überflutung ertragend, hohe Fließgeschwindigkeit günstig | Sommerhochwassertyp | bevorzugt kalkreich |
| Weiden | – starkes Ausschlagvermögen | diverse Arten und Sorten in allen Höhenstufen vorkommend | nach Arten und Sorten sehr differenziert | nach Arten und Sorten differenziert | nach Arten und Sorten differenziert |
| Pappeln | – starkes Ausschlagvermögen | Flach- und Hügelland | nach Arten und Sorten differenziert | nach Arten und Sorten differenziert | nach Arten und Sorten sehr differenziert |
| Esche | – Ausschlagvermögen,<br>– dichtes Wurzelsystem,<br>– Schattentoleranz in der Jugend | Flach- und Hügelland, untere Berglagen | Überflutung nur kurzzeitig ertragend, bewegtes und sauerstoffreiches Wasser günstig | Sommerhochwassertyp | nährstoffreich |
| Feld-Ulme | – Ausschlagvermögen u. Wurzelbrut,<br>– tiefgreifendes und dichtes Wurzelsystem,<br>– günstige Humusformen,<br>– Schattentoleranz in der Jugend | Flach- und Hügelland | Überflutung nur kurzzeitig ertragend, bewegt und sauerstoffreich | Sommerhochwassertyp | nährstoffreich |

| Baumart | Eigen-schaften | Höhenstufe | Wasser-dynamik | Hoch-wassertyp | Boden-substrat |
|---|---|---|---|---|---|
| Berg-Ulme | – Ausschlag-vermögen u. Wurzelbrut, – tiefgreifendes Wurzelsystem, – günstige Humusformen, – Schattentoleranz in der Jugend | Hügel- und Bergland | Überflutung nur kurzzeitig ertragend, auf höheren Böschungsbereichen | | nährstoffreich |
| Berg- und Spitz-Ahorn | – tiefgreifendes Wurzelsystem, – günstige Humusformen, – Schattentoleranz in der Jugend | Flach-, Hügel- und Bergland | Überflutung nur kurzzeitig ertragend, auf höheren Böschungsbereichen | | nährstoffmittel bis -reich |
| Hainbuche | – starkes Ausschlagvermögen, – wurzelintensiv, – günstige Humusformen, – permanente Schattentoleranz | Flach- und Hügelland | Überflutung nur kurzzeitig ertragend, auf höheren Böschungsbereichen | | nährstoffmittel bis -reich |
| Winter-Linde | – starkes Ausschlagvermögen, – tiefgreifendes Wurzelsystem, – günstige Humusformen, – Schattentoleranz in der Jugend | Flach- und Hügelland | Überflutung nur kurzzeitig ertragend, auf höheren Böschungsbereichen | | nährstoffmittel bis -reich |
| Vogel-Kirsche | | Flach- und Hügelland | Überflutung nur kurzzeitig ertragend, auf höheren Böschungsbereichen | | nährstoffmittel bis -reich |

Daraus folgt:
- Esche ist besonders für den Anbau auf nährstoffkräftigen Substraten im Hügel- und unteren Bergland geeignet.
- Schwarz-Erle kann bis in die raueren Berglagen als Uferschutzgehölz benutzt werden (Winterhochwassertyp).

- Grau-Erle, die kalkreiche Substrate bevorzugt, ist bis ins Hochgebirge geeignet (Sommerhochwassertyp).
- Der Einsatzbereich von Wildweiden ist nach klimatischen, edaphischen und hydrologischen Kriterien zu differenzieren (Kap. 5.7).

Wichtige Eigenschaften dieser Baumarten sind die Fähigkeit, wilde Wasserströme, Überflutungen und Geröllüberlagerungen zu ertragen und sich durch Stockausschläge oder Wurzelbrut zu regenerieren. An den etwas höher gelegenen Bereichen der Talhänge stellen Berg- und Spitz-Ahorn, Feld- und Berg-Ulme, Sommer- und Winter-Linde, Hainbuche und Trauben-Kirsche wertvolle Baumarten dieser Schutzwald-Kategorie dar.

Die Funktionsfähigkeit der Uferschutzwälder ist darüber hinaus von ihrer Raumstruktur abhängig. Angestrebt werden vertikal gut gegliederte und horizontal gleichmäßig, jedoch locker geschlossene, ungleichaltrige und sich durch hohe Elastizität gegenüber dem anströmenden Wasser auszeichnende Dauerbestockungen.

Die gewünschten Strukturen werden herbeigeführt
- durch Auslösung von Stockausschlag und Wurzelbrut sowie Ergänzungspflanzungen im unmittelbaren Uferbereich,
- durch Mischungs-, Alters- und Standraumregulierung im Interesse permanenter Funktionsfähigkeit.

Unter Berücksichtigung vielfältiger Aspekte (Eigenschaften des Biotops, der Gehölzarten und der Anforderungen an den Schutzstreifen) kann man **Uferschutzgehölz-Typen** bilden, die durch Angaben zur Baumartenzusammensetzung, zur angestrebten Raum- und Altersstruktur sowie Anlage- und Pflegetechnologie charakterisiert werden (Niemann 1971, 1972, 1974; Reifert et al. 1975). Über Aufbau und Pflege von Zielbestockungen an Fließgewässern berichten Haupt et al. (1982).


- **Zusammenfassung**
  - Die Baumartenzusammensetzung von Uferschutzwäldern sollte sich, unter Berücksichtigung des spezifischen Verhaltens der einzelnen Arten gegenüber hydromechanischen Belastungen, an der potentiellen natürlichen Waldgesellschaft orientieren.
  - Die waldbauliche Behandlung der Uferschutzwälder muß vordergründig vom Streben nach permanenter Funktionsfähigkeit bestimmt sein. Dementsprechend sind – vor allem im unmittelbaren Uferbereich – ungleichartige, gemischte und räumlich gut strukturierte **Dauerbestockungen** anzustreben.
  - Bestockungen, die den genannten Aufgaben nicht entsprechen, sind schrittweise im Sinne der erforderlichen Strukturen umzubauen.

- Einen speziellen Fall des Schutzes vor zerstörenden Kräften des Wassers stellen **Wildbäche** dar. Dabei handelt es sich um Gewässer mit großem Gefälle, stark wechselnder Wasser- und Geröllführung sowie **Murenbildung.**

Die negativen Wirkungen der landschaftsästhetisch meist sehr attraktiven Wildbäche müssen im gesamten Einzugsgebiet durch eine den generellen Belangen des Wasserschutzes Rechnung tragende Waldbewirtschaftung abgeschwächt werden (Kap. 4.2.2 u. 7.2.2.1). Besondere Aufmerksamkeit muß weiterhin den Entstehungsbereichen von Murgängen und Wildbächen gelten. Meist handelt es sich dabei um Geländestufen, an denen Plateau- und Hanglagen in Kerbtäler oder Schluchten abbrechen.

Im unmittelbaren Bereich der Wildbäche können die bereits bei den Uferschutzwäldern beschriebenen Maßnahmen sinngemäß angewandt werden. Darüber hinaus sind häufig auch wasserbautechnische Maßnahmen (Anlage von Querwerken, die Rutschungen und Murgänge verhindern), die mit den biologischen Verfahren abgestimmt sind, erforderlich.

Zur Sicherung von Wildbächen werden, unter Berücksichtigung der Höhenlage, ebenfalls die in Tabelle 50 genannten Baumarten benutzt, d. h. Schwarz- und Grau-Erle, in Hochlagen auch Grün-Erle und in tieferen Lagen Esche, an den Wänden von Schluchten und Kerbtälern Berg-Ahorn, Berg-Ulme und Sommer-Linde. Hinzu kommen, besonders im Flach- und Hügelland, noch zahlreiche Straucharten (Niemann 1978).

Eine ausführliche Behandlung der Wildbachproblematik befindet sich in Band 5 des Handbuches.


### 7.2.2.3 Küstenschutzwälder

Wie bereits dargestellt (Kap. 4.2.3.3.4), sind Küstenschutzwälder Bestandteile eines vom Strand bis zum Hinterland reichenden Küstenschutzsystems. Darüber hinaus haben sie häufig auch Erholungsfunktionen zu erfüllen.

Ökologisch muß zwischen zwei Arten von Küstenschutzwald unterschieden werden (Bencard 1969):

- **Küstenschutzwälder an Flachküsten** füllen den Bereich zwischen Deich und Düne. Sie haben die Aufgabe, die Kraft und Höhe der Wellen zu vermindern und Deiche vor Wellenschlag und Zerstörung zu schützen. Diese Funktion können sie nur erfüllen, wenn sie hinreichend breit und dicht sind und aus Baumarten bestehen, die folgende Eigenschaften besitzen:
    - Windhärte, besonders die Bäume, die den vorderen, am stärksten windexponierten Rand bilden,
    - Regenerationsfähigkeit, um aufgetretene Schäden selbst und rasch zu regenerieren,

- Bildung von Wurzelausläufern und starke Beastung, damit sich dichte, wellenbrechende Bestände bilden,
- Biegsamkeit, damit die kinetische Energie der Wellen in elastische Verformung umgewandelt wird,
- intensive Bodendurchwurzelung, damit der Boden befestigt wird,
- Widerstandsfähigkeit gegen Übersandung,
- Widerstandsfähigkeit gegenüber kurzfristigen Salzwasserüberflutungen,
- hoher Wasserverbrauch, um zur biologischen Entwässerung beizutragen.

Wichtig ist die kontinuierliche Verjüngung, damit der Küstenschutzwald permanent funktionsfähig bleibt. Das kann überwiegend über Stockausschläge und Wurzelbrut erfolgen. Außerdem wird eine stromlinienförmige Abflachung des Kronendaches zur See hin angestrebt. Um das zu erreichen, werden in einem etwa 15–30 m breiten luvseitigen Streifen ausläufertreibende Sträucher gepflanzt. Dabei wird wegen der Spezifik des Standortes auch auf fremde, aber bewährte Arten zurückgegriffen, wie Sanddorn (Hippophae rhamnoides), Ölweide (Eleagnus commutata) und Kartoffel-Rose (Rosa rugosa). In einem zweiten, etwa 10–20 m breiten Streifen folgen höher wachsende Sträucher und Bäume niederer Ordnung, so verschiedene Weiden-Arten, Feld-Ahorn (Acer campestre) u. a. In einem dritten, besonders an Flachküsten ohne Deich bedeutungsvollen Streifen können Bäume zweiter und erster Ordnung stehen, deren Auswahl sich nach den gegebenen Naturbedingungen richtet und an der potentiellen natürlichen Waldgesellschaft orientiert. Das sind auf nährstoffreicheren Naßstandorten Erlen- und Eschen-Erlenwälder, auf nährstoffarmen Birken-Stieleichenwälder. Auf grundwasserfreien, nährstoffkräftigen Biotopen dominieren im westlichen Küstenbereich Buchenwälder und Buchenmischwälder (Kap. 5.1), während im östlichen Küstenbereich von Natur aus verstärkt die beiden Eichenarten (Kap. 5.2) und auf ärmeren Böden Kiefern (Kap. 5.5) bestandesbildend auftreten.

- Bei **Steil- und Kliffküsten** ist zwischen dem schroffen Kliffhang und dem landseitig anschließenden Plateau zu unterscheiden. Zur Sicherung des Kliffhanges eignen sich wiederum Sanddorn und Ölweide. Weitere, sich spontan einfindende Straucharten sind willkommen. Höhere Bäume sind am Kliff und besonders an der Kliffkante unerwünscht, weil sie dem Wind Angriffsflächen bieten, leicht geworfen werden und Erdabbrüche fördern.
Hinter der Kliffkante ist ein breiter Waldgürtel von großem ökologischen Wert, weil er das Hinterland vor Seewinden und Sandeinwehungen schützt. Auch diese Küstenschutzwälder sollen zur See hin stromlinienförmig abgestuft sein.

Küstenschutzwälder müssen permanent funktionsfähig, d. h. locker geschlossen und stufig aufgebaut, sein. Das erfordert Einzelbaumnutzung, kontinuierliche Verjüngung sowie intensive Bestandespflege. Diese Behandlungsweise führt im

Laufe der Zeit zu plenterartigen Strukturen. Schlagweise Hochwälder sind nur geeignet, wenn sie mit langen Verjüngungszeiträumen und hohen Umtriebszeiten bewirtschaftet werden.

Die rechtlichen Bestimmungen für den Küstenschutz sind in den Wasserhaushaltsgesetzen der betroffenen Bundesländer enthalten.

### 7.2.3 Bodenschutzwälder

Angesichts der zahlreichen, sich häufig überlagernden und unscharf definierten Schutzwald-Kategorien sind **Bodenschutzwälder** schwer abgrenzbar. Auch beim Klimaschutzwald und bei verschiedenen Wasserschutzwäldern (Schutz vor Erosion) spielen Anliegen des Bodenschutzes eine wesentliche Rolle. Die vor allem bei den Bodenschutzfunktionen feststellbaren Überschneidungen ergeben sich daraus, daß das Problem des Bodenschutzes in einem Falle aus der Sicht des **verursachenden Mediums** als **Energiequelle,** im anderen hingegen aus der Sicht des **betroffenen Gegenstandes** als **Rezeptor** betrachtet wird. Außerdem kann analog zum Wasser (Hochwasserentstehungs- und Hochwasserabflußgebiete) zwischen **Bodenabtrags-** und **Bodenauftragsgebieten** unterschieden werden.

Die verschiedenen Anliegen des Bodenschutzes sind verankert in folgenden Rechtsvorschriften und Anleitungen:

- Bundeswaldgesetz (§§ 12 u. 13, Geschützte Waldgebiete) und Waldgesetze der Länder,
- Bundeswasserhaushaltsgesetz und Wasserhaushaltsgesetze der Länder,
- Bundesfernstraßengesetz (§ 19, Straßenschutzwälder),
- Bundesweite Bodenzustandserhebung im Wald (BZE), (Ziffern 104, 202),
- Anleitungen zur Waldfunktionsplanung und -kartierung der Länder.

### 7.2.3.1 Wälder zum Schutz vor flächigem Bodenabtrag, Bodenkriechen und Steinschlag

Dort, wo die Disposition für Bodenabtrag infolge des Klimas, Reliefs und Bodens groß ist (Kap. 4.2.3.3.1), muß bei der Waldbewirtschaftung auf diese Gefahr Rücksicht genommen werden. In den mitteleuropäischen Wäldern sind das Geländebereiche mit >30° Neigung bei durchlässigen Böden bzw. >20° bei infiltrations- und perkolationsschwachen schluffig-tonigen Böden. Besonders gefährdet sind Standorte mit unterirdischen Gleitflächen, auf denen Sickerwässer als Schmiermittel wirken und Rutschungen auslösen können (Schiefergebirge).

Bei der Bewirtschaftung solcher Gebiete sind alle Möglichkeiten, die das Ökosystem Wald bietet, zu nutzen und alle negativen Einflüsse, die sich aus der Waldbewirtschaftung ergeben können, zu vermeiden.

Hieraus leiten sich folgende **Bewirtschaftungsempfehlungen** ab:

– Permanente Bestockung der gefährdeten Hanglagen, damit es zu keinem zeitweiligen Feuchtigkeitsüberschuß kommt. Bei akuter Rutschgefahr kann es notwendig sein, die mit vom aufstockenden Biomassevorrat verursachte Last durch niedrige Vorratshaltung zu begrenzen. In solchen Fällen kann Niederwald eine empfehlenswerte Bewirtschaftungsform sein,
– Förderung wurzelintensiver Baumarten wie Eichen, Berg-Ahorn, Tanne und Lärche im Interesse der mechanischen Befestigung und Drainage des Bodens,
– Aufbau vielschichtiger Bestände, die eine hohe Interzeption verursachen und den Boden vor starken Niederschlägen mit Verdichtung und Verschlämmung schützen,
– Bodenpflege durch Förderung von Bäumen, Sträuchern und Bodenpflanzen, die eine stickstoffreiche Streu liefern, zur Ausbildung eines günstigen Humuszustandes und einer stabilen Bodenstruktur beitragen und so die Infiltration und Speicherkapazität erhöhen,
– Quellwässer sind von den durch akute Rutschgefahr gefährdeten Stellen abzuleiten.

Zu **vermeiden** sind auf solchen Standorten

– Bodenfreilage durch Kahlschläge und andere räumlich konzentrierte Hiebe, weil es dadurch zu zeitweiligem Feuchtigkeitsüberschuß, zu Humusabbau und Verschlechterung der Bodenstruktur kommt. Bei Anwendung schlagweiser Systeme sind lange Umtriebszeiten und Verjüngungszeiträume zu wählen. Bei akuter Rutschgefahr, die keine hohen Belastungen zuläßt, kann Niederwald am Platze sein,
– Bodenverwundungen in Gefällrichtung, weil dadurch Ansatzstellen für die Erosion geschaffen werden. Aus dem gleichen Grunde muß das Holzrücken besonders pfleglich erfolgen (Vermeidung von Schleifrinnen, Seilrückung). Bei Wegebauten sind die genannten Standorte tunlichst zu umgehen. Wenn das nicht möglich ist, muß eine Hangsicherung durch bautechnische Maßnahmen gewährleistet werden,
– Vieheintrieb und Weidenutzung, weil der Boden durch den Tritt der Tiere verdichtet wird. Trittwege sind häufig Ansatzpunkte der Erosion.

Einen speziellen Fall stellen leichte Sandböden dar, die bei Freilage als **Flugsande** verweht und an anderen Orten wieder abgelagert werden. Auch hier stellt permanenter Bewuchs die beste Sicherung dar.


### 7.2.3.2 Wälder zum Schutz vor Bodenauftrag

Dem Bodenabtrag und der damit verbundenen Minderung der Bodenfruchtbarkeit (am stärksten werden Humus und Feinboden abgetragen) stehen die Ver-

schüttung und Verschlämmung von Äckern und Wiesen, Gebäuden und Siedlungen, Verkehrswegen und Industrieanlagen sowie eine erhöhte Feststofffüh-
rung der Fließgewässer und die rasche Auffüllung von Stillgewässern gegenüber.
Über die Menge der dabei abgelagerten Schuttmassen informieren die im Kapitel
4.2.3.3.1 gegebenen Daten.

Wälder, die vordergründig solche Schutzfunktionen erfüllen sollen, müssen sich
durch folgende Eigenschaften auszeichnen:

- Die Abtragungsgebiete müssen nach bodenpfleglichen Gesichtspunkten be-
  wirtschaftet werden.
- Die dem Schutz vor Steinschlag und Bodenaufschüttungen dienenden Wald-
  bestände müssen permanent wirksam sein, d. h. nach Möglichkeit schlagfrei
  bewirtschaftet werden.
- Die im Schutzwald dominierenden Baumarten müssen sich durch folgende
  Eigenschaften auszeichnen:
  • Sie müssen standorttauglich sein.
  • Sie müssen sich durch große Festigkeitseigenschaften und Elastizität des
    Holzes auszeichnen.
  • Sie müssen eine große Regenerationsfähigkeit nach Erdaufschüttungen
    besitzen.
  • Die Gefahr der Holzfäule nach Rindenverletzungen muß klein sein.

- Die Wälder sollen einen dichten Unterwuchs aufweisen, der bewegte Boden-
  massen zu bremsen und festzulegen vermag.

Im Flach- und Hügelland werden diese Eigenschaften von Stiel- und Trauben-
Eiche, Hainbuche, Sommer- und Winter-Linde, Rot-Erle sowie einigen Weiden-Arten gut erfüllt.


### 7.2.3.3 Lawinenschutzwälder

Der Schutz vor Lawinen beginnt dort, wo sie ihren Ursprung haben. Das sind
überwiegend von Natur aus **waldfreie** (oberhalb der Waldgrenze), z. T. auch
durch Mißmanagement **entwaldete Gebiete der Hochgebirge.**

In den lawinengefährdeten Gebieten geht es in erster Linie darum, eine rauhe,
das Abrutschen von Schneemassen verhindernde Oberfläche zu schaffen. Das
geschieht in den als Abrißgebiete bekannten Arealen zuerst durch aufwendige
Verbauungsmaßnahmen, wie Anlage von Horizontalgräben, Bermen, Querla-
gern, Verpfählungen, Schneerechen, Schneeböcken, Trockenmauern u. a. Dem
folgt unterhalb der Waldstufe die Aufforstung. Dort stellt der Wald langfristig
den wirksamsten Lawinenschutz dar. Er verhindert bei entsprechender Struktur
durch „festnageln" der Schneedecke die Entstehung von Lawinen, er lenkt diese

ab und stoppt ihren weiteren Lauf. Dort, wo der Wald noch vorhanden ist, muß er erhalten und entsprechend gepflegt werden.

Lawinenschutzwälder müssen, wie die meisten Schutzwälder, ungleichaltrige und gut strukturierte Dauerwälder sein, denn nur solche gewährleisten eine permanente Schutzwirkung. Die sie aufbauenden Baumarten sollen tiefwurzelnd, standfest und interzeptionsintensiv sein. In den meisten Fällen wird die Baumartenzusammensetzung dieser Wälder von der potentiellen natürlichen Waldgesellschaft vorgezeichnet.

An der oberen Grenze bildet auf Kalk die Latsche bzw. auf schweren und sauren Böden die Grün-Erle einen Knieholzgürtel. Daran schließen sich Zirbelkiefern-Lärchen-Mischbestände (Kap. 5.4.2) an. Mischbestände von Buche, Tanne und Fichte, auf mineralstoffreicheren Standorten auch Berg-Ahorn, Berg-Ulme und Sommer-Linde, folgen in der montanen Stufe.

Die Verjüngung der Lawinenschutzwälder soll nach Möglichkeit trupp- und gruppenweise auf natürlichem Wege erfolgen. Neuaufforstungen erfolgen durch Saat oder Pflanzung an geschützten Plätzen (im Schutz von Steinblöcken, Stöcken und Baumleichen) in weiten Verbänden. Alle schon vorhandenen Gehölze werden dabei geschont. Die Waldbestände müssen im Interesse der Stabilität jedes einzelnen Baumes weitständig aufwachsen.

Hohe Wildstände, Weidenutzungen und Skipisten beeinträchtigen die Stabilität und Wirksamkeit von Lawinenschutzwäldern (Liss 1988).

Lawinenschutzwälder werden im Bundeswaldgesetz (§ 10), im bayerischen Forstgesetz vom 09. 07. 1965 (§ 10) und in der Anleitung zur Waldfunktionsplanung in Bayern ausgewiesen.

### 7.2.4 Schutzwälder für Pflanzen, Tiere und Lebensgemeinschaften

Alle Wälder bieten Lebensräume für Organismen (Individuen, Populationen) und Organismengemeinschaften (Zönosen):

- als Habitate für wildlebende Mikroorganismen-, Pflanzen- und Tierarten,
- als Biotope für Lebensgemeinschaften (Biozönosen), die wiederum in höhere Systemebenen (Geobiozönosen bzw. Ökosysteme, Landschaften etc.) integriert sind (Kap. 3).

Bestimmte Wälder können jedoch von besonderer Bedeutung für die Erhaltung von Lebensräumen und damit den Schutz von Arten und Lebensgemeinschaften sein, z. B. Wälder, in denen

- besonders geschützte, seltene oder gefährdete Pflanzen- und Tierarten vorkommen (Kap. 7.2.4.1),

- einmalige oder naturraumtypische, seltene oder gefährdete, natur- oder kulturhistorisch bedeutsame Lebensgemeinschaften und
- Waldökosysteme mit besonderer Biodiversität (Reichtum an Arten-, Raum- und Altersstrukturen) oder geringer Hemerobie bzw. hohem Natürlichkeitsgrad (Kap. 7.2.4.2) vorkommen (zahlreiche Beispiele in Kap. 5.1–5.8).

Diese Wälder erfüllen vorrangig Naturschutzfunktionen. Sie stellen damit Schutzwälder für Pflanzen, Tiere und Lebensgemeinschaften bzw. Geobiozönosen dar. Diesem Schutzwaldcharakter ist bei der Waldbewirtschaftung Rechnung zu tragen, unabhängig davon, ob sie zu Schutzwäldern oder Schutzgebieten nach Forst- oder Naturschutzrecht erklärt wurden. Wälder können auch wesentliche Bestandteile großräumig geschützter Landschaften sein (Kap. 7.2.5) oder solche Schutzgebiete prägen, wobei die ökologischen Schutzfunktionen der Wälder (einschließlich der für den Schutz von Arten oder Lebensgemeinschaften) teilweise oder überhaupt deren Schutzwürdigkeit bedingen können.

### 7.2.4.1 Wälder zum besonderen Schutz von Individuen und Populationen wildlebender Pflanzen- und Tierarten (Arten- und Habitatschutz)

Rechtliche Grundlage für den Artenschutz, d. h.

**den Schutz und die Pflege wildlebender Pflanzen- und Tierarten in ihrer natürlichen und historisch gewachsenen Vielfalt,**

sind die Naturschutzgesetze des Bundes (BNatSchG) und der Länder sowie die Bundesartenschutzverordnung (BArtSchV) und Verordnungen der EWG und des Bundes zum Washingtoner Artenschutzübereinkommen (CITES). In den Wäldern kommen zahlreiche Pflanzen- und Tierarten vor, die laut rechtlicher Festsetzungen besonders geschützte (darunter vom Aussterben bedrohte) Arten darstellen (Kap. 5.1–5.8). Abgesehen davon, daß bei der Waldbewirtschaftung der allgemeine Schutz von Pflanzen und Tieren gilt, bedürfen diese Arten zusätzlicher Beachtung und Fürsorge und bedingen eine Behandlung ihrer Habitate als Schutzwald.

Trotz der vom Gesetzgeber (§ 20 f BNatSchG) bei Handlungen im Rahmen einer „ordnungsgemäßen" forstwirtschaftlichen Bodennutzung (solange ordnungsgemäß nicht definiert ist, bleibt die „Landwirtschaftsklausel" dieses Gesetzes fragwürdig) zugestandenen Einschränkung der Schutzvorschriften für besonders geschützte Pflanzen und Tiere, sind Schutz und Pflege dieser Arten bei der Planung und Durchführung forstwirtschaftlicher Maßnahmen stets zu berücksichtigen, unabhängig davon, ob die Habitate zu einem Schutzwald erklärt wurden oder sich in einem rechtlich festgesetzten Schutzgebiet befinden. Die Bewahrung und Förderung der Artenvielfalt im Wald ist nicht nur Anliegen des Naturschutzes, sondern gleichermaßen Anliegen einer modernen, der ökologischen Waldbewirtschaftung verpflichteten Forstwirtschaft, wobei Artenvielfalt nicht immer mit anderen naturschutzrelevanten Kriterien (z. B. Naturnähe, Seltenheit) korrespondiert und durch den angestrebten Dauerwald keineswegs immer gefördert wird (Sturm 1989, Reif 1991, Schmidt 1993c).

Der Verlust jeglicher Sippe auf spezifischer (Arten) wie intraspezifischer (Unterarten, Varietäten, Wuchsgebiets- und Lokalrassen etc.) oder interspezifischer (Hybriden) Ebene bedeutet Einbußen an Arten- und Formenmannigfaltigkeit. Es ist aber notwendig, Prioritäten zu setzen. Für den Artenschutz im Rahmen der Waldbewirtschaftung oder die Behandlung eines Waldes als Schutzwald für eine bestimmte Population bilden neben den „besonders geschützten Arten" weitere „Risikogruppen" Schwerpunkte, u. a.

- nicht besonders geschützte, aber seltene und damit potentiell gefährdete sowie durch Rückgang ihrer Vorkommen aktuell gefährdete oder sogar vom Aussterben bedrohte Arten (erfaßt in „Roten Listen", z. B. Blab et al. 1984, Fink et al. 1991; Beispiele siehe Kap. 5.1–5.8),
- nicht dem Naturschutzrecht unterliegende, aber bestandesbedrohte jagdbare Tierarten (z. B. Säugetiere/Haarwild wie Luchs und Wildkatze, zahlreiche Vögel/Federwild wie Greifvogel- und Eulenarten, Auer-, Birk- und Haselhuhn), für die keine Jagdzeiten festgelegt sind bzw. ein Aneignungsverbot besteht (BJagdG, BWildSchV), womit prinzipiell ein vergleichbarer Schutz wie durch das Naturschutzrecht gegeben ist.

Artenschutz im Wald bedeutet in erster Linie Habitatschutz, -pflege oder -gestaltung. Dabei kann es sich um den Schutz oder die Förderung von Individuen oder Teil-Populationen bestimmter Arten handeln, z. B.

- Unterlassung störender Forstarbeiten zur Brutzeit (z. B. Horstschutzzonen für Greifvögel),
- Pflanzung ausschlagfähiger Weichholzauen-Gehölze zur Verbesserung des Nahrungsangebotes für den Biber (Kap. 5.7.1),
- Erhaltung einzelner Altbäume oder Baumgruppen (z. B. autochthone Eiben, echte Schwarz-Pappeln/Kap. 5.7.1, Alteichen als Relikte des Hartholz-Auenwaldes/Kap. 5.7.3, Überhälter der autochthonen Höhenkiefer als Relikte des Kiefern-Tannenwaldes/Kap. 5.3.2),

aber auch um Verbesserung der Habitatbedingungen für Arten mit vergleichbarem synökologischem Verhalten oder ähnlichen Gefährdungsursachen, z. B.

- Erhaltung oder Wiederherstellung lichter Raumstrukturen, um die Ausdunklung heliophiler bzw. schattenintoleranter Arten aufzuhalten (Kap. 5.2, Tab. 36),
- Gestaltung artenreicher Waldrand-Ökotone für schattenintolerante Arten, die bei der Überführung in Dauerwald nur begrenzte Entwicklungsmöglichkeiten im Wald finden,

- Erhöhung des Anteils von Strukturelementen der Alters- und Zerfallsphase der Waldökosysteme wie Stark- und Altbäume (z. B. für höhlenbrütende Vogelarten) oder Totholz (z. B. für Xylobionten),
- Renaturierung von Feuchtlebensräumen (z. B. als Laichhabitate für Amphibien),
- Erhaltung von Kleinstrukturen als Mikrohabitate, insbesondere für Kryptogamen und Tiere,
- Regulierung der Schalenwilddichte zur Sicherung der Naturverjüngung verbißgefährdeter Pflanzenarten (z. B. Eibe, Weiß-Tanne – Kap. 5.1, 5.3),
- Verzicht auf Biozideinsatz (nicht nur im Interesse davon betroffener Pflanzen- und Tiergruppen).

Die Vielfalt im Wald lebender, darunter eine große Zahl besonders geschützter und/oder gefährdeter Pflanzen- und Tierarten erfordert eine differenzierte, den Ansprüchen der verschiedenen Sippen, aber auch sonstigen Funktionen des entsprechenden Waldökosystems gerecht werdende Waldbehandlung. Dabei kann es zu Konflikten zwischen den verschiedenen Anforderungen kommen, selbst „innerfachlicher Art", also zwischen verschiedenen Naturschutzanliegen. Einseitige Förderung einer Art oder Organismengruppe kann nachteilig für andere sein, insbesondere bei Mißachtung der ökosystemaren Wechselbeziehungen und der Überlagerung auto- und allogener bzw. anthropogener Sukzessionen. Naturschutzmanagement, das im Interesse einzelner Arten tiefgreifend die natürliche Dynamik beeinflußt (z. B. Unterbrechung von Sukzessionen), sollte insbesondere bei naturnahen Ökosystemen (z. B. Moorwälder, Kap. 5.8.2) kritisch hinsichtlich seiner Auswirkungen sowohl auf andere Arten als auch auf die Struktur und Funktion des Gesamtsystems hinterfragt werden.

Bei Tierarten ist zu beachten, daß teilweise mehrere Habitate in Anspruch genommen werden bzw. ein Habitatwechsel stattfindet (Wohn-, Nahrungs- und Bruthabitat, Beispiele Kap. 5.6, 5.7). Es ist also nicht immer eine Übereinstimmung zwischen Habitat und dem Biotop der Lebensgemeinschaft, in der Individuen dieser Tierarten zu einer bestimmten Zeit angetroffen werden, gegeben. Schutzmaßnahmen im Wald können und müssen für Individuen oder Populationen einzelner Arten, für die auch verschiedentlich spezielle Artenschutz- oder Artenhilfsprogramme erarbeitet wurden, durchgeführt werden. Ein Schutzwald zur Habitatsicherung für eine einzige Art ist aber eher eine Ausnahme, wobei dann in der Regel die Festsetzung eines Schutzgebietes (z. B. Natur-, Wald- oder Wildschutzgebiet) erfolgt und bereits komplexeren Schutzzielen (Ökosystem-, Prozeß- oder Landschaftsschutz) entsprochen wird.

Der Artenschutz muß die gesamte genetische Vielfalt berücksichtigen, also auch die Variation innerhalb der Art. Manche Art ist als solche ungefährdet, einzelne intraspezifische Taxa aber in ihrem Bestand selten oder (stark) gefährdet (Beispiele für Gehölze bei Schmidt 1990, 1992). Ebenso bedürfen autochthone Populationen (z. B. Provenienzen) der Baumarten besonderer Beachtung. Selbst bei verbreiteten Arten wie der Gemeinen Fichte (Picea abies) sind in einigen Bundesländern autochthone Populationen nicht nur selten, sondern durch Immissionsschäden in ihrem Bestand gefährdet (Erzgebirge, Thüringer Wald, Harz etc.). Die Brocken-Population als Relikt natürlicher Vorkommen der Fichte im Harz ist so gefährdet, daß die Art in die Rote Liste von Sachsen-Anhalt aufgenommen wurde. Zur effektiveren Sicherung der Habitate solcher bodenständigen und genetisch wertvollen Populationen einer Baumart können Naturschutzgebiete festgesetzt werden (z. B. vordergründiges Schutzziel des NSG Oberhofer Schloßberg/Thüringen). Diese NSG erfüllen damit Anliegen des Naturschutzes (Artenschutz) und stellen zugleich forstliche Genreservate dar.

Die gegenwärtigen Aktivitäten der Forstwirtschaft zur Erfassung und Erhaltung von Genressourcen heimischer Gehölzarten werden sich künftig nicht nur in einer verbesserten Versorgung mit Saatgut autochthoner Provenienzen forstlicher Hauptbaumarten (und damit erhöhter Naturnähe der Bestände) niederschlagen, sondern auch in einer Förderung der durch Reinbestands- und Kahlschlagwirtschaft verdrängten Mischbaumarten, darunter einiger zumindest regional selten gewordener oder sogar gefährdeter Arten (z. B. Weiß-Tanne, Sorbus-Arten, „Wildobstarten"). Trotz gebotener Skepsis gegenüber Kampagnen scheint selbst die Wahl zum „Baum des Jahres" verschiedentlich Aktionen ausgelöst zu haben, die durch Habitatverbesserung, Ergänzung der Verjüngung oder Wiedereinbürgerung einige Populationen solcher Arten stärkten oder neu begründeten (z. B. Speierling und Eibe).

### 7.2.4.2 Wälder zum besonderen Schutz von Geobiozönosen (Biotop-, Öko-system- und Landschaftsschutz)

Wälder zum Schutz von Geobiozönosen, also der durch Wechselwirkungen von abiotischen und biotischen Faktoren sich herausbildenden Ökosysteme (Kap. 3), erfüllen vielfältige Funktionen, z. B.

–   Erhaltung konkreter, sowohl naturnaher (durch die natürlichen Waldgesellschaften definierter; Kap. 5) als auch vom Menschen modifizierter und aus verschiedenen Gründen (siehe Kap. 7.2.4) schutzwürdiger bzw. schutzbedürftiger Waldökosysteme,
–   Sicherung von Bausteinen in einer räumlichen Abfolge (Vegetations- bzw. Ökosystemzonation) oder einem Mosaik (Vegetations- bzw. Ökosystemkomplex) von Geobiozönosen, das nur in seiner Gesamtheit den Schutzfunktionen gerecht wird (z. B. Auen-, Bruch- und Moorwaldökosysteme; Kap. 5.7, 5.8),

- Sicherung natürlicher Dynamik von Ökosystemen aktueller oder potentieller Waldbiotope (Prozeßschutz), damit vom Menschen nicht (oder zumindest nicht direkt) beeinflußte Entwicklungsprozesse im Wald (bis zu einem Mosaik der verschiedenen Sukzessionsphasen) bzw. zum Wald (über verschiedene Sukzessionsstadien) ablaufen können,
- Gewährleistung von Arten- und Habitatschutz, da durch den Schutz ganzer Ökosystem(komplex)e wesentlich günstigere Voraussetzungen als durch einzelne Schutzmaßnahmen oder Habitatmanagement im Interesse dieser oder jener Art geschaffen werden können (zur Problematik des Artenschutzes siehe Kap. 4.2.4, 7.2.4.1).

Dem Anliegen, Waldökosysteme mit o. g. Zielsetzungen zu schützen, tragen sowohl Naturschutz- als auch Forstbehörden Rechnung. Dafür existieren unterschiedliche Instrumentarien. Nicht unproblematische Rote Listen von Pflanzengesellschaften (z. B. Knapp et al. 1985, Walentowski et al. 1990) und Listen von gefährdeten „Biotopen", „Biotoptypen" bzw. „Ökosystemtypen" (z. B. Drachenfels 1986) enthalten zahlreiche Waldgesellschaften bzw. Geobiozönosen des Waldes (Beispiele in den Kap. 5.1–5.8). Rechtliche Grundlage für den Schutz von Lebensgemeinschaften bilden die Naturschutz- und Waldgesetze des Bundes und der Länder.

Sie bieten die Möglichkeit,

- bestimmte Geobiozönosen durch „Biotopschutz" oder
- einzelne oder mehrere Geobiozönosen bzw. größere Waldareale als Schutzwälder bzw. im Rahmen von Schutzgebieten

zu sichern und erforderliche Schutz-, Pflege- und Entwicklungsmaßnahmen festzulegen.

Der „**Schutz bestimmter Biotope**" (§ 20 c BNatSchG) verbietet Maßnahmen, die zu einer Zerstörung oder sonstigen erheblichen oder nachhaltigen Beeinträchtigung führen können. Zu den „bestimmten Biotopen" (unkorrekte, aber eingebürgerte Bezeichnung, eigentlich sollen Geobiozönosen = Ökosysteme bzw. die bestimmte Lebensräume = Biotope besiedelnden Lebensgemeinschaften = Biozönosen geschützt werden; Kap. 3.1) gehören auch Wälder, insbesondere die auf unter- bzw. überdurchschnittlich wasserversorgten Standorten stockenden.

- „Wälder trockenwarmer Standorte" (z. B. Thermophile Orchideen-Buchenwälder/Kap. 5.1.2 und Eichen-Trockenwälder/Kap. 5.2.2, bestimmte Ausbildungen von Hainbuchen-Eichenwäldern/Kap. 5.2.1 und bodensauren Eichenwäldern/Kap. 5.2.3 auf trockenwarmen Standorten, Steppen- und Kalk-Kiefernwälder/Kap. 5.5.2, 5.5.3) und

- „Bruch-, Sumpf- und Auwälder" (z. B. Auen- und Niederungswälder/ Kap. 5.7, Bruch- und Moorwälder/Kap. 5.8, grundwasserbeeinflußte Ausbildungen von Hainbuchen-Eichenwäldern/Kap. 5.2.1).

Einige Bundesländer haben weitere „Waldbiotope" unter besonderen Schutz gestellt, so sind z. B. in Sachsen ebenfalls geschützt:

- Schluchtwälder (z. B. Edellaubbaum-Schluchtwälder/Kap. 5.6),
- höhlenreiche Altholzinseln und höhlenreiche Einzelbäume (damit speziell dem Arten- bzw. Habitatschutz dienend).

Selbstverständlich ist die Forstwirtschaft auch verpflichtet, im Wald befindliche, besonders geschützte „Nichtwald-Biotope" wie Moore, Sümpfe, Naßwiesen, Trockenrasen, Borstgrasrasen, Zwergstrauch- und Wacholderheiden zu erhalten und gegebenenfalls (insbesondere die anthropo-zoogenen „Ersatzökosysteme" des Waldes) zu pflegen.

Zur Erfassung der „besonders geschützten Biotope", also von Geobiozönosen im Sinne § 20 c BNatSchG (bzw. entsprechender Paragraphen der Landesnaturschutzgesetze), finden Biotopkartierungen seitens der Naturschutzbehörden statt. In einigen Bundesländern wird diese „selektive Biotopkartierung" im Wald durch die Forstwirtschaft vorgenommen, was eine Zusammenarbeit mit den Naturschutzbehörden voraussetzt.

Die von den Forstbehörden in mehreren Bundesländern begonnene „flächendeckende Waldbiotopkartierung" erfaßt nicht diese „Sonderbiotope", sondern kartiert und beschreibt jeden Biotop (bzw. jede Geobiozönose, leider nicht immer deckungsgleich mit aktuellen „Beständen" oder „Teilflächen" als forstlichen Behandlungs- bzw. Planungseinheiten). Die flächendeckende Einschätzung von Naturnähe, Vielfalt und Seltenheit liefert ökologische Grundlagen für die forstliche Planung (Arbeitskreis Forstliche Landespflege 1994) und zeigt zugleich auf, wo sich schutzwürdige, schutz- oder pflegebedürftige Biozönosen befinden, auf die bei der Waldbewirtschaftung Rücksicht genommen werden muß oder die gegebenenfalls durch Schutzwälder oder Schutzgebiete gesichert werden müssen. Zum **Schutz von Lebensgemeinschaften, Ökosystemen und Ökosystemkomplexen des Waldes** können einzelne Wälder, Waldgebiete oder großräumige Landschaften mit Wäldern als wesentlichen Bestandteilen (Kap. 7.2.5) geschützt werden. Diesem Waldökosystemschutz oder waldökosystemübergreifenden Gebiets- bzw. Landschaftsschutz dienen sowohl diverse Schutzgebiete nach Naturschutzrecht als auch Schutzwälder bzw. Schutzgebiete nach Forstrecht:

- ganz oder teilweise **waldbestockte Schutzgebiete** nach Naturschutzrecht: **Naturschutzgebiet, Nationalpark** (Kap. 7.2.5.3), **Biosphärenreservat** (Kap. 7.2.5.4), in geringerem Maße auch **Naturpark** und **Landschafts-**

**schutzgebiet** (nicht vordergründig dem Schutz bestimmter Lebensgemeinschaften oder Ökosysteme dienend, Kap. 7.2.5.2), **Geschützter Landschaftsbestandteil** und flächenhaftes **Naturdenkmal** (meist nicht das für die Erhaltung der Geobiozönose notwendige Mindestareal aufweisend),

- **Schutzwälder und -gebiete nach Forstrecht,** die ganz oder teilweise der Zweckbestimmung Naturschutz dienen und leider in den einzelnen Bundesländern sehr uneinheitlich bezeichnet und/oder definiert werden:
  - **Schutzwald** (in einigen Bundesländern Wald zur Sicherung und Durchsetzung des Naturschutzes, in anderen diese Aufgaben ausschließend),
  - **Waldschutzgebiet, Bannwald** (in Baden-Württemberg, in Bayern dagegen Restwald in waldarmer Landschaft (Kap. 7.2.5.1)), auch **Schonwald, Naturwaldreservat, Naturwald(par)zelle** u. a.

Die Zielsetzungen geschützter Wälder bzw. geschützter Waldgebiete nach Forst- und Naturschutzrecht können sich überschneiden oder teilweise sogar identisch sein. Da in der Regel verschiedene Behörden zuständig sind, kann es bei mangelnder Kooperationsbereitschaft zu Konflikten kommen. Auf Ziel, Inhalt und Aufgaben der verschiedenen Schutzkategorien kann hier nicht eingegangen werden. Es erfolgt lediglich eine grobe Gliederung nach differenzierten Intensitätsstufen der Behandlung dieser Wälder (Schmidt 1991), wobei beispielhaft einige Schutzkategorien genannt werden:

- **Geschützte Wälder oder Waldgebiete mit Totalreservatcharakter,** d. h. ohne jegliche Eingriffe (weder Nutzungs- noch Pflegeeingriffe) in die natürlichen Abläufe (Prozeßschutz), damit sich die für die einzelnen Biozönosen typische Ökosystemdynamik entfalten kann, wobei die Schutzgebiete Mindestgrößen aufweisen müssen (im Interesse des Ökosystemschutzes abhängig von der Fläche, die für eine Mosaikstruktur der entsprechenden Waldgesellschaften mit allen Sukzessionsstadien und -phasen erforderlich ist, und im Interesse des Artenschutzes abhängig vom Minimumareal für die Sicherung reproduktions- und evolutionsfähiger Populationen): hierzu z. B.
  - Wälder in Naturschutzgebieten (z. T.), Nationalparken (überwiegend) und Kernzonen von Biosphärenreservaten,
  - Naturwaldreservate und -(par)zellen, der Bannwald (Baden-Württemberg),
- **Geschützte Wälder oder Waldgebiete ohne wirtschaftliche Nutzung, aber mit Pflegeeingriffen,** d. h. es sind im Interesse des Schutzzieles Maßnahmen zur Steuerung der Ökosystementwicklung erforderlich, sei es durch Waldbehandlung zur Erhaltung oder Förderung bestimmter Arten-, Raum- oder Altersstrukturen der Geobiozönose (z. B. vom Menschen geprägte Waldökosysteme, die schutzwürdig sind oder in Schutzgebieten mit Nutzungsverbot liegen, jedoch in naturnahe Bestände umgewandelt werden sollen, Wälder mit Refugialfunktion für bedrohte Populationen) oder durch spezielle Pfle-

gemaßnahmen zur Erhaltung von Sukzessionsstadien anthropo-zoogener Ersatzökosysteme potentieller Waldbiotope: hierzu z. B.
- Wälder in Naturschutzgebieten (z. T.), bewaldete Flächen-Naturdenkmale,
- Wälder in Nationalparken, in denen wirtschaftsbestimmte Nutzung untersagt ist, aber in der Entwicklungszone (Pflegebereich) eine Waldbehandlung durch Waldpflege oder Waldumbau naturferner und -fremder Bestände (Renaturierung) angestrebt wird,
- **Geschützte Wälder oder Waldgebiete mit pfleglicher wirtschaftlicher Nutzung,** d. h. eine pflegliche Bewirtschaftung beeinträchtigt die Erhaltung oder Förderung bestimmter Waldökosysteme, Biozönosen oder Populationen nicht, sie kann sogar das Schutzziel unterstützen oder es überhaupt erst gewährleisten (z. B. bei Erhaltung bestimmter artenreicher oder Wiederherstellung naturnaher Biozönosen, Bewahrung von Nieder-, Mittel- und Hutewäldern als natur- und kulturhistorisch wertvollen Relikten ehemaliger Waldnutzungsformen etc.): hierzu z. B.
  • Wälder in waldbestockten Schutzgebieten nach Naturschutzrecht, für die eine wirtschaftliche Nutzung nicht untersagt ist und in Pflege- und Entwicklungsplänen entsprechende Behandlungsrichtlinien festgelegt werden müssen,
  • Schonwald (Baden-Württemberg: Schutzzweck u. a. Erhaltung oder Erneuerung einer bestimmten Pflanzengesellschaft).

### 7.2.5 Wälder als wesentliche Bestandteile der Landschaft und großräumiger Schutzgebiete

Über die innerhalb der Wälder ablaufenden ökologischen Prozesse hinaus ist es notwendig, die Rolle der Wälder in der gesamten Landschaft beim Umweltschutz zu berücksichtigen.

### 7.2.5.1 Restwälder in waldarmen Gebieten

Wälder in waldarmen Gebieten, die schon allein durch ihr Vorhandensein verschiedene Schutzfunktionen (Klimaschutz, Wasserschutz, Bodenschutz, Landschaftsprägung) erfüllen, sind wegen ihrer Seltenheit von besonderem Wert für den Landschaftshaushalt. Hinzu kommt ihre Bedeutung als Refugium für zahlreiche, den Wald bevorzugende oder im Wald lebende Tierarten.

Diese Kleinwälder in der Agrar- oder Industrielandschaft stellen häufig Trittsteine dar, die zum biozönotischen Verbund und zur Bildung von Mega-Populationen beitragen (Kap. 4.2.4.3).

In solchen Wäldern sind Rodungen untersagt, sofern kein gleichwertiger Ersatz gebracht werden kann. In den meisten Fällen ist eine Vergrößerung dieser Wälder durch Aufforstungen erstrebenswert. Die Restwälder in der offenen Landschaft können sonst normal bewirtschaftet werden. Angesichts der besonderen landeskulturellen Bedeutung solcher Wälder sollte hier dem Dauerwaldsystem der Vorrang eingeräumt werden.

Diese Kategorie wird in den Waldgesetzen einiger Länder ausgewiesen (z. B. Bayern, Hessen, Sachsen). Sie war auch Gegenstand der bundesweiten Bodenzustandserhebung im Wald (BZE), (Ziffer 112).

### 7.2.5.2 Landschaftsschutzgebiete und Naturparke

Dies sind Landschaften oder Teile von Landschaften, die im öffentlichen Interesse vor Eingriffen, die die **Struktur** und den **Haushalt der Landschaft schädigen,** den **Naturgenuß beeinträchtigen** oder das **Landschaftsbild verunstalten,** geschützt sind. Sie unterscheiden sich von Naturschutzgebieten durch weniger strenge Schutzbestimmungen (Land- und Forstwirtschaft sind möglich) und eine wesentlich größere Flächenausdehnung (ihr Anteil liegt in den einzelnen Ländern bei 20–30 % der Fläche).

Wälder, die in Landschaftsschutzgebieten liegen, werden dem Waldgesetz entsprechend bewirtschaftet. Großkahlschläge, die zu erheblichen Beeinträchtigungen des Landschaftswasserhaushaltes führen können und das Landschaftsbild verunstalten, sind nicht zulässig. In einigen Ländern unterliegt die Baumartenwahl (z. B. nichtheimische Baumarten betreffend) Beschränkungen, und die Aufforstung bisher waldfreier Flächen bedarf der Genehmigung durch die Naturschutzbehörde.

Die für Landschaftsschutzgebiete geltenden gesetzlichen Regelungen sind in den Naturschutzgesetzen des Bundes und der Länder enthalten und zeichnen sich durch weitgehende Einheitlichkeit aus.

An dieser Stelle sei noch auf die **Naturparke** hingewiesen. Dies sind großräumige Landschaften (> 20 000 ha), die sich durch ihre natürliche Eigenart und Schönheit auszeichnen und besonders für die Erholung eignen. Sie erfüllen die Bedingungen für Landschaftsschutzgebiete und enthalten teilweise Naturschutzgebiete. Die Naturparke stellen jedoch im wesentlichen eine Erholungs-Planungskategorie dar. Es gibt Bemühungen, verschiedenen, für den Natur- und Landschaftsschutz besonders bedeutsamen Naturparken einen höheren Stellenwert einzuräumen ("Naturparke neuer Prägung"). In der bundesweiten Bodenzustandserhebung im Wald wird diese Kategorie ebenfalls ausgewiesen (Ziffer 111).

### 7.2.5.3 Nationalparke

Bei diesen handelt es sich um **Landschaften,** die dank ihres hohen Natürlichkeitsgrades einen weitgehend ausgeglichenen Naturhaushalt besitzen und wegen ihrer Mannigfaltigkeit, Eigenart und Schönheit von besonderer Bedeutung sind.

Aufgabe der Nationalparke ist auf **Landschaftsebene**

- Sicherung eines ungestörten **Ablaufs von Naturvorgängen,**
- Erhaltung der artenreichen **heimischen Pflanzen- und Tierwelt,**
- Bewahrung natürlicher und naturnaher **Lebensgemeinschaften.**

Diese natürlichen Gegebenheiten und Prozesse werden wissenschaftlich beobachtet und dokumentiert. Darüber hinaus dienen die Nationalparke der **Bildung und Erholung der Bevölkerung,** soweit das der Schutzzweck erlaubt. Eine wirtschaftliche Nutzung erfolgt nicht. Mehrere Nationalparke Deutschlands sind als solche festgesetzt worden, sie bedürfen aber noch eines längeren Zeitraumes, um die Anforderungen an diese Schutzkategorie zu erfüllen.

Gesetzliche Regelungen für Nationalparke enthalten die Naturschutzgesetze des Bundes und einiger Länder, so z. B. Bayern (Art. 12) und Sachsen (§§ 17, 50–52).

### 7.2.5.4 Biosphärenreservate

Dies sind geschützte Gebiete mit für bestimmte Landschaften repräsentativen Biomen, die wegen ihres Wertes international anerkannt und in das MAB-Programm der UNESCO aufgenommen worden sind. Sie sollen die Kenntnisse und Fähigkeiten für die nachhaltige Entwicklung größerer Naturräume fördern und Wertmaßstäbe dafür schaffen (Dt. Nationalkomm. für das UNESCO-Programm MAB, 1990).

Die Biosphärenreservate bilden ein weltumspannendes Netz, das dem Monitoring, der Kontrolle und dem Vergleich von Umweltsituationen, Veränderungen der Arten- und Formenmannigfaltigkeit von Organismen und Organismensystemen sowie dem Austausch von Kenntnissen und Erfahrungen über Maßnahmen zur Erhaltung und zum Management natürlicher und bewirtschafteter Ökosysteme dient.

Aufgaben der Biosphärenreservate sind:

- Erhaltung der biologischen Vielfalt, der genetischen Ressourcen und natürlicher Ökosysteme,
- weltweite Vernetzung und Koordination der Forschung und des Informationsaustausches sowie Bewertung traditioneller und moderner Formen der Landnutzung,

- Entwicklung nachhaltiger Landnutzungsstrategien, Schaffung von Demonstrationsobjekten und Beiträge zur Umwelterziehung unter Beteiligung der heimischen Bevölkerung.

Biosphärenreservate bestehen aus drei Zonen:

**Kernzone:** Diese umfaßt streng geschützte Bereiche (Totalreservat) im Inneren mit genau definierten Erhaltungszielen und typischen Beispielen für natürliche bzw. minimal gestörte Ökosysteme. Die Kernzone muß so groß sein, daß sich in ihr lebensfähige Populationen bestimmter Pflanzen- und Tierarten erhalten können, was besonders beachtet werden muß, wenn sie aus mehreren Teilarealen besteht.

**Pufferzone:** Sie umgibt die eindeutig gekennzeichnete Kernzone. In ihr sind nur Aktivitäten zulässig, die mit dem Schutz der Kernzone im Einklang stehen.

**Übergangsgebiet:** Dieses umgibt die Pufferzone und fördert das Gesamtanliegen des Biosphärenreservates. Es kann experimentelle Forschungsgebiete, traditionelle Nutzungsgebiete und (ökologische) Wiederaufbaugebiete einschließen.

Biosphärenreservate sollen Modelle für die Gestaltung harmonischer Beziehungen zwischen Mensch und Natur unter differenzierten ethischen und kulturellen sowie naturräumlichen und biologischen Bedingungen sein und die dabei gefundenen Lösungen demonstrieren.


## 7.3 Wälder mit Sonderfunktionen

### 7.3.1 Immissions- und Sichtschutzwälder

Diese Gruppe von Schutzwäldern soll schädigende oder belästigende Immissionen mindern. Aus Zweckmäßigkeitsgründen wurden ihr noch die Sichtschutzwälder zugeordnet.

#### 7.3.1.1 Staubschutzwälder

Dank ihrer Oberflächenrauhigkeit und Dämpfung der Windgeschwindigkeit besitzen Wälder gegenüber **staubförmigen Immissionen** eine echte Filterwirkung. Leider ist dieser Effekt bei gasförmigen Luftverunreinigungen weniger ausgeprägt (Kap. 4.3.2.1.1).

Die staubschützende Wirkung von Wäldern und Gehölzstreifen gestattet es, speziell dieser Aufgabe dienende Wälder zwischen Staubemittenten sowie Wohn-, Arbeits- und Erholungsstätten anzulegen. Eine weitere Differenzierung nach Art und Stärke der Staubbelastung kann erforderlich sein (Arbeitskreis Zustandserfassung und Planung . . . 1974).

Nach Ullrich (1976) ist das **Staubfangvermögen** von Gehölzen von der Oberfläche und Stellung der Blätter sowie der Art und Größe der Staubteilchen abhängig. Pflanzen mit rauher, behaarter und konkav gewölbter Blattoberfläche sowie waagerechter oder wenig geneigter Blattstellung (Sal-Weide, Rot-Erle, Sommer-Linde, Hasel, Schwarzer Holunder) tragen meist höhere Staubauflagen als andere. Auch starr am Zweig insertierte Blätter (Liguster, Weißdorn, Schwarz-Kiefer, Berg-Kiefer) besitzen ein großes Auffangvermögen. Ihnen stehen Robinie, Schwarzpappel-Hybriden, Spitz-Ahorn und Aspe gegenüber. Die Eichenarten stehen dazwischen. Im Einflußbereich von Großkraftwerken der Niederlausitz wurde sogar ein beachtliches Staubfiltervermögen der Ränder von Kiefernbeständen nachgewiesen, wenn diese entweder mit Tieftrauf oder Saumgebüsch und Hochtrauf ausgestattet sind.

Bei der Baumartenwahl für Staubschutzwälder ist zuerst von der generellen Eignung der verschiedenen Baum- und Straucharten auszugehen, wobei die meist mit Staubbelastung gekoppelten chemischen Luftverunreinigungen mit zu beachten sind. Aus dem Spektrum der dann noch verbleibenden Arten werden solche ausgewählt, die den Kriterien Blattflächenrauhigkeit und -wölbung, geringe Blattneigung und rigide Blattinsertion am besten entsprechen. Hinzu kommt die bei allen Mischungen erforderliche Soziabilität der beteiligten Arten.

Bei der waldbaulichen Behandlung von Staubschutzwäldern muß das Augenmerk besonders dem Waldrand und der ständigen Filterwirkung des gesamten Waldes gelten. Staubschutzwälder sollen einen breiten, tief gestaffelten, offenen Waldrand besitzen, der sich durch einen großen Blattflächenindex, von dem letztendlich sein Filtervermögen abhängig ist, auszeichnet. Auch im Bestandesinneren ist ein rauhes, tief gestaffeltes und mit viel Blattmasse ausgestattetes Kronendach durch entsprechende Waldbaumaßnahmen herbeizuführen.

Wie bereits erwähnt, ist die Filterwirkung des Waldes gegenüber gasförmigen Luftverunreinigungen gering. Trotzdem ist die Kenntnis von Art und Stärke solcher Belastungen bedeutungsvoll, weil davon die Gehölzartenwahl, wegen des stets zu berücksichtigenden Resistenzverhaltens gegenüber phytotoxisch wirkenden Gasen, abhängig ist. Einige Hinweise dazu wurden im Kapitel 4.2.1.7 gegeben.

Der Schutz vor Stäuben, Rauch, Ruß, Gasen, Aerosolen, Dämpfen oder Geruchsstoffen wird mit dem Bundesimmissionsschutzgesetz geregelt. Auch die bundesweite Bodenzustandserhebung im Wald (BZE) hat Wälder, die solchen Zwecken dienen, berücksichtigt (Ziffern 107, 205). Weitere Hinweise dazu enthalten die Anleitungen einiger Länder zur Waldfunktionsplanung und -kartierung.

Weitere Angaben dazu sind Band 7 des Handbuches zu entnehmen.

### 7.3.1.2 Lärmschutzwälder

Die lärmdämpfende Wirkung von Wäldern, die sich zwischen der Lärmquelle (stationäre Anlagen und Verkehr) und dem Empfänger befinden, ist auf folgende Effekte zurückzuführen (Haupt 1976, 1978):

- **Absorption und Reflexion der Schallenergie an der Bodenoberfläche.** Die sich im Laufe der Jahreszeit ändernde Bodendämpfung ist von der Rauhigkeit und Porosität der Bodenoberfläche abhängig:
  - Lockere Laubstreu verschiebt das Dämpfungsmaximum zu tieferen Frequenzen.
  - Der maximale Dämpfungseffekt liegt um so tiefer, je stärker die Bodenpflanzendecke ausgebildet ist.
- **Absorption von Schallenergie am Laub sowie an Stämmen, Ästen und Zweigen von Sträuchern und Bäumen.**
  - **Dichte** und mit Unterwuchs ausgestattete Waldbestände haben im mittel- und hochfrequenten Bereich einen hohen Dämpfungseffekt.
  - Die vom Laub ausgehenden Effekte verursachen **jahreszeitliche Unterschiede.** Großblättrige Gehölze, deren Blattspreiten senkrecht zur Schallrichtung angeordnet sind und den Wuchsraum gut ausfüllen, ergeben einen größeren Laubdämpfungseffekt als kleinblättrige und blattarme (Kap. 4.3.2.3, Tab. 31).
  - **Streuung der Schallenergie infolge wiederholter Schallreflexion an festen Hindernissen,** bei denen es sich wiederum vor allem um Stämme und Äste von Bäumen und Sträuchern handelt. In halligen (Buchen-)Beständen (Durchforstungsfehler) kann die Schalldämpfung infolge Reflexion am unteren Rand des Blätterdaches auch vermindert werden.

Die waldbauliche Umsetzung dieser Sachverhalte führt zu nachstehenden Empfehlungen:

- Bei der **Baumartenwahl** muß, wie auch sonst, von der generellen Standortseignung der Arten ausgegangen werden. Unter den aus standortskundlicher Sicht in Betracht kommenden Arten werden die ausgewählt, deren Dämpfungswirkung im dominierenden Frequenzbereich am günstigsten ist. Zu berücksichtigen sind außerdem die Wuchs- und Stabilitätseigenschaften (Wachstumsgang, Dimension, Sturmfestigkeit) sowie die Soziabilität zwischen den einzelnen Arten. Bevorzugt werden einheimische Arten, die sich auch ohne nennenswerten Pflegeaufwand zu erhalten vermögen.
  Lichtbaumarten eignen sich i. d. R. besser als Schattenbaumarten, weil sich unter ihrem Kronendach eine zweite Baumschicht und/oder Strauchschicht ausbilden und erhalten kann.
  Durch den Anbau von Laubbaumarten, die eine stickstoffreiche Streu liefern und zu einem günstigen Humuszustand führen, wird die Bodendämpfung

erhöht. Auf diese Weise kann der fehlende Laubeffekt in den Wintermonaten bis zu einem gewissen Grade kompensiert werden. Bei ganzjährigem Schutz ist ein höherer Anteil von Nadelbaumarten zu empfehlen.

- Der **Wuchsraum** von Lärmschutzwäldern soll nicht nur im Saumbereich, sondern nach Möglichkeit im gesamten Bestand und in der Vertikalen mit Blattmasse ausgefüllt sein. Hallenbestände mit dichtem Kronendach und laubleerem Stammraum besitzen ein geringes Dämpfungsvermögen.
  Die gewünschten **Raumstrukturen** erfordern ein lichtes Kronendach und eine zweite Baum- oder eine Strauchschicht. In bisher gleichaltrigen und einschichtigen Beständen können solche Strukturen durch Unter-, Nach- oder Voranbau herbeigeführt werden.
- Lärmschutzbestände sollen weitständig aufwachsen, standfest sein und einen bis zum Boden reichenden, dicht belaubten Trauf besitzen. Dazwischen und darunter soll sich ein Saumgebüsch ausbilden, das den Stammraum dicht abschließt (Abb. 69).
- **Lärmschutzpflanzungen in offenen Landschaften** müssen breiter (> 50 m) als Schutzstreifen gegen Wind und Staub sein, den Charakter eines Waldes aufweisen und auch wie Wälder behandelt werden.

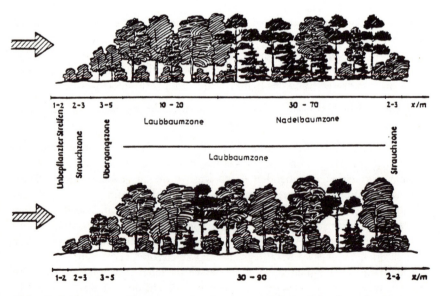

*Abb. 69: Lärmschutzpflanzung mit einem ganzjährig (oben) und einem nur während der Vegetationszeit (unten) optimalen Dämpfungseffekt (Haupt 1976)*

– Wenn die erforderlichen Maßnahmen nicht rechtzeitig eingeleitet worden sind, empfiehlt sich als **Interimslösung** der Anbau schnellwachsender Pionierbaumarten (Pappeln oder Baumweiden) in weitem Verband. Dazwischen werden langlebigere Intermediärbaumarten gesetzt, die später die Lärmdämpfungsfunktion übernehmen sollen (Abb. 70).

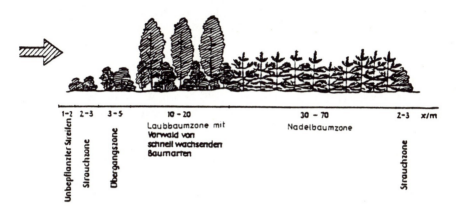

*Abb. 70: Lärmschutzpflanzung mit schnell wirksam werdendem Dämpfungseffekt durch Anbau von Pionierbaumarten (Haupt 1976)*

– Bei der weiteren **waldbaulichen Behandlung** werden die allgemein für Schutzwaldungen geltenden Prinzipien der Dauerwaldbewirtschaftung sinngemäß angewandt. Oberstes Ziel ist auch hier die Nachhaltigkeit der Schutzwirkungen.

– Häufig wird es zweckmäßig sein, die beschriebenen waldbaulichen Maßnahmen mit bautechnischen Maßnahmen, wie die Anlage von Schutzwällen und Schutzwänden sowie die Tieflegung von Straßen, zu verbinden.

Der Schutz vor Lärm wird mit dem Bundesimmissionsschutzgesetz geregelt. Auch die bundesweite Bodenzustandserhebung im Wald (BZE) hat Wälder, die diesem Zweck dienen, berücksichtigt (Ziffern 107, 205). Weitere Hinweise dazu enthalten die Anleitungen einiger Länder zur Waldfunktionsplanung und -kartierung.

### 7.3.1.3 Sichtschutzwälder

Aufgabe dieser Schutzwälder ist es, Gebäude, technische Anlagen, Verkehrseinrichtungen und andere Objekte, die das Bild der Landschaft beeinträchtigen, zu verdecken. Auch unerwünschte Einblicke können durch Wälder vermieden werden. Das kann geschehen, indem störende Baulichkeiten in bereits bestehenden Wäldern errichtet und bestehende oder neu zu errichtende nachträglich umpflanzt werden. In beiden Fällen werden Wälder oder Waldstreifen angestrebt, die vertikal dicht mit Laub- oder Nadelmasse ausgefüllt und undurchsichtig sind. Auch im Interesse der meist gleichzeitig angestrebten Windbremsung, Staubfilterung und Lärmdämpfung sollen diese Schutzwälder breiter als 20 m sein.

Bei Neuanlagen ist neben der Frage nach der Naturausstattung des Standortes zu prüfen, wie hoch der Schutzwaldstreifen sein muß, ob er ganzjährig wirksam sein soll und in welchem Zeitraum er seine volle Funktionsfähigkeit erreicht haben muß.

Wird nur eine geringe Höhe gefordert (< 5 m), so kann auf zahlreiche Sträucher und Bäume niederer Ordnung (Liguster, Schlehdorn, Weißdorn, Hasel, Hainbuche) sowie einheimische (Gemeine Fichte, Eibe) oder fremdländische Nadelgehölze (Lebensbaum, Scheinzypresse, Wacholder) zurückgegriffen werden. Bei größeren Höhen müssen Bäume zweiter und erster Ordnung benutzt werden, so z. B. Winter-Linde, Hainbuche, Rot-Buche, Berg- und Spitz-Ahorn und die Nadelbaumarten Eibe, Gemeine Fichte, Omorika-Fichte, Lebensbaum und Scheinzypresse. Am Waldrand sollen Sträucher den Baumtrauf ergänzen und zum vertikalen Dichtschluß beitragen.

Bei der Anlage von Sichtschutzwäldern bestehen hinsichtlich der Baumartenwahl meist keine Probleme, wenn es nur um einen Schutz in den Sommermonaten geht. Wesentlich schwieriger ist die Anlage ganzjährig wirksamer Sichtschutzwälder, weil dabei dichtkronige Nadelgehölze verwendet werden müssen, die zu ökologischen, naturschutzfachlichen und landschaftsästhetischen Problemen führen können.

Sichtschutzwälder sollen i. d. R. schnell wirksam werden und lange wirksam bleiben. Rasche Wirksamkeit wird durch den Anbau schnellwachsender Baumarten, vor allem Pappeln und Baumweiden, erreicht, lange Wirksamkeit durch die Zwischenpflanzung von Intermediär- und Klimaxbaumarten.

Sichtschutzwälder wurden bei der bundesweiten Bodenzustandserhebung im Wald (Straßenschutzwald, Ziffern 108, 206) sowie bei den Anleitungen zur Waldfunktionsplanung und -kartierung einiger Länder direkt oder indirekt berücksichtigt.

**Anmerkung:** In einigen Ländern wurde die Kategorie **Straßenschutzwald** ausgeschieden. Sie umfaßt Wälder, die stark befahrene Verkehrsstraßen und Eisenbahnlinien vor Seitenwind, Steinschlag, Muren, Schneeverwehung und Abrutschung des Straßenkörpers schützen und auf kurvenreichen Strecken zur Orientierung des Kraftfahrzeugführers beitragen sollen. Da diese Einflußfaktoren bei den übrigen Schutzwäldern bereits behandelt worden sind, erübrigt sich ein erneutes Eingehen darauf. Zu ergänzen ist lediglich (Kuhl 1970), daß zwischen dem Wald und stark frequentierten Straßen ein hinreichend breiter Sicherheitsabstand vorhanden sein muß. Hiebsmaßnahmen dürfen keine gefährlichen Seitenwindverhältnisse verursachen. In Straßennähe sollen sich keine für das Wild attraktiven Äsungspflanzen befinden. Hier sollen Baumarten stehen, die gegen Abtausalze weitgehend resistent sind (Birke, Eiche, Esche, Kiefer). Großräumig abwechslungsreiche Waldränder sollen die Verkehrsteilnehmer vor Ermüdung bewahren.

### 7.3.2 Wälder, die besondere naturkundliche, historische, kulturelle und/oder ästhetische Eindrücke vermitteln

Viele Wälder beherbergen natur- oder kulturwissenschaftlich bedeutungsvolle oder für Waldbesucher beeindruckende Naturgebilde und Kulturdenkmale. Auf diese muß bei der Waldbewirtschaftung Rücksicht genommen werden. Solche Objekte sollen meist durch spezielle Maßnahmen der Waldbewirtschaftung und -gestaltung geschützt und gegebenenfalls auch hervorgehoben werden.

### 7.3.2.1 Naturgebilde und Naturdenkmale

Dazu zählen

- erdgeschichtliche Aufschlüsse, besondere Bodenformen, Binnendünen, pleistozäne Geschiebe, Gletscherspuren, Block- und Geröllhalden sowie Felsbildungen,
- Quellen und Wasserfälle,
- besondere Pflanzenvorkommen,
- einzelne wertvolle Bäume, Baumgruppen und Alleen, die wegen ihrer Seltenheit, Eigenart oder Schönheit bzw. naturwissenschaftlichen, landeskundlichen oder kulturellen Bedeutung zu erhalten sind.

Die Naturgebilde entsprechen zum Teil den Sonderbiotopen nach § 20 c des Bundesnaturschutzgesetzes.

Naturgebilde und Naturdenkmale sind Gegenstand der Naturschutzgesetzgebung. Sie wurden bei der bundesweiten Bodenzustandserhebung im Walde (BZE) mit erfaßt (Ziffern 109, 207). Auch in den Anleitungen zur Waldbiotopplanung und -kartierung werden sie mit aufgeführt.

An dieser Stelle seien noch die in einigen Bundesländern „Geschützten Landschaftsbestandteile" erwähnt. Das sind Naturräume, die die Voraussetzungen zur Unterschutzstellung als Naturdenkmal nicht erfüllen, für den Naturhaushalt und die Erhaltung der Tier- und Pflanzenwelt aber wichtig sind oder zur Belebung des Landschaftsbildes beitragen. Dazu gehören Bäume, Baum- und Gebüschgruppen, Raine, Alleen, Hecken, Feldgehölze, Schutzpflanzungen, Schilf- und Rohrbestände, Moore, Streuwiesen, Parks und kleine Wasserflächen. Diese Kategorie wird in den Naturschutzgesetzen einiger Länder ausgewiesen.

### 7.3.2.2 Kulturdenkmale

Zu dieser Kategorie gehören

- Grabhügel und Befestigungsanlagen aus vor- und frühgeschichtlicher Zeit,
- Reste von Kastellen, Burgen oder alten Straßen,
- Steinkreuze,
- örtlich Kirchenruinen und Kapellen.

Diese Kulturdenkmale können zugleich Bestandteil von Denkmalschutzgebieten, Grabungsschutzgebieten und archäologische Reservate sein. Der Schutz von Kulturdenkmalen wird in den Denkmalschutzgesetzen der Länder geregelt.

### 7.3.2.3 Historische Waldbausysteme

Mit dem Wandel der gesellschaftlichen Anforderungen an den Wald und der technischen Möglichkeiten zu seiner Bewirtschaftung hat sich großflächig auch die Waldbaustrategie geändert. Die ältesten planmäßig angewandten Waldbausysteme sind **Nieder-** und **Mittelwald** in unterschiedlichen Ausführungen. Sie dominierten im Flach- und Hügelland bis zum Ausgang des 18. Jahrhunderts. Seit Beginn der klassischen Forstwirtschaft wurden die meisten Nieder- und Mittelwälder, vor allem im Staats- und Großprivatwald, schrittweise in schlagweise bewirtschaftete Hochwälder umgewandelt. Das System des schlagweisen Hochwaldes fand seine Perfektion im **Schmalkahlschlagbetrieb,** von dem in den sächsischen Staatsforsten noch heute Hiebszüge und Schlagreihen künden. Inzwischen hat sich die Praxis wieder einem stärker ökologisch orientierten Waldbau zugewandt und ist bemüht, labile, gleichaltrige Koniferenreinbestände in ungleichaltrige Mischbestände umzubauen.

Heute kann man die Nieder- und Mittelwald-Systeme und wohl auch das System des sächsischen Schmalkahlschlages als historisch betrachten. Sie künden von forstwirtschaftlichen Produktionsverfahren, die früher einmal Berechtigung hatten, heute jedoch aus mehrerlei Gründen nicht mehr vertretbar sind. So, wie historische Produktionsstätten des Bergbaus, des Handwerks und der Industrie der Nachwelt bewahrt werden, sollen auch historische Waldbausysteme auf begrenzten Flächen erhalten bleiben. Solche Wälder sind mit aller Konsequenz im Sinne des zu dokumentierenden Systems zu bewirtschaften. Sie dienen der Anschauung, Lehre und Forschung.

### 7.3.3 Erholungswälder

Der Bedarf an Erholungswäldern hat in den letzten Jahrzehnten mit der Verstädterung und Industrialisierung erheblich zugenommen. Das hat zur Folge, daß diese Erholungsfunktion des Waldes nicht mehr wie früher nur nebenher erfüllt werden kann, sondern in den stärker von Erholungsuchenden frequentierten Gebieten vorrangig und planmäßig erbracht werden muß. Dabei ist zwischen Tages-, Wochenend-, Urlaubs- und Kurerholung zu unterscheiden (Arbeitskreis Zustandserfassung und Planung . . . 1974).

Bei der Gestaltung solcher Wälder sind ökologische, humanbiometeorologische (ausgeglichenes Klima, Luftruhe), hygienische (Staub- und Lärmschutz) und ästhetische Wirkungen gleichzeitig zu berücksichtigen.

Die forstwirtschaftliche Behandlung von Erholungswäldern muß nach Besucherdruck und Erholungsart differenziert werden. Dazu kann z. B. folgende Einteilung dienen (Steffens 1978):

## 1. Erholungswald

Dazu gehören stark von Erholungsuchenden in Anspruch genommene Waldflächen, in denen die Erholungsfunktion vor allen anderen dominiert.

### 1.1 Erholungsschwerpunkte

In diesen Bereichen wird die gesamte Fläche von Erholungsuchenden in Anspruch genommen. Das ist der Fall, wenn sich hier > 100 Personen pro Hektar und Tag aufhalten. Meist handelt es sich dabei um ortsgebundene Erholungsformen wie Lagern, Baden und Campen.

Solche Erholungsschwerpunkte erfordern
– stationäre bauliche Einrichtungen,
– Beaufsichtigung durch ständiges Personal,
– Abgrenzung oder Umfriedung.

### 1.2 Erholungsparkwald

Hier handelt es sich überwiegend um Waldflächen im Bereich der Feierabenderholung und in der unmittelbaren Umgebung von Erholungsschwerpunkten, Siedlungen, touristischen Sehenswürdigkeiten, Haltestellen öffentlicher Verkehrsmittel oder Parkplätzen mit ganzflächiger Beanspruchung durch Erholungsuchende. Es dominieren Erholungsformen mit geringer Ortsveränderung.

### 1.3 Übriger Erholungswald

Dieser schließt sich in der Regel an den Erholungsparkwald an. Meist handelt es sich um Waldflächen in der Nähe von Kurorten, Erholungsorten, Seeufern, Aussichtspunkten oder Zufahrtswegen zu Erholungsschwerpunkten. Diese Wälder werden von den Besuchern nicht auf der gesamten Fläche, sondern nur längs der Wege stärker beansprucht.

## 2. Erholungswirtschaftswald

Diese Wälder werden von Erholungsuchenden nur in geringerem Maße beansprucht. Hier können Produktionsfunktionen gleich- oder vorrangig neben der Erholungsfunktion wahrgenommen werden. Belange des Erholungswesens haben nur längs der Wanderwege, in der Umgebung von Aussichtspunkten, an Rastplätzen, Schutzhütten, Liegewiesen und Sportanlagen Vorrang.

Erholungswälder werden vorrangig nach **humanbiometeorologischen** und **ästhetischen Gesichtspunkten** sowie Wünschen der Besucher, über die in den zurückliegenden Jahren zahlreiche Befragungen durchgeführt worden sind, gestaltet. Dabei kann von folgenden Prämissen ausgegangen werden:

- Im allgemeinen soll ein ausgeglichenes Waldklima herrschen. Trotzdem ist es günstig, wenn Möglichkeiten zur Auswahl lokaler Sonderklimate (Licht und Schatten, Wärme und Kühle, Luftruhe und Wind) vorhanden sind. Biometeorologische Wahlmöglichkeiten sind besonders bei ungünstigen Witterungssituationen wichtig (Kap. 4.3).
- Erholungswälder sollen gegenüber Staub und Lärm abgeschirmt sein.
- Die Zusammensetzung des Waldes soll den natürlichen Gegebenheiten nicht widersprechen. Dabei wird unterstellt, daß eine Einheit von Form und Inhalt bei niedriger Hemerobie des Waldes gegeben ist.
- Erholungswälder sollen freie Bewegung gestatten.
- Der Wald soll Kontraste bieten. Abwechslung in Form und Farbe, Licht und Schatten, Arten- und Altersstruktur, Raumbegrenzung und Weitsicht, Wald und Wasser sind ästhetisch wirkungsvoll.
- Besondere Naturgebilde (Felsen, alte Bäume und Baumgruppen etc.) werden erhalten und durch Gestaltungsmaßnahmen hervorgehoben.
- Erholungswälder sollen Möglichkeiten vielfältiger Naturbeobachtungen bieten.
- Der Wald-, Bestandesrand- und Wegrandgestaltung wird besondere Aufmerksamkeit geschenkt, weil sich diese Grenzlinien bzw. Grenzräume dem Auge besonders darbieten und weil sie bevorzugt von Erholungsuchenden aufgesucht werden. Hinzu kommen biometeorologische Wahlmöglichkeiten, die bei ungünstigen Witterungsverhältnissen besonders erholungsrelevant sind (Kap. 4.3).

Diese Gestaltungsmaßnahmen werden in angemessenem Umfange durch

- Waldparkplätze und -parkstraßen,
- Bänke und Sitzgruppen,
- Schutzhütten,
- Liegewiesen sowie rustikale Spiel- und Sporteinrichtungen

ergänzt.

Die zur Erhaltung und Pflege von Erholungswäldern erforderlichen Arbeiten sollen in Zeiten mit geringem Besucherverkehr durchgeführt werden. Nach Fällungs- und Rückearbeiten ist das Reisig rasch von den Wegen zu räumen, und

370

die Wege sind wieder instand zu setzen. Unumgängliche Umzäunungen werden wenig sichtbar in angemessener Entfernung von Wegen errichtet. Schematische und chemische Kulturpflege- sowie Durchforstungsmaßnahmen sollen vermieden werden. Gefahrenstellen (Schluchten, Erosionsstellen) und Partien, die aus Gründen des Naturschutzes nicht betreten werden dürfen, sind in geeigneter Form von der Erholungsnutzung auszuschließen.

Die Kategorie Erholungswald wird im Bundeswaldgesetz (§ 13) und in den Waldgesetzen der Länder ziemlich einheitlich ausgewiesen. Bei der bundesweiten Bodenzustandserhebung im Wald (BZE) werden die Erholungswälder unter den Ziffern 110 und 208 geführt.

### 7.3.4 Lehr- und Forschungswälder

Dazu gehören waldbestockte langfristige Versuchsflächen wissenschaftlicher Institutionen sowie Lehrwälder forstwirtschaftlicher Ausbildungsstätten. Sie werden nach experimentellen und pädagogischen Zielstellungen bewirtschaftet.

Regelungen über Lehr- und Forschungswälder befinden sich in verschiedenen Anweisungen der Verwaltungen, z. B. Anleitungen zur Waldfunktionsplanung und -kartierung in Bayern (Dezember 1986) und Sachsen (1994).

### 7.3.5 Brandschutzwälder

In stark waldbrandgefährdeten Gebieten, so z. B. in der Niederlausitz (Waldbrandgefahrenklasse A), ist es notwendig, ein System von Waldbrandriegeln zu schaffen, das u. a. aus mindestens 300 m breiten Waldstreifen mit standortgemäßen, raschwüchsigen, den Boden stark beschattenden und schwer entflammbaren Laubbaumarten besteht. Dazu eignen sich besonders Pappelsorten, Weiden, Rot-Erle und Rot-Eiche. Die weit verbreitete und auch standörtlich geeignete Birke hat leider den Nachteil, daß ihre Bestände bald verlichten und vergrasen. Von den Nadelbaumarten kommt nur die Lärche in Betracht, die schwer entflammbar ist und mit ihrer schwer zersetzbaren Nadelstreu den Graswuchs hemmt.

Der Ausbildung von Gras- und Heidedecken kann durch Zwischensaat von Lupine oder Sachalinknöterich begegnet werden. Nötigenfalls ist eine entsprechende Düngung zu verabreichen. Ergänzende Maßnahmen sind die Entfernung brennbarer Bodendecken, Äste und Zweige, die Beseitigung von Trockenästen in Dickungen und Stangenhölzern sowie die Bodenverwundungen in Form der Kienitzschen Feuerschutzstreifen (Mißbach 1972).

Die Kategorie Brandschutzwälder wird in den Waldgesetzen einiger Länder ausgewiesen.

# 8. Rechtliche Grundlagen

**Gesetz zur Erhaltung des Waldes und zur Förderung der Forstwirtschaft (Bundeswaldgesetz) vom 02. 05. 1975 (BGBl. I S. 1037) mit Änderung vom 27. 07. 1984**

Zweck dieses Gesetzes ist es, den Wald wegen seines wirtschaflichen Nutzens (Nutzfunktion) und seiner Bedeutung für die Umwelt, besonders für die dauernde Leistungsfähigkeit des Naturhaushaltes, das Klima, den Wasserhaushalt, die Luftreinheit, die Bodenfruchtbarkeit, das Landschaftsbild, die Agrar- und Infrastruktur sowie die Erholung der Bevölkerung (Schutz- und Erholungsfunktion) zu erhalten, erforderlichenfalls zu mehren und seine ordnungsgemäße Bewirtschaftung nachhaltig zu fördern. Darüber hinaus dient das Bundeswaldgesetz der Förderung der Forstwirtschaft sowie dem Interessenausgleich zwischen Allgemeinheit und Waldbesitzern (§ 1).

Das Bundeswaldgesetz gliedert sich in folgende Kapitel: 1. Allgemeine Vorschriften, 2. Erhaltung des Waldes (Allgemeine Vorschriften und Rahmenpläne, Erhaltung und Bewirtschaftung des Waldes), 3. Forstwirtschaftliche Zusammenschlüsse (Allgemeine Vorschrift, Forstbetriebsgemeinschaften, Forstbetriebsverbände, Forstwirtschaftliche Vereinigungen, Ergänzende Vorschriften), 4. Förderung der Forstwirtschaft, Auskunftspflicht, 5. Schlußvorschriften.

Belange des Umweltschutzes werden vor allem im 2. Kapitel (§ 6 Aufgaben und Grundsätze der forstlichen Rahmenplanung, § 7 Forstliche Rahmenpläne, § 8 Sicherung der Funktionen des Waldes bei Planungen und Maßnahmen von Trägern des öffentlichen Vorhabens, § 9 Erhaltung des Waldes, § 10 Erstaufforstung, § 11 Bewirtschaftung des Waldes, § 12 Schutzwald, § 13 Erholungswald, § 14 Betreten des Waldes) behandelt.

Die beim Bundesnaturschutzgesetz erwähnte *„Landwirtschaftsklausel"* (BNatSchG § 1(3) und § 8(7) ist auch für die Forstwirtschaft von genereller Bedeutung.

Das Bundeswaldgesetz wird durch Waldgesetze der Länder untersetzt.


**Gesetz über Naturschutz und Landschaftspflege (Bundesnaturschutzgesetz – BNatSchG) von 1976 (BGBl. I S. 3574, 1977) in der Fassung vom 12. 03. 1987 (BGBl. I S. 889), zuletzt geändert am 06. 08. 1993 (BGBl. I S. 1485)**

Aufgabe dieses Gesetzes ist es, Natur und Landschaft in besiedelten und unbesiedelten Gebieten so zu schützen, zu pflegen und zu entwickeln, daß die Leistungsfähigkeit des Naturhaushaltes, die Nutzungsfähigkeit der Naturgüter, die Pflanzen- und Tierwelt sowie die Vielfalt, Eigenart und Schönheit von Natur und Landschaft als Lebensgrundlage des Menschen und Voraussetzung für seine Erholung in Natur und Landschaft nachhaltig gesichert sind (§ 1(1)). Der Land- und Forstwirtschaft, die in der Regel den Zielen dieses Gesetzes dienen sollen, kommt für die Erhaltung der Kultur- und Erholungslandschaft eine zentrale Bedeutung zu (§ 1(3)).

Es ist vorgesehen, die sog. Landwirtschaftsklauseln (§ 1(3) und § 8(7)) durch Leitlinien für eine umweltfreundliche Produktionsweise in der Land- und Forstwirtschaft zu ersetzen. Diese sollen im Rahmen ihrer Möglichkeiten zur Verwirklichung der Ziele und Grundsätze des Naturschutzes und der Landschaftspflege beitragen und sich so verhalten, daß Natur und Landschaft nicht mehr als nach den Umständen unvermeidbar beeinträchtigt werden (§ 2 a). Zu diesen Verpflichtungen der Land- und Forstwirtschaft gehören vor allem die Erhaltung der natürlichen Bodenfruchtbarkeit, der Gewässerschutz, der Schutz der Pflanzen- und Tierwelt mit ihren Biotopen sowie die Erhaltung und Gestaltung der Kultur- und Erholungslandschaft. Werden durch Rechtsvorschriften und Anordnungen erhöhte, die bisherige land- und forstwirtschaftliche Bodennutzung einschränkende Anforderungen erhoben, so ist für die dadurch verursachten wirtschaftlichen Nachteile ein angemessener Ausgleich zu leisten (§ 3 b).
Das Bundesnaturschutzgesetz gliedert sich in die Abschnitte 1. Allgemeine Vorschriften, 2. Landschaftsplanung, 3. Allgemeine Schutz-, Pflege- und Entwicklungsmaßnahmen, 4. Schutz, Pflege und Entwicklung bestimmter Teile von Natur und Landschaft, 5. Schutz und Pflege wildlebender Tier- und Pflanzenarten, 6. Erholung in Natur und Landschaft, 7. Mitwirkung von Verbänden, Ordnungswidrigkeiten und Befreiungen, 8. Änderung von Bundesgesetzen, 9. Übergangs- und Schlußbestimmungen.

## Bundesjagdgesetz in der Fassung vom 29. 09. 1976 (BGBl. I S. 2849), geändert am 29. 03. 1983 (BGBl. I S. 377), zuletzt geändert am 28. 06. 1990 (BGBl. I S. 1249)

Das Jadgrecht ist die ausschließliche Befugnis, auf einem bestimmten Gebiet wildlebende Tiere (Wild), die dem Jagdrecht unterliegen, zu hegen, auf sie Jagd auszuüben und sie sich anzueignen. Mit dem Jagdrecht ist die Pflicht der Hege verbunden (§ 1(1)).

Die Hege dient der Erhaltung eines den landschaftlichen und landeskulturellen Verhältnissen angepaßten, artenreichen und gesunden Wildbestandes sowie der Pflege und Sicherung seiner Lebensgrundlagen. Sie muß so durchgeführt werden, daß Beeinträchtigungen einer ordnungsgemäßen land-, forst- und fischereiwirtschaftlichen Nutzung, insbesondere Wildschäden, möglichst vermieden werden (§ 1 (2)).

Bei Ausübung der Jagd sind die allgemein anerkannten Grundsätze deutscher Weidgerechtigkeit zu beachten (§ 1(3)).

Die Jagdausübung erstreckt sich auf das Aufsuchen, Nachstellen, Erlegen und Fangen von Wild (§ 1(4)).

Das Recht zur Aneignung von Wild umfaßt auch die ausschließliche Befugnis, krankes und verendetes Wild, Fallwild und Abwurfstangen sowie die Eier von Federwild sich anzueignen (§ 1(5)).

Beschränkungen des Jagdrechtes werden durch das Bundesjagdgesetz geregelt (§ 1(6)).

Das Bundesjagdgesetz ist in folgende Abschnitte gegliedert: I. Allgemeine Vorschriften (Inhalt des Jagdrechtes, Tierarten, Inhaber des Jagdrechtes, Ausübung der Jagd), II. Jagdbezirke und Hegegemeinschaften, III. Beteiligung Dritter an der Ausübung des Jagdrechtes, IV. Jagdschein, V. Jagdbeschränkungen, Pflichten der Jagdausübung und Beunruhigung von Wild, VI. Jagdschutz, VII. Wild- und Jagdschäden, VIII. Inverkehrbringung und Schutz von Wild, IX. Jagdbeirat und Vereinigungen der Jäger, X. Straf- und Bußgeldvorschriften, XI. Schlußvorschriften.

## Gesetz zur Ordnung des Wasserhaushaltes (Wasserhaushaltsgesetz – WHG) in der Fassung vom 23. 09. 1986 (BGBl. I S. 1529, ber. S. 1654), zuletzt geändert am 26. 08. 1992 (BGBl. I S. 1564)

Aufgabe dieses Gesetzes ist der Schutz der Gewässer, die als Bestandteil des Naturhaushaltes so zu bewirtschaften sind, daß sie dem Wohl der Allgemeinheit und, im Einklang damit, auch dem Nutzen einzelner dienen. Jede vermeidbare Beeinträchtigung hat zu unterbleiben (§ 1(1)).

Jedermann ist verpflichtet, bei Maßnahmen, mit denen Einwirkungen auf ein Gewässer verbunden sein können, die nach den gegebenen Umständen erforderliche Sorgfalt anzuwenden, um Verunreinigungen des Wassers oder sonstige nachteilige Veränderungen seiner Eigenschaften zu verhüten und eine mit Rücksicht auf den Wasserhaushalt gebotene sparsame Verwendung des Wassers zu erzielen (§ 1(2)).

Das Wasserhaushaltsgesetz ist in folgende Teile und Abschnitte gegliedert:

Einleitende Bestimmung (Geltungsbereich), 1. Teil. Gemeinsame Bestimmungen für Gewässer, 2. Teil. Bestimmungen für oberirdische Gewässer, 1. Abschnitt. Erlaubnisfreie Benutzungen, 2. Abschnitt. Reinhaltung, 3. Abschnitt. Unterhaltung und Ausbau, 4. Abschnitt. Überschwemmungsgebiete, 3. Teil. Bestimmungen für die Küstengewässer, 4. Teil. Bestimmungen für das Grundwasser, 5. Teil. Wasserwirtschaftliche Planung, 6. Teil. Bußgeld- und Schlußbestimmungen.

Für die Forstwirtschaft bedeutungsvoll sind die §§ 3 und 4, in denen die **Wasser-Benutzungen** geregelt werden. Dazu gehören die Entnahme und Ableitung von Wasser aus oberirdischen Gewässern, das Aufstauen und Absenken von oberirdischen Gewässern, die Entnahme fester Stoffe aus oberirdischen Gewässern, das Einbringen und Einleiten von Stoffen in oberirdische Gewässer, das Einleiten von Stoffen in das Grundwasser, das Entnehmen, Zutagefördern, Zutageleiten und Ableiten von Grundwasser. Zu den Benutzungen gehören auch das Aufstauen, Absenken und Umleiten von Grundwasser sowie Maßnahmen, die geeignet sind, dauernd oder in einem erheblichen Ausmaß schädliche Veränderungen der physikalischen, chemischen oder biologischen Beschaffenheit des Wassers herbeizuführen.

In § 19 werden **Wasserschutzgebiete** behandelt. Danach können im Interesse der derzeit bestehenden oder künftigen öffentlichen Wasserversorgung, der Anreicherung von Grundwasser, der Verhütung des schädlichen Abflusses von Niederschlagswasser sowie des Abschwemmens oder des Eintrages von Bodenbestandteilen sowie Dünge- oder Pflanzenschutzmitteln in Gewässer, Wasserschutzgebiete festgesetzt werden. In diesen können bestimmte Handlungen verboten oder für nur beschränkt zulässig erklärt werden. Die Eigentümer und Nutzungsberechtigten von Grundstücken sind zur Duldung bestimmter Maßnahmen (auch zur Beobachtung des Gewässers und des Bodens) verpflichtet.

§ 19 g regelt den **Umgang mit wassergefährdenden Stoffen,** zu denen auch verschiedene Pflanzenschutzmittel gehören.

Forstwirtschaftlich bedeutungsvoll kann auch § 22 werden, wonach derjenige, der in ein Gewässer Stoffe einbringt, einleitet oder auf Gewässer derart einwirkt, daß die physikalische, chemische oder biologische Beschaffenheit des Wassers verändert wird, zum Ersatz des einem anderen daraus entstehenden Schadens verpflichtet ist.

§ 32 legt fest, daß Gebiete, die bei Hochwasser überschwemmt werden, zu **Überschwemmungsgebieten** erklärt werden, in denen der schadlose Abfluß des Hochwassers zu sichern ist.

Das Wasserhaushaltsgesetz wird durch Landeswassergesetze ergänzt.


**Bundesfernstraßengesetz – FStrG in der Fassung vom 19. 04. 1994 (BGBl. I S. 854, BGBl. III 911-1)**

Bundesstraßen des Fernverkehrs sind öffentliche Straßen, die ein zusammenhängendes Verkehrsnetz bilden und einem weiträumigen Verkehr dienen oder zu dienen bestimmt sind (§ 1(1)).

Zu den Bundesfernstraßen gehören der Straßenkörper (Straßengrund, Straßen-unterbau, Straßendecke, Brücken, Tunnel, Durchlässe, Dämme, Gräben, Ent-wässerungsanlagen, Böschungen, Stützmauern, Lärmschutzanlagen, Trenn-, Seiten-, Rand- und Sicherheitsstreifen), der Luftraum über dem Straßenkörper, das Zubehör (Verkehrszeichen, Verkehrseinrichtungen und -anlagen aller Art und die Bepflanzung), Nebenanlagen (Anlagen der Straßenbauverwaltung, z. B. Straßenmeistereien, Gerätehöfe, Lager, Lagerplätze, Entnahmestellen, Hilfsbe-triebe und -einrichtungen (§ 1(2)).

Im § 10 wird festgelegt, daß Waldungen und Gehölze längs der Bundesfernstra-ßen von der Straßenbaubehörde im Einvernehmen mit der nach Landesrecht für Schutzwaldungen zuständigen Behörde in einer Breite von 40 m zu **Schutzwal-dungen** erklärt werden können. Diese sind vom Eigentümer oder Nutznießer zu erhalten und ordnungsgemäß zu unterhalten. Die Aufsicht darüber obliegt der für Schutzwaldungen zuständigen Behörde.

**Gesetz zum Schutz vor schädlichen Umwelteinwirkungen durch Luftverun-reinigungen, Geräusche, Erschütterungen und ähnliche Vorgänge (Bundes-immissionsschutzgesetz – BimSchG) in der Fassung vom 15. 03. 1974 (BGBl. I S. 721, S. 1193), Neufassung vom 14. 05. 1990 (BGBl. I S. 881), zu-letzt geändert am 22. 04. 1993 (BGBl. I S. 466)**

Dieses Gesetz dient dem Schutz vor Luft-, Boden- und Wasserverschmutzungen sowie Lärmbelästigungen. Forstwirtschaftsbetriebe werden davon betroffen

a) beim Unterhalt von Anlagen oder bei der Durchführung von Maßnahmen, die zu den genannten Verschmutzungen oder Belästigungen führen können,

b) bei der Anlage und Bewirtschaftung von Wäldern, die dem Schutz vor solchen Verschmutzungen oder Belästigungen dienen.

**Gesetz zum Schutz der Kulturpflanzen (Pflanzenschutzgesetz – PflSchG) vom 10. 05. 1968 (BGBl. I S. 1505), Neufassung vom 15. 09. 1986 (BGBl. I S. 1505), zuletzt geändert am 25. 11. 1993 (BGBl. I S. 1917)**

Dieses Gesetz dient dem Schutz von Pflanzenerzeugnissen vor schädigenden Organismen und nichtparasitären Beeinträchtigungen. Daneben bezweckt es die Abwendung von Gefahren, die durch Maßnahmen des Pflanzenschutzes, beson-ders für die Gesundheit von Mensch und Tier sowie den Naturhaushalt, entste-hen können.

Gesetz zur Umsetzung der Richtlinie des Rates vom 27. Juni 1985 über die Umweltverträglichkeitsprüfung bei bestimmten öffentlichen und privaten Projekten (85/337/EWG) vom 12. 02. 1990 (UVPG, BGBl. I S. 205), zuletzt geändert d. Investitionserleichterungs- u. Wohnbaulandgesetz vom 22. 04. 1993

Zweck dieses Gesetzes ist es, die Auswirkungen öffentlicher und privater Projekte (bauliche und sonstige Anlagen, die neu errichtet oder wesentlich verändert werden, sowie durch Eingriffe in Natur und Landschaft) auf die Umwelt frühzeitig und umfassend zu ermitteln, zu beschreiben und zu bewerten sowie das Ergebnis dieser Umweltverträglichkeitsprüfung so früh wie möglich bei allen behördlichen Entscheidungen über die Zulässigkeit zu berücksichtigen (§§ 1 u. 2).

Die Umweltverträglichkeitsprüfung, die unter Einbeziehung der Öffentlichkeit durchgeführt wird, bezieht sich auf Menschen, Tiere und Pflanzen, Boden, Wasser, Luft, Klima und Landschaft (einschließlich der jeweiligen Wechselwirkungen) sowie Kultur- und Sachgüter (§ 2).

Das Gesetz über die Umweltverträglichkeitsprüfung enthält im Artikel 1 Paragraphen über Anliegen (§ 1), Begriffsbestimmungen (§ 2), Anwendungsbereiche (§ 3), Vorrang anderer Rechtsvorschriften (§ 4), Unterrichtung über den voraussichtlichen Untersuchungsrahmen (§ 5), Unterlagen des Trägers des Vorhabens (§ 6), Beteiligung anderer Behörden (§ 7), Grenzüberschreitende Behördenbeteiligung (§ 8), Einbeziehung der Öffentlichkeit (§ 9), Geheimhaltung und Datenschutz (§ 10), Zusammenfassende Darstellung der Umweltauswirkungen (§ 11), Bewertung der Umweltauswirkungen unter Berücksichtigung der Ergebnisse bei der Entscheidung (§ 12), Vorbescheid und Teilzulassung (§ 13), Zulassung eines Vorhabens durch mehrere Behörden (§ 14), Linienbestimmung und Genehmigung von Flugplätzen (§ 15), Raumordnungsverfahren und Zulassungsverfahren (§ 16), Aufstellung von Bauleitplänen (§ 17), Bergrechtliche Verfahren (§ 18), Flurbereinigungsverfahren (§ 19), Verwaltungsvorschriften (§ 20), Berlin-Klausel (§ 21), Übergangsvorschrift (§ 22) und eine Anlage zum § 3 mit Anhang.

In den folgenden Artikeln werden Änderungen mitgeteilt, und zwar beim Abfallgesetz (2), Atomgesetz (3), Bundesimmissionsgesetz (4), Wasserhaushaltsgesetz (5), Bundesnaturschutzgesetz (6), Bundesfernstraßengesetz (7), Bundeswasserstraßengesetz (8), Bundesbahngesetz (9), Personenbeförderungsgesetz (10), Gesetz über den Bau und Betrieb von Versuchsanlagen zur Erprobung von Techniken für den spurgeführten Verkehr (11), Luftverkehrsgesetz (12), zur Berlin-Klausel (13) und zum Inkrafttreten des Gesetzes (14).

**Verordnung über den Schutz von Wild (Bundeswildschutzverordnung – BWildSchV) vom 25. 10. 1985 (BGBl. I S. 2040)**

Unter Bezug auf § 36 des Bundesjagdgesetzes (Inverkehrbringung und Schutz von Wild) werden Verbote, Beschränkungen und Ausnahmeregelungen zur Inbesitznahme, Abgabe, Anbietung, Veräußerung oder sonst in Verkehrbringung wildlebender Tiere im lebenden und toten Zustand erlassen (§ 2).

Die Verordnung enthält weiterhin Vorschriften zum Halten von Greifen und Falken (§ 3), zur Aufzeichnungs- und Kennzeichnungspflicht (§ 4), zur Nachweispflicht (§ 5) und zu Ordnungswidrigkeiten (§ 6).

**Verordnung zum Schutz wildlebender Tier- und Pflanzenarten (Bundesartenschutzverordnung – BArtSchV) vom 18. 09. 1989 (BGBl. I S. 1677, ber. BGBl. I S. 2011)**

Zweck dieser Verordnung ist die besondere Unterschutzstellung der in einer Anlage aufgeführten freilebenden Tier- und Pflanzenarten.

Die Bundesartenschutzverordnung gliedert sich in folgende Abschnitte: 1. Nicht der Verordnung (EWG) Nr. 3626/82[1] unterliegende besonders geschützte Arten, 2. Zusätzliche Vorschriften für die der Verordnung (EWG) Nr. 3626/82 unterliegenden Tier- und Pflanzenarten, 3. Nicht besonders geschützte und nicht der Verordnung (EWG) Nr. 3626/82 unterliegende Tier- und Pflanzenarten, 4. Teile und Erzeugnisse, Aufzeichnungs- und Kennzeichnungspflichten, 5. Haltung, Zucht, Vermarktung gezüchteter Tiere, 6. Verbote, 7. Ordnungwidrigkeiten, Schlußvorschriften.

Hinzuweisen ist auf ein im Entwurf vorliegendes Bodenschutzgesetz, in dem vor allem der Schutz des Bodens vor Schadstoffen geregelt wird. Es legt, auch für Altlasten, Grenzwerte fest.

---

[1] Verordnung (EWG) Nr. 3626/82 des Rates zur Anwendung des Übereinkommens über den internationalen Handel mit gefährdeten Arten freilebender Tiere und Pflanzen in der Gemeinschaft vom 3. 12. 1982.

378

# 9. Liste der forstwirtschaftlichen Lehr- und Forschungsstätten in der Bundesrepublik Deutschland

*Universitäten*

- Forstwissenschaftliche Fakultät der Albert-Ludwigs-Universität
  79085 Freiburg
- Forstwissenschaftliche Fakultät der Ludwig-Maximilians-Universität
  Hohenbachernstr. 22
  84354 Freising
- Forstwissenschaftlicher Fachbereich der Georg-August-Universität
  Büsgenweg 5
  37077 Göttingen-Weende
- Fachrichtung Forstwissenschaften der Technischen Universität Dresden
  Pienner Str. 8
  01737 Tharandt

*Fachhochschulen*

- Fachhochschule für Forstwirtschaft Eberswalde
  Alfred-Möller-Str. 1
  16225 Eberswalde-Finow
- Fachhochschule Hildesheim/Holzminden, Fachbereich Forstwirtschaft
  Büsgenweg 4
  37077 Göttingen-Weende
- Fachhochschule für öffentliche Verwaltung des Landes Mecklenburg-Vorpommern
  Fachbereich Forstwirtschaft
  19065 Raben-Steinfeld
- Fachhochschule für Forstwirtschaft
  Schadenweilerhof
  72108 Rottenburg am Neckar
- Fachhochschule für Forstwirtschaft Schwarzburg
  07427 Schwarzburg
- Fachhochschule Weihenstephan, Fachbereich Forstwirtschaft
  Hohenbachernstr. 20
  85354 Freising
- Lehranstalt für Forstwirtschaft Bad Segeberg
  Hamburger Str. 115
  23795 Bad Segeberg

*Forschungsanstalten und Institute*

- Bundesforschungsanstalt für Forst- und Holzwirtschaft
  Leuschnerstr. 91
  21031 Hamburg
- Forstliche Versuchs- und Forschungsanstalt Baden-Württemberg
  Wonnhaldestr. 4
  79100 Freiburg
- Bayerische Forstliche Versuchs- und Forschungsanstalt
  Hohenbachernstr. 20
  84354 Freising
- Forstliche Forschungsanstalt Eberswalde
  Alfred-Möller-Str. 1
  16225 Eberswalde
- Hessische Forstliche Versuchsanstalt
  Prof.-Oelkers-Str. 6
  34346 Hann.-Münden
- Niedersächsische Forstliche Versuchsanstalt
  Grätzelstr. 2
  37079 Göttingen
- Landesanstalt für Forstwirtschaft Nordrhein-Westfalen
  59755 Arnsberg
- Forstliche Versuchsanstalt Rheinland-Pfalz
  Schloß
  67705 Trippstadt
- Sächsische Landesanstalt für Forsten
  Bonnewitzer Str. 34
  01827 Graupa
- Forstliche Versuchsanstalt Sachsen-Anhalt
  Behnsdorfer Str.
  39345 Flechtingen
- Thüringer Forsteinrichtungs- und Versuchsanstalt
  Jägerstr. 1
  99864 Gotha
- Institut für Weltforstwirtschaft und Ökologie
  Leuschnerstr. 91
  21031 Hamburg
- Institut für Forstpflanzenzüchtung Waldsieversdorf
  Eberswalder Chaussee 6
  15377 Waldsieversdorf

# 10. Glossar

In dem vorliegenden Glossar werden nur Begriffe erläutert, die nicht als allgemein bekannt vorausgesetzt werden können, die nicht im Text erklärt wurden und nicht in den geläufigen Lexika sowie Fachwörterbüchern der Biologie und Ökologie enthalten sind.

**adaptive Regeneration:** Wiederaufnahme der „bauplanmäßigen" Wachstums- und Differenzierungsvorgänge der Pflanze nach negativen Abweichungen infolge veränderter Situationen (siehe auch traumatische Regeneration).

**Akrotonie:** Morphologische Erscheinung, die durch besondere Förderung des Längenwachstums der Pflanzen zum Ausdruck kommt (Gegensatz: Exotonie).

**Albedo:** Anteil der von der insgesamt zur Erdoberfläche gelangenden Strahlungsmenge (Globalstrahlung) wieder in den Weltraum zurückgestrahlten Energie.

**Altersklasse:** In schlagweise bewirtschafteten Wäldern wird der Produktionszeitraum (Umtriebszeit) in äquidistante Zeitabschnitte von 20 Jahren, die sog. Altersklassen, eingeteilt und von der jüngsten beginnend (0 - 20 Jahre) bis zur ältesten fortschreitend mit römischen Ziffern bezeichnet.

**Altersklassenverhältnis:** Absoluter (ha) oder relativer (%) Anteil der einzelnen Altersklassen an der Gesamtfläche eines schlagweise bewirtschafteten Waldes. Zur Kontrolle der Nachhaltigkeit schlagweise bewirtschafteter Wälder werden, getrennt nach Baumartengruppen bzw. Betriebsklassen, die realen Altersklassenanteile den nach Modellvorstellungen „idealen" gegenübergestellt.

**Altersklassenwald:** Wald, der nach dem System des schlagweisen Hochwaldes bewirtschaftet wird, d. h. überwiegend aus gleichaltrigen, in einer bestimmten Raumordnung zueinander befindlichen Beständen besteht.

**Anemochorie:** Ausbreitung von Samen durch den Wind.

**Anfangswald:** Bei Sukzessionen das erste, meist von Pionierbaumarten gebildete Waldstadium (deshalb auch Pionierwald genannt).

**Annuelle** (Therophyten): Einjährige Pflanzen, d. h. solche, deren Lebenszyklus sich während eines Jahres oder eines Jahresabschnittes vollzieht.

**Armmoor:** Oligotroph-saures Moor (hierzu Hochmoor), torfbildende Vegetation überwiegend Zwergstrauch-Wollgras-Torfmoosrasen.

**Auxilarität:** Bei Untergliederung des Entwicklungszyklusses von Organismen in Stadien der durch besonders starkes vegetatives Wachstum gekennzeichnete Abschnitt (Wachstums- oder Auxo-Stadium).

**Auxogenese:** Die den gesamten Wachstumsprozeß von Organismen betreffenden quantitativen Lebensäußerungen.

**azidophytisch:** Regelmäßig auf bodensauren Standorten vorkommend.

**balanciertes Schlußwaldstadium:** Bei Sukzessionen das oberste, oft von Klimaxbaumarten gebildete Waldstadium (deshalb auch Klimaxwald genannt), in dem sich Stoffbildung und Stoffabbau mehr oder weniger die Waage halten.

**basiphytisch:** Regelmäßig auf neutralen bis basischen Böden vorkommend.

**Betriebsart** (Waldbausystem): Technologie der Waldbehandlung, die durch eine bestimmte Art der Begründung, Erziehung, Pflege, Ernte und Verjüngung der Waldbestände gekennzeichnet ist und zu entsprechenden Waldstrukturen (Arten-, Alters- und Raumstruktur) führt. Beispiele dafür sind beim schlagweisen System der Hoch-, Mittel- und Niederwald.

**Betriebsform:** Untergliederung der Betriebsarten, z. B. des schlagweisen Hochwaldes, nach ihrer Verjüngungsart in Wälder mit Kunst- und Naturverjüngung und, bei letzteren, in Schirm-, Saum- und Femelschlag-Formen.

**Betriebsklasse:** Zusammenfassung von Waldbeständen nach spezifischen Kriterien (Standort, Baumart oder Bestockungstyp, Waldfunktion sowie Erfordernissen der räumlichen und zeitlichen Ordnung) zu einer übergeordneten Einheit, die innerhalb des gesamten Forstbetriebes eine gesonderte Bewirtschaftung (z. B. eigene Umtriebszeit, getrennte Hiebsatzermittlung, spezifischer Betriebsablauf, separate Vollzugskontrolle) gestattet, trotzdem aber eine eigene Nachhaltseinheit darstellt. Die Betriebsklasse ist zugleich eine Einheit der waldbaulichen Planung und des Vollzuges, z. B. im Rahmen eines einheitlichen Waldbausystems (Hochwald und Niederwald oder Schlagweiser und Schlagfreier Hochwald) oder eines Betriebszieles (Furnierholzproduktion und Bauholzproduktion, Wasserschutzwald und Erholungswald). Betriebsklassen können nach folgenden Kriterien ausgeschieden werden:
- Bei Anwendung verschiedener Waldbausysteme (Schlagweiser Hochwald und Dauerwald),
- bei erheblichen Standortsunterschieden (mittlere Lagen sowie Hoch- und Kammlagen der Gebirge),
- bei Umbaumaßnahmen (herkömmlich bewirtschaftete und umzubauende Waldteile),

- bei räumlicher Trennung und differenzierter Bewirtschaftung von Waldteilen,
- bei differenzierter Bewirtschaftungsintensität (normal bewirtschaftete Flächen und Ausschlußflächen),
- bei starken, die Bewirtschaftung erheblich beeinflussenden Belastungen (Waldrechte, Immissionsschäden).

**Bienne:** Zweijährige Pflanzen, d. h. solche, deren Lebenszyklus sich im Verlaufe zweier Jahre vollzieht.

**Biomwechsel:** Biome sind die obersten Einheiten der Gliederung von Organismengesellschaften klimaabhängiger Bioregionen, die durch relativ ähnliche und einheitliche Lebensformen der Pflanzen gekennzeichnet sind. Ändert sich z. B. der Geotop infolge Paludifikation von einem Mineralboden- zu einem Torfstandort, so wandelt sich auch das Biom vom borealen Nadelwald zur Tundra.

**C/N-Verhältnis:** Quotient aus dem Kohlenstoff- und Stickstoffgehalt im Bodensubstrat. Hohe C/N-Werte zeigen eine geringe, ernährungsphysiologisch meist ungünstige Stickstoffversorgung an und umgekehrt.

**Coparasitismus:** Gleichzeitiger Befall eines Lebewesens durch zwei oder mehrere Parasiten.

**Dauerwald:** Waldökosystem, in dem die verschiedenen, für seine Stetigkeit erforderlichen Entwicklungsstadien (Jugend-, Wachstums- und Reifestadium) nicht schlagweise voneinander getrennt (Schlagweiser Hochwald), sondern in derselben Wirtschaftseinheit zeitlich und räumlich neben- und/oder übereinander angeordnet sind, so daß es als selbständige Nachhalteinheit aufgefaßt werden kann.
Dauerwälder werden untergliedert in
- Lichtbaumarten-Dauerwald: Größere Partien bestimmter Entwicklungsstadien von Bäumen sind überwiegend nebeneinander oder - bei sehr lichtem Schirm des Altwuchses - auch übereinander angeordnet; sie bilden gemeinsam ein Mosaik von Jung-, Mittel- und Altwuchs, das nur als Ganzes, d. h. bei Betrachtung größerer Areale, einem ökologischen Gleichgewicht nahe kommt.
- Intermediärbaumarten-Dauerwald (bzw. Mischung von Licht- und Schattenbaumarten): Gruppen bestimmter Entwicklungsstadien von Bäumen sind nebeneinander angeordnet, sie bilden gemeinsam ein Mosaik von Jung-, Mittel- und Altwuchs, das als Ganzes ein ökologisches Gleichgewicht aufweist.
- Schattenbaumarten-Dauerwald oder Plenterwald: Bäume bestimmter Entwicklungsstadien sind neben- und übereinander angeordnet; dank der

Durchdringung von Jung-, Mittel- und Altwuchs sind schon auf relativ kleinen Flächen eine gute Wuchsraumausnutzung und ein ökologisches Gleichgewicht möglich.

**Detritus:** Zerfallsprodukte pflanzlichen und/oder tierischen Ursprungs; ganz allgemein die abgestorbene organische Substanz aus allen trophischen Ebenen (Ernährungsstufen) eines Ökosystems sowie Zufuhr toter organischer Substanzen von außen (allochthones Material).

**Diaspore:** Ausbreitungsbiologisch-funktionelle Einheit der Pflanze, z. B. Samen, Früchte, vegetative Vermehrungsorgane.

**Distribution:** Im gegebenen Fall die räumliche Verteilung der Bäume auf der Fläche. Dabei unterscheidet man z. B. Zufalls-(Poisson-), Cluster-, Regulär- und Gitter-Verteilungen.

**Einjährige:** Siehe Annuelle.

**Einzelbaumnutzung:** Selektive Entnahme von Bäumen, die eine bestimmte Dimension und damit auch individuelle Hiebsreife erreicht haben. Gegensatz zur schlagweisen Nutzung hiebsreifer Bestände des Altersklassenwaldes.

**Entropie S:** Maß für den Zustand eines komplexen Systems. Sie ist proportional (k: Boltzmannsche Konstante) dem natürlichen Logarithmus seiner thermodynamischen Wahrscheinlichkeiten W, d. h. $S = k \ln W$.

**epigäisch:** Oberirdisch, Gegensatz: Hypogäisch.

**Erziehung von Waldbeständen:** Planmäßige Steuerung der in jungen Waldbeständen (Jungwuchs, Dickung, Stangenholz) ablaufenden Entwicklungsprozesse im Sinne bestimmter Zielstellungen durch Regulierung der Baumartenanteile, der Baumverteilung, der Bestandesdichte sowie Phänotypenauslese. Im Gegensatz zu der in älteren, nur noch wenig formbaren Waldbeständen erfolgenden Bestandespflege steht hier der gestaltende Aspekt im Vordergrund.

**eutroph:** Nährstoffreich, gut oder reichlich mit Pflanzennährstoffen versorgt.

**Eutrophierung:** Anreicherung von Nährstoffen, die zu Veränderungen in einem Ökosystem oder Teilen davon führen.

**ex situ:** Außerhalb des natürlichen Lebensraumes; Artenschutz ex situ umfaßt alle Maßnahmen zur Überlebenssicherung von Individuen vom Aussterben bedrohter Pflanzen- und Tiersippen durch ihre Übernahme in spezielle Einrichtungen oder Anlagen („Erhaltungskultur" für Pflanzen, „Erhaltungszucht" für Tiere, Genbanken); stellt nur eine Notlösung dar und sollte nach erfolgreicher Reproduktion möglichst der Ergänzung natürlicher Restpopulationen (Bestandesstützung) oder gegebenenfalls einer Wiederausbringung in den natürlichen Lebensraum (in situ) dienen.

**feedback:** Rückkopplung.

**fertil, Fertilität:** Fruchtbar, Fruchtbarkeit.

**finale Zweckbestimmung** (causa finalis): In der Teleologie eine der vier Entwicklungsursachen nach Aristoteles.

**forest influences:** Englische Bezeichnung für landschaftsökologische und humanitäre Wirkungen des Waldes. Im Deutschen verwendet man dafür die Begriffe „Wohlfahrtswirkungen" oder „Komitativwirkungen".

**Form und Inhalt:** Kategorienpaar der Waldästhetik. Die vom Wald ausgehenden Eindrücke werden durch Formeigenschaften der Landschaft, die räumliche Anordnung, Struktur und Zusammensetzung der Baumbestände, die Höhe, Schaft- und Kronenform der Bäume, die Blüten- und Laubfärbung, den Duft vieler Pflanzen, die Bewegung und den Ruf der Tiere sowie viele andere Effekte hervorgerufen. Alle diese äußeren Erscheinungen reichen aber für eine ästhetische Bewertung des Waldes nicht aus. Sie müssen darüber hinaus vernunftmäßig erfaßt und mit dem Wesen des gesamten Ökosystems Wald in Beziehung gebracht werden, weil Bäume und Wälder besonders dann als schön empfunden werden, wenn bei ihnen Form und Inhalt miteinander in Einklang stehen.

Eine Einheit von Form und Inhalt ist dann gegeben, wenn das Erscheinungsbild der Bäume und Waldbestände mit den naturbedingten Existenzvoraussetzungen übereinstimmt.

**Ganzes, Ganzheit:** Kategorie der Holistik, die davon ausgeht, daß man nur aus der Sicht des Ganzen, das mehr als die Summe seiner Teile darstellt, zur Erkenntnis gelangt.

**Gedankenassoziationen in der Waldästhetik:** Bei der ästhetischen Beurteilung von Naturobjekten werden häufig Ideenassoziationen zu menschlichen Eigenschaften hergestellt. So rufen z. B. das hohe Alter und die meist damit verbundene Dimension einzelner Baumveteranen bei vielen Waldbesuchern ein Gefühl der Ehrfurcht hervor. Die Schlankheit und Beweglichkeit der Zweige von Birke und Trauer-Weide führen zu Assoziationen mit der Anmut und Grazie tänzerischer Bewegungen. Das zarte Grün der sich zeitig im Frühjahr entfaltenden Blätter gilt als Symbol der Jugendfrische und Erneuerung. Es bildet einen wirkungsvollen Kontrast zu Koniferen, die mit ihren dunkelgrünen Nadeln und ihrem dichten Kronendach einen Eindruck der Düsternis und Schwere hervorrufen.

**Gley:** Bodentyp, dessen Genese durch den Einfluß von Grundwasser oder Staunässe bestimmt wird.

**heliophil:** Lichtbedürftig bzw. nicht schattenertragend.

**h/d-Verhältnis:** Quotient aus Schafthöhe und Schaftdurchmesser in 1,3 m Höhe über dem Erdboden. Diese die Schaftform (Schlankheit bzw. Plumpheit) der Baumstämme kennzeichnende Größe wird häufig als orientierendes Maß ihrer Bruch- und Biegefestigkeit benutzt. Große numerische Werte kennzeichnen große Schlankheit und geringe Bruch- und Biegefestigkeit des Baumstammes sowie umgekehrt.

**Hemerobie:** Beeinflussung von Ökosystemen durch den Menschen. Je nach Stärke werden verschiedene Hemerobiegrade unterschieden, z. B. meta-, poly-, eu-, oligo- und ahemerob.

**hypodermal:** In der Hydropedologie das unter der Erdoberfläche abfließende Wasser.

**Idealbild und Realität in der Waldästhetik:** Die Frage nach der Übereinstimmung von Idealbild und Realität ist für die ästhetische Wertung von Gegenständen oder Erscheinungen bedeutungsvoll. Je nach dem erreichten Grad der Übereinstimmung spricht man in der Ästhetik z. B. von „schön" oder „häßlich", von „erhaben" oder „niedrig" etc. Bei der ästhetischen Wertung von Gegenständen, die primär der Befriedigung materieller Bedürfnisse dienen, wird das als Bezugsgröße benutzte Idealbild - neben anderen Kriterien - auch vom Gesichtspunkt der Nützlichkeit geprägt, denn die Gesellschaft erkennt auf Dauer nur den Gebrauchsgegenstand als schön an, der hinsichtlich des Zweckes, zu dem er hergestellt wurde, einen hohen Grad an Funktionstüchtigkeit und Vollkommenheit aufweist. Nicht attraktive Formen, die über Gebrauchsuntüchtigkeit eines Gegenstandes hinwegtäuschen, sondern ein Komplex funktionaler und gestaltwirksamer Vollkommenheit machen das Schöne aus. Diese Aspekte lassen sich sinngemäß auch auf Wälder, die verschiedenen Funktionen dienen, anwenden.

**in situ:** Im natürlichen Lebensraum; Artenschutz in situ umfaßt alle Maßnahmen zur Erhaltung und Förderung reproduktions- und evolutionsfähiger Populationen wildlebender Pflanzen- und Tierarten innerhalb des natürlichen Verbreitungsgebietes; gebührt stets der Vorrang gegenüber ex situ-Erhaltungsmaßnahmen (siehe ex situ).

**intraspezifisch:** Erscheinungen und Vorgänge innerhalb einer Art (intraspezifische Taxa sind Sippen wie Unterarten, Rassen oder Varietäten).

**Komitativwirkungen der Wälder:** Alle über die Rohstoffproduktion der Wälder hinausgehenden Wirkungen. Dabei handelt es sich vor allem um den Einfluß der Wälder auf den Landschaftshaushalt und die Landschaftsentwicklung sowie die physischen und psychischen Lebensbedingungen der Menschen (s. Tab. 24).

**Kronendurchlaß:** Der vom Gesamt-Niederschlag durch das Kronendach fallende sowie der von Pflanzenteilen abtropfenden Niederschlag. Der Stammabfluß ist darin, im Gegensatz zum „Niederschlag am Waldboden", nicht mit enthalten.

**kryptophytisch:** Verborgen, Kryptophyt: Zur Lebensform der Kryptophyten gehörende Pflanzenart. Dabei handelt es sich um Pflanzen, die die ungünstige Jahreszeit (Winter oder Trockenheit) unter der Erde überdauern.

**k-Strategen:** Pflanzen oder Tiere, die später als r-Strategen geschlechtsreif werden und eine geringere Nachkommenzahl als diese haben. Sie sind darum nicht in der Lage, kurzfristig auftretende Optimalbedingungen für Massenvermehrungen zu nutzen.

**künstlerische Reflexionen des Waldes:** Darstellung des Waldes mit den Medien der Kunst, besonders der Literatur, Malerei und Musik.

**juvenil:** Jugendlich; **Juvenilität:** Bei Untergliederung des Entwicklungszyklusses der Organismen in Stadien der durch verschiedene morphologische und physiologische Merkmale gekennzeichnete Abschnitt (Jugend-Stadium).

**matur:** Reif; **Maturität:** Bei Untergliederung des Entwicklungszyklusses der Organismen in Stadien der besonders durch regelmäßiges Blühen und Fruchten gekennzeichnete Abschnitt (Reife- oder Maturitätsstadium).

**mesophil:** Hinsichtlich Bodenfeuchte durchschnittliche („mittlere") Standortsverhältnisse bevorzugend und besiedelnd.

**Mischungsregulierung:** Die im Rahmen der Bestandeserziehung und -pflege erfolgende Steuerung des Anteils verschiedener Baumarten in einem Waldbestand.

**mykotroph:** Wasser- und Nährstoffaufnahme aus dem Boden über eine Mykorrhiza (enges Zusammenleben von Wurzeln und Pilzmyzelien) realisierend.

**Naturphilosophie:** Philosophische Richtung, die eine Deutung und Erklärung der Natur als Ganzes anstrebt; speziell eine besonders auf Schelling zurückgehende Philosophie, die sich mit der Frage nach der Einheit der Gegensätze beschäftigte und später auf intuitive Anschauungen orientierte.

**nitrophytisch:** Regelmäßig auf stickstoffreichen Böden vorkommend.

**oligotraphent:** Nährstoffarme (oligotrophe) Standorte besiedelnd.

**oligotroph:** Nährstoffarm, nur gering (unterdurchschnittlich) mit Pflanzennährstoffen versorgt.

**Ontogenese:** Von E. Häckel (1886) eingeführter Begriff für die Individualentwicklung von Organismen. Er wird auch angewandt für
- die Keimes- und Jugendentwicklung eines Organismus,
- die Entwicklung eines Organismus von der Keimung bis zum Tod,
- einen aus mehreren Individuen bestehenden Entwicklungszyklus.

In der vorliegenden Schrift wird die Ontogenese untergliedert in
- Auxogenese, d. h. den Wachstumszyklus (quantitativer Aspekt der Ontogenese)
  und
- Zyklogenese, d. h. den Entwicklungszyklus (qualitativer Aspekt der Ontogenese) mit Embryonal-, Juvenil-, Auxo-, Maturitäts- und Senilitätsstadium.

**Organismus höherer Ordnung:** Eine vor allem von Naturphilosophen und naturphilosophisch orientierten Naturwissenschaftlern zur Bezeichnung der den einzelnen Organismen übergeordneten, d. h. supraorganismischen Systeme gebrauchte Bezeichnung. In diesem Sinne stellen Ökosysteme Organismen höherer Ordnung dar.

**Organismusidee:** Die vor allem von Alfred Möller vertretene und im System des Dauerwaldes zum Ausdruck kommende Auffassung, daß der Wald eine Ganzheit darstellt und dementsprechend zu behandeln ist. Das Ökosystem Wald wurde von Möller, dem Geist der damaligen Zeit folgend, als Organismus bezeichnet.

**Perkolation:** Durchlässigkeit; in der Hydropedologie die Passage (Durchsickerung) von Wasser durch das Filtergerüst des Bodens.

**Persistenz:** Im Pflanzenschutz die Wirkungsdauer von Bioziden.

**Pflege von Waldbeständen:** Planmäßige Steuerung der in älteren, bereits weniger beeinflußbaren Waldbeständen (Baumhölzer) ablaufenden Entwicklungsprozesse nach bestimmten Zielstellungen durch Regulierung der Baumartenanteile, der Baumverteilung, der Bestandesdichte sowie die Phänotypenauslese. Im Gegensatz zu der in noch jungen und leicht beeinflußbaren Beständen erfolgenden Bestandeserziehung ist diese Maßnahme mehr konservierend als gestaltend.

**Phänotypenauslese:** Selektion von Bäumen im Rahmen der Bestandeserziehung und/oder -pflege nach dem äußeren (Phänotypus) Erscheinungsbild. Dabei kann es sich um Auslese zwecks Eliminierung (negative Ph.) oder Förderung (positive Ph.) handeln.

**Plenterung:** Einzelbaumweise Baumentnahme, die bei langfristiger Anwendungzur Ausbildung und Erhaltung von Plenterstrukturen führt.

**Plenterwald:** Meist naturnaher, gemischter und überwiegend aus schattentoleranten Baumarten bestehender Dauerwald, in dem schon auf relativ kleinen Flächen, dank baum- und truppweiser Mischung von Jung-, Mittel- und Altwuchs, ein dynamischer Gleichgewichtszustand herrscht.

**Podsol:** Bodentyp, der sich auf sauren und hinreichend wasserdurchlässigen (perkolationsfähigen) Böden unter humiden Klimaverhältnissen ausbildet und durch einen grau-gebleichten Oberbodenhorizont über einen mehr oder weniger rostbraunen Anreicherungshorizont gekennzeichnet wird.

**Redox-Potential:** Maß für die oxidierenden (hohes Redox-Potential) oder reduzierenden Eigenschaften (niedriges Redox-Potential) eines (Redox-)Systems. Ein solches System bildet z. B. das zwei- und dreiwertige Eisen $Fe^{II}$ <=> $Fe^{III}$ im Boden.

**reduktionistische Schulen:** Naturwissenschaftliche und philosophische Schulen, die auf analytisch-experimentellem Wege zur Erkenntnis gelangen wollen. Dazu zählen der Atomismus des Demokrit sowie der Mechanismus von Descartes, Newton, Laplace, Roux, Weißmann u. a.

**Reichmoor:** Eutrophes Moor (Gegensatz: Armmoor), torfbildende Vegetation überwiegend Röhrichte, Großseggenrieder und Erlenbrüche.

**Reiteration:** nicht im „Bauplan" der Pflanze zu dieser Zeit oder an diesem Ort vorgesehene Wiederholung von Sproß- und Wurzelverzweigungsmustern (in Anpassung an veränderte Situationen oder als Reaktion auf Verletzungen oder Verluste von Bauelementen).

**Retention:** Zurückhaltung, z. B. des Wassers im Boden.

**Seneszens:** Altwerden, Altersschwäche, Stadium des Alterns im Entwicklungszyklus von Organismen.

**Senilität:** Bei Untergliederung des Entwicklungszyklusses der Organismen in Stadien der durch verschiedene morphologische (z. B. Blatt- und Kronenform) und physiologische Erscheinungen (z. B. Rückgang der Fertilität und des Wachstums) gekennzeichnete Abschnitt (Alters- oder Senilitätsstadium).

**shifting mosaik steady state:** In Terminalstadien der Waldsukzession vollzieht sich auf kleineren Flächen (Mosaikflecken oder Gaps) ein steter Phasenwechsel von Verjüngung, Wachstum, Reife, Alterung, Zerfall und erneuter Verjüngung. Diese Entwicklung vermittelt den Eindruck, daß die die verschiedenen Phasen repräsentierenden Mosaikflecken auf der betrachteten Fläche laufend verschoben werden (shift). Zusammengenommen ergeben die verschiedenen Mosaikflecken einen dynamischen Gleichgewichtszustand (steady state).

**Sommerregengebiet:** Gebiet, in dem die meisten Niederschläge während der Sommermonate fallen (z. B. Zentral- und Osteuropa).

**Stammabfluß:** Menge des an den Baumschäften herabfließenden Niederschlages.

**Superparasitismus:** Parasitierung von Parasiten. Daraus ergibt sich die Nahrungskette: Wirt → Parasit 1. Ordnung → Parasit 2. Ordnung.

**thermophil:** bevorzugt wärmebegünstigte Standorte besiedelnd.

**Trauf:** Durch die an den Schäften der Randbäume eines Waldbestandes nach außen stärker ausgebildeten und länger lebensfähigen Äste hervorgerufener „Waldmantel". Er ist für die Abschwächung des Windes (Sturmschutz) und die Ausbildung eines Waldinnenklimas bedeutungsvoll. Nach der Ansatzhöhe wird zwischen Tief- und Hochtrauf, nach der Entstehung zwischen Natur- und Kunsttrauf unterschieden. Letzterer wird von angepflanzten, besonders sturmfesten Baumarten gebildet, die nicht am Aufbau des dahinterliegenden Waldbestandes beteiligt sind.

**traumatische Regeneration:** Ersatz oder Ergänzung beschädigter oder verlorengegangener Organe oder „Bauelemente" zur Wiederherstellung des Organismus (siehe auch adaptive Regeneration).

**Winterregengebiet:** Gebiete, in denen die meisten Niederschläge während der Wintermonate fallen (sog. Etesienklima). Ein Beispiel dafür ist der Mittelmeerraum.

**Xylobionte:** Im Holz lebende Organismen.

# 11. Literatur

Agricola, G. (1556): De re metallica libri. XII. Basel 1556 (Repr. der Ausg. 1556, bearb. von Prescher, H. (1974): Georgius agricola – Ausgewählte Werke, Bd. VIII. Berlin 1974

Auswertungs- und Informationsdienst für Ernährung, Landwirtschaft und Forsten (AID) e. V. (Hrsg.) (1994): Beispiel Hessen: Zoologische Untersuchungen in Naturwaldreservaten, in: AID-Pressedienst 43 (1994) Nr. 13 S. 4

Altenkirch, W. (1977): Ökologie, Aarau/Frankfurt/M. 1977

Ammer, U. (1991): Konsequenzen aus den Ergebnissen der Totholzforschung für die forstliche Praxis, in: Forstwiss. Cbl. 110 (1991) S. 149–157

Ammer, U., Pröbstl, U. (1991): Freizeit und Natur: Probleme und Lösungsmöglichkeiten einer ökologisch verträglichen Freizeitnutzung, Hamburg/Berlin 1991

Arbeitsgemeinschaft der Landesanstalten und -ämter für Naturschutz u. Bundesamt für Naturschutz (1994): Die Elbe und ihr Schutz – eine internationale Verpflichtung, in: Natur u. Landschaft 69 (1994) S. 239–250

Arbeitskreis Forstliche Landespflege (1994): Leitfaden Waldbiotopkartierung (im Druck 1995)

Arbeitskreis Zustandserfassung und Planung der Arbeitsgemeinschaft für Forsteinrichtung, Arbeitsgruppe Landespflege (1974): Leitfaden zur Kartierung der Schutz- und Erholungsfunktionen des Waldes (Waldfunktionenkartierung), Frankfurt/M. 1974

Baig, M. N. W., Tranquillini, W. (1980): The effects of wind and temperature on cuticular transpiration of Picea abies and Pinus cembra and their significance in dessication damage at the alpine timberline, in: Oecolog. 47 (1980) S. 252–256

Baig, M. N. W., Tranquillini, W., Havranek, W. (1976): Cuticuläre Transpiration von Picea abies- und Pinus cembra-Zweigen aus verschiedener Seehöhe und ihre Bedeutung für die winterliche Austrocknung der Bäume an der alpinen Waldgrenze, in: Cbl. Ges. Forstwes. 91 (1976) S. 195–211

Baumgartner, A. (1967): Entwicklungslinien der forstlichen Meteorologie, in: Forstwiss. Cbl. 86 (1967) S. 156–175, 201–220

Bazzingher, G. (1976): Der Schwarze Schneeschimmel der Koniferen (Herpotrichia juniperi (DUBY) PETRAK und Herpotrichia coulteri (PECK) BOSE, in: Europ. J. Forest Pathol. 6 (1976) S. 109–122

Beck, G. (1965): Untersuchungen über Planungsgrundlagen für eine Lärmbekämpfung im Freiraum mit Experimenten zum artspezifischen Lärmminderungsvermögen verschiedener Baum- und Straucharten (Diss. Techn. Univ. Berlin 1965)

Beck, G. (1967a): Pflanzen als Mittel zur Lärmbekämpfung, Hannover/Berlin/Sarstedt 1967

Beck, G. (1967b): Baum- und Straucharten zur Lärmbekämpfung, in: Holz-Zbl. 93 (1967) S. 907

Behre, K. E. (1976): Pollenanalytische Untersuchungen zur Vegetations- und Siedlungsgeschichte bei Flögeln und im Ahlenmoor (Elbe-Weser-Winkel), in: Probl. Küstenforsch. 11 (1976) S. 101–118

Bella, I. E. (1968): A new competition model for individual trees, in: Forest Science 17 (1968) S. 364–372

Bencard, J. (1967): Küstenschutz, Erkenntnisse und Methoden, in: Geogr. Ber. 12 (1967) S. 299–321

Bencard, J. (1969): Anwendung ingenieurbiologischer Bauweisen im Küstenschutz, in: Ingenieurbiologische Bauweisen und Landschaftsgestaltung, bearb. v. H. Linke, W. Meißner, Berlin 1969, S. 211–246

Bernhofer, Ch. (1993): Experimentelle Bestimmung von Energieflüssen über Pflanzenbeständen (Habil.-Schrift Wien 1993)

Beug, H.-J. (1975): Changes of climate and vegetation belts in the mountains of Mediterranean Europe during the Holocene, in: Bull. Geol. 19 (1975) S. 101–110

Bilkenroth, K.-D. (1993): Sanierung und Landschaftsgestaltung als Unternehmensziele. Vortrag anläßlich der GEOTECHNIKA Köln 1993 (n. publ.)

Blanckmeister, J. (1956): Die räumliche und zeitliche Ordnung im Walde, Radebeul 1956

Blab, J., Kudrna, O. (1982): Hilfsprogramm für Schmetterlinge. Ökologie und Schutz von Tagfaltern und Widderchen, Greven 1982

Blab, J. et al. (Hrsg.) (1984): Rote Liste der gefährdeten Tiere und Pflanzen in der Bundesrepublik Deutschland, 4. Auflage, Greven 1984

Böhling, N. (1992): Floristischer Wandel von Waldgesellschaften, in: Naturschutz u. Landschaftsplanung 1 (1992) S. 16–19

Borggreve, B. (1885): Die Holzzucht, Berlin 1895

Borman, F. H., Likens, G. E. (1979a): Pattern and Process in a forested ecosystem, New York/Heidelberg/Berlin 1979

Borman, F. H., Likens, G. E. (1979b): Catastrophic disturbance and steady state in northern hardwood forests, in: Amer. Soc. 67 (1979) S. 666–669

Bottema, S. (1974): Implications of a pollen diagram from the adriatic sea, in: Geol. en Mijnbouw 53 (1974) S. 401–405

Braathe, P. (1984): Development of regeneration with different mixtures of conifers and broadleaves, in: NISK, Rapp. 11 (1984)

Brauns, A. (1991): Taschenbuch der Waldinsekten, 4. Auflage, Stuttgart/Jena 1991

Brechtel, H. M. (1969): Die Nutzung des Bodens durch den Menschen als Faktor im Wasserhaushalt, in: Landnutzung und Wasser (Schr. R. Ver. Dt. Gewässerschutz 22) Bonn/Bad Godesberg 1969, S. 1–33

Bruhm, A. (1896): Was kann der Forstmann zu Erhaltung der Schönheit des Waldes thun und inwieweit kann er Schönheitsrücksichten bei Wirthschaftsbetrieb maßgebend sein lassen, in: Berichte der 41. Versammlung des Sächsischen Forstvereins vom 21. 06.–25. 06. 1896 in Olbernhau, S. 56–71

Budyko, M. I. (1956): Die Wärmebalance der Erdoberfläche (russ.), Leningrad 1956

Budyko, M. I. (1963): Atlas der Wärmebalance der Erdkugel (russ.), Moskau 1963

Budyko, M. I. (1971): Klima und Leben (russ.), Leningrad 1971

Bülow, K. v. (1953): Ein Hinweis zum naturgemäßeren Küstenschutz, in: Wasserwirtsch.-Wassertechn. 3 (1953) S. 299–300

Bülow, K. v. (1957): Ingenieurbiologische Gesichtspunkte im Küstenschutz, in: Umschau Wiss. u. Technik 57 (1957) S. 616–621

Burger, H. (1954): Einfluß des Waldes auf den Stand der Gewässer. V. Der Wasserhaushalt im Sperbel- und Rappengraben von 1942/43 bis 1951/52, in: Mitt. Schweiz. Anst. Forstl. Versuchswes. 31 (1954) S. 9–58

Burrichter, E. (1982): Torf-, pollen- und vegetationsanalytische Befunde zum Reliktvorkommen der Waldkiefer (Pinus sylvestris) in der Westfälischen Bucht (Ber. Dt. Bot. Ges.95) Stuttgart 1982, S. 361–373

Burschel, P., Huß, J. (1987): Grundriß des Waldbaus, Hamburg/Berlin 1987

Burschel, P., Kürsten, E. (1992): Wald und Forstwirtschaft im Kohlenstoffhaushalt der Erde, in: Produktionsfaktor Umwelt – Klima und Luft, München 1992

Burschel, P. et al. (1993): Potentiale der Kohlenstoffixierung durch Ausweitung der Waldflächen als Maßnahme zur Klimastabilisierung, München 1993. (Vorlage zur Sitzung der Enquete-Kommission des deutschen Bundestages zum Schutz der Erdatmosphäre am 15. 03. 1993 in Bonn (n. publ.)

Busch, K.-F., Uhlmann, D., Weise, G. (1989): Ingenieurökologie, 2. Auflage, Jena 1989

Busse, J. (1923): Durchforstungseinheiten, in: Dt. Forstwirt 5 (1923) S. 1237–1238

Carbiener, R. (1974): Die linksrheinischen Naturräume und Waldungen der Schutzgebiete von Rheinau und Daubensand (Frankreich): eine pflanzensoziologische und landschaftsökologische Studie (Natur- und Landschaftsschutzgebiete Bad.-Württ. 7) . . . 1974, S. 438–535

Casparie, W. A. (1972): Bog development in Southeastern Drenthe (The Netherlands), in: Vegetatio 25 (1972) S. 1–271

Charney, J. (1979): Carbon Dioxide and Climate: A Scientific Assessment, Washington 1979

Clements, F. E. (1916): Plant successio: an analysis of the development of vegetation, in: Carnagie Inst. Washington, Publ. No. 242, 1916

Cordshagen, H. (1965): Der Küstenschutz in Mecklenburg, Schwerin 1965

Dahl, F. (1908): Grundsätze und Grundbegriffe der biozönotischen Forschung, in: Zool. Anz. 33 (1908) S. 349–353

Dannecker, K. (1929): Der Plenterwald einst und jetzt, Stuttgart 1929

Darwin, Ch. (1859) (engl.): Die Entstehung der Arten durch natürliche Zuchtwahl, Leipzig o. J.

Delfs, J. W. et al. (1958): Der Einfluß des Waldes und des Kahlschlages auf den Abflußvorgang, den Wasserhaushalt und den Bodenabtrag (Aus dem Walde. Mitt. Niedersächs. Landesforstverwaltung H.3) Hannover 1958

Dengler, A. (1922): Bärenthoren – kein Dauerwald?, in: Forstl. Wochenschr. Silva 10 (1922) S. 345–348

Dengler, A. (1925a): Dauerwald in Theorie und Praxis, in: Forstl. Wochenschr. Silva 13 (1925) S. 25–31

Dengler, A. (1925b): Die Dauerwaldfrage in Theorie und Praxis, in: Jb. Dt. Forstver. (1925) S. 129–144

Dengler, A. (1925c): Zum Streit um den Dauerwald in Theorie und Praxis, in: Forstl. Wochenschr. Silva 13 (1925) S. 209–210

Dengler, A. (1927): Unrichtigkeiten und Übertreibungen aus dem Dauerwaldlager, in: Forstl. Wochenschr. Silva 15 (1927) S. 121–126

Dengler, A. (1936): Bärenthoren 1934. Der naturgemäße Wirtschaftswald, in: Z. Forst- u. Jagdwes. 68 (1934) S. 337–353

Dengler, A. (1937a): Zeitenwende im Waldbau?, in: Forstl. Wochenschr. Silva 25 (1937) S. 21–25

Dengler, A. (1937b): Naturgemäßer Waldaufbau und Massenleistung, in: Dt. Forstwirt 19 (1937) S. 313–314

Dengler, A. (1939): Zu Lemmel's Kritik an meiner Stellung zum Dauerwaldgedanken, in: Z. Forst- u. Jagdwes. 71 (1939) S. 553–561

Deutsches Nationalkomitee für das UNESCO-Programm „Der Mensch und die Biosphäre" (1990): MAB stellt sich vor, Bonn 1990

Deutscher Wetterdienst Offenbach (1989): Verteilung der Windgeschwindigkeit in Deutschland (zit. von Kurth 1994)

Dieterich, V. (1953): Forstwirtschaftspolitik, Berlin/Hamburg 1953

Dister, E. (1983): Zur Hochwassertoleranz von Auenwaldbäumen an lehmigen Standorten (Verhandl. Ges. Ökol. 10) Freising/Weihenstephan 1983, S. 325–336

Donaubauer, E. (1980): Über die Pilzkrankheiten in Hochlagenaufforstungen (Mitt. forstl. Bundesversuchsanst. 129) Hamburg/Reinbeck 1980, S. 51–62

Drachenfels, O. v. (1986): Überlegungen zu einer Liste der gefährdeten Ökosystemtypen in Niedersachsen (Schr. R. Vegetationskde. 18) Bonn/Bad Godesberg 1986, S. 67–73

Dunger, W. (1983): Tiere im Boden, 3. Auflage, Lutherstadt-Wittenberg 1983

Dyck, S. (Hrsg.) (1976): Berechnung und Regelung des Durchflusses der Flüsse. Teil 1, Berlin 1976

Dyck, S. (Hrsg.) (1978): Angewandte Hydrologie. Teil 2. Der Wasserhaushalt der Flußgebiete, Berlin 1978

Dylis, R. E. (1953): Influence of forest cutting and mountain farming on some vegetation, surface soil and surface runoff characteristics, in: Forest Surv. Release Southeast. Forest. Exp. Stat. Asheville, N. C. 1953

Ellenberg, H. (1973): Versuch einer Klassifikation der Ökosysteme nach funktionellen Gesichtspunkten, in: Ökosystemforschung, Hrsg. H. Ellenberg, Berlin/Heidelberg/New York 1973, S. 235–264

Ellenberg, H. (1979): Zeigerwerte der Gefäßpflanzen Mitteleuropas (Scripta Geobotanica IX) Göttingen 1979

Ellenberg, H. (1982): Vegetation Mitteleuropas mit den Alpen in ökologischer Sicht, 3. Auflage, Stuttgart 1982

Ellenberg, H. jun. (1988): Eutrophierung – Veränderung der Waldvegetation, in: Schweiz. Z. Forstwes. 139 (1988) S. 261–282

Ellenberg, H., Müller-Dombois, D. (1967): Tentative Physiognomie – Ecological Classifikation of Plant Formations of the Earth (Ber. Geobot. Inst. ETH, Stiftung Rübel 37) Zürich 1967, S. 21–55

Emanuel, W. R., Shugart, H. H. (1984): The Holdridge Live-Zone Classification: Climate Change, Special issue: Measuring Sensitivity of Cimatic Change, (zit. bei Perry u. Cartier)

Emmrich, I. (1978): Der Wald in der bildenden Kunst, in: Wald, Landeskultur und Gesellschaft, Hrsg. H. Thomasius, 2. Auflage, Jena 1978, S. 369–383

Endres, M. (1905): Handbuch der Forstpolitik mit besonderer Berücksichtigung der Gesetzgebung und Statistik, Berlin 1905

Enquete-Kommission des 11. Deutschen Bundestages (Hrsg.) (1988): Vorsorge zum Schutz der Erdatmosphäre – eine internationale Herausforderung, Bonn 1988

Enquete-Kommission des Deutschen Bundestages (Hrsg.) (1994): Schutz der Erdatmosphäre 1994: Schutz der grünen Erde. Klimaschutz durch umweltgerechte Landwirtschaft und Erhalt der Wälder, Bonn 1994

Fabian, P. (1991): Klima und Wald – Perspektiven für die Zukunft, in: Forstwiss. Cbl. 110 (1991) S. 286–304

Fink, G., Vibrans, H., Vollmer, I. (1991): Synopse der Roten Listen Gefäßpflanzen (Schr. R. Vegetationskde. 22) Bonn/Bad Godesberg 1991

Flemming, G. (1968): Die Windgeschwindigkeit auf waldumgebenen Freiflächen, in: Arch. Forstwes. 17 (1968) S. 5–16

Flemming, G. (1971): Wie weit reicht der klimatische Einfluß des Waldes in das offene Feld hinaus?, in: Soz. Forstwirtsch. 21 (1971) S. 54–56

Flemming, G. (1978): Einflüsse des Waldes auf Atmosphäre und Klima, in: Wald, Landeskultur und Gesellschaft, Hrsg. H. Thomasius, 2. Auflage, Jena 1978, S. 69–81

Flemming, G. (1987): Wald, Wetter, Klima, 2. Auflage, Berlin 1987

Flohn, H. (1988): Das Problem der Klimaänderungen in Vergangenheit und Zukunft, Darmstadt 1988

Fonds der chemischen Industrie (Hrsg.) (1987): Folienserie Umweltbereich Luft, Frankfurt/M. 1987

Foot and Agriculture Organisations (FAO) (1982): Tropical Forest Resources, Forestry Paper. 30, Rome 1982 (zit. von Zundel 1980)

Foot and Agriculture Organisations (FAO) (1988a): An interim Report on the State of Forest Resources in the developing Countries, Rom 1988

Foot and Agriculture Organisations (FAO) (1988b): Yearbook of forest products 1975–1986, Rom 1992

Foot and Agriculture Organisations (FAO) (1992a): Tropical forestry action programme – TFAP update No. 24, Rome 1992

Foot and Agriculture Organisations (FAO) (1992b): Yearbook of forest products 1979–1990, Rom 1992

Förster, M. (1977): Die Beeinflussung von Vegetationsstrukturen durch Wildbestände, dargestellt an Beispielen aus dem Staatlichen Forstamt Saupark (Niedersachsen), in: Vegetation und Fauna, Hrsg. R. Tüxen (Ber. Symp. Intern. Vereinig. Veget.-kde. Rinteln 1976) Vaduz 1977, S. 541–551

Franz, J. M. (1964): Dispersion and natural-enemy action, in: Ann. apl. Biol. 53 (1964) S. 510–515

Garack, S. (1986): Untersuchungen zur Stabilität und Qualität von Kiefern und Kiefernjungbeständen (Diplomarb. Techn. Univ. Dresden/Tharandt 1986)

Gasser, H. (1992): Artenschutzwert von Föhrenwäldern bei Brugg, Kanton Aargau, in Abhängigkeit von den ökologischen Standortsfaktoren (Ber. Geobot. Inst. ETH Stiftung Rübel 58) Zürich 1992, S. 147–163

Gaussen, H. (1955): Expression des milieux par des formules écoloquies; leur representation cartographique, in: Colloq. Intern. du Centre Nat. Recherche Scient. 59 (1955) S. 257–269

Gayer, K. (1886): Der gemischte Wald, Berlin 1886

Gauze, G. F. (1934): Eine mathematische Theorie des Kampfes ums Dasein und ihre Anwendung auf die Populationen von Hefezellen (russ.), in: Bull. MOIP biol. 43 (1934) No. 1, S. 69–87

Geiger, R. (1961): Das Klima der bodennahen Luftschicht, Braunschweig 1961

Gigon, A. (1983a): Typology and prinziples of ecological stability and instability, in: Mount. Res. and Develop. 3 (1983) S. 95–102

Gigon, A. (1983b): Über das biologische Gleichgewicht und seine Beziehungen zur ökologischen Stabilität (Ber. Geobot. Inst. ETH Stiftung Rübel 60) Zürich 1983, S. 149–177

Gigon, A. (1984): Typologie und Erfassung der ökologischen Stabilität und Instabilität mit Beispielen aus Gebirgsökosystemen (Verh. Ges. Ökol. 12) Freising/Weihenstephan 1984, S. 13–29

Gigon, A., Reyser, P. (1986): Positive Interaktionen zwischen Pflanzenarten (Veröffentl. Geobot. Inst. ETH Stiftung Rübel 87) Zürich 1986, S. 372–387

Göring, H. (1936): Eröffnung der Tagung des deutschen Forstvereins, in: Dt. Forstverein 18 (1936) S. 813–816

Grohne, U. (1957): Zur Entwicklungsgeschichte des ostfriesischen Küstengebietes auf Grund botanischer Untersuchungen, in: Probl. Küstenforsch. 6 (1957) S. 1–48

Grüger, E. (1975): Pollenanalyse spätpleistozäner und holozäner Sedimente aus der Adria, in: Geol. Jb. A 29 (1975) S. 3–32

Grümmer, G. (1955): Die gegenseitige Beeinflussung höherer Pflanzen – Allelopathie, Jena 1955

Günther, K. (1976): Die jungsteinzeitliche Siedlung Deiringsen/Ruploh in der Soester Börde, in: Bodenaltertümer Westf. 16 (1976) S. 1–69

Günther, K. (1988): Eine Linienbandkeramik-Siedlung im Wesertal bei Minden, in: Archäol. Korrespondenzbl. 18 (1988) S. 237–241

Haeckel, E. (1866): Generelle Morphologie der Organismen. Bd. II, Berlin 1866

Harborne, J. B. (1977): Introduction to Ecological Biochemistry, London/New York/San Francisco 1977

Hartig, M. (1986): Zur Bedeutung der Weißtanne (Abies alba Mill.) in den sächsisch-thüringischen Mittelgebirgen, in: Naturschutzarb. Sachsen 28 (1986) S. 33–42

Hartig, M. (1991): Probleme der Baumartenwahl in sächsischen Immissionsgebieten, in: Beitr. Gehölzkunde (1991) S. 41–46

Hartmann, F. K. (1928): Über den Wasserverbrauch einiger Bodendecken des märkischen Kiefernwaldes auf Sandboden, in: Z. Forst- u. Jagdwes. 60 (1928) S. 449–470

Hartweg, A. (1976): Ein Beitrag zur Quantifizierung der Sozialfunktionen des Waldes (Diss. Univ. Freiburg i. Br. 1976)

Hasel, K. (1985): Forstgeschichte. Ein Grundriß für Studium und Praxis, Hamburg/Berlin 1985

Haupt, R. (1976): Die lärmdämpfende Wirkung der Vegetation, untersucht am Beispiel von Waldrändern und Waldbeständen, und Möglichkeiten ihrer Anwendung (Diss. Techn. Univ. Dresden/Tharandt 1976)

Haupt, R. (1978): Akustische Wirkungen des Waldes, in: Wald, Landeskultur und Gesellschaft, Hrsg. H. Thomasius, 2. Auflage, Jena 1978, S. 286-306

Haupt, R. (1987): Zum Vorkommen und Gesundheitszustand der Tanne in Thüringen (DDR), in: 5. IUFRO-Tannensymposium vom 3.–5. 9. 1987 in Zvolen, Hrsg. L. Paule/S. Korpel, Zvolen 1988, S. 331–342

Haupt, R., Hiekel, W., Görner, M. (1982): Aufbau und Pflege von Zielbestockungen an Fließgewässerufern zur Erfüllung wichtiger landeskultureller Funktionen, in: Landschaftspfl. u. Naturschutz in Thüringen 19 (1982) S. 29–51

Hegyi, F. (1974): A simulation model for managing Jack-Pine stands, in: IUFRO-Working Party S4.01–4. Rapp. Upsats. Inst. Skogsprod. Skogshögst. 30 (1974) S. 74–90

Heidecke, D. (1984): Untersuchungen zur Ökologie und Populationsentwicklung des Elbebibers, Castor fiber albicus Matschi, 1907, in: Zool. Jb. Syst. 111 (1984) S. 1–41

Heinrich, Ch. (1993): Leitlinie Naturschutz im Wald, Wetzlar 1993

Hempel, W. (1979): Die Verbreitung der wildwachsenden Gehölze in Sachsen, in: Gleditschia 7 (1979) S. 43–72

Hempel, W. (1982): Ursprüngliche und potentielle natürliche Vegetation in Sachsen – eine Analyse der Entwicklung von Landschaft und Waldvegetation (Diss. B. Techn. Univ. Dresden/Tharandt 1982)

Heydemann, B. (1982): Der Einfluß der Waldwirtschaft auf die Waldökosysteme aus zoologischer Sicht (Schr. R. Dt. Rat Landespfl. 40) Bonn 1982, S. 926–944

Hofmann, G. (1988): Die Quantifizierung der potentiellen natürlichen Nettoprimärproduktion auf der Grundlage von Vegetationsformen und Vegetationskartierungen, dargestellt am Beispiel des Gebietes der DDR, in: Peterm. Geogr. Mitt. 132 (1988) S. 27–33

Hofmann, G. (1991): Die Vegetationsgliederung natürlicher Kiefernwälder, kiefernhaltiger Laubwälder und forstwirtschaftlich bedingter Kiefernforsten Mitteleuropas, in: Ber. aus Forsch. u. Entwicklung 24 (1991) S. 40–67

Hofmann, R. (1970): Die Abhängigkeit der Wassergüte in Trinkwassertalsperren von der Nutzungsart des Einzugsgebietes. Gezeigt am Beispiel der Talsperren Saidenbach und Neunzehnhain, in: Sächs. Heimatbl. 16 (1970) S. 145–150

Holdridge, L. R. (1947): Determination of the World Plant Formation from Simple Climatic Data, in: Science 105 (1947) S. 367–368

Holdridge, L. R. (1964): Life Zone Ecology. Tropocal Science, San Jose 1964

Holling, C. S. (1986): The Resiliance of Terrestrial Ecosystems: Local Surprice and Global Change, in: Sustainable Development of Biosphere, Hrsg. W. C. Clark/R. E. Munn, Laxenburg 1986, S. 292–317

Holstener-Jørgensen, H. (1967): Influences of forest management and drainage on groundwater fluctuations, in: International Symposium on Forest Hydrology, Hrsg. W. E. Sopper/H. W. Lull, Oxford 1967, S. 325–333

Holtmeier, F. K. (1989): Ökologie und Geographie der oberen Waldgrenze, in: Ber. Reinhold-Tüxen-Ges. 1 (1989) S. 15–45

Hornsmann, E. (1958): Allen hilft der Wald, München/Bonn/Wien 1958

Hügin, G., Henrichfreise, A. (1992): Vegetation und Wasserhaushalt des rheinnahen Waldes (Schr. R. Vegetationskde. 24) Bonn-Bad Godesberg 1992

Humboldt, A. v. (1845): Kosmos. Entwurf einer physischen Weltbeschreibung. 1. Bd., Stuttgart/Tübingen 1845

Hüppe, J., Pott, R., Störmer, D. (1989): Landschaftsökologisch-vegetationsgeschichtliche Studien im Kiefernwuchsgebiet der Senne, in: Abh. Westf. Mus. f. Naturkde. 51 (1989) S. 1–77

Institut für ökologische Raumentwicklung Dresden (Hrsg.) (1994): Zukunft Elbe. Flußlandschaft und Siedlungsraum (IÖR-Schriften 8) Dresden 1994

Jäckel, G. (1978): Der Wald in der deutschsprachigen Literatur, in: Wald, Landeskultur und Gesellschaft, Hrsg. H. Thomasius, 2. Auflage, Jena 1978, S. 384–392

Jahn, G. (1977): Die Fichtenwald-Gesellschaften in Europa, in: Die Fichte. Bd. 1, Hrsg. H. Schmidt-Vogt, Hamburg/Berlin 1977, S. 468–560

Jahn, G. (1982): Wald- und Gebüschgesellschaften in Norddeutschland: Ihre Gefährdung sowie Möglichkeiten ihrer Förderung durch Waldbau, in: Forst- u. Holzwirt 37 (1982) S. 150–156

Jalut u. Delibrias (1980): 21 000 years of forest history in the Pyrénées: the peat bog of Freychinede (Arrège, south of France), in: Abstr. 5th Int. Palyn. Conf., Marseille 1980

Jedicke, E. (1994): Biotopverbund: Grundlagen und Maßnahmen einer neuen Naturschutzstrategie, 2. Auflage, Stuttgart 1994

Jeschke, L. (1964): Bemerkungen zum biologischen Küstenschutz, in: Naturschutzarb. Mecklenburg 7 (1964) S. 6–9

Kahlke, H. D. (1981): Das Eiszeitalter, Leipzig/Jena/Berlin 1981

Katte, H. (1986): Wiederholte Vegetationsaufnahme im NSG „Gottesholz" (Kreis Arnstadt) zur Begründung von Pflegemaßnahmen, in: Landschaftspfl. u. Naturschutz Thüringen 23 (1986) S. 107–110

Kaule, G. (1991): Arten- und Biotopschutz, 2. Auflage, Stuttgart 1991

Kimmins, J. P. (1987): Forest Ecology, London 1987

Kirwald, E. (1964): Gewässerpflege, München/Basel/Wien 1964

Knapp, H. D., Jeschke, L., Succow, M. (1985): Gefährdete Pflanzengesellschaften auf dem Territorium der DDR, Berlin 1985

Kopp, D., Jäger, K.-D., Succow, M. (1982): Naturräumliche Grundlagen der Landnutzung am Beispiel des Tieflandes der DDR, Berlin 1982

Korpel, S. (1978): Entwicklung und Struktur der Fichtenurwälder in der Slovakei und ihre Funktionsfähigkeit als Lawinenschutz, in: Proc. IUFRO Seminar Mountain Forests and Avelanches, Davos 1978, S. 301–317

Kraus, P. (1987): Vegetationsbeeinflussung als Indikator der relativen Wilddichte, in: Z. Jagdwiss. 33 (1987) S. 42–59

Krause, A. (1976): Gehölzbewuchs als natürlicher Uferschutz an Bächen des Hügel- und unteren Berglandes, in: Natur u. Landschaft 51 (1976) S. 196–199

Krauß, G. et al. (1939): Standortsgemäße Durchführung der Abkehr von der Fichtenwirtschaft im nordwestsächsischen Niederland, in: Thar. Forstl. Jb. 90 (1939) S. 481–716

Krečmer, V. (1967): Interzeption von Kiefernbeständen in niederer Lage (tschech.), in: Meteorologické zprávy 20 (1967) S. 130–135

Kreutzer, K. (1979): Ökologische Fragen zur Vollbaumernte, in: Forstwiss. Cbl. 98 (1979) S. 298–308

Krutzsch, H. (1924): Bärenthoren 1924, Neudamm 1924

Krutzsch, H., Weck, J. (1935): Bärenthoren 1934. Der naturgemäße Wirtschaftswald, Neudamm 1935

Kubitzki, K. (1961): Zur Synchronisierung der nordwesteuropäischen Pollendiagramme (mit Beiträgen zur Waldgeschichte Nordwestdeutschlands), in: Flora 150 (1961) S. 43–72

Kučan, D. (1973): Pollenanalytische Untersuchungen zu einem Bohlweg aus dem Meerhusener Moor (Kr. Aurich/Ostfriesland), in: Probl. Küstenforsch. 10 (1973) S. 65–88

Kuhl, J. (1970): Landschaftspflege im modernen Straßenbau. Denkschrift des Fachbeirates für Landespflege der Landwirtschaftskammer Rheinland 1964–1969

Kühnelt, W. (1970): Grundlagen der Ökologie unter besonderer Berücksichtigung der Tierwelt, 2. Auflage, Jena 1970

Kurth, H. (1994): Forsteinrichtung, Berlin 1994

Laatsch, W. (1977): Die Entstehung von Lawinenbahnen im Hochlagenwald, in: Forstwiss. Cbl. 96 (1977) S. 89–94

Lamb, H. (1989): Klima und Kulturgeschichte – Der Einfluß des Wetters auf den Gang der Geschichte, Reinbeck bei Hamburg 1989

Lang, R. (1920): Verwitterung und Bodenbildung als Einführung in die Bodenkunde, Berlin 1920

Larcher, W. (1963): Zur spätwinterlichen Erschwerung der Wasserbilanz an der Waldgrenze, in: Ber. nat.-med. Ver. Innsbruck 55 (1963) S. 125–137

Larcher, W. (1976): Ökologie der Pflanzen, Stuttgart 1976

Leemans, R., Prentice, I. C. (1989): FORSKA, a generall forest succession model, in: Medd. fran Växbiologiska Institutionen 1 (1989) S. 1–60

Leibundgut, H. (1978a): Über Zweck und Probleme der Urwaldforschung, in: Allg. Forstz. 33 (1978) S. 683–685

Leibundgut, H. (1978b): Über die Dynamik europäischer Urwälder, in: Allg. Forstz. 33 (1978) S. 686–690

Leibundgut, H. (1985): Der Wald in der Kulturlandschaft, Bern/Stuttgart 1985

Lemmel, H. (1939): Die Organismusidee in Möllers Dauerwaldgedanken, Berlin 1939

Lieberoth, I. (1982): Gliederung des Spätglazials und Holozäns (zit. von Sedlag, U., Weinert, E. 1987)

Linke, W. (1976): Frühestes Bauerntum und geographische Umwelt – eine historisch-geographische Untersuchung des Früh- und Mittelneolithikums westfälischer und nordhessischer Bördenlandschaften, in: Bochumer geogr. Arb. 28 (1976) S. 1–86

Liss, M. B. (1988): Der Einfluß von Weidevieh und Wild auf die natürliche und künstliche Verjüngung im Bergmischwald der ostbayrischen Alpen, in: Forstwiss. Cbl. 107 (1988) S. 14–25

Lovelock, J. E. (1979): Gaia: A New Look at Life on Earth, Oxford 1979

Lovelock, J. E. (1991): Das GAIA-Prinzip. Die Biographie unseres Planeten, Zürich/München 1991

Lützke, R. (1961): Das Temperaturklima von Waldbeständen und Lichtungen im Vergleich zur offenen Feldflur, in: Arch. Forstwes. 10 (1961) S. 17–83

Lützke, R. (1967): Die Luftfeuchtigkeit im Walde im Vergleich zur offenen Feldflur, in: Arch. Forstwes. 16 (1967) S. 629–633

Lützke, R. (1968): Die landeskulturelle Bedeutung der Wälder als Wasserverbraucher, in: Arch. Natursch. u. Landschaftsforsch. 8 (1968) S. 231–239

Mac Fadyen, A. (1948): The meaning of productivity in biological systems, in: J. Anim. Ecol. 17 (1948) S. 75–80

Mäkelä, A., Hari, P. (1986): Stand growth model based on carbon uptake and allocation in individual trees, in: Ecol. Modeling 33 (1986) S. 205–229

Mania, D., Dietzel, A. (1980): Begegnung mit den Urmenschen, Leipzig/Jena/Berlin 1980

Marcinek, J. (1978): Das Wasser des Festlandes, 2. Auflage, Gotha/Leipzig 1978

Matejka, V. (1976): Wärmesumme der Hauptvegetationsperiode als Maßstab des Klimas (tschech.), in: Lesnictvo 22 (1976) S. 369–384

Mattes, H. (1982): Die Lebensgemeinschaft von Tannenhäher und Arve, in: Ber. Eidgen. Anstalt forstl. Versuchswes. 241 (1982) S. 3–74

Mayer, H. (1977): Waldbau – auf soziologisch-ökologischer Grundlage, 1. Auflage, Stuttgart 1977

Mayer, H. (1986): Europäische Wälder, Stuttgart/New York 1986

Mißbach, K. (1972): Waldbrand. Verhütung und Bekämpfung, Berlin 1972

Mitscherlich, G. (1971): Wald, Wachstum und Umwelt. Bd. 2. Waldklima und Wasserhaushalt, Frankfurt/M. 1971

Molisch, H. (1937): Der Einfluß einer Pflanze auf die andere – Allelopathie, Jena 1937

Möller, A. (1913): Der Blendersaumschlag (Ber. Dt. Forstverein 1913), Berlin 1914, S. 47–62

Möller, A. (1920): Kiefern-Dauerwaldwirtschaft, in: Z. Forst- u. Jagdwes. 52 (1920) S. 4–41

Möller, A. (1921): Kiefern-Dauerwaldwirtschaft II, in: Z. Forst- u. Jagdwes. 53 (1921) S. 70–85

Möller, A. (1922a): Der Dauerwaldgedanke. Sein Sinn und seine Bedeutung, Berlin 1922

Möller, A. (1922b): Allgemeine Wirtschaftsgrundsätze, in: Z. Forst- u. Jagdwes. 54 (1922) S. 243–250

Moltschanow, A. A. (1960): Die hydrologische Rolle des Waldes (russ.), Moskau 1960

Moltschanow, A. A. (1970): Zyklen der atmosphärischen Niederschläge in verschiedenen natürlichen Zonen in einzelnen Waldtypen (russ.), in: Dokl. sowjetskych utschenych na mechdunarodnych symposiume po wlijaniju lesa na wnechnuju sredy. Bd. I, Moskau 1970, S. 24–59

Montigny, L. E. de, Weetman, G. F. (1989): The Effects of Ericaceous Plants on Forest Productivity, in: The silvics and Ecology of Boreal Spruces, Hrsg. B. Titus et al., Vancouver 1989

Morosow, G. F. (1914): Die Lehre vom Wald (russ.), Petersburg 1914

Morosow, G. F. (1928): Die Lehre vom Walde (dt. Übers.), Neudamm 1928

Müller, C. H. (1970): Phytotoxins as plant habitat variables, in: Recent Adv. Phytochem. 3 (1970) S. 106–121

Müller, G. K., Zäumer, U. (Hrsg.) (1992): Der Leipziger Auwald – ein verkanntes Juwel, Leipzig/Jena/Berlin 1992

Müller, H. (1967): Standortsökologische Wasserhaushaltsuntersuchungen an Vaccinium myrtillus L., in: Arch. Forstwes. 16 (1967) S. 587–590

Müller, H. (1974): In: Geol. Jb. A 21 (1974) S. 107–140 (zit. von Flohn 1988)

Müller, H. (1979): Mans Impact on Climate. Developm. Atmosph. Sci. (zit. von Flohn 1988)

Müller, H. J. (Hrsg.) (1988): Ökologie, Jena 1988

Müller-Dombois, D., Ellenberg, H. (1974): Aims and methods of vegetation ecology, New York 1974

Myczkowski, S. (1972): Structure and ecology of spruce association Piceetum tatricum and the uper limit of ist distribution in the Tatra National Park, Krakau 1972

Nägeli, W. (1954): Die Windbremsung durch einen größeren Waldkomplex (Ber. 11. Kongr. Intern. Verb. Forstl. Forsch.-Anst.), Rom 1954, S. 240–246

Narr, K. J. (1983): Die Steinzeit, in: Westfälische Geschichte. Bd. 1., Hrsg. W. Kohl, 1983, S. 81–111

Nebe, W. (1979): Zur Auswirkung von Biomasseentzug in Fichten- und Kiefernbeständen auf den Nährstoffkreislauf, in: Beitr. Forstwirtsch. 4 (1979) S. 152–159

Neef, E. (1977): Sozialistische Landeskultur, Leipzig 1977

Nemnham, R. M. (1964): Development and testing of stand models for Douglas fir and Lodgepool pine, in: Forest. Chron. 40 (1964) S. 494–502

Niemann, E. (1971): Zieltypen und Behandlungsformen der Ufervegetation von Fließgewässern im Mittelgebirgs- und Hügellandraum der DDR, in: Wasserwirtsch.-Wassertechn. 21 (1971) S. 310–392

Niemann, E. (1972): Behandlung von Flußufergehölzen im Blickwinkel der Landschaftspflege, in: Landschaftspfl. u. Naturschutz Thür. 9 (1972) S. 2–11

Niemann, E. (1974): Landschaftspflege an Gewässern auf ökologischer Grundlage, in: Wasserwirtsch.-Wassertechn. 24 (1974) S. 152–157, 244–246

Niemann, E. (1978): Schutzwirkungen im Einzugsgebiet von Wildbächen und Muren, in: Wald, Landeskultur und Gesellschaft, Hrsg. H. Thomasius, 2. Auflage, Jena 1978, S. 164–168

Nilsson, S. (1989): Climate Change Greenhouse Effects and Europian Forests, in: Inter Action Council Meeting in Cracow, 5.–7. June 1989 (n. publ.)

Oberdorfer, E. (1990): Pflanzensoziologische Exkursionsflora, 6. Auflage, Stuttgart 1990

Oberdorfer, E. (Hrsg.) (1992): Süddeutsche Pflanzengesellschaften. Teil IV: Wälder und Gebüsche, Jena/Stuttgart/New York 1992

Odum, E. P. (1980): Grundlagen der Ökologie, Stuttgart/New York 1980

Opfermann, M. (1992): Untersuchungen zu Veränderungen der Vegetation in ausgewählten Waldökosystemen des Osterzgebirges (Diplomarb. Techn. Univ. Dresden/Tharandt 1992)

Otto, H.-J. (1994): Waldökologie, Stuttgart 1994

Parry, M. L. (1978): Climatic Change, Agriculture and Sattlement, Folkestone 1978

Parry, M. L., Carter T. R (1984): Assessing the Impact of Climatic Change in Cold Regions. Summary Rep. SR–84–1, Laxenburg

Penman, H. L. (1948): Natural Evaporation from open water, bar soil and grass, in: Proc. Roy. Soc. London 193A (1948) S. 120–145

Pietschmann, G. (1974): Untersuchungen zur Verbesserung der räumlichen Ordnung in den Fichtenwäldern des StFB Wernigerode (Diss. A Techn. Univ. Dresden/Tharandt 1974)

Pott, R. (1982): Das Naturschutzgebiet „Hiddeser Bent – Donoper Teich" in vegetationsgeschichtlicher und pflanzensoziologischer Sicht, in: Abh. Westf. Mus. f. Naturkde. 44 (1982) S. 1–108

Pott, R. (1984): Pollenanalytische Untersuchungen zur Vegetations- und Siedlungsgeschichte im Gebiet der Borkenberge bei Haltern in Westfalen, in: Abh. Westf. Mus. f. Naturkde. 46 (1982) S. 1–128

Pott, R. (1988): Entstehung von Vegetationstypen und Pflanzengesellschaften unter dem Einfluß des Menschen, in: Düsseldorfer Geobot. Kolloqu. 5 (1988) S. 27–54

Pott, R. (1992): Die Pflanzengesellschaften Deutschlands, Stuttgart 1992

Pott, R. (1993): Entwicklung der Kulturlandschaft Nordwestdeutschlands unter dem Einfluß des Menschen, in: Z. Univ. Hannover 19 (1993) S. 3–48

Prjachnikow, A. N. (1968): Phytonzide Eigenschaften der Zirbelkiefernwälder (russ.), in: Lesn. chosjaist. 21 (1968) S. 21–23

Pröbstl, U. (1988): Auswirkungen des Waldsterbens auf Erholung und Fremdenverkehr in waldreichen Mittelgebirgslandschaften Bayerns (Forstl. Forschungsber. München 89), München 1988

Pruša, E. (1985): Die böhmischen und mährischen Urwälder – ihre Struktur und Ökologie, Prag 1985

Quitta, H. (1970): Zur Lage und Verbreitung der bandkeramischen Siedlungen im Leipziger Land, in: Z. Arch. 4 (1970) S. 155–176

Ralska-Jasiewiczowa, M. (1983): Isopollen maps for Poland: 0–11 000 Years B. P., in: New Phytol. 94 (1983) S. 133–175

Raunkiaer, C. (1934): The Live Forms of Plants and Statistical Plant Geography, Oxford 1934

Reif, A. (1991): Anmerkungen zu Forschungsstand und Forschungsbedarf im Arten- und Biotopschutz, Bereich: Wälder, Strauchformationen, Wacholderbestände, in: Arten- und Biotopschutzforschung für Deutschland, Hrsg. K. Henle/G. Kaule, Jülich 1991, S. 267–276

Reifert, J., Herrmann F., Hoffmann, K.-H. (1975): Angebotskomplex Technologische Linie Gewässerausbau, in: Wasserwirtsch.-Wassertechn. 25 (1975) S. 76–82

Rodenkirchen, H. (1991): Der Wandel der Bodenvegetation in den Kiefernforsten des Staatlichen Forstamtes Waldsassen infolge anthropogen bedingter Bodenveränderungen, in: Bayreuther Bodenkde. Ber. 17 (1991) S. 261–273

Roßmäßler, E. A. (1863): Der Wald, Leipzig/Heidelberg 1863

Rost-Siebert, K., Jahn, G. (1988): Veränderungen der Waldbodenvegetation während der letzten Jahrzehnte, in: Forst u. Holz 43 (1988) S. 75–81

Runge, F. (1973): Der biologische Energieumsatz in Land-Ökosystemen unter Einfluß des Menschen, in: Ökosystemforschung, Hrsg. H. Ellenberg, Berlin/Heidelberg/New York 1973

Saniga, M. (1989): Einfluß der interspezifischen Konkurrenz auf das Wachstum der Fichte in Buchenjungwüchsen, in: Treatment of young forest stands, Hrsg. H. Thomasius (Proc. Symp. IUFRO Working Party S 1.05–03) Dresden 1989, S. 292–301

Schäller, G. (1991): Ökologie tierischer Organismen, in: Lehrbuch der Ökologie, Hrsg. R. Schubert, 3. Auflage, Jena 1991, S. 173–191

Schmidt, P. A. (1989a): Wechselbeziehungen zwischen botanischem Artenschutz, Wild und Jagdwirtschaft, in: Naturschutzarb. Sachsen 31 (1989) S. 3–10

Schmidt, P. A. (1989b): Misteln – Gehölze auf Gehölzen, in: Beitr. Gehölzkunde (1989) S. 35–44

Schmidt, P. A. (1990): Gefährdung und Erhaltung von Arten und Populationen der autochthonen Gehölzflora der DDR, in: NNA-Berichte 3 (1990) S. 165–172

Schmidt, P. A. (1991): Einige Aspekte zum Problemkreis Forstwirtschaft und Naturschutz in der ehemaligen DDR, in: Arten- und Biotopschutzforschung für Deutschland, Hrsg. K. Henle/G. Kaule, Jülich 1991, S. 277–292

Schmidt, P. A. (1992): Intraspezifische Sippen in Roten Listen – am Beispiel der Gehölzflora (Schr. R. Vegetationskde. 23) Bonn/Bad Godesberg 1992, S. 169–173

Schmidt, P. A. (1993a): Veränderungen der Flora und Vegetation von Wäldern unter Immissionseinfluß, in: Forstwiss. Cbl. 112 (1993) S. 213–224

Schmidt, P. A. (1993b): Die Buche in der Vegetation Mitteleuropas heute, in: Sitzungsber. u. Abh. Naturwiss. Ges. Isis Dresden 1991–1992, S. 46–48

Schmidt, P. A. (1993c): Gedanken zum Naturschutz im Wald, in: Beitr. Forstwirtsch. u. Landschaftsökol. 27 (1993) S. 9–13

Schmidt, P. A. (1995): Übersicht der natürlichen Waldgesellschaften Deutschlands (Schr. R. Sächs. Landesanst. Forsten H. 4/95) Graupa 1995

Schmidt, P. A. et al. (1993): Erarbeitung wissenschaftlicher Grundlagen zum Ökosystemverhalten geschützter und unterschiedlich genutzter Erzgebirgsmoore sowie Ableitung von Schutzkonzepten bzw. Grundsätzen einer ökologisch ausgerichteten Bewirtschaftung. Abschlußbericht E-u. E-Vorhaben im Auftrag des Bundesamtes für Naturschutz (Mskr.), Tharandt 1993

Schmidt, P. A. et al. (1994): Erarbeitung von Grundlagen für einen Pflege- und Entwicklungsplan für die Wälder im Nationalpark Sächsische Schweiz. Abschlußbericht Projekt im Auftrag der Nationalparkverwaltung Sächsische Schweiz (Mskr.), Tharandt 1994

Schmiedel, G. (1978): Der Wald in der Musik, in: Wald, Landeskultur und Gesellschaft, Hrsg. H. Thomasius, 2. Auflage, Jena 1978, S. 393–401

Schmithüsen, J. (1969): Allgemeine Vegetationsgeographie, 3. Auflage, Berlin 1969

Schmidt-Vogt, H. (Hrsg.) (1977): Die Fichte. Bd. I. Taxonomie-Verbreitung-Morphologie-Ökologie-Waldgesellschaften, Hamburg/Berlin 1977

Schmidt-Vogt, H. (Hrsg.) (1989): Die Fichte. Bd. II/2. Krankheiten-Schäden-Fichtensterben, Hamburg/Berlin 1989

Schneider, R. (1978): Pollenanalytische Untersuchungen zur Kenntnis der spät- und postglazialen Vegetationsgeschichte am Südrand der Alpen zwischen Turin und Varese (Italien), in: Bot. Jb. Syst. 100/1 (1978) S. 26–109

Schnoor u. Stumm (zit. von Ulrich (1989)

Schönwiese, C. D. (1988): Der Einfluß des Menschen auf das Klima, in: Naturwiss. Rundsch. 41 (1988) S. 387–390

Schönwiese, C. D., Diekmann, B. (1987): Der Treibhauseffekt – Der Mensch ändert das Klima, Stuttgart 1987

Schornick, O.-K. (1990): Änderung der Bodenvegetation in Waldbeständen als Folge einer künstlichen Düngung, in: Forschungsber. KfK-PEF, Karlsruhe 1990

Schubert, R. (1972): Übersicht über die Pflanzengesellschaften des südlichen Teiles der DDR, III. Wälder, in: Hercynia N. F. 9 (1972) S. 1–34, 106–136, 197–228

Schulze, J.-H. (1959): Die Bodenerosion in Thüringen, 2. Auflage, Gotha 1959

Schütz, J. P. (1989): Untersuchungen zur Erfassung der Konkurrenz in Mischbeständen, in: Treatment of young forest stands, Hrsg. H. Thomasius (Proc. Symp. IUFRO Working Party S 1.05–03), Dresden 1989, S. 302–315

Schwartz, E. (1991): Geschichtliches zur Kiefernwirtschaft, in: Ber. Forsch. u. Entwickl. 24 (1991) S. 68–71

Sedlag, U., Weinert, E. (1987): Biogeographie, Artbildung, Evolution, Jena 1987

Seibert, P. (1974): Die Belastung der Pflanzendecke durch den Erholungsverkehr, in: Forstwiss. Cbl. 93 (1974) S. 35–43

Simberloff, D. (1988): The contribution of population and community biology to conservation science, in: Ann. Rev. Ecol. Syst. 19 (1988) S. 473–511

Späth, V. (1992): Naturschutz im Wald, Kornwestheim 1992

Steffens, R. (1978): Grundsätze für die Planung und Projektierung in Wäldern mit überwiegend landeskulturellen und sozialen Aufgaben, in: Wald, Landeskultur und Gesellschaft, Hrsg. H. Thomasius, 2. Auflage, Jena 1978, S. 409–456

Steubing, L., Schwantes, H. O. (1987): Ökologische Botanik, Heidelberg/Wiesbaden 1987

Steubing, L., Fangmeier, A. (1991): Gaseous air pollutants and forest floor vegetation – a case study at different levels of integration, in: Modern Ecology, Basic and Applied Aspects, Hrsg. G. Esser/G. Overdieck, Amsterdam/London/New York/Tokyo 1991, S. 539–569

Strasburger, E. (1983): Lehrbuch der Botanik, 32. Auflage, Stuttgart 1983

Sturm, K. (1989): Was bringt die naturgemäße Waldwirtschaft für den Naturschutz, in: NNA-Berichte 2 (1989) S. 154–158

Succow, M., Jeschke, L. (1986): Moore in der Landschaft, Leipzig/Jena/Berlin 1986

Sukatschow, W. N. (1926): Die Pflanzengesellschaften (russ.), Moskau 1926

Sukatschow, W. N. (1954): Die Grundlagen der Waldtypen, in: Angew. Pflanzensoziologie, Festschrift Aichinger, Bd. II, S. 956–964

Tansley, A. G. (1935): The use and abuse of vegetational concept and terms, in: Ecology 16 (1935) S. 284–307

Tesche, M., Feiler, S. (Hrsg.) (1992): Air pollution and Interactions between Organismus in Forest Ecosystems, IUFRO-Proceedings 15th International Meeting of Specialists in Air Pollution Effects on Forest Ecosystems vom 9. 11. 1992 in Tharandt, Tharandt/Dresden 1992

Thienemann, A. (1939): Grundzüge einer allgemeinen Ökologie, in: Arch. Hydrobiol. 35 (1939) S. 267–285

Thomasius, H. (Hrsg.) (1972): Wald, Landeskultur und Gesellschaft, Dresden 1972

Thomasius, H. (1973): Fragen der waldbaulich-ästhetischen Gestaltung von Erholungswäldern, in: Wiss. Z. Techn. Univ. Dresden 22 (1973) S. 685–688

Thomasius, H. (Hrsg.) (1978): Wald, Landeskultur und Gesellschaft, 2. Auflage, Jena 1978

Thomasius, H. (1981): Produktivität und Stabilität von Waldökosystemen (Sitzungsber. Akad. Wiss. d. DDR, H. 9 N), Berlin 1991

Thomasius, H. (1988): Sukzession, Produktivität und Stabilität natürlicher und künstlicher Waldökosysteme, in: Arch. Naturschutz u. Landschaftsforsch. 28 (1988) S. 3–21

Thomasius, H. (1989a): Probleme und Prinzipien bei der Rekonstruktion geschädigter Waldbestände, in: Soz. Forstwirtsch. 39 (1989) S. 52–56

Thomasius, H. (1989b): Erhaltung und Rekonstruktion immissionsbelasteter Wälder in den Mittelgebirgen der DDR, Internationaler Kongreß Waldschadensforschung: Wissensstand und Perspektiven, Hrsg. B. Ulrich, Friedrichshafen am Bodensee 1989, S. 817–851

Thomasius, H. (1990): Waldbau 1. Allgemeine Grundlagen des Waldbaus. Lehrbrief für das Hochschulfernstudium Forstingenieurwesen. Sekt. Forstwirtschaft Tharandt, Techn. Univ. Dresden 1990

Thomasius, H. (1991a): Mögliche Auswirkungen einer Klimaveränderung auf die Wälder Mitteleuropas, in: Forstwiss. Cbl. 110 (1991) S. 305–330

Thomasius, H. (1991b): Fichtenwald-Ökosysteme, in: Die Fichte. Bd. II/3, Hrsg. H. Schmidt-Vogt, Hamburg/Berlin 1991, S. 1–66

Thomasius, H. (1992): Prinzipien eines ökologisch orientierten Waldbaus, in: Dauerwald (1992) H. 7, S. 2–21

Thomasius, H. (1994a): Prinzipien eines ökologisch orientierten Waldbaus, in: Ökologische Waldwirtschaft, Hrsg. Graf Hatzfeld, Heidelberg 1994, S. 77–106

Thomasius, H. (1994b): Der Einfluß des Bergbaus auf Wald und Forstwirtschaft im sächsischen Erzgebirge bis zum Beginn des 19. Jahrhunderts, in: Mitt. Chemnitzer Geschichtsvereins. 64. Jb. NF (III) Georgius Agricola-Jahr 1994, S. 39–70

Thomasius, H. (1995): Waldökologische Aspekte bei Rekultivierungsmaßnahmen im Leipziger Raum, in: Braunkohlentagebau und Rekultivierung – Landschaftsökologie, Folgenutzung, Naturschutz, Hrsg. W. Pflug, Heidelberg 1995

Tokin, B. P. (1956): Phytonzide, Berlin 1956

Tomppo, E. (1986): Models and methods for analysing spatial patterns of trees (Commun. Inst. Forest. Fenn. 138) Helsinki 1986

Tranquillini, W. (1979): Physiological Ecology of the Alpine Timberline – Tree Existence at High Altitudes with Special Reference to the European Alps, in: Ecol. Stud. 31 (1979) S. 1–137

Tranquillini, W., Platter, W. (1983): Der winterliche Wasserhaushalt der Lärche (Larix decidua MILL.) an der alpinen Waldgrenze (Verh. Ges. Ökol. 9) Freising/Weihenstephan 1983, S. 433–443

Trepl, L. (1987): Geschichte der Ökologie, Frankfurt/M. 1987

Ullrich, Th. (1976): Zur Staubfilterwirkung von Waldrändern unter besonderer Berücksichtigung des Staubfangvermögens einiger Baum- und Straucharten (Diss. A Techn. Univ. Dresden/Tharandt 1976)

Ulrich, B. (1980): Stoffhaushalt von Waldökosystemen. Eine Arbeitsanleitung, Univ. Göttingen 1980

Ulrich, B. (1981): Stabilität von Waldökosystemen, in: Forstarch. 52 (1981) S. 165–170

Ulrich, B. (1987a): Stabilität, Flexibilität und Resilienz von Waldökosystemen unter dem Einfluß saurer Depositionen, in: Forstarch. 58 (1987) S. 232–239

Ulrich, B. (1987b): Stability, Elasticity and Resilience of Terrestrial Ecosystems with Respect to Matter Balance, in: Ecol. Studies 61 (1987) S. 11–49

Ulrich, B. (1987c): Anthropogene Veränderungen von Waldökosystemen: Geschichte – Gegenwart – Zukunft, in: Möglichkeiten und Grenzen der Sanierung immissionsgeschädigter Waldökosysteme (FIW Univ. Bodenkultur Wien) Wien 1987, S. 1–33

Ulrich, B. (1989): Forest Decline in Ecosystem Perspective, in: Internat. Kongr. Waldschadenforschung: Wissensstand und Perspektiven (vom 2.–6. Okt. 1989 in Friedrichshafen am Bodensee) Hrsg. B. Ulrich, Friedrichshafen 1989, Bd. 1, S. 21–41

UNEP/GEMS (1987): Environment Library No. 2 (zit. von Nilsson 1989)

Ungersohn, J., Scherdin, G. (1968): Jahresgang von Photosynthese und Atmung unter natürlichen Bedingungen von Pinus sylvestris an ihrer Nordgrenze und der Subarktis, in: Flora, Abt. B 175 (1968) S. 391–434

Viereck, L. A., Schandelmeier, L. A. (1980): Effects of fire in Alaska and adjecent Canada – a literature review (BLM-Alaska Techn. Rep. 6) Anchorage 1980

Wagenhoff, A., Wedel, K. v. (1959): Vergleich der bisherigen Ergebnisse der Untersuchungen über den Wasserhaushalt und den Bodenabtrag im Harz mit den langfristigen Beobachtungen im Emmental in der Schweiz, in: Mitt. Schweiz. Anst. Forstl. Versuchswes. 35 (1959) S. 127–138

Wagner, F. (1993): Gegenwärtiger Zustand und Entwicklungstrend der Zwergstrauchbestände in einem Wald-Fels-Gebiet des Nationalparkes Sächsische Schweiz (Diplomarb. Techn. Univ. Dresden/Tharandt 1993)

Wakarelow, I., Delkow, N. (1972): Vergleichende Untersuchungen der Phytonzidität einiger Nadelbaumarten (russ.), in: Gora i otdich, Hrsg. A. Iglejew et al., Sofia 1972, S. 68–70

Walentowski, H., Raab, B., Zahlheimer, W. A. (1990): Vorläufige Rote Liste der in Bayern nachgewiesenen oder zu erwartenden Pflanzengesellschaften, in: Ber. Bayer. Bot. Ges. 61 (1990) Beih.

Walter, H. (1970): Vegetationszonen und Klima, Jena 1970

Walter, H. (1973): Die Vegetation der Erde in öko-physiologischer Betrachtung, Jena 1973

Walter, H., Lieth, H. (1967): Klimadiagramm-Weltatlas, Jena 1967

Weber, E. (1967): Versuche zur Naturverjüngung der Weißtanne (Abies alba Mill.) im Bereich der Oberforstdirektion Regensburg, in: Forstwiss. Cbl. 86 (1967) S. 221–238

Wegener, U. (Hrsg.) (1991): Schutz und Pflege von Lebensräumen: Naturschutzmanagement, Jena/Stuttgart 1991

Wenk, G., Antanaitis, V., Šmleko, Š. (1990): Waldertragslehre, Berlin 1990

Wiedemann, E. (1923): Zuwachsrückgang und Wuchsstockungen der Fichte in den mittleren und unteren Lagen der sächsischen Staatsforsten, Tharandt 1923

Wilmanns, O. (1989): Die Buchen und ihre Lebensräume, in: Ber. Reinhold Tüxen-Ges. 1 (1989) S. 49–72

Wilmanns, O. (1993): Ökologische Pflanzensoziologie, 5. Auflage, Heidelberg/Wiesbaden 1993

Zederbauer, E. (1917): Beitrag zur Biologie der Waldbäume. III. Die Verbreitung der Wälder, in: Cbl. Ges. Forstwes. 43 (1917) S. 257–265

Zoller, H. (1960): Pollenanalytische Untersuchungen zur Vegetationsgeschichte der insubrischen Schweiz, in: Denkschr. Schweiz. Naturforsch. Ges. 63 (1960) S. 45–156

Zundel, R. (1990): Einführung in die Forstwissenschaft, Stuttgart 1990

Zundel, R. (1994): Umweltrecht und Forstwirtschaft in der Bundesrepublik, in: Der Wald 43 (1994) S. 292–295

# 12. Stichwortverzeichnis

# Autoren

**Thomasius, Harald,** Prof. Dr. rer. silv. habil., Dr. ing. h. c., geb. 05. 08. 1929, Rentner, Freier Mitarbeiter bei Steine und Erden Planungsgesellschaft mbH Dresden,

Hauptarbeitsgebiete: Waldbau, Waldökologie, Umweltschutz

Schriften:
- (Hrsg.): Wald, Landeskultur und Gesellschaft. 1. Aufl. Steinkopff, Dresden 1973, 2. Aufl. Fischer, Jena 1978
- Produktivität und Stabilität von Waldökosystemen. Akad.-Verl., Berlin 1981
- Mitarb. an R. Schubert (Hrsg.): Lehrbuch der Ökologie. Fischer, Jena 1. Aufl. 1981, 2. Aufl. 1986, 3. Aufl. 1991
- Mitarb. an H. Graf Hatzfeldt (Hrsg.): Ökologische Waldwirtschaft. Müller, Heidelberg 1994
- Mitarbeit an zahlreichen Büchern zur Ökologie und Forstwissenschaft
- über 200 Publikationen in Zeitschriften

**Schmidt, Peter A.,** Dr. rer. nat. habil., geb. 15. 05. 1946

Biologe, Professor für Landeskultur und Naturschutz am Institut für Allgemeine Ökologie und Umweltschutz der Fakultät Forst-, Geo- und Hydrowissenschaften der TU Dresden in Tharandt, Mitglied des Deutschen Nationalkomitees für das MAB-Programm der UNESCO

Hauptarbeitsgebiete:
Landnutzung und Naturschutz unter besonderer Berücksichtigung der Forstwirtschaft, Entwicklung und Management von Schutzgebieten, Gefährdung und Schutz der Gehölzflora, Forstliche Vegetationskunde, Systematik von Gehölzen und Pflanzengeographie

Schriften:
- Gefährdung und Erhaltung von Arten und Populationen der autochthonen Gehölzflora der DDR. NNA-Berichte 3, S. 165–172, 1990
- Veränderung der Flora und Vegetation von Wäldern unter Immissionseinfluß. Forstwiss. Cbl. 112, S. 213–224, 1993
- Gedanken zum Naturschutz im Wald. Beitr. Forstwirtsch. u. Landschaftsökol. 27, S. 9–13, 1993
- Übersicht der natürlichen Waldgesellschaften Deutschlands. Schr.R. Sächs. Landesanst. Forsten H. 4, 1995
- Forest development and the status of the woody flora in Germany. In: Hunt, D. (ed.): Temperate Trees under Threat. Proceed. Intern. Dendrol. soc. Sym-

pos. on the Conservation Status of Temperate Trees, Univ. Bonn 1994.
IDS 1996

– Mitarbeit an diversen Büchern, z. B. Exkursionsflora von Deutschland (Begr. von W. Rothmaler), letzte Auflagen Jena-Stuttgart 1994, 1995, Wildpflanzen Mitteleuropas. Nutzung und Schutz (Hrsg. Schlosser, S., Reichhoff, L. u. P. Hanelt), Berlin 1991; Leitfaden Waldbiotopkartierung (Hrsg. Arbeitskreis Forstliche Landespflege, im Druck)

Das Handbuch in siebzehn Bänden

# Umweltschutz – Grundlagen und Praxis

Herausgegeben von Prof. Dr. Konrad Buchwald und Prof. Dr. Wolfgang Engelhardt. 1993-96, Handbuch in 17 Bänden, broschiert, Gesamtwerk zur Fortsetzung: ISBN 3-87081-132-3.
*Die Bezieher des Gesamtwerkes erhalten den zuletzt erscheinenden Band kostenfrei.*

Die siebzehn Bände *Umweltschutz – Grundlagen und Praxis* vermitteln fächerübergreifend sowohl die theoretischen Grundlagen als auch die praktischen Umsetzungen im Umweltschutz. Die Bände gliedern sich inhaltlich in eine Gesamtkonzeption ein, können aber auch für sich allein stehen und einzeln genutzt werden. Das Werk wird sowohl dem Berufspraktiker eine unerläßliche Stütze sein, als auch im Hochschulbereich in den unterschiedlichen Disziplinen zur Vermittlung grundlegender ökologischer Fakten eingesetzt werden.

Die Herausgeber gehören seit Jahrzehnten sowohl in Forschung und Lehre, als auch in der Praxis und der Umweltpolitik zu den erfahrensten und anerkanntesten Experten in Deutschland; die Einzelbände werden von mehr als siebzig der renommiertesten Fachleute im bundesdeutschen Natur- und Umweltschutz verfaßt.

**Autoren:**
Dr. G. Albert, K. Aicher, Prof. Dr. W. Bach, Prof. Dr. A. Bechmann, RD W. Binder, Prof. Dr. D. Bolscho, Prof. Dr. H. R. Bork, Prof. Dr. K. Buchwald, Dr. G. Bunza, Dr. H. Cochet, Dr. B. Eberlei, Prof. Dr. W. Engelhardt, K. Ermer, StD G. Eulefeld, Prof. Dr.M. Faulstich, Prof. Dr. L. Finke, Dr. E. Gassner, Dr. B. Geiger, Prof. Dr. H.-W. Georgii, Dr. B. Gode-Hartmann, Dr. H. Grimme, Dr. D. Günnewig, Dr. C. von Haaren, Prof. Dr. W. Haber, L. Hahn, Prof. G. Hahn-Herse, Dr. W. Harfst, Dr. J. Hartlik, H. Haßmann, Priv.-Doz. Dr. A. Heißenhuber, Prof. Dr. P. Hennicke, A. Hoppenstedt, W. Hülsmann, Prof. Dr. H. Jacob, Dr. P. Jürging, Prof. G. Kappert, J. Katzek, Prof. Dr. H. Kiemstedt, Dr. H.-D. Knapp, Prof. Dr. P. Knauer, F. Kohout, S. Kolb, Dr. habil. D. Kopp, Dr. W. Kühl, Prof. Dr. R. Kurz, F. Küster, Prof. Dr. H. Langer, S. Lutter, Prof. Dr. P. C. Mayer-Tasch, H. Meier, F. Meusel, R. Mohrmann, Prof. Dr. W. Mrass, Prof. G. Nagel, W. Niederle, Dr. M. Niekisch, A. Preising, P. Röthke, Dr. M. Rudoph, Prof. Dr. R. Rühl, Prof. Dr. H. Schaefer, Dr. J. Schaller, Prof. Dr. W. Schenkel, Prof. Dr. U. Schlüter, Prof. Dr. P. Schmidt, F. Scholles, G. Scholz, Ch. Schonhoff, H.-L. Schulz, B. Schyns-Teshome, Prof. Dr. H. Seybold, Prof. Dr. L. Steubing, Prof. Dr. M. Succow, Prof. Dr. H. Sukopp, Prof. Dr. Dr. h. c. H. Thomasius, Prof. Dr. Trommer, I. Wagner, Prof. Dr. E.-U. von Weizäcker, S. Wirz, Prof. Dr. H. H. Wöbse, Dr. A. Zahrnt.